文社会科学引文索引（CSSCI）来源集刊

民间法

2019年下卷 · 总第二十四卷

主编：谢 晖 陈金钊 蒋传光

执行主编：彭中礼

中南大学法学院
上海师范大学 主办

厦门大学出版社
XIAMEN UNIVERSITY PRESS
国家一级出版社
全国百佳图书出版单位

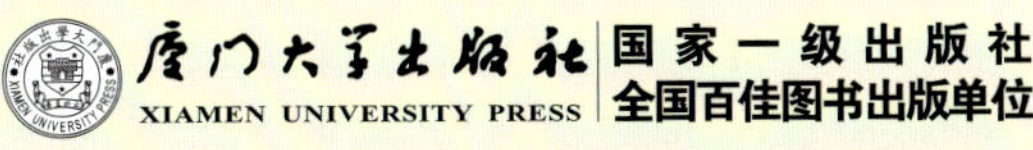

图书在版编目(CIP)数据

民间法.第二十四卷/谢晖,陈金钊,蒋传光主编.—厦门:厦门大学出版社,2021.3
ISBN 978-7-5615-8075-2

Ⅰ.①民… Ⅱ.①谢… ②陈… ③蒋… Ⅲ.①习惯法—中国—文集 Ⅳ.①D920.4-53

中国版本图书馆 CIP 数据核字(2021)第 039894 号

出 版 人 郑文礼
责任编辑 甘世恒

出版发行 厦门大学出版社
社 址 厦门市软件园二期望海路 39 号
邮政编码 361008
总 机 0592-2181111 0592-2181406(传真)
营销中心 0592-2184458 0592-2181365
网 址 http://www.xmupress.com
邮 箱 xmup@xmupress.com
印 刷 厦门市明亮彩印有限公司

开本 787 mm×1 092 mm 1/16
印张 28.5
插页 2
字数 608 千字
版次 2021 年 3 月第 1 版
印次 2021 年 3 月第 1 次印刷
定价 88.00 元

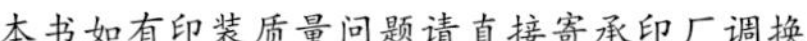
本书如有印装质量问题请直接寄承印厂调换

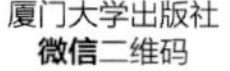
厦门大学出版社
微信二维码

厦门大学出版社
微博二维码

总 序

自文明时代以来，人类秩序既因国家正式法而成，亦借民间非正式法而就。然法律学术每每所关注者为国家正式法。此种传统，在近代大学法学教育产生以来即定制。被谓之人类近代高等教育始创专业之法律学，实乃国家法的法理。究其因，盖在该专业训练之宗旨，在培养所谓贯彻国家法意之工匠——法律家。

诚然，国家法之于人类秩序构造，居功甚伟，即使社会与国家分化日炽之如今，前者需求及依赖于后者，并未根本改观；国家法及国家主义之法理，仍旧回荡并主导法苑。奉宗分析实证之法学流派，固守国家命令之田地，立志于法学之纯粹，其坚定之志，实令人钦佩；其对法治之为形式理性之护卫，也有目共睹，无须多言。

在吾国，如是汲汲于国家（阶级）旨意之法理，久为法科学子所知悉。但不无遗憾者在于：过度执着于国家法，过分守持于阶级意志，终究令法律与秩序关联之理念日渐远离人心，反使该论庶几沦为解构法治秩序之刀具，排斥法律调节之由头。法治理想并未因之焕然光大，反而因之黯然神伤。此不能不令人忧思者！

所以然者何？吾人以为有如下两端：

一曰吾国之法理，专注于规范实证法学所谓法律本质之旨趣，而放弃其缜密严谨之逻辑与方法，其结果舍本逐末，最终所授予人者，不过御用工具耳（非马克斯·韦伯“工具理性”视角之工具）。以此“推进”法治，其效果若何，不言自明。

二曰人类秩序之达成，非唯国家法一端之功劳。国家仅借以强制力量维持其秩序，其过分行使，必致生民往还，惶惶如也。而自生于民间之规则，更妥帖地维系人们日常交往之秩序。西洋法制传统中之普通法系和大陆法系，不论其操持的理性有如何差异，对相关地方习惯之汲取吸收，并无沟裂。国家法之坐大独霸，实赖民间法之辅佐充实。是以19世纪中叶、20世纪以降，社会实证观念后来居上，冲击规范实证法学之壁垒，修补国家法律调整之不足。在吾国，其影响所及，终至于国家立法之走向。民国时期，当局立法（民法)之一重大举措即深入民间,调查民、商事习惯,终成中华民、商事习惯之盛典巨录,亦成就了迄今为止中华历史上最重大之民、商事立法。

可见,国家法与民间法,实乃互动之存在。互动者,国家法借民间法而落其根、坐其实;民间法借国家法而显其华、壮其声。不仅如此,两者作为各自自治的事物,自表面看,分理社会秩序之某一方面,但深究其实质,则共筑人间安全之坚固堤坝。即两者之共同旨趣,在构织人类交往行动之秩序。自古迄今,国家法虽为江山社稷安全之必备,然民间法亦为人类交往秩序所必需。故人间秩序者,国家法与民间法相需而成也。此种情形,古今中外,概莫能外。因之,此一结论,可谓"放之四海而皆准"。凡关注当今国家秩序、黎民生计者,倘弃民间法及民间自生秩序于不顾,即令有谔谔之声,皇皇巨著,也不啻无病呻吟、纸上谈兵,终其然于事无补。

近数年来,吾国法学界重社会实证之风日盛,其中不乏关注民间法问题者。此外,社会学界及其他学界也自觉介入该问题,致使民间法研究蔚然成风。纵使坚守国家法一元论者,亦在认真对待民间法。可以肯定,此不唯预示吾国盛行日久之传统法学将转型,亦表明其法治资源选取之多元。为使民间法研究者之辛勤耕耘成果得一展示田地,决定出版《民间法》年刊。

本刊宗旨,大致如下:

一为团结有志于民间法调查、整理与研究之全体同人,共创民间法之法理,以为中国法学现代化之参照;

二为通过研究,促进民间法与官方法之比照交流,俾两者构造秩序之功能互补,以为中国法制现代化之支持;

三为挖掘、整理中外民间法之材料,尤其于当代特定主体生活仍不可或缺、鲜活有效之规范,以为促进、繁荣民间法学术研究之根据;

四为推进民间法及其研究之中外交流,比较、推知相异法律制度的不同文化基础,以为中国法律学术独辟蹊径之视窗。

凡此四者,皆需相关同人协力共进,始成正果。故鄙人不揣冒昧,吁请天下有志于此道者,精诚团结、互为支持,以辟法学之新路、开法制之坦途。倘果真如此,则不唯遂本刊之宗旨,亦能致事功之实效。此乃编者所翘首以待者。

是为序。

谢　晖

目　录

严存生教授思想研讨

学理探讨

经验解释

制度分析

社会调研

域外视窗

严存生教授思想研讨

人生:键康的体魄、良好的心态、正确的事业观

——2019 年 11 月 16 日第十五届全国民间法、民族习惯法学术研讨会感言

严存生

首先,要感谢这一次民间法年会的召开及其活动安排,让我 50 年后有机会再次来到美丽的新乡,看一看我国中原大地的自然和人文景观。在这次会议议程中,安排的这一单元以"严存生教授法社会学思想专题研讨会"的方式,作为我 80 岁的祝寿活动,也让我非常惊喜和激动。我感觉到,大家还记得我这个老人。所以,在这里,首先对大会组织者致以衷心的感谢!同时,要特别感谢谢晖教授,2014 年青海西宁和这次活动都是他倡导和组织的,在现在的社会里,有这样的学生,能组织这类活动是非常不容易的。也要感谢参加这一活动的我的其他学生们,谢谢你们在百忙中来助兴,也让我知道了你们毕业后的进步和成就,倍感欣慰,希望你们能在今后的工作中百尺竿头,更上一层。更要感谢其他参加民间法年会的学者们来助兴,我想你们不仅是来给我祝寿的,更多的是有一种寄托和希望,即在中国真正搞学术研究的人,人们应记住他们,祖国应记住他们,因为中国的真正繁荣强大是因为他们作出的贡献!

这次活动引起我对人生的许多回忆和思考,所以,想在这里谈一些,自以为"成功"的经验。作为老者、过来人,告慰来者、年轻人,供你们今后生活安排的一点参考!想谈三点:

一、要注意培养一个良好的生活方式,保持一个好身体

让自己有一个健康的体魄,一生远离病痛,生活得有质量。生命在于运动,运动得有规律,而好的习惯就是人的行为规律性的一种表现。但习惯不是天生的,是在认识人生和社会的基础上培养起来的。所以,良好的生活方式表现为一系列良好的生活习惯。那么,人生中应该培养哪些良好的生活习惯呢?我觉得主要有以下几点:

1.良好的睡眠习惯。准时睡觉,早睡早起,不开夜车。睡觉好、有规律是身体好的关键。睡觉好第二天才会饭吃得香,才会工作精神饱满。我一生中很少开夜车,养成了准时睡觉的习惯。一般都是晚上 10 点钟上床,11 点前睡着。睡觉质量也比较好,很少失

眠。我30多岁时曾失眠过，后来从心理上解决了失眠问题，不再怕失眠了！办法是转移注意力，看一些不想看的书，或者思考一些烦人的问题，更重要的是有“堤内损失堤外补”的心理，使心里放松，不再怕睡不着觉。

2.良好的饮食习惯。准时吃饭，不偏食忌食，不暴饮暴食，饭吃七八成，留有余地。这样才能及时全面地补充营养，使身体有充足的物质基础，才会减少生病。因为往往病从口入，饿得久了、吃得过饱了都会得胃病，而胃不好不仅受罪，而且营养就补充不上，致使身体素质越来越差。

3.持之以恒的体育锻炼习惯。准时起床，活动半个小时，做做操，打打太极拳，拉拉单、双杠等。这样不仅能使关节灵活，血液流畅，肌肉强壮，还能增强身体的抵抗力和免疫力，减少伤风感冒和生病。锻炼时穿得比较少，天天经风雨吹打。我从中学以来，每天早晨六点多起来活动，风雨无阻。几十年来，天天如此。现在的身体状况基本良好，手脚灵巧，脊、颈椎、肩肘没有大的不适，耳不聋，眼不花。这种状态，不仅免除了疾病的痛苦和治疗的烦恼，而且可以更好地工作，给社会做更多的贡献，觉得活得有价值。对近80岁的人来说，这应该是一种最大的幸福。

4.生活上保持勤俭自理的习惯。尽量自理，不偷懒，不追求享受，更不追求奢侈豪华的生活。我一生中由于夫妻分居两地，过着单身生活，所以什么都得做、都能做，拆洗缝补，洗衣做饭，打扫卫生等已成习惯。我觉得人人平等，不能自视高贵，要别人侍候自己。而且这样做还有一个好处，能防止身体功能的退化。因为生物发展的规律是用则进，不用则废。人不做什么，久而久之，就不会了，就丧失了身体的某些功能，变成实际上的“疾残”人了！

5.要养成一个以书为伴的良好习惯。人与人是有差别的，最大的差别是能力的差别，能力包括体力和智力。而智力对人尤为重要，决定着人的社会贡献的大小和地位的高下。而决定人的智力主要是知识。知识虽然来自实践，但就个人而言，人生苦短，能实践者很少。所以，知识主要从书本而来。因为书本是人类知识的传承物，虽然是间接的知识。所以，人的知识主要来自书本。因而，只有以书为伴的人才能不断地获得新的知识，才能不断地提高自己的能力，从而走在世界的最前列，也才能有新的发现和作出新的创造。因此，养成以书为伴的良好习惯的人，会终身受惠。因为只有这样，才能不断地充实自己，不断地研究新事物，才能与时俱进，永不落伍，也才能使自己的生活充实和能不断地产生成就感和自信心。我把这种习惯叫作“学术养生”。从大学起，我就养成读书的习惯，一生中读了许多书，从中外的文学名著，到西方的哲学、法学、政治学名著等，近几年又转而读我国古代的一些诸子百家的文献，特别是与法相关的文献。与西方的相关著作比较着读，觉得它们是一个新的知识宝藏，所以，越读越有兴趣，对我国文化越来越自信，生活也越来越充实。当然，在当今知识爆炸、书如海洋的时代，我们难以读所有的书，只能挑着读好书，读与自己工作有密切关系的书。同时还要会读书，有的要泛读，有的要精读，对重要的思想家的著作要精读，要集中起来读。所谓精读，就是要仔细地读，读时做读书笔记,写读书心得,弄清他的理论体系中的每一个概念及其相互关系。有时要带着问题读,最好能与其他类似著作比较着读,并联系现实深入思考。要能一边读,一边思考和一边写作,这样才能做到"学了用,用中学",牢记心中。对重要的思想家的著作要弄清作者整个思想逻辑体系和核心概念,做到闭卷后了然在胸,准确地把握其中的每一个概念,终生难忘。我一生中读书花的时间最多,经常跑书店、图书馆,关心有什么新书出版,特别是自己专业方面的和曾研究过的问题方面的书。对书有一种占有欲、阅读欲,千方百计地想获得它。一句话,我一生中已养成了以书为伴的良好习惯,我已离不开书,读书已成为我生命的一部分,已成为我的一种生活方式。

二、要树立正确的社会观和人生观,以养成良好的心态

心态,顾名思义指内心应变外界事件的能力和状态。良好的心态指遇事波澜不惊,能冷静地思考,泰然处之,能拿得起,放得下,不会因之一夜愁出白头发,甚至大病一场。有良好的心态的人,能正确地看待人和科学地安排人生,能踏踏实实地工作和过日子,为人谦和,既有自知之明,又有自信心,因而能以平常心看待名誉地位。对于钱、权、色,不争不抢,不慕虚名,更不以不正当的手段巧取豪夺本不是自己的东西。能认识到人的本性,认识到人只有在与他人的交往中、分工合作中才能生存。因而能与别人平等相处、友善交往、互补短长,感同身受地对待他人,不搞个人中心主义,不主张绝对的个人自由。对交往中的不愉快的事,能很快忘却,对别人恩情能牢牢记住,对别人的错失,能大度宽容。能正确地认识到人与人在社会地位、角色和能力上的差别,对自然原因产生的差别,听其自然;对因社会分工所产生的差别,能区分合理的与不合理的。因而不盲目地一概反对差别,只批判违背人权或等级特权的东西。所以,不要追求绝对的平等,只追求人格上、法律上的平等。认识到人与人最大的差别是能力上的差别,而能力是可以通过自己的努力改变的。认识到个人之间所享有的自由虽然在种类上有差别,但在总量上是基本相等的。如在时间的支配上,有权有势的达官贵人,由于应酬多,所以,用于家庭和个人生活的时间就少;在自由的种类上,他们享有支配钱、权的自由,就减少了言论和隐私的自由。还因钱、权是二重的,对他们来说,既是一种自由的资本,也是一种责任和危险。如果他们贪财和滥用权力,则会身败名裂,丧失最起码的人身自由。所以,不要把一切差别都视为"不公平",即使是个人受到的一些"不公平"的待遇,也不要一味地怨天尤人,而应多从自己身上找原因。要坚信有知识和能力的人,终竟是会得到社会的重视和获得应有的待遇的。对生老病死,不怕不惊,能"自然"看待;在工作中不因失败而气馁,也不因成功而骄傲。显然,良好的心态比良好的生活习惯对于健康的身体更重要。因为,没有正确的人生观和社会观,是不会约束自己有害的欲望和激情的,从而不会有意识地培养自己良好的生活习惯。那么怎么才能有一个良好的心态呢?无疑,丰富的人生经历是养成良好的心态的重要外部条件,因为见多识广,就会见怪不怪,就会遇事不怕和有方法。

但这不是根本，更重要的是有正确的人生观和社会观。与之相适应的是有丰富的人生知识和社会知识。因为正确的人生观和社会观是以丰富的人生知识和社会知识为基础的。正确的人生观使我们认识到人类在自然界、在地球上的位置；认识到人的价值和实现的途径，认识到个人和集体、社会的关系；认识到人是社会的动物，只有在与他人的交往中通过分工合作、取长补短才能生存下去，才能取得成功，生活得更好。也就是说，自己只是整体的一分子，因而只有所在组织安全了、富裕了、强大了，自己才可能安全、富裕、强大。而所在组织的安全、富裕、强大，又依赖于每个社会成员的共同努力和贡献。所以，个人首先想的是贡献，而不是索取和享受，更不是奢侈和浪费。因为自然界的资源是稀缺的，合理地开发和使用才会使它们物尽其用，才会转化为更大的资源，以利于人类的长远生存和发展。这样一来，我们才能以正确的态度面对人生，做一个有志向，有追求的人，不碌碌无为地混日子和安心于做平庸之辈。但也不好高骛远，不慕虚荣，不追求那些不属于自己的东西，更不会以坑蒙拐骗的丑恶手段获取它。总之，人生没有终点，一切都是暂时的，都会过去。因而要以"无所谓"的态度面对过去。显然，这些认识，这一心态的形成，从根本上说，在于有一个正确的社会观和人生观。

良好的心态突出表现在其中的生死观、苦乐观、义利观等几方面。生老病死是生命中的几种必然现象，它本乎自然，但对个人的生命过程来说，却往往以偶然的形式出现，无良好心态的人，对病死往往心理上无准备，因而接受不了，精神会一下子坍塌。有良好的心态的人则相反，早已知道它们是不可改变的自然规律，因而能早做预防，减轻因之而产生的不良后果，发生了，会泰然处之，不会因之而过分地悲伤。苦乐是人的两种感觉，它们往往相伴而生，互为因果。因此，一件事对某人来说，是有苦有乐，是先苦后乐或先乐后苦。例如，生育子女，对女人来说，既是生死攸关的危险和痛苦，又是成为一个真正的女人(母亲)必走的一步。此后，她才会具有母爱这一伟大的人类感情，并受到社会的尊重，才会享受天伦之乐，但也要付出没完没了的繁重劳务和遇到一系列的烦心事，如孩子的安全、不听话，性格叛逆，早恋，找工作等。再如，人的能力的增长是在艰辛的劳苦中获得的，因为知识的增长依赖于大量的阅读、思考和实践，其中不仅要付出时间、金钱和汗水，还会有许多的错失和曲折。所以，人生在世，不能只要乐不要苦，而必须二者都接受，必须先吃苦后享乐。"自古将相出寒门""自古英雄多磨难，从来纨绔少伟男""寒门出贵子，逆境出人才"等格言说的就是这个道理。与此相联系的还有名利观。因为名利是能使人快乐的东西，名主要指引起乐的文化精神，如荣誉、地位、权力；利主要指引起乐的物质因素，如钱、财、物等。人要生存，不能没有名利，没有名就言不顺、气不正，没有利就难以维持生命。所以人一定会争名利，并为之而斗争。但必须认识到，这一争，必须遵循"实力"和"公正"的原则，也就是说，名利的获得应建立在个人的"实力"，即能力和贡献的基础上，应公平合理地获得，应名实相等。因为名和利，对人来说，不仅是一种享受，也是一种责任，没有能力的人，拿到了它们，不仅会被社会上的人责骂，还会产生不堪承受的负担。如意外的一笔巨额金钱，会给没有管理能力的人产生巨大的心理压力和无穷的烦恼，甚至会改变、毁掉他的整个生活。这就像一个身缠金银财宝的游泳者会被淹死一样。这里还有一个“利”和“义”的关系问题，即自己和他人、社会的关系问题。利，有个人之利和社会之利，有暂时之利和长远之利，有局部之利和整体之利之分。“义”说的就是长远、根本和整体之利。因此，个人对名利的争取，必须合于“义理”，即以有利于长远、根本和整体之利的存在和发展为前提。因为社会上的好东西，是大自然给所有人的，一个人不应独吞，社会所创造的财富，是大家在分工合作中共同努力的结果，应该大家共同享受。所以，社会上的名利，某个人不能独得，否则就不公平，就会使社会解体。而且，社会上的财富是无限的，一个人在世时占不完、用不尽、带不走。他的胃只能容纳几斤东西，他睡觉只能占三尺宽的床板。他是赤裸裸地来，赤裸裸地去。还不要说，离开了别人，他对东西的占有和享受，会没有乐趣和意义。因为他手中多余的东西，不返回社会，不馈赠给需要的人，就难以发挥其作用，他自己也难以获得因此而得到的荣誉。一句话，个人只有融入人类生存的永恒长河中，用所在社会给他的应有的名和利为社会做贡献，其生命才有价值。

那么，如何获得这一正确的社会观和人生观的知识呢？据我的体会，除了对所遇到的事多思考外，一个很重要的途径就是阅读中外著名思想家的有关著作。例如，德国的自然法学家普芬道夫在《人和公民的自然法义务》一书中，就对人生和谁的关系作了很深刻的论述。他归纳出来的人类社会的三条“自然法则”就很有价值。这三条“自然法则”是：(1)自珍、自爱、自尊，珍惜生命，成为一个自强不息的人。(2)与他人平等、友善、诚信相处，尊重别人，多看别人的优点，不加害于别人。因为只有人人如此，大家才能相安无事，才有安全感。(3)在力所能及的情况下帮助别人，使社会充满人道主义精神。这些观念也就是我国古代所说的以礼义为内容的人生之道。其基本观点是人是道义的动物，人的本性是“善”的，社会上的人大部分是好人，是热心人，是可以和谐相处的。也就是说，人不是功利的动物，所以不要用功利主义的观念安排自己的生活，不要认为人与人之交往只是一种利用关系，而应遵照康德的“人是目的，不仅仅是工具”的原则指导社会生活。牢记“我爱人人，人人爱我”的格言。爱亲人，爱集体，爱祖国，爱人类。乐观、自信、宽容、勤奋、节俭地生活。做老实人，做老实事，坚信老实人不会吃亏，好人有好报。世上的东西，占不完，带不走，合理开发和使用才是正道。

另外，好的心态还有一个如何面对人生机遇的问题。人生中有许多偶然或机遇，而且往往把它们划分为好事和坏事。但当到了晚年回忆某事，却感觉很难说某一偶然或机遇是好事还是坏事。因为没有纯粹的好事和坏事，事往往是好坏兼有的，就看你怎么看，怎么对待。如我大学毕业时分到大上海，应该说是件好事，因为上海市是当时全国最繁华、先进的地方，而高校又是增加知识的最好平台。显然，没有这一机遇，就不会有我现在的成就。但它却使我几十年家庭分居两地，难以解决。另外与我同分到华东政法的许多同事，为了解决家庭分居问题调回原籍去了，所以，丧失了成为高校教师资格的机会。而我为解决家庭分居问题，比他们迟了十年，解决时没有离开高校，还在专业上由哲学转向法学中的一个新兴学科——西方法律思想史,情况就大不相同。所以,分到上海既是好事,又是坏事,调离上海回西安,也是好坏兼有。如果不离开上海,也可能一辈子搞公共哲学,不会有现在法学上的成果,甚至连教授的职称也难以解决。这中间有一个大环境、体制与个人的关系问题,显然,个人是无力改变大环境的,我当时的心态是顺其自然,没有像有些人那样急切地、刻意地解决家庭分居问题,才有这样比较好的结果。

这里我想谈一下命运和机遇问题。命运是人生之必然,机遇则是必然表现出来的偶然事件。如生老病死是必然,但如何生老病死,何时、何地生老病死则是偶然的,是说不定的。这些偶然事件、机遇,也可能会给人带来转折,或者从此一蹶不振,灰心丧气;或者能使人振奋起来,由此步步高升。因此,对于生命中的偶然事件和机遇,要正确认识和对待。例如我被分配在上海高校,在西藏被抽到自治区宣传部写作组,从上海调回西安时被安排搞西方法律思想史的教学工作等,就对我的研究和写作能力的开发是一个很好的机遇。没有这些事,也可能没有我现在的研究成果。但有机遇不等于就一定会产生好的结果。如与我同被分配到华东政法的一些同事,最后为解决家庭分居问题调回到原籍,离开了高校,也就没有研究的必要和能力;与我同被抽到自治区宣传部写作组的人,有的返回后放弃了继续写作,专心于教学,因而其写作能力就没有发生突飞猛进的增长。所以,这有一个如何认识和对待机遇的问题。因为机遇如果不紧紧抓住就会错失良机,如果不会利用机遇,机遇对你而言也就不是机遇,就毫无价值。因此,人的命运虽然是必然的,但并不是不可改变的,就如马基雅维利所言,人在命运面前,并不是毫无作为的或听天由命的,而是可以掌握命运的一半。这就像大河的洪水必然会给人们造成灾害,但对大河两边的人来说,灾害是可以预防的,甚至是可以变害为利的。因为人们可以事先修堤坝、水渠、水库,干涸时用水来灌溉田地。

最后想谈一下人生的有限和无限问题。人生苦短,肯定是有限的,不会长命不死,千岁、万岁地活下去。这没有可能,也没有必要。否则对地球来说,承载不了,也缺少了活力;对个人来说,没有质量地活着也没有意义和价值。但由于无限中有有限,所以,人的生命的长短,是没有底线的,是可以随着科学的发展而变化的。这表现在人一生中所能干的事可以是无限的,如像梁启超一类的大师,既是伟大的政治家,干出如戊戌变法这样惊天动地的大事;又是我国近代涉猎最广、成果最丰的学者。在哲学、文学、史学、经学、法学、伦理学、宗教学等领域,均有建树。他虽然只活了50多岁,却能有1400万字的著作留世,还培养了如梁思成这样的9个才华出众的子女。像赵元任一类的语言天才,既系统掌握了数学、物理学、哲学知识,又精通中外各种语言学,在中国能讲各地的方言,到美国又在1945年被选为美国语言学会的会长。他还喜欢音乐,利用业余时间创作了100多首歌曲,等等。这说明,就个人而言,其能力也是无限的。所以,我们应在有限的一生中,追求能力和成果的无限。要小车不倒只管推,还要不断地使自己的小车现代化。这样,才活得有价值、有意义,也才能保持一个良好的心态。

三、要有正确的事业心

要认识到，人不是来世界上享受的，人的尊严在于对社会有所贡献，在于干一番事业。而事业没有高下之分，行行可以出状元。而事业的有成在于忠于职守，干一行，爱一行，对工作精益求精，以科学的态度对待事业，做老实人，做老实事，并把事业、工作与自己的成长进步、社会的繁荣发展、祖国的强大、人类的文明联系起来。因此，目光要远大，心胸要开阔，不满足于一时一事的成就，不追求虚荣和不该是自己的东西，这样就能活得踏实，也会事业有成，就会有成就感，因而受到社会的高度评价和人们的普遍尊重。在座的大都是教师，从事教学科研工作，是人类灵魂的工程师。这是一种高尚的职业，其目的是创造知识和培养人才。要做好这一工作，首先要铸造好自己的灵魂，做好本职工作，不断地研究学问、追求真理、教书育人，把本职工作做好。做一名合格的教师，要耐得住寂寞和清贫，不要既当了老师，又想当官和赚钱，这样是干不好教师这一工作的，而且会误人子弟。因为他们会用官腔商调教育学生，给学生灌输错误的人生观念，使他们也成为精明的功利主义者。这对学生、对自己、对社会都是非常有害的。作为高校的教师，不能像中小学教师一样只给学生讲授大众化的知识，另一方面仅仅是个教书匠，而应以科研带动教学，不断地创造新知识，并教会学生寻找新知识的方法。而要如此，高校教师应注意处理好知识上的广和专的关系，即一方面要有广博的知识，另一方面要跨学科研究，从其他学科中寻找新的观念和方法。必要的情况下，在一个阶段后可以来一个研究问题的领域转向，转向一个相近学科，或研究一个新的问题。这不但会适应新的工作需要，而且可以改善自己的知识结构，拓宽知识的广度和研究问题的视野，而且有利于克服惰性，激发出新的动力和智力。因为新的无知领域使自己不再自满和不敢偷懒，必须小心积极地工作，不敢有丝毫的懈怠。我这一生中就来过两次转向：第一次是从哲学转向西方法律思想史、法理学、法哲学；第二次由西方法律思想史转向中国古代法治思想。近 40 年的西方法律思想史教学研究，我阅读了大多数的西方法哲学名著，研究了大部分思想家的法律思想，还系统研究了西方法律思想史中的许多重大概念、问题和理论，可以说已比较清楚地了解了西方的法文化，因而很自信和自满，不想再下功夫看一些新的著作和研究新的问题。但这次转到我国古代法文化领域研究之后，看到完全陌生的大量古代文献后，一下子产生了一种小学生的心境，觉得自己很无知，尤其是对中国古代史的具体事和人，知道的很少。所以，战战兢兢地，不敢在公开场所说话，只怕说错话，写文章只怕引证不准确。近两年来看得多了，对古代文献有所了解，特别是研究出一点成果，发表了几篇文章，并得到社会上的好评以后，才有了自信心，才敢在会上大胆发言。现在看来，这一转向对国家、对个人都有很大价值。因为我个人的法学知识，以前很片面，只有一点西学知识，不能达到中西贯通，需要补上中国法文化的知识。而我国的法治建设的指导思想，也缺少传统法文化的基因，没有中国的根，急需加强这方面的研究。因此，是两个需要。

正因如此，几年来研究就见成效，发现了我国古代早于西方几百年存在的一种“法治”观念。而且是与西方不同的，更深刻的一种“法治”观念，即“道法而治”观念。这一观念萌芽于《黄帝四经》中，明确地提出和系统地阐述见于《管子》一书。这种“法治”观念不同于西方的民主法治观念，不是从具有偶然性的人们之间的协商途径中思考“法”的根源，而是从“道”，即事物的本质和规律、人的社会本性、人的社会生活之道的角度来思考“法”的根源，把“法”理解为“道之用”，即表现为人的社会生活准则（规矩、准绳）的“道”。把执政者理解为“执道者”，认为他们必须是社会中的君子和英才，而法是他们在认识“道”的基础上根据全社会的共同需要制定和实施的，并以公共的社会权力为后盾的行为准则，目的在于保障社会的发展符合道，因而能满足广大的社会民众的共同需要。还认为执政者在社会的治理中应坚持“公天下”和“民为本”的观念，和“公正和谐”的原则。治国手段上要以法为主，辅之以“势”（权势）和“术”（权术），而施法的主要方式是赏和罚，而所有这些都必须以道德教化为基础。所以，“法治”不是仅仅依靠法，更不是死抠成文的律典。这意味着“法治”不是出于偶然，而是具有必然性，不是出于“私”而是“公”，因而具有最高的“价值”，值得追求和信仰。而且，这种“法治”观念不挑剔政治体制，不排除政治精英在治国中的作用，也就是说不与“人治”相对立，因为在国家治理或政治活动中，是缺少不了少数的政治精英的，是需要英明的政治精英来领导的。问题只在于政治精英必须是君子、圣贤，他们治理国家依靠的主要也不是个人的智慧，而是现实生活中作为道的集中体现其权威性的行为准则的“法”。“法”是政治精英在认识“道”和体察民情、客观变化的基础上创制的，因而是现实社会中能最集中体现和最有效实现“道”的东西。他们所起的作用就是正确地认识道，并把它制度化，以便于指导公众的行为，纠正失道的人和事，以维护社会的良好秩序。

由此看来，以《管子》为代表的我国古代的“法治”观念，与以亚里士多德为代表的西方的“法治”观念是两种不同意义或不同类型的“法治”观念。《管子》所主张的“法治”是适用于任何国家的理想的治国理政原则，因而可以说是一种普适性的宽泛意义上的“法治”或“元法治”；而亚里士多德所主张的“法治”，其实有诸多条件限制，仅仅适用于具有混合性质的民主共和政体，因而可以说是一种特殊意义上的“法治”。基于此，我们认为《管子》的“法治”观念不仅比亚里士多德的“法治”思想早了几百年，而且，对各种国家的社会治理或对“法治国家”建设，更具有说服力和普适性。因此，如果能认真地挖掘、阐释，再紧密结合改革开放以来我国在社会治理和法治建设方面的经验，在这方面我国是有许多成功的和中国特色的东西的，是一定会建构出一种不同于西方的、新的“法治”观念的。

由此看来，研究中适当而及时的转向，可能会产生好的，甚至意想不到的效果。

综上所述，人生是一本读不完的书，内容很多，其中，好身体、好心态和事业有成是最重要的三个方面。以上讲的是我个人对这三个方面的一些粗浅体会，仅供大家参考！

学术的道路是一条不归路*

刘作翔**

尊敬的严老师,尊敬的各位同仁,大家上午好!首先感谢河南师范大学法学院和会议对我的邀请!

刚才谢晖教授也讲了,在西宁那次会议上,我们就严老师的学术思想作了一些研讨。今天又有这样的机会,让我第一个发言,可能是我们在本科的时候上过严老师的课,严老师给我们讲西方法律思想史。在读研究生的时候,严老师也是我们的导师。所以对严老师,我们是学生,从学生这个角度,因为我是1979级的,西北政法学院复校第一届;作为1984年读法理学的研究生,我又是第一届,而且是那一届中的老大。今天,有很多西北政法大学的校友,包括在校的,还有在外地工作的,有很多的校友。

我看了这个单元的题目,即"严存生教授法社会学思想专题研讨"。我们大家都知道,严老师一生主要致力于西方法律思想史的研究,这方面写了不少著作,包括严老师主编的教材,影响也很大。我回忆了一下,严老师关于法社会学这方面的研究,一个就是在很早的时候,严老师组织了一批西北政法学院的老师翻译了一本霍贝尔的《原始人的法》,这个著作在学界影响很大,因为这本书翻译得比较早,出版得也比较早。后来周勇教授又重新翻译了。这个《原始人的法》,和我们民间法、习惯法的研究有密切的关系。后来我们还看到,有费孝通先生翻译的马林诺夫斯基《原始社会的习俗与法律》,这本书是马林诺夫斯基在太平洋一个岛国待了好几年,写了一本这样的著作。这本著作篇幅不大,好像不到10万字,但它是一个经典之作。严老师组织翻译的《原始人的法》这本著作在人类学、法社会学方面,应该是一个经典之作。它对我们观察、讨论、研究原始社会时期的一些规则状况、规范状况提供了很大的帮助。因为在学习的时候,我们读了恩格斯的《家庭、私有制和国家的起源》,关于原始社会到底有没有"法",从马克思主义法律学说、法律思想的角度,他不认为原始社会是有法的。因为马克思主义对法的产生,是有它的一套思想体系的,它是把法和国家建立在这样一种物质的发展——剩余产品基础上的,有了剩余产品,有了私有制,要交换,交换需要规则,这种规则发展到一定时候,就产

---

* 本文系作者于2019年第十五届全国民间法 · 民族习惯法学术研讨会上的发言整理而成。

** 上海师范大学法治与人权研究所所长,光启学者特聘教授。中国法学会法理学研究会副会长,中国法学会法治文化研究会副会长。

生了法。法是一定社会发展阶段的产物，这是马克思、恩格斯法学思想中最主要的一个观点。我们早年的法理学教材，专门有“法的产生”“法的起源”这样的问题，现在还有。按照马克思主义法学的观点，不认为原始社会是有法的。恩格斯在《家庭、私有制和国家的起源》里有一句经典的话，就是那个时候，在原始社会，他当然用的是氏族社会，他没有用原始社会这个概念，氏族社会、习俗就把一切问题都解决了。用的是习俗，法律是后来的事情。《原始人的法》这本书翻译以后，冲击力很大，从书名上来讲，它和马克思、恩格斯关于氏族社会没有法这个观点实际上是完全不一致的。当然这个涉及我们今天讨论了十多年二十多年的问题——法到底是什么？有些人认为法是一个理解问题，有不同的理解，有不同的立场，就有不同的法，这也是一种理解。但是我个人认为，如果我们都把对法的理解定位为一种理解问题或者立场问题，那就没法讨论了。我认为在一个社会，在一个相对固定的阶段，什么是法应该是有一个标准的，不是任人解说的，这个观点我还是坚持。因为关于法的讨论最后成了立场问题，持司法立场，还是持立法立场，持国家立场，还是持社会立场，成了立场问题，成了一个任人解说的东西，它不成一个定在了。前两天我在一个场合的讲座中谈了一个看法，我说我们法学家对法的理解还没有那些法律实务人员对法的理解更准确。我们可以胡说八道，但是在司法实践中，比如一个法官，他对法的理解，就不像我们这样，可以这样也是法，那样也是法，他是要有依据的。当他判一个案子的时候，根据什么来判，是必须有依据的，要有法律依据的，就不是他怎么理解的问题。

我还记得严老师前些年所涉猎的一些问题。比如，前些年他曾关注过同性恋的问题。他不是从同性恋本身，而是从作为人性的角度介入。我记得那年在大连开法理学年会的时候，有一次严老师跟我讨论过这个问题。他认为同性恋这种现象是反自然、反人性的，当时我给严老师说，你可以坚持你的观点，但是你如何应对全世界同性恋合法化这样一种现象，或者这样一种思潮？另外你如何来回答医学界、生物学界关于同性恋是有基因基础的研究结论，或者它也是某一部分人的一种自然的本性？你如何来回答这样一种学说。尤其是同性恋合法化，为什么能合法？如果说它是反自然、反人性的，但是在有些合法化的国家，这个结论怎么来对付它？这个我们讨论过。我觉得学术讨论还是要有一些反面性思考，我是从反方的角度来讲，你可以坚持这个观点，但是这个观点在面对那些反驳意见的时候，你怎么来应对它？

大家都知道，近几年，严老师思考的触角又深入中国的古典思想上去了，我们看到过他发表的一些文章。昨天我们一块儿出去，他又跟我讲，他在思考一个比较重大的问题，就是关于西方法治思想和中国的古典法治思想间的异同，它们产生的原因，他已经写出了一篇长的大文章。我觉得他这样一种不断思考的精神确实是值得我们学习的。严老师翻过年马上就八十了，他还在不断地思考问题。现在学界有句话，就是到我们这个年龄还在思考问题的人已经不多了。不多的表现就是说，因为学者思考问题要呈现给大家，就是看你有没有文章，我们是通过一个学者的文章来看这个学者是不是还在思考问题，所以严老师这么高龄给我们作出了表率，我们作为后辈，要向他学习。就这一点来讲我很欣慰，学界很多人也在讲，就是我个人也还在思考问题，也还在不断地向前走。也干不了别的，我们这一生如果说有一个初心，我的初心就是学术，我们很早就给自己立了这个目标，当然能走多远，那是另外一回事情，但是至少我们还在走，我们还不忘初心，在追求真理的道路上一点一点地往前走，一点一点地探索，因为这是个无止境的过程。我曾经说过，学术是一条“不归路”。去年，我在中南大学召开的中国法理学年会闭幕式上就讲过，一个人如果想走学术道路，它是一条“不归路”，那就不能有别的其他的更多的杂念。这可能更多的是一种带有乌托邦性质的，或者带有理想型的追求，但是这种追求在今天是很难得的，也是很可贵的。我们从严老师身上应该思考，我们年轻人，就是我们在座的，有很多是年轻人，我们应该思考自己这一生应该走什么路，从严老师的人生经历中我们汲取到什么？

我想今天就讲这么多，讲得不对的请各位批评，谢谢！

深入田野：探索法社会学与法人类学研究的“中国经验”*

——严存生教授法社会学与法人类学思想贡献的启示

吴大华** 尹训洋***

摘要：严存生教授在法学研究的跨学科对话上有着突出的思想贡献，其中在法社会学与法人类学跨学科间的对话对当下探索法社会学与法人类学研究的“中国经验”上有着重要的启示意义：迈向法学研究的“田野”，在“田野”中观察实践、获得经验；研究事和求其理，让法律真正具有生命力。新时代中国法社会学与法人类学研究表现出更为强烈的中国意识和实践精神，亟须构建中国特色法社会学与法人类学的“三大体系”。提出探索法社会学与法人类学研究“中国经验”的“三个步骤”：深入“田野”，开展经验研究，增强理论转化实践的能力。

关键词：法社会学与法人类学；“三大体系”；“田野”；“中国经验”

2019年11月16—17日第十五届全国民间法·习惯法学术研讨会在河南省新乡市召开，在“严存生教授法社会学思想专题研讨”阶段，笔者就“严存生教授法社会学与法人类学思想贡献的启示”作了发言，受严存生教授法社会学与法人类学思想的启发，对当下法社会学与法人类学学术、学科和话语体系进行思考，应谢晖教授主编的《民间法》之约，整理此文。

一、严存生教授法社会学与法人类学思想的贡献

严存生教授毕业于西北政法大学，但受当时环境所迫，从1981年起从事哲学课的教学研究工作，之后重拾法理学、西方法律思想史。在法理学、西方法律思想史的许多领域进行开拓性研究，走在了学科的前沿。① 严存生教授在法学研究的跨学科对话有着突出

* 本文系2020年国家社科基金重点项目“国家制度和治理体系的地方实践经验研究”（课题编号：20A2D002）；2014年全国“文化名家”暨“四个一批”理论人才、国家“万人计划”哲学社会科学领军人才资助项目（中宣部[2015]49号）的阶段性成果。

** 吴大华，法学博士，经济学博士后，云南大学法学院博士生导师，贵州省社会科学院党委书记，教授。

*** 尹训洋，云南大学法学院博士研究生。

① 《当代学林严存生》，载《学术研究》2011年第8期。

的思想贡献。社会科学、人文科学各学科之间，具有同源共生的关系。不同学科之间的对话，不仅能够起到相互借鉴、延伸知识谱系、促进学科发展的作用，同时，还可以挖掘新的知识生长点，产生新的学科理论和研究领域。到今天，现代人文社会科学由西方传入中国，已百年有余，其间许多中国学者一直都在呼吁构建中国的学科理论，并身体力行着。而跨学科间的对话与中国经验的结合，对于创建与形成中国学科理论无疑有着积极意义。笔者就深受严存生教授在法社会学与法人类学领域的研究的影响，并身体力行，推动跨学科研究服务于法治实践。

100 多年来，围绕着"原始社会有没有法律"这一问题，法学家们争论不休。西格尔在《法律探索》中说："人们(原始人群)生活在'习惯的无意识控制之下'，没有法庭和法律。"霍贝尔则认为"原始社会存在法律"，在《原始人的法》一书中从法律人类学角度重新界定了法律的内涵。该书的译稿完成于 1986 年，由严存生教授负责翻译和统稿工作，1992 年在贵州人民出版社出版。笔者在多民族的贵州工作，又长期从事民族法学研究，责任编辑杨建国先生是西北政法大学法理学硕士，严教授的高徒。贵州人民出版社在 20 世纪 90 年代，曾出版《山坳上的中国》《顾准文集》等，是中国"出版界的一匹黑马"，杨建国出力多多。拿到《原始人的法》时，可谓是被深深地吸引，对笔者的学术影响很大，这本书堪称法律人类学的经典之作，其中文版问世，得益于严存生教授的努力。1954 年，霍贝尔出版了法律人类学史上经典著作《原始人的法》。该书获得广泛好评，甚至被评价为"一定会成为未来一代法学和社会人类学的大学生学习原始法的教科书"。该书是霍贝尔对西方法人类学研究成果的概括和总结，书中在介绍各个法人类学家对当时保留原始痕迹比较多的 7 个民族或部落的研究成果的基础上，系统地论述了法人类学的观点和研究方法，以田野调查获取的翔实的材料和自身深刻的见解引起人们的注意，对法律和它的发展作了一流的比较研究，它一版再版，并得到许多学者的高度评价，有学者指出：这本书无论在哪一方面都是高质量的，它非常有效地解决了法学和其他科学上的许多难题。它的社会意义具有广泛性，其技术上的适应性不仅限于原始的法律体系，而且适用于一般的社会价值体系。① 正如严存生教授所言："一本译著能在我国几个出版社多次刊印，其生命力、价值自毋庸置疑。"②严存生教授负责该书的翻译、统稿，让读者能够更全面地了解法律人类学。同时，它给我国法学带来了一种新的思考和新的研究方法。后来，原中国社会科学院民族学与人类学研究所研究员、现任教于挪威奥斯陆大学的周勇教授又重译这本书，书名为《初民的法律》，加大了这本书的影响力。法根植于社会之中，与该社会所持有的文化密不可分，笔者也由此得到启发：在研究法律时，要把注意力指向自己所在的社会，迈向社会的"田野"，帮助法学研究者拓展研究的新领域和找到研究的新方法。③

① George A. Lundberg, American Sociological Review，参见[美]霍贝尔：《原始人的法：法律的动态比较研究》(修订译本)，严存生等译，法律出版社 2012 年版，第 2 页。

② [美]霍贝尔：《原始人的法：法律的动态比较研究》(修订译本)，严存生等译，法律出版社 2012 年版，第 4 页，译者前言。

③ 吴大华：《迈向法学研究的"田野"——〈原始人的法〉荐书语》，载《法制日报》2019 年 1 月 23 日 11 版。

同时期严存生教授的《霍贝尔的法人类学》一文也于1991年发表在《法律科学》第4期中。严存生教授就书中的主要思想作些介评，例如法律与文化密不可分，法律的本质特征是以物质强力为后盾，法律的基本功能是建立和维护社会秩序，原始法与宗教、巫术既有联系，又有区别，法律是随社会的发展而发展的，案例方法是研究原始法的科学方法等。[①] 严存生教授在译著论文中不仅归纳了西方法人类学的最新成果，而且比较系统地论述了法人类学的基本观点和方法。这对我们全面地了解西方的法人类学无疑是帮助很大的。

法律人类学家总是以丰富的资料广泛地评述了世界各地所发现的保留原始痕迹较多的一些民族或部落的有关情况，寻求有条理的琐碎事实。法律人类学强调以田野调查为主的实证分析比较方法为研究的首选方法，实际上是用人类学的方法和观点来研究和认识民族社会中的法律问题。在"田野"中总会发现光彩夺目的金子，足以补偿所付出的时间和艰辛。田野调查、民族志书写实践和理论反思的关系对于法律研究来讲具有重要的启发性。迈向法学研究的"田野"，在"田野"中观察实践、获得经验，不断地对法学研究作出反思，提升法学理论的有效性和实践性，这才是我们进入法学研究"田野"的目的。[②]

在严存生教授的诸多文章中，也能够体现其在法社会学领域中丰富的见解和贡献。其中，严存生教授的两篇文章《"法在事中"——从疑难案件的法律解释想起的》[③]以及《再论法在事中》[④]提出："法在事中，法就是事之理"，这一命题的确立对正确地认识和使用法意义重大。它为法律工作者树立了两个航标：事和理，从而使我们在法律工作中有一个明确的目标和正确的工作方法，这就是研究事和求其理。治理有时并不神秘复杂，它们大都以常识的形式出现，而常识往往是广大群众长期生活经验的积累和概括，所以，我们在求理的过程中，最好的办法是虚心求教于人民。总之，要找到法和认识法，就得研究事和求其理，否则，我们找不到真正的法，我们制定出来的法就可能不通情理，甚至有悖于理。这种物理执法必然是无用之法，是得不到广大群众的认可和遵守的，也是没有生命力的。[⑤] 党的十八大作出加快建设社会主义法治国家的战略部署；党的十九大把坚持全面依法治国作为新时代坚持和发展中国特色社会主义的基本方略之一，指出"全面依法治国是中国特色社会主义的本质要求和重要保障"。在全面推进依法治国背景下，中国法学研究也应贡献更多的学术理论，满足更高的学术要求，这就是"坚持从我国基本国情出发，同改革开放不断深化相适应，总结和运用党领导人民实行法治的成功经验，围绕社会主义法治建设重大理论和实践问题，推进法治理论创新，发展符合中国实际、具有中国

① 严存生：《霍贝尔的法人类学》，载《法律科学（西北政法学院学报）》1991年第4期。
② 吴大华：《迈向法学研究的"田野"——〈原始人的法〉荐书语》，载《法制日报》2019年1月23日11版。
③ 严存生：《"法在事中"——从疑难案件的法律解释想起的》，载《法律方法》2003年第00期。
④ 严存生：《再论法在事中》，载《法律科学（西北政法大学学报）》2014年第5期。
⑤ 严存生：《再论法在事中》，载《法律科学（西北政法大学学报）》2014年第5期。

特色、体现社会发展规律的社会主义法治理论，为依法治国提供理论指导和学理支撑”。[①]新时代中国法社会学与法人类学研究表现出更为强烈的中国意识、实践精神和内涵丰富的“中国经验”，而“中国经验”的提炼需要法社会学与法人类学研究者不断深入田野，每个研究者做一个民族志合力就会形成整体民族志，无数的小地方经验的累积组合最终定会凝聚“中国经验”。

二、构建中国特色法社会学与法人类学的“三大体系”

19世纪末20世纪初涌现出两个法学交叉学科——法人类学与法社会学。法社会学与法人类学的理论基础都在于“法律多元主义”。法律多元是在反思规范法学的基础上提出的一个概念，它也是法社会学、法人类学的核心概念。[②] 法社会学的基本精神在于“法是活法”，并始终重视非国家法及法在社会中的实然面貌。埃利希在其《法律社会学基本原理》一书的前言就开宗明义地指出，“不论现在还是其他任何时候，法律发展的重心不在立法，也不在司法裁决，而在社会本身”[③]。法人类学的基本精神在于“法为一种文化现象”，其基本观点为吉尔兹主张的“法为地方性知识”，他指出：“地方在此处不只是指空间、时间、阶级和各种问题，而且也指特色(accent)，即把对所发生的事件的本地认识与对于可能发生的事件的本地想象联系在一起。这种认识与想象的复合体，以及隐含于对原则的形象化描述中的事件叙述，便是我所谓的法律认识。”[④]关于法社会学与法人类学的起源与发展、研究对象、研究方法以及研究价值，此处不做详细论述。二者无论是在中国法学界还是西方法学界，虽发展倾向不同，但是摆脱不了彼此纠缠不清的命运。正如苏力所言：“任何具体的(法律)制度本身都不具有超越一切的合法性，都必须服务于人类的，特别是当代人的需要。”[⑤]当代中国正经历着我国历史上最为广泛而深刻的社会变革，也正在进行着人类历史上最为宏大而独特的法治实践创新，法社会学与法人类学理应作出新时代新的回应。因此，加快构建能够解决中国问题乃至世界性问题、具有国际竞争力的中国特色法社会学与法人类学学科体系、学术体系和话语体系势在必行。

(一)构建中国特色法社会学与法人类学学科体系

新时代法学研究并不自恋于显学亦不止步于繁荣，而再度寻求法理的创新内涵与时代表达，反映了法学界对中国法学勇于自省剖析、勇于变革创新的理论自信与学术自觉。

① 2014年10月23日中国共产党第十八届中央委员会第四次全体会议《中共中央关于全面推进依法治国若干重大问题的决定》。

② 吴大华：《论法人类学的起源与发展》，载《广西民族大学学报(哲学社会科学版)》2006年第6期。

③ 尤根·埃利希：《法律社会学基本原理》，叶名怡、袁震译，中国社会科学出版社2009年版，第1页。

④ [美]吉尔兹：《地方性知识：事实与法律的比较透视》，邓正来译，生活·读书·新知三联书店1994年版，第126页。

⑤ 苏力：《语境论——一种法律制度研究的进路和方法》，载《中外法学》2000年第1期。

在法社会学与法人类理论场域建构特色明显的本土法社会学与法人类体系，仍须从长期集聚而致巍然庞大的法学知识中，删繁剔杂而重构集约，面对本土问题，坚持问题导向，总结本土经验。构建中国特色法社会学与法人类学学科体系必须坚持问题导向，致力于解决以下三个突出问题：

第一，传统学科的转型升级。法理学、法律史、宪法、民法、刑法等传统学科在发展过程中为法社会学与法人类学研究积累了丰富的智识资源，持续不断地为法治建设提供着智力支持，但相较于我国法治建设的实践创新，也出现了智识隔绝、知识老化、方法陈旧等问题，需要通过深入的调查研究，推动这些传统学科的升级和改造。因而，必须以研究和解决中国问题、凸显中国特色为导向，更加注重立足国情实践和本土资源开展研究，对复杂现实进行深入分析、作出科学总结、提炼规律性认识，不断丰富中国特色法社会学与法人类学学科体系并将其贯穿于研究和教学全过程，逐渐摆脱对西方法社会学与法人类学理论和研究资源的依赖，使我国法社会学与法人类学的基础研究凝聚法治的中国经验、饱含法治的中国元素、彰显法治的中国精神、诠释法治的中国道路。加强传统法学范畴研究，是推进传统法学思想变革、知识更新、方法创新、体系升级的必由之路，从而也是赋予法社会学与法人类学新时代命运的必然途径。

第二，问题导向下的综合研究。曾经，我国法学界不少学者固守其专业领域的学科划分，导致法学各二级学科之间基本上缺乏共同探讨与协同研究，学科划分的专业需求渐次演变成学科壁垒，以致割裂实践的有机系统性。这一方面导致法治问题解决方案的低效性，因为针对同一问题，来自不同专业学科的解决方案如果缺乏综合协调性，很可能出现各方案之间的理念冲突、机制冲突和效果冲突；另一方面导致法学知识体系构建的迟滞性，因为学者们的知识视野与创新能力如果囿于某一法学二级学科甚至三级学科，将难以对整个中国法学知识体系的构建作出有效的学术贡献。[①] 进入新时代，作为法社会学与法人类学研究者应更加注重开展问题导向的综合研究，以本学科基础研究方法为主，辅之以不同专业视角剖析、评价，注重学科间的共同关注与集约建构，提高内在体系与外在体系即与整个法律体系之间的协调性，为法治建设提供更有实际效果的综合解决方案。在问题导向下提升法社会学与法人类学研究为法治实践服务的功能，以高质量的学术成果、优秀的专业人才满足国家和社会的需要，为国家和政府各部门提供决策和咨询服务；要增加判例研究的比重，编选法社会学与法人类学的典型案例，加强与司法实务部门的交流互动，共同促进法社会学与法人类学学科体系的繁荣发展。

第三，"二次交叉"寻求学科研究的突破。法社会学与法人类学学科本身存在着"交叉"因素（法社会学包含法学与社会学的交叉因素，法人类学包含法学和人类学的交叉因素），科技进步和社会发展中出现的许多新问题不是传统的法社会学与法人类学理论和方法可以独立解决的。例如，网络治理、金融治理、社会治理、算法规制、人工智能规制、无人驾驶规制、基因编辑等新兴问题，就需要管理学、经济学、统计学、政治学、网络工程

① 陈甦：《新中国70年法学繁荣发展的成就与思考》，载《光明日报》2019年10月29日11版。

学、统计学、数学等学科的参与,需要文理工学科的协同。这就要求我们推动学科之间的“二次交叉”,即推动法社会学与法人类学和其他学科再交叉,一方面,要突破以往按照法学二级学科设计重大研究领域和重点选题的习惯做法,着力打破二级学科内部的壁垒界限;另一方面,要主动“走出去”,善于与哲学、政治学、经济学、自然科学、工程技术科学等其他学科“交朋友”,以寻求思维启迪和理论资源,提高消化吸收其他学科理论和技术成果的能力,推进法社会学与法人类学和其他学科的融合与再交叉,增强与其他学科开展平等对话与交流的能力。

从根本上讲,学科交叉靠的是概念共享。而法社会学与法人类学学科要在概念共享中富有成效地开展与其他学科寻求“二次交叉”的研究,就必须增强范畴意识,必须使法社会学与法人类学范畴内涵精准、思想透彻、便于融通。近几年来除法社会学与法人类学以外,法经济学、法政治学、法伦理学、法地理学、比较法文化、法律方法论、法治思维学、法律与文学、法律与艺术研究等的蓬勃发展,正展示出范畴研究对建设交叉学科的巨大作用,它们打破了学科壁垒造成的智识隔绝,提升了整体法学学科应对新问题新挑战的能力。

(二)构建中国特色法社会学与法人类学学术体系

法社会学与法人类学学术体系,包括法社会学与法人类学知识体系和法社会学与法人类学理论体系。法社会学与法人类学知识体系,是指建立在观察、实验和田野的经验事实上,通过经验观察的数据、实验研究的手段、田野获取的资料来揭示一般结论,并且要求这种结论在同一条件下具有可证性知识体系。即有关我国法律规范体系、法律制度体系和法律实践体系的知识。在当代中国,社会改革不断推动着社会转型,生活本身、社会实践活动的方方面面都经历了急剧的变迁,所以我们必须抓住社会实践结构性巨变的机遇实现知识体系的突破。在知识体系发展的过程中往往会产生很多谬误,例如,一些学者用西方法社会学与法人类学知识分析中国经验中的某一案例,或者拿中国经验中的某一案例去验证西方法社会学与法人类学的知识框架,生拉硬搬得出的结论可想而知,这样的研究对于中国特色法社会学与法人类学学术体系建立意义不大。我们只有立足于中国经验,深度挖掘中国经验的丰富内容,扎实开展学术研究,才能进一步丰富中国特色法社会学与法人类学知识体系,才能构建中国特色法社会学与法人类学学术体系。

与改革开放初期相比,近年来我国法社会学与法人类学知识创造规模不断扩大,知识体系日益庞大。据不完全统计,每年有上百部学术著作问世,数以千计的论文发表。从知识生产规模来看,法社会学与法人类学不断缩小与传统法学二级学科的差距,但如果从知识生产的质量来看,法社会学与法人类学的发展形势却不容乐观,尤其是法人类学,在国内受其独特的研究对象与研究方法的影响,始终形成不了大规模、深层次的对话。在数量众多的法社会学与法人类学成果中,相当一部分属于知识增量类、信息类成果,对法社会学与法人类学知识体系没有明显的实质性突破。近些年来,我国法社会学与法人类学领域重复研究问题的现象比较突出。这种重复研究表现为相当多的法社会学与法人类学成果在论题、思路、话语、观点、方法等方面大面积雷同,前瞻性、探索性、创新性不强。法社会学与法人类学知识体系的这些问题需要通过理论创新来克服,而法社会学与法人类学理论创新是构建中国特色法社会学与法人类学学术体系的重中之重。

法社会学与法人类学理论体系,是由法社会学与法人类学的基础理论、核心理论、方法论等构成的,是从法社会学与法人类学的法律传统和社会实践中发掘法治的本土资源,结合中国的具体国情,推动的法律现代化和法治实践经验的科学化、概念化和理论化。中国特色法社会学与法人类学学术体系理应是中国特色社会主义法学理论体系的重要组成部分,是马克思主义法律思想实践化、中国化、当代化的成果。

从经验到知识体系再到理论创新,是个艰难困苦的过程,以法人类学学科为例,法人类学最讲究田野调查,最注重第一手资料,但是在从经验上升到理论时,往往难以摆脱西方的或传统的"窠臼"。导致这种结果的一个重要的原因就是过度重视法律移植而忽视本土经验研究。具体到法社会学和法人类学的研究中,有学者认为,在过去的一个多世纪当中,中国法律现代化实践的历史就是一部法律移植史。① 中国法社会学与法人类学要推进中国的法治研究,就需要更加注重社会事实,尊重中国传统文化和伦理道德,立足于中国的社会实际,特别是抓住当前中国社会急剧变化的机遇,搞调查、做研究,更为透彻地认识、了解和总结中国社会,乡土社会、差序格局等概念都是重要的中国社会本土特征,也是我们研究中尤为重要的领域。所以,我们要努力从中国本土的村规民约、风俗习惯中,从中国丰富的社会思想资料中,从中国悠久的传统文化中吸取养料,立足本土资源,探索本土经验,创造适合中国国情的法律概念和法律理论,构建中国特色法社会学与法人类学学术体系。

(三)构建中国特色法社会学与法人类学话语体系

习近平总书记指出:"支撑话语体系的基础是哲学社会科学体系。没有自己的哲学社会科学体系,就没有话语权。"②"面对世界范围内各种思想文化交流交融交锋的新形势,如何加快建设社会主义文化强国、增强文化软实力、提高我国在国际上的话语权,迫切需要哲学社会科学更好发挥作用。"③一个国家的"话语体系",是以本国语言和文字对由诸多观念、概念、理论、价值、信念和经验所组成的思想体系的系统表达。"话语权"是指"话语体系"以其自身所负载的思想体系的力量而形成的权威性和影响力。话语体系的形成为话语权的形成创造前提;话语权一旦形成就具有支配力。④ 中国法社会学与法

① 郭星华、秦红增:《从中国经验走向中国理论:法社会学(法人类学)再思考》,载《广西民族大学学报(哲学社会科学版)》2012年第5期。

② 2015年12月11日习近平在全国党校工作会议上的讲话。

③ 2016年5月17日习近平在哲学社会科学工作座谈会上的讲话。

④ 张文显:《中国法学70年的回顾与前瞻》,http://theory.gmw.cn/2019-10/10/content_33220430.htm,下载日期:2019年11月13日。

人类学如何增强其影响力和支配力，创造出让世界认可和接受的理论体系和话语体系，是当下法社会学与法人类学研究者的庄严使命和重大任务。

中国特色法社会学与法人类学话语体系的构建主要体现为两个方面：在国内领域，它表现为法社会学与法人类学话语体系的引领力，亦即引领思想理论、公共舆论和社会意识形态的能力；在国际领域，强调中国特色法社会学与法人类学话语体系的影响力、支配力，以及转化为参与国际事务和规则对话的能力。构建中国特色法社会学与法人类学话语体系目的在于坚守社会主义内核，体现中华法治文明，体现当代中国法治实践和法治精神，提炼“中国经验”，倡导多元格局，打破西方法社会学与法人类学话语的主导地位，消解西方中心主义的影响，提升中国在国际社会的法学话语权和在全球治理中的作用。

近代以来，从清末到中华人民共和国建立，从建国初期到改革开放，我们在法治领域中基本上是“西学东渐”。改革开放以来，特别是20世纪90年代以来，各种法律如雨后春笋般地被移植进来，但从总体上来看，其实际运作的效果并不理想，国家法律和民间规范的冲突广泛存在，使人们无所适从，大量的法律规避使得很多法律形同虚设。经过改革开放40年，我们有可能提出，也必须提出推动中国法治思想的对外传播，实现中西法学理论和法治思想的双向交流和互鉴。与构建学科体系和学术体系比较，构建话语体系难度更大。中国经过多年的法社会学与法人类学的研究，已经基本达成一个共识：从法律的本质来看，法律是基于维持一个地方秩序而总结出来的“经验”，不同条件不同时空效果均不同；从法律文化来看，中西法律自古属于两种不同的法系，无所谓优劣，决不能无视本土的传统，削足适履。习近平总书记指出：“在解读中国实践、构建中国理论上，我们应该最有发言权，但实际上我国哲学社会科学在国际上的声音还比较小，还处于有理说不出、说了传不开的境地。”①支撑话语体系的基础是科学的理论体系。没有科学的理论体系，就没有话语权。构建中国特色法社会学与法人类学话语体系同样如此。经过长期的探索和实践，我们已经形成了一套内涵丰富、思想深刻的中国特色社会主义法治理论，中国特色社会主义法治话语体系也在逐渐形成。但是必须清醒地看到，同生动丰富的法治实践相比，理论界对法治实践经验的总结和提炼还相对滞后，对各部门法领域理论和制度发展的中国特色、中国经验的梳理还不够深入，对法治建设的规律性认识把握还不够透彻，对具体零散的理论进行体系化建构、集成总装的能力还有待加强，在国际层面对中国特色社会主义法治理论的传播和推广也不够理直气壮。这些既是我们法治理论发展面临的紧迫问题，也是提升我国法治话语权的重要突破口。② 这就向包括法社会学与法人类学在内的法学研究工作者提出了新的使命和任务，即通过进一步繁荣和发展法学学科，加强学术体系和话语体系建设，服务于增强话语权的国家战略目标，在全球治理格局中展现中国思想、发出中国声音、提出中国方案。

---

① 2016年5月17日习近平在哲学社会科学工作座谈会上的讲话。

② 2016年王乐泉在中国法学会常务理事扩大会议上的讲话。

构建中国特色法社会学与法人类学的话语体系，提高中国法社会学与法人类学在国际社会的话语权，必须立足于中国本土经验的研究，同时注重提高中国法社会学与法人类学话语体系的国际融通力，善于提炼标志性法社会学与法人类学概念，着力打造融通中外的新概念、新范畴、新表述，建构体现人类文明互鉴和多元法律文化的新理念、新思想、新境界。构建法社会学与法人类学话语体系，应当作出长期规划和努力，要着眼于经验的实证的研究，着眼于深入踏实的田野调查，打造有利于理论家和学者厚积薄发、十年磨一剑的机制平台，营造有利于法社会学与法人类学工作者理论碰撞、思想交汇、平等对话、视角多元、包容歧见、允许试错、互惠互荣的学术环境。

三、深入田野：探寻法社会学与法人类学研究的“中国经验”

新时代法社会学与法人类学的使命理应是立足于经验和感受，立足于跨文化的比较，深入田野，对传统法社会学与法人类学的法概念、研究方法进行补充、质疑甚至批判，并试图构建中国特色法社会学与法人类学认识体系。因此，对于中国法社会学与法人类学研究来说，很重要的一点便是在田野中探寻“中国经验”。何为“中国经验”？广义上来说，“中国经验”就是在浩浩荡荡的中国历史长河中所流传下来的为中华民族世世代代所继承发展的、具有鲜明民族特色及本土化气息的社会经济发展模式、行为方式和文化观念等。狭义上来说，“中国经验”就是当代中国，特别是自改革开放以来在社会经济发展的模式和过程中所构成的特定类型，其中包括所取得的成绩和所面临的问题。总的来讲，“中国经验”来源于对中国所做事情、所走道路的总结，反过来又指导自己进一步的实践，并对别人的实践具有一定的参考意义。即使在今天，我们在移动支付、共享经济、智能政法、互联网司法等领域所面临的很多新兴法律法学问题，在其他国家还未遇到，更不可能有域外经验可资借鉴。这意味着，我们不得不越来越多地以先行国家的身份开拓性地研究许多新兴法律法学问题。正是从这种意义上说，中国法学的本土化道路将越走越宽。① 具体到我们法社会学与法人类学的研究中，“中国经验”的融入能够帮助我们尽早建立中国特色法社会学和法人类学学科体系和学术体系，建立国际舞台上的话语体系。新时代中国法治进程的推进，是在特定时空背景下进行的，有着历史的沉淀和未来的面向，离开具体的历史背景和具体的社会场域，空谈法治进程的推进，无异于管中窥豹、坐井观天。在吉尔兹看来，法律在本质上只是一种“地方性知识”，这就要求我们在进行法社会学和法人类学研究的过程中，全面了解、分析中国的整体与局部的政治、经济、文化、社会发展状况，立足于本国的实践和本土资源，立足于本国社会经济发展的内在要求和独特性。同时要有学术个体与共同体的格局，每个研究者做一个民族志合力就会形成整体民族志，无数的小地方经验的累积组合最终定会凝聚“中国经验”。如何探寻法社会学与法人类学研究的“中国经验”，笔者认为应当分“三个步骤”。

① 王广禄：《中国法学70年回眸与前景展望》，载《中国社会科学报》2019年10月29日001版。

一是深入田野。田野的能力是法社会学与法人类学研究者不可缺少的基础性能力，田野工作方法的实践性具体表现在人类学者采用参与观察、深度访谈和直接体验三种实践活动方式获取民族志资料的过程。[①] 泰勒在《原始文化》中认为“文化，或文明，就其广泛的民族学意义来说，是包括全部的知识、信仰、艺术、道德、法律、风俗以及作为社会成员的人所掌握和接受的任何其他的才能和习惯的复合体”。[②] 我们做田野就是要发现文明的复合体，通过“低头看”发现问题。“理论联系实际”假如说是“自上而下”的话，而我们做田野更重要的，或者说是我们更倾向追求的却是“向下”——从田野中洞悉有意义的真正的问题，去发现影响制度建构和人的微观行为的重要且相对稳定的变量。

二是开展经验研究。在法社会学与法人类学的研究中，经验研究可以说是我们研究的主要路径和方法。经验研究是指研究者为提出理论假设或检验理论假设而展开研究，亲自收集观察资料，强调知识必须建立在观察和实验的经验事实上，通过经验观察的数据和实验研究的手段来揭示一般结论，并且要求这种结论在同一条件下具有可证性。对于经验而展开的研究，具有鲜明的直接经验特征，不仅为调查者获得第一手资料，也有助于积累不同的丰富而深入的个案资料，形成对问题的实感，从现实中获取灵感。[③] 也有学者认为，经验研究核心是面向生活世界，是发现事实。经验研究可以被理解为一种研究的进路，是一种关于如何构建理论的立场。说是一种研究的进路，是因为这种进路强调对现象、事实的清楚把握，对事件、行动发生的条件、逻辑进行深入考察，对法律、制度运行的实际要有真切把握。说是一种构建理论的立场，是因为这种立场强调理论理解应该建立在掌握实际情况的基础上，理解解释应该有明确的对象和问题，理论的构建、发展和修正需要建立在经验研究的基础上，理论可以被检验。[④] 经验研究是法社会学与法人类学研究的基础，是我们进行理论反思与实践试错的基石，成功的田野永远离不开踏实的经验研究。

三是增强理论转化实践的能力。萨维尼认为，在每个民族中，都逐渐形成了一些传统和习惯，通过不断地运用这些传统和习惯，使它们逐渐地变成了法律规则。只要对这些传统和习惯进行认真研究，我们就能发现法律真正内容。[⑤] 而发现法律内容就是理论提炼的过程，而理论的提炼是为了更好地反馈到中国法治建设的实践中去。从田野—经验—理论—实践，是个艰难困苦的过程，而在此过程中，我们有时过度倚重田野，忽视理性思考，在经验中促进理论转化法治实践的能力差。田野使我们踏入一个世界，而理论转化为实践会让我们造福一个世界。具体到我们法社会学与法人类学的研究中，新时代的法社会学与法人类学研究应更为注重与法治实践的融合，对中国法治实践的过程及结

---

① 朱炳祥：《社会人类学》，武汉大学出版社 2004 年版，第 190 页。

② ［英］爱德华·泰勒：《原始文化》，连树声译，上海文艺出版社 1992 年版，第 1 页。

③ 郭星华、秦红增：《从中国经验走向中国理论：法社会学（法人类学）再思考》，载《广西民族大学学报（哲学社会科学版）》2012 年第 5 期。

④ 王启梁、张剑源主编：《法律的经验研究：方法与应用》，北京大学出版社 2014 年版，第 3 页。

⑤ ［美］博登海默：《法理学——法哲学及其方法》，华夏出版社 1987 年版，第 82～83 页。

果予以更深刻精确和更有说服力的阐释与解说，并为中国法治实践的不断深入、不断拓展和不断丰富予以更有效的理论引领和学术支持。同时，法社会学与法人类学研究者也应关注学术创作的传播效果，特别是向法治实务领域传播的效果。运用学术倡导与组织机制提高法社会学与法人类学研究的实践性与应用性，提高理论著述对法治实践者的阅读吸引力和实践应用性。

深入“田野”中总会发现光彩夺目的金子，足以补偿所付出的时间和艰辛。田野调查、民族志书写实践和理论反思的关系对于法律研究来讲具有重要的启发性。迈向法学研究的“田野”，在“田野”中观察实践、获得经验，不断地对法学研究作出反思，提升法学理论的有效性和实践性，这才是我们进入法社会学与法人类学“田野”的目的。

严存生老师法社会学思想探析*

徐晓光**

尊敬的严老师,各位专家、各位学者:

我觉得这个会办得非常好。几个月前我就问我的学生,那个会什么时候开,哪一天。因为我记不住日子。特别是今天,我觉得来的学者最多,想看到的学者,这次基本都看到了,这可能是专家、学者来得最多的一次。你看周相卿老师,开会来得少,今天都见到了。应该算是群贤毕至,高手如云。还有一个就是会议由于是民间的,所以大家来的目的都是为了交流,都是为了讨论,都想讲出一些东西,所以会议的前后都组织得非常好,参加的人多。还有一个就是会议灵活,刚才我来了以后,谢晖跟我讲有一个单元是对严存生老师的学术思想进行研讨,让我做一个发言。那么这一次对将近 80 高龄的严老师学术思想进行讨论,我觉得非常有必要。

因为严老师是位学养深厚、成果卓著、有长者风范的老师,而且身体非常好。严老师注重身体锻炼,也是我们学习的榜样。像我们这样不太注意,身体都不太好,这点确实值得我们学习。

大概是 1992 年的时候我跟严老师相识,当时是公丕祥教授召开一个法律现代化的会。我们俩住一个房间,那是第一次认识严老师。而且好像恰恰就是那一年,霍贝尔的《原始人的法》由严老师翻译出来了,就赠送给我一本,霍贝尔的书里有一句话对我的启发非常大,这个启发也是严老师给我的,因为那个时候我还不知道霍贝尔是谁。

法律是个什么东西呢?霍贝尔讲的大体上是这么个意思。法律就是强制或威胁使用强制力的一种规范。"威胁使用强制力"的规范是怎么一回事呢?当时我就请教了严老师,严老师给我讲了很多。后来实践中,我更是觉得霍贝尔的这个话说得特别好,特别是对我们做习惯法研究的,很有启发。"威胁使用强制力"的事件,在少数民族地区有很多。当然在国家法律的一些禁止性规范中也很多。如《唐六典》:"凡行路之间,贱避贵,少避老,轻避重,去避来,令有禁制,律无罪名。"这些规矩对前 4 种人都是劝令性的,看起来不需要强制。但是在实际生活中违反了怎么办,还有一句话"违者笞五十"。这一条在

---

* 本文系作者于 2019 年第十五届全国民间法·民族习惯法学术研讨会发言整理而成。

** 徐晓光,贵州师范大学历史与政治学院教授、江苏师范大学法学院特聘教授,法学博士,博士生导师,贵州省核心专家,主要研究方向:民族民间法。

中国法律实践中是用得着的,去年我在汉中褒河崖壁上看到过类似的东西。少数民族在生活实践中也用这个规则,如在田间劳动时,田埂上去的要给回来的让路,道理很简单,就是去的已经吃饱了饭,而回来的还饿着肚子呢。比如说现在:“不许在公共场所抽烟”,抽烟就怎么怎么样;“大夫不许拿红包”,拿红包就怎么怎么样。但是最后怎么处理,怎么处罚,到今天都没有统一的规定。但是实际上它的背后,已经有了“威胁使用强制力”的意思了。作为党员可能就要受到党纪的处分。但对其他人很不明确,是威胁使用的一部分。

结合习惯法例子就更多了,比如说像黔东南的斗牛活动。斗牛活动兴盛的地方,按习惯法规定一个村的都得准备一头斗牛。有的村子准备了,有的村子没准备,有牛的这个村子的人就会集体到没有牛的那个村子,威胁他们“如果你们再不买斗牛跟我们斗,那么你们的粮食我就给你们割了,你们养的鱼我就都给烧烤了”,并勒令他们几天内必须买头牛,“买完牛你们就跟我们斗”,这不就威胁使用强制力嘛。

“威胁使用强制力”还有神灵强制的部分。这次会议我提交的论文《缺席的神判》,其中“发誓”的解释受牛绿花老师《藏族盟誓制度》一书的启发,我看这本书的时候突然想起了苗族的实际案例,然后就写了这篇论文。单方面的诅咒在什么地方都有,比如说,把我家里的东西有意破坏了,就会被诅咒“天打五雷轰”,如果没有神判所需要的条件就是我们说的“骂大街”。牛老师在他书里写到单方面的起誓,后来我想“一方缺席的神判”的情况会不会出现,就想起了几个案例,然后主动去搜集。但是如果构成“神判”的话,黔东南叫“杀鸡骂娘”,如果没有几个条件的话,那只能是“骂大街”。归纳起来应该有这几个条件,在论文里也写到了,有“场所”“巫师”“过程”。如果有这几点,就可以算是“神判”了。一方面不来也行,因为这类案件已经通过村寨调解委员会调解了,一方已经败诉了;还有的法院已经判他败诉了,但是败诉这一方不服,又拿出鸡来,准备喊胜诉那一方“我们一起喝鸡血,你敢不敢,不敢就是亏理”。还请了巫师来,在一定场所,还举行仪式。那么只要具备这些条件,它就具有“神判”性质了。实际上这篇论文就谈这个问题。所以我觉得严老师这个方面的翻译、介绍,对我们的帮助是非常大的。

还有“歌唱的审判”,在苗族初始的习惯法诉讼过程中,原告唱歌,被告唱歌,裁判人也是唱歌的,他们之间诉辩与裁决都是在歌唱中进行的。那么在无文字状态下、在这个歌唱中进行的诉讼和裁判不就是“歌唱的审判”吗?可能我们最原始的诉讼形式就是歌唱。后来发现霍贝尔在他的书里谈到了美国印第安人一样是“歌唱的审判”。霍贝尔在谈到美国北部沿海因纽特人原始法律时说:“如果斗歌在解决争端和恢复已疏远的团体内部成员的关系方面有所帮助的话,那么它就是法律上的一种措施。参加比赛的双方的一方将获得有利于自己的判决。然而不可能有按真实的法律所规定的权利和特权作出的公正的判决。通过赛歌,参加赛歌双方感到轻松,怨言也被放置一旁。即从心理上获得满足,权衡了恢复如初的利弊。……因为斗歌中无残酷折磨的因素。超越自然的威力也有助于加强这些有自主权利的歌手的勇敢。我们应当牢记,这种对歌唱者或歌唱的结果并不重要(或多或少积累了一些控告有罪的事实来反对他的对手的歌唱者在事实上处于有利地位)。由于法庭上的比赛可以成为在辩护律师双方中的一场体育运动的项目,所以法定的歌赛首先就是——所有比赛都是为了提供最大的快乐。"这里正如拉斯穆森说:"K 和 E 就是这样,看起来像是彬彬有礼地奚落对方,并唱出自己的辩解之词……"

种植水稻的民族很早就有自己传统的水源管理规则和"灌溉法"。霍贝尔在谈到伊富人的私法时说:"伊富人是以灌溉和锄头耕作的农人,而灌溉耕作不可避免地会孕育着法律。因为,用水权的掌握和精心制定的不动产制度,需要裁决和保护的有效机构。"他认为:"水源既是公有财产,又是私有财产,从公共地域内的山泉流向公共地域或私人田地上的水在优先权的基础上对所有的使用者来说都一视同仁。"苗族传统习惯法规定水资源为共有,不得强占"田水均分"。长期以来,苗族人在生产和实践中形成的水资源配置的一般经验,通过习惯法得以确认,使之成为约束人们行为的普遍规则,引导和保障人们按照有效的方式利用水资源。所以,苗族习惯法对违反规则的各种行为,如乱挖别人田坎和擅自阻断别人的田水等加以处罚。贵州从江县孔明山地区对偷挖别人的田水、撬别人排水口的,罚银 1 两至 2 两。贵定县的苗族则规定:偷开他人田水者罚款 16 元(大洋),其中讲理费 10 元(大洋),造成严重损失者罚款 24 元(大洋)。有的村寨规定:偷他人田水、水沟水、损坏水池者罚款 70 元。其中报口(检举)费 50 元,村寨人违反者罚款 24 元,其中报口费 12 元。这些问题在不同民族、不同地区的调查点,都会存在。我在进行"苗族田边地角法律纠纷"研究时,没有看过霍贝尔的书,后来看了大有殊途同归,或是"英雄所见略同"之感。

另外,霍贝尔还写了一本印第安人的"法律民族志",但好像没有翻译过来。我经常问好友周相卿老师什么叫"法律民族志"?"民族志"到底是怎么回事?为什么老提这个?后来我考虑了很久,民族志是书写,本身就是人类学的一种研究方法,对研究习惯法的人来说是学会如何书写各个民族历史到今天的法律事项,于是就增加了"文化自信"。我倒觉得我现在跟周老师他们做的都是法律民族志,中国也不是没有法律民族志。在外国学习过人类学的那些人总是告诉你做民族志,做法律民族志。实际上后来我是搞明白了,我们做的那些《苗族习惯法》《侗族习惯法》都是法律民族志。实际上还不是书写民族的历史上到今天的法律生活?包括我现在做大运河,还不是做运河人历史到今天人们的法律生活?那么实际上我现在做的也就是大运河的法律民族志,大运河研究更多的还是历史人类学方法。

法律人类学以各民族法律文化为研究对象,以赴实地参与观察和深度访谈的形式获得第一手资料,辅之以历史文献,对各民族法律个案进行比较。叶舒宪先生在研究文学人类学中提出"四重证据法",法人类学也应该从四个方面考虑:(1)田野资料;(2)汉文古籍资料;(3)口传资料;(4)国外民族同类资料。好的文章应该是这几种资料的无缝对接。在少数民族法律研究中,运用人类学的理论和方法对历史资料重新审视、重新整合,作出新的理解和分析,从中概括出新的论题,升华出新的理论。要通过这些资料,以新的视角审视中国历史上的法律如何调整民族关系及对少数民族特异的一些法律现象进行深入的文化解读，诸如“赔命价”“神判”“收继婚”“抢婚”“罚服”“口承法”等问题，这些都是研究中原王朝法制史时很难涉及的问题。人类学对过程的关注胜于对特征的兴趣，这样可使问题更加细微和具体。所以除文化的阐释方法外，民族志、考古学、语言学中方法的使用都是不可缺少的，甚至还有运用社会历史调查和田野调查的方法，要把各种研究方法综合运用起来最好。

法人类学是有较强实践性的学问，应能很好地解决现实问题，判定的一个标准是“画眉深浅入时无”，反映现实文章一般是“活文章”，引用率就高。如发生在贵州省黔东南州的“小牛的DNA鉴定”与“祭桥”等案例研究都能反映出法人类学研究的实践性。由于黔东南特殊的地缘环境和生产方式，基层法院在审理“涉牛”案件时很难确定相关证据，特别是在孳息小牛的所有权纠纷中，还发生了通过DNA进行亲子鉴定的实际案例。通过调研该州两个县“涉牛”案例进行分析，探讨该地特殊案件审理中的证据提取与民间法参与问题很有意思。此类“涉牛”案件如果按民间习惯法解决，会与国家法律制度对程序的要求相矛盾，但从社会效果上考虑，如果民间习惯法能够有效平息纠纷，就不必用国家法律方式解决，以防止人们“小题大做”“豆腐盘成肉价钱”，陷入旷日持久、难有结果的诉讼之中，从而达到节约司法资源，有效降低解决矛盾纠纷的成本，提高司法效率，稳定民族地区社会秩序的实际效果。再如，“祭桥”活动中与“祭桥权”相关纠纷的出现，成为黔东南苗族地区司法实践中新的疑难问题。“祭桥”纠纷案例和其他“涉俗”案件一样体现少数民族地区的文化风俗习惯与民族习惯法影响司法过程。要想处理好与少数民族地区文化所引发的相关的法律问题，就必须了解和掌握少数民族地区特殊的民族风俗文化和民族习惯法在当地的存储和发挥情况。以上都说明了法人类学研究着眼于现实社会问题，具有很强的实践性。

当然能结合现实法律冲突更好，不能结合的作为一种纯文化的研究也是很有意义的“话题”，大多事项可以进行法“文化浓描”，这时就不能“轻描淡写”了，格尔兹认为，文化就是这样一些由人自己编织的意义之网。对文化的分析不是一种寻求规律的实验科学，而是一种探求意义的解释科学，即分析解释表面上神秘莫测的社会表达。表面未经解码的现象呈现，还只是一种浅度的描述，而解释符号背后的意义，也即深度描写，才是人类学文化分析的旨归。我们在对一件事、一个现象的意义进行解释的同时要对其本身进行剖析，通过对微小事件的深层解读和分析，摸透其现实意义，进而以点带面，扩展到普遍意义上的理解。法人类学的研究，侧重于以小见大，并非仅仅局限于微观研究，要从微观立场跳出来看宏观，微观只是研究的一种方法和手段。在格尔兹看来，“理论建设的根本任务不是整理抽象的规律，而是使深描成为可能；不是越过个体进行概括，而是在个案中进行概括”。黔东南苗族地区至今沿用长期以来形成的“罚4个100”或“4个120”（对违反村规民约作了专门规定，违规者罚米、酒、肉、菜分别为120斤）的“活法”现象，这些食物（或费用）大约能供全村各户所派男性代表参会时饱餐一顿。苗族这种传统的惩罚仪式同样有着多功能的作用，即惩罚、警诫、教育、宣泄、娱乐等作用。通过“聚餐”既惩罚了违反习惯法的行为，同时在活动中教育了村民，让村民目睹受重罚者之惨状，提高“守法”的认识。与此同时，大家在开荤、饱口福活动中的一些细节，如交谈、打趣、戏谑等，又本身带有娱乐的功能，起到融洽村寨社会人际关系的作用。在少数民族地区，宣泄与娱乐是不可分的，有时宣泄是娱乐的前奏和形式，娱乐是宣泄的目的和结果。2015 年 3 月，我与谢晖教授在从江县占里村侗族村做最近一次田野调查，村寨祭祀活动在村中心鼓楼边，占里举行集体祭祀每年两次，另一次是在阴历八月。上午 11 点左右，祭师入场，在祭桌前主持了仪式，诵读祭文和传统规矩等，最后助祭者端个杯子，绕场一周，让在场的人都喝了一点祭酒。在此之前鼓楼一角上杀了一头猪，除猪头和一些内脏作为祭品外，其余部分被切成一小块，然后用竹签串上放入盆中，事后会由专人分送各家各户去，以示吃了猪肉每个人都要遵守祖先的规矩，这些传统规矩中有不准偷盗、防火、保护林木等规定。这就是过去常听说的“串串肉”，从文化上解释吃“串串肉”，同盟誓中喝血酒是同样道理，人们认为：食物制造血液，血液创造生命；吃同样的食物意味着融为一体，或是共享生命的同样资源，意味着产生相同的血液。人们共同吃相同的“圣物”，这样也就共享同样的神灵，参与的人们通过这一行为达到相互保证。在只有双方起誓的情况下，定下契约的人通过共饮一杯酒、同吃一碟食物，甚至是共享一顿饭，都能够同等地约束自己。在祭祀活动中吃了肉，就意味着必须执行“榔规”（苗族）、“款约”（侗族），在这一点上“会餐”“吃肉”与“喝血”具有同样的意义，即我们以前有一句熟悉的话，“融化在血液中，落实在行动上”。

再者是具体研究方法，也都是不断学习的。我有时候也很苦闷，到底使用啥方法？有的人问我你用的啥方法？跟你学学？在以前我只能说 8 个字“看菜下饭，量体裁衣”，就这 8 个字，最简单。但现在来看，情况也不是那样。我们做人类学的研究，刚才提到“杀鸡骂娘”首先是从语言上入手，就发现人家为什么叫“杀鸡骂娘”？讲得其实挺有道理，因为长期凝练的语言挺有意思。比如说研究侗族的“埋岩”，侗族人把“犯法”不叫“犯法”，而叫“犯岩”。“一句话惊醒梦中人”，就会把你带进去，这个“岩”是什么东西呢？它的“岩”是什么样的法呢？有的有文字，有的没有文字。引进文字以后的有文字岩，在黔东南是康熙以后的事，那么有文字以前，在无文字状态下的“立法”，可能就是埋无字的石头。这种活态的保留，在黔东南还有。

比如说前年发表在《体育与科学》上《划龙舟》的那篇文章，我下去调查的时候，人家把整个划龙舟的过程叫作“姑妈回门”，就说了 4 个字，我马上就明白了这篇文章该怎么写了。为什么呢，如果划船是“姑妈回门”，是去“姑妈”家把女儿接回来，那不就是婚姻习惯法了吗？黔东南的划龙舟的船头上敲锣的那个人，是个男扮女装的、十二三岁的男孩，扮成女孩，这个“文化符号”永远不变。就是船头坐一个男孩，穿着全是银饰的女孩的盛装。那么这象征着什么？那就应该像当年“姑妈”出嫁，现在“姑妈”家里的女儿又嫁回舅舅家里，通过划船的仪式把她接回来的过程。这个才是划龙舟的姻亲联谊与苗族“婚姻圈"本质所在。划龙舟活动就和婚姻规则结合在一起,这个划龙舟不只是体育比赛问题。

我们不能言必称西方,要建立中国法人类学话语体系。当然我们首先要研究人家的话语体系,人类学发源于西方,西方学者早于我们的研究应该很好地学习。如马林诺夫斯基的方法论与他的著作具有划时代的意义,他最主要的成就就是在社会学和人类学研究中所总结提炼出来的方法,他的方法论包括三种:"田野"方法;与拉德克利夫·布朗同创的功能学派;文化功能论。又如特纳的占卜论,特纳在他的人类学著作《痛苦之鼓》一书中把恩登布人的占卜看作是社会过程的一个阶段。当人死亡、生病、难产、狩猎不幸时其亲属便请占卜师推断以便采取补救行动。占卜师根据本人和社会的经验,结合占卜的程序和象征表示,并从这些经验中学会了将本族的社会制度简化成几条基本原则,然后通过操纵这些原则来作出符合大多数委托人想法的决策。因此,占卜师必须考虑到恩登布社会的特定结构和一套道德价值规范,而这两者都在占卜的象征体系中表现出来。这里特纳虽然只是谈占卜,但对研究我国殷商占卜、少数民族原始崇拜和占卜神判确有十分重要的启发意义。

再如,莫斯的"礼物互赠"理论。戈德列曾在莫斯《论馈赠》一书的序言中指出"非竞争性的礼物交换是依据婚姻互惠交换而产生的,最终会形成一种平等的资源再分配,这些资源便是组成社会的各个群体所拥有的人,妇女、儿童、财产、劳动和服务等"。这在黔东南"礼物圈"的研究中有重要的启发意义。苗族地区普遍盛行着"姑舅表婚"的婚姻交换形式,并通过"还娘头"的惯制在当地民间制度中强化。作为当地理想的优先婚姻交换模式以及村寨或家族之间的结群策略,这种婚姻交换实践是一种最为简洁的形式,在不同父系家族或自然村寨之间进行女性的婚姻相互流动与交换,从而达成一种稳定、互惠、小范围的"婚姻结盟"。在龙舟竞渡活动中带有礼仪性色彩的物品的互惠流动,不仅区分了每个交往场景中各主体的主与客的角色,又通过具有一定方向性的馈赠活动将他们相互之间的婚配优选关系进行维持和确认。特别是享有婚配优先权的舅家,在互惠交往中往往要通过姑妈家礼物将特别的地位身份标识出来,人们通过具有公开的、展演性的礼物交换与互惠交往活动所体现的是一种特殊的人群分类概念和情感表达方式。这一场景中的礼物交换是对日常的社会关系的真实反映;从另一个角度来看,馈赠交换场景中所表现的特殊社会关系,其实是对人们日常社会关系的一种确认。赵旭东认为:在中国法人类学的研究语境中,更多的是注意到了互惠机制对于经济交换、人情往来、权力关系改变等方面的运作和影响。

最近我们也在做贵州少数民族斗鸡规则研究,去年有一篇《贵州少数民族斗鸡规则与文化含义》的文章在《体育与科学》上发表,这深受格尔兹问题意识和选点的启发。格尔兹在巴厘岛经过长期深入的田野调研,从人类学视角细致地描述了巴厘岛的斗鸡活动。在这种"深层的游戏"中,格尔兹介绍说巴厘人热情地、经常地,甚至不顾道德谴责、法律惩罚而投身于斗鸡的游戏,与当地的政治组织、领导机构对斗鸡的禁令和控制相抵抗。格尔兹通过深描,将"斗鸡"看作一个符号,并描述这个符号的展示方式及其象征意义，从这个游戏的秩序看到了一个社会背后的秩序。斗鸡活动在贵州很多民族地区由来已久。斗鸡活动中逐渐形成了与民族文化相伴而生的一套符合当地实际的规则，并渐渐为民众所认同，成为各种大小斗鸡活动之中使用的“民间知识”，是“博弈人类学”问题，以后要进行这方面的研究。

当然这只是我个人对西方理论的认识、利用和感受。所以对西方理论正确把握，会给我们的研究很大启发。读严老师翻译、介绍的书确实有很大的启发，其中还会有很多营养。因为人家毕竟比我们早，经验比我们丰富，理论训练也可能会好些，和我们相比系统而不间断。西方人类学理论在我国学术研究中的运用固然能提升我国学术研究的理论水平，但西方人类学理论的运用一定要结合中国研究实际，目前学界存在言必有西方的现象，甚至牵强附会或望文生义，错译、错用或乱用的现象存在，有时让人“摸不着头脑”，恐怕会误导和干扰后学者。

这次研讨严老师的学术思想，我想到我的老师张晋藩先生，张老师今年 90 高龄，还在孜孜不倦地进行科学研究，先生在学术上对自己总是严格要求，在与弟子交往中宽容、和蔼，是我们终身学习的楷模。下个月 16 号在北京召开张先生学术研讨会，先生打电话给我，让我去谈谈民族法的问题。很早以前，张先生就已关注我国民族法制史的研究，并率先从事民族法制史研究，在《再论中华法系的若干问题》一文中，首先指出少数民族法制史在中华法文化中的重要地位。先生于 1989 年出版《清入关前国家法律制度史》是中国少数民族法制史研究的第一部力作。从 21 世纪初开始，先生艰苦努力，克服各种困难，主持完成《中国少数民族法制通览》10 卷本，由陕西人民出版社出版。21 世纪初，先生不顾年事已高，组织全国数十位优秀的法律史、民族史专家进行田野调查，获得了丰富的一手资料，多次召开编写研讨会，对每一卷的安排、编写的体例、由哪个出版社出版都倾注了心血，最后亲自联系陕西人民出版社，该社历时多年精心打磨，最终得以问世。该套丛书由张先生主持编纂，共 10 卷，400 多万字，每一卷自成体系，较大民族单独一卷，有的两个民族一卷，有的多个民族合成一卷，分卷主编多是对这些民族法研究造诣深厚者。该套丛书全面介绍了历史上及现代中国少数民族的分布，阐述了其对中华法制文明的贡献，系统梳理了蒙古族、藏族、回族、维吾尔族、满族、壮族等少数民族的法律制度、法律意识、法律习惯、法制状况及其法文化产生、发展及形成的过程。该套丛书是国内首次系统整理、挖掘中国少数民族法制史料、法律文化和全面、完整涉及少数民族法文化的学术著作，丰富了中华民族的法律文化宝库，对抢救及保护少数民族法律文化遗产、繁荣民族法学，进而增进民族团结具有重大意义。该套丛书学术价值和现实意义自不待言，是一部中国法制史研究领域的填补空白的巨著，历时 20 年，虑久而思精，空前而及远，凝聚着张先生和全国法制史学界优秀学人心血，是中国少数民族法制史研究的巅峰之作。张晋藩先生一生奖掖后学，鼓励青年学者从事民族法制史研究，使民族法制史、民族习惯法研究的队伍不断壮大，并产生很大影响力。我国民族法的研究和这些老一辈学者的引领和支持是分不开的。

还要提到的是张晓辉先生，他是一位值得信赖的忠厚长者，我们交往多年，现在他下肢瘫痪，坐在轮椅上，这对需要跑路的人类学者来说是最大的憾事。在这种身体状况下，他还在上西方法人类学理论的课，还在做学问，还在写东西，这个确实不容易。我们看到张先生、严老师，看到晓辉，我本来就应该退休了，不想过来开会，结果又跑过来，现在看来还得做，他们的精神在鼓舞我。上星期在云南大学召开国家民委的人类学民族学年会，晓辉也来捧场，并提交了一篇文章，题目大概是《法人类学的发展变化与趋势》，这篇文章以后能看到，肯定要发表的。文章中提出了 7 点，这 7 点我们稍微注意一下，刚才谢晖谈到这个问题，大华也谈到这个问题，可能是以后我们研究转变的一个走向。

晓辉大概是这么说的，他说从“规范、案例向过程的研究转变”，这是第一点，刚才我谈到“一方缺席的神判”是研究的一个过程，这倒是合得上。有些东西我们大体上是有感觉的，不必要一切都依赖西方，但是不能不了解西方。现在我们学术发展，与国家的发展跟美国的发展形势大体上也是同一个节奏，需要追赶，但要有自己的特色。然后他讲到第二点，“经典的法律多元向新法律多元”转变。过去咱们讲的法律多元，它是法人类学研究的基石，我们现在现实社会中的法律多元是怎么一个情况，对民间习惯、民族习惯法如何利用，如何解决冲突这是现实问题，应该多研究这些问题。第三个，“异文化社会研究向本土社会”研究。当然原来人类学都是研究“异文化”的，像殖民地、宗主国的研究，带有西方色彩和殖民地色彩的一个学问。人类学本身就有这样性质，研究“异文化”、研究少数民族，现在这种情况正在转变，也不光是“地方性的”“民族性的”，当然，人类学的研究方向和方法是在不断调整和变化的，都市人类学的出现就说明这一点。当今社会问题中的弱势群体权利保证、青少年犯罪问题等，法社会学、法人类学之间也有重合点，多学科、从多视角的研究将会不断促进法人类学研究的深入。第四个是“社会行为向权利和意识转变”的这样一个过程。原来我们主要是研究社会行为，现在应该更关注现实的权利和意识形态这样一个方面。第五个方面，“小规模社会向大规模社会”的转变。晓辉讲了一个例子，就是研究机场，机场的人非常混杂，哪里人都有，本地人有，外国人也有，然后他们怎么样出国登记，都去做哪些事，就做这种“田野调查”，可以说是新式的“田野”。然后第六个，从“地方民族的研究向问题研究”过渡。现在有些学者为了方便就以一部门法为对象到处“调查”，论文就是换了个村名，内容都差不多，回来后讲他走遍了全省的“山山水水”，我说那不是“田野”，是“旅游”，人类学应该是在典型性的地方，就具体问题进行多角度、长时间的参与观察，非如此论文不会深入。这一点我非常赞赏中山大学人类学系的做法。张应强要求学生在一个小地方不少于 8 个月的田野工作。我在凯里工作时去看过这些孩子，有的是女生，够苦的。最近 8 本“清水江研究丛书”出版了，上礼拜佛山会上送了我一套，水平较高，中山大学有这方面的传统，而且一直在坚守。最后一点是从“描述型的民族志向阐述、反思型的民族志”转变，这与刚才谢晖讲的五点有些暗合，学问都有由浅入深的过程，我不多谈。晓辉身体不好，也不怎么出门，他看了很多西方的资料，也天天琢磨这个问题，他注意人类学，特别是法人类学发展走向问题，所以总结了这几点。他有一本书专门谈这些问题,马上也要出版了。以上 7 点虽然不是后者取代前者,但是这些会启发我们,还会让我们在研究的道路上继续前行。这样,法律人类学才有新的动力,对这个方面,我们有信心。

时间关系不多讲了,最后,祝严老先生身体健康,万事如意,谢谢大家。

严存生法社会学研究及其对民间法研究的启示*

于语和** 吕姝洁***

摘要:严存生先生从法社会学视角对法律现象进行观察,认为应当将法律当作“社会事实”进行研究,提出法的本质是社会秩序,并认可民间法亦法。在严先生看来,对法的研究应当是将实然研究与应然研究相结合,这对民间法研究走向田野、走向实然细节的观察具有重要意义。在严先生的影响下,民间法学者开始关注社会和法律发展问题,在社会中研究民间法的运行和实效性。同时,从法和社会关系的角度,研究民间法与国家法在调整社会利益冲突、增加社会利益时,如何在立法与司法领域的良性互动,最终实现国家法与民间法的共同发展。

关键词:法社会学;民间法;法的实效

严存生先生是最早译介西方法社会学,并结合中国法治建设发展投入研究的学者之一,其译本信达,著述宏富,精耕几十年;既有对西方法学的介绍,也有自己对很多问题的独到分析。在严先生的专著和教材中,几乎对所有的西方法哲学流派都有所触及,丰富了我国理论法学的研究方法,拓宽了我国理论法学的研究领域,增进了我国法学界有关西方理论法学的认识深度与广度。在严先生的研究中,涉及法的本质、法律的人性基础、法律价值、法治的概念等内容,也对法与正义、法与自由、法与道德等重要法理问题进行论述,在大量研究分析的基础上,形成其法社会学之学术体系。

严先生从法社会学角度进行分析,将法律当作“社会事实”进行研究,认为文化的多元和生活方式的多样决定了人类社会不可能只有一种法律,提出了法的“一体”和“多元”的理念体系。法律应当一方面走向全球化,注意与世界各国的交流和对接;另一方面注意保留和发展固有法文化的特色,使我国法制建设健康发展。在研究方向上,严先生提倡实然研究与应然研究的结合,对民间法研究走向田野、走向实然细节的观察具有重要意义。在研究内容上,严先生强调对中国当下法律问题的关注,影响民间法研究转向社会和法律发展问题的研究。

严先生在法社会学研究领域,厥功甚伟,这不仅是我国法社会学学术研究之幸,而且

---

* 本文系2019年国家社会基金一般项目:依法治国的中国传统法律文化溯源研究(19BFX21)阶段成果。

** 于语和,南开大学法学院教授,博士生导师,法学博士后。

*** 吕姝洁,天津商业大学法学院讲师,法学博士。

对方兴未艾的民间法研究，亦有启迪之功。尤其在民间法研究进路和方法方面，可以说，没有严先生的积极努力，至少我们有关民间法理论的诸多讨论，民间法在司法实践中的价值等论证便难以深入地展开。

一、法的本质与民间法亦法

法的本质，一直是理论法学界的重要本体论问题之一，早在20世纪80年代，法理学家沈宗灵[①]、郭道晖[②]等对此问题作过论述。严先生结合中外古今经验，从社会学视角对法的本质进行阐释，提出法"并不是先验的，而是来源于实践和经验，特别是广大人民的经验"[③]。因此，法之本质即社会秩序本身。民间法是人们长期形成的习惯、准则、规则，对建立社会秩序起重要的作用，其当然是法的重要组成部分。

(一)法的本质是社会秩序

严先生在埃利希、卡多佐、霍贝尔关于"法在事中"论述的基础上，提出法就是事之理，认为法最初就是指事物的规律，而法律的内容反映人类对自然和社会认识的经验和知识，是变为原则和规则的事之理。严先生在回答了法来自哪里后，提出法的本质是社会秩序。

1.法是事之理

埃利希、卡多佐和霍贝尔都提出了"法在事中"的概念。埃利希认为，法律发展的重心不在立法，也不在司法裁决，而在社会本身，应在社会中研究法。[④] 卡多佐认为，审判活动最重要的是对事实的认识，司法过程不是先有法律，后有判决，恰恰相反，是先有对事实的认识，然后产生对其性质的判断和解决此纠纷方法的决策，即找到该案件的法律。[⑤]霍贝尔认为"法律是在烦恼和预料到困境中发展成熟的"，[⑥]疑难案件帮助人们了解法律现象。严先生认为"法在事中"回答的是法的来源的问题，即法的生成、发展和各种法律的产生。在他看来，"法在事中"，即法来自法的事实，也是为法的事实而设，如果这个法的事实从广义上指整个社会的话，那就意味着法来自社会和生活，法扎根于社会之中，也服务于社会。[⑦]

严先生进一步提出法来自事中，并不是说法是事，而是说法是理，即事物的本性之理。他认为"法"最初的用法就是指事物的规律，其内容取决于人类对自然界事物和社会

① 沈宗灵:《研究法的概念的方法论问题》，载《法学研究》1986年第4期。
② 郭道晖:《法的本质问题的哲学思考》，载《法学》1985年第5期。
③ 严存生:《法的"一体"和"多元"》，商务印书馆2008年版，第85页。
④ [奥]尤根·埃利希:《法社会学基本原理》，叶名怡、叶脉震译，九州出版社2007年版，第1页。
⑤ [美]卡多佐:《司法过程的性质》，苏力译，商务印书馆1998年版，第9页。
⑥ [美]霍贝尔:《原始人的法》，严存生等译，贵州人民出版社1992年版，第87页。
⑦ 严存生:《法律的人性基础》，中国法制出版社2016年版，第80页。

的本质或规律的认识,既有普适性的经验和认识,也有地区性的经验和知识。其内容一方面取之于人类对自然界事物的本质或规律的认识;另一方面取决于人类对社会的本质或规律的认识。

2.法的本质就是社会秩序

在严先生看来,法作为人类对自然界和社会的本质或规律的认识,其本质就是社会秩序。社会秩序是人的有规律的活动,是人际关系相对和谐的状态,而这种和谐来自各种社会组织产生和发展过程中达致的一种状态,具有自发性。同时,社会秩序形成后也处于不断的发展中,其发展需要遵循一定的社会规则,这些规则是社会范围内所达成的共识或价值观念的一种公开的和权威性的表示,与社会秩序相适用。也就是说,维持社会秩序的规则,要么来自社会权威,要么是在社会力量博弈中对现状认可的规范,即从社会规范中提炼出来的普遍性和得到公共权力机构认可的具有更大权威性的社会规范。[①] 虽然,国家法是维持已经形成的社会秩序按照社会规则发展的主要力量,但国家法并不是全部,即使是社会发展中自发产生的习惯法,被权威认可和普遍接受后[②],仍有一部分未被接受的民间法在调整社会秩序中发挥着重要的作用。

(二)民间法亦法

法的本质是社会秩序,而国家法不是全部的社会秩序,仍有一部分未受国家法规范的社会秩序由社会权威来规范。为了论证法并不只包括国家法,严先生考察了历史上自然法学的"二元论"法律观、哲理法学的"二元论"法律观等多元法律观,认为在国家之外还存在着另一种更为重要的法律系统——"活的法"。一个国家的法,如果在形式上只有成文法,就很难适应社会的变化,必须结合习惯法等其他法律形式,才能克服成文法的缺陷,同时促进成文法的发展。严先生提出的法律具有多元性的观点,有力地论证了民间法亦法这一命题。

1.法律具有多元性

法律的多元性,指在国家法之外,还存在着多种非国家的法律体系。在国家—社会二元结构中,作为上层建筑的法律总是与人们的多元利益诉求紧密相连,由特定主体经由特定程序表决通过的国家法仅仅只是社会调控体系的一部分。千叶正士提出的"法律多元"理论即认为,法律应该涵括官方法、非官方法和法律基本原则三个层次。法律多元指法律并非只有国家法一种表现形式,如埃利希所主张的"活法",霍贝尔所提出的具备强制惩罚效力的社会规范等,这些社会事实皆可看作是"法律事实"。严先生认为人与人是不同的,每个人都有自己的生存和生活方式,导致不同地区的人有不同的文化传统和价值取向,作为人的行为规则的法律,是为了人们交往的方便和安全而产生的,自然应对他们作出不同的规定,否则就会陷于荒谬。多元的法律才是真实的法律,才是真正有生

① 严存生:《法律的人性基础》,中国法制出版社 2016 年版,第 399 页。

② 严存生:《法律的人性基础》,中国法制出版社 2016 年版,第 86 页。

命力的法律。①

法律具有多元性，与法的本质是社会秩序的概念相一致，也揭示了法的本质就是社会秩序。在社会生活中，当难以形成在全社会具有普适性的社会规则，而仅是某些特定地区的社会规则时，并不能简单地否定这种社会规则。民间法作为不同地区的人的文化传统和价值取向，就是在调整当地社会关系中极为有效的规则，否认民间法的存在，也是对特定社会秩序的不认可。因此，从法律多元这一角度讲，对于法的研究不仅不能否认民间法亦法，同时要多进行田野调查，对民间法进行深入的研究，丰富关于法的运行、法的实施及法与社会关系的研究。②

2.民间法是法的重要组成部分

在严先生看来，从法社会学视角来理解法的本质，必然就要承认，民间法是法的重要组成部分，单一的国家法并不能构建社会秩序。国家法要求法具有普适性，强调"同一时代、同一地区、同一国家的不同法律有共同的质或共同的精神，有共同的属性和功能，而且在形式上不是彼此孤立和截然分割的，作为一种属性，'整体性'或统一性"③。但人们的差别很明显，而这些差别所决定的生存方式和生活方式，久而久之就会形成不同地区和不同人种的不同文化传统和价值取向。作为人的规则的法律，是为了人们的交往的方便和安全而产生的，既然有不同的生活方式，就应当有不同的规定。④

民间法产生于私人交往中，无须政治权力的介入，是人们在不断的交往中自发形成的规则。它是社会立法中的秩序或人类联合的内在秩序⑤，是"活的法"，是构成人类社会法律秩序的基础且具有独立价值的法。国家立法机关所制定的成文法并不是法律的主体和根本，只要对社会秩序起作用的法，就都是法。而民间法约束着人们的行为，保护着交往的秩序，必然是法的重要组成部分。

二、法的运行、实效与民间法实证的研究范式

传统分析法学派在有关法的运行问题的分析过程中，总是将焦点集中于规范法学的条文逻辑演绎层面，忽略了"法"的社会性，有鉴于此，严先生认为，分析法学对法律的研究只留意于对法律规范的逻辑结构的分析上，不注意法律在社会中的实际运行问题，即不注意由立法机关颁布的法律规则是不是被人们落实在行动中和落实到什么程度。法社会学正是弥补了分析法学的这一缺陷，其特别看重法律的运行问题，甚至他们认为这一活动就是法律。严先生对法的运行与实践问题的关注，为我国理论法学界学者走出书

① 严存生：《法律的人性基础》，中国法制出版社 2016 年版，第 23 页。
② 从国家社会基金立项情况来看，学界也逐渐开始重视民间法的研究。
③ 严存生：《法的"一体"和"多元"》，商务印书馆 2008 年版，第 134 页。
④ 严存生：《法的"一体"和"多元"》，商务印书馆 2008 年版，第 163 页。
⑤ 严存生：《法的理论探索》，中国政法大学出版社 2002 年版，第 392 页。

斋,参与或从事实践层面的法律研究,特别是开展民间法研究提供了指引。

(一)民间法研究关注法的运行问题

法学研究应当是研究事和求其理,找到法和认识法,不能仅停留在成文法的研究上。严先生强调,法社会学家在研究法时不是把目光对准立法机关及由其所制定的成文法,而是转向司法机关及其活动,甚至于转向社会的风俗习惯,转向各种非政府组织及其规章制度,转向法学家的科研活动及其成果。① 民间法不同于由国家强制力保障实施的国家法,它是民间社会基于血缘、地缘、业缘和教缘等因素自发产生的,仅具有小范围的普遍性,只有一定范围的人类共同体才有义务遵守他们自己的民间法。因此,民间法的运行问题比国家法的运行问题更加复杂。民间法学者也意识到这一问题的重要性,历来关注民间法的运行问题,在进行具体研究时,通过探寻民间法、考察民间法在规范社会行为时所采用的策略等方式,揭示民间法的运行规律。

民间法虽形成于社会生活,但缺乏系统地整理与研究,需要从纷繁复杂的社会生活中寻找现实的调整社会关系的规则。民间法学者通过进入某种文化内部进行长期的观察,了解当地的习惯、情感表达及规范控制等内容,真实地考察民间法的机理,这种研究方式也有效地避免了以国家法的标准和观点、立场来研究民间法。② 如苏力就把研究视角转向社会的事实,考察社会上正在运行着的那套地方性知识。不少学者也走向田野,考察、发现少数民族地区、乡村社会的民间法。民间法学者关于西藏地区婚姻制度的考察③,农村纠纷解决机制的考察等研究,都是通过田野调查去发现民间法。这样的研究丰富了民间法的内容,实现了法学的增量,有利于进一步研究民间法的实效性。而且,只有通过长期的观察,才能发现哪些规则可以通过权利、义务的分配和"法律"后果的控制等方式的施行来发挥其作用,调整和解决群体之间的利益冲突。

此外,民间法的研究也无法停留于书本,民间法学者需要通过田野调查去观察正在发生的制度事实,分析符合当地人世界观的社会规则,不断发现民间法、分析民间法如何运行。霍贝尔在研究原始社会是否有法这一问题时,利用丰富的资料广泛地介评了近年来世界各地所发现的保留原始痕迹较多的一些民族或部落的有关情况。霍贝尔认为在研究法的运行时,需要仔细地俯视和勾画社会和文化,以便发现在整个结构中的位置。在对社会运转有所认识,才可能对何为法律以及法律如何运转有一个完整的认识。④

(二)民间法研究关注法的实效性问题

法律存在的意义与价值,不是表现在法律规范是否体系化,法律规范内部的逻辑是

① 严存生:《法律的人性基础》,中国法制出版社 2016 年版,第 83 页。

② 易军、浦加旗:《论民间法范式的研究方法》,载《大理学院学报》2008 年第 9 期。

③ 李亮:《藏族婚姻习惯法历史嬗变及其走向展望》,载《贵州民族研究》2014 年第 10 期。

④ [美]霍贝尔:《原始人的法》,严存生译,贵州人民出版社 1992 年版,第 2 页。

否严谨,而是体现在法律在社会中的实际效果。有鉴于此,严先生认为,社会法学家重视法律的实践,重视法律实际对社会所产生的效果。严先生曾引用美国知名社会法学家、哈佛大学法学院前院长罗斯科·庞德的论述,在庞德看来,社会法学就是"研究法律制度、法律律令和法律准则所具有实际的社会效果"的学科。民间法之所以被不断强调,也正是基于民间法对社会所产生的实际效果,即民间法不仅被特定群体遵守、规范当地的社会秩序,还能有效地解决纠纷。因此,关于法的实效性问题的研究,是民间法研究的重要内容之一。

关于法的实效性问题,学界有不同的观点,但都认为法应当具有实效性。[①] 以凯尔森为例,他从法的运行的角度分析,认为法律的实效性体现在其被实际实施的状态和程度。民间法不同于国家法,不是一国范围内普遍适用的法律,其仅在一定的区域或群体中适用,考察其实效性应当考虑在该特定区域或群体中是否能有效地调整社会关系,分析其如何有效地分配乡民之间的权利、义务,调整和解决他们之间的利益冲突。从法社会学视角来看,关于民间法的实效的研究,应当关注解决纠纷时的策略、规则的选择、社会效果等问题,在具体的纠纷解决过程中,体现出民间法的运行方式。首先,融入被调查群体,了解被调查地区的风俗习惯,避免研究中出现偏见。其次,从调查纠纷开始,通过成员之间的争吵、相互地谴责、认为某人做了某事等细节的观察。[②] 观察纠纷出现的原因,人们纠纷的看法与评价。最后,就观察的内容提出问题,探究乡民对纠纷解决规则的选择与认可。

当然,民间法也具备达致实效的路径。[③] 民间法作为一种人们的习惯性选择,很难被国家法强制改变,只能随着社会的发展而变化。民间法这一特质,决定其实效达致路径的多元化。[④] 一方面是民间法的外在强制性保障其达致实效;另一方面是民间法的内在道德约束保障其达致实效。

就民间法的外在强制性而言,民间法作为"被一方认为是权利,另一方视作是责任"的法[⑤],通过该社会结构中固有的互惠和公开性的特殊机制保持着强制力。虽然,民间法主要来自社会,是一种社会规范,但正如埃利希所提到的,这种强制力并不亚于法律的强制力。[⑥] 没有规范人们的"权利"和"义务"的民间法,同样会产生制裁或奖励的后果,一旦这样的后果产生,就会实际调整和解决群体之间的利益冲突,人们基于对民间法的共同认可而自觉遵守。就民间法的内在道德约束性而言,民间法以义务为本位,是特定地区

① [奥地利]凯尔森:《国家与法的一般理论》,沈宗灵译,中国大百科全书出版社1996年版,第42页。

② [美]霍贝尔:《原始人的法》,严存生译,贵州人民出版社1992年版,第35页。

③ 于语和:《中国传统民间法论纲——基于法学品格、文化特质及现实功能的视角》,载《北京理工大学学报(社会科学版)》2014年第2期。

④ 于语和:《中国传统民间法论纲——基于法学品格、文化特质及现实功能的视角》,载《北京理工大学学报(社会科学版)》2014年第2期。

⑤ [英]马林诺夫斯基:《原始社会的犯罪与习俗》,原江译,法律出版社2007年版,第124页。

⑥ [奥地利]欧根·埃利希:《法社会学原理》,舒国滢译,中国大百科全书出版社2009年版,第22~25页。

或群体长期形成的道德准则，是该地区或群体传统文化的重要组成部分，已内化为人们的行为准则，而人们基于对这种道德准则的认可，也愿意受到相应的约束。即使民间法以禁止性内容为主，绝非无视权利和义务问题，而只是对权利和义务采取了一种独特的规范方式。[①] 民间法所建立的这种共同信仰符合乡土社会的内在需求，也使得民间法焕发出强大的生命力。通过外在与内在的强制性的约束，民间法因其更贴合实际，且深根于人们内心深处，在实施的过程中，产生了良好的社会效果。

三、法和社会联系与民间法在立法、司法中应用研究

法是社会中的法，法的发展离不开社会，社会的发展也离不开法的作用。著名法律社会学家埃利希曾提到，无论是现在或是在其他任何地方，法律发展的重心不在立法，不在法学，也不在司法判决，而在社会本身。只有把作为社会结构之一部分的法与作为社会系统的全体社会，置于彼此具有相互依存关系的角度来进行观察和研究才能全面发挥法的功能、作用与价值。严先生一直强调要把法与社会联系起来研究，有鉴于此，其在综合分析了耶林、霍贝尔、卢曼等法社会学家与法人类学家的观点后提出，法社会学家强调与社会利益的关系，认为法根源于社会冲突，其深层次的原因在于人们之间存在着利益差别，因而他们研究和区分了各种利益，认为法律就是为了协调各种利益的冲突，而协调的基础就是社会利益，所以法律的目的就是增加社会利益，并在这个前提下满足各种利益的要求。关于民间法的研究，应当从法与社会联系这一角度进行，分析民间法在立法领域中如何与国家法进行互动进而有效地协调各种社会利益，分析民间法在司法领域中如何影响司法实践、有效地解决利益冲突。

(一)民间法与国家法在立法领域中的互动

严先生认为社会选择了法律，“法律是适用社会的需要和通过长期的社会选择而产生的”[②]。其有关法与社会联系的观点提示我们，当前在建设社会主义法治大国与强国的过程中，应充分了解社会各种利益之间的矛盾根源及其形成原因，并做好积极的协调，以确保法的实践与法的理论之间能获得有效的统一。就国家法与民间法而言，两者从未割裂，也无法割裂，国家法是“逐渐产生和发展的，最初的国家法是习惯法的汇编或是被编纂的习惯法典，它是从民间的习惯法[③]中提炼出来的”[④]，两者应当共同协调各种利益冲突、增加社会利益。关于民间法与国家法在立法领域的互动的研究，旨在处理好国家法与民间法之间的关系，为中国的法治建设做出贡献。

---

① 谢晖:《论民间规范司法适用的前提和场域》,载《法学论坛》2011 年第 5 期。

② 严存生:《法的理念探索》,中国政法大学出版社 2002 年版,第 81 页。

③ [美]霍贝尔:《原始人的法》,严存生译,贵州人民出版社 1992 年版,第 8 页。

④ 严存生:《民间法与国家制定法互动关系的法社会学思考》,载《民间法》(第 16 卷),厦门大学出版社 2015 年版。

法的生成是社会对法的需要,这种需要"最初表现为人对社会秩序的需要",进而表现为个人自由、社会正义的要求。法的需要直接表现为社会纠纷需要法律来解决。[①] 法的生成实际上是一个社会对新出现的带有普遍性的社会问题达成共识和寻找一种根本性的解决办法的过程。"法律很难说是某个人的理性的产物,而往往是集体智慧的结晶,它是在个人的互动关系中逐渐形成的,包括许多正反两方面的经验积累,因而这种理性决不是什么超验的或先验的,而是大家长期经验的提炼的产物。"[②]在法律的制定中,立法者应当及时地发现本社会中已生成的法,并对之进行归纳整理、提炼和正确的阐述。民间法是特定社会自发形成的社会规则,国家法在制定过程中,应当对民间法进行归纳整理,将符合条件的民间法上升为国家法。

一方面,民间法不仅为国家法提供来源,而且影响国家法的制定。在法律的制定过程中,不能是少数精英关起门构思出来的,而是广大社会成员对共同生活规则进行理性思考的结果。[③] 民间法体现的是中国传统法文化,关乎社会成员的利益,国家法的制定忽略中国传统法文化,就是忽视社会成员的利益。因此,国家法的制定应当以中国传统法文化为核心与灵魂,关注民间法的内容,避免制定出来的法律被束之高阁。

另一方面,民间法能弥补国家法的空白。民间法生于传统、长于传统,调整着人与人之间各种利益关系,在中国传统秩序的维持中起着尤为重要的作用。国家法具有普遍适用的特性,决定了其是社会全体成员利益调整的公因式,必然有其忽略和遗忘的价值观念和社会利益。在国家法调整不到的地方,民间法起着重要的补充作用,不至于出现社会关系的混乱和人际交往的无所适从。民间法与国家法的这一区别,决定关于民间法的研究,不能受到社会全体价值观念的影响,应当关注具体的利益诉求,探寻个体间有差别的利益诉求,避免立法的轻重不均衡问题。而民间法对各种利益诉求的关注,尤其是对被忽略利益的关注,有利于推进我国的法治建设,帮助那些曾经为国家法所忽略的价值观念和利益诉求进入国家法的关照之内。[④] 民间法学者关于民间法与国家法在立法领域互动的研究,有利于维护社会全体成员的利益,增强对全社会利益的保护。

(二)民间法强调个案正义影响司法实践

严先生认为,法官要真正合理地解决纠纷,不能仅停留在当事人的陈述,还应当研究法律事实,即社会秩序。因此,在解决社会纠纷的过程中,法官需要研究一般规则,同时需要认识社会纠纷,要确定它的性质和找到解决问题的方法,显然不能就事论事,不能只征求当事人的意见,而必须把它放到社会大背景中去,必须看广大群众对这个事怎么看。因为纠纷的起因就在于当事人作出了为社会群众所不能容忍的行为,或者是违背了所在

① 严存生:《法的理念探索》,中国政法大学出版社 2002 年版,第 164 页。
② 严存生:《法的理念探索》,中国政法大学出版社 2002 年版,第 172 页。
③ 严存生:《法的理念探索》,中国政法大学出版社 2002 年版,第 85 页。
④ 周俊光:《论法治进程中民间法与国家法的二元并立》,载《甘肃政法学院学报》2015 年第 5 期。

社会公认的价值观念或道德认识。[①] 具体到民间法的研究中，民间法学者应当通过考察大量的案例，分析法院在解决纠纷过程中对民间法的重视程度、适用民间法解决纠纷的法律效果、特定社会群体对纠纷的看法等问题，论证民间法适用于司法实践的意义。民间法学者认识到个案正义关乎每个个体的切身利益，进而影响整个社会秩序是否能维护和谐状态。因此，在研究中，强调案件裁判的多样性，并积极探索构建多元纠纷解决机制。

民间法的研究关注案件裁判的多样性，或者说更关注的是法律的正义。法律的正义在利益多元的现代社会很难达成多维度的均衡，原因在于应用法律理性主义的思维模式裁判案件，就会忽视个案中的情感因素。这种对正确裁决结果的追求，并不能达致正义的实现。民间法学者关注社会中各种利益诉求、关注个案处理的效果，在研究中，也将中国传统法文化中的"人情"因素或情感因素纳入法律正义的范畴中。民间法关于法律正义的态度，"允许同样情况有不同的判决结果或选择不同的法条。它也允许类似案件作出不同的判决，如果新的判决比旧的更合理、更正确的话，如果新的判决为诉讼双方和社会乐于接受的话"[②]，也就是说民间法更关注法律实施的效果，认为能达致法的实效的法律，才是正义的法律。但司法实践中，审判者在各种因素的制约下，通常更愿意追求案件裁判的一致性。民间法学者基于对大量裁判的调查与分析，较为全面地论证了裁判多元化的社会效果，对司法实践中关注民间法、重视个案正义提供了充分的实证资料。

追求个案正义的民间法学者，认为人对法的真正的和直接的需要是为了解决社会纠纷，因此，应当构建有效的纠纷解决机制，才能实现法的目的，即应当建立多元化纠纷解决机制。所谓多元化纠纷解决机制，是与传统一元化的纠纷解决模式相对，前者主张以人类社会价值和手段的多元为基础，后者强调以单一的程序解决纠纷实现法律的正义。在现实社会中，人们的利益必然是多元的，以一元的机制解决多元的利益冲突，难以实现法的社会功能。关于多元纠纷解决机制的研究，也在党的十九大报告提出乡村振兴战略，强调提高乡村治理能力后迎来了新高潮。报告中强调，重视乡土社会的村规民约在多元化纠纷解决中的作用，规范乡土秩序，推进法治中国的建设。多元化纠纷解决机制的合理性在于，要求国家法与民间法在乡村社会通过合作治理实现问题的解决，并取得最好的效果。关于多元纠纷解决机制的研究，不能再从单一的法律视角进行研究，应当从跨学科视角对纠纷解决法律机制进行描述，研究社会治理中的难点问题。部分学者开始通过大量的田野调查，探寻纠纷解决的本土资源，为多元纠纷解决机制的构建提供了丰富的实证资料。严先生的法社会学研究对我们进一步深入研究中国的多元纠纷解决机制具有重要的意义。

---

① 严存生：《法律的人性基础》，中国法制出版社 2016 年版，第 83 页。

② 严存生：《法的"一体"和"多元"》，商务印书馆 2008 年版，第 161 页。

结 语

严存生先生关于法律发展的重心不在于国家的活动，而在于社会本身，必须从社会中寻找等论述，为民间法研究提供了新的视角与方法。尤其是严先生关于“法的运行与实效”的研究思路、研究方法，对我国民间法实证研究产生了重要的影响。越来越多的民间法学者走向田野到社会生活中去发现法、研究法，有助于丰富民间法的研究成果，使民间法能更有效地服务于中国未来的立法、司法实践。

运动不止　学术常青

——严存生先生的法律学术思想及其启迪

王存河*

2019年11月15—17日，全国民间法与习惯法论坛在河南师范大学举办。论坛的第一个重要环节是“严存生先生法社会学思想研讨”，这是一件具有特别纪念意义的事情。1999年到2002年我在西北政法大学法律史专业读硕士学位，严先生并非法律史专业的导师，但严先生为我们法律史专业的同学们系统讲授了西方法律思想史，加之我们读研究生之时，法学理论专业的学位论文答辩和其他学术活动是各专业同学们最喜欢蹭场和现场感受的重要教育机会之一，因而对西北政法大学法学理论专业严存生老师领衔由刘作翔、葛洪义和杨宗科等等老师组成的导师组也都有一定的了解，记得刘作翔老师当时已准备到其他单位工作，故为法学理论专业开设的专题课在相当程度上已变成全年级同学的公选课，我们这一级各专业的同学们似乎格外珍惜难得的不太多的求学机会，只要上课时间不冲突，就愿意挤到大教室里去听刘作翔老师的法理学专题课。学术知识的传承可能更多来自课堂和每次学术性活动，其间既有对法学理论西北政法整体风格的感受，也有对每个老师的学术个性的体悟。

因为法学理论、法律史、宪法学与行政法学的同学们宿舍比较靠近，相互走动更多一些，对严先生的印象相当多的信息还来自同学们的“夜谈半小时”以及日后与严先生的交往。我对严先生生活中的印象是：有点严肃，还是一个运动健将。如果有谁吹自己是运动健将时，同学们半开玩笑说：“有本事去和严老师比一下，看咋样！”从学术方面看，我上学时大体知道自己会走向高校教师岗位，因此对老师的授课内容做笔记还是很认真的。老实说，上课时对于严先生所授《西方法律思想史》的内容并不是完全听得明白，但上课所做笔记对自己的阅读方向有所指示，对于自己走向讲台的影响是可想而知的。总体而言，严先生对我的学术影响主要体现在如下几个方面：

一、关于法律和法治的人性基础的探讨

法律法治的人性基础，是法律问题的起点，是国家治理的重要理论基础，古往今来贤

* 王存河，法学博士，甘肃政法大学教授。

者们对此多有思考。上研究生期间严先生在课堂上就给我们较为详细地谈到了西方政治哲学中关于人性的讨论，记得当时引用的文献主要是有亚里士多德的《政治学》、休谟的《人性论》，还有中国古代孟子、荀子等关于人性的讨论，就法学学术流派而言，主要关注的是自然学派对于人性和理性的思考。现在才明白，自己上学期间严先生对于人性作为法律哲学的基础问题也才开始初步的探讨，这可以从后来的系列论述看出来，严先生在2005年发表《探索法的人性基础》[①]，2007年发表《道德性：法律的人性之维》[②]，到近十年来密集发力，先后发表《中西方历史上"法的人性基础"思想比较》[③]《人性的两个层次》[④]《"人性恶"是法律、法治的人性基础吗？》[⑤]《作为人的最低限度责任的法——以普芬道夫论述为切入点》[⑥]《法律的人性基础论纲》[⑦]《〈荀子〉"性恶论"评析及其对社会治理的启示——兼与休谟的"性恶论"比较》[⑧]，以及2016年出版的《法律的人性基础》（中国法制出版社），对于自己的思考作了系统性整理；从相对较为疏阔的学派理论过渡到更加细致的对于历史先哲们关于人性的探讨，学术触角越来越丰富、越来越细腻。

应当说，人性的复杂性丰富性使得对其讨论充满了难度，非得有纯粹的学术心志和扎实的功力，一般学者不愿涉足这个需要坐冷板凳的领域，但严先生做到了。上学期间，对于严先生在上课期间讲授的内容，因为理解能力有限，很难充分领会其中的意思，但先生给我们提供了思考的线索和努力的方向。后来，先生还到我任职的甘肃政法学院（现甘肃政法大学）做系列学术讲座，主要内容就是法律法治的人性理论。这也使得我在毕业十余年后，又能幸运地聆听先生讲座，补充知识、反思自己的不足和校正努力方向。

我本人在2004年硕士毕业后出版了《治道变革与法精神转型》（法律出版社，2004年），其中有一个章节涉及国家治理中的人性基础，我必须承认严先生还有法律史专业各位导师的授课对于我的深刻影响。在各位老师提供的线索基础上我发现了人性的知识论维度和伦理学维度，西方法律哲学除了探讨伦理学维度的人性善恶之外，还关注感性和理性[⑨]、认知能力的有限性和无限性等。这当然主要涉及人治和法治的理论基础。再到后来，我读了博士学位，又阅读了佛教、伊斯兰教关于人性的一些思考，丰富了关于人性的认识维度和层次。尤其是在阅读康德关于实践理性和理论理性的论述时，都会注意到康德把"感性——知性——理性"三个关键词放在一个关系链条中，但在《新华词典》关于"理性"词条解释中，我发现感性和理性相对，中间缺少了"知性"这个概念。然而在康

---

① 严存生：《探索法的人性基础》，载《华东政法学院学报》2005年第5期。

② 严存生：《道德性：法律的人性之维》，载《法律科学》2007年第1期。

③ 严存生：《中西方历史上"法的人性基础"思想比较》，载《华东政法学院学报》2012年第1期。

④ 严存生：《人性的两个层次》，载《东方法学》2012年第2期。

⑤ 严存生：《"人性恶"是法律、法治的人性基础吗？》，载《河北法学》2014年第2期。

⑥ 严存生：《作为人的最低限度责任的法——以普芬道夫论述为切入点》，载《江淮论坛》2013年第1期。

⑦ 严存生：《法律的人性基础论纲》，载《中国高校社会科学》2014年第3期。

⑧ 严存生：《〈荀子〉"性恶论"评析及其对社会治理的启示——兼与休谟的"性恶论"比较》，载《山东大学学报》2019年第5期。

⑨ 严存生：《法的合理性研究》，载《法制与社会发展》2002年第4期。

德的著述中，“知性”这个概念与理性相对，表达了纯粹知识领域和实践领域的对应与衔接，然而在《新华词典》中却缺失了，这是为何？这激发了我的思考热情，后来终于明白，这个词的缺失背后一定有更深层次的原因，我的答案是这与中西文化背后的思维方式有关，在汉语概念系统的认知中知性包括在感性之中。这实际上包含了对汉语概念系统的认知机制，汉语作为象形文字在认知上具有直觉主义的特点，其具有整体性、连续性、动态性。作为直觉理性的体现，汉语概念反映了观念与对象之间的关系，而不是如字母文字体现了观念之间的关系，而这恰恰是知性的要义所在。显然，人性的探讨中包含了方法论层面的东西。

另一面，在关于法律的性质的探讨中，一般都会受到亚里士多德论述的影响，认为法律是理性的。然而，何为理性？其实即便在西方的著述中都有很大差异，可以找到形式理性和实质理性、经验理性和建构理性、价值理性和工具理性等多种非常有影响力的不同分类，不管是哪一种，都把感性排除出去了。这可能是因为在西方法律哲学中为了实现普遍性这一目标，把感性这一极具个性的东西排除在外，通过一个抽象的法律人格试图给每个人的个性留下逻辑上的可能空间。然而在中国传统哲学的探讨中，如李泽厚、张国荣等学者认为中国传统哲学是身体哲学、身体政治、感性感情等凝聚了中国人的价值观念，感性直接与人的价值观相联系，抽取了文化底蕴的原子人是不具有生活气息的人，是西方哲学的逻辑起点。如果说不同的文化传统对于人性即便在方法论层面的理解也是有差异的，亦即方法论本身也包含了前见，那么方法论的普遍性是否可能，进一步的对话基础何在？

二、法治理论研究

关于法治理论的探讨构成了严先生学术生涯中另一个极为重要的组成部分，在本文看来，严先生关于法治的探讨集中在三个方面：

第一，21 世纪初，严先生的探讨主要集中于对法治的本质特征的探讨，如法治的协商性与公益性，并提出了中国共产党作为执政党其自身的建设是我国法治建设的关键。① 今天看来，这也是非常有见地的观点，十八届四中全会提出依法执政以及党的法规体系这些关键概念就是证据。同一时期，严先生还探讨了全球化背景下法的一体化与多元化问题。②

第二，关于法治社会的探讨。严先生于 2004 年发表的《法治社会的“法”与“治”》一文，比较系统地探讨了法治并非单一依靠“法”来治理，而是要依靠包括法、德（礼）、势、术

① 严存生：《“法治”之法的协商性与公意性》，载《法商研究》2000 年第 3 期；严存生：《“法治”三论》，载《政法论丛》2005 年第 4 期；严存生：《法治国家建设的政党之维》，载《金陵法律评论》2011 年春季卷；严存生：《政治文明建设与法治国家建设的协调发展》，载《法律科学》2004 年第 5 期。

② 严存生：《“全球化”中法的一体化和多元化》，载《法律科学》2003 年第 5 期。

等多种方式进行治理，法治不是统治而是一种对社会的管理，是善治。应当说，从法治国家、法治政府再到法治社会，三位一体同时建设，在严先生的论述中亦可见端倪。[①] 对于现代法治社会的人的属性判断，严先生在阅读拉德布鲁赫的《法律上的人》一文的书评中提出一个判断，认为基本上是社会法类型的人，在全球化时代应有全球化、多元化和新权利的意识，而那种认为法治社会的法应以“人性恶”为基础的观点是值得商榷的。我国现代的人是集体的人，法律是社会法，必须通过与社会法时代相匹配的民主方法，建构与法治社会相适应的政党制度。因为在现代民主社会里，真正好的法律必须体现公意，而公意的获得不是通过个人之间选举“人民代表”的办法，而是通过“集体人”的政治组织即政党这个中介组织的活动来完成。政党是民主集中的一个中介性组织，这意味着政党负责收集和向立法机构转达民情民意的任务，执政党就是许多政党中最有资格承担这一角色的“集体人”的政治组织。[②] 可以看出，严先生关于法治社会的探讨关注的是社会意见汇集到达国家民意机构的机制保障以及国家与社会之间的衔接。

第三，关于《管子》的系统研究。2015 年后，严先生的学术兴趣发生了调整，从研究西方民主法治理论转向我国古代法治思想，并对二者进行对比。《管子》一书是我国古代最早对君主及其治国理政的问题进行系统论述的著述，严先生将其与西方马基雅维里的《君主论》比较研究，构成了自己这几年的学术性兴趣所在，对《管子》进行了较为系统的研究，并撰写了系列论文，涉及《管子》中的治理思想、法观念、“法”与“道”的关系以及君主的社会角色、道德人格和应该遵循的治国理政之道等。[③] 严先生在本该顺着既有的领域只需稍费工夫便可吃老本的情况下，却开拓了新的研究领域，所表现出的学术勇气和学术活力是晚辈学人的楷模。

作为后辈学生，在对法治理论的研习领悟中必须提及刘作翔、葛洪义、於兴中等诸位老师，毋宁说，几位老师作为彼时西北政法大学法学理论的顶梁柱（当然也是全国法学理论的知名学者），我们通过学术讲座上老师们的发言或者评议加深了对法治的理解和对法治重要性的认识。在学术传承中，几位老师无疑也受到了严先生的影响，我们作为后来的学生又从各位老师身上受益良多。作为法律史专业的学生，我在接受法律史专业训练时，对法哲学的兴趣很是浓厚，但因学力所限有点应接不暇。实事求是地讲，我对法治的关注最初是形式法治，到后来学术界开始关注实质法治。我们知道，在法律哲学领域关于形式与实质的探讨是一个基本的学理问题，遍及各个部门。法哲学比如实质刑法与形式刑法的争论，也涉及在世界范围法治的形式要素如何与各国的实质要素相结合、一个主权国家之内法治的形式方面与各地方各领域的特殊情况相结合等等；对于地处多元文化和地方特色极为鲜明的西北地区来说更是如此，也是本人为了让自己的研究更接地

---

① 严存生：《法治社会的“法”与“治”》，载《比较法研究》2005 年第 6 期。

② 严存生：《法治社会中的“法律上的人”的哲理思考》，载《华东政法大学学报》2004 年第 6 期。

③ 严存生：《〈管子〉：我国古代的“君主论”》，载《山东大学学报》2017 年第 6 期；严存生：《〈管子〉关于“治国理政”基本范畴的探析》，载《上海政法学院学报》2018 年第 1 期；严存生：《作为“至道”的法———〈管子〉的法观念及其“法”与“道”范畴初探》，载《上海政法学院学报》2019 年第 2 期。

气更具地方特色必须思考的问题，换句话说，对于西北民族习惯规范的研究构成了我自己学术研究中的主要领域。但到后来，我本人感觉到对于民间规范、习惯规范的研究应当有反思、有规范，对于地方性族群性规范的客观描述中似乎缺少了对普遍性、规范性的关注，这种普遍性规范性如何获得。这一问题意识促使我对法律概念尤其是汉语法律概念在哲学层面上进行挖掘，但我深知，这一切都不离不开严先生等各位前辈老师的教诲以及对自己学术人生的提携。

三、法学方法论的继承与开拓

法学方法论是作为一个法学工作者自觉学术意识的必要条件，也是研究生学术训练中必不可少的一个环节。作为法律史专业的研究生除了接受法律史专业学术研究的基本训练外，从严先生处接受的法学方法论的教育就是关于西方法学学术流派的讲授，由此知道了理性主义方法和经验主义方法论的分野以及西方主要法学流派的学术立场、方法、贡献和面临的问题。"应然"和"实然"作为贯穿其中的关键词，是让人颇为着迷又很头疼的一对概念，不仅是因为其具有很强的思辨性，而且还涉及法学的独立学术品格、法律的本性等等本体论问题和司法实践的品格以及法学研究的方法论进路等。

严先生的学术论文中涉及法学方法论的文章包括《法学方法现代化有感》[①]《西方分析法学的法与价值无涉观念剖析》[②]《论法学家法》[③]《法的基本属性的辩证思考》[④]《法本乎自然——以格劳秀斯为切入点》[⑤]等。还有一些笔谈，无法一一抄录于此。读书时期，我对于实然和应然的理解限于价值判断和事实判断，这当然是在休谟的理论视域思考，法律既要承载价值追求，又要保证法学学术的科学性进而免于政治因素、道德因素等的干预，这如何可能？这也是新分析法学以来以哈特为代表的描述主义法理学和以德沃金为代表的解释主义法理学纠缠不休的原因。当然也是西方形上学传统的基本特质。然而，随着语言哲学从语义分析到语用分析，试图借助语言分析方法在解决确定性问题的同时又保证法学的科学性，就需要对语言自身的特性以及语言与现实世界的联系机制加以探究。维特根斯坦的"意义即使用"能够解决言内语境，但语言与言外语境的联系与界限仍然没有回答清楚。事实上，字母文字系统本身意义获得机制决定了其与现象世界的联系是二元化的，但在汉语文字系统中比较好地解决了这个问题。因为两种文字系统之间在把握世界的方式和机制上是存在差异的。我想我选择的从文字系统本身作为研究进路，与严先生近几年对《管子》和《君主论》进行比较研究，有异曲同工之妙。但仍然要

① 严存生:《法学方法现代化有感》,载《法治现代化研究》第 6 卷。

② 严存生:《西方分析法学的法与价值无涉观念剖析》,载《金陵法律评论》2011 年第秋季卷。

③ 严存生:《论法学家法》,载《比较法研究》2010 年第 5 期。

④ 严存生:《法的基本属性的辩证思考》,载《法治现代化研究》第 11 卷。

⑤ 严存生:《法本乎自然——以格劳秀斯为切入点》,载《东方法学》2013 年第 4 期。

强调,这是一种学术传承。如果有一天我的研究取得一定成效,那么,严先生等诸位老师的启发帮扶之功应当是不可磨灭的。

四、其他领域的研究

除了以上研究之外,严先生在其他领域也进行了卓有成效的研究,比如法律价值、法律社会学、法学的基础范畴等等。在法律社会学领域影响最大的代表性成果大概要数《原始人的法》这本译著了,作为法社会学的经典著作,《原始人的法》影响了很多学者,丰富了看待法律和法律现象的角度。在法律社会学领域严先生还先后发表了《社会治理与法治》[①]《社会法学研究的基本问题》[②]《论"法学家法"——以埃利希的有关论述为切入点》[③]《西方社会法学的法观念探析》[④]《社会法学的司法观》[⑤]《"新权利"的法哲学思考》[⑥]等论文,从发表示时间序列看,先生在该领域一直持续不断地思考和写作。

一如前述,严先生对法律社会学的讲述和著述,为我提供了法律社会学的基本框架和基本文献。因为法律史专业的阅读任务,在读研究生期间,我对梅因的《古代法》、瞿同祖的《中国法律和中国社会》、梁治平的《法辨》《清代习惯法》以及刘作翔的《法律文化理论》、赵振江的《法律社会学》等书籍给予了比较多的精力,对于埃里希、卢曼、庞德、耶林、涂尔干等人的著述基本上是后来工作之后才陆续阅读的。后来我并没有走向法律史的研究,而是游走在法学理论和法律史学科的交叉地带,也许与法学理论和法律史学科的综合影响有关。就我自己的学术思考而言,在该领域我幸运地得到了同样是西北政法大学校友的谢晖老师的关心、鼓励和指导,在 2001 年和 2003 年我的一篇关于回族习惯法的文章和硕士学位论文《中国固有法的三重结构》先后在《民间法》上发表,对我而言这是极具鼓励性质的重要事件,此后,还连续参加了谢晖老师主持的民间法与习惯法的民间学术会议,极大地开拓了自己的学术眼界。西北多民族地区在民间规范和习惯规范等学术资源方面有得天独厚的条件,但是,在读完民族学的博士学位后,尤其是在阅读康德、罗尔斯、桑德尔、诺其克等人的哲学著作后,我自己的研究思路却发生了转变,我认为应该为多样性提供一个逻辑框架,以容纳多样性和可能性——我想这是罗尔斯与其他学者争论中给我的方法论启示。我发现在对各地各行业的民间规范和习惯规范进行描述时,我们有可能走向一种自说自话、不再有效交流的碎片化状态。从社会发展的趋势而言,因为高科技、高铁、人口的大规模流动,中国东西南北拥有不同地方性知识和地方规范的人们面临着新的社会整合和社会转型,不同地方以及族群的特殊性规范之间的普遍性如

① 严存生:《社会治理与法治》,载《法学论坛》2004 年第 6 期。
② 严存生:《社会法学研究的基本问题》,载《法治论丛》2006 年第 5 期。
③ 严存生:《论"法学家法"——以埃利希的有关论述为切入点》,载《比较法研究》2010 年第 5 期。
④ 严存生:《西方社会法学的法观念探析》,载《学术研究》2010 年第 1 期。
⑤ 严存生:《社会法学的司法观》,载《华东政法大学学报》2012 年第 2 期。
⑥ 严存生:《"新权利"的法哲学思考》,载《江汉学术》2019 年第 3 期。

何实现，是一个比较急迫的任务。这是一种自生自发的普遍性规范秩序的需要，也是英国普通法生成机制给我们的启示，也是埃里希著作中关于“事实问题”和“法律问题”论述时的重要启发。这也是选择汉语法律概念学说作为以后努力方向的根本原因，普通话和规范汉字是我们共同的对话交流工具，对它的特性应该有一个清晰的了解。

最后，全文总结一下。严先生学术研究大体上遵循的是把学术史和概念史的研究相结合的风格，其基本特点是：注重基本概念的厘清。这与注重提出自己的学术观点的做法相比，似乎没有那么引人关注，但对于学术发展的贡献却不能低估。正如分析哲学所秉承的基本方法即概念分析方法一样，看起来琐碎，却让每一种陈述、概念变得清晰，发展得更加稳健。比如严先生关于“法律事实”的论文就区分了法律事实与“法的事实”“证据事实”“事实上的法”“事实认识”“法律证据”等基本概念的联系和区别，①还有如关于自然法、万民法和世界法关系的研究，②另如对自由与权利、权力、法律之间关系的研究。③即便是法律社会学的研究，也与国内大多数学者不同，国内大多数学者会关注我国的各地方各族群各行业的民间规范、习惯规范和行业惯例，走在法学中国化的这条路上。但严先生走的是老老实实读经典、解读经典的路子，体现了严谨、踏实和低调的治学态度和对法学发展的基本路径的一种判断。希望自己是我国法学理论西北政法大学这一支中一个成绩还算合格的学生。

① 严存生：《“法律事实”概念的法哲学思考》，载《法学评论》2002 年第 1 期。

② 严存生：《自然法、万民法和世界法》，载《现代法学》2003 年第 3 期。

③ 严存生：《自由与权利、权力、法律》，载《政治与法律》2005 年第 1、2 期。

“中西合璧,构联古今”
——严存生教授学术道路的历程与启示

杜　鑫*

摘要:严存生教授是我国改革开放以来新一轮法学学术传统缔造过程中有着重大贡献的学术耆宿。截至目前,在我们研究其学术成就和思想的同时,仍有着极为丰富产出的学界泰斗。严老一生致力于西方法律思想史、法哲学、法社会学等法学理论领域的学科研究。包括“法律价值论”、“政党法治化”、“法治全球化”等兼有开创意义、时政意义的重大法学问题。本文将以严老的学说著述为基础,简要梳理出严老学术思想的转型之路。

关键词:严存生;学术思想

严存生教授是在当代中国法学学术传统缔造过程中有着重大贡献的学术耆宿,他被誉为“影响中国法治进程的百位法学家”中“有突出贡献的法学家”。先生一生“以学术为业”,致力于西方法律思想史、法哲学、法社会学等理论法学研究,通过《西方法律思想史》《法的价值问题研究》《法的理念探索》《法律的人性基础》《法治的观念与体制——法治国家与政党政治》《西方法哲学问题史研究》等一部部厚重的心血之作,先生在“西方法哲学”“法律价值”“政党法治”“法律全球化”等问题领域,均作出了具有“继往开来、融会贯通”性质的重大学术开拓。

近年来,先生的学术兴趣集中转向了中国传统法律观念的系统挖掘,陆续推出了一些重大研究成果,鲜明展现了一种中西合璧、构联古今的学术指向。以先秦子学的解读为基础,先生立足法学视角,对古代中国政治、经济、社会、文化制度构建背后的指导思想进行系统深入的梳理分析,进而运用跨文化比较的方法,努力发掘现代法治观念的“中国文化基因”。如在集中研究管子的几篇论文中,先生对管子有关“法”“道”“义”“礼”“德”“理”等“治国理政基本范畴”进行了深入梳理,勾画出了管子法观念的基本逻辑图景。在此基础上,通过与马基雅维里《君主论》的比较,挖掘管子“君主论”这一中文本土言说的“现代借鉴意义”;通过管子与亚里士多德的法治观念的多角度比较,先生进而认为管子的“法治”观念是“一种有中国文化特色的、原本的、宽泛意义上的,因而更具有普适性”,是构思当代中国特色的“法治”观念的基础。而在对荀子人性学说的研究中,先生仔细甄

* 杜鑫,西北政法大学民族宗教研究院2018级民族法学专业硕士研究生,研究方向:法理学、民族法学。

别了荀子“性恶论”与休谟“性恶论”之间的相同与相异，揭示荀子“化性起伪”的社会治理意义，即作为义务主体的君子，和“隆礼”“尊贤”“重法”“爱民”的治理观念。这样就得出了荀子“性恶论”与休谟“性恶论”首先在人的自然属性、社会属性上存在层次之别，进而认为荀子从探讨人性完善的后天条件出发，赋予了人性学说更为丰富的社会意涵。

一位长年深耕西方法哲学的学者，却对中国传统法文化抱有如此深厚的感情，用扎实的研究成果来展现和肯认中国本土学术话语体系的深厚价值，确实让人不禁感叹学术境界不分中西，而学术生命才是一个学者真正的生命力所在。毫无疑问，系统梳理先生的法哲学思想与治学道路，对于推动我国法学理论研究的深入发展具有重要的意义，而作为晚辈后学，笔者也借此向以先生为代表的老一辈学者们致以深切的敬意。

一、西方法律思想史研究的丰硕成果

思想史亦不同于制度史，它的研究领域十分庞杂和宽泛，并没有像法制史那样将一国以法律为基础的制度构成在长期的社会变迁和国家、民族发展中形成的统一秩序直接作为研究材料的先天优势（在特定的时空间范围内，一个国家的法律制度通常是统一的，但同时却可能存在多种的法律思潮或不同的法学理论）。作为法律制度存在和发展所浸润其中的思想土壤，法律思想和观念既有对现实法制运作的反应，也有经由思想谱系性所内在形塑出的顽强的独立性。法律思想史作为一种观念史，更要着力探索法制史变迁背后的学理和观念，其所涵盖的研究领域并非某一具体部门法的理念变迁，而是将与整个法律体系相关的理论要素（包括道德理念、哲学思想、价值取向、社会历史等）统合起来研究，尤其是法律观念往往对人们对当时的法律制度的内心判断和主观诉求产生重要影响，对观念史研究就必然成为推动中国法学理论发展的一条重要路径，而这一过程必然是漫长而艰巨的。法律思想史研究的最直接、最主要的对象便是各个历史时期法学家的言论和著作，笔者曾当面聆听先生的如下教诲：“在学术研究的初期阶段，尤其是青年学生，应当精读几部相关专业的经典著作并熟练掌握其中的理论内涵，夯实基础，以免日后表达观点时陷入‘空中楼阁’的窘境”。

西方法学流派众多、法学理论发展的历史源远流长，能够反映诸多法学名家独特理论的优秀著作也不可胜数，要在这样一个纷繁复杂的情态下，完成对一个具有鲜明文明特质的法律观念的历史流变及其发展规律的概括总结，无疑是相当困难的。仅以西方法律思想与同期社会历史条件变化而发生的流变而论，可以划分为古希腊罗马阶段、中世纪阶段、自由竞争资本主义阶段和晚期资本主义阶段四个典型时期。其间既有有从法律思想的哲学萌芽到职业法学家群体的形成，也有从神学观念对法律思想的泛化到自然法学派的传承；既有从资产阶级革命对法治观念的需求到法律思想体系逐渐独立，继而又彼此靠拢的趋势，也有从绝对理性的本体诉求，到分析法学、历史法学的纷争，以及后来社会法学统合诸要素对法律的重新审视。在这一系列的发展脉络之下，在形形色色的法学流派、纷繁多样的法学著作背后，各门各类法律思想的立场与观点，形成了一个庞大糅杂的知识体系。因此，摆在法学学者面前的既是一个法学研究可以长期倚赖的“富矿”，又是一个难以着手去梳理总结的庞然巨物。

但综观先生数十年的学术脉络，西方法律思想史既是其“童子功”，也是其“自留地”。先生凭借着自身对西方法律思想史研究的多年浸淫和夯实稳固的点滴积累，在西方法律思想史学科的研究中攻坚克难，梳理出了西方法律思想史发展流变的学术脉络体系。从最早的1989年在先生组织“五院四系”的相关教师编写由陕西教育出版社出版的《新编西方法律思想史》至今，三十余年来，作为本科教材，已有先生主编的十五、十一五全国规划教材的三个版本和2012年中国法制出版社出版的先生的独著。这些著述既在不同流派、人物的取舍和详略把握上有所变化，同时又始终秉持“古为今用、洋为中用”的学术立场，贯彻“述论结合，以述为主”的写作门径，对西方各个历史时期法学流派、代表人物、经典著作、核心观点进行系统介绍。帮助我们重新认识和评价西方诸多门类的法律思想内涵，站在社会历史的客观立场对其进行实事求是的科学分析和中肯评判。在学术研究的基准点上，先生告诫后辈学者，对西方法律思想史领域的研究，一定要坚持马克思主义的基本立场，切不可以否定一切的形而上学观点，用历史虚无主义的态度来对待这样一座宝贵的“矿藏”，切忌以“贴标签”式的办法对某一流派，对其思想理论断章取义。

从研究方法来说，先生认为西方法律思想如同整个西方世界的文化系统一样，始终是伴随着西方社会特定的时代问题和生活实践的延展变迁而不断推陈出新，日益繁复深刻。那么对待西方法律思想史这样一门观念性、历史性的学科，虽然能够以个人、流派、著作来作为把握思想史宏观脉络和法律观念发展规律的线索，但也要注意不可偏执一隅，弃重就轻，不可将对思想观念史的研究变成对个人理论罗列的“点将谱”，而是要去关注相关理论背后历史环境的特殊土壤，努力挖掘特定法律观念当时的历史根源、社会影响和今天依然具有的学理价值。

从比较文化研究的角度出发，先生指出西方法律思想在总体上具有“法概念的特定性”“法律二元论结构”“宗教神学思想浓厚”等鲜明特点。作为西方法律思想宝库的挖掘者与言说者，先生旨在扭转“法律人”（包括从事法律实务和法学教育研究的从业者）自身容易陷入的一种狭隘思维状态——即机械理解法律的“社会公敌”或“十足的傻瓜”①的状态。在《西方法律思想史》绪论当中，先生就十分坚定地表示：“法律不仅仅是一套有别于其他行业的技术和方法，而是还包含着一套观念、价值两个层面。……我们对法律的了解，不能只停留于制度和技术层面，否则我们便只是了解到了法律的一部分，而且是非根本的表层部分。”②不仅如此，对于引入当代中国学术界时间不长的一些西方当代著名学者的法律思想，如哈贝马斯、哈耶克、德沃金、罗尔斯、菲尼斯、拉兹等等，先生也都下大力气快速跟进、扎实研究，产生了一项项有分量的成果。如《霍贝尔的法人类学》《法治社会

① [美]博登海默：《法理学——法哲学及其方法》，邓正来译，华夏出版社1987年版，第491页。

② 严存生主编：《西方法律思想史（第三版）》，法律出版社2014版，第1页。

中的"法律上的人"的哲理思考——读拉德布鲁赫〈法律上的人〉有感》《西方"法"的价值之三义:正义、权利、责任——以格劳秀斯对 jus 一词的论述为切入点》等。这样的努力,对推动我国法理学学术发展和高水平法律人才培养无疑有着重大的基础意义。

二、法律价值研究的重大开拓

20 世纪 80 年代,社会自由与价值反思成为中国大陆思想界"解放思想"的先锋表达。"法律价值"这一概念及相关问题的探讨逐渐在中国法学界引起了重视,人们开始将目光投放在了对法律主客体关系互动的价值目标和其内在德性追求的研究上,如武步云的《论法律价值和法律的主体性》、舒扬的《论法律基本价值的目标化》、李其瑞的《法律价值探幽》等。但由于当时缺乏对"价值哲学"从容的理论准备,法律价值问题探讨也在某种程度上出现纷繁混乱的情况。正是在这种情况下,先生开启了对"法律价值"研究进行深入思考的学术历程。1981 年,先生以讲师身份回到母校西北政法学院任教,在从事西方法律思想史教学工作的同时,努力开展法哲学研究,陆续发表了《法律·利益·规律》《犯罪与阶级斗争》《公民与公民意识》等论文。在这个过程中,先生锐敏地捕捉到价值研究这个新动向,认为积极推动对"法的价值问题"研究,并从法哲学高度对法律价值问题的正本清源十分必要。1988 年 9 月,先生发表了题为《'法律价值'概念的法哲学思考》的论文。他以柏拉图《法律篇》中对法律错误运行的消极影响的一段论述作为引文,通过对自然法学派研究内容的梳理(法律的客观基础或根源、法律的意义功能与目的、衡量法律的绝对尺度和标准),运用马克思主义哲学的价值观念将"法律价值"收束于"法律与人的关系范畴"之中①,最终提出"法律价值"包含"法律对人的作用、效果和意义"和"人对法律的要求和评价"的观点。这在当时法理学界针对价值问题的探讨无疑具有重要的意义,对后辈学者厘清"法律价值"这一重要概念提供了可靠的理论依据。

在此后的十多年里,先生持续专注"法的价值问题"研究,先后发表了《"法律价值"概念的法哲学透视》(1989)、《法律对稳定的价值》(1991)、《价值观念与法律规范》(1992)等多篇论文;出版了一系列著作:《法律的价值》(1992)、《论法与正义》(1997)等。2002 年《法的价值问题研究》一书,则成为先生在这一问题领域研究的一个阶段性总结。这一系列的开创性成果的取得,使先生成为我国法律价值问题研究的先驱者之一,为西北政法学院在当时迅速成为国内法律价值问题研究的高地,作出了重要贡献。

初读先生著作,其理论的深邃和逻辑分析的环环相扣、紧锣密鼓的节奏感,着实令晚辈学子"高山仰止",但在理性的近乎苛刻的文字背后,却是从人性根源出发对法律的沉思。2007 年先生获批司法部"国家法治与法学理论研究重点项目"——"法律的人性基础",他开始试图借由自己对法律的哲学沉思和对社会、人生的丰富阅历来探讨法律中的"人性大理"。在《法治社会中法与人的良性互动》(2003)、《探索法的人性基础——西方

① 严存生:《"法律价值"概念的法哲学思考》,载《当代法学》1988 年第 3 期。

自然法学的真谛》(2005)、《人性的两个层次与法》(2012)、《法律的人性基础论纲》(2014)等研究成果的基础上,2016 年《法律的人性基础》一书交由中国法制出版社出版。该书引休谟所言“人性是一切学科研究的基础和核心,像战争中的攻城略地,只有直捣首都和皇城,才能解决根本问题一样”①,直接体现了先生对法与人性之间深层关联问题的高度重视。该书将法律定性为“协调人与人之间行为的准则”②,并以此为基础提出了研究法律人性问题的三个进路:“一是认真地观察、思考社会中的人和事;二是将法律现象和法律问题与人性相勾连;三是构思并建立法律的人性基础的基本观点和理论框架。”在史论部分,先生一展其长,以柏拉图、亚里士多德、西塞罗、霍布斯、休谟、康德等包括自然法学派、分析法学派、社会法学派等数十位西方历史上的法学名家对人性问题的解读为基础,归纳出了“人的本质”“人的构成”“人性二元论”等相关内容。在本论部分,先生着力分析了人与社会的关系,并将法律的秩序意义和道德属性置于理论核心地位,明确指出“人的社会属性和道德属性在法律中重于其自然属性,换言之非道德性的‘人性恶’绝非法律和法治的基础”。

该书并不仅仅停留于基础理论构建,而是直面当下中国的社会现实,将有关“法律的人性基础”这一哲理思考,融入“法律解释在疑难案件中的适用问题”“现代社会发展中人与自然的秩序地位”“同性婚姻合法化问题”“食品安全”等具体问题的讨论之中。通过对人性,尤其是人的社会属性的沉思,对诸如“动物权利”“人地矛盾”“死刑存废”“自由与主权原则”等问题上的各种争论,进行追本溯源式的解析。以“法律中的人性是否有善恶之分”的分析为例,先生在对马基雅维里、休谟、边沁等人相关人性学说进行分析研判的基础上,认为人性区别于兽性的根本标志就在于其对自身的价值判断存在非自然和非本能思考的“自律性”,以及出于对社会秩序的遵守和他人利益的考量所形成的外部影响的“他律性”。这两种特质均剥离了人类出于动物本能而具有的自利行为所表现出的“自私”属性。而法律为了贯彻其调整社会行为和社会关系、维护社会运转的正当秩序的价值目标,其所包含的“人性”意义,应当以道德性为根本原则,而不应把“人性”所包含的自然属性意义也囊括其中。这些具体入微的个案研究,充分展现了先生治学的现实关切和鲜活敏锐的生活气息。

三、法社会学的现实关怀

笔者在陪同先生前往 2019 年西方法律思想史年会的过程中,先生曾有过这样的一段感慨:“做思想史这一类观念性和理论性的研究,最怕的便是脱离实际,即便你把这一门学问都读通了、学懂了、能说了、会道了,你也未必能够针砭时弊,为现实问题提出行之有效的解决方法,遑论并非所有的人都能够把理论问题研究得透彻明白。所以,在学术

① [英]大卫·休谟:《人性论》,关文运译,商务印书馆 2005 年版,引论。

② 严存生:《法律的人性基础》,中国法制出版社 2016 年版,第 1 页。

研究的过程中，不要一味闭门造车，适当‘入世’，也是很有必要的。”在先生看来，人类社会必然会以一定的治理手段与方法建立某种秩序这一历史规律发展，但是相应的途径却是极为繁杂的，如军事制度、政治权术、法律法规、道德观念、宗教思想等等，而依据现实情况对诸多方式方法的取舍便是构成世界各国统治秩序构建的历史事实的主要内容。其中以较为文明且兼顾效率的法律手段为主所建立的社会秩序，便是所谓的“法治秩序。”

2013 年，在《政治文明建设与法治国家建设的协调发展》(2004)、《“依法执政”的哲理思考》(2005)、《宪政、议会、政党》(2006)、《法治国家建设的政党之维》(2011)、《法治中国建设的关键与坚持和改善党的领导——基于社会治理体系的现代化》(2015)等一系列总结法治秩序历史演进规律的前期研究成果的基础上，先生出版了《法治的观念与体制——法治国家与政党政治》一书。该书立足于一般性的法治观念与中国社会发展的实际内容相结合，以当代中国理想法治秩序的建立为目标，从观念论和体制论两大部分，对新中国法治路径的困境与出路进行考察。在观念论部分，先生系统归纳和比较了西方与我国各个历史阶段的法治观念及其理论表达，认为“法治观念与一国的法制实践具有某种同步性”；在体制论部分，先生在对民主制度、国体演变、政党体制的产生等诸多问题进行深入理论剖析的基础上，得出了“政党体制的产生是建立法治秩序的必然结果”的结论。该书将一国之制度构成和其内在原生的对“法治”的理解统合起来考察，从而对中国新世纪法治观念的确立和体制完善的进路问题，进行了系统深入的解析，高度彰显了先生对制度和观念研究互相结合的治学理念。

笔者在与先生交流的过程之中，惊讶地发现作为一名精研于法哲学、法律思想史的耆宿，先生给人的感觉完全没有丝毫的刻板之气，相反，先生对时事前沿学术问题的密切关注和犀利又不失风趣的论断，反倒给笔者留下了深刻的印象。先生丝毫不乏对法律领域社会热点问题的关注，并且迅速产出一篇高质量的作品来表达立场和观点，充分显示出一个饱学之士“品时论世”的游刃有余。如 2011 年的《土地资源及其所有权的法哲学思考》，针对当时城市化进程中日益尖锐的人地矛盾问题，通过将土地资源的原生形态和自然属性与人类活动的社会属性相互结合，对进一步完善我国土地使用的制度规范问题，提出了有理论深度支撑的具体改进构想；而在 2017 年的《“海上自由”原则与南海问题的合理解决》一文中，先生从 16 世纪初格劳秀斯基于“陆地与海洋性质的不同”提出二者的主权应当“差别化对待”的观点出发，结合“主权原则”与“自由原则”，提出要以道德性和维护中国国家主权为前提，将海洋资源作为全人类共同开发的“三个主张，三个反对”，对那些滥用海上自由原则的行为予以强烈的谴责。2019 年，先生发表了《“全球化”时代与“一带一路”的法治建设》一文，他从新时期“人类命运共同体”建设和“一带一路”倡议出发，认为“一带一路”是我国倡导的“全球化”的新模式，其中所包含的“法治”建设既是“法治中国”的构成部分，又超出了国内法治建设，属于“法律全球化”问题领域。“一带一路”建设中的法治建设，是中国国内“法治”的向外延伸，目的在于创造一个向外发展的安全的法律环境。而适合"一带一路"建设的"法"只能从"一带一路"建设的实践中去寻找、去创造,只能是本着人类命运共同体的目的制定的,这一方面离不开"法治中国"的建设,反过来也推动国内法治建设的其他部分的"全球化",使其适应"法律全球化"的需要;另一方面,由于它开拓了"法律全球化"的新模式和新道路,能克服以往"法律全球化"的不良倾向,能够更好地促进"全球治理"的真正"法治化",从而加速"法律全球化"的进程。先生依凭法哲学研究之本,视野宏扩于天下,思绪通达于时局,怎能不让人心生感佩景仰之情!

四、对中西法治理论交融的宏观驾驭

先生一生致力于西方法律思想史、法哲学、法社会学等法学理论学科的研究,近年来却出现了明显的转轨,逐渐放慢了在"西学"之路上疾驰奔跑的步伐,开始将视线投向了中国传统法治模式和法治理念,对先秦时期的政治法律思想进行了深入挖掘。2016 年,先生发表了《作为"至道"的法——〈管子〉的法观念及其"法"与"道"范畴初探》一文,开篇便掷地一击:"法者,天下之至道也!"[①]这句引自《管子》的话语不仅表露出了先生对自身数十年学术研究的再思考,更是向中国法理学界作出的一个重大提示。正因为先生长期对西方法治传统和民主政治的细致考究,能够透过中国社会历史各个阶段的政治、法律现象,从深层次挖掘出能够对现有学术体系和固有的学术观念造成冲击的事物。先生以"道""德""理""义""礼"的五维体系勾连起管子主张的法治理念网络,将其各自组合的逻辑平行关系以完整理论框架提炼出来,包括"立法与法令修改时一定要秉持审慎的态度""君王当以身作则来守法""官吏治法要公正严明"等相关内容,敏锐地指出先秦子学中的卷帙浩繁并不缺乏与西方法治思想具有同等价值和意义的内容,对管子的法治理念致以高度的评价。从研究方法上来说,先生也有了较之以前不同的范式,他通过对史籍的细致梳理和重构,将所要发掘的关于中国传统子学中有关法治的思想和理念不厌其烦地给我们一一摆出,逐句分析,其谆谆之言鞭辟入里,俯仰自如犹不失老辣之风。此后,先生又相继发表了《〈管子〉:我国古代的"君主论"——兼与马基雅维里的〈君主论〉比较》(2017)、《〈管子〉关于"治国理政"基本范畴的探析》(2018)、《〈荀子〉"性恶论"评析及其对社会治理的启示——兼与休谟的"性恶论"比较》(2019)等数篇在中西比较基础上,展现中国传统法文化特有境界和智慧的文章。

在先生看来,研究西方法治观念、法律理论并不与面对中国问题、增强中国学术主体性、展示中国气派等展现"中国崛起"式的学术呼唤相矛盾。尤其是作为学者,应当有着坚定的信念和毅力,去面对政治、民族、实用主义以及它们纠结一处之后形成的理性或非理性思潮的压力,坚持将法学领域的"西学"研究推动起来,打破中西法治观念、法律理论

① 严存生:《作为"至道"的法——〈管子〉的法观念及其"法"与"道"范畴初探》,载《山东科技大学学报》2016 年第 5 期。

学术研究的文化壁垒,从多重角度来提升中国法学理论研究的层次和境界,这对于中国再度成为令人信服的文化大国、道义大国,展现中国学术的魅力与气度的征程与进路而言,都是必要的"童子功"。先生便是一个以自身学术成果来表明"驾驭与转化西学,把握宏观和前沿"的生动范例。中西之学,尤于社会科学领域,虽不能引以天地渊庭之喻,但无论从学脉的传承,还是学术研究的视野和落脚点,都存在着很大的差别。自近代以来,所有具有世界眼光并致力于引领中国学术走向世界的中国知识分子,无一不在试图敲开这一堵壁垒。先生就对梁启超赞誉有加,他说:"梁任公学识渊博的程度让人咂舌,政治学、哲学、民族学、社会学、法学等诸学科他都有涉猎,而且相关的言论和著述还得不是平平无奇之语。更难能可贵的是,他既积极地汲取西学中有利于近现代文明国家发展的内容,来填补中国近代社会稍显匮乏的知识、文化给养,又能'敝帚自珍',不把中国的东西全盘否定。以科学审慎的态度来梳理中国传统文化知识中积极的部分,并用西式的话语体系对其进行重构和解读。这样的人物,才是真正值得我辈效仿的大家!"

从法学理论的基础概念探讨,到前沿学术动态的把握,从马克思经典著作中法治观念的提炼,到对西方法学理论的宏观梳理,从西学的引进和论述,到对中国传统法治理论的反思,先生从未摒弃过一个法律学人的尊严和执着,兢兢业业、默默耕耘,无论是教书育人,还是学术攻坚,都在平稳却不平凡的岁月中创下了卓越的贡献。透过先生的治学,我们可以感受到法学之魅力,学者之境界。

严存生先生法社会学思想初探

冯飞飞* 王 尧**

摘要：中国法社会学研究已经有近百年的历史，但在20世纪50到80年代，我国法社会学研究出现断层。随着改革开放的发展，我国制定了许多法律，但在实际生活中难以落实，产生应有的实效。因此，很多法学家就这一问题展开研究，严存生先生就是这一代人中杰出者之一。本文从严存生先生所处的时代背景及所具有的社会情怀出发，在对其写作情况进行整理下，指出他在翻译作品、引荐权威、理论问题、中国国情、司法改革等方面的法社会学思想研究领域与学术前沿并行。随后，对严存生先生的主要论文和著作的法社会学思想进行梳理。

关键词：法社会学思想；中国现实；司法问题；霍贝尔

一、问题提出

（一）社会大变革的时代背景

党的十一届三中全会以来，我国法学界对法社会学重新重视，中国的法学思想也从封闭走向开放，西方法社会学不再是"受批判的对象"，而变为一种有研究和移植意义的学术体系。由于中国的法社会学在50—80年代经历了学术研究的断裂时代，故其研究基础十分薄弱，出现了大量的学术空白。最初几年，法社会学在我国还处于介绍和初创阶段。随着改革开放的进一步发展和深化，我国法制建设取得了新中国成立以来从未有过的成就。但与此同时，也存在诸多阻力，其中一个关键问题就是已制定的许多法律在实际生活中经常不能真正实行，缺乏应有的法的实效。③ 同时，法学研究仍然在传统的法律范围和思维空间内运行，与社会改革、经济改革，与立法、执法、司法等社会生活脱节。在此背景下，法社会学就成为中国法学者迫切关注研究的论题之一。习近平主席曾说："社会大变革的时代，一定是哲学社会科学大发展的时代。这是一个需要思想而且一定

* 冯飞飞，西北政法大学博士研究生，中原工学院信息商务学院副教授。

** 王尧，西北政法大学2018级硕士研究生。

③ 沈宗灵：《法律社会学的几个基本理论问题》，载《法学杂志》1988年第3期。

能够产生思想的时代。一切有理想、有抱负的哲学社会科学工作者都应该立时代之潮头、通古今之变化、发思想之先声,积极为党和人民述学立论、建言献策,担负起历史赋予的光荣使命。"[①]中国的法学家也顺时而行、应运而生,在自己学术生涯中,将关注法社会学作为自己的一项使命。这一时期出现了沈宗灵、孙国华、郭道晖、李步云、朱苏力、梁治平、吕世伦、何勤华、张文显、朱景文、夏勇、季卫东、赵震江、邓正来、高鸿钧和严存生先生等法学家。严存生先生就是这一代人中杰出者之一,严存生先生在法哲学、法社会学领域中的研究开创了我国法的价值研究问题的先河,他是"当代中国对法的价值、多元和人性基础进行独创而系统研究的学者"。他的译作和法社会学思想在解决方法上强调将霍贝尔的法人类学方法论和马林诺斯基的文化相对论同中国法学实践相结合,深化对人性的理解,思考研究中华民族法律文化传统。他的思想开拓了传统法学的研究领域和视角。

(二)入世关怀的社会情结

严存生先生1940年出生,陕西大荔人,当代中国著名法学家,中国法哲学研究著名学者,国务院特殊政府津贴享受者、国家级有突出贡献专家,2017年获评"影响中国法治进程的百位法学家"中"有突出贡献的法学家"。严存生先生1960年9月至1964年7月在西北政法学院法律系读本科。毕业后在华东政法学院、复旦大学、西藏师范大学(现西藏大学)高校工作。1981年4月从华东政法大学调西北政法大学工作至今,先后获副教授(1986年)、教授(1993年)职称、担任过法理教研室主任、研究生处处长、任法理学导师组组长、法学理论学科点学科带头人、研究生指导小组组长、中华法系与法治文明研究院学术委员会主任、校学术委员会委员等,兼任中国法理学研究会和比较法研究会顾问、陕西省政府参事等。1993年作为高级访问学者留学于澳大利亚悉尼大学和新南威尔士大学。严存生先生在国内学术界具有很高的知名度和影响力。

笔者借吕坤《呻吟语·应务》的名言"实言、实行、实心,无不孚人之理"作为自己理解严存生先生风骨之精神总结。晋朝葛洪《抱朴子·行品》有云:"摛锐藻以立言,辞炳蔚而清允者,文人也。"从严存生先生于1979年6月30日在《复旦学报(哲学社会科学版)》上发表的第一篇论文《要区分两种实践观》到2019年9月20日在《社会科学动态》发表的《管子的"法治"思想评析》,发表文章近200篇,专著、教材10余部,字数达300余万字。

战国荀子曾言"不闻不若闻之,闻之不若见之,见之不若知之,知之不若行之,学至于行而止矣"。《礼记·儒行》有云:"儒有博学而不穷,笃行而不倦。"严存生先生毅力坚韧,年轻时,曾步行5000公里"重走长征路",历时3个月到达贵州遵义。在前往遵义的路上,他一边赶路,一边参观、搞宣传、进行社会调查,曾在广西一个苗寨调查,与苗族同胞同吃同住同劳动一周。1976年6月,严存生先生以援藏教师身份前往西藏师范学院(现

① 习近平:《加快构建中国特色哲学社会科学》,http://js.people.com.cn/n2/2016/0518/c359574-28352187.html。

西藏大学)任教。被抽调到自治区宣传部写批判“四人帮”的文章,先后在《西藏日报》上发表了七八篇理论文章。这激发了他的研究能力和写作欲望,从而为后来的学术研究工作打下了重要的写作基础。多年以后再回首,严存生先生说:“这是一个激发我学术研究的机遇。”1993 年前往澳大利亚的悉尼大学、新南威尔士大学访学。其间,他概要地阅读了大量西方法律思想史著作,带回来几大包复印资料,对西方发达国家的法律文化有了初步的感性认识。①

《孟子·尽心上》有云:“尽其心者,知其性也。知其性,则知天矣。存其心,养其性,所以事天也。夭寿不二,修身以俟之,所以立命也。”其立命在于教,“修道之谓教”,此之谓也。严存生先生以扎实的理论功底和善于创新的精神,以及恬淡的心灵和举重若轻的态度,潜移默化地影响和培养了一批像刘作翔、葛洪义、谢晖、陈金钊、王敬波、吴继陆等知名法学名家,贺小荣、尹伊君等司法实务界优秀工作者,及宋海彬、邱昭继、王国龙等青年新秀。

二、写作情况

(一)创新学术的青云之志

严存生先生是新中国培养出来的土生土长的法学家,大学时学的是苏联的法学,“文革”后积极学习西方的现代法学,有比较扎实的马列主义基础,深受辩证唯物主义和历史唯物主义的影响,②能坚持马克思主义的基本立场观看社会问题。

先生分别在《复旦大学学报》《法学研究》发表了题为《要区分两种实践观》(1979 年)、《法律·意志·规律》(1980 年)的学术论文。③ 至此,严存生先生的研究兴趣从哲学转向法学,研究能力也达到了新层次。1981 年,严存生先生以讲师身份回到母校西北政法学院任教,从事西方法律思想史教学工作,并继续其法哲学研究,在这期间他在《法学研究》《中外法学》《社会科学》《法律科学》等 30 余种学术刊物上陆续发表了许多论文,其中《法律·利益·规律》《犯罪与阶级斗争》《公民与公民意识》等多篇文章被《新华文摘》、中国人民大学复印资料《法学》《法理学·法史学》《高等学校文科学报文摘》等转载、转摘。与此同时,他锐敏地捕捉到国内哲学界开始“价值问题研究”这个新动向,开始在法学界推动对“法的价值问题”研究。1987 年,严存生先生出版了专著《法律与自由》,1988 年 9 月发表的论文《‘法律价值’概念的法哲学思考》被誉为开启了国内法的价值问题研究的先河。在此后的 10 多年里,他专注“法的价值问题”研究,出版了一系列著作,如《法律的价

① 薛应军:《法学家严存生先生:我只是个教书匠,顺便做科研、写东西》,载《民主与法制时报》2019 年 11 月 09 日。

② 邱昭继:《严存生先生教授访谈录》,载《法学教育研究》2012 年第 2 期。

③ 陈金钊:《对当代“中国法哲学”研究现象的反思—以严存生先生教授的研究为例》,载《扬州大学学报(人文社会科学版)》2014 年第 4 期。

值》(1992年)、《论法与正义》(1997年)等。2002年,他把其汇总为《法的价值问题研究》一书出版,这使他成为我国法的价值问题研究的先驱者之一。1986年,严存生先生翻译完成《原始人的法》,开启了法社会学研究历程,随后陆续发表了《霍贝尔的法人类学》《法律与社会选择》《社会运动与法和正义》《自然法·规则法·活的法——西方法观念变迁的三个里程碑》《法的生成的几个问题》《"法在事中"——从疑难案件的法律解释想起的》《社会治理与法治》《法治社会的"法"与"治"》《社会法学研究的基本问题》《埃利希的自由法思想》《论"法学家法"——以埃利希的有关论述为切入点》《西方社会法学的法观念探析》《社会法学的司法观》《再论法在事中》《法治中国建设的关键与坚持和改善党的领导——基于社会治理体系的现代化》。他是国内第一个翻译美国著名法社会学家霍贝尔的《原始人的法》,也开创了从法人类学角度对法社会学的研究。

此外,这一时期,严存生先生在其他方面也可谓收获满满。1989年严存生先生受大家推举,组织国内5所政法院校、4所大学法律系的有关教师编写出版了全国性大学教材《新编西方法律思想史》。后来,由他主编的国家"十五""十一五"规划教材《西方法律思想史》正是在此书基础上形成的,其多次重印、再版。他编著的西方法律思想史教材,对该学科在当代中国的稳固确立和长期发展起到了重大推动作用。①

(二)退而不休的白首之心

"日既暮而犹烟霞绚烂,岁将晚而更橙橘芳馨。故末路晚年,君子更宜精神百倍",明朝洪应明《菜根谭》的这句话更深刻体现在严存生先生退休之后。2012年严存生先生退休,退休后本可颐养天年,但他没有,他紧跟法学潮流,依然站在学术前沿,仍笔耕不辍,退休4年出书6本,其中4本获得全国性大奖(钱端升三等奖2个,吴玉章优秀奖、方德法治二等奖各1个),每年发表论文少则三五篇多则七八篇。

习近平在主持召开哲学社会科学工作座谈会上指出:"构建中国特色哲学社会科学,一是要体现继承性、民族性。要善于融通马克思主义的资源、中华优秀传统文化的资源、国外哲学社会科学的资源,坚持不忘本来、吸收外来、面向未来。"②严存生先生的学术研究方向再次调整:从研究西方民主法治理论、实践开始与我国古代法治思想进行结合研究。他以史为鉴,关怀中国当下法治问题,寻找中国特色法治文化的基因。由于中国传统法文化以及五四以来传入的马克思主义法学有着某种亲和性。中国传统法文化强调经世致用、法随时变、综合为治,儒家和法家都具有强烈的关怀现实、入世务实的精神。传统法文化的这些法价值观和法思维方式与法社会学正有契合之处。③ 严存生先生立足中国现实,解决社会问题,以马克思主义法哲学为基础将中西法文化融会贯通。为此,他

---

① 薛应军:《法学家严存生先生:我只是个教书匠,顺便做科研、写东西》,载《民主与法制时报》2019年11月09日。

② 吴晶、华春雨:《习近平主持召开哲学社会科学工作座谈会》,http://www.81.cn/jmywyl/2016-05/17/content_7059521.htm。

③ 俞荣根:《法社会学在中国社会变革中的兴起与发展》,载《中外法学》1996年第1期。

撰写并发表了《作为“至道”的法——〈管子〉的法观念及其“法”与“道”范畴初探》《〈管子〉:我国古代的“君主论”——兼与马基雅维里的〈君主论〉比较》《〈管子〉关于“治国理政”基本范畴的探析》《〈荀子〉“性恶论”评析及其对社会治理的启示——兼与休谟的“性恶论”比较》《〈管子〉的“法治”思想评析》等多篇论文,提出了许多新问题、新观点,并得到国内外学界的关注。2017 年,他在《山东大学学报(哲学社会科学版)》上发表了题为《〈管子〉:我国古代的“君主论”——兼与马基雅维里的〈君主论〉比较》的论文。该文被中国人民大学报刊复印资料全文转载。在这篇文章中,他认为,《管子》一书是我国古代最早对君主及其治国理政的问题进行系统论述的著作,它比西方马基雅维里的《君主论》早了 2000 多年,且其立意之高、论述之全面、深刻,都是其无法相比的。①

三、法社会学论著主要研究领域

(一)译作品开起点

中国当代法社会学思想的发展和民国时期一致,也是从翻译西方法社会学作品开始,通过对翻译作品的介绍,了解世界法社会学发展的方向,为中国的法社会学研究奠定了基础。这一时期翻译的作品很多,如沈宗灵、黄世忠翻译庞德的《通过法律的社会控制—法律的任务》(1984 年);贺卫方、高鸿君翻译埃尔曼的《比较法律文化》(1990 年);唐越、朱苏力翻译布莱克的《法律的运作行为》(1994 年);吴玉章、周汉华翻译昂格尔的《现代社会中的法律》(1994 年);朱苏力翻译卡多佐的《司法过程的性质》(1997 年);邓正来翻译庞德的《法律史解释》(2002 年)。由于大量国外翻译作品的问世,使得法社会学思想在中国蔚然成风、风行一时。严存生先生紧随法学发展时代脚步,翻译了霍贝尔的《原始人的法》(1991 年),该书思想内容对于西方法社会学研究具有深刻影响,为法社会学研究提供了强大的人文主义与历史主义的支撑力。严存生先生第一次向国人翻译并介绍了法人类学家霍贝尔的法社会学思想,随后,周勇受此著作的影响于 1993 年翻译了霍贝尔的《初民的法律》。这对国人系统了解霍贝尔的思想起了促进作用。

(二)引权威指迷津

中国法学家在采取“拿来主义”方式向西方学习的同时,也开始研究和推介国外学术大师的思想并以此引起中国法社会学思想观念的更新和创新。王名扬在《法学研究》发表《谈狄骥的实证主义社会法学》(1986 年);梁治平在《读书》上发表了《文明、法律与社会控制〈通过法律的社会控制法律的任务〉读后》(1987 年);王志勇在《法学评论》发表了《韦伯的法社会学思想初探》(1988 年);何勤华在《中外法学》发表了《战后日本法律社会学的

① 薛应军:《法学家严存生先生:我只是个教书匠,顺便做科研、写东西》,载《民主与法制时报》2019 年 11 月 09 日。

发展及其特征》(1991年);吕世伦、邹列强在《法律科学》发表了《唐·布莱克的纯粹法社会学》(1992年);王晨光在《中外法学》发表了《韦伯的法律社会学思想》(1992年);朱景文在《当代法学》发表了《论布莱克的纯粹法社会学》(1993年);何勤华在《现代法学》发表了《埃利希和现代法社会学的诞生》(1996年);邓正来在《江西教育出版社》出版了《自由与秩序:哈耶克社会理论的研究》(1998年)。这一时期,严存生先生在《法律科学》发表了《霍贝尔的法人类学》(1991年),随后,又发表了《论"法学家法"——以埃利希的有关论述为切入点》《自由法学及其埃利希的"活法"理论》等论文,系统介绍霍贝尔和埃利希的法社会学思想。霍贝尔法人类学的思想几乎被后来大多研究法社会学家所引用,奠定了人类学研究方法在法社会学领域里的地位。同时有利于法社会学家对社会现象有更深邃的把握。埃利希思想提出了一种较之当时而独特的法学研究方法,即用社会学来观察和研究法这一社会现象。

(三)用原理补不足

就性质而言,法社会学研究是一门综合性的法学学科,又可分为理论法学研究与运用法学研究两大类。① 其中,法哲学研究偏于从社会视野出发进行理论体系的创建,由于我国在"文化大革命"时期法学学术研究出现断层,因此在我国的研究中有关法的起源、概念、本质、属性、价值、功能、社会基础、发展规律等都很薄弱,因此,这一时期的法社会学思想研究在这一方面异常活跃,吕世伦在《学习与探索》发表了《论社会学法学》(1981年);赵震江在《时事出版社》发表了《法律与社会》(1985年);张文显在《社会学研究》发表了《法律社会学的法概念》(1989年);高鸿钧在《比较法研究》发表了《作为一个学术科目的比较法》(1991年);马新福在吉林大学出版社出版了《法社会学导论》(1992年);朱景文在《法学家》发表了《从规范的比较到功能的比较》(1993年);夏勇在《中国社会科学季刊》发表了《人权哲学三题》(1993年);梁治平在北京大学出版社出版了《转型时期的法律与社会公正》(1995年);孙笑侠在《中国法学》发表的《论法律与社会利益》(1995年);夏勇在《中国社会科学》发表了《法治是什么——渊源、规诫与价值》(1999年),1989年严存生先生在《法律科学》上陆续发表了《"法律价值"概念的法哲学透视》《法律与社会选择》《社会运动与法和正义》《法之合理性问题——麦考密克与韦伯之比较》《自然法·规则法·活的法——西方法观念变迁的三个里程碑》《合法性、合道德性、合理性——对实在法的三种评价及其关系》等文章。严存生先生善于从法哲学的高度思考问题,并进行了开拓性的研究,走在了学科前沿。他是国内法价值问题最早的研究者之一,也是国内法哲学问题史最为系统的研究者。他运用马克思主义哲学的价值观念将"法律价值"收束于"法律与人的关系范畴"之中,最终提出"法律价值"包含"法律对人的作用、效果和意义"和"人对法律的要求和评价"②的新观点。

① 汤唯:《法社会学在中国一个学说史的反思》,华东政法大学2005年博士学位论文。

② 严存生:《"法律价值"概念的法哲学思考》,载《当代法学》1988年第3期。

(四)研国情解问题

由于中国法社会学原理源于西方原理,法社会学是与社会实践活动相联系的一门学科。因此,中国学者开始突破了翻译和介绍西方法社会学派的局限,着眼于从中国国情出发,因而在探讨中国社会问题方面取得了一定进展。费孝通出版的《乡土中国》(1985年);严景耀出版的《中国的犯罪问题与社会变迁》(1986年);梁漱溟出版的《中国文化要义》(1987年);季卫东在《法律社会学》发表的《中国法文化的玩变与内在矛盾》(1988年);梁治平出版的《寻求自然秩序中的和谐:中国传统法律文化研究》(1991年);高鸿钧在《法学译丛》发表的《中国早期法治传统比较观》(1992年);邓正来等在《中国社会科学季刊》发表的《中国发展研究的检视兼论中国市民社会研究》(1994年);张曙光在《中国书评》发表的《国家能力与制度变革和社会转型——兼评中国国家能力报告》(1995年);邓正来出版的《中国近代史中的国家与社会:序朱英〈转型时期的社会与国家〉》(1997年);田成有在《学习与探索》发表的《功能与变迁:中国乡土社会的法治实践》(1999年)。严存生先生在《法律科学》发表了《立足中国、面向世界》(1995年)及随后的《论法治原则与我国的法治实践》《"法治"之法的协商性与公意性》《法治社会与实质正义》《社会治理与"法治"》《"法治"三论》等文章。这些文章表现了严存生先生立足中国现实,解决社会问题,以建立理想的法治秩序为目标,对新中国法治路径的困境与出路进行考察,指出"法治观念与一国的法制实践具有某种同步性"。这些思想阐释了他对法社会学原理的创新性努力。

(五)论司法议改革

中国最初的研究路径主要表现为具有高度政治学与价值学色彩。但随着研究的深入,法律在现实社会中的具体运行状态以及一些可操作的对策研究也日益突现出来,要求形成一种法学理论与实践相结合的模式。特别是致力于案例的分析和解决。这一时期理论界和司法界出现了很多杰出的创作,如王勇飞在《当代法学》发表的《论法的职能和功能》(1990在);高鸿钧在《法学译丛》发表的《普通法与大陆法发现法律的方法和诉讼程序》(1991年);朱苏力在《中外法学》发表的《市场经济形成中的犯罪违法现象——法律社会学的思考》(1994年);贺卫方在《法学研究》发表的《对抗制与中国法官》(1995年);朱苏力在《东方》发表的《现代法治的合理性和局限性——秋菊的途惑和山杠爷的悲剧》(1996年);季卫东出版的《法治秩序的建构》(1999年);邓正来在《律师文摘》总第5辑卷首语发表的《中国法制的建构者:律师》(2003年);朱景文在《法学》发表的《国内司法中运用外国法的比较法思考》(2004年)。严存生先生也积极致力于司法改革现实问题,提出了很多建设性意见,发表了一系列文章如:《社会主义市场经济建设中的法与公平》《司法公正与法官"人格"》《司法公平与法官"人格"》《社会法学的司法观》。说明严存生先生在这个领域探索并取得了阶段性的成果,他提出司法机关不仅肩负着解决纠纷还承担着发现法律的双重任务。显然,这一司法观,对于我们准确认识和实行司法改革都有着重要的启示和意义。①

四、主要论著的法社会思想梳理

(一)从法人类学方法论角度研究法社会学

对原始社会有没有法律这个问题,就法学而言,它涉及法律的起源、本质、作用等一系列法理学上的重大问题,我国法学界围绕法律的本质和基本属性展开的讨论也涉及这个问题,严存生先生通过对《原始人的法》的翻译和整理基本肯定了此回答。《原始人的法》以其翔实的资料和深刻的见解且非常有效地解决了法学、历史学、人类学、民族学、社会学和其他学科上的难题,这对法学和其他学科的研究有着重大意义,且其技术上的适应性不仅限于原始的法律体系,而且适用于一般的社会关系。

《原始人的法》是美国著名的法人类学家艾德蒙斯·霍贝尔写于1954年,该书综合了各种材料,深入探讨了政治法律问题,这就使它无论从广度还是深度上都超过了之前的专著,克服了它们的局限性,从而向我们展现了当代法人类学研究的几乎所有最新成果。此书系统地论述了法人类学研究的基本方法。霍贝尔从法律与社会文化不可分为出发点,发现法律在社会文化中的位置。他认为法律规范如同其他社会规范一样,是选择的产物,它的一个主要功能就是作为一个选择的规范,用它来保持法律制度与建立在其中的社会文化与基本公规的一致。在对法律的研究方法中,他归纳了观念方法、描述方法和案例方法。霍贝尔认为只有案例方法才能导致真正的法理学②。真正的法律准则只有在大的诉讼争执中才能得到检验,否则难以确定在其中哪种假定的规则实际上占了优势,一种永远被遵守的法律就是十足的风俗习惯。该作者充分注意原始法与现代法的差异。他通过分析比较原始法律、古代法律和现代法律,认为所有法律都有三个基本特征或构成要素就是“特殊的强力、官吏的权力和规律性”。这样的社会规范就是法律,即如果对它置之不理或违反时,照例就会受到拥有社会承认的、可以这样行为的特权人物或集团,以运用物质力量相威胁或事实上加以运用。法律的存在不一定以国家的存在为前提,只要有某种实施强制的机构就行,因此得出了原始社会存在着法律的结论。另外,霍贝尔对人类社会法律制度的发展规律做了探索。他指出法律是进化的、是一种社会控制的工具,在任何社会里,无论是原始社会还是文明社会,法律存在的基本必备条件是社会授权的当权者合法的使用物质强制。

① 严存生:《社会法学的司法观》,载《华东政法大学学报》2011年第2期。

② 严存生:《原始人的法》,法律出版社2006年版。

(二)从“法学家法”角度关注法的渊源

由于国内学界对法学家通过在社会实践、学术活动中获得的法的专门论述很少,对其属性也颇有争议。严存生先生通过对埃利希法社会学中“法学家法”的分析,指出法学家通过学术研究活动所获得的法和其他法的渊源和形式密切相关,是实在法的一种重要的渊源和形式。

严存生先生通过对“法学家法”的概念,“法学家法”的性质、地位和作用,“法学家法”的产生与发展,法学家的社会使命,正确地认识和对待学理法这五个方面进行分析,依据其判断的标准即主要就是看它们是否被立法机关和司法机关所采用。因此从理论上和社会实践来讲它应该是一种应然的法或活的法。严存生先生认为“法学家法”是一种“应然法”或“活的法”。这就解决了在法律的适用上的回旋余地,[①]并且能及时应对社会发展的需要,是法律中具有活力的部分,是法律的希望所在。只有它们才能补充立法法的不足,解决立法法无法解决的社会问题,并为立法法的发展和完善提供动力和素材。同时也应改变已有的对学理法的认识,给其以“法律”的名分,这对其发展,对于我们的法治国家建设,无疑都是有理论和现实意义的。

(三)从“一体”和“多元”角度阐述“中国法”和“世界法”

宇宙的统一性和事物的复杂多样性决定了其运动必然存在“一体化”和“多元化”两种趋势,表现了事物的“多变为一”和“一变为多”的复杂过程,法也是如此,文化的多元和生活方式的多样化决定了人类社会不可能只有一种法律,虽然全球化时代的法正在迅速的趋于统一,但是没有从根本上改变法律的多元化,因而,认为将来世界会出现统一“世界法”的观点是值得怀疑的。[②]

严存生先生立足于我国历史上法的“一体化”和“多元性”,欧洲文化的历史发展上法的“一体”和“多元”以及法律的全球化与美国法的“一体”与“多元”的现状,从理论和实践两方面论述了法律的“一体”与“多元”。严存生先生以全球化的眼光来重新认识法现象,辩证地认识法的“一体”和“多元”两重属性,及其他们之间的关系,并着力解决二者的关系问题,从而使其法律和法学既与世界上法律和法学接轨,具有关联性,能够交流,又保持自己相对的独立性或民族特色,这就是说它们既具有普遍性(世界性或全球性),又具有特殊性(民族性)。普遍性寓于特殊性之中,因此,严存生先生指出这一观点的树立对我国法治建设有重大意义。我国法律的发展,一方面要走向全球,注意与世界各国的交流和对接;另一方面要注意保留和发展固有法文化的特色,坚持自己的独立性,这样才能使我国的法治建设健康地发展。

---

① 严存生:《论“法学家法”——以埃利希的有关论述为切入点》,载《比较法学研究》2010 年第 2 期。

② 严存生:《法的“一体”和“多元”》,商务印书馆 2008 年版。

何勤华教授对该书给予了高度的评价，认为具有比较高的文献史料价值，能为学术界的进一步研究提供基础性材料。

结　语

严存生先生法社会学思想首先植根于改革开放的社会大变革及法制建设蓬勃发展的时代，也有着他身为时代强烈问题意识的自觉，同时其法社会学思想有着多种来源，尤其受到社会法学派的法观念的深刻影响。严存生先生立足于中国的社会实践，着眼于解决社会问题，并以全球化为视域，寻源中国特色法治文化的基因，结合西方现代法学，竭力探寻中华民族法治治理之路。其次，严存生先生的法社会学思想与他个人的性格、经历密切相关。他自少年时代就注重内省，“文革”时期进行沉寂扎根，改革开放后积极入世的社会情怀，使他善于从内在的视角对研究对象进行深入观察，偏好从法政治这个角度去研究、去思考，借助于社会法学派的法观念来研究现实问题。严存生先生思想视界是中国法学者天职的展现，萦绕着质疑、颠覆和构建的主调，其思想和学术精神足以振奋同人，启迪后学。

学理探讨

无国家社会中的自然状态和自由认识：与现代自然法哲学的比较*

卢成仁**

摘要：现代自然法哲学在自然状态论证中，将明确的权利作为自由的本质及其实现路径。人类学以众多无国家社会的田野调查资料为基础，与自然状态论证进行深刻对话，将权利流动作为自由的本质及其实现路径。本文将自然状态与自由本质放在人类学与现代自然法哲学相互交叉的问题脉络下进行比较研究，提出人类学对人类自由问题理解和分析的知识贡献。进而再次呈现人类学研究的可能性：即便是在无国家社会研究中，亦能对如自由等人类社会基本问题，进行具有自身学科特色的一般性抽象与阐释。

关键词：自然状态；自由；人类学；自然法；政治哲学

人类学进化论对人类社会发展序列的兴趣，需要搜集各类所谓原始野蛮社会的行为资料作为立论的基础，当时原始社会的资料主要来自传教士、探险家及殖民地官员的报告，存在着零碎且充满"想象"的问题。因而，真实的原始野蛮社会是怎样的，成为人类学早期的核心问题之一。同时，近现代政治哲学家们借由对人类自然状态的设定，确立其对人类社会应然政治状态的建构，并以之为文明的必由之路。因此，与现代自然法哲学建立在逻辑假设基础上的自然状态论述相比，真实的、原始野蛮的自然状态又是怎样的？这些问题促使人类学关心并小心验证地球上众多无国家社会的运作，并一直绵延至今。即便今天人类学的研究已经走向对复杂社会、本土社会以及高科技社群的讨论，全球化背景下各种土著社会也都或主动或被动的与国家、市场更紧密地关联在一起，对于无国家社会的关心依然留存于人类学的核心关注里。斯科特(James C. Scott)《逃避统治的艺术——东南亚高地的无政府主义历史》所引发的讨论和热潮，即其一例。不过，重要的是，人类学关心无国家社会究竟是在关心什么？这个关心与当代社会有什么关联？与当代社会中的个体有什么关系？与人类的自然状态有怎样的关联？与现代政治哲学家一直在讨论乃至争论的自由问题是否有关以及如何形成对话？具不具有以及如何具有一般性的意义？这些需要深入讨论的问题，我们将以对《逃避统治的艺术》的简约评论作为引出这一关心的楔子。

---

* 国家社科基金重大项目"新时代增强各族人民中华民族认同的法律保障机制研究(19@ZH020)"成果。

** 卢成仁，法学博士，浙江财经大学法学院教授。

一、无国家社会与“自由”刻板印象

斯科特认为文明与野蛮事实上是一对相对性的概念。人们用文明来界定谷地的国家,用野蛮来分类和定义山地人群,从而将其放在一个低阶的、需要被统治的位置上,忘记了这可能是山地人群自身有意的选择,以抵制和逃避国家的统治。透过人群在谷地与山地间的来回流动,斯科特提出需要将谷地的国家与山地的无国家社会放在一起,理解彼此的生成,进而不仅思考国家的产生过程,更需要揭示和呈现被忽略、被遮蔽的东南亚山地另一种历史面相:自由主义者的历史。可能正是因为书中所呈现的对有意选择背后自由意识的浪漫主义态度,使得《逃避统治的艺术》一出版即受到热烈地关注、讨论以及争论。① 实际上,无国家社会以及所谓的原始野蛮社会,经常被现代社会中的人们看作及“想象”作自由社会、是可以“逃避的区域”。斯科特将之概念化、体系化之后,我们仍然需要追问,无国家社会中的自由究竟是如何可能的,自由的本质是什么的问题。

因此,悬置对《逃避统治的艺术》的过誉和不屑,将其放在以往人类学与政治学相互交叉的问题脉络下来重新认识和理解,可能会有更深刻、更细致的理解和发现。就此而言,可以说斯科特实际上精彩地呈现了一个逃避统治的无国家社会是如何可能的。但是,如果我们把问题翻转一下,即:无国家社会是如何组织起来的?其运作机制是什么?那么,我们在如何理性看待斯科特的研究以及人类学的无国家社会分析上,将会获得更开阔的视野。同时,提出无国家社会如何组织及其机制的问题,可以借此与现代政治哲学特别是现代自然法哲学的经典讨论进行深入的对话,从而深入讨论自由是如何可能的,自由的本质是什么的问题,进而在对话和比较的基础上来获得某种一般性的认识。

人类学与现代政治哲学在20世纪的历程中,处于一个相互看不上对方的尴尬情境中。从埃文思-普里查德(E.E.Evans-Pritchard)和福蒂斯(M.Fortes)的角度看,现代政治哲学对人类自然状态的假说和论述,即便不是胡说,也是没什么“科学价值”的。② 这一认识并非他们的独创,上承自梅因(Henry Sunmmer Maine)和弗雷泽(James George Frazer)对人类自然状态论说的批评。③ 而从现代政治哲学家的角度看,人类学的无国家

① Shane B. *The Art of Not Being Governed*: *An Anarchist History of Upland Southeast Asia by James C. Scott*.*Canadian*, 44, *Journal of Political Science / Revue canadienne de science politique*, 958-959 (2011); Ken M. L. *The Art of Not Being Governed*: *An Anarchist History of Upland Southeast Asia by James C. Scott*, 54, *Comparative Studies in Society and History*, 217-218(2012). Dana M. W. *A New*, *Complicated*, *and Discomforing Mission for the Discipline*: *The Radical Challenge to Study*, *Envision*, *and Practice Social*, 43, *Alternatives*, *Contemporary Sociology*, 479-482,(2014).何翠萍、魏捷兹、黄淑莉:《论 James Scott 高地东南亚新命名的 Zomia 的意义与未来》,载《历史人类学学刊》2011年第1期。

② [英]M.福蒂思、E.E.埃文斯-普里查德:《非洲的政治制度·导论》,载 M.福蒂思、E.E.埃文斯-普里查德编:《非洲的政治制度》,商务印书馆2016年版,第17页。

③ [英]亨利·萨姆奈·梅因:《古代法》,高敏、瞿慧虹译,中国社会科学出版社2009年版,第57～86页;J.G.弗雷泽:《魔鬼的律师——为迷信辩护》,阎云翔、龚小夏译,东方出版社1988年版,第152～158页。

社会研究缺乏富于逻辑的想象力，不足评说。当下，政治哲学与人类学研究渐有相互借鉴、相互结合的趋势，都在对方的研究中看到对自身分析的意义和作用，将经验研究与规范研究贯串起来。因此，我们也需要将在无国家社会中得到的相关理解与现代政治哲学经典分析相互比较，从而得出更具穿透力的认识。

二、无国家社会运作机制：秩序与和平

对无国家社会如何组织、运作机制是怎样的问题，从现代人类学视角来看，最著名的分析当属马凌诺斯基(Bronislaw Malinowski)的库拉圈理论。在个人间进行的臂镯和项链这一库拉宝物的流动与交换，形成了一个个村落与跨村落规模的库拉共同体，并以库拉共同体为单位与隔海的另一个共同体进行库拉交换，进而形成岛群间、区域间的联结。从库拉的社会交换到相应的巫术仪式再到颇具规模的造船活动，库拉本身成为共同体内部动员与运作的基础性纽带，并在岛群间、区域间的联结过程中成为文化传播、交流的主要通道。更重要的是，内地库拉与海外库拉并行的这一社会交换体系，为村落住民及南太平洋岛群提供了一套整体的社会秩序，这一社会秩序不仅带来声誉和名望的竞逐，更带来和平这一最重要的社会产品。[①] 因而，库拉交换是南太平洋岛群间那些无国家社会最核心的运作机制。

在现代人类学的另一核心人物布朗(A.R.Racliffe-Brown)看来，包括仪式、信仰、神话、传统等与超自然相关事物的社会功能，就在于维持安达曼岛民社会赖以生存(并构成其自身)的情感倾向，并使这些情感倾向世代延续。因此，是社会运作和延续的需要，才产生了安达曼岛民诸如仪式、神话、传说等文化事项。换个角度看，布朗想要说明即便是在如安达曼岛民这样所谓原始人群中，人类想要在社会中一起生活，必须满足一些基本条件，其中之一就是神话、仪式、巫术等可称之为宗教的事物，这是在人与人之间建立和平、和谐社会关系的基础。[②] 换句话说，布朗认为与无形力量相关的宗教，是社会存在、和平秩序生成的基本条件和机制。

博厄斯(Franz Boas)所呈现的北美印第安人的夸富宴中，财富的消耗与氏族首领的声望竞逐结合在一起，虽然首领(大人物)作为中介由氏族群体承担仪式中的一切耗费，但首领获得了更多的聚焦和荣誉。同时，仪式过程中也伴随着图腾崇拜、祖先崇拜和世俗的婚礼、成年礼等，使得夸富宴成为进行部落内动员、部落间结盟的主要形式和纽带。[③] 博厄斯提供了一幅首领及其相应制度作为无国家社会运作机制的图景。无独有偶，巴特(Fredrik Barth)对斯瓦特谷地的分析中认为，非土地所有权人群体对拥有土地所有权的

---

① [英]马林诺斯基：《南海舡人ⅠⅡ——美拉尼西亚新几内亚土著之事业及冒险活动报告》，于嘉云译，台北远流出版股份有限公司1991年版，第49～72、105～128、529～560、577～587页。

② [英]拉德克利夫-布朗：《安达曼岛人》，梁粤译，广西师范大学出版社2005年版，第65～300页。

③ Franz B; Aldona J. *A Wealth of Thought: Franz Boas on Native American Art*. University of Washington Press, 1995.

巴克图人,在利益实现与契约基础上的依附所形成的众多大大小小的群体,是斯瓦特巴坦主要政治过程。① 因此,无论是声望竞争,还是依附者的利益实现,首领、头人制也是无国家社会的运作机制之一。

埃文斯-普里查德在对努尔人的调查中,呈现世系群作为无国家社会运作机制的过程。努尔人政治制度和部落结构的核心就在于各世系裂变支之间的对立,政治制度与其亲属关系特别是父系继嗣的世系群紧密结合在一起。透过这一世系群的社会结构,努尔人不仅生活在地域性的社区群体中,更被嵌入超越地域的人群聚合体中。② 透过亲属关系分析无国家社会政治过程的,还有利奇(Edmund Leach)。生活于上缅甸克钦村落中的人们,可类分为"木育世系群"和"达玛世系群"两种,在给妻与讨妻上的差别,使得两个群体在权利、责任、义务上各有不同的承担。这种亲属关系配合克钦人的山官制,不仅使整个克钦山区的山官世系与家族笼罩在"木育"和"达玛"体系中,也使不同社区的世系群之间因为"木育"和"达玛"体系的存在联结成一个跨区域的社群网络。③ 将整个克钦山区变成一个互有关系和关联的整体区域,"木育"、"达玛"世系群和贡萨、贡老制的关联就是这个整体区域的内在经纬。④

如果我们引用霍布斯(Thomas Hobbes)对社会秩序运作的基本分类,即:一种是天然组织起来的,如征服;一种是以制度为中心组织起来的(霍布斯的政治社会论述就建立这一基础上)。⑤ 则会发现无国家社会中的信仰仪式、亲属关系、首领制度与天然组织起来的社会秩序相似,而社会交换则更像是以制度为中心组织起来的秩序体系。因是之故,对于无国家社会运作机制最深刻的解释,可能来自莫斯对礼物交换背后三重义务体系和机制的阐释。莫斯在将所谓古式社会与现代社会中礼物交换行为相互结合进行分析后,提出礼物交换过程存在着送礼(给予)、收礼(接受)和回礼(回报)的三重义务体系。礼物只是象征,给予、接受和回报的义务复合体笼括着经济、法律、道德、巫术、审美的社会复合体,指向的是群体、个人的结合与"混融":个人、群体间不断彼此交叠,并感觉到相互间都负有义务,形成共享与结合,延伸出社会体系的关联与整合,从而提供整体的社会秩序与和平的公共产品。⑥ 因此,以制度为中心组织社会的礼物交换,也更能与现代自然

---

① [挪]弗雷德里克·巴特:《斯瓦特巴坦人的政治过程——一个社会人类学研究的范例》,黄建生译,上海人民出版社2005年版。

② [英]E.F.埃文思-普里查德:《努尔人——对尼罗河畔一个人群的生活方式和政治制度的描述》,褚建芳、阎书昌、赵旭东译,华夏出版社2002年版。

③ [英]李区(E.R.Leach):《上缅甸诸政治体制:克钦社会结构之研究》,张恭启、黄道琳译,台北唐山出版社1999年版,第81～208页。

④ 有意思的是,E.F.埃文思-普里查德和利奇在由政治制度切入亲属关系的整个研究面向上非常接近,但作为社会人类学学科史上的重要学者,两位的关系似乎并不融洽([挪]弗雷德里克·巴特:《英国和英联邦的人类学》,载[挪]弗雷德里克·巴特等:《人类学的四大传统——英国、德国、法国和美国的人类学》,高丙中等译,商务印书馆2008年版,第40～53页)。因而,毋宁说这种研究面向上接近,实际上是英国社会人类学的学科基础视角之一部分;研究脉络上的接近,原因就在于社会人类学共同知识传统的影响。

⑤ [英]霍布斯:《利维坦》,黎思复、黎廷弼译,商务印书馆2017年版。

⑥ [法]马塞尔·莫斯:《礼物——古式社会中交换的形式与理由》,汲喆译,上海世纪出版集团2005年版。

法哲学的社会秩序论述形成深刻的对话和比较。①

虽然，社会交换、信仰仪式、亲属关系等在一个社会中，经常紧密地关联在一起，但在关联中实际上也有主次之分，这一关联中的主次之分是人类学抽象和提炼无国家社会运作机制的基础。从库拉的社会交换到信仰与仪式过程，到首领制和亲属关系，再到礼物背后的义务机制与体系，形成了人类学对于分散于全球的无国家社会组织和运作机制的整体分析维度和研究积累。每一项分析及不同维度的抽象和提炼都是人类学对无国家社会中，秩序与和平如何可能的思考和回应。如果说斯科特实际上精彩地呈现了一个逃避统治的无国家社会是如何可能的，那么把问题翻转一下，即：无国家社会是如何组织起来的？其运作机制是什么？在如何理性看待斯科特的研究以及人类学的无国家社会分析上，我们将会获得更开阔的视野。一项具有贡献的人类学研究，除了呈现对所研究人群与区域的理解和阐释之外，亦需要回应、补充乃至推进对学科基本问题的探索。由此对照《逃避统治的艺术》对于无国家社会运作机制的说明和分析，我们可以发现斯科特更多是在应用已有的分析维度和研究积累进行综合性的理解，并没有与无国家社会运作机制这一学科基本问题形成深度对话和讨论，也没有形成新的补充乃至推进。或许斯科特意不在此，而在对自由的呈现。由此，我们也将进入对自由的讨论。

三、比较视野中的自然状态与自由本质

在讨论自由之前，呈现现代自然法哲学对自然状态的论述，从而比较人类学和现代政治哲学对自然状态不同的观点，由此揭示对自由的不同认识，就成为必须的工作。霍布斯的自然状态论说以情感心理学为基础，认为人最关注自我保存，在此基础上形成的惧死畏伤是人最强烈的情感，由此导致了基于自我保存的能力竞争。来自人内心的猜疑和荣誉感则加剧了这一竞争，使得自然状态成为一切人反对一切人的战争状态。为了获得和平，满足人自我保存的核心关注，自然状态下的自由个人放弃部分权力，订约进入政治社会。② 与霍布斯不同，洛克（John Locke）这样来呈现人从自然状态进入政治社会的原因：劳动是自然状态下界定物品产权的基础，但食物会腐烂的现实限制了人对物的占有并使每一个人都处于贫困状态；货币的发明使人可借以用之交换易腐烂的物品，也使人从只生产满足自身需求的部分物品转向生产超过自身需求的更多物品。当占有的物品太多无法再以自然状态的方式加以保护时，保护自身及其财产的欲望使人相互同意进入政治社会。③

虽然洛克也提到了爱、美德的存在，但在论证过程中并不依持道德，亦不重视。因

① 事实上，就《礼物》对政治社会秩序建构的重新解释而言，不仅是一本人类学研究著作，也是一本政治哲学研究著作；同时，《礼物》中也存在着“不在场的对话者”，这一隐蔽的对话对象主要是霍布斯、洛克。

② [英]霍布斯：《利维坦》，黎思复、黎廷弼译，商务印书馆 2017 年版，第 4～127 页。

③ [英]洛克：《政府论（下篇）》，叶启芳、瞿菊农译，商务印书馆 1964 年版，第 5～76 页。

此，从霍布斯到洛克，使得自然状态论证过程出现了一个基本困难：当以自我保存为核心关注时，为了社会的整体利益而牺牲自己很难说是正当和正义的，没有人愿意为契约本身牺牲订约的目的。因此，相当程度上卢梭(Jean-Jacques Rousseau)的自然状态论述可以说是解决了这一论证上的困难。在卢梭看来自由平等的自然状态下，人有两种激情：一是自我保存，二是面对同类所受苦难的某种同情与怜悯。[①] 私有财产给进入政治社会的人们带来了从物质到精神的一系列不平等，但人的本性是自由的，政治社会没有自然的理由给受他人摆布这一状况以合法地位。同时，政治社会需要对公共利益的献身精神，要求个人服从群体。来自自我保存激情的利益算计，不可避免地给社会带来暴乱，因此社会不能只建立在自我保存的自然权利基础上，政治社会需要道德。当每个人都处在公意的最高指导下时，根据契约及其权利，社会以道德的和法律的平等代替因人自身生物因素而来的不平等。

洛克使用美洲印第安人资料来说明他的自然状态的论证，[②]卢梭也用了旅行者、探险家所提供的南美土著社会(如委内瑞拉的加拉伊波人)资料来支持他的论点。[③] 虽然，洛克、卢梭以劳动来界定自然状态下私人财产和物品产权得到了布朗在安达曼岛民田野调查中经验资料的验证，[④]但现代人类学通过田野调查获得的对所谓原始野蛮人群的了解，基本否定了自然状态论说。马凌诺斯基在田野调查中发现，南太平洋岛民平常一年的收获是他们能够消费的两倍之多，人们不仅没有生活在贫困的状况中，剩余品也不以经济交换为核心目的，他们工作所获近乎全部成果并不归他们所有，而是进入了他们姻亲的仓库。人们努力工作的原因不是为了自身眼前需求的满足，不是占有更多物品，也不是为了达到直接实用的目的，而是责任义务、巫术信仰、声誉地位等因素促使他们这样去做。[⑤] 不仅南太平洋岛群是一个富足的社会，受到自然环境"严酷"统治的半干旱地带的狩猎采集社会也是一个"原初的丰裕"社会。[⑥] 同时，对从自然社会转向政治社会的关键制度——货币的发明而言，支付工具在所谓原始野蛮社会中首先具有巫术性质，经常作为一种护符存在；其次在成功使之流通于部落内外之后，它才开始成为度量价值的工具，并非一开始就为交易而产生的。[⑦] 更为重要的是，现代人类学发现在所谓原始野蛮社会中，市场交换是透过礼物交换的契约得以运作并附着于这一契约而存在。[⑧] 因此，在人类

---

① [法]卢梭：《论人类不平等的起源》，高修娟译，上海三联书店 2014 年版，第 63～69 页。

② [英]洛克：《政府论(下篇)》，叶启芳、瞿菊农译，商务印书馆 1964 年版，第 27、32、63、65 页。

③ [法]卢梭：《论人类不平等的起源》，高修娟译，上海三联书店 2014 年版，第 41～70 页。

④ [英]拉德克利夫-布朗：《安达曼岛人》，梁粤译，广西师范大学出版社 2005 年版，第 29～31 页。

⑤ [英]马林诺斯基：《南海舡人 Ⅰ Ⅱ——美拉尼西亚新几内亚土著之事业及冒险活动报告》，于嘉云译，台北远流出版股份有限公司 1991 年版，第 81～88 页。

⑥ [美]马歇尔·萨林斯：《石器时代经济学》，张经纬、郑少雄、张帆译，北京三联书店 2009 年版，第 11～18 页。

⑦ [法]马塞尔·莫斯：《礼物——古式社会中交换的形式与理由》，汲喆译，上海世纪出版集团 2005 年版，第 84～85 页。

⑧ [英]马林诺斯基：《南海舡人 Ⅰ Ⅱ——美拉尼西亚新几内亚土著之事业及冒险活动报告》，于嘉云译，台北远流出版股份有限公司 1991 年版，第 303～328、397～412 页；参见前引[法]马塞尔·莫斯：《礼物——古式社会中交换的形式与理由》，汲喆译，上海世纪出版集团 2005 年版，第 76～82 页。

学调查的原始野蛮社会中市场交换晚于礼物交换，政治契约晚于或者说混融和附着于礼物契约中。此外，现代自然法哲学在当时社会背景下对自然状态的论说有意屏蔽了宗教的存在及其作用，人类学在绝大多数所谓原始野蛮社会的田野调查中，都发现了各类信仰方式的存在及其对社会运作和组织的作用，并且这些信仰方式与当地社会的政治、经济、美学、婚姻等融贯在一起，难以单独将其中一项拎出进行分析。

现代人类学以现象和行为的经验研究（归纳）为基础来讨论所谓原始野蛮的无国家社会，现代自然法哲学则以人性的逻辑推演（演绎）作为讨论基础。因此，现代人类学在田野调查基础上获得的系统资料，对现代政治哲学的自然状态论证极为不满，甚至将之斥之为“没有什么科学价值”，经受不住行为观察的检验，引用原始社会的事实来验证他们的结论实在是一种“误入歧途”。① 不过，我们需要反思的是，为什么被认为来自假设、不正确的自然状态论证却推导出现代性社会基本政治秩序？实际上，现代自然法哲学的自然状态论说主要是一种逻辑推演和思维抽象，自然状态本身只是用来依循社会需要进行秩序设计的基础，因此自然状态对不对、是不是真实的并不是最重要的问题，关键是在于讨论自然状态的逻辑基础、体系是不是对的，是不是足够强大。换句话说，正是强大的逻辑基础保证了其将对自然状态的观察和论证贯注到现代性社会政治秩序的构建中。

霍布斯、洛克与卢梭之间的一个共识是，从自然状态到政治社会转变以契约为基础，契约形成了社会的组织和运作。不过，在批判自然状态论证之余，最为人所忽略的是，现代人类学对所谓原始野蛮社会特别是包括礼物在内的社会交换行为的分析和讨论，与现代自然法哲学在认识论、分析范式层面的关联，即对契约与社会组织和运作的共同思考：都是在契约论基础上来认识和分析社会秩序的生成。不仅建基于契约的库拉交换组织起了南太平洋岛民的共同体和跨区域社会，礼物交换更是所谓“古式社会”里的“整体的社会事实”，经由它可以认识社会整体的状况。这种认识论和分析范式，至今一直留存在人类学的学科传统里，在碰到社会交换行为时，就会愉悦地拿出来使用，并被认为是人类学的独特视角。换个角度看，人类学在反对现代自然法哲学的自然状态论证时，却与之有着共同的认识论的源头。

不过，人类学无国家社会关心与现代自然法哲学之间一个共同点是，对自由及如何实现这一自由的追问与追寻。但在自由的本质是什么、如何获得自由的问题上，却有不同的观点。霍布斯、洛克都强调了自我保存的自然权利，这一权利能自我强化，其实施并不依赖义务。② 财产所有权则是洛克、卢梭讨论自然状态向政治社会转变的基础。因此，现代自然法哲学认为自由应是在明确的群己权界和个人权利基础上获得的。以莫斯为核心，人类学在无国家社会特别是在其礼物交换过程的分析中认为，财富的转移以礼物

① ［英］M.福蒂思、E.E.埃文斯-普里查德编：《非洲的政治制度》，商务印书馆 2016 年版，第 17 页。

② 卢梭在将自我保存与道德相互结合的论述中，强调了义务的存在；义务解除，就意味着人们就重新回到自然状态。莫斯显然接受了这一影响，在礼物的分析中提出义务的三重复合链条，认为正是义务支撑起一个完整的礼物过程，达成社会的组织和运作。

方式进行时,其所有权是流动的,赠与者、受赠者与物权之间没有一种类似于法的形式性的强制关系;以权利的流动为基础,在"自由与义务、慷慨与施舍"的动机上形成了礼物给予、接受和回报的义务行为体系"。"给予却不必牺牲自己",由此人类学也形成了在权利流动基础上获得自由的认识。① 现代自然法哲学从自我(保存)的明确权利上求自由,人类学则在权利流动中与他人关系建构里求自由。由此在自由本质与如何获得自由问题上,形成了两种不同的自由观:以明确权利为基础的自由和以权利流动为基础的自由。在由政治哲学所主导的对自由进行分析的知识生产领域里,权利流动基础上的自由观,可以看成是人类学从无国家社会研究中带来的对人类自由理解和认识的一个贡献。

自然状态中个人"天然的自由"是现代自然法哲学的基本共识,在此基础上卢梭将之区分为"自然的自由"与受公意所约束的"社会的自由"。② 斯科特在对东南亚自由主义者历史的陈述中,认为在文明与野蛮的相对性上,山地民为了自由有意选择了"野蛮的社会生活"。从这个角度看,《逃避统治的艺术》更多的是呈现了"天然的自由",并说明即使是"天然的自由",也有其基于生计模式、社会结构等文化模式作为基础,并非单纯的"自然状态"。不过,这样的说明似乎只是重复了现代自然法哲学中"天然的自由"观点。重要的是,《逃避统治的艺术》只是呈现"为了自由",却没有说明这种自由的本质是什么(如果只是逃避统治,则"逃避"意味着是基于自我保存的自然权利,反而显出斯科特是在现代自然法哲学逻辑基础上进行他的论证),也没有在人类学已有的对自由的认识基础上进行新的讨论和推进。因此,斯科特对于东南亚山地民自由思想和行为的浪漫主义认识,因缺少理论脉络下对自由本质的深入讨论和掘进,从人类学学科史的视角下看于精致中也显出了平庸的一面。

结 语

人类学无国家社会关心背后,不仅存在着对所谓原始野蛮社会刻板印象的纠正,事实上更存在着对自由的本质及其如何实现的关注。现代自然法哲学在自然状态证论中,将明确的权利作为自由的本质及其实现路径。针对这一塑造了现代性社会基本秩序的自由观念,人类学从无国家社会的研究中,指出自然状态论证的失误,以田野调查资料为基础,将权利流动作为自由的本质及其实现路径。从而推进并扩展了对自由的认识和分析,也将对个人自由的理解提升到更为一般性的层面:自由不仅依靠自我(保存)的明确权利,也依靠权利流动中与他人关系的建立。虽然早期人类学对现代自然法哲学自然状态论证不屑一顾,但也正是在与政治哲学研究进行深入地对话和讨论过程中,才于无国家社会研究里提出了更富创见的观察和分析。这也预示了这样一种可能:即便是在无国

① [法]马塞尔·莫斯:《礼物——古式社会中交换的形式与理由》,汲喆译,上海世纪出版集团 2005 年版,第 40~113、155~186 页。

② [法]卢梭:《社会契约论》,何兆武译,北京商务印书馆 2003 年版,第 25~26 页。

家社会研究中，人类学也能应该对如自由等人类社会基本问题，进行具有自身学科特色的一般性抽象与阐释。

The state of nature and the cognition of freedom in a stateless society: a comparison with modern philosophy of natural law

Lu ChengRen

Abstract: Abstract: In the argumentation of the state of nature, modern natural law philosophy regards explicit right as the essence of freedom and its realization path. Based on the fieldwork of many stateless societies, anthropology has a profound dialogue with the argument of the state of nature, taking the flow of rights as the essence of freedom and its realization path. This paper makes a comparative study of the state of nature and the nature of freedom in the context of intersection between anthropology and modern philosophy of natural law, and puts forward the contribution of anthropology to the understanding and analysis of human freedom. Then, the possibility of anthropological research is presented again: even in the study of stateless society, the basic issues of human society such as freedom can and should be abstracted and interpreted in a general way with its own disciplinary characteristics.

Key Words: state of nature, freedom, anthropology, natural law, political philosophy

契约精神的传统法文化语境及其现代关照[*]

李 洋[**]

摘要:就社会功能论而言,以公示证明意义、规则约束效力、诚实信用精神为主导的契约,在传统伦理社会中发挥着调控社会关系、维持社会安定的不可或缺的重要作用。在此意义上,作为对因双方合意而产生交易行为的确认、具有公示对抗性的证明文书,以缔结契约并甘受契约约束的内在行为而赋予契约以某种规则约束效力的规范性准则,基于有约必守观念下的道德约束或基于中人参与而产生的诚实守信精神,使得浸淫于传统中国话语体系的契约,在原生文化的滋养之下既显露出了传统伦理社会观念在双方当事人意志上的契合,又折射出了契约精神的近现代文化意义。考察传统中国法治文化视阈下的契约精神,对于更好地理解和解决现代语境下的契约问题,无疑提供了优秀的传统经验与应对智慧。

关键词:契约;契约精神;法治文化;传统法律文化

引 言

建设社会主义法治文化,并不意味着摒弃传统,相反,从中国传统优秀的法律文化中汲取营养,并将之与当代中国的现代化进程相结合,从而创造出符合中国国情的、具有中国自身特色的社会主义法治文化,是时下现代化转型大时代所赋予世人的历史使命。2014 年十八届四中全会《中共中央关于全面推进依法治国若干重大问题的决定》将"弘扬中华优秀传统文化,增强法治的道德底蕴,强化规则意识,倡导契约精神,弘扬公序良俗"作为全社会树立法治意识的重要内容,也是应时代感召之下的重大抉择。那么,如何将传统法律文化中的优良因子予以现代化解读并最终融入社会主义法治文化的土壤之中?此一问题的解答,首先需要澄清一个认识论,即当我们在讨论作为传统中国社会自生的法律制度与法治文化时,或许不应当以"功能比较论"的方法将之与现代西方概念作以对照,诚然功能比较的视角"有助于比较法学者穿越不同文化和体制的藩篱,进行跨国家或民族的法律比较",但这种比较同样存在着诸如"难以把握法律的意义之维"与"排斥差异

* 2014 年度国家社科基金重点项目"建设社会主义法治文化研究"(14AZD144)。

** 李洋,法学博士、博士后,南京师范大学法学院副教授、中国法治现代化研究院研究员。

与消除多元”的危险。[①] 而唯有切实地探讨其在当时社会背景、历史沿革等情境下的实际运作以及它所蕴含或表达的基本规范性意义，才是我们正确认识传统法治文化的应有方式。相应地，只有对传统法律文化的这些优良因子作以细致的考察以及客观的评价，并将之纳入现代法治文化的考察范畴，才能真切地把握其在传统社会中的原有之意，以及来观察其是否具有融通入社会主义法治文化的伟大事业之中的可能性。

具体而言，如何理解传统中国的契约精神，以及其在现代语境下的表达？这一问题的解答，当然地有助于我们对传统法律文化的正确认识，以及基于此将之应用于法治现代化的当代语境中去理解和把控，也即是将其基本精神予以吸纳与接受，应用于时下的社会主义法治文化建设之中，形成具有中国特色的、蕴含传统基色的现代法治文化。尽管，对于传统中国社会契约精神存系与否，学界曾存在相向评判，[②]但从既有的契约原件、契约录文及文献中的契约资料中，可以发现，传统中国不仅契约实践极为繁荣发达，[③]契约文书的流传、契约程式的规定，乃至对契约规定的法律惩治也同样存在诸多规范，以上皆为契约精神的肇端提供了丰沃的土壤及极大的可能性。由此，主张传统中国存在契约精神并非无有可能，而是极为贴合传统社会的基本情境。充分考虑传统中国语境下契约的特殊性，对契约实践中所蕴含的特色作总结，并对其所反映的社会观念与规则理念作以透视，对于客观全面地理解与解读契约精神的传统语境下的适用是恰当的，也是亟须的。

一、契约的公示证明意义：作为缔结凭证的契约

不可否认，传统中国契约含义、表现形式及适用范围呈现多样性，以现代意义作以简单厘定便可呈现政治性契约（民间规约[④]）与民商事契约两分。这固然得源于契约词义的历史根源以及传统国人对于契约的功能性认识，但两种契约所表达意蕴有着区别，故本文的探究范围主要限于民事领域内的契约及其所表达的契约精神。

自西周时期便有券、约、契、质要、约剂等多种称谓[⑤]以表达契约属性，及至魏晋之后，纸契得到空前的普及，[⑥]相应地促使契约形式的变化。傅别与质剂的传统渐次废止，书契也发展成为“合同”形式，即在“书两札”之后，再并和两札，于并和处骑写一个大“同”字，后发展为骑写“合同”二字、或骑写一行较长的吉祥语；在买卖、赠送、赔偿等死契关系中，

---

① 高鸿钧：《比较法研究的反思：当代挑战与范式转换》，载《中国社会科学》2009 年第 6 期。

② 杨解君：《契约文化的变迁及其启示（下）——契约理念在公法中的确立》，载《法学评论》2005 年第 1 期；何群、储槐植：《论中国法治的实现路径——契约意识的养成》，载《学习与实践》2015 年第 12 期。

③ 张传玺主编：《中国历代契约会编考释》，北京大学出版社 1995 年版，第 7 页。

④ 刘笃才：《中国古代民间规约引论》，载《法学研究》2006 年第 1 期。

⑤ 张传玺：《秦汉问题研究》，北京大学出版社 1985 年版，第 107 页。

⑥ ［日］池田温：《中国古代籍帐研究》，龚泽铣译，中华书局 2007 年版，第 42 页。

由于为片面义务制，所以行用单契，由义务的一方出具，归权利的一方收执。[①]

与称谓变化相伴而生，契约形式经由两份至一份的变换。如《周礼》即有“凡有责者，有判书以治则听”[②]中“判”所指即是“半分而合者”，这意味着在履约时将两者合并在一起，以此查验为证。不论是两份抑或多份，该契书往往尾部并联，在每两份文书中必然以“同”或“合同”书之。缔约达成后，双方当事人各执一份，其中一份文书的尾部便有半个“同”或“合同”的字样，故得名“半书”。这一形式多存在于汉代之前。实践中，不论其中一份是交予当事人抑或官府，在契约履行之时只有相互对应，方可印证缔约双方未有篡改契约内容，其内容是真实无误的，唯有此在纠纷发生时将此两份契约文书合在一处以验证其内容的真实性，也即是说“只有合且同的两份契约文书存在，契约的内容才是真实可信的”[③]。

但伴随此种两份券书相对照以辨真伪的印证方式不再成为必须，以及中人在契约缔结及履行过程中见证与调解参与，进而提升了契纸的征信功能，自敦煌契开始（唐宋之交），单契尤以卖方书写的卖契成为契约的主流形式，更是对明清时期的契约文本的书写模式产生了深远影响。[④]

可以发现，尽管契约形式历经嬗变，但其作为证实交易活动曾经存在、缔约双方曾就一致内容表达合意的基本目的毋庸置疑，从此种意义上说，契约乃是基于印证交易行为及合意表示的真实性而存在的，其本质便是一种凭证。在某种程度上，尤其是在土地买卖契约中，契约乃是当事人土地买卖或家产分割中不可或缺的重要一环，在此意义上，杨国桢先生称“土地契约是土地权利关系的法律文书，是土地所有权、使用权的书证”[⑤]当无可疑。订立契约的诸种复杂程序，[⑥]凸显了立约双方及中人在场之下的立契当事人确属自愿订立该契约。这在契约文书中自有其文字反映，自南北朝时期开始，契约文书中相继呈现“先和后契”“二主和可”“贰主和同立券”“两和立契”“两共和可”[⑦]等相应表述；至公元 740 年前后，契约尾部又多以“两共对面平章”或“两共平章”渐次取代“两共和可”。[⑧]至唐宋之交及宋后各代，“情愿”“甘愿”“自情愿”等表述也存在于买卖、借贷、租佃、雇佣契约之中。[⑨] 由是观之，尽管经历着词语名称的变迁，其主旨仍在指出当事人订立契约之

---

① 张传玺主编：《中国历代契约会编考释》，北京大学出版社 1995 年版，第 27 页。

② 吕友仁译注：《周礼译注》，中州古籍出版社 2004 年版，第 474 页。

③ 俞江：《契约与合同之辨——以清代契约文书为出发点》，载《中国社会科学》2003 年第 6 期。

④ 《中国历代契约会编考释》所收录的 1402 件契书中，单契所其比例接近 90%，而相应地，“合同”却仅有 75 件，不足契书总数的 10%。

⑤ 杨国桢：《明清土地契约文书研究》，人民出版社 1988 年版，第 21 页。

⑥ 杨国桢：《明清土地契约文书研究》，人民出版社 1988 年版，第 24～28 页。

⑦ 张传玺主编：《中国历代契约会编考释》，北京大学出版社 1995 年版，第 86、193～194、195～196、201～202、207～208 页。

⑧ 张传玺主编：《中国历代契约会编考释》，北京大学出版社 1995 年版，第 208～209、214～215 页。

⑨ 张传玺主编：《中国历代契约会编考释》，北京大学出版社 1995 年版，第 536～537、543～544、1065、1271～1272 页。

时所作出合意真实，双方达成意思表示一致。

这一凭证的真实性属性还要求契约文书中特别说明土地权属的来源合乎正当，从而保证契约之后的交易实践的正当有效。这不仅仅要求家庭内部成员之间对于缔约人资格及所约定事宜的确认，多以“内外叔伯兄弟子侄人等，各无干涉，也无重复典卖、折准钱债之类”的措辞来表明典卖方向典买方保证土地权归属没有争议；[①]也往往通过出卖人向买受人交付“上手老契”的习惯，来证明土地权属的来源合法正当。[②]

同时，在司法审判中，契约文书可以为官方所用，作为断定契约是否达成的标准。尽管司法判决中并不意味着官府对于契约文本毫无异议地确认，并严格按照契约文书的文本对照两造责任，从而依照契约文书所示作出判决结果，但至少证明其对是否存在此种基于合意的契约是给予充分认可的。诚如寺田浩明所言：“事实上就清代民事审判的判决文集来看，也能看出清代的法官裁决的时候相当重视当事人之间签订的私人契约”，[③]而此种重视主要表现在对“某一时间点上的两个当事人达成了合意这个事实的重视，也是对最能证明这一事实的契约文书的重视”[④]。

这一对契约的尊重，主要表现在对过去的事实所谓“原委的尊重”，因为立契这一行为显然是当事人深思熟虑之后依托中间人参与而实施的重要行为。“审判的作用就是在充分立足于这些事实或案情原委的基础上，提出现在这个时间点上可能实现的解决方案，并当场对此作出新的合意。……传统中国社会中当事人所订立的契约在他们日后发生纠纷时却缺乏作为解决纠纷基准的效力。”[⑤]

从功能角度上考量，作为凭证的契约这一中国意蕴显然与现代契约所标示的受法律保护并认可的合意（或可说此种赋予契约以法律的意义）之间存在着显著的差异。这一差异却并不意味着传统中国欠缺契约精神，相反，传统中国的契约精神所表达的是以契约作为一种彰示性的凭证而存续，成为无论对抗第三人抑或在官府司法审判中的证物的存在，这一证明绝不因不能得到官府完全的支持而效力减弱。

二、契约的规则约束效力：传统盟誓观念延续

缔约双方对于契约的遵守，到底是基于何种原因，是基于熟人社会人情、面子的道德伦理取向而引致的外在计算？还是出于将契约视作法律般强制性的规则效力？仁井田陞称：“守约并不是出于契约既然称为契约所以就必须遵守这样一种意识，而是出于外在的算计。”[⑥]不过，现代法律经济学意义上契约的订立本身便表现出对双方均更为有利的

---

① 徐忠明：《社会与政法：在语境中理解明清契约》，载《吉林大学社会科学学报》2018 年第 3 期。

② ［日］滋贺秀三等：《明清时期的民事审判与民间契约》，王亚新、梁治平编，法律出版社 1998 年版，第 60 页。

③ ［日］寺田浩明：《权利与冤抑：寺田浩明中国法史论集》，王亚新等译，清华大学出版社 2012 年版，第 114 页。

④ ［日］寺田浩明：《权利与冤抑：寺田浩明中国法史论集》，王亚新等译，清华大学出版社 2012 年版，第 116 页。

⑤ ［日］寺田浩明：《权利与冤抑：寺田浩明中国法史论集》，王亚新等译，清华大学出版社 2012 年版，第 116 页。

⑥ ［日］仁井田陞：《中国法制史》，牟发松译，上海古籍出版社 2011 年版，第 29 页。

特质，若不具备此种条件则无法说明人们为何订立契约。[①] 可以说，无论是受制于家族伦理的束缚，还是基于某些制度性的规范，传统国人普遍将契约作为某种约束自己行为的规则。而这种规则约束效力的呈现，往往有其根源，也有其表现。

基于传统盟誓观念所衍生的契约实践，对于缔约时所体现的庄重仪式感及对违约所造成的严重后果的预期性，使得国人往往将契约签署看作是一场极为重要仪式，将此种基于两者的合意表示提升为一种面对神灵或受神灵庇佑的表达。这一传统延续不绝，形成一种惯例，即“契约订立当日，买主单独，或者买主卖主共同出资，举办酒席，款待见证人等”；[②]甚至以“沽酒”条款的形式以证明契约的有效性，保障契约的顺利履行。[③] 在自然法归于消灭，实定法占据主流的法律制度定型及发展后期，此种受制于神灵的表达便付诸立法的规制之中。相应地，面对神灵或受神灵庇护的习惯转而成为面向法律或受法律制约的实践。

具体实践中，自汉代以来便有“民有私约，如律令”或“有私约者当律令”的通用表达，所表征的自然是承认契约具有与法律相等的效力，而这种相等效力势必要求立约者必然接受如接受法律的规制一般承受着契约的涵括。[④] 这一点，从目前可知的汉代以来的契约，尤其是“买地券”中即可窥见一瞥。从汉至明的39件买地券中，经张传玺考证，即分别使用“如律令”“如天帝律令”“以为析(律)令”“一如律令”“有私约者当律令”“民有私约，如律令”[⑤]等20余种不同的表达，用于将民间契约与法律作出一定程度的对等关系。这种于民间日常所通用的习惯，不能不说明其将契约比拟为法律的一种思维惯例以及惯常做法，并且绝非孤立地存在，而是具有一定的普遍性。

此外，唐代之后，更是形成了“官有政法，民从私契(人从私契)”，[⑥]但凡涉及买卖、租佃、借贷、雇佣等契约，皆有前述固定套语，如“官有政法，人从私契”“官有政法，人从此契”“官有政法，人从私断”的存在，仅见之于张传玺的书中便有14例之多。[⑦]

若聚焦于“官有政法，民从私契”的理解，可以看到，其中至少包含两种解释：其一，二者乃是一种对等关系的存在，正如对官起作用的是法律一般，对民的约束或者控制多以契约的形式存在，抑或民必须服从契约的管制；其二，二者又存在着一种对立关系，即对于民来讲，首先的选择或者约束对象是私契，而非政法，这在一定程度上表现了民间契约对于法律的对抗性，进而表现出民间法与国家法之间的对抗性。此外，不论是“两共平章，书指为记”“用为后平”还是“若违此书，任呈官府”，[⑧]该契约确立的性质乃是作为凭证

① 苏力：《从契约理论到社会契约理论：一种国家学说的知识考古学》，载《中国社会科学》1996年第3期。

② [日]仁井田陞：《中国法制史》，牟发松译，上海古籍出版社2011年版，第236页。

③ 武航宇：《论中国古代契约中“沽酒”条款的功用》，载《法制与社会发展》2017年第6期。

④ 徐忠明：《社会与政法：在语境中理解明清契约》，载《吉林大学社会科学学报》2018年第3期。

⑤ 张传玺主编：《中国历代契约会编考释》，北京大学出版社1995年版，第50～1016页。

⑥ 霍存福：《中国古代契约精神的内涵及其现代价值——敬畏契约、尊重契约与对契约的制度性安排之理解》，载《吉林大学社会科学版》2008年第5期。

⑦ 张传玺主编：《中国历代契约会编考释》，北京大学出版社1995年版，第194～661页。

⑧ 张传玺主编：《中国历代契约会编考释》，北京大学出版社1995年版，第216、230、480页。

以证实订约双方交易关系的存续，而若违背此约定，所导致的结果便是成为官府断讼的证据之一。所以，在此意义上，民间的私契与国家律令之间又展现出以国家律令作为民间私契的后盾支撑这一普遍特征。而且，从总体上而言，对于传统中国的法律与契约的关系，往往是“部分的民间事务靠习俗调整，部分的则由法律调整。国家承认私契的地位，并承认它的规则”①。也即是说，中国古代法律在很大程度上规制或指导了契约内容与契约活动。

但不论如何，从“如律令”到“从私契”，时间的推移、词语的更迭并未篡改民间将契约视作约束机制存在的意识，这即体现着传统中国的契约精神与传统国人的契约意识。再者，将契约与律令相提并论，也可以窥见传统社会国人对契约设立及履行必遵照的强制性规定，因为律令乃是传统社会等级秩序乃至社会稳定赖以维系的最为根本的行为准则，是规范遵守的最高阶，契约作为民间私人之间的合意的最终承载，缔约本身便化身成为一种必守的践行规则。

三、契约的诚实信用精神：有约必守的信念及中人制度构建

在法家眼中，契约作为一种公信力存在，至少对于契约订立双方而言具备合意性及规则性，即缔约双方甘愿受制于这一规则以及所规定的具体内容，对其所表达的基本内容表示同意并作出信守的意思表示，这一合意的达成也就意味着非经特定程序或特殊事由不得违背的一种公信力是存在的。在具体的契约实践中，往往将此种公信付诸书面契约，而非一般意义上的口头允诺，因为书面较之口头显然具有可保存及再现的特性，易于对契约双方的订约行为及后续履行等作出规范性限制。② 在传统契约的行文结束之处，普遍以“信”“凭”的事后归结性话语将订约双方对此契约的信守度表达出来，或可说是以契约的形式将双方的合意表示表达出来，同样也起到避免这种合意的事后责任追究；同时为了表达这种合意的确切及准确性，往往以“双券”的形式即合同双方各执一半或一份契约作为凭据。由此，一份契约对于缔约双方而言是应信守的。

如魏晋时期北凉、高昌等地的买卖契约、借贷契约中“民有私要，要行二主，各自署名为信”“二主和同立券。券成之后，各不得返悔。悔者，壹罚贰，入不悔者”③的说法大量存在，同时唐初贞观年间买卖契约、市券、文牒也继续沿用此种规范“二主和可，后为券要。券成之后，各各不得返悔。悔者一罚二，入不悔者。民有私要，要行二主，各自署名为信”。④ 至唐开元年间及后则逐渐演化为“恐人无信，故立私契，两共和可，画指为记”“两

---

① 霍存福：《论中国古代契约与国家法的关系——以唐代法律与借贷契约的关系为中心》，载《当代法学》2005年第1期。

② ［日］长野郎：《中国土地制度的研究》，强我译，神州国光社1932年版，第439页；参见杨国桢：《明清土地契约文书研究》，人民出版社1988年版，第56页。

③ 张传玺主编：《中国历代契约会编考释》，北京大学出版社1995年版，第86～188页。

④ 张传玺主编：《中国历代契约会编考释》，北京大学出版社1995年版，第193～196页。

共平章，书指为记”“恐后无凭，答项印为验”“恐人无信，故立此契，用作后凭”“恐人无信，两共对面平章，故勒此契，各愿自押署，用后凭验”“恐人无信，故立私契，用为后验”“恐后无凭，故立此契，用为后验”“两和立契，画指为验”“两共平章，书纸为记”“恐后无凭，故立私契”，①这一用法为五代，尤其后梁、后周等继续沿用，直至宋、元时以“恐人心无信，立此卖契为据”“今恐无凭，立此卖契一纸，缴连公据，付买主收执……”“今恐人心无凭，立此出卖文书为照者”，②至明、清时期仍以此种类似惯语作为契约文书成立及事后效力的保障，如“今恐人心无凭，立此文契为用”“今恐无凭，立此卖契存炤（照）”③等。

此外，除订约双方之外，传统中国契约的缔结较为注重旁人的见证，其基本意义在于由第三方参与缔约活动，也即使本契约取信于他人，由此通过一定范围内示众的形式来证实该契约的真实有效存在，以最终达致缔约双方受制于此种公开于他人的权责而必须作出履行的意思表示。之所以存在此种类型的制度性设计，乃是因为“信”虽为传统社会所承认的“五常”之一，但仅凭借个人信用尚不能使得缔约对方完全确信，况且儒家所崇尚的“信”与契约关系所要求之信有所区别。④ 基于此，在契约习惯中形成一套对于可能发生的纠纷予以预防和协调的保障性措施用以维持契约秩序⑤变得尤为重要，而作为契约中预防性机制存在以及沟通契约关系双方当事人之间不可或缺的重要存在的“中人”，其价值不难想见。尽管对于这一特殊群体的称谓有所偏差，如早在西周时期契约签订时已有第三方参与，尽管这一时期第三方的称谓尚不确定，⑥至西汉时期买卖契约中出现“时在旁候史张子卿、戍卒杜忠知券约”⑦“时旁人贾、刘，皆知券约”⑧等契约中的“在旁”“旁人”，或“任知者”（亦称任者，即担保人）⑨，其后更是以“中人”“中报人”“中见人”“凭中”“居间人”⑩的形式存续于后世的各朝各代，但归根到底，其基本功能及所表达的意蕴却未曾变更，在契约关系中所发挥的作用不外乎以下几种：

第一，作为契约双方当事人的介绍人的角色存在，类似现代意义上的中介，对于契约的达成具备关键性作用，起到公证的作用。他们往往参与契约双方的介绍与引见、对标的物的勘定与检查、议定价格、监督和证明给付与交割等等。⑪

第二，作为契约中的参与人的角色存在，某种情况下他们往往附有连带责任的可能

① 张传玺主编：《中国历代契约会编考释》，北京大学出版社1995年版，第207、216、220、222～223、226～228、233、234、344～350、368～372、389～394页。

② 张传玺主编：《中国历代契约会编考释》，北京大学出版社1995年版，第533～589页。

③ 张传玺主编：《中国历代契约会编考释》，北京大学出版社1995年版，第699、1125页。

④ 苏亦工：《天下归仁：儒家文化与法》，人民出版社2015年版，第243～250页。

⑤ 王帅一：《明清时期的“中人”与契约秩序》，载《政法论坛》2016年第2期。

⑥ 李祝环：《中国传统民事契约中的中人现象》，载《法学研究》1997年第6期。

⑦ 张传玺主编：《中国历代契约会编考释》，北京大学出版社1995年版，第33页。

⑧ 张传玺主编：《中国历代契约会编考释》，北京大学出版社1995年版，第51页。

⑨ 张传玺主编：《中国历代契约会编考释》，北京大学出版社1995年版，第27～29页。

⑩ 王帅一：《明月清风：明清时代的人、契约与国家》，社会科学文献出版社2018年版，第170页。

⑪ 李祝环：《中国传统民事契约中的中人现象》，载《法学研究》1997年第6期。

性。这一点，从西汉时期“任知者”即可看出，此处“任”字便是担保之意。但是在实际的实践中，并不意味着契约文书中记载了“保人”、“中保人”或“保证人”字样的角色一定负有担保责任。①

第三，作为契约中纠纷调解机制的角色存在，起到居间调解的职能，或在该契约诉诸官府时作为契约关系见证人接受官方调查。通过对《中国历代契约会编考释》的考察，可以发现中人往往社会身份显著，或为德高望重者——邻里中人，或为与出卖方同姓者——同姓中人，②他们往往可以在身份地位差异较大的当事人之间体现出某种局部的平衡关系，其社会身份能够使双方当事人接受，并同时具备相对的资信能力。而当契约受到破坏，或由于当事人、中人的欺诈行为使得契约无法履行时，官方才可进行干预。唐宋以来的法律中，对于牙、保、媒人都有此类的规定。③

由此可见，中人的作用可谓贯穿契约订立及履行的全过程。以其所特有的中间人的角色促成我国传统社会所一贯依赖的“熟人关系”，使得契约的运行始终流转于主动构建的人际关系之中。也就使得其赋予了契约一种以“互识”并“互惠”而达成了一种熟人关系网络，尤其是基于此而产生纠纷解决之时的救济性措施——纠纷多在亲族、乡里之间获得解决——显然与西方法治理念所倡导的脱离具体人际关系的契约合同相形区别，使得契约行为具备“人格化”特征。④ 在此意义上，传统社会的契约往往是一种关系社会下的契约，是一种以敦睦人际关系为主、追求财产权益为辅的权属移转凭证。⑤ 因为即使是在正式的审判阶段，完全陌生不认识的双方当事人是极其罕见的。⑥ 而之所以在契约关系订立过程中吸纳中人作为关键一环，进而构建这一熟人社会，其根本原因在于利用人们在熟人面前所呈现的基于人情或面子所导致的无法违背某种信念或约定的心理，而甘愿接受契约中所约定的某些特定性规范。中人作为订约双方构建熟人关系的中介环节或纽带，其参与契约自然对于缔约双方的履行等具有一定的心理制约性，此外，他的这一活动也使得自己身陷契约之中，有可能存在着不仅被委任为缓和矛盾、解决纷争的利器，也很有可能如缔约双方一般对簿公堂，真实地参与诉讼而无法置身事外。

当然这也并不能排除通过其他方式以保证契约履行，如日本学者长野郎曾指出，在缔结佃种契约中，地主仅以对人信用不能满足时，往往通过“地租预纳的制度”（地租缴纳，难得希望正确的时候，地主有使地租的一部分，或全部预先缴纳的）、“押金制度”（地主使人佃种时，向佃农征收保证金的制度）等来保障自己的权利，⑦这种契约也多数以口

---

① ［日］仁井田陞：《中国法制史》，牟发松译，上海古籍出版社 2011 年版，第 266 页。

② 毛永俊：《古代契约“中人”现象的法文化背景——以清代土地买卖契约为例》，载《社会科学家》2012 年第 9 期。

③ 李祝环：《中国传统民事契约中的中人现象》，载《法学研究》1997 年第 6 期。

④ 李倩：《民国时期契约制度研究》，北京大学出版社 2005 年版，第 32～33 页。

⑤ 陈胜强：《中人在清代土地绝卖契约中的功能——以中国传统交易规则的影响为视角》，载《北方法学》2012 年第 4 期。

⑥ 黄宗智：《法典、习俗与司法实践：清代与民国的比较》，上海书店出版社 2007 年版，第 102～103 页。

⑦ ［日］长野郎：《中国土地制度的研究》，强我译，神州国光社 1932 年版，第 446～452 页。

头形式缔结。

前文描述可以发现，契约缔结之时，已然将家族信誉、中人声誉附随于契约文书之上，契约不再是一种抽象的法律关系，它承载了具体的社会关系。此种意义上的信用不是抽象的，而是具体的，作为“结信”工具的契约，也就不能仅仅依靠双方约定来维持，还要借助社会关系来约束。①

四、传统契约精神的现代关照方式

近代西方意义上的契约，脱胎于宗教，契约精神渐而与自由合意、缔约自由平等联系在一起。从形式上看，“它形塑了双方意思的合意……在作为西方法律文化根基的法理预设中，契约为两个基本法理提供了社会性存在：财产——定义为‘整个立法中的普遍精神’或‘一切其他权利的守护者’——以及作为社会与政治秩序基础的自由”②。此意义上，契约观成为启蒙思想家构建新型社会关系的基本要素，卢梭的社会契约便是其中明证。此观念之下的契约是作为权利、自由与法律之间的楔石而存在，人格自由平等、私有权神圣、私法自治、契约自由的基本精神便以首尾一贯的形式予以显现，成为描述近代契约精神的必备要素。对此，学界尝以“个体本位”、契约主题的“意志自由”“独立自主和平等精神”③表达；或将之与法治精神勾连，认为其“是一种由私法自治理念延伸而来并升华为民主法治观念的社会理念”，内涵包括“主体意识”“权利意识”“民主思想”“法治思想”“和谐观念”④等诸方面；或将之总结为“作为社会合作体系的成员，每个人对从事合作所需要遵守的规则都表达自愿的同意”与“每个人都承诺遵守社会合作的规则，履行契约的义务”。⑤

如果依循此种描述，显然使我们主动陷入西方化（近代化）的牢笼，与本文的旨趣及前提背道而驰。然而，前文对传统中国契约实践的特色作以提炼，指明了传统中国契约虽并不必然具备现代意义上的平等观念——大量单契尤其是卖契的存在便是对此的有力说明——然而从另一层面看，契约的签署中的“先和后契”“两和立契”“甘愿”等表述确可看作契约自由、意思自治的一种象征；契约文书的缔结所呈现的社会化功用主要表现在契约作为证明文书的公示意义，基于缔约仪式感的推崇使得订立的规范成为拘束当事人的一种与律法并列的制度化规则；此种规则约束效力的达成自然出于伦理社会中“信”的考量以及由此构建的“中人”制度之上，其中所表现出的对社会规范及价值取向的认同与维护，均可说明契约具备一定意义上的公示性与威严性。无怪乎有学者主张，“中国优秀传统文化中的信是契约实践活动中一直维护和追求的诉求，它不是建立在契约活动基

① 徐忠明：《社会与政法：在语境中理解明清契约》，载《吉林大学社会科学学报》2018年第3期。

② 邱澎生、陈熙远编：《明清法律运作中的权力与文化》，广西师范大学出版社2017年版，第315页。

③ 陈秀萍：《契约的伦理内核——西方契约精神的伦理解析》，载《南京社会科学》2006年第8期。

④ 李步云、肖海军：《契约精神与宪政》，载《法制与社会发展》2005年第3期。

⑤ 姚大志：《公平与契约主义》，载《哲学动态》2017年第5期。

础上，而是古代中国优秀传统文化中的自然属性”，①虽然不免有些言过其实，但却并非全无道理；有学者指出契约的真正实质和内涵，往往与传统伦理的规制作用不无关联，②甚至将之与“礼”作以并列用于民间纠纷的解决之中；③也有学者指出中国传统契约，“实际上都是人们为了形成某种共有规范或为了使彼此间的行动达到服从某种共有规范的状态而作出的努力，或者说也就是通过这种努力而形成或达到共通行为规范的社会存在形态的总和”，由此其总结出古代中国存在的“乡约”、“法律”及“契约”不过是这种传统的动态在一定历史过程中的具体表现或归结。④

总结以上诸端，就社会功能论而言，以公示证明意义、规则约束效力、诚实信用精神为主导的契约，与法律一道，在传统伦理社会中发挥着调控社会关系、维持社会安定的不可或缺的重要作用。在此意义上，作为对双方合意而产生交易行为的确认、具有公示对抗性的证明文书，以缔结契约并甘受契约约束的内在行为而赋予契约以某种规则约束效力的规范性准则，基于有约必守观念下的道德约束或基于中人参与而产生的诚实守信精神，使得浸淫于传统中国话语体系的契约，在原生文化的滋养之下既显露着传统伦理社会观念在双方当事人意志上的契合，又折射着契约精神的近现代文化意义。考察传统中国法治文化视阈下的契约精神，对于更好地理解和解决现代语境下的契约问题，无疑提供了优秀的传统经验与应对智慧。这也是为何契约精神能够由古至今得以绵延不息、自西徂东能够永葆生机的根本缘由。

通过前述的考察，我们可以看到，若依照西方话语的路径去考察中国传统社会的契约，显然无法探求其根植于传统中国的土壤本源，仅仅观察其繁衍出与现代契约精神相融合、共通的基本特征，如对于契约尊重以及守信的要求等表象，而不从其本源出发探知这些特征产生的根本缘由，如此，并不利于我们对契约精神的深层次理解。而只有追根溯源，发现这些特征的生成所经历的曲折道路以及所附着的传统文化的积淀，才能更加透彻地理解传统法治文化的基本内核，进一步为我们现在正在进行的社会主义法治文化建设提供传统依托。

新时代下，倡导契约精神成为社会主义核心价值观的本质要求之一。紧随十八届四中全会“倡导契约精神”决议，2016 年中共中央办公厅、国务院办公厅刊发的《关于进一步把社会主义核心价值观融入法治建设的指导意见》指出：“健全民事基本法律制度，强化全社会的契约精神”，“强化规则意识，倡导契约精神，弘扬公序良俗，引导人们自觉履行法定义务、社会责任、家庭责任，努力形成中华儿女互有责任的良好风尚”；2018 年中共中央刊发《社会主义核心价值观融入法治建设立法修法规划》又一次提出：“以保护产权、维护契约、统一市场、平等交换、公平竞争等为基本导向，完善社会主义市场经济法律制

---

① 康兆庆、苏守波：《中国传统文化中的契约精神——基于关系契约论的视角》，载《管子学刊》2016 年第 3 期。

② 刘云生：《中国古代契约思想史》，法律出版社 2011 年版，第 26 页。

③ 刘云生：《以礼正俗：儒家自然法与传统契约精神》，载《广东社会科学》2003 年第 5 期。

④ [日]寺田浩明：《权利与冤抑：寺田浩明中国法史论集》，王亚新等译，清华大学出版社 2012 年版，第 143 页。

度。"党中央对于契约精神着力倡导可见一斑。而此种重视显然与时代背景下的社会现实环境息息相关。

社会主义市场经济体制下，契约自由、意思自治观念尽管在很大程度上得以弘扬与提倡，但所致结果并不尽如人意。缔约双方地位失衡，垄断行业的霸王条款，合同签署有失规范，无故违约现象时有发生等等，成为制约现代社会公平正义、良好社会秩序的不良因素。

在此情境下，新时代的契约精神当有所作为，从传统契约精神中汲取有益内涵，着力打造"诚实信用、公平公正、多赢共享、包容普惠的市场生态环境"。[①] 具体而言：

(一)充分挖掘契约作为公示及规范性的文本证明意义。保障契约文本的签署乃是由双方出于内心自愿而为，在信守契约自由原则的同时，更着重从实质意义上去探寻能够实现双边、理性的契约自由精神。例如，缔约活动中，不再盲从于处于弱势群体的一方只能以最终签字、画押的方式来达成合同文本——尤其是格式合同——而需从公平正义的层面对合同权利义务作以考量，警惕格式条款转化为霸王条款；也不以对缔约中可能处于弱势一方的过分保护作为对抗强势一方有力工具而曲解了契约自由的限度，防止个人私权利的普遍滥用。应遵从契约公平原则，注重当事人权利义务之间的实质公平与平等，打造健康有序的市场秩序。

(二)忠实秉持契约缔结中的诚实守信原则，着力公信力的制度性建构。信守承诺本就是契约成立的基本要求，同时也是处理人际关系的基本准则。传统契约实践中将违背诚信的行为纳入文书之中，设置中人等制度以保证诚信的达成，固然是伦理社会的传统观念使然，但也兼具现代意蕴。在诚信成为社会主义核心价值观中"公民个人层面的价值准则"[②]的背景下，要坚持诚信的传统伦理内涵，并在现代生活方式中引入诚实守信的道德维度，以其作为维护市场经济秩序良好运转的有力因素。总之，要在承继传统法律文化的有益成分的同时，充分融合现代法治赋予其新鲜内涵，使之能够更为妥帖地适应现代法治及市场经济的需求，从而更好地建设社会主义法治文化，这也是我们探寻传统法律文化的意义所在。

Traditional Legal Culture of the Spirit of Contract and Its Modern Interpretation

Li Yang

Abstract: In terms of social function perspective, the contract which express the significance of publicity and certification, restriction of the rules and principle of honesty and credibility, plays an important role in regulating social relations and maintaining social stability in traditional social society. Therefore, as the confirmation of legal action agreement, the certification of publicity countering, the restraint normative

① 刘俊海：《论新时代的契约精神》，载《扬州大学学报(人文社会科学版)》2018年第4期。

② 中央办公厅刊发《关于培育和践行社会主义核心价值观的意见》(中办发[2013]24号)。

criterion of intrinsic behavior under by contracts, and the moral constraint of kinds of promising or the perception of honesty and trustworthiness according to the participating of "Zhongren", contract order indeed indicated an agreement of the parties in negotiation, and revealed the spirit of conjunction in modern legal culture. Taking a deeply consideration about the spirit of contract in traditional legal culture context, will be better for understanding and providing excellent traditional experience and coping wisdom to interpreting the contract order in modern social society.

Key Words: contract; the spirit of contract; culture of rule of law; traditional legal culture

宪法爱国主义与民族主义之辩
——兼论宪法爱国主义在中国的发展和运用

夏引业*

摘要：起源并主要成熟于德国的宪法爱国主义学说有其深刻的时代背景和德国历史的特殊性。基于对特殊的历史的反省和时代的观察，德国的思想家们力图用宪法爱国主义回避、取代民族主义。但即使在全球化的时代，宪法爱国主义仍无法取代民族主义，宪法爱国主义潜在地以特定的民族性为前提。现代宪法既有统合性，亦有民族性，且其统合性的发挥有赖于民族性的充分发掘和阐述。宪法爱国主义确实可以在中国得到发展和运用，但具有不可避免的局限性，且其前提是将中华民族作为宪法爱国主义的基础。

关键词：宪法爱国主义；民族主义；国家认同；民族性

一、问题的提出

宪法爱国主义①是起源于战后德国的一个概念或理论，引进我国后作为一种国家认同理论为学术界所广泛讨论，②并用以分析中国的民族问题或反思中国的民族政策。③更有年轻学者针对当下的香港问题，提出了“基本法爱国主义”。④ 总体而言，我国学术界对于宪法爱国主义理论在中国的发展和运用，主要有这么几种倾向或者进路：一是认为所谓的“宪法爱国主义”，就是将“爱国主义”的基础由“民族”转为“宪法”，对“民族”的特殊化文化背景进行淡化处理，凸显公民间“最大公约数”的“宪法共识”，倡导以瑞士为典型的建立在直接民主和严格的宪法平等基础之上的一种“公民联邦制”。⑤ 二是认为中华

* 夏引业，法学博士，重庆工商大学副教授，香港大学法律学院专职博士后。

① 对于“Constitutional Patriotism”，有译为“宪法爱国主义”的，有译为“宪政爱国主义”的，相比而言，“宪法爱国主义”是比较主流的译法，本文从之。

② 清华大学许章润教授主编的《历史法学》集刊中，就有一期专门探讨“宪法爱国主义”有关理论及适用于中国的问题。许章润主编：《历史法学（第三卷）：宪法爱国主义》，法律出版社 2010 年版。

③ 李涵伟：《宪法爱国主义视阈下我国少数民族权利保护》，载《青海民族研究》2015 年第 1 期。

④ 程雪阳：《解决香港政改争议要回归基本法》，http://www.aisixiang.com/data/90751.html，下载日期：2015 年 10 月 7 日。

⑤ 田飞龙：《瑞士族群治理模式评说——基于“宪法爱国主义”的公民联邦制》，载《法学》2010 年第 10 期。

民族作为中国的“国族”，是一种政治法律的共同体，一种经由宪法而组织起来的公民联合体，那么公民经由宪法的认同也就实现了对国家的认同。[①] 三是认为可以借助于宪法爱国主义理论，“在依托和整合民族、文化、语言、历史传统等价值的基础之上，将公民对于一国宪法的认同作为国家认同的主要价值来源和支点，进而以此为基础维护国家的统一”。[②] 上述三种进路小异大同，虽有微妙的差异，但是也存在一个更大的共同点，那就是均强调个体的公民身份，进而提倡公民应以宪法为基础建立宪法认同，直接地或间接地也就实现了国家认同。不过，细究之下，这种论证逻辑当中似乎又存在这么一个悖论：宪法是以国家为规范对象，是某个国家的宪法，既然个体不认同国家，又何来宪法认同？

德国的宪法爱国主义有其特定的产生背景及适用环境，即使在西方学术界，该理论也不时遭受各种批评，远未获得广泛的认同和接受。[③] 宪法爱国主义是德国知识分子（主要是左派）在民族主义、民族尊严遭遇重大挫败后的时代背景下，试图以此替代民族主义，正当化德国人的国家认同、统合国民的理念。但即使在全球化的背景下，宪法爱国主义并不能取代民族主义，相反，宪法爱国主义潜在的以民族主义为前提。现代宪法是国家统一的象征，具有统合性，但是作为规范民族国家的宪法必然具有民族性，宪法要发挥增进国家认同、促进国民统合的功能，必先以宪法的民族性为基础和前提。将宪法爱国主义理论引入中国或许有其现实必要性，但是其在中国的发展和运用可能不如某些学者那样乐观，并且需要以一定的条件为前提，即必须充分发掘和阐释中国宪法的民族性，中华民族应当是中国宪法爱国主义的基础。本文以下即依次脉络展开。

二、试图替代民族主义的宪法爱国主义

民族的思想在德国有着深厚的根基。近代德国民族国家的建立遵循的是从民族到国家（from nation to state）的路线，即首先通过构建所有德国人同属一个文化民族（Kulturnation）的观念，其后在“一个民族，一个国家”的政治原则指导下，建立统一的德国。“二战”期间，德国更是将民族主义推向极端，形成民族社会主义（纳粹主义），给世界人民，包括德国人民带来了深重的灾难。正所谓“物极必反”，就是在这样一个受民族思想浸染的德国，竟然生发出了一种声称替代民族主义的宪法爱国主义。

战后德国为什么会产生宪法爱国主义呢？这与当时德国的历史背景有关。近代国家形态在从传统国家向民族国家转变的过程中，国家的法理基础也发生了改变，传统国家统治的正当性来自某种不可质询的神秘力量，比如欧洲的宗教、中国的君权神授，民族国家的法理基础则来自民族主义，国家建立在民族基础之上，民族主义为现代国家提供

① 翟志勇：《中华民族与中国认同——论宪法爱国主义》，载《政法论坛》2010 年第 2 期。

② 石茂生、程雪阳：《论当代中国国家认同和国家统一的基础——基于民族主义与宪法爱国主义的考量》，载《郑州大学学报（哲学社会科学版）》2009 年第 3 期。

③ ［德］扬-维尔纳·米勒：《另一个国度：德国知识分子、两德统一及民族认同》，马俊、谢青译，新星出版社 2008 年版，第 126 页。

合法性。[①] 然而,民族国家和民族主义在战后的西德却遭遇困境:一方面是德国的战败、不光彩的历史以及被强加的宪法;另一方面是德国分裂成东德、西德的政治现实。德意志的民族精神和民族自尊受到严重的挫败,西德人的心灵面临着"公民无家可归"的失落,用什么去统合国民并正当化世俗化的政权,是西德理论家面临的紧迫的问题。事实上,1945 年后,西德的知识分子就致力于西德的民族认同对合法性的寻求。[②] 哲学家卡尔·雅斯贝尔斯(Karl Jaspers)提出了"集体责任"的概念,[③]声称"一个民主的政治认同以及真正的社会整合只有通过德国人承担集体责任方能获得"。[④] 但仅仅承担"集体责任"显然是不够的,在联邦德国基本法实施 30 周年之际,思想政治家多尔夫·施特恩贝格尔(Von Dolf Sternberger,1907—1989)指出,30 年的实践表明,"一种新的、独特的爱国主义已经被不知不觉地培育出来,这种爱国主义恰好是建立在宪法自身基础之上的",[⑤]进而呼吁法治国家的公民应将其身份认同建立在对宪法价值与制度的信任上。这是德国宪法爱国主义的发端,它起源于对战后德国面临的特殊挑战的回应,是一种由德国负罪感所催生的概念或理论。[⑥] 此一时代背景和法律传统下发展出来的宪法爱国主义,其主要目的是为了保障政治的稳定,维护西德的社会秩序,因此又被称为"保卫型宪法爱国主义",此种爱国主义的情感纽带是纵向的,而不是横向的,它强调的公民与国家或者说公法秩序的关系。

1986 年,德国哲学家、社会学家哈贝马斯在"历史学家论战"期间重拾宪法爱国主义,经过哈氏的发展提倡,宪法爱国主义在欧美政治思想界曾经风靡一时,引发了学术界的讨论热潮。当然,时代也已经发生了显著的变化。一是两德实现了统一,统一后的德国同样面临着这样一个问题,德国是一个什么样的国家,用什么正当化德国人的国家认同,而哈贝马斯又拒绝民族归属的概念和语言,这样他就必须在民族的话语之外寻找理论支撑,这个理论就是宪法爱国主义。[⑦] 二是欧盟的成立成长。欧洲一体化进程的加快同时

---

① 徐迅:《民族主义》,中国社会科学出版社 2005 年版,第 15、21 页。

② 石茂生、程雪阳:《论当代中国国家认同和国家统一的基础——基于民族主义与宪法爱国主义的考量》,载《郑州大学学报(哲学社会科学版)》2009 年第 3 期。

③ Anson Rabinbach, *The German as Pariah: Karl Jaspers' The Question of German Guilt*, in *The Shadow of Gatastrophe: German Intellectuals between Enlightenment and Apocalypse* 138 (Berkeley ed., University of California Press 1997).

④ [德]杨-维尔纳·米勒:《宪政爱国主义》,邓晓菁译,商务印书馆 2012 年版,第 17 页。

⑤ [德]冯·多尔夫·斯登贝格:《宪法爱国主义》,陈克勋、赖骏楠译,载高鸿钧主编:《清华法治论衡》2009 年第 2 期。"斯登贝格"即"施特恩贝格尔",系不同的中文译者对同一外国学者名字不同的译法,笔者注。

⑥ Anson Rabinbach, *The German as Pariah: Karl Jaspers' The Question of German Guilt*, in *The Shadow of Gatastrophe: German Intellectuals between Enlightenment and Apocalypse* 16 (Berkeley ed., University of California Press 1997).

⑦ 在哈贝马斯看来,德国的统一是由科尔政府运行强制性的手段完成,而精神文化层面的东西在两德统一的过程中最为重要,但是这种精神的东西,比如政治文化不能靠行政措施产生,而只能在公共交往的领域中形成,他甚至呼吁所有德国人就统一进行全面公决,以确认新的民主秩序并强化宪法爱国主义。同 Anson Rabinbach, *The German as Pariah: Karl Jaspers' The Question of German Guilt*, in *The Shadow of Gatastrophe: German Intellectuals between Enlightenment and Apocalypse* 44 (Berkeley ed., University of California Press 1997).

使其正当性受到前所未有的挑战，欧洲共同体之父罗伯特·舒曼(Robert Schuman)所提倡的"实际的成果呼唤真正的凝聚力"已经不敷使用，"我们铸造了欧洲，现在我们需要铸造欧洲人"，用什么促进"欧洲认同"成为迫切的热门话题。三是全球化。在哈贝马斯看来，全球化使得现代民族国家面临着自身一系列的困境，包括丧失了对国家进行控制的能力，在作出决断过程中合法性的减损或者亏空以及在提供合法性和有效性的控制和组织工作方面的无能为力。① 并且，民族国家内部又不断面临着多元文化的冲突，少数文化群体的权利诉求不断增加，大规模的人员流动和移民的涌入带来了文化上的多样性。哈贝马斯判断，人类历史已经进入了后民族主义的时代，这是一个消灭战争、走向世界大同的重要过程。

哈贝马斯的宪法爱国主义正是建立在民族主义的批判的基础之上的。如果说后民族主义不是对民族主义的彻底抛弃，那一定是"扬弃"。无论如何，民族主义作为一种身份认同已经过时，那么是否存在一种替代物，即在功能上与有关由公民组成的民族和由民众组成的民族的一揽子方案旗鼓相当，哈贝马斯诉诸宪法爱国主义。他认为现代世界的祛魅(disenchantment)，人们趋于理性，个体和集体的认同不再能够通过宗教或者民族主义的方式内化而形成。民族不再具有神圣性，"民族实际上是他人强加的，它一开始就是一个从消极意义上区分自我与他者的界限"。② 在此基础上，哈贝马斯进一步突出了民族主义的消极属性，强调民族意识的排外性、对抗性，以及曾经带来的重重恶果。③而且历史表明，民族观念不但没有强化民众对于法治国的忠诚，反而动员社会大众去追逐那些与共和主义相悖的目标。在一个确已祛魅的世界，一方面，个体已经发展出了一种"后传统认同"(post-conventional identity)：他们已经能够从那些传统的社会期待之中抽离出来，从自己的欲望中抽离出来，而理性地对待和接受一个观点；另一方面，民主需要权利和自由，而权利和自由因其本质具有一种普世主义的内核。此种情况下，某个社会的特殊性能够在普世主义的诉求和视角下得到重新诠释，并作为公民基本权利和宪法规范的表述。也就是说，人们应当用理性检验传统，反思性地、批判性地接受那些他们所面对的特殊的民族传统。人们曾经无条件、从不反思民族主义所建构的身份认同，这种身份认同逐渐被一个动态的复杂的过程所取代，即在一个开放式的政治和法律的学习过程中不断对自我身份进行反思和确认，人们的身份认同处于一个不断的修正过程之中。④ 人们就是在此种社会互动过程中实现自我的身份认同，在此过程中，集体认同在公共领域被尽可能多角度地反复谈判，从而实现"集体认同理性化"。有效宪法是一个国家政治文化的结晶，而任何一种民族文化在各自的历史发展过程中，对于反映在宪法中的原则，如人

① 中国社会科学院哲学研究所编：《哈贝马斯在华讲演讲集》，人民出版社2002年版，第107～109页。

② [德]哈贝马斯：《包容他者》，曹卫东译，上海人民出版社2002年版，第130页。

③ Frank I. Michelmanl, Morality, Identity and Constitutional Patriotism, 76 *Denv. U. L. Rev.*

④ Anson Rabinbach, The German as Pariah: Karl Jaspers' The Question of German Guilt, in *The Shadow of Gatastrophe: German Intellectuals between Enlightenment and Apocalypse* 26-31 (Berkeley ed., University of California Press 1997).

民主权和人权等，虽然有着各自不同的理解，然而，这些原则可以适应各国的不同语境，起到替代民族主义的作用。① 这种爱国主义在德国意味着对作为宪法的《基本法》所确立的政治秩序和基本原则的认同，而不是对德国特殊的历史传统和民族情感的认同。由此可见，哈贝马斯的宪法爱国主义是以其公共交往、理性商谈理论为基础的，且呈现出一种开放性的特征，因此又被称为“建构性民族主义”，“宪法爱国主义”还是通向世界共同体的大同世界的基本路径。②

从施特恩贝格尔到哈贝马斯，宪法爱国主义经历了一个由国家（或者说半个国家，指西德）为中心到宪政文化的转变，宪法爱国主义的核心由民族的具体的整体性（国家）转移到抽象的宪法程序和原则。③ 施特恩贝格尔的宪法爱国主义强调的依然是对国家的忠诚，一种“归属于国家的意识”，一种公民与国家的垂直方向的关系；④而哈贝马斯则强调公共领域反复的、持续不断的理性商谈，以寻求“个体认识到彼此是自由和平等的，并且享有共同生存的公平条件”⑤的共识，因此哈贝马斯的宪法爱国主义更强调公民之间的横向的交往关系。从施特恩贝格尔最初试图避开、绕过民族主义，到哈贝马斯的完全替代民族主义，那么宪法爱国主义能取代民族主义吗？

三、宪法爱国主义能替代民族主义吗？

宪法爱国主义从其一提出就遭遇各方面的批评。自由主义者认为现代国家除了传统的安全防卫职能，还承担了生活、教育、卫生、医疗等积极行政的职能，而这些集体目标需要一个高度凝聚力和团结力的公民团体，抽象的法律原则对此显然难膺重任。他们质疑宪法爱国主义无法满足现代政治共同体的要求，它提供的社会团结的基础太过薄弱。⑥公民共和主义者则认为，宪法爱国主义没有能够认真对待公民和法律建制之间的文化纽带，在宪法爱国主义的框架下，法律建制无法有效地将公民团结起来。⑦ 甚至有观点认为

① 陆幸福：《在悖论中前行的宪法爱国主义——民族主义与世界主义之间》，载《西南政法大学学报》2009年第1期。

② 冯琼：《哈贝马斯的公民理论研究》，中国社会科学出版社2013年版，第138页。

③ J.Habermas: *Historical Consciousness and Post—Traditional Identity: The Fed-eral Republic's Orientation to the West*, in The New Conservatism: Cultural Criticism and the Historian's Debate 261 (S. W. Nicholsen ed. & trans., The MIT Press 1989).

④ 翟志勇：《没有国家的爱国主义？——米勒与他的〈宪法爱国主义〉》，载高鸿钧主编：《清华法治论衡》2009年第2期。

⑤ Anson Rabinbach, *The German as Pariah: Karl Jaspers' The Question of German Guilt*, in *The Shadow of Gatastrophe: German Intellectuals between Enlightenment and Apocalypse* 52 (Berkeley ed., University of California Press 1997).

⑥ 转引自马珂：《后民族主义的认同建构及其启示：争论中的哈贝马斯国家政治理念》，上海人民出版社2010年版，第185页。

⑦ Cécile Laborde, *From Constitutional to Civic Patriotism*, in *British Journal of Political Science*, Vol.32, 591, 612 (Cambridge University Press 2002).

"宪法爱国主义"本身就是一个自相矛盾的表达。① 除此之外,宪法爱国主义还面临着其他流派的思想家的批评,比如社群主义。本文主要集中于民族主义理论家②对宪法爱国主义的批评,以回答宪法爱国主义能否取代民族主义的问题。

如前所述,哈贝马斯提倡的宪法爱国主义的一个立论基点就是认为在全球化的时代,民族主义日渐式微,民族国家正处于衰弱之中。那么,民族主义是否已经没有了生存的空间呢? 国外确实也不乏与哈贝马斯相同的论调。③ 但是民族主义思想家却不认同哈氏的此一论断。对"民族国家衰弱论",民族主义理论家安东尼·史密斯认为,相比二战前,民族国家确实失去很多曾经拥有的经济功能,军事能力也受到限制,但是民族国家却获取了许多新的功能,它们比现代时期以前任何时候都更能直接、持续地和广泛地干预各种事务。"④安东尼·吉登斯则认为,全球化并不必然意味着一体化,意味着民族的统一,相反我们的生活正呈现碎片化的特征,全球化带来了许多新的矛盾和分化,它正重构了民族,带来了民族分化。今天的民族分化比过去任何一个时代都要严重,民族分化意味着更多的社会成本,意味着解决矛盾的同时也制造着问题,很多弱小国家为民族分化问题所困扰,新的民族分化不知何时才能得到控制。在这种情况下,民族主义对民族国家的整合就更加重要。⑤ 戴维·米勒则认为,事实上,民族国家之内的公民的民族认同感并没有因为全球化被削弱而是被加强。即使在欧洲一体化过程中,过去十年的统计数据表明,很难说人们已经在欧洲层面上形成了某种民族认同,相反,人们的民族认同还主要集中在自己的民族国家之内。⑥ 这些理论家对全球化与民族主义关系的判断,得出了与哈贝马斯完全相反的结论,在他们看来,民族主义不但没有消失,反而呈现一种强劲复兴趋势。因此,在此一问题上,哈贝马斯的判断可能是偏颇的、不全面的,其所高调宣扬的"后民族主义"格局可能过于超前了。在一个民族主义势头仍很强劲的情况下,试图将宪法爱国主义取代民族主义的一种取代,以对自由民主制度的忠诚取代对民族历史文化的忠诚可能是不现实的。

宪法爱国主义暗设了某种文化认同为前提,而这种文化认同恰恰是民族主义的。宪法爱国主义的全面系统的阐述者扬-维尔纳·米勒也十分明了宪法爱国主义的局限,"它本身并不是一种决定政治边界的理论"。⑦ "宪法爱国主义却暗地里以某种历史政治共同

---

① Justin Lacroix, *For a European Constitutional Patriotism*, in *Political Studies*, Vol. 50, 944(2002).

② 西方有关民族主义理论研究,是与政治学、社会学、国际关系学联系在一起的。

③ [德]汉斯-乌尔里希·维勒:《民族主义形式:历史、形式、后果》,赵宏译,中国法制出版社 2013 年版,第164~183 页。

④ [英]安东尼·史密斯:《民族主义:理论·意识形态·历史》,叶江译,上海人民出版社 2006 年版,第 131 页。

⑤ [英]安东尼·吉登斯:《全球时代的民族国家》,郭中华、何莉君译,载郭忠华主编:《全球时代的民族国家(吉登斯讲演录)》,南京江苏人民出版社 2012 版,第 10~11 页。

⑥ David Miller, *On Nationality* 39 (Oxford: Clarendon Press 1995).

⑦ Anson Rabinbach, *The German as Pariah: Karl Jaspers' The Question of German Guilt*, in *The Shadow of Gatastrophe: German Intellectuals between Enlightenment and Apocalypse* 67 (Berkeley ed., University of California Press 1997).

体为前提,因此那些他们试图以抽象的法律原则来团结起来的人们,实际上他们的共同公民身份却得益于前政治的联系纽带:那种家族式的遗传。"①宪法爱国主义以宪法颁行或者实施之前的一个团结的、相互信任的公民团体的存在为前提,而根据宪法爱国主义,公民相互团结、信任的基础只能通过共同的民主过程才能培育出来,如此就使得宪法爱国主义始终无法摆脱这样一个困境:它缺乏原动力。② 以欧盟为例,根据《马斯特里赫特条约》及尚未通过的欧盟宪法草案,成员国的公民将自动获得欧洲公民的身份。这也就是说,欧盟成员国的公民将自动获得欧洲公民的身份,而不管其是否支持欧洲的有关宪法,而那些欧盟范围之外的国家的公民,无论其如何想成为欧洲公民,却还是被排除于欧洲公民之外。③ 由此宪法爱国主义就可能陷入这么一种悖论:要么它并没有真正地将其主张付诸实践,要么形成一个恶性循环,以致根本就无法在现实中成功实施。

另外,宪法爱国主义者经常使用的例子并不能证明该理论的可行性。宪法爱国主义者声称,作为一个高度多元化的历史不长的移民国家,美国公民并不享有共同的文化传统,但美国宪法在公民当中却成功地培育起了一种社会团结。而民族主义者却认为,透过抽象的宪法原则和政治原则,在其中起作用的正是深层次的民族情感。支持宪法爱国主义的学者又以德国为例,认为战后的民主德国成功地以宪法爱国主义代替了纳粹时期的种族主义,联邦德国的例子证明了宪法爱国主义的可行性。④ 但是民族主义者认为,两德统一恰恰证明了民族认同情感的重要性,正是深厚的德意志民族认同使得两德复归一统。宪法爱国主义又认为瑞士成功地以共享的共同的政治制度方式解决了不同民族和平共处的问题,民族主义者却认为,尽管瑞士各州都是由出身和血缘决定的民族共同体,但是这些州经历了共同的历史和命运,在它们之间事实上产生了一种强烈的认同感。⑤

尽管对宪法爱国主义和民族主义之间争论还有更加深入的探讨的必要,但是并不妨碍我们作出这样一个判断:宪法爱国主义并不能完全取代民族主义,民族主义并没有过时。20 世纪中期以来,全球化的加速推进对民族国家、民族国家构成的世界秩序格局和区域形势带来前所未有的冲击,但是民族国家仍是国际关系的主体,仍然是人类最基本的身份认同和生活方式。当然,今天的民族国家确实普遍面临着国家认同问题,但这可能不是我们要不要民族主义的问题,而是如何推进民族国家观念的建构问题,我们的民

---

① Margaret Canovan, *Constitutional Patriotism is not Enough*, in *British Journal of Political Science*, Vol. 30, No.3, 426 (July 2000).

② Bernard Yack, *The Myth of the Civic Nation*, in R. Beiner(ed.), *Theorizing Nationalism*, Albany, 103, 118 (NY: SUNY Press 1999).

③ 马珂:《后民族主义的认同建构及其启示:争论中的哈贝马斯国家政治理念》,上海人民出版社 2010 年版,第 186 页。

④ Attracta Ingram, *Constitutional Patriotism*, in *Philosophy and Social Criticism*, Vol. 22, 7(1996).

⑤ 同 Bernard Yack, *The Myth of the Civic Nation*, in R. Beiner(ed.), *Theorizing Nationalism*, Albany, 188-189 (NY: SUNY Press 1999).关于将美国和瑞士作为宪法爱国主义的自然模型的检讨,亦可参见陆幸福:《哈贝马斯宪法爱国主义探析》,载《西南政法大学学报》2006 年第 2 期。

族观念和国家观念可能也要及时更新。[①]

四、宪法的统合性和民族性

在宪法爱国主义与民族主义这两种思想理论之间，我国内地宪法学者存在这么一种倾向，他们大多欣然接纳宪法爱国主义，而讳谈民族主义。其原因可能既有我国对"民族(nation)"概念的误解和其不同层次的含义的混用；也可能是民族主义的歧义性、易变性和模糊性，且曾经被推向极端给人类造成的不幸，出于对民族主义的警惕；或许还有民族主义往往与分离主义勾连的现实性因素；等等。相比而言，宪法爱国主义则是反思性的，它并不主要与国家相关，但却与某种政治原则息息相关，本身亦具备某种规范性价值，因此宪法爱国主义本质上必然是善好的，而民族主义则不必然是善好的。[②]

另一个更重要的原因恐怕还在于对宪法的统合性的强调或默认。一定意义上，现代宪法本身就是国家统合的象征。[③] 它是现代民族国家的出生证，[④]是国家统一的标志，记载着新的民主秩序。[⑤] 并且，现代宪法亦蕴藏着某种平等、自由、民主的普适性价值，强调人的尊严在个人与国家相互关系中的突出位置，占据着某种道德的高地。宪法为公民活动提供了宪政框架，而通过宪法实践和公民美德的培育又能确立对宪法的信仰并进一步完善宪政框架。当个体和群体都认同了宪法，自愿在宪政框架内解决问题时，国家也就不可能解体。[⑥] 我国内地宪法学者正是将宪法爱国主义作为一种国家认同理论加以发展和运用，试图以该理论应对我国日益严峻的分离主义问题，认为只要强化我国公民基于宪法的公民身份，以宪法为核心凝聚社会共识，围绕宪法发展出中国的宪法爱国主义，就能增进国家认同，促进国民统合。

我国也有学者对宪法爱国主义此种功能的发挥抱持审慎的态度，认为宪法爱国主义可以促进国家认同，发挥一定的国家统合功能，但是却无法全面完成整个国家统合的课题。[⑦] 正如宪法爱国主义终究是无法取代民族主义一样，宪法统合功能的发挥，还有赖于宪法民族性的充分发掘和阐述。宪法的制定颁布使得民族国家的成立存续具有了合法

---

① 周平:《全球化时代的民族与国家》，载《学习探索》2013 年第 10 期。

② Anson Rabinbach, *The German as Pariah: Karl Jaspers' The Question of German Guilt*, in *The Shadow of Gatastrophe: German Intellectuals between Enlightenment and Apocalypse* 78 (Berkeley ed., University of California Press 1997).

③ 林来梵:《宪法学讲义》，法律出版社 2015 年第 2 版，第 183～184 页。

④ 英国思想家托马斯·潘恩将宪法定位为"政治圣经"和社会团体的章程，他认为"宪法是先于政府的东西，而政府只是宪法的产物。一国宪法不是政府的决议，而是建立其政府的人民的决议。"[美]托马斯·潘恩:《潘恩选集》，马清槐译，商务印书馆 1981 年版，第 250 页。

⑤ [德]克里斯托夫·默勒斯:《德国基本法:历史与内容》，赵真译，中国法制出版社 2013 年版，第 5 页。

⑥ 翟志勇:《统一的多族群国家如何可能?》，载许章润主编:《历史法学(第三卷):宪法爱国主义》，法律出版社 2010 年版，第 47 页。

⑦ 林来梵:《民族问题:国家认同还是国家统合?》，载许章润主编:《历史法学(第三卷):宪法爱国主义》，法律出版社 2010 年版，第 32 页。

性。然而这种合法性只是形式性的，现代国家的实质合法性还要从有关国家的观念中寻找。哈贝马斯说："政府的合法性取决于社会成员的认同。"[①]在近代有关国家的观念中，社会契约论作为国家成立的基础得到了广泛的认可。虽然霍布斯、洛克、卢梭的社会契约论存在细微的差异，但是不管何种版本的社会契约论，其在证成国家正当性方面隐含了这样一个前提问题，即特定时空的个人为何必然愿意签订契约？这里其实假设了国家与民族相一致的前提，因为国家是建立在民族基础之上的，或者说国家就是民族(即国家民族或者国族)。根据"自治"或"自决"的理论，由于民族成员的同质性，他们很容易达成共识，组成一个他们所共同认可的、具有某种特定价值的民族国家。因此，现代民族国家的合法性是建立在民族主义与社会契约论这两种理论基础之上的，这样的民族国家也因此具有了特定民族(这里指"国家民族"，英文为"state-nation")的民族性。在现代民族国家的思想框架下，特定地域的人们要组建一个民族国家，必先颁布一部宪法，以证明其合法性，而以民族国家为规范对象的现代宪法无疑也就具有了某种民族性。

虽然哈贝马斯刻意摒弃民族的话语体系，但是德国的民族思想却是根深蒂固的，这种状况亦深刻影响着其法学理论和法治实践，包括对宪法的民族性的强调和坚持。早在19世纪初，德国历史法学派创始人萨维尼便宣称法是"民族精神"的体现。[②] 在魏玛宪法时代，德国公法学界更是发展一种"实质的民族宪法观"的学术流派，这种主张认为与西方传统的立宪主义不同，德国宪法的精髓不仅在于限制公权保障人权，而且在于宪法实行有效的国民统合——宪法必须有一个民族国家与民族社群的基础，或者说必须以整合形成民族社群为目的。宪法不仅仅是宪法条文，更具有一个实质的精神意涵，经由这个精神意涵，或者宪法表现了国家应有的文化与民族价值观，或者宪法划定了国家形成过程应有的界限。因为这样的宪法概念跟整体民族国家有密切关联，并且往往希望形塑一个民族社群。这个社群所形成的实质民族文化价值与理念就构成了法与国家的基础。这种"实质的民族宪法观"具有非常深远的影响力，即便在适应欧盟整合的过程中，德国公法学界仍有许多学者坚持德国的独立性，视德国的独特文化与民族基础为德国民主宪政的前提。以这种独特的文化与民族基础而形成德国民主宪政秩序的独特性不应该在欧盟整合的过程被消灭。德国联邦宪法法院在有关欧盟的判决中就清晰地表达了这样的立场，比如2009年的"里斯本判决"。[③] 哈贝马斯的宪法爱国主义理论中有关普世性和特殊性阐述，即作为宪法爱国主义忠诚的对象是普世性的宪法原则结合特定国家的文化传统和历史背景的宪政文化，这种观点很难说没有体现宪法民族性的思想。可以说，宪法爱国主义思想潜在地以对德国宪法民族性的理解为前提。

有学者认为欧盟的制宪进程一定程度上印证了宪法爱国主义在推进欧洲一体化进

---

① [德]哈贝马斯：《公共领域的结构转型》，曹卫东、王晓珏、刘北城译，上海学林出版社1998年版，第281页。

② [德]弗里德里希·卡尔·冯·萨维尼：《论立法与法学的当代使命》，许章润译，中国法制出版社2002年版，第7页。

③ 钟芳桦：《法兰克福超越魏玛：论托依布纳对德国公法学实质的民族宪法观之批判》，载《交大法学》2013年第1期。

程中的积极建构作用,[①]然则宪法爱国主义在此方面的作用机理可能也有深入探讨的必要。有欧洲问题专家就曾经指出,近代欧洲的政治文化,遵循着两条主线,一条是近代国家形态的出现,即“民族国家”观念,另一条是欧洲人相互的认同感,即“欧洲观念”。前者通向主权国家,后者通向“欧洲统一”进程。而所谓的欧洲的一体化或者整合,其基本的元素归根到底还是“民族国家”。[②] 如果此种论点成立的话,宪法爱国主义的单独建构作用可能并没有某些宪法学者那么乐观。

不容否认,本身是善好的宪法爱国主义确有借鉴之处,但是宪法爱国主义自身并不足以完成彻底的国民统合,它还必须求助于民族主义,宪法爱国主义与民族主义应当取得某种平衡,这种平衡应首先体现在宪法的统合性与民族性的辩证关系上。宪法的民族性反映了特定国家的历史文化、政治传统、民情民俗和独特的民族精神或价值观念,是该国宪法的灵魂,是该国宪法之所以是该国宪法的根本特征,是该国宪法区别于其他国家宪法的标志。我国亦有宪法学者深刻地指出了宪法的民族性,“一个国家的宪法精神首先是一个国家民族精神的集中体现,它反映出一个国家或民族的文化传统。在宪法的各种属性中,民族性是体现宪法价值结构的重要方向,越是开放的时代越需要保持宪法中体现的一种民族的精神”。[③] 宪法需要发挥其统合功能,达到凝聚人心、唤起国民忠诚情感的目的,一系列现代性的自由民主制度的宪政安排是必要的,但是对一国民族性的反映和贯彻可能是更为根本性的。否则,德国宪法与日本宪法有什么差异?中国宪法与美国宪法有什么区别?日本国民为何不去热爱德国的宪法?美国人为何不热爱中国的宪法?在可预见的将来,人类走向世界大同还只能是乌托邦的幻想,目前还是以民族国家为基本主体的世界秩序格局。近代世界民族国家的扩散历程表明,只有民族主义才能对抗民族主义,只有民族国家才能对抗民族国家,只有在各种力量的制约中才能寻求平衡,只有在对抗中才能寻求合作,只有建设好自己的民族国家才能屹立于世界民族之林,只有立足于本民族(国家民族或国族)的民族性才能倡导世界主义。宪法的统合性必须以其民族性为前提,否则宪法也就失去了其统合的焦点所在,失去灵魂的宪法如何能推动国家认同、促进国民统合?国民也只能在热情的宪法爱国主义声浪中迷失自我,在全球化的浪潮中反复地叩问“我是谁”。

结语:中华民族作为宪法爱国主义的基础

首先应当承认,宪法爱国主义在中国的运用有其局限性,它受到一些现实条件的限制:其一,具有实效性的宪法实施机制尚未建立,我国宪法的实施状况并不理想;其二,宪法是主观法,中国宪法中有关的价值准则为何见仁见智,尚有待阐明和凝聚共识;其三,

---

① 王展鹏:《宪法爱国主义与欧洲认同:欧盟宪法的启示》,载《欧洲研究》2005年第5期。

② 陈乐民、周弘:《欧洲文明扩张史》,上海东方出版中心1999年版,第81～82页。

③ 张庆福:《宪政论丛》(第2卷),法律出版社1996年版,第16页。

中国“一国两制”的宪制特色,有关的价值准则和制度理念并不适用于所有领域;其四,某些宪法条文明显已不适应经济社会发展,可能面临再次修宪的问题;等等。这些因素不同程度地影响了宪法在凝聚人心方面的作用,宪法爱国主义在推动国家认同、促进国民统合方面的作用有限。不过,宪法爱国主义在中国的发展和运用亦有其积极因素:首先是现行宪法整体上已经在我国获得了实效,并且表现出极大的适应性和稳定性,有关宪法实施问题已经引起社会各界的重视,相信在未来将不断得到改善。其次是尽管由于“一国两制”的宪制特色,内地与港澳台的意识形态、社会理念并不尽相同,但是我们完全可以深入考察中国的历史变迁、文化传统,充分挖掘可资利用的共有资源,寻找更大的社会共识,其中最大的社会共识恐怕就是“中华民族”。

宪法爱国主义要在中国得到发展和运用,其前提也必然是对中国宪法的民族性的发掘和阐释。需要指出的是,“民族”作为一宪法概念在我国具有多层次性,目前现行宪法是在三个层次使用“民族”一词:一是指中国的国家民族(state-nation,国族),即中华民族,如宪法序言第 2 自然段“民族解放”中的“民族”;二是指中国内部民族,即汉族、满族、藏族等内部民族,如宪法正文第 4 条“中华人民共和国各民族一律平等”中的“民族”;三是专指少数民族,如第 4 条中的“民族自治地方”中的“民族”。在区分不同层次的“民族”概念的基础上,中国宪法的民族性当然是指“中华民族”的民族性。中华民族经历了一个漫长的自发形成过程,悠久的历史文化积淀使得中华民族意识同样具有深厚的根基。中华民族作为一个整体民族意识在艰苦卓绝的对外抗争(主要是抗日战争)中从自发走向自觉,并最终取得了胜利。但是十分遗憾的是,中华民族的国家统合作用尚未引起足够的重视,中华民族国家建构的工作尚未完成,特别是中华民族国家在宪法学上尚未得到清晰而完整的表述。“中国之为一个民族国家尚未获得完整的法律表述,距离成熟的政治民族尚有相当路程”,而“民族国家作为一个法律共同体,同时也是一个民族精神的共同体”。① 因此,发掘和阐释中国宪法中民族精神或民族理念,高度重视“中华民族”的统摄性功能,充分发挥宪法爱国主义推动国家认同、促进国民统合的能动作用,是我国宪法学亟待完成的重大课题。

The Discussion of Constitutional Patriotism and Nationalism: How Constitutional Patriotism Be Applied to China

Xia Yinye

Abstract: The theory of constitutional patriotism is originated from and mainly matured in German with its profound background and historical particularity. Due to the reflection of the Germany history and the observation of the era, the German thinkers are attempted no to refer to nationalism, and wanting to replace nationalism with constitutional patriotism. However, nationalism cannot be substituted by constitutional pa-

① 许章润:《论现代民族国家是一个法律共同体》,载《政法论坛》2008 年第 3 期。

triotism even in the age of globalization.The function of the constitutional patriotism is potentially bon the premise of the nationality of a constitution. The modern constitution is not of unification but of nationality, and its unification depends on the excavation and explanation of its nationality. Though being inevitably encountered its limitation, the theory of constitutional patriotism can be developed and applied into China on the condition that Chinese nation should be its foundation .

Key Words:constitutional patriotism; nationalism; national identity;nationality

民间法权利:概念证立、正当性生成与意义建构

任苗苗*

摘要:民间法权利是民间法哲学的基石范畴。民间法权利与习惯权利在规范性依据、范围和定位参照上都存在差异,不能将其混淆。民间法权利的正当性生成路径呈现出由远及近、自上而下和自下而上三个维度。作为民间法哲学的基石范畴,民间法权利不仅彰显了民间法场域中人的主体性价值,而且体现了民间法的未来价值属性。民间法哲学的未来发展,应当进一步从本体论和方法论的角度,对自治型民间法权利予以更为充分地关注和研究,在推进民间法哲学未来发展的同时,为国家治理现代化提供源自民间法哲学的可能贡献。

关键词:民间法;民间法权利;习惯权利;正当性

由强制力保障的权威性规则的首要功能,就在于建构一种稳定的社会秩序。这种权威性规则本身也是人类社会有序联合得以形成的关键。而权威性规则的构成,除了国家法以外,还包括非由国家所创制、但却对社会生活发生实际支配的民间法规则,即民间法。民间法概念在中国学界的提出,基本上始于20世纪90年代中期,标志性作品就是梁治平先生的《清代习惯法:社会与国家》和苏力教授的《法治及其本土资源》。① 而CSSCI来源集刊《民间法》作为研究民间法的最为重要的学术阵地,则推动了国内学界对于民间法的纵深研究。

然而需要指出的是,尽管当下中国关于民间法的研究取得了令人瞩目的成果,但是与其他传统的法学研究领域相比,总体上还没有形成一个成熟的理论体系。一个理论体系的成熟,离不开对建构该理论体系的基本概念和基础范畴的拓展研究。在国家法的研究领域中,分析实证主义法学理论就指出权利和义务是法律的"最低公分母",而古典自然法学派更是认为"法即权利、权利即法"。由此可能获得的一个启示是,民间法研究也应当有必要多维度地拓展研究与(国家)法律权利相对的、作为民间法"最低公分母"的权利这一基本范

* 任苗苗,法学博士,西北政法大学行政法学院讲师,美国康奈尔大学访问学者。

① 梁治平:《清代习惯法:社会与国家》,中国政法大学出版1996年版;苏力:《法治及其本土资源》,中国政法大学出版社1996年版。

畴。[①] 为此,笔者将试图在厘清民间法权利与习惯权利的基础上,反思和重构民间法权利正当性生成的基本路径理论,进而阐明民间法权利是民间法哲学的基石范畴。

一、民间法权利:作为概念的证立

自分析实证主义法学兴起以来,权利总是依据其规范性依据而表现为四重结构,即(国家)法律权利、自然权利、习惯权利和道德权利。法律权利依据世俗国家的实在法规范而设定或确认;自然权利则兴盛于启蒙运动、资产阶级革命时期,并在二战结束之后复兴,其在理论上则依赖于自然法;习惯权利则是以习惯或习俗为依据的权利;道德权利则依据道德规范而得以产生。尤其是当国家法中心主义的观念确立后,法学中关于权利的讨论,则更多地集中在国家法所设定或确认的权利上。至于道德权利、习惯权利和自然权利,往往是作为进一步探究国家法权利而使用的工具性范畴。然而,当我们把法律多元主义作为分析视域,将权利带入国家法——民间法的二元结构,那么,我们就会发现,实际上,所谓的法律权利,除了以国家法为规范性依据而设定或确认的权利之外,还应当也必然包括以民间法为规范性依据、由民间法所规定或者包含在民间法规范逻辑中的权利,即本文所谓的"民间法权利"。

在笔者看来,民间法权利与民间法义务一道,共同构成了民间法规范的内容,或者说界定了民间法法律关系的内容,因而是整个民间法哲学的理论奠基石。民间法权利作为概念是否能够成立,一个关键问题在于能否在辨析民间法权利与习惯权利(或习俗权力)之间的关系的基础上,从内涵与外延上证明民间法权利和习惯权利存在质的差异。

事实上,长久以来,我国学界往往把民间法权利当作习惯权利来研究,总体上将二者等同视之。截至 2020 年 1 月 26 日,检索中国知网收录的"学术辑刊"和"期刊"数据库可以发现,以"民间法权利"、"民间法上的权利"或"民间法的权利"为篇名或关键词的文章数目均为零,而以"习惯权利"和"习俗权利"为篇名的文章共有 84 篇,其中有 9 篇文章的篇名为"习俗权利",以"习惯权利"和"习俗权利"为关键词的文章共有 106 篇,其中有 4 篇文章的关键词为"习俗权利"。(见表 1)

表 1

检索内容检索项	民间法权利 (或"民间法上的权利" 或"民间法的权利")	习惯权利(或习俗权利)
"篇名"检索	0 篇	84 篇
"关键词"检索	0 篇	106 篇

① 对于任何性质的法体系的有效构建而言,权利和义务都是最为基本的范畴。深化和拓展以民间法为规范性依据的权利和义务的基础理论研究,是构建民间法哲学的逻辑前提和内涵要求。由于篇幅所限,本文的讨论仅只尝试以民间法权利为对象,但并不否认研究民间法上的义务同样具有重要意义。

“民间法权利”之所以没有成功进入我国学者的研究视域中并成为一个获得共识的法学概念，究其原因，一方面，民间法权利和习惯权利在研究领域上有着相当大的交集，其研究对象具有较大的相似性。对于习惯权利，我国学界较有代表性的理解是，“习惯权利是人们在长期的社会生活过程中形成的或从先前的社会承传下来的，或由人们约定俗成的、存在于人们的意识和社会惯常中，并表现为群体性、重复性自由行动的一种权利”。① 而谢晖教授则进一步指出习惯权利的规范性依据是民间规范，即“习惯权利针对法（国家法）定权利而言，它是指一定社区内的社会主体根据包括社会习俗在内的民间规范而享有的自己为或不为，或者对抗（请求）他人为或不为一定行为的社会资格”。② 可见，民间法权利和习惯权利都有如下几个共同的特征：其一，它们在性质上均属于非国家法律所创制的权利，体现的并非主权者的意志；其二，它们的规范性依据都不是作为主权者的命令、体现主权者意志的国家法律，而是自生自发的习俗或民间规范；其三，它们的权威性并非来自国家的至上主权，而是源自特定领域中人们对于其正当性的信仰和认同；其四，作为自生自发秩序的产物，它们本身又反过来塑造并维系着自生自发的社会秩序；最后，它们都是人类长期的演化理性的产物，但是在其产生过程中，并不排斥短期的建构理性的作用。正是因为上述原因，在上述权威性观点的理论视域中，习惯权利和民间法权利才成为两个相似甚至是相同的概念。

另一方面，如前所述，作为一个法学概念，民间法在我国学界的出现较晚，而习惯及以习惯为规范性依据的习惯权利的概念，则很早就出现在国内外的学术界。早在古罗马时期，习俗、习惯和习惯权利就已经进入罗马法学家的研究视域中。当盖尤斯谈到“所有受法律和习俗调整的民众共同体都一方面使用自己的法，一方面使用一切人所共有的法”③的时候，他明显已经注意到了习俗对于人际关系的调整功能。尤里安则指出：“没有理由不把根深蒂固的习惯作为法律来遵守（人们称它是由习俗形成的法）。事实上，我们遵守它们仅仅是因为人民决定接受它们。那些在无成文法的情况下人民所接受的东西，也有理由为所有人所遵守。”④而查士丁尼颁布的《国法大全》则在继承了乌尔比安关于“在无成文法可循的情况下，那些长久的习惯常常被当作法和法律来遵守”⑤这一观念的基础上，明文规定“不成文法是习惯确立的法律，因为古老的习惯经人们加以沿用的同意而获得效力，就等于法律”。⑥ 正是由于古罗马法学家和立法者的这种观念，由习俗或习惯所确认的习惯权利受到了社会的普遍认同和关注。在中国法学界，20 世纪 80 年代末和 90 年代初，学者们已经开始初步展开了对于习惯权利（以及习惯义务）的研究，并指出

① 张文显：《法哲学范畴研究》，中国政法大学出版社 2001 年版，第 313 页。

② 谢晖：《民间规范与习惯权利》，载《现代法学》2005 年第 2 期。

③ ［古罗马］盖尤斯：《法学阶梯》，黄风译，中国政法大学出版社 1996 年版，第 2 页。

④ ［意］桑德罗·斯奇巴尼：《正义和法》，黄风译，中国政法大学出版社 1992 年版，第 62～63 页。

⑤ ［意］桑德罗·斯奇巴尼：《正义和法》，黄风译，中国政法大学出版社 1992 年版，第 63 页..

⑥ ［古罗马］查士丁尼：《法学总论》，张启泰译，商务印书馆 1989 年版，第 11 页。

“应重视对‘习惯权利’问题的研究”。[①] 与此同时，在对中国权利本位思潮影响颇深的《人的权利与人的多样性——人权哲学》一书中，作者英国学者米尔恩在论证习俗作为权利的渊源时，也明确使用“习俗权利”这一概念。因此，正是由于这些因素的影响，当下的中国学界并不对习惯权利和民间法权利作实质性区分。

但是值得注意的是，民间法权利与习惯权利，在客观上和逻辑上存在着诸多差别。

首先，民间法权利与习惯权利的规范性依据不同。民间权利的规范性依据是民间法（或民间规范），而习惯权利的规范性依据是习惯（法）或习俗。民间法中的很大一部分，如民族习惯和商事习惯等，都是由风俗习惯长期演变并逐渐制度化的规则系统。这些规则系统不同于国家法，并非由国家创制，但却在一定程度上具有权威性效力，在社会生活过程中能够规范人们的行动，对人际关系进行调整，并且在很多时候能够为受其支配的人提供利益救济。与此同时需要注意的是，民间法并不仅仅是习惯法，它还包含一些非演化发展而来的规则。这些规则由人们基于某种联合的目的而创制并自愿接受其约束。最典型的例子就是法人章程（如公司章程、会所章程）和社区自治规章。例如基于营利的目的或者公益的目的而创办公司，公司章程对于公司的成员而言具有行为规范性效果。每一个股东，无论是参与公司初始章程制订的股东，还是以后因认购或受让公司股份而加入公司的股东，公司章程对其均产生契约的约束力，股东必须遵守公司章程的规定并对公司和其他的股东享有权利和承担义务。违犯这种章程，意味着将受到某种关涉利益的否定性制裁。例如我国《公司法》没有规定董事对第三者的责任问题，也没有规定股东的代表诉讼。但《到境外上市公司章程必备条款》却规定了股东依据公司章程对董事的直接的诉讼权利。该《必备条款》第 7 条还将公司章程的效力扩大至除董事、监事、经理以外的其他公司高级管理人员，即公司的财务负责人、董事会秘书等，规定：“公司章程对公司及其股东、董事、监事、经理和其他高级管理人员均有约束力；前述人员可以依据公司章程提出与公司事宜有关的权利主张。股东可以依据公司章程起诉公司的董事、监事、经理和其他高级管理人员。”另外，各类研究会章程、社区自治规章、村规民约等，都属于典型的非习惯法的民间法。这种类型的民间法很大程度上基于人们的建构理性而创制，并非像习惯法那样是社会长期的制度化演进的结果。因此，习惯法只是民间法很重要的组成部分，但绝对不是民间法规范的全部内容。

其次，民间法权利与习惯权利的范围不同。民间法权利包含着习惯权利，但不限于习惯权利。从根本上讲，这是由民间法权利和习惯权利的规范性依据的不同而显现出的一个区别。如前所述，民间法包括习惯法但不限于习惯法。因此，以民间法为规范性依据的民间法权利必然在外延上要大于以习惯或习俗为规范性依据的习惯权利。有的权利并非由国家法所创制，而是民间的准官方组织和一般社会组织依据特定的程序所创制的，但是这些权利又并不属于习惯法的范畴。例如为了保护小股东的利益，有的公司章

① 钱福臣、孙育玮：《对法定权利义务与习惯权利义务的几点思考》，载《求是学刊》1988 年第 6 期；孙育玮：《应重视对“习惯权利”问题的研究考》，载《求是学刊》1992 年第 5 期。

程在确定控股股东承担特有义务(如诚信义务和特殊事项的自行报告义务)的同时,还专门规定了小股东享有的某些非由公司法所确立的契约型权利,如检查账目权、获得特殊分红比例权和对管理层的不信任投票权等。再如在社区自治过程中,在不违背国家强行法的前提下,社区居民可以通过社区自治规章而获得新的权利来实现并监督自治。这些民间法权利并不是传统的习惯权利所能涵摄在内的。

最后,习惯权利和民间法权利定位的参照不同。民间法权利参照的是国家法权利(或通常所谓的"法定权利")。凡是非由国家法所设立或认可的,在特定社区内部的行为主体根据包括习俗在内的民间法而享有自己作为或不作为,或者请求他人作为或不作为、并对抗他人不当行为的社会资格,都属于民间法权利的范畴。可以说,民间法权利是政治国家——市民社会二元结构分析视角的产物。而习惯权利的定位往往参照的是制定法权利或成文法权利。尽管习惯或习俗也可以成文化,但是长久以来人们形成了一种定式思维,即习惯或习俗总是不成文的规则。在这种定式思维下,习惯权利也就成了与成文法权利相对的概念。

由上述分析可见,将民间法的最低公分母之一的权利确定为"习惯权利",是不妥当的。有必要明确将"民间法权利"作为民间法研究的基本范畴来对待,只有这样才能使民间法研究在概念严谨的基础上进一步得以深化拓展。

二、民间法权利的正当性生成路径:批判与重构

面对民间法权利,绕不过去的一个重要问题,就是正当性及其生成路径。正当性对于任何制度化规范系统而言是重要的,因为它关涉权威的性质。法律规则系统,以及以之为基础的权利系统,首先要成为一种权威,才有可能在一定条件下获得人们的普遍遵守。在分析实证主义法学家拉兹看来,无法获得服从的权威,绝对不是有效的权威或合法性政治权威。国家法权利系统如此,民间法权利系统亦是如此。换言之,无论是国家法和以国家法为规范性依据的国家法权利,还是民间法和以民间法为规范性依据的民间法权利,从其作为某种维度的权威这一视角上看,都要求受支配者的普遍服从。因为"权威的本质要求服从,即使我们认为这种服从与行为理由相冲突"。[①] 而权威的生成,则有赖于受支配者认同该权威性制度体系具有正当性。

正当性源自认同。民间法权利体系的正当性,也同样源自生活于民间法权利场域内的人们对于民间法权利系统的心理认同。在分析民间法正当性的起源时,钱锦宇教授借鉴了沃尔特·乌尔曼的分析范式。[②] 乌尔曼认为,正当性生成的两种路径为自上而下的正当性生成,以及自下而上的正当性生成。"自上而下的正当性生成和自下而上的正当

① [英]约瑟夫·拉兹:《法律的权威:法律与道德论文集》,朱峰译,法律出版社 2005 年版,第 3～4 页。

② 关于这两种正当性生成路径的分析,可以参见钱锦宇:《善治视域下民间规范的价值定位和正当性基础:以地方立法权扩容为基点的分析》,载《湖湘论坛》2018 年第 1 期。

性生成。前者往往通过天、神或上帝等超人格意识或者普遍法则(如自然法)来阐明政治治理或社会规范系统的正当性。被统治者正是由于相信现存的治理模式或社会规范系统的创制是以这些超越性的原则或意志为基础的,所以才尊重和服从这些治理模式或规范系统;后者则认为政治治理模式或社会规范系统的正当性源自民众的认同和尊重。"①

不可否认,对于民间法权利(以及民间法)的正当性生成而言,以上两种路径都同时存在。但是在笔者看来,这两种模式还不足以描述所有典型的民间法权利的正当性生成路径。事实上,除了自上而下和自下而上的生成路径之外,还有一种生成路径,即由远及近的正当性生成路径:

(一)源自民族习惯法的权利:由远及近的正当性生成路径

以民族习惯法为规范性依据的权利,是日常生活中最容易被观察到的一种民间法权利的类型。如果摆脱国家法中心主义的立场,不难发现,基于民族习惯法而产生的各种权利,在经典地界定着生活在特定小传统场域中的人们的行动边界和尺度,宣示着他们可以作为或者不作为,以及要求他人作为或者不作为的资格和基于这种资格的可能利益。这种基于民族习惯法而产生和建构的权利体系,长久以来,就是人类学和法学研究的重要内容。

生活在特定小传统场域(即特定地理区域和独特民族文化)中的人们之所以遵守民族习惯法,行使民族习惯法赋予的权利,履行民族习惯法添附的义务,是因为他们认同这种习惯法作为制度性依据的权威。而此种权威的塑造,根本上是一种历时性的演进,也就是说,一种由远及近、逐步展开的民族历史传统和制度的支配性传统。民族习惯法的权威,虽然一开始的建构很可能是借助于某种超自然力量的观念,经由神话传说、创始古诗和古歌来塑造其权威性,但是其权威性最为坚实的基础,却是累世相传形成的"传统",这种传统自身会随着社会变迁而历代相传,其在社会治理中演化和有效实践,往往强化了这种习惯法及其权利系统的正当性。正如韦伯所言,"如果某一支配的正当性是来自其所宣称、同时也为旁人所信服的、'历代相传'的规则及其权力的神圣性,则我们称此种支配为传统型支配"。② 人们服从这种作为权威的传统,其服从的理由无须借助于其他要素来建构,正如米尔恩指出的那样:"遵从习俗是不必列出什么理由的。约定俗成,这就够了。"③

(二)源自宗教习惯法的权利:自上而下的正当性生成路径

宗教习惯法权利是以特定宗教规则和戒律为规范性依据而产生和建构的权利体系。

---

① 钱锦宇:《善治视域下民间规范的价值定位和正当性基础:以地方立法权扩容为基点的分析》,载《湖湘论坛》2018 年第 1 期。

② [德]马克斯·韦伯:《经济与历史,支配的类型》,康乐等译,广西师范大学出版社 2004 年版,第 323 页。

③ [英]A.J.M.米尔恩:《人的权利与人的多样性——人权哲学》,夏勇、张志铭译,中国大百科全书出版社 1995 年版,第 141 页。

宗教习惯法权利的正当性，究其实质，是一个神圣化的过程。参与这个神圣化过程最为重要的因素，自始至终就是天、神或上帝等超自然力量和超自然人格的观念。宗教规范的权威性，并不根本上取决于时间的久远性或者实践的有效性(但其实践在信众的行为模式的塑造和规制中往往具有显著的有效性)。而是在于人们对于超自然力量或超自然人格的观念的确信。包括民族习惯法权利在内，“惯例、习俗，社会规范以及约束——因为派生于过去原始神话中盛行的制度，因而就被神圣化”。①

(三)源自自治规章的权利：自下而上的正当性生成路径

民间法权利的构成，除了源自民族习惯法和宗教习惯法的权利，还有一个显著类型，并且在现代工商业——市场经济社会和现代基层治理中极为重要的类型，即源自自治规章的权利。

源自自治规章的权利系统，其最为重要的特点，就在于它的自治性。换言之，受支配者自身出于某种共同的愿望而自愿创设并服从自治规章并行使和履行自治规章所规定的权利和义务。在《五月花号公约》为代表的人类近代政治性自治规章中，人们(仅限于成年男性)经由一致的同意而授予了自治规章以权威性，进而服从这种权威以塑造有效的地方自治传统，形成较为清晰的自治型权利义务关系。再如对于现代经济最为活跃的主体——公司而言，章程则是公司的自治型大宪章。所有公司成员都通过公司章程而行使章程赋予的权利，并享受权利行使所获得的利益。这些源自自治规章的权利系统，其正当性生成并不是基于历史传统而具有神圣性和权威性，也不是因为有超自然的力量和人格的支撑而具备神圣性和权威性。其权威性的生成，类似于国家法权利系统，即经由被支配者的同意而生成的正当性，进而塑造其权威性的。

分析至此，不难看出，民间法规则以及以之为规范性依据的权利系统的正当性生成路径，并不仅限于自上而下或者自下而上的两种路径类型。仅仅依靠这两种类型来分析民间法及其权利系统的正当性生成，或者并不周延，或者很可能使得分析过于简单化，提出由远及近的正当性生成路径作为第三种类型，似乎更为可取。

三、民间法权利：未来民间法哲学的基石范畴

毫无疑问，权利和义务是法哲学最为重要的两个基本概念。但是，什么是法哲学的基石范畴？到底是权利还是义务？到底是权利本位，还是义务先定？就一直是中外法哲学论争的重要话题。在笔者看来，民间法哲学的发展，必然是一个从以义务为重心的范式迈向以权利为本位的范式的演进历程。

民间法体系，乃至一切的法律规则体系，均起源于人类社会早期的禁忌。禁忌是人类最早的社会行为规则系统。人类作为群的聚合体，其存在的逻辑前提就是社会的有序

① [德]恩斯特·卡西尔：《神话思维》，黄龙保、周振选译，中国社会科学出版社 1992 年版，第 119 页。

化。而实现这种社会有序化的，恰恰是以“禁为”为核心的禁忌规范。在长期谋求生存的实践中，人类发现，为了维系有效的生存和发展，群体中的成员就必须无条件服从一些社会规范，其中最为重要的就是关于食物的禁忌和性(乱伦)的禁忌。食物和性，都直接关涉生命的维系和延续。无序的占有、分配、消费或处置食物资源和性资源，都会危及群体的维系和延续。因此，人类创设禁忌，“通过对社会个体成员附加义务、逐步限制其基本行为的自由”[①]而实现社会对于资源分配的有序性，进而实现人类的生存和发展。而在前现代社会，各种文明样式下的人类法律，基本都以义务为其重心，建构一种义务——惩罚为中心的规则体系。这一点，从人类早期的法律如《汉穆拉比法典》《萨克利法典》到后来的《萨克森法典》和《施瓦本法典》等，从“秦律”等到后来的《唐律》《大明律》和《大清律》等，都不难看出。而对于习惯法而言，尤其是民族习惯法，更是反映出义务和惩罚在法律规则体系中的核心地位。然而，启蒙运动和资产阶级革命之后，权利意识和权利话语获得空前的解放和高涨，权利成为自由的最佳载体，彰显着自由的本质。换言之，自由被视作权利的本质。当自由成为人类的首要价值时，权利也在法律体系中获得了基础性地位，并扮演着核心角色。国家法体系逐渐完成了从以义务为重心的范式迈向以权利为本位的范式的演进历程，以至于近现代政治的本质，成为一种“权利政治”的形态。[②]

反观民间法，不难发现，也出现了一个与国家法相类似的历程，即权利在民间法体系和民间法哲学当中，越来越显示出其积极作用和重要地位。

民间法的早期形态也同样是禁忌规范，呈现出以义务为中心、以制裁为保障实施的手段的特征。时至今日，民族习惯法和宗教习惯法，仍然在一定程度上表达着这种特征。然而，随着城镇化规模的不断扩大、市场经济建设的持续深化、人口流动性前所未有的提升、地域空间封闭性的结构性打破、国家法中心主义的迅速强化，民族习惯法的生存环境并不乐观，其适用场域愈来愈受到挤压。尽管获得宗教支撑的一些民族习惯法可能还会得到生长的空间，但是世俗化的趋势和冲击也将会是一个持续的挑战。但是，如果我们把目光转向以自治规章为代表的自治型民间法时，民间法则绽放出一种现代生命力。在制度经济学的理论视域中，集体成员完全可以无须借助外部权威(如国家或政府)，就能够以重复性自主博弈的方式，通过体现公共合意的民间法(主要是自治性规则)来确立秩序，并实现自治领域治理的有效性。通过公司章程的公司治理，就是一个最为显著的例子。甚至有经济学家认为，作为人类迄今为止最成功的治理形态，公司治理将为国家治理提供积极启示。与此同时，法治、德治和自治的“三治融合”，也成为中国国家治理现代化在基层治理的最佳路径选择。在这种意义上看，自治型民间法，在现代社会不仅不会消隐，反而会有更为广阔的发展空间。而对于自治型民间法而言，权利则是其基石范畴。

一方面，权利彰显了民间法场域中人的主体性价值。民间法权利本身，在人类命运共同体的视域中，是作为一种包含着特殊利益的人际关系而存在。“如果承认人是孤立

① 张恒山：《义务先定论》，山东人民出版社 1999 年版，第 3 页。

② 范进学：《权利政治论》，山东人民出版社 2003 年版，第 26 页。

而和人隔离的话，那他就不可能有主观的权利，也不可能生而就有权利了……他只能在进入社会之后才拥有权利，因为他进入社会就和其他的人们发生了关系。鲁滨孙在他的孤岛上就因为他是孤立的，所以没有权利，当他和人类接触到一起的时候才取得权利。"[①]民间法权利在本质上，也是一种包含特殊利益的人际关系。这种特殊人际关系的塑造，经由民间法及其所表达的法文化而实现。"当人们把权利与自己挂钩时，即可体验到自己的主体地位以及主体的自主性、自觉性、自为性和自律性，就会把法的价值目标认同为自己的价值选择，并通过行使权利和履行义务实现法的价值。"[②]在自治型民间法的场域当中，人们经由自己自由意志的表达，从而主张并行使权利，在事实上是表达自己的自由意志和行动选择，是在体验一种主体性的存在和自觉，最终在体悟和彰显着人作为社会主体的能动性存在和主体性价值。与此同时，权利所蕴含的自由意志，是一种平等的自由意志，换言之，就是一种基于每一个人的人格平等的条件上的自由意志。自治型民间法权利的行使，恰恰表达着平等的人格地位。

另一方面，权利彰显了自治型民间法的价值属性。人类社会所有的法律规则系统，其根本上是充实着一种工具性价值，即在于满足人的生存和发展的需求。先秦思想家发现，在面对资源有限性的时候，"人生而有欲，欲而不得，则不能无求。求而无度量分界，则不能不争；争则乱，乱则穷。先王恶其乱也，故制礼义以分之，以养人之欲，给人之求"。[③] 这里所说的礼，就是中国古代法律的一种表现形式。民间法权利的设定及其行使，就是为了实现有限资源的有效分配。马斯洛的心理学理论认为，心理学理论的核心问题是人如何通过"自我实现"，满足多层次的系统需求，重新实现人的价值和人格的完善。在马斯洛看来，人的动机和需要呈现出多层次性的结构，最基础的需求是生理需要，其次是安全需要、归属与爱的需要、自尊需要和自我实现的需要。当人的低层次需求获得实现和满足之后，人会去追求实现更高层次的需要。因此，依托规范性同确立权利，实现有限资源的有效配置，是人类趋利避害本性的天然要求。尤其在现代社会，权利更是成为人类最为伟大的制度性创造，推动着社会不断向前发展。如果说"现代法(特别是以市场经济、民主政治、理性文化为基础的社会主义法)的价值显然不限于秩序，而扩大到了促进经济增长、社会可持续发展、政治发展、文化进步、个人自由、社会福利、国际和平与发展"，[④]那么，引领和代表民间法未来发展趋势的自治型民间法的价值，就更是要关注自治型民间法权利对于未来社会发展的潜在价值和功能。

因此，如果说权利是现代法哲学的基石范畴，[⑤]那么，民间法权利就是民间法哲学的基石范畴。民间法哲学的未来发展，应当进一步从本体论和方法论的角度，对自治型民

① [法]莱昂·狄骥：《公法的变迁，法律与国家》，郑戈、冷静译，辽海出版社、春风文艺出版社 1999 年版，第 245 页。

② 张文显：《法哲学范畴研究》，中国政法大学出版社 2001 年版，第 344 页。

③ 王先谦：《荀子集解》，中华书局 1988 年版，第 346 页。

④ 张文显：《法哲学范畴研究》，中国政法大学出版社 2001 年版，第 344 页。

⑤ 张文显：《法哲学范畴研究》，中国政法大学出版社 2001 年版，第 335 页。

间法权利予以更为充分的关注和研究，在推进民间法哲学发展的同时，为国家治理现代化提供源自民间法哲学的可能贡献。

The Rights Based on the Folk Law：Justification，Legitimacy and Significance

Ren Miaomiao

Abstract：The rights based on the folk law are the basic category of the folk law philosophy. The rights based on the folk law are differrent from the customary rights in terms of normative basis，scope and frame of reference. The justification of the rights based on the folk law could be consisted of three dimensions，that is，from far to near，from top to bottom and from bottom to top.As the basic category，rights could not only manifest the subjective value in the context of folk law，but also the value of the self-governance folk law. In order to promote the development of folk law philosophy and provide enlightenment for the modernization of the governance，the rights based on the self-governance folk law should be paid more academic attention in terms of both ontology and methodology.

Key Words：folk law；the rights based on the folk law；customary rights；legitimacy

《荀子·礼论》真诠*

张　铭**

摘要：荀子的学说秉承于孔子，而杂糅法、道、墨、名等各家思想，援法入礼，博采众长，以礼为统领，形成自己的思想体系，别子立宗，是为"荀学"。荀学的核心内容集中体现于《荀子》一书，《礼论》是《荀子》的关键篇章，是中国古代社会第一篇有关"礼"的专门文章，是荀学的理论基石。本文简单梳理荀学研究史，并在解读《礼论》的基础上，指出荀学的本质是治国之道，而"治之经，礼与刑，君子以修百姓宁。"而治国之道的本质在礼法兼治，以礼为主。

关键词：礼；礼论；礼法兼治

中国自古以来就被称为"礼仪之邦"，"礼"贯穿了先秦至清末的整个传统时代。千百年来，无论是从哲学伦理层面还是政治法律层面，无论是庙堂之上还是江湖之远，"礼"的价值和功用无人可以否认，"礼"对古代中国的兴衰更替均起着引导与约束作用，是古代中国治国理政的根基和依据，也是传统社会秩序得以维持的制度体系和行为标准，更是传统文化传承演化的主线与内核。西周初年，周公"制礼作乐"，"礼"成为国家根本大法和社会规范体系，其政治法律地位从此奠定；春秋末年，孔子"克己复礼"，"礼"成为儒家的核心思想并承载了"仁"的道德内涵，其学说体系自此形成；战国后期，荀子"援法入礼"，"礼"成为大一统时代的制度工具和理论先导，其后世实践演化从此拉开序幕。汉武帝"罢黜百家、独尊儒术"之后，以荀子礼法思想为内核的礼制政治最终形成，"礼主法辅"的治国理念从此绵延两千余年直至清末。由于其源远流长的历史地位和无所不至的深刻影响，近现代以来，随着西方政治文化的输入、移植和中国传统社会发生的翻天覆地变化，"礼"在一个较长时期内被作为革故鼎新的靶子而被加以批判，新文化运动时甚至曾被称为"吃人的礼教"而被挞伐，"礼治"作为治国理论也随着清王朝的覆灭而风光不再。然"礼失求诸野"，传承几千年的礼法文化，不可能随着几场运动而消失殆尽，其在民间的影响仍旧无处不在。时过境迁，改革开放以后，随着中国经济的强劲复苏和国际地位的日益提高，有了文化自信的中国人开始以平和的心态重新审视传统文化，发现传承几千年的祖先精神遗产自有其逻辑体系与核心价值，自有其维持几千年血脉稳定的历史功绩

* 本文系国家社会科学基金项目"依法治国的中国传统法律文化溯源研究"(19BFX021)的阶段性成果。

** 张铭，南开大学法律史博士研究生。

与可资现代社会多方位借鉴的现实意义。有鉴于此,从法律史视角重新探析"礼"这一中国特有的文化现象,显得很有必要。而追本溯源,透视中国历史上第一篇有关"礼"的专著,即探究《荀子·礼论》,正是本文的聚焦所在。

荀子的学说秉承于孔子,立足儒学,博采百家,自成一体,别子立宗,是为"荀学"。荀学具体指历代研究、评价荀子和《荀子》相关问题及其实践情况的学问。荀学最核心的特点就是突出"礼",试图以"礼"来囊括和表征天地万物的运行规律,以"礼"来规制和改进人性的善恶美丑,以"礼"来统御和治理家国社会。总之,荀学的一切皆是"礼",其本质就是"以礼为主、礼法兼用"的治国之道,《礼论》则是其治国之道的理论基础。

一、荀学简史及有关《礼论》的研究

(一)荀学简史

历代荀学研究,基本都是围绕《荀子》一书展开,结合史料,推究荀子生平,考证、校勘《荀子》版本,阐发《荀子》义理,比较荀子与孔孟及其他学派的异同,等等。相对来说,荀学在汉唐时期有较高地位,宋元明时期遭到贬黜,清代乾嘉时期可以称之为显学,清末则有短暂的"尊荀""排荀"之争,现当代则处于相对繁荣的学术研究状态。根据荀学研究内容的繁简程度,可将《荀子》学术史以清代为中心,大体划分为清前、清代和现当代三期。

清代以前,专门的荀学著作较少,总共只有 41 部,[①]大多为版本类著述,且至今多已不存。秦汉时期,荀学主要散见于其他著作,[②]如《史记》《韩非子》《盐铁论》《战国策》《风俗通义》《汉书》等。总体来说,荀子在秦汉时期被认定为儒家主要代表,普遍获得较高的评价,刘向、班固、应劭等人评价尤高。荀子礼法思想在这一时期很有影响,《史记·礼书》的主体内容基本是照搬《荀子》,大小戴《礼记》也均有不少内容与《荀子》之《礼论》等篇目重合。除了强调礼,荀子还重视法,韩非、李斯的法律思想受到荀子重大影响;西汉陆贾、贾谊、董仲舒、刘安《淮南子》等均认为应该礼法兼治、教化为先,完全是荀子礼法思想的翻版;东汉王充、班固、荀悦、应劭等人的法律思想,也多与荀子相通,如班固的《汉书·刑法志》至少 10%的文字来源于《荀子》。[③] 此外,荀子的天人分立观、人性本恶论等哲学观点在秦汉时期也得到了多位思想家的积极响应。

三国两晋南北朝至隋及唐早期,除《隋书·经籍志》等略有提及外,基本没有荀学的相关记载。中唐时期,杨倞将刘向所编《孙卿新书》重编为二十卷,校注后改名为《荀子》,流传至今。他说荀子是"真名世之士,王者之师",对荀学也给出了极高的评价。几乎与杨倞同一时期的韩愈,则将《荀子》与《孟子》作了对比,认为荀子"大醇而小疵",成为了宋

---

① 严灵峰:《周秦汉魏诸子知见书目第三册》,中正书局 1977 年版,第 31～117 页。

② 强中华:《秦汉荀学研究》,人民出版社 2017 年版,第 8 页。

③ 强中华:《秦汉荀学研究》,人民出版社 2017 年版,第 338 页。

儒攻讦荀子的理论依据。这一时期，柳宗元非常尊崇荀子，在其《封建论》等文章中曾引用《荀子》相关论述。

宋元明时期，理学家们对荀学展开批判。宋代苏轼、程颢、程颐、朱熹、王安石等人群起而攻之，并力将荀子打入冷宫，元代继之，明代则干脆将荀子从孔庙清理出去。但这一时期尊奉荀子者仍大有人在，如黎錞、陈之方、归有光、李贽等人，要么注解荀子，要么在著述中高度评价荀子。这一时期《荀子》的版本刻传也多起来，明代的世德堂本删除了当时的各种杂注，保留了杨倞注本原貌，被录入《四库全书》，成为清代及以后研究《荀子》的底本。

清代是荀学研究的鼎盛时期，随着反理学思潮的兴起，经世致用思想的鼻祖荀子自然而然被重视起来。清初傅山《霜红龛集 · 荀子评注》中对荀子评价很高，是清初荀学复兴的先声。乾嘉时期，对《荀子》一书的校勘训释空前增多，而且成就较大。据严灵峰等人的研究，有关荀子的研究书目，①有清一代共有 50 部，至今可见者 32 部，而其中 15 部就是乾嘉学者所著。其中，谢墉、卢文弨《荀子笺释》援引宋、元、明诸本，成为后来者校注《荀子》的基础，其成就已经超越杨倞。汪中作《荀卿子通论》之后，“于是荀子书复活，渐成为清代的显学”(梁启超语)。之后刘台拱、郝懿行、王念孙等人进一步提高了校勘《荀子》的精准性。总之，乾嘉荀学主要以校勘、训释为主，在《荀子》文句校订、《荀子》各篇真伪辨析、荀子生平考证、荀子儒学地位提升、荀学义理探讨等方面，均取得前所未有的成绩。

清中期以后，延续乾嘉学风而出现的荀学成果，主要有俞樾《荀子平议》、胡元仪《郇卿别传》以及王先谦《荀子集解》等。王先谦的《荀子集解》汇总了谢墉、郝懿行、王念孙、俞樾等大家有关《荀子》的最佳校注成果，是清代《荀子》校注的集大成著作，且学界公认至今无出其右者。该书刊行之后，以后的《荀子》点校本均以该书为底本。

清末有“排荀”“尊荀”之争。“排荀”者为维新派，康有为、谭嗣同等人批判荀子的集权论，认为荀子发扬了专制。梁启超《饮冰室合集 · 文集四四》中承认维新派排荀的根本原因，就是为了自己的主张而找个目标反对。“尊荀”者主要是章太炎，专门写了《尊荀》《后圣》以彰显荀子，对荀子“法后王”的思想进行了充分解读，对《礼论》《正名》大加赞赏。他还将《荀子》与西方自然科学加以印证，称赞荀子的天人分立论，肯定荀子先王制礼以养欲的观点，还用西方的社会发展学说来阐释荀子的“明分使群”说。他还用佛学思想阐释荀子性恶论的合理性。

现当代以来，随着时局境遇的不同，荀学研究也呈现出不同的情况和特点。二十世纪前期，人们开始用世界观、人生观和方法论的视角评析荀子的天人观、人性论、正名主张等哲学思想，使荀学更加系统化，②代表人物有刘师培、梁启雄等。新中国建立初期，对荀学的义理研究较多，但有价值的专著很少，有影响的研究多体现在一些思想史著作中，

① 严灵峰:《周秦汉魏诸子知见书目第三册》，中正书局 1977 年版，第 117 页。

② 江心力:《二十世纪前期的荀学研究》，中国社会科学出版社 2005 年版，第 4 页。

如郭沫若、杜国庠、侯外庐等人对荀子既批判又肯定，影响较大。“文革”期间，荀子则一度被认为是法家代表。改革开放以后，荀学研究全面展开，有关《荀子》注释、荀子生平研究、荀学义理研究均有不少专著和论文出现，而且呈日益增多之势。其中郭志坤《荀学论稿》、高正《〈荀子〉版本源流考》、惠吉星《荀子与中国文化》、马积高《荀学源流》等几部著作价值较高。相关论文则以硕博士的作品居多，知网记录达3000条以上，然佳作鲜见。

1949年之后，台湾荀学逐渐兴起，研究比较全面，评价比较中肯，代表人物有牟宗三、韦政通、陈大齐等。牟宗三认为荀子“通体是礼义”，“根本精神则在其能把握住理性主义之精髓也”。[①] 韦政通在《荀子与古代哲学》等著作中，对荀子及荀学做了系统论述，认为“礼义之统”与“天生人成”是荀子思想的核心和基石。陈大齐的《荀子学说》分析了荀子思想的自然论、心性论、道论等多个方面，指出荀学的目的就是“治”。近三十年以来，台湾荀学研究也出现多部专著，主要代表有陈飞龙《荀子礼学之研究》、周群振《荀子思想研究》、覃宇权《荀子学说评论》等。

近现代以来，荀学研究也延伸到国外，主要侧重于注释译介、哲学思想以及人性论研究等几个方面。代表作有德国柯思妥1979年出版的《论荀卿哲学》，以及美国T.C.Kline与艾文贺2000年共同编著的《〈荀子〉中的德、性与道德》论文集，该书末尾还列举西方有关荀学的论文57篇，相关专著18本。此外，荀学在日本和韩国也有较多研究成果。

(二)有关《礼论》的研究

荀子的思想自汉代起得到全面践行，他的《礼论》一文，也从汉代起开始发挥巨大的理论影响。司马迁是对荀子《礼论》认真研究的第一人，虽然他没有留下专门评论的文章，但是《史记・礼书》约70%的内容就是照搬《荀子》之《礼论》和《议兵》当中的内容，可见他对《礼论》的认可程度！从《礼书》来看，司马迁主要从礼的起源与作用、礼的等级、礼义优先于战争和刑法、礼有天地先祖君师三本、贵本而亲用的祭品差别观、情文俱尽的礼的优劣观、能虑能固的礼学观七大方面，全面继承了荀子关于礼的思想，构建了他自己的礼之理论，也反映、总结了汉武帝之前几十年汉代的礼制情况。此外，《大戴礼记》也有不少内容与《荀子》重合，《小戴礼记》同样参考了荀子关于礼的论述。《孔子家语》载孔衍上书汉成帝：“又戴圣近世小儒，以《曲礼》不足，而乃取《孔子家语》杂乱者，及子思、孟轲、孙卿之书以裨益之，总名曰《礼记》。”[②]这份文献足以证明戴圣对荀子的继承。大小戴《礼记》对荀子《礼论》的引用或应用，从根本上奠定了荀子《礼论》在礼制范畴内的理论价值。

北宋时期，李觏作《礼论》七篇，与荀子的《礼论》一脉相承，从礼产生的基础、礼的内涵与礼的具体要求三个方面对礼进行了阐释。[③] 他认为礼产生的基础是人的性情，礼是人的内在需要也是外在规范，礼是顺着人情而产生的，圣人据此制定了礼。在礼的内涵

---

① 牟宗三：《历史哲学》，学生书局1988年版，第122页。

② 转引自强中华：《秦汉荀学研究》，人民出版社2017年版，第265页。

③ 李国平：《李觏礼论研究》，湖南师范大学2010年硕士学位论文。

上，他认为礼是施政、立教、治国、安民和修己的根据与标准，礼是仁义智信之本，将仁义智信乐刑政统一于一体。在对礼的具体要求方面，他认为礼对政治和经济有着重要的指导和制约作用。李觏《礼论》的核心内容，无论是在有关礼的起源、礼之性质和作用、隆礼重法等方面，都和荀子的《礼论》存在某些方面的渊源关系。① 北宋时期，王安石也作了一篇《礼论》，主要是从“性”“伪”二者关系角度对荀子展开批判，认为荀子根本不懂礼。

晚近以来，专门讨论荀子《礼论》的著作并不多见，但相关论述仍然绵延不断。章太炎说：“《礼论》未作，人以为祝史之事；作矣，人以为辟公之事。”②章太炎将荀子的《礼论》再度升华，认为《礼论》是改变礼的地位乃至性质的分水岭，是礼成为国家大事的奠基性著作，对《礼论》给予了极高的评价。杜国庠认为荀子给礼披上自然法则的外衣，试图用礼来概括天地物事人的一切运作规律，对荀子之礼给出了一个全新的界定。21 世纪前后，荀学义理研究逐渐热门起来，对荀礼和荀子《礼论》的研究也热烈许多。陆建华在《荀子礼学研究》中说：“荀子哲学所探讨主要问题都是着眼于礼，都是为了解决礼的问题服务的。”

李宗桂也认为“荀子对于中国文化的贡献，首先集中表现为奠定了从秦汉到晚清(亦即俗称的中国封建社会)的礼治模式的思想基础”。③ 这一时期，以《礼论》为研究主题的期刊论文超过 100 篇，博士论文至少 5 篇，硕士论文至少 20 篇；出现了至少 5 部有关荀子《礼论》的专著，如张奇伟《荀子礼学思想研究》、陆建华《荀子礼学研究》等。随着荀学研究的持续深入，有关《礼论》研究的佳作必将不断纷呈。

二、《礼论》考证

(一)礼的界定

“礼”这个字，在先民时代就是敬神的规矩和仪式之意，在众多表示规矩仪式的各种名称中，因为敬神最为重要，“礼”就逐渐脱颖而出，成为规矩仪式的一般代称。西周初年，周公“制礼作乐”，将“礼”正式确定为国家制度体系和社会秩序体系，从而将“礼”升华为国家强制保证的行为规范。周公而后约三百年，礼崩乐坏，孔子出而倡“仁”以“克己复礼”，使“礼”具备了道德内涵。孔子之后又约二百年，荀子援法入礼，首倡礼法兼治，在汉代及其以后逐渐定型，将之后两千年的中国变为“礼义之邦”。可见，荀子对“礼”的传承发展，居功至伟。在《礼论》里，荀子虽然没有对“礼”进行明确定义，但是通过一系列阐述，他对“礼”有着清晰的界定，试分析之。

《礼论》简要论述了“礼”的起源，至少说明了如下几个问题：什么是“礼”？“礼”就是

① 赖井洋：《略论李觏对荀子〈礼论〉的继承和发展》，载《韶关大学学报(社会科学版)》1999 第 6 期。
② 章炳麟著，汤志均编：《章太炎政论选集》，中华书局 1977 年版，第 134 页。
③ 李宗桂：《荀子对中国文化的贡献》，载《中华文化论坛》2005 年第 1 期。

指导、限制人们的一套规则体系。“礼”产生的原因是什么？原因是人生而有欲，如果不加指引和约束，欲会产生求、争、乱、穷，而“礼”能将欲规制在合理范围内，可避免没有限度的追求，限制争夺，避免祸乱和困境。“礼”是谁制定的？答曰先王。“礼”的目的是什么？目的是划定人的等级地位职分，以养人之欲、给人之求，使欲和物二者能够相互平衡。这就是荀子关于“礼”的起源观，可谓之先王制礼说，其基础即是荀子的“人性本恶”论，礼正是为了规制性恶而使人向善、使国家社会长治久安的根本法则和途径，礼有着自己的范畴、作用对象和目的意义。

《礼论》认为，根据形式与内容的关系，“礼”可以分为上中下三种等级。这也与礼的发展过程相适应，即礼发展之初首先是形式与内容都比较粗略，然后形式（仪式，下同）比较完备，最后形式与内容俱佳能令人心悦诚服。因此，礼的三种等级或层次也应运而生：上等的礼就是内容与形式俱佳之礼；中等的礼是“情文代胜”，就是要么形式较内容更好，要么内容较形式更好的礼，这里很重要的一点是荀子认为形式比内容好的礼也是可以归为中等的，颇有点程序正义的味道；下等的礼就是内容不错但没有形式的礼，只要内容符合事物规律和要求，即使形式不完备也是可以接受的。这种分类体现了荀子的实用主义精神，他没有把奉为圭臬的礼要求到完美无瑕，而是划分了上中下三等，这三等礼在荀子眼中，都是礼，都能产生礼的应有价值。需要指出的是荀子没有把形式不错但没有内容的“礼”纳入这三等，其实在荀子看来这种已经不是礼了。这种分类充分体现了荀子既重视实质、又重视形式、但重视实质大于重视形式的观念。这观念影响中国人的思想意识两千余年，直至今日仍显重要。

《礼论》还认为，根据文理与情用的关系，礼可以分为上中下三种规格。这与礼呈现出来的外在形象相适应，即礼究竟属于哪种规格，与所谓的财物、贵贱和隆杀相关。财物是礼得以发挥作用的手段和媒介，贵贱是礼要规制的内容和外在仪象，隆杀则是指仪式的繁简问题。财物、贵贱、隆杀交相作用，共同构成礼的文理和情用，即礼的表现形式和实际功用，具体可分为隆重、中流和简要三种规格，即：文理繁，情用省，隆重的礼；文理情用相为内外表里，并行而杂，中流的礼；文理省，情用繁，简要的礼。这三种礼只不过是内容与仪式的繁简搭配不同而已，并没有本质的区别，都是能充分发挥功用的可用之礼。前文所述上中下三等礼，每一等都可能存在这三种规格。

总之，荀子认为礼是先王为了规制人性恶而产生的等级之制，是逐渐发展而最终形成的规范体系，礼本身即具有不同的等级和规格。荀子没有明确指出“先王”究竟是谁，但是根据荀子的著述和儒家的一贯主张，基本可以确定“先王”就是三代乃至于更早时期仁义卓著的所谓圣王们，如尧舜禹汤文武等。荀子对“礼”的论述甚为缜密，他虽然主张先王制礼说，但是并没有说哪个先王一下子就制出了体系完备的礼，而是倾向于礼的形成和完善是一个渐进的过程，但基本精神和主要内容则是先王所定，或者说先代的圣王们在礼的形成过程中起到了比较重大的抑或是决定性的作用。从界定范畴上来说，荀子的“礼”其实更类似于西方的“法”，是包罗万象的社会治理体系，既有指引性的规范内容，也有强制性的规范内容，尤其是将法家的“法”即“刑”纳入礼之后，荀子的“礼”概念简直就是西方“法”概念在中国古代的孪生兄弟。不同的是西方的法强调平等，荀子的礼则强调等级，这又是中西方法哲学的一个根本差异，但这种差异也并不是完全对立水火不容的，而是平等中也有差等、等级中也有平等的辩证关系。荀子的礼是遵循自然之道界定的，西方的法是从古老的自然法理念演进而来的，二者都很重视具象的差异性，都在试图尽可能地接近规律本身，同时二者也都力图实现自我设定范畴内的公平和正义，孰不应因价值取向的不同而厚此薄彼。如果因为荀子的礼是规定人的等级之制或因礼本身具有的规格级别而漠视、否定荀礼，则是不客观的非理性之举。恰恰相反，我们应该剖析、透视荀子对礼的界定，挖掘其最具营养价值的部分，以求为西方之法、为今日之治起到一个检视、评议和完善的作用。

（二）礼的本质

“礼”是荀学的核心概念，几乎贯穿了整部《荀子》，通过《礼论》等篇章的一系列论述，荀子开创了伦理法治化的先河，影响中国封建社会几千年的“礼法”观念可以说肇始于此[①]。荀子认为，礼是人之为人的根本，是人脱离、超越自然状态的标志。同时，自然又是礼的本源，礼是人伦规范与自然秩序的共同基础，礼的本质其实就是自然之道在人类社会中的制度反映。《礼论》通过论述礼的强大功能的方式来论述礼的内涵，通过论述礼的内涵来呈现礼的本质。《礼论》认为，礼的道理、内涵非常深厚、广大、高级。类似于名家的“坚白”“同异”之辨，在礼的内涵面前会被淹没，不值一辩；没有根据而形成的制度学说在礼的内涵面前会被废弃，不值一提；各种自以为是的行为习惯在礼的内涵面前会被晾到一边，不在一个层次。礼就是一切行为的标准，只要详察明礼就不会被欺以诈伪。就像墨绳是直的标准，秤砣是平的标准，规矩是方圆的标准一样，礼是人道之极！礼的高深内涵还体现在，如果效法礼、称道礼，就会成为有方之民，不然就是无方之民。有礼无礼，直接就是文明与野蛮的差别。礼的内涵还体现在，礼之中蕴含着可令人思索的道理，也蕴含着能长期稳定的标准，深刻、透彻地钻研礼就能达到圣人的境界。而学为圣人，是完全可以达到的。

《礼论》认为，礼有三个根源：天地、先祖、君师。天地是生命的本源，先祖是种族的本源，君师是治理的本源。礼的根本源头在于这三者，最终的归宿也是这三者，礼的外在体现就是事天地、尊先祖、隆君师。重要的体现方式就是祭祀，而祭祀本身是有差别的。这种差别首先是祭祀的主体，有天子、诸侯、大夫、士等的差别；其次在祭祀的内容上，只有天子可以祭祀天地，其他主体是不能祭祀天地的，其祭祀先祖的规格也按身份依次降低；最后在祭祀之礼的具体呈现上，也分大飨、飨、祭等几种规格，内容也不尽相同。总之，礼随时随地都在体现着等级差别，礼通过遵循自然规律以强化修身治国、尊奉祖先以强化情感认同、推崇君主与老师以强化社会治理，礼的制定、应用都要符合自然之道的要求。

---

① 路强：《乱世礼法：和你一起读荀子》，中国财富出版社2012年版，第171页。

总之，荀子试图将礼泛化，认为礼既是天地自然运行的规律，又是社会长治久安的标准，更是治理国家的制度基础，还是每个人学习和修身的内容。礼是天、地、物、事、人和谐运行的内在法则，日月星辰江河四季均依礼而交替有序，万事万物均依礼而繁荣昌盛，人也因为礼而节制情感和欲望，国家因为礼而秩序井然、太平稳定。礼是天地万物与人类社会的最高准则和根本原则，礼表现出来就是法则、制度、规范、仪式，其本质则是事物合理运行的内在规律，即自然之道或曰“天道”。中国虽然没有西方那样的自然法概念，但是荀子论礼却道出了自然法的东方内涵。几千年来，西方各个时期的法学家、哲学家和研究者不断对自然法进行解读，但是万变不离其宗，自然法无外乎就是自然的法律之义，其本质内涵就是自然规律，与中国人所说的“天道”不过是同工异曲。荀子主张天人分立，认为自然之道自有其客观性，不受人的主观意志影响，也不会对应人的主观意志，而是根据自己的内在法则独立运行。他认为人不必探究自然规律的所以然，只需知晓其然即可，这虽然说明了荀子的局限性，但也说明了荀子的实用主义精神。他认为天道邈远，人是不可能穷尽其理的，但人可以认识天道的表征，“制天命而用之”。有鉴于此，荀子效法自然之道，将自然的运行规律、法则仿制到人间，命名为“礼”，用以规制、引导人类社会的秩序治理，同时反过来又以“礼”来囊括自然之道。实际上荀子是将西方的自然法和实然法合二为一了，统一用“礼”给概括了，但是其内部结构和本质内涵，则没有实质差异。只可惜西方的自然法和实然法经古罗马的发扬光大，形成了体系完善和内容繁密的西方法学体系，而荀子有关自然之礼的观点则在后世湮没无闻。但他有关人间之礼的思想经过汉代的推崇和践行，实际主导了“礼主法辅”这一传统东方法律文化两千余年的实践传承。我们虽然不能说荀子的礼是自然法在实然法领域的反应和体现，但其本质内涵却分毫不差。

（三）礼的价值与功能

荀子的礼，是用来规制人们的欲望的，规制的方式是“养”和“别”。从功能和价值角度而言，也可以将荀子的礼理解为：以养和别的方式合理满足人之欲求的先王之制。

《礼论》认为，礼具有物质和精神两个方面的价值。礼的物质价值就是“养”。养什么？养人之欲。养首先是围绕着人体的需求展开的，食养口，香养鼻，色养目，声养耳，物养体。人的欲望首先是口舌之欲，身体需求，养就是为了满足人本身的需求，是对物质的供给与人的消费需求的规制，要使欲和物达到相对平衡。养是礼的物质价值，也即手段性价值。礼的精神价值就是“别”。什么是别？“贵贱有等，长幼有差，贫富轻重皆有称者也。”就是要人各安其位，各司其职，各得其所。别是礼的精神价值，也即目的性价值。别也是通过养来体现的，养具有相辅相成和相反相成两种意义。首先，比如体现等级差别的天子之养，就是利用各种物质的属性，来满足天子的各种需要，这可理解为相辅相成，是充分利用物的性质；其次，养能够相反相成，比如死节养生、费用养财、恭敬辞让养安、礼义文理养情等，养体现的是矛盾统一论。

《礼论》至少论述了礼的六个具体功能或作用:谨于治生死,谨于吉凶不相厌,丧礼之凡,滋成行义之美,别吉凶明贵贱亲疏之节,合性伪治天下。谨于治生死,即谨慎地对待生和死。荀子认为人应该敬始慎终,应将生死同等对待,尤其是臣下对于君上,子女对于至亲,更应该非常慎重、隆重地对待他们的死葬。重死如重生,才是礼义之道。礼在这方面,有具体而翔实的规定,也处处体现了等级观念。谨于吉凶不相厌,即谨慎地对待吉事和凶事,不要使二者相互侵扰、干涉。《礼论》要求确信人死之后才置办各种丧具而不得预置,人死之后才能通知亲戚故旧而不能预先通知,而且殡丧要有一段时间,好使"远者可以至矣,百求可以得矣,百事可以成矣"。丧礼之凡,即丧礼的一般原则。就是:变而饰,动而远,久而平。这三项原则的主旨就是充分表达对死者的尊敬和思慕,"变而饰,所以灭恶也;动而远,所以遂敬也;久而平,所以优生也"。总之一句话,为死者讳,按礼的要求安排丧葬。滋成行义之美,即养成良好的品行。"礼者,断长续短,损有余,益不足,达爱敬之文,而滋成行义之美者也。"礼能够充分利用事物内部矛盾的两方面,使之相反相成,最终达到一个"中流"的状态,使人养成良好的品行。别吉凶明贵贱亲疏之节,是礼的本质要求。荀子主要从"情貌之变"论述了这一点的重要性,再次强调了"养"的价值和意义。合性伪而治天下,是对前面五点的总结。礼的最终目的、价值和作用始终紧扣荀学的本质目的:治国。荀子说:"性者,本始材朴也;伪者,文理隆盛也……性伪合而天下治。"礼能起到令"性""伪"合从而达到天下治的重大作用。

另外,荀子特别强调丧礼和祭礼。《礼论》用三分之一还强的篇幅论述丧礼,对给死者沐浴、献饭、穿衣、束发,选用棺椁、陪葬器皿、墓穴,以及殡丧期限等都有详尽规定,不同的亲属关系,不同的等级地位,在不同的环节有不同的仪式和要求,并且不厌其烦地讲明这样做的意义,就是要达到"道"的要求。对祭礼的重视也是一样,荀子说:"祭者,志意思慕之情也。"《礼论》对祭礼的意义、价值、仪式、内容、器具等都有明确论述。《礼论》对丧礼和祭礼的理论阐释,成为后世两千余年中国人的实践指导,其影响延及今日。

总之,荀子认为礼具有规制人的欲望的价值,可以通过"养"和"别"来达到人欲和物产的平衡,从而达到社会秩序的有效维持和国家治理的长治久安。荀子认为礼有很多的具体功能,但其规制内容无不指向等级和秩序。荀子继承了孔子的厚葬思想,对丧礼和祭礼给了极大关注,认为通过丧和祭来调整人伦秩序是礼非常重要的方面,但荀子认为礼的终极价值和功能还是要指向国家治理,即"性伪合而天下治"。

三、《礼论》在荀学中的地位

(一)荀学及其体系

《史记》载李斯"乃从荀卿学帝王之术"。"帝王之术"具体为何物?后世通俗解读一般认为是权谋之术,其实不然,权谋固然是统治者必不可少的治国手段,但绝不是根本的办法和系统化的理论，与荀子的帝王之术相去甚远。在荀子这里，帝王之术其实就是礼法兼治的王道学说，亦即荀子秉承于孔子而又援法入礼有所创新的治国之道。台湾学者陈大齐说《荀子》的最终目的，是通过“礼”的积极介入，要达到一种“治”的效果。《荀子·成相》说：“治之经，礼与刑，君子以修百姓宁。”而治国之道的本质在礼法兼治、以礼为主。

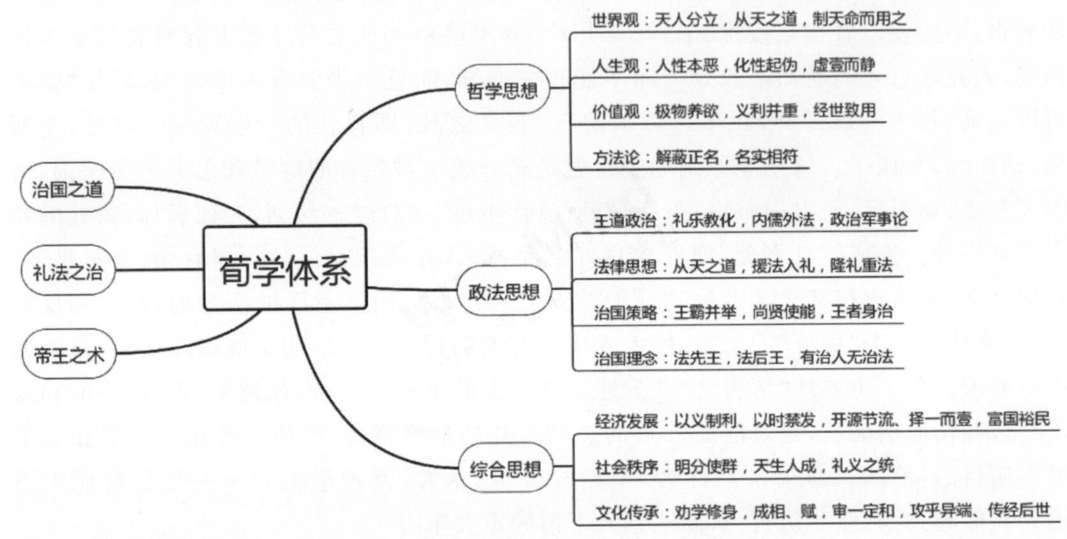

图 1

以《礼论》为理论基础，荀子构建了他的礼法学说体系，从治国之道的角度来看，荀学体系可以细分为哲学思想、政治法律思想和综合思想三大板块。（见图 1）哲学思想包括他以天人分立论为主的世界观、以人性本恶论为主的人生观、义利并重的价值观和名实相符的方法论，这是荀学体系的基石部分，是荀子礼法思想的认识论渊源。政治法律思想包括以礼乐教化为核心的王道政治理论，隆礼重法的法律思想，王霸并举、尚贤使能的政治策略和以法后王为创举的治国理念，这是荀学体系的主体部分，是荀子礼法思想的目标价值之所在。综合思想包括以富国裕民为宗旨的经济发展思想、以明分使群为核心的社会秩序思想和综合教育文学学术的文化传承思想，这是荀学体系的延伸部分，是荀子礼法思想的纵深应用。总之，荀学体系是一个自有哲学体系和完整治理学说的系统闭环，是以礼为核心的系统化的治国之道。从这个角度而言，荀学体系可按如下框架搭建：

从《荀子》一书的内容而言，大体可以从三个视角简单解构荀学体系，前述图示内容散见于这三个视角之内。

第一个视角主要是对个人修身方面的要求，要求个人应该以礼为标准，达到优秀的德行和才能。《劝学》要求终身学习、系统学习，礼是学习的终极内容和根本方法。《修身》主要讲提升品德修养之术，希望人们近善远恶，礼是修身的标准、框架、途径和具体指引。《不苟》讲立身行事不能苟且，一切依礼，方能做到不苟。《荣辱》论述光荣与耻辱问题，一切的标准就是礼。《非相》批判、否定相面术，“相形不如论心，论心不如择术”。《非十二子》批判六种学说十二个人物，是重要的先秦学术史。《仲尼》主要讲作为最高领导者的安身处世原则：王霸并用也！《儒效》讲儒学及其君子的作用，再次强调学习和法度的重要性。

第二个视角是《荀子》的核心内容，主要阐述礼法兼治的治国之道。《王制》阐述奉行王道而成就大业的基本制度，论及王者的政治纲领、策略措施、管理制度等，充分说明礼与法是治国的根本基础。《富国》论述国家的富足之道，提出了一系列发展社会经济的政治原则和方针策略，如“明分使群”“以政裕民”“尚贤使能”“严明赏罚”“强本抑末”“开源节流”“节用裕民”等。《王霸》论述一系列重要的政治措施，如“立礼法”“明名分”“择贤相”“取民心”等。《君道》主张最高领导人要“修身”、“身治”（以身作则）、“隆礼重法”、“尚贤使能”、“善用人”、“慎取相”。提出的著名观点如：“有治人，无治法”“法不能独立，类不能自行，得其人则存，失其人则亡”“法者，治之端也”等等。《臣道》论述为人臣的准则和方式，有非常好的人力资源借鉴价值。《致士》论述招贤引士的方法，如“刑政平”“礼义备”“明其德”等等。《议兵》是历史上首篇“政治军事学”著作，核心是“仁义”，反对“权谋”“势诈”，提出“隆礼贵义”“好士爱民”“赏重刑威”等。《强国》论述强国之道首在“胜人之道”，“胜人之道”就是“求仁厚明通之君子”“隆礼尊贤”“重法爱民”“尚贤使能，赏有功罚有罪”等，最终要“赏不用而民劝，罚不用而威行”。

第三个视角主要是哲学思想，试图从社会群体的角度让天下之人正确认识自然和社会，认识人的本性和改造之道，建立共同的价值观、方法论，遵循礼乐教化，实现王道社会。《天论》《正论》《解蔽》等篇提出的著名观点如“明于天人之分”“制天命而用之”，“人性本恶、其善者伪也”“虚壹而静”“以义制事”“尚贤使能、等贵贱、分亲疏、序长幼”等，都闪耀着光辉的理性思想。《成相》《赋》《大略》等篇以容易传颂的文学形式总结荀学要点，记录荀子言行，突出孔子和各位贤人的言论德行，实际上是树立榜样标准，力图使人们的内心修往圣人的境界。

（二）荀学的本质是治国之道

“治”是历代统治者追求的目标，几乎是一切传统政治法律思想的源头和归宿。“朝为田舍郎，暮登天子堂”是传统知识分子的最高追求，这一思想历来已久，古代的读书人，无一不习如何干政之术、之学。先秦时期的各种学术思想，也都是围绕治国理政而展开，希望获得当权者的采纳和任用，进而实现自己的人生价值和本门学派的治世追求。先民时代，邦酋部落，也需要有个实力强悍的头领，足智多谋的巫祝，以及敬天崇神拜祖的管控体系，可见“治”是统治者的天然追求。华夏文明进入国家社会之后，夏商主要突出神权治理，西周在周公制礼之后实现礼治。春秋时期，礼崩乐坏，礼治动摇。战国伊始，《法经》横空出世，各诸侯国纷纷变法，法家几乎先后统治了所有大国，商鞅变法，不但奠定秦国崛起之基础，而且成就了后世两千年治理之内核。战国与秦朝之治，可谓“法治”，当然该法为法家之法，而非后世西方之法，本质是“刑制”“处罚之治”，相较礼治，虽有公平性，却无生命力。西汉而后，罢黜百家、独尊儒术，礼治思想重新复活并迅速影响政治社会各个层面，经过改造后的礼，与法、律等并行，共同治理，维护封建等级体系，礼借助儒家思想，以“外儒内法”的形式，一直存在，后虽历有乱世，但礼终不再废，唐朝明确引礼入法，宋元明清无不效之，礼以积极规范之姿态，与消极的刑法律辟并行且占据主导地位，维护封建社会两千年。自汉而后的两千年封建之“治”，实可谓“礼法之治”。这里的法，仍为传统汉语之法，即“刑也，平之如水”的法，就是相对文明、相对公平一点的刑，就是刑法律辟的统称。

礼法兼治正是荀学的精髓和根本。荀子曾考察秦国，对秦国法家治下的社会秩序大加赞赏，认为蔚然有古之遗风，但他又断言秦国因缺乏儒士而难以长久。他赞成法产生的实际治理效果，但更强调礼的仁义价值和教化功能。他说：“礼者，法之大分，类之纲纪也。”礼是法和类的基础和纲领，是国家的根本大法，礼与法实现了有机统一，违礼即犯法，“非礼，无法也”。礼不仅具有法律的功能，而且本身就是法律，礼法一体，既实现仁义教化，又实现刑罚强制、礼法兼治，方为长久的治国之道。西汉而后的统治者，正是采用了荀子的礼法兼治思想，从而成功延续了两千余年的封建之治。谭嗣同在《仁学》中说二千年来之政为秦政，二千年来之学为荀学，当然是为了批判，但本文也论述了谭嗣同和维新派排荀的原因，其立场不足为取，重要的是说出了荀学发挥了两千年实际作用的事实。而荀学之所以能被后世统治者实际采用，就是因为其本质是礼法兼用的治国之道，能符合令国家长治久安的实际需要。

(三)礼法兼治学说构建及其后世应用

荀子的礼法兼治学说，是在继承了孔子以来约三百年关于治国之道的各种思想的基础上，站在以儒为主、为时代所用的立场，批判、吸收、融合各家各派思想精华而构建出的一个系统。牟宗三认为，荀子由百王累积之法度，统而一之，连而贯之，成礼义之统，其建构之精神所表现出来的庄严稳定足以为外王之极致。[①] 荀子主要是以儒家的“礼治”为主，法家的“法治”为辅而构建起他的礼法兼用学说的。

在荀子之前，虽然儒法分立，但也不是完全隔离，《管子·枢言》曾说：“法出于礼，礼出于治。治礼，道也。”《商君书·更法》也说：“因事而制礼。”可见礼与法从来都不是完全对立的，法家人物也要重视礼的作用。儒家人物重视法的作用则更不待言，如孔子在《论语·里仁》中提出“道(导)之以政，齐之以刑”，孟子在《孟子·离娄上》中也提出“徒善不足以为政，徒法不能以自行”等等。正是在继承前人优秀成果的基础之上，荀子的礼法兼用学说才逐步构建起来。

荀子认为“隆礼重法”是治国之本，他提出：“礼义者，治之始也”“隆礼至法则国有常”“国之命在礼”“隆礼尊贤而王，重法爱民而霸”。他认为，礼义教化是王道之本，但是只有

① 牟宗三：《名家与荀子》，学生书局1979年版，第196页。

礼义教化显然不够，还要借助法的控制作用，要使礼具有法的部分功能，才能令国家长治久安。《劝学》中说："礼者，法之大分，类之纲纪也。"《议兵》中说："礼者，治辨之极也，强国之本也，威行之道也，功名之总也。"礼是法的渊源和依据，是礼法兼用的主体。在充分重视礼的作用的基础之上，荀子批判地继承了法家的重法思想，他提出刑用适中、先教后刑的原则。《富国》中说："不教而诛，则刑繁而邪不胜；教而不诛，则奸民不惩。"在荀子看来，只有礼义教化与刑法惩戒并行，才能收到恰到好处的治世效果。荀子还提出了类的概念，《大略》中说："有法者以法行，无法者以类举。"只有通过"类举"来弥补法的不足，才能真正做到"应事之变"。此外，荀子还提出了"法义""法数"等概念，法义就是法的原理和精神，法数就是具体的法律规定。正是通过这一系列对法的重新认识和界定，荀子才改造了法家的法，"援法入礼"，构建了以礼为主、以法为辅的礼法兼用学说。

荀子创造性地构建起礼法兼用、以礼为主的治国思想体系，为礼法融合提供了理论先导。但是在荀子的有生之年，这一思想体系并未得到采纳应用，因为战国末期的各个诸侯国主要被法家思想主导，并且不久均被秦国扫灭，没有机会深入接触和具体实践荀子思想。秦朝统一之后，短暂的十几年时间，在法家的道路上变本加厉、越走越远，很快走向覆亡，从反面印证了荀子理论的正确性。西汉建立之后，学者们纷纷总结秦亡教训，如贾谊、陆贾、董仲舒等，其治国理念自然而然沿袭了荀子礼法兼用的思路。汉武帝独尊儒术之后，"德主刑辅""外儒内法"的汉代治国模式得以确立，荀子的礼法兼治思想得到实际贯彻，开始在古代中国的治国实践中发挥价值和作用。唐朝时期，中华法系形成，"引礼入法""礼法结合""一准乎礼"的唐律奠定了此后千年的封建统治基础，并且辐射到日本和东南亚一带，可以说荀子的礼法兼用学说得到了统治阶层的完全认可和全面采纳。

两千年来，中国始终以"礼仪之邦"自称，礼的内涵和外延被不断论证、反复评说，但其基本框架与核心要素，始终在荀子《礼论》奠定的界限范围之内，并且实际上已经吸纳了法的成分，本质上就是荀子的礼法兼用。《礼论》围绕礼而贡献的价值观和认识论，不但影响后世中国两千余年，而且随着中华文化的对外辐射，也实际影响了整个东亚社会千年以上，并且至今塑造着中国人和东亚人的品质属性。荀子的礼法兼用、以礼为主的治国之道，也在古代社会实际运行两千余年，实际上一直影响着中国传统法制文明的发展趋向。可惜荀子在这些方面的莫大贡献被逐渐遗忘了。① 时至今日，随着社会结构的不断变迁，以企业为主体的各类组织成为社会有机体的基本构成，组织内部的治理除了法律硬性规定的部分之外，其实还处于莫衷一是、各行其道的阶段，荀学思想在这个层面的民间法价值，实践中已经受到了足够的重视，日本和中国的一些企业，都明确标榜以荀子思想治企，这种现象在民间法理论研究中也应引起必要关注，也许荀子礼法兼治、以礼为主的治国思想，在民间法领域仍然存在着广阔的实践土壤。

① 佐藤将之：《〈荀子〉"礼治论"的思想特质暨历史定位》，载《邯郸学院学报》2012 年第 4 期。

Xunzi Etiquette Theory Paraphrase

Yu Yuhe　Zhang Ming

Abstract: Xunzi's theory was inherited from Confucius, and mixed various thoughts such as Legalism, Taoism, Mohism and the Logicians. He assisted the law into the ritual, learned from many people, and formed his own ideological system under the guidance of the ritual. His established his own Study, which is "Xunzi Study". The core content of Xun Zi's study is embodied in Xun Zi. 〈Etiquette Theory〉 is the key chapter of Xun Zi. It is the first special article on "Etiquette" in ancient Chinese society and the theoretical cornerstone of Xun Zi's study. This article briefly combs the history of Xun Zi's study, and on the basis of reading 〈Etiquette Theory〉, points out that the essence of Xun Zi's study is the way to govern the country, while "a gentleman should cultivate the common people's peace by governing the classics, etiquette and punishment." The essence of governing the country lies in the combination of etiquette and law, with etiquette as the main rule.

Key Words: etiquette, etiquette theory, etiquette and law

论网络社会中民间规范的运行及其秩序协调*

张　雨**

摘要：因网络多元、开放、共享等特性在人类社会生活中逐渐得到认同，传统民间规范所赖以生存的“民间社会”在结构形态、运行规则等方面都受到不同程度的冲击。当“民间社会”场域转变为“网络社会”场域时，民间规范运行所依赖的社会空间因素、行为约束机制以及规范实施机制必须抵御网络技术所带来各种冲突与风险。网络社会需要确立一种以开放、多元、包容为基本原则的秩序协调安排，从而让民间规范在网络社会中继续发挥其行为规范作用。

关键词：网络社会；市民社会；民间规范；社会控制；

一、问题的提出

尽管学界对于“民间规范”或“民间法”概念的内涵与外延一直存在争议与分歧，①但却都不否认民间规范是特定人类社会群体自生自发的一种规则，是一种产生于“民间社会”并被生活在该社会环境下的人们所普遍遵循的行为标准。正如人们在社会生活中需要遵循特定的民间规范，反过来，民间规范的产生与运行也同样离不开特定的人类社会。人类社会形态并非一成不变，人类社会的组织结构、行为规范、惩罚手段等一系列社会规范运行机制也会相应发生改变。当前我们的社会形态已经从传统农业社会、工业社会发展进入了全新的“网络社会”，民间规范作为一种基本的社会规范能否立足于网络社会？如果答案是肯定的话，那么其在网络社会之中又是如何运行并继续发挥其规范作用？

第一个要解决的问题便是民间规范能否立足于网络社会。网络社会发展最为重要的推动力就是“现代化的网络技术”。换言之，网络技术是现代化进程的推动力，网络社会是现代化进程作用下的产物。但对于“民间规范”与“现代化”之间的关系，研究者们目前却存在两种立场截然不同的观点：一种观点认为，作为现代化进程代表性应用的网络技术会使得民间规范日益式微和边缘化；②另一种观点则认为，民间规范因现代化而不断

* 基金项目：湖南省哲学社会科学基金重点项目“司法执行中信用惩戒适用研究”（18ZDB010）。

** 张雨，女，中南大学法学院博士研究生。

① 钱继磊：《民间法概念之再思考——一种反思与回归的视角》，载《民间法》2018 年第 2 期。

② 魏治勋：《民间法消亡论的内在逻辑及其批判》，载《山东大学学报（哲学社会科学版）》2011 年第 2 期。

得到滋养，并进而催生出新的民间规范。[①] 持第一种观点的学者认为民间规范与现代化两者是一种相互抵触、相互对抗的关系。究其原因，是因为它们将民间规范的外延狭隘地限定在某一特定的社会背景之下，而忽略了整个社会结构与社会运行规则因技术等现代化因素而逐渐发生的变化。持第二种观点的学者则承认了民间规范会因现代化的发展而逐步对社会形态的发展作出回应，也意味着民间规范能够在全新的网络社会形态中立足并获得新生。显然，第二种观点更具有可取性。

既然民间规范能够立足于网络社会，那么第二个要解决的问题便是民间规范在网络社会中将如何运行并发挥作用。不论在何种社会形态之下，行为约束机制的运行及其功能的实现都需要从以下三个方面来进行：一是设定目的、标准与规则；二是监督和反馈相关信息；三是设置调整和矫正机制，即当被约束的主体及其行为偏离了既定目标时所进行的调整或纠偏机制。[②] 民间规范在人类社会中的运行机制大抵遵循的也是这样一种行为约束模式。例如，我国古代社会所一直秉持的“孝道”，在本质上是一种得到社会认同并必须得到遵循的行为标准，此即为一种行为标准设定。而子女们是否遵循“孝道”通常都是古代社会交往过程中被监督被评价的重要信息，此即为信息的监督和反馈；而一旦出现“不孝行为”则通常都会受到社会的谴责与批判。这种传统民间规范大多都是产生在特定国家或地区的现实空间场域与特定的时代背景之下，人与人之间的交往活动信息可以通过现实可见的社会关系网络进行传递，与此同时也能通过现实可见的社会关系网络来实现其矫正与纠偏目的。然而，网络社会却是一个“国家”“民族”等地域界限模糊的空间，且网络社会将各种不同文化背景下的“国家”“民族”融合在一个虚拟的场域之内，这意味着具有不同文化背景的民间规范之间更加容易出现冲突的情形，而且这种冲突所带来的社会影响可能比现实世界中的冲突还要更为激烈。例如，2012 年某一匿名网络用户在 YouTube 上传了阿拉伯语配音的美国电影《穆斯林的无知》，该电影上传后就引发了全球性的大规模反美浪潮，甚至美国驻利比亚的大使也因此而遭袭身亡。[③] 该冲突代表的不仅仅是不同文化之间的矛盾，也映射出不同民间规范在网络社会运行过程中所出现的冲突。因而，在探讨民间规范如何在网络社会运行的同时，也需要关注民间规范因时空转变而引发的新冲突问题。

二、民间规范在网络社会中的运行考察

作为社会规范表现形式之一，民间规范必然要立基于特定的社会空间。而与之相应

① 代表人物为谢晖教授。谢晖：《民间规范的视野》，法律出版社 2016 年版，第 141～142 页。

② Andrew Murray and Colin Scott, *Controlling the New Media: Hybrid Responses to New Forms of Power*: 65 *The Modern Law Review*, 491(2002).

③ 《穆斯林的无知》被认为是对伊斯兰国家的歧视与侮辱。有些国家(如俄罗斯、伊朗等国)甚至申请将该影片认定为极端主义电影。

的是,某一社会控制机制要在特定的社会空间中运行并发挥作用也必然会受到各种社会环境、空间因素的影响。

(一)社会空间因素:“民间社会”与“网络社会”

从字面意义上来讲,“民间规范”是一种产生于“民间社会”的行为规范,①是在社会结构形成过程中所产生的一种自发性秩序安排。这至少透漏出三个层面的信息:一是民间规范所约束的对象主要是生活在特定社会环境中的“民”;二是民间规范是由“民”自发生成并自愿遵循的行为准则;三是特定社会中所产生的秩序安排经由“民”之间的交往而建构起来的社会关系网得到执行。然而,当“民”所存在之时空背景被转换为“网络社会”②时,传统的民间规范能否完全复制适用于网络社会仍然有待考察。

第一,网络社会中民间规范的约束对象“网民”会出现身份认同的难题。民间规范的产生、发展与运行均离不开特定的人类社会。在人的社会中,人是其间最好的标注。人的数量、行为活动、人与人之间的社会关系是决定该社会空间特征最重要也最微妙的因素③。与此同时,人的身体存在、认知感觉、社会性与精神性等也都与其所处的空间具有复杂而微妙的关系。可以说,“网民”身份的转变是两个社会空间中最为重要的区别因素。现实社会中的“民”一般是指在现实社会关系网中扮演不同角色并具有不同身份地位的自然人。他们在现实社会关系网中可能同时扮演多个角色并具有多重身份。例如,在配偶关系中,他扮演的是丈夫的角色,但在父子关系中则扮演的是父亲的角色。人们在社会关系中的角色不同,那么他们所享有的权利、承担的责任也不相同。“网民”所指代的却不仅仅包括连接在网络之上的自然人,还包括人工智能设备等非自然人。“网民”在本质上是一种“电子人”。④ 除了踏入网络空间的现实人之外,“电子人”还存在人工智能、虚拟人等不同的形式。现实人进入网络社会之后在身份认同上至少会在以下三个方面发生变化:一是身体存在的缺位;二是身份具有了流动性;三是虚拟身份与现实身份之间的对应关系发生改变。⑤ 这意味着:其一,网络社会中的民间规范不可能依靠人的身体存在的场所来对其行为进行约束,一方面是因为穿透网络达至现实人的成本巨大,另一方面则是因为即使这样做了也收效甚微;其二,现实人的身份不再具有相对固定性,盖因现实人在网络社会中可以同时拥有多个不同的身份,亦即网络社会中的人可以一人分饰多个角色,而且该多个角色还可以相互转换,因而这无形中加大了身份认同的难度;其

---

① 西方的学者们通常会将“民间社会”视作一种“市民社会”。因而,西方的民间规范之民是指“市民”,而我国的民间规范中的“民”则包括子民、臣民、贱民等。钱继磊:《民间法概念之再思考——一种反思与回归的视角》,载《民间法》2018 年第 2 期。限于篇幅,本文不对该问题展开分析。

② 一般认为,网络社会可以划分为两大类:一是作为现实空间一种新社会结构形态的“网络社会”和基于互联网架构的计算机网络空间中“网络社会”。本文中两种分类不做区分。

③ 童强:《空间哲学》,北京大学出版社 2011 年版,第 27 页。

④ Daniel J.Solove, *The Digital Person Technology and Privacy in the Information Age*, New York University Press, 2004, pp.3-7.

⑤ 夏燕:《网络空间的法理研究》,法律出版社 2016 年版,第 128 页。

三，虚拟身份与现实身份之间难以一一对应。在网络社会中想要透过虚拟身份追寻到现实身份并将其现实化，对于普通人而言这是一个相当困难的事情。除此之外，网络联通的不仅仅是自然人，还有虚拟人、人工智能设备等，如何界定以上主体的身份也是一个比较棘手的问题。传统身份认同障碍又会直接阻碍传统文化阶级的认同，从而对传统民间规范在网络社会中有效的适用造成困难。

第二，网络社会结构形态趋向分散化与去中心化，在与传统的集中式民间规范运行模式融合时会出现新的问题。民间规范在本质上是一种社会规范，而其主要的作用方式通常是一种垂直方向或水平方向上的社会控制。[①] 现实社会中的民间规范目标通常需要借助某一中介机构才能最终实现。例如，在我国古代社会所推崇的宗族制度下，所有乡约族规均需要通过宗族开祠堂等形式来实施。即使在现代，乡村社会中的村规民约也会有一个代表所有村民行使权利的村委会或居委会来实施。可见，再完善的民间规范也需要有一个集中化的机构来代表或表征其他社会成员。尽管网络社会能够映射出现实社会的部分特征，但是网络社会绝对不是现实社会向网络虚拟空间的直接搬迁。从结构形态上来看，网络社会是由多个不同的网络交织而形成的，而网络本身又是由一系列的网络节点连结而成。网络社会的这种结构特点也决定了整个网络社会的走向与目标，使得网络社会打破了传统社会垂直式或水平式的组织方式，进而趋向于一种分散化、去中心化的社会结构模式。鉴于网络社会中的所有信息都需要经过数字化与代码化处理，民间规范在网络社会的传播也需要进行相应的数码转化处理。数码处理后的民间规范内容在加工、存储与传递过程中也必须遵循网络传输的基本规则。[②] 但网络架构设计者可以将民间规范的某些内容直接嵌入计算机软件程序设计过程之中，使得这一规范内容成为所有网民都必须遵循的网络行为规范，比如某些网络社交平台制定的网络社群行为守则。民间规范在网络社会中的这种运行方式严格意义上仍然可以归属至集中式的社会控制模式，因为其控制仍然需要借助于网络社交平台这一第三方机构。目前，建立在分布式分类账技术基础上的区块链应用就宣称摆脱了第三方机构的集权式控制模式。[③] 区块链在本质上是一个全球共享、去中心化且去信任的分布式账本系统。“全球共享”意味着全球网络用户共同拥有一个账本；“分布式”与“去中心化”意味着该账本不需要集中存

---

① 垂直方向的社会控制一般是自上而下或者自下而上的控制方式。例如，西汉统治者自上而下地推行儒家思想作为基本的行为标准。再比如，乡规民约得到普遍地认可并最终得到统治阶级的承认，此即自下而上的控制方式。水平方向的社会控制则比如统一社会组织内的成员相互之间的评价、谴责等。

② 例如，根据网络层级相分离原则的要求，低层级的网络不会在其收到的上层最大负荷数据中输入任何情报或信息功能，底层网络不会因传输内容而进行有差别地对待，也不会允许下层网络来更改数据的内容。更多信息请参见 Lawrence B. Solum and Minn Chung, *The Layer Principle Internet Architecture and the Law: University of San Diego School Public Law and Legal Theory Research Paper*, 55(2003).胡凌：《论赛博空间的架构及其法律意蕴》，载《东方法学》2018 年第 3 期。

③ 例如，区块链通过智能合约、共识机制以及分布式分类账技术使得所有的网络参与者享有了对自己数据的控制权。Michèle Finck, *Blockchains and Data Protection in the European Union; Max Planck Institute for Innovation and Competition Research Paper*, 01(2018).

放在某一中心服务器之上，而是分布式地存放在网络上所有用户的计算机之上，且不需要一个第三方的中心机构来记录、管理和维护该账本，而且由网络上所有用户来共同争取记账权，共同处理账务；“去信任化”则意味着网络中的所有用户彼此共同信任而不需要由第三方机构来提供信任保障。[①] 这为网络参与者在网络社会规避第三方中介机构的监督与制约提供了可行性路径，而网民似乎已经完全拥有了在网络社会中的行为自由。网络社会中的以上种种变化都需要民间规范及时作出应对。

第三，民间规范在网络社会中运行将面临各种社会风险。从传统民间规范的作用结构来看，其外延不仅能达至个人，还能延伸至整个社会；其内容不仅涵括了对是非曲直、良善邪恶的认知，也包括了对人或事正当合理的议论与评价；其影响既可能是积极的，也可能是消极的。显然，考察民间规范的作用结构既可以从微观层面入手，又可以从宏观层面的视角入手。从微观层面来考察，网络社会中的人因其身体存在的缺位、身份的流动性以及身份对应性的缺失而变得更加自由，而这直接改变的就是人们的日常人际交往结构。民间规范的积极影响固然能通过网络扩散并普及到整个世界，但民间规范的消极影响也可能被无限扩大。[②] 网络社会给人们造成一种与现世隔离的错觉，让人们不再因担心其身体受到侵害而畏手畏脚，他们在网络社会中可以随心所欲地扮演各种角色，并去做各种他们在现实世界中不敢做的事情。伴随而来的就是，人性中的“恶”在网络社会中被无限地释放。例如，当前网络社会中出现的各种新型网络诈骗手段、隐匿的网络赌博游戏链接以及秘密的网络色情服务等现象。传统民间规范的声誉制裁、批判谴责已经难以对这种行为产生强有力的约束。与此同时，某些民间规范的消极影响范围经由网络传播也必将扩大。针对这种新型的网络社会交往结构而带来的社会风险，民间规范需要寻求新的路径才能发挥作用。从宏观层面来看，网络社会中的社群组成、文化认同乃至政治实践都会发生结构性改变。网络社会是一个信息化社会，任何网络信息都会被转化为不具有明显识别性的数据经由网络架构进行传输。这意味着在网络社会中谁掌握了“信息”谁就具有了网络社会中的绝对话语权。随之而来的就是“网络霸权主义”与“网络威权主义”，使得网络社会财富分配结构向那些占据主要网络资源的人或组织倾斜，由此而造成的贫富差距影响也会加深现实社会中的贫富差距矛盾。网络社会民间规范的运行需要依靠网络信息的有效传递。贫穷落后地区的民间规范难以通过网络传播扩大其受众范围而逐渐消亡，而掌握网络传输主动权地区的民间规范则凌驾于其他民间规范之上成为了事实上的强制规范。以上种种冲突的出现使得民间规范在网络社会中的运行面临风险。

（二）行为约束机制：“以社会为基础”与“以设计为基础”

作为一种社会规范的表现形式，民间规范之所以能在特定的人类社会产生、运行并

① 赵刚：《区块链：价值互联网的基石》，电子工业出版社 2016 年版，第 5 页。

② 陆宇峰：《信息社会中的技术反噬效应及其法治挑战》，载《环球法律评论》2019 年第 3 期。

发挥作用，其关键的因素就是民间规范能够对人们的思维方式、行为方式乃至价值观念产生影响。民间规范的行为约束机制以社会控制为主要手段，利用人们的社会交往活动来完成信息收集，并适用诸如批判或排斥等社会制裁手段来约束行为。网络社会中民间规范的规范基础在本质上仍然未发生改变，然而却必须借助代码与网络架构来实现社会控制，是一种以设计为基础的社会控制。

其一，网络社会中的民间规范仍然需要以社会控制手段为基础来约束人的行为。不论民间规范处于现实社会还是网络社会，其作为一种社会规范的本质不会改变。从规范路径来看，民间规范的产生不依赖官方，是在特定社会背景下自发形成的行为准则。人是一种社会性动物，因而当人在社会中生存活动时也必须遵循其所处社会的基本行为准则。与此同时，民间规范所具有的仪式性与象征性特征[①]在本质上也是因为受到了社会文化的影响。当民间规范通过行为标准的设定、信息的反馈以及纠偏机制的实施来重塑人们行为的同时，其也在潜移默化地将这种影响延伸到他们对自身的认知之中。从行为规制架构来看，民间规范的约束力需要借助人与人之间交往而形成的社会关系来实现。正如在法学范畴之内，法律关系是研究与分析各种法律问题的基本工具，意即分析法律问题一般需要建立在特定的法律关系之内。[②] 民间规范问题也需要借助特定的社会关系来进行分析。在网络社会情境下，网民之间形成的社会关系网呈现出圈层化与交织化的特点。[③] 一方面，网络社会关系既有现实社会关系的特征，也会表现出某些虚拟关系的特征。某些具有共同兴趣爱好而聚集在相同网络社交平台，并形成特定的文化圈层。这些文化圈层就是以上社会关系的集中体现，在本质上就是一种社会关系网的耦合。另一方面，网络社会关系网还呈现出交织化的特点。"个体"网民因关注相同话题或者相似领域而形成一定规模的网络社群。且"个体"所处的网络社群一般都不是单一的，而这种多社群的身份使得网络社群之间出现交叉。众多具有相同或者相似性质的网络社群又构成了更大的群落。在个体与个体之间、社群与社群之间、群落与群落之间、个体与社群之间、个体与群落之间、社群与群落之间，都有信息的互动和交换。不论网络社会结构形态如何变化，社会关系这一本质不会发生改变，因而网络社会中的民间规范仍然需要以社会控制作为其行为规范的基础手段。

其二，网络社会中的民间规范需要网络架构（代码）等设计来制约网络主体的行为。网络社会又被称作信息社会，这主要是因为网络在本质上是一种媒介，它需要通过物理设施、网络代码或者网络架构等连结现实与虚拟的介质来传播信息，从而在人与人之间架构起不同的社会关系网络并进而形成一种社会系统。互联网生态学者们认为，网络社会主要由环境因子、主体因子和信息因子三大部分组成。[④] 民间规范在网络社会中的运

---

① 余地：《论民间法的象征意义》，载《民间法》2016 年第 2 期。

② ［美］罗斯科・庞德：《通过法律的社会控制》，沈宗灵译，商务印书馆 2013 年版，第 39 页。

③ 周庆山、骆杨：《互联网媒介生态的跨文化冲突与伦理规范》，载《现代传播（中国传媒大学学报）》2010 年第 5 期。

④ 邵培仁：《论媒介生态系统的构成、规划与管理》，载《浙江师范大学学报（社会科学版）》2008 年第 2 期。

行同样也离不开以上三大因子，而其中信息因子也是最为关键的要素，信息因子将环境因子与主体因子联通在一起。网络社会系统没有控制中心，主体的适应性和活动的目的性决定了人类对该社会系统具有一定的驾驭能力，能够主动、及时地发现系统内部存在的紊乱，并采取行动消除它，能动地建立新的秩序，增加系统的有序度。而主体要在网络社会中实现自我发现、自我完善、自我修复、自我执行至少需要以下基础性条件：完善的计算机物理设施支持、不断更新以满足人们需求的程序设计以及相对稳定的网络架构。① 第一个基础性条件是现实世界对网络社会的物理支持，而后两个条件则在一定意义上可以左右整个网络社会主体的行为。劳伦斯·莱斯格在其著作《代码 2.0》中坦言："在网络空间代码就是法律。"②尽管这种说法仍然存在争议，但其也反映出一个事实：网络社会的运行离不开代码。代码建构起来的网络架构是网络社会得以存在的软件基础，任何网络社会规范的运行都不能脱离代码。因而，要想让民间规范在网络社会中运行畅通，最佳做法就是将其内置于网络程序设计之中，成为人人都必须遵循的社会规范。

（三）规范实施机制："社会制裁"与"自我执行"

民间规范是社会规范的一种表现形式，即使其所存在的场域由"现实社会"转向"网络社会"，其社会规范本质不会发生改变。社会规范适用批判、谴责或排斥等否定性评价手段来实现其社会制裁的效力，网络社会中的民间规范仍然可以适用以上手段来实现其行为规制目的。但由于其受到网络空间场域的限制，网络社会中的民间规范实施需要借助于代码、网络架构。因而，与现实社会中的"社会制裁"不同，网络社会中的民间规范实施呈现出一种"自我执行"的状态。

一方面，网络社会中的民间规范仍然需要通过"社会制裁"来实施，如批判、排斥、否认、谴责等否定性评价方式，但需要借助第三方机构来实现制裁目的。利用虚拟的电子人身份在网络社会中实施行为所造成的后果可以不受限制地传播并广泛影响现实社会中人们的生活，但对于普通大众而言，若想要透过网络虚拟人追寻到现实人却存在很大的难度，也需要较大的成本。例如，某些人在网络社交平台上注册多个账号为其真实身份做掩饰发布针对现实中的人或事的诽谤信息，受害者很难单凭自身力量追寻到该造谣生事者。即使能够追踪到该造谣者，受害者也需要付出相当大的成本代价。在网络社会中，民间规范的"社会制裁"功能也许只有通过网络平台运营商这一第三方机构来实现才是最佳方式。以"为用户生成内容服务"（以下简称为 UGC）为例，其是一个由网络内容服务行业领先的商业著作权所有人、网络服务提供者③协商制定的基本原则。网络内容服务商们通常会采取以下四种方式来达到"社会制裁"的目的：一是阻挡，即拒绝网络用

① 戴昕：《重新发现社会规范：中国网络法的经济社会学视角》，载《学术月刊》2019 年第 2 期。

② Lawrence Lessig, *Code Version* 2.0, Basic Books, 2016, p.23-25.

③ 主要是提供用户上传或者用户生成的音频与视频内容服务的网络服务提供商与内容提供商，如 MSN、Myspace、Dailymotion 等，而不包括浏览器、搜索引擎以及其他小应用程序。我国的优酷视频服务提供商也宣布支持 UGC 原则。

户接入某些网络内容与网络应用。二是降级，即对某些网络内容的数据流的带宽与速率进行限制。三是优化服务质量，即提供不同价位的服务质量以供网络用户进行选择，服务质量越佳则收费越贵，以此来限制网络用户获得某些网络内容的权限。四是清除，即对于被识别的认为侵权的网络内容及其链接直接进行删除。例如，优酷视频提供用户上传视频服务，但如果用户上传的视频涉及侵权，优酷就会提前对该上传视频进行有效的内容识别，并提醒用户其上传的视频侵权从而阻止该视频继续上传。以上四种技术性手段实质上隐含着这样一个过程：即网络内容服务商提前对网络内容进行评价的过程。而这种评价行为的反复进行也会产生一种普遍遵循的惯例做法（如 UCG 原则），并逐渐发展成为网络社会的行为标准。如果符合网络社会民间规范的行为标准与价值目标，那么网络内容服务商就不会对其网络行为进行限制。在此期间，网络内容服务商们已经成为了网络社会规范的真正执行者，而通过其所实施的制裁手段才能真正地起到约束网络行为的作用。

另一方面，网络社会中的民间规范可以通过“自我执行”的方式来实施。网络社会是一个信息化社会，网络社会中的所有要素都必须以数字化代码的形式存在。民间规范自然也不例外。劳伦斯·莱斯格教授创设性地将“代码”“网络架构”贴上了行为约束机制的标签，其实也为民间规范的实现路径开启了一项全新的研究视角。传统民间规范通常是通过直接约束人们的行为而非人们行为发生的场所或环境来实现其行为规范的目的，因为从成本收益的角度来看，直接约束人的行为比改变其所处的环境成本要低。在此种约束机制之下，人们的行为空间更为广阔与自由，判断人们行为正当性的标准则包括行为的道德性、行为的合法性等。对“人的行为”关注始终处于核心位置。然而，莱斯格的观点提醒了我们“架构”作为行为规范基础的重要性。在网络社会中，通过减少人们行为选择的空间来使人们的行为更符合规范要求也许是一条更为便捷的路径。这种行为约束机制采取的是一种改变事物内部构造或重塑环境而非改变人们行为方式的策略，判断人们行为正当性的标准被内化嵌入网络代码与网络架构之中，网络主体如果不能遵守这种内置化的行为规范，则其可能会被拒绝进入某些网络社群。在这种技术的最强约束之下，行为人除了遵守内设的行为规范之外别无他选。而次一级的行为约束则可以通过减少人们行为选择的空间来进行。例如，上文示例中的网络内容服务提供商通过给予不同用户差别化的带宽与速率服务的方式来限制用户上传内容，对于那些遵守行为规范的用户给予较高的带宽与速率服务，反之则降低服务水平。因而，从某种意义上来看，利用网络架构的物理属性来实现行为约束的目的比传统的行为规范手段要更加有效。网络社会中的民间规范一旦被内化成为这种网络架构的一部分，则其实质上已经成为了一种“自我执行”的行为规范。

三、网络社会民间规范运行中的秩序协调

网络本身所具有的共享、开放特性使得网络社会比现实社会更加多元也更加复杂。

正如海德格尔所说，人类想掌控技术的欲望成为了技术的一切，但人类掌控技术的欲望越强，技术就越能威胁人类并脱离人类的掌控。① 在网络社会场域之下，人们可以将其真实身份隐匿，也可以同时具备多重身份，而这些因匿名性引发的身份识别、身份不对等问题也会直接引发文化认同失衡等各种社会问题。与此同时，民间规范的"集权式"社会控制模式在与去中心化、分散化的网络社会融合时也会出现各种冲突。不论以上问题如何复杂多元，其最终的协调与解决始终不能与网络技术共享、开放、多元等特性相违背。

第一，网络社会民间规范运行过程中的文化认同失衡问题的解决需要秉持"开放性"的基本原则。网络社会中的民间规范冲突是不同国家与民族文化差异的一个缩影，而相同的文化认同感最初都是建立在相同的身份认同理念之上。网络社会中的"人"因匿名而出现的身份认同难题会对传统民间规范所确立的信任机制、交易规则乃至生活在该社会中人的精神性与社会性产生冲击。如果仅仅是因为这种冲击的出现，就否定民间规范在网络社会中的存在基础，那么这其实就是一种故步自封。网络社会中的民间规范不仅不能故步自封，还应当积极与互联网价值目标相融合，利用互联网这一媒介催生出全新的民间规范。不同国家与民族的文化经由网络扩散并相互吸收借鉴，在这一传播过程之中，民间规范也必然会随着文化的传播而被更多人所了解接触。尽管一些落后的社会规范会因时代变迁而不再具有行为约束效力，但随之而来的并不是所有民间规范的消亡，而是会出现更多适应网络社会需求的新的民间规范。这也是网络社会民间规范运行中必须秉持"开放"理念的重要原因。只有坚持"网络开放"才能吸收并催生出更多的新型社会规范以适应网络社会的长足发展要求。

第二，网络社会民间规范的社会控制模式需要与网络的"多元性"保持一致。网络社会的去中心化、分散化特征使得集中化的社会控制模式受到挑战。一方面，网络社会中的民间规范运行可以不再单纯地依靠某一特定的统一控制中心。网络社会主体本身所具有的能动性与适应性可以使其在网络社会中自由行为，但我们也必须意识到并不是所有网络化的群体都能完美地自治。通常我们都会选择由第三方来提供信任保障，并以此来对网络主体的行为进行监督与反馈。该第三方既可以是社会交往主体彼此信任的网络社群组织，也可以是某一网络社交平台。这种信任机制在本质上仍然属于一种集中式的社会控制模式。控制集中的同时也伴随着高度的风险集中，并且由于受到网络稀缺资源分配的影响，这类第三方机构通常都是掌控网络运营市场的垄断者。在某种意义上，区块链技术的发明就是为了弥补网络社会控制这一方面的缺陷。在协商一致的规范与协议之下，区块链利用开放源代码②在足够多的网络节点上运行。任何一个网络主体都能参与到区块链之中，但却又都不能控制并拥有区块链，从而形成了一个"自治"系统。

① Heidegger Martin, *The Question Concerning Technology and other essays*, translated and with an introduction by William Lovitt, Harper&Row Publishers Inc, 1977, p.5-8.

② 开放源代码是一种按照共同的规范和协议编写的软件，不是私有的程序。区块链的每一次版本升级都需要得到所有开源社区的审核，因而任何一个恶意的修改不仅成本巨大而且能够被预防。

这种开放源代码的自治系统建构起了一个去中心化、去信任的机制，不再需要第三方的信用认证和担保。通过程序设计，区块链可以保证所有的结果都是可信的，因为坏人没有机会做坏事。① 这也充分说明技术创新不仅不会使得民间规范消亡，还会令其焕发新生。另一方面，网络社会民间规范的产生、运行与实施均需要多方利益相关者的共同参与。利益相关者参与度越高，则社会决策的公平公正性也相对越高。网络社会民间规范的产生建立在网络个体实践基础之上，当网络个体行为惯例演变为社群惯例，并进而上升成为一种社会习俗。在这一过程中，民间规范的行为约束效力逐渐延伸到每一网络主体的认知之中。网络能让尽可能多的利益主体获得了表达其利益诉求的机会，那么在多方利益相关者的利益博弈之下，民间规范所能代表的利益群体则更加广泛，在实施过程中所能得到的认同就会越多。

第三，网络社会民间规范运行过程中冲突的协调还需要遵循"包容性"原则。传统的民间规范总是建立在一定的民族与国家背景之中，并构成国家和民族文化中的重要组成部分。世界上的国家与民族文化千差万别，因而建立在其基础之上的民间规范也不可能完全一致。但不论是在现实社会，还是在网络社会，民间规范冲突并不是一种"你存我亡"的冲突。正如法律规范冲突可以通过制定相应的冲突规范来进行协调，映射不同民族或文化的民间规范通过"求同存异"也可以共存于网络社会之中，并在不同的网络社群中发挥其行为规范作用。"存异"意味着允许多个民间规范并存运行，是互联网包容性特性的直接体现。网络社会中民间规范冲突映射的是不同国家或地区的文化冲突，是不同社会规范在网络社会中适用的冲突。当多个民间规范在网络社会中适用时，冲突的解决需要依靠特定的协调机制。"协调"则意味着需要"求同"。"求同"需要建立相应的共识机制。"共识"的达成不仅需要多元主体的参与，还需要信任机制的支持。网络参与主体之间的信任需要以网络节点之间的数据传输为基础，而一旦数据被泄露则有可能引发社会风险。为了防止数据泄露，计算机程序开发人员开发出多种加密算法。例如，区块链中应用的非对称加密算法就可以在保证无须信任单个节点的基础上建立共识网络。与此同时，"求同"还可以在特定的网络社会圈层中实现。尽管网络社会模糊了国家界限、民族界限，但却并不表示网络社会不存在不同的社会圈层。与现实社会类似，网络社会中的民间规范通常也只是适用于特定的人群。不同的是，网络社会的社会圈层是由各种具有类似特征(如有共同的兴趣爱好、注册了相同的社交平台等)的个体或社群组成的圈层，在该社会圈层生态环境下，参与主体可以自由表达自己的诉求并通过与其他成员的交流沟通而得到社会认同。在这种良好的社会认同环境之下，网络社会在原有民间规范良好运行的基础之上，也能滋生出新的民间规范。

---

① 赵刚:《区块链:价值互联网的基石》，电子工业出版社 2016 年版，第 38～43 页。

On the Operation and Order Coordination of Civil Norms in the Network Society

Zhang Yu

Abstract: Due to the characteristics of network diversity openness and sharing being gradually recognized in human social life, the civil society on which the traditional civil norms depend has been impacted to varying degrees in terms of structure, operation rules, etc. When the field of civil society is transformed into the field of network society, the social space factors, behavior restraint mechanism and implementation mechanism that the operation of civil norms depend on must resist all kinds of conflicts and risks brought by network technology. The network society needs to establish an order coordination arrangement based on the principles of openness, pluralism and inclusiveness, so that the civil norms can continue to play their role in the network society.

Key Words: network society; civil society; civil norms; social control

经验解释

民国时期报刊医药广告治理述评（1912—1937）*

张惠彬** 吴运时***

摘要：清末以来，中国工商业、医药业与报刊业的发展为抗日战争全面爆发之前医药广告的繁荣带来了坚实的经济社会基础。但是医药广告繁荣的背后是虚假、淫猥违禁广告的泛滥。对此，民国政府协同医药、报界等行业采取了一系列措施，包括道德上的劝诫、行业的软法之治以及国家的硬法之治。但是，透过一系列的数据和案例，可以发现这些措施并没有收到预期的效果。治理失败的原因，归根到底在于1912—1937年之间特殊的社会背景，如资本趋利性的膨胀、地方政府法令的缺陷、外国势力的阻挠、性病泛滥与进补之风盛行带来对医药的巨大需求等因素都助长了违禁广告的扩张。

关键词：违禁医药广告；软法与硬法之治；资本逐利性；性病；进补之风

所谓广告，顾名思义就是“广而告之”。商家广告行为的目的就是让消费者知晓并认可自己的产品从而进行购买。因此，广告之中难免夸大之词。一定范围内的夸大和渲染尚属可以接受，但如果超越了必要的限度，就会为社会所诟病。2016年的魏则西事件和2017年的“网红神医”刘洪滨事件无不挑动着社会大众对虚假医疗广告的愤怒情绪。据统计，2017年1月至6月，全国相关部门共查处广告案件11.2万件，其中51.58%为虚假广告，数量达5784件，占比创近年同期新高。① 其实，医疗广告的治理难题并不是当下才有，早在民国时期，违禁医疗广告就普遍存在。很多药商及医生为了经济创收，不惜在报章杂志上斥资刊登虚假医药广告，蒙蔽视听。也有非常露骨地刊登性病广告，为当时的社会风俗所难忍。对此，中华民国政府自1912年成立后，就出台了一系列的法律法规，民间报业组织也发挥自律机制以图规范医药广告市场。但是1937年抗日战争全面爆发，北京、上海、广州等东部发达城市相继失守，医药广告治理法规也就随之瘫痪。所以本文将研究时间范围界定在1912年至1937年之间。

民国著名新闻学者、报人黄天鹏曾提出，“研究广告大约可以从三方面下手：第一是

* 重庆市教委科技项目(批准号:KJQN201900315)；四川省科技厅软科学项目(批准号:20RKX0394)。

** 张惠彬，法学博士，西南政法大学副教授，重庆知识产权保护协同创新中心研究员。

*** 吴运时，中南财经政法大学博士研究生。

① 李金璐、汪琴：《论虚假医药广告的法律规制》，载《上海商业》2018年第1期。

从登广告者着想,第二是从做广告者着想,第三是研究广告所发生的影响"。① 学界对民国时期广告的研究,不可谓不多。但是专门对民国医药广告,研究成果还是少数。通过梳理,针对民国时期医药广告的研究主要有以下几类。第一,通过对特定时间段、特定报刊的医药广告进行分析。② 这一类论文通过报刊广告发掘了当时的社会问题,比如性病、烟毒、保健药品的流行等,但并没有提及当时政府对这些广告的治理。第二,专门论述政府对医药广告的治理。③ 这一类论文都在指出当时假冒、淫猥医药广告的基础上,罗列了政府出台的一系列法规,但是大部分都存在述而不论的不足。龙伟和彭善民、肖阿伍的文章对这些法规进行了评析,但对于这些法规出台后实施情况如何缺乏陈述。此外,民国广告治理的研究,涉及新闻传播学、法学、历史学等社会科学领域,以上所论及的成果都是从新闻传播学或者历史学的角度上分析,本文即是以法学的视角对这一议题进行分析。

本文的第一部分揭示了民国初年医药广告繁荣的基础,即自清末以来西医药的传入与报章杂志的迅速发展催生了广阔的医药广告市场。但是医药广告一派繁荣的背后是虚假与淫猥情色的泛滥。第二部分站在法学的角度上从政府劝诫、行业软法、国家硬法三个方面介绍了当时对医药广告的治理,这一节中主要选取了当时中国工商业最为发达的北京、上海、广州三座城市进行论述。第三部分指出道德劝诫、行业自律与国家治理的效果并不理想。在执行的过程中存在法规执行效率低下、租界执法困难、业界反对声音不断等一系列的问题。该部分的史料来源于 1912 年至 1937 年之间的地方政府报告,以相关的执法数据和案例弥补了以往研究成果中史料不足的问题。第四部分,分析了治理难以奏效的原因。即因为资本的逐利性消减了劝诫与软法的规制功能,民国地方政府的法令因为缺乏稳定性、处罚较轻、外国势力阻挠等因素而难以执行;同时,性病泛滥与进补之风的盛行给医药带来的巨大需求也刺激了不法广告商与药商置法令于不顾。文章最后的结语对现实进行了回应,指出避免不法医药广告的根本方法还是需要提高消费者自身的素质和判断力。

---

① 黄天鹏:《中国新闻事业》,上海联合书店 1930 年版,第 289～290 页。

② 代表性成果有:曹璐:《〈新新新闻〉报纸医药广告研究(1937—1945)》,西南交通大学 2016 年硕士学位论文;吴慧慧:《从〈苏州明报〉医药广告看近代苏州社会问题(1925—1937 年)》,苏州科技大学 2018 年硕士学位论文;李劲竹:《近代以来国人健康、卫生与保健观念的变化——以〈申报〉(1927—1936)所见医药广告为例》,载《中国医学人文》2017 年第 12 期;刘冬丽:《从〈大公报〉(1930—1937)医药广告看民国社会健康议题设置》,载《东南传播》2017 年第 7 期;吴朝霞:《民国时期报刊中的医药广告研究—以〈广州民国日报〉(1923—192)为例》,载《东南传播》2018 年第 9 期。

③ 代表性成果有:龙伟:《民国广告的自律与他律:以医药广告为中心的观察(1927—1949)》,载《新闻与传播研究》2010 年第 5 期;彭善民、肖阿伍:《民国上海医药广告管理评析》,载《湖南农业大学学报(社会科学版)》2003 年第 4 期;曾义梁、振丽:《民国时期成都医药广告管理》,载《四川档案》2014 年第 4 期;周莉莎:《民国时期广州市政府的广告管理研究(1927—1937)》,暨南大学 2012 年硕士学位论文。

一、繁荣难掩违禁广告之泛滥

民国报人如来生曾言，“报纸的销额愈大，则广告必愈多，报纸的广告业务发达，则足以促进销数”。[①] 广告与传媒业的发展呈现相辅相成、相互促进的关系。清末以来，中国西医药的发展，再加上中国本土的中医药市场，为中国东部繁华都市医药广告丰富的内容奠定了基础。而近代以来报刊传媒的发展，正好为医药广告提供了平台，使得医药业、广告业、报刊业不谋而合。

首先，医药上。清末以降国门洞开。西方资本大量涌入中国，中国的洋货进口量与日俱增。随着西方资本一起涌入中国的，还有西方医药和传教士。大量传教士在中国行医治病，开设西医院，培养中国西医药人才。1907 年在华教会医院就已达 300 所，小诊所 600 处。[②] 1850 年，英国医生撒敦开设了上海首家西医药机构大英医院（药房）。到 1887 年，大英医院在上海已有西药房十二家，外地分店四十多处。[③] 这种增长趋势在中华民国成立后仍在继续。其次，报刊传媒上。1853 年，英国传教士麦都思在香港创办了一份名为《遐迩贯珍》（*The Chinses Serial*）的中文月刊。从 1855 年开始，《遐迩贯珍》新设“布告编”一栏，刊登诸如汽船出发时间的预告、英国制药商及牙科医生的“告帖”和“启帖”等广告内容。[④]《遐迩贯珍》是中国第一份刊登广告的中文报纸。报业的发展为广告业的繁荣创造了优良的条件，使得广告从业人员不断增加并朝着专业化的方向发展。例如，在报业肇兴之初，联络商家和报馆的广告中介和代理人只是散兵掮客。民国建立前后，专业的广告公司如雨后春笋般发展了起来。如 1909 年，维罗广告公司在上海创办；1914 年，上海闵泰广告社成立。随后，贝美广告社、克劳广告公司、华商广告公司、联合广告公司相继成立。[⑤] 除了广告公司的设立，专业的广告画家也不断涌现。他们各擅专长，中西绘画功底深厚，彩色印刷品广告、报纸广告各有分工，佳作连连。其中，始创于清末的月份牌广告在民国大放异彩，其特有的“擦笔”技法被公认为美术史上的一朵奇葩。

民国成立后，尤其是 1927—1937 年之间的“黄金十年”，中国工商业发展迅速。工商业繁荣的背后，报刊广告推销起着重要的作用。以上海的《申报》为例，宣统二年（1910 年），该报的广告版面只有 10%，而宣统二年以后广告版面就扩展到了 60%～70%。时人曾指出，“广告之于商业，如蒸汽力之于机械有伟大之推进力”。[⑥]“经常向

---

① 如来生：《中国广告事业史》，新文化社 1948 年版，第 2 页。

② 陈邦贤：《中国医学史》，商务印书馆 1957 年版，第 308 页。

③ 吴慧慧：《从〈苏州明报〉医药广告看近代苏州社会问题（1925—1937 年）》，苏州科技大学 2018 年硕士学位论文。

④ ［新加坡］卓南生：《中国近代报业发展史》，中国社会科学出版社 2002 年版，第 81、83 页。

⑤ 杨海军：《中外广告史》，武汉大学出版社 2006 年版，第 155 页。

⑥ 《广告法》，载《神州医药学报》1915 年第 3 卷第 5 期。

大报刊登巨幅广告一次,结果使平淡的营业顿时可易旧观,成绩之佳,殊足惊人,故有新商知识的公司商店,对于巨额广告之付出毫无吝色,对于广告之研究,也不遗余力。"①《申报》发行科为了让上海周边城市的读者可以看到申报当天的新闻纸,甚至根据火车运行表别出心裁设计了派送的邮政线路。② 广告为商家带来巨大收益的同时,商家往往也要付出巨额的广告费。据统计,到1934年《申报》年营业额就突破了200万银元,其中150万银元为广告收入,占比75%;发行收入约50万银元,只占25%。③《新闻报》1899年至1924年的24年中,"报纸每日销量,由四五千逐渐增至八九万以上。每年广告刊费收入自数千元,历年递增,至今(1923年)几及百万元"。④《神州医药学报》曾经刊登了一位火车乘客的见闻:"吾于前年在沪宁车中,遇一仁丹(作者按,仁丹即医药)公司之某君,据其云云,该公司所有的广告费,实占全数资本百分之八九十,闻者以为骇乎!"⑤

在这些铺天盖地的广告中,医药广告所占的比例又最重。当时三大家报纸即《申报》《晨报》《益世报》的广告版面中,医药类广告所占面积分别占各报广告面积的30%、34%、47%,其势之盛,蔚为壮观。⑥ 当时的医家汤暴舟惊呼:"医药广告之多,为各种广告之冠……甚至在一种报纸之上,竟有医药附刊八九种之多,实开世界之新纪录也。"⑦但是,工商业与医药广告繁荣的背后是虚假、淫猥广告的泛滥。1928年11月17日,上海市政府卫生局在召集各大报馆进行商议取缔医药广告的会议上就指出了,"近查每有不良之辈、或称专门、或名医院,登报宣传,限期包医男女生殖器及阳痿等病,托词医病,实则诲淫,无非引诱青年,服用壮阳药剂"。⑧ 当时有论者指出"当时中国报纸的广告,就是中国社会恶浊颓靡的广告……上边的广告,除了纸烟,颜料,就是药品。药品之中,最占多数的,不是治花柳病的,就是治虚弱劳伤的"。⑨ 包括医药内容在内的广告对两性的刻画,还一度引起了女性组织的抗议。1935年,江苏省妇女协会曾向当局建议请求禁止妇女画像广告,理由是这类广告侮辱了女性尊严。⑩

---

① 便:《从商业不景气到医药广告狂妄》,载《医药春秋》1936年第4期。
② 许俊基主编:《中国广告史》,中国传媒大学出版社2005年版,第149页。
③ 孙顺华:《中国广告史》,山东大学出版社2007年版,第45页。
④ 汪汉溪:《新闻事业困难至原因》,载《新闻报》1924年12月7日。
⑤ 杜鎏辉:《广告亡国论》,载《载神州医药学报》1914年第2卷第5期。
⑥ 戈公振:《中国报学史》,中国传媒大学出版社2016年版,第178页。
⑦ 汤氢舟:《医药与报纸》,载《医药评论》1935年第5卷第1期。
⑧ 《卫生局审查医药广告》,载《小日报》1928年11月18日。
⑨ 王晴霓:《中国报纸的广告》,载《曙光》1919年第1卷第2期。
⑩ 无夺:《侮辱女性的广告》,载《客观》1935第1卷第2期。

二、政府协同行业治理之措施

(一)劝诫

《广雅·释诂四》解释道,“劝,教也”。《说文》解释道,“诫,敕也”。① 所谓劝诫,就是劝诫者以拳拳之心对被劝诫对象的一种道德引导。劝诫观念在我国自古流传,也是中国传统知识分子的社会担当和家国情怀的体现。东汉的王充就曾提出知识分子的文字应当带着劝诫情怀,“文人之笔,劝善惩恶也”。② 中国的传统杂剧与小说就是社会劝诫思想的载体,像《十五贯》《窦娥冤》《赵氏孤儿》和蒲松龄所著的《聊斋志异》中《曾友于》《张诚》等篇目无不饱含着劝诫与教化之意味。

这种慈母式的劝诫思想被应用到了政府的行政管理当中。早在民国5年(1916年)十月,北洋政府内务部就发出《通咨各省报纸批评图画广告等项时涉淫猥应设法劝诫文》。其指出了报章杂志在社会教化与引导中的重要性,“查新闻报纸,用以发扬正论,指导社会,关系至为重要。故东西各邦,莫不目报纸为社会教育之课本”。但是,“乃观京沪各报纸,每有批评图画不尽正当者,而以广告一项为尤甚,甚至鬻导淫之药,缀猥亵之词,尺幅之中,层见叠出……假使官厅加以劝诫,当不难憬然觉悟”。因此,“函请贵部设法劝戒,期使报章上此类污点消除净尽,以助社会之改良”。③ 1920年5月,上海“全国报界联合会”第二次会议通过了《劝告禁载有恶影响于社会之广告案》。该案强调,“广告固为报社营业收入之一种,然报纸之天职在改良社会,如广告有恶影响社会者,则与创办报社之本旨已背道而驰”。④

(二)软法之治

除了道德劝诫,民国时期的“软法”之治也是一大手段。所谓软法,经典的解释为法国法学家 Francis Snyder 在1994年所下的定义:“软法是原则上没有法律约束力但有实际效力的行为规则。”⑤中国国内的学者对软法的内涵和外延作了进一步的界定,有的学者指出,软法具有以下几个特征:其一,软法并没有国家强制力保障实施,这也是其之所以被称为“软”法的原因;其二,软法一般是共同体内所有成员自愿达成的契约、协议。⑥同时,软法区别于道德和法律。软法是某一团体所有成员的行为规则,而道德首先是一

---

① 汉语大字典编辑委员会:《汉语大字典》,四川辞书出版社1995年版,第383、3973页。

② 王充:《论衡校注·佚文篇》(卷第二十),张宗祥校注,郑绍昌标点,上海古籍出版社2010年版,第412～413页。

③ 刘哲民:《近现代出版新闻法规汇编》,学林出版社1992年版,第100页。

④ 戈公振:《中国报学史》,中国传媒大学出版社2016年版,第230页。

⑤ 罗豪才:《毕洪海·通过软法的治理》,载《法学家》2006年第1期。

⑥ 姜明安:《软法的兴起与软法之治》,载《中国法学》2006年第2期。

种社会意识形态，其次才是人们的行为规范。道德形成于社会历史的长期积淀，软法可以是共同体在特定时期，针对特定情况即时制定出的规范，它可以带有有意识的工具属性。软法作为一种社会治理手段，它不具有国家强制力保障的确定力、拘束力和执行力，这是软法和国家制定法之间的重要区别。相比较而言，软法的运行机制是每个成员都必须自觉遵守，无须强制。如果违反，除了遭到业界的舆论谴责外，还会遭到本团体的纪律制裁，直至被共同体开除，被迫离开相应的共同体。

民国初年报业团体的发展为广告治理中"软法"的制定和实施提供了平台。这些广告同业公会制定了一系列的会规、章程。因此，令民众反感、让政府头痛的虚假与淫猥广告自然在广告公会的抵制之列。作为广告同业公会的成员，一家报刊的广告业务自然无法避免组织的监视，为了业界的声誉和会员身份，会员单位一般不敢独自冲破规矩。民国元年，中华民国报馆促进会就制定通过了"设立广告社案"，该案通过社会舆论对抵制不良广告起到了积极的作用。1919 年"中国广告公会"在上海成立，会员由《申报》馆、美孚洋行、南洋公学、英美烟草公司、万国函授学校等单位组成。其中，《中国广告公会章程》第一十条"干事之任务"规定了该公会调查部干事的职责，即"调查在华中外印刷界广告情形之盛衰……如有在华登载广告之商号犯有不正当之举动，该管干事部亦应立即报告董事部并陈述方法以纠正之"。后来，该条一分为二，其监视不正当广告之职责归改良部担任。[①] 1927 年，沪上六家广告公司如"维罗广告公司""耀南广告社"等发起成立"中华广告公会"。其在管理章程中明确指出，该组织是以"维持增进同业之公共利益及矫正弊害为宗旨"。1930 年，其更名为"上海市广告同业公会"，[②]彼时该组织的成员已经增至 91 家广告公司、行、号、社，在广告传媒界颇具影响力。

(三)硬法之治

从 20 世纪 20 年代末开始，南京国民政府就着手于通过立法治理医药广告。但是，中国幅员辽阔，工商业发达的东部城市与贫穷落后的西部农村小城镇社会经济发展水平迥异，再加上地方势力割据，军阀各自为政，当时的中国难以适用统一的医药广告规则。因此，中央政府将规则的制定职责归于地方政府。以北京、上海、广州为代表的城市纷纷制定了一系列地方法规。

1. 北平(当时北京称北平)

1930 年，北平市政府颁布了《北平市卫生局管理中西药商广告暂行章程》。1935 年，成为后来诸多省市修法模板的《北平市管理中西医药新闻广告规则》出台。该规则一共有九条，具体内容如下：首先规定了约束对象，即"本市中西医药广告登载新闻纸"，其次规定了医药广告的事前审查制度，但凡是医药广告在刊登之前，均需要报告卫生局批准获得验许证后方准登载且不准私自变更；再次对"他人登报鸣谢"进行规制，北平市当时

---

① 蒋裕泉：《实用广告学》，商务印书馆 1925 年版，第 78 页。

② 汪洋：《中国广告通史》，上海交通大学出版社 2010 年版，第 106 页。

并不完全禁止他人登报鸣谢医生或者药商，只是规定不得登载虚假的鸣谢启事。接下来，该规则具有溯及力，即所有新闻纸登载之医药广告限一个月内补报卫生局审查。最后，对罚则进行了规定。对一般的违反者，处以一元以上五元以下的罚金；对于屡诫不悛者，区分医业者和药业者，分别处以五十元以下、两百元以下的罚金。[①] 1936 年 11 月 16 日，北平市对该规则进行了修订，降低了惩罚力度。对违反本规则屡诫不悛，其关于医业者，得由卫生局处以三十元以下之罚金，关于药业者处以一百元以下之罚金。[②]

北平市这一规定最为经典并且得到了中央政府的肯定。根据民国行政院卫生署"医字第三九四"号批示可知，上海市医师公会曾经向卫生署反映，"医药与民众健康关系至巨，故医药之发展，不宜听其籍报章杂志之广告与医药看文之文字"，因此，上海医师公会请求卫生署"将《医师暂行条例》第十八条[③]引而申之，专订《取缔医师广告条例》并饬令地方官厅切实办理"。[④] 行政院卫生署接到报告后，并没有依照上海医师公会的请求制定专门的《取缔医师广告条例》，而是将《北平市管理中西医药新闻广告规则》抄送各省市区，令其参酌各自制定地方性法规。后来，很多省市在研究制定或者公布中西医药广告管理规则时通常声明，"前查北平市政府咨送备案之《北平市管理中西医药新闻广告规则》，所订各条，尚属切合实际，可为规定取缔前项事情法令之参考"。[⑤]

2. 上海

民国十八年（1929 年），上海市卫生局召集相关政府部门以及报社进行探讨，于当年 4 月 23 日公布了《上海市取缔淫猥物宣传品暂行规则》[⑥]，该规则首先列明制定的宗旨，即"为保护人民健康，维护善良风俗"，接着具体列出了所取缔的医药广告范围，即"宣传药物有避孕打胎壮阳等之效验者；宣传医治生殖器病之功能者；其他医药器物之经卫生局指明禁止者"，具体的处罚措施为对违反规则的报刊、个人店铺和医院，均现行告诫停止违法行为，继续违反者可对报馆处以 20 元以下、对个人店铺及医院处以 10～20 元的罚款。[⑦] 1930 年，由上海日报社函复市卫生局，称 1929 年规则在施行过程中存在障碍，于是该局又对淫猥药物具体分为了两类，一类即行拒绝刊登者：壮阳种子药品；通经停孕

① 刘瑞恒：《呈卫生署为医药广告夸大宣传恳严令各省市遵照医师暂行条例第十八条切实办理案》，载《医事汇刊》1935 年第 7 卷第 4 期。

② 北平市政府秘书处：《修正北平市管理中西医药新闻广告规则第六条条文》，载《北平市市政公报》1936 年第 381 期。

③ 《医师暂行条例》第十八条的条文为，"医师关于其业务不得登载或散发虚伪夸张之广告"，民国《医师暂行条例》虽屡经修改，但该条条文都没有变过。

④ 杭州市国医公会：《为管理医药广告通告会员》，载《医药新闻（杭州）》1935 年第 32 期。

⑤ 周象贤：《令杭州市开业中医为奉令颁发管理中西医药新闻广告规则仰遵照由》，载《杭州市政季刊》1935 年第 3 卷第 4 期。

⑥ 上海市于 1936 年对该规定进行了修订，但只是增加了"本市各机关及市民有淫猥医药品物等宣传品均可报告本市公安、卫生二局以凭查办"一条，其他各条并无变动。参见上海市政府：《修正上海市取缔淫猥药物宣传品暂行规则》，载《上海市政府公报》1936 年第 143 期。

⑦ 上海档案馆藏档案：S284-1-91。转引自彭善民、肖阿伍：《民国上海医药广告管理评析》，载《湖南农业大学学报（社会科学版）》2003 年第 4 期。

药品；避孕药物器物；返老还童、预防花柳药品器物；直接或间接宣传教授关于生殖器病之智慧者。第二类马上变更其广告之内容者：白浊药、梅毒药、白带药、遗精药、戒烟药、花柳及戒烟医生、其他花柳药品。① 后来很多地方制定该类法规时，都借鉴甚至照搬了上海市卫生局对淫猥药物这样的分类。是年6月，上海市卫生局制定颁布《上海市取缔报纸违禁广告规则》对前述规则进行了细化，其中规定了报馆对于有欺诈、淫猥嫌疑的广告，应当令送登人先将嫌疑广告送社会局审查通过后方可刊登上报。②

3. 广州

1923年11月，广州市公用局增设广告股，正式开始办理广告事务。③ 1929年12月5日，市政府令卫生局颁行了《取缔医界应守之医德规则》，规定“假若医生夸张其学识医术或央人雇人代为宣传，以惑诱人民，使误信真灵药，以图求诊，一经查出，或被告发，处以二十元以上一百元以下之罚金，诬告者反坐”。④ 1933年2月，广州市政府公布了本市第一份正式的医药广告管理规定《取缔医药广告规则》。该规则首先详细规定了约束对象，基本囊括了医药广告宣传行为。其次，规定“凡医业之广告，只许声叙学位，及专门医某科”，并且列明了医药广告严禁刊登的内容以及违反后的罚款幅度。此后，《取缔医药广告规则》历经了两次修订。第一次修订在1934年1月19日，省政府第253次会议通过了修订之后的《取缔医药广告规则》。相比旧规定，新规有了诸多变化。首先，医药广告，只可以申明本人姓名住址及诊症时间电话号数，其曾经专科研究者，须有该科毕业文凭，或实习证书，呈验核明许可，方得声叙专治专科字样，此外并不得央人或雇人代为登载宣传文字；如有确系由他人自动登载者，应由本人向对方声明拒绝，负责撤回。其次，在药品广告一条中规定，只有依照管理成药规则呈请化验合格领有营业资质后，才能刊登广告宣传。⑤ 1937年1月15日，在第37次省务会议上，广州市对《取缔医药广告规则》进行了第二次修订。在原有的规定不变的基础上，增加了一些新的做法。如对医药广告的格式进行了详细的规定，报馆也需要担负起停登不良医药广告的职责等。⑥

4. 其他省市

1935年，河南郑州市公安局制定《河南省会公安局管理中西医药新闻广告规则》九条，经过省政府委员会第498次会议通过。⑦ 1935年，南京市政府根据卫生署咨请，饬属查禁中西医药报刊广告，以免有伤病人，后即令市政府卫生股制定《南京市管理中西医药广告传单规则》，其中规定医药广告应提交市政府批准方可揭登张贴。⑧ 福建省、青岛市

---

① 《上海市卫生局召集各报会商整理医药广告》，载《卫生旬刊》1935年第3卷第5期。

② 《上海市取缔报纸违禁广告规则》，载《卫生月刊》1930年第3卷第10期。

③ 周莉莎：《民国时期广州市政府的广告管理研究（1927—1937）》，暨南大学2012年硕士学位论文。

④ 《取缔医界遵守医德》，载《广州民国日报》1929年12月5日。

⑤ 广东省政府：《取缔医药广告规则》，载《广东省政府公报》1934年第248期。

⑥ 广州通讯：《粤省府会议修正取缔医药广告规则》，载《中医科学》1937年第1卷第12期。

⑦ 河南省政府秘书处公报室：《拟定管理中西医药业新闻广告规则》，载《河南政治》1935年第5卷第12期。

⑧ 友辑：《京市卫生局鸟瞰医药广告应呈准市政府方可揭登张贴》，载《广济医刊》1935年第12卷第10号。

也分别于1935年、1936年制定了《福建省管理中西医药广告规则》《中西医药新闻广告规则》。这些规则都是参酌了《北平市管理中西医药新闻广告规则》,内容上与其有极大的相似之处。天津市在1935年也制定了《医药广告规则》,虽然大多数条文和其他省市并无大异,但值得一提的是,该市规则实施力度比较宽缓。天津市本着"契约必守"的现代法律原则,尊重医药从业者和报馆之间已经定下的合同,规定"至在取缔规则施行以前,各报纸所载医药广告,如有长期合同关系者,为体恤商艰起见,暂不强制禁登,一俟期满,再行改正"。①

三、多方措施难收预期之效果

在政府的劝勉和行业公会的规制下,很多报刊也刊登了自我规制的条文,明确了禁登广告内容。如"有关风化……或迹近欺骗者,概难照单""如伤风败俗,荒谬绝伦者,概不接受。害人贪利之药品……亦概不刊登"。② 但是,大部分报馆毕竟是盈利性社会机构,经济效益事关报馆的存亡,而广告费作为报刊的支柱性经济来源,编辑部断然没有壮志断腕的勇气竭尽审查与拒载之职责。因此,很多报馆杂志社为了赚取广告费还是置广告内容于不顾,以至于劝诫之文与行业的软法治理收效甚微。当时舆论表现出对报界行业自律的失望,呼吁政府行使公权力进行治理。"(对于报章虚假、淫猥广告)已不是单纯的道德上的事,想要改进这一点,简直非用政府的力量、法律的手段不可!"③民国时期,真正付诸运行的是各省市制定的地方性法规。但是,这些地方性法规在运行过程中也遇到了重重阻碍。实施的效果却不尽如人意。以上海为例,1935年,上海市卫生局召集各报会商召开整理医药广告的会议,有代表委婉道出了该市1929年《取缔淫猥物宣传品暂行规则》实施以来困境,"规则(即《上海市取缔淫猥物宣传品暂行规则》)实行以来,颇见成效,但本市华洋杂处,欺诈虚伪之事,仍有发生"。④

(一)法令搁置,效率低下

之所以"虚伪之事,仍有发生",一个重要的原因就是法令运行效率低下。1935年,上海市卫生局在一次重申报纸刊登医药广告的会议上,有代表指出了"(该规则)何实施未久,即见废除"。⑤ 与上海相比,北平的情况也相去不远。1934年,《北平市政府公报》记载了该市卫生局在民国二十三年(1934年)2月至6月间违反医药规章罚款细目表15起

① 《津市府订定管理医药广告规则》,载《中华医学杂志(上海)》1935年第21卷第5期。

② 许俊基:《中国广告史》,中国传媒大学出版社2005年版,第192页。

③ 二栞:《医药广告的道德问题》,载《医药春秋》1936年第5期。

④ 《上海市卫生局召集各报会商整理医药广告》,载《卫生旬刊》1935年第3卷第5期。

⑤ 《上海市卫生局重申报纸刊登医药广告禁令》,载《新医药杂志》,1935年第8期。

罚款案件，但是这15起案件中无一起关于医药广告。① 又一组数据，1936年也就是《北平市管理中西医药新闻广告规则》颁布的第二年，《卫生月刊》第二卷刊载了民国二十五年(1936年)下半年6个月内北平市卫生局针对医药广告的管理状况，经整理如下表1②：

表1

	7月份	8月份	9月份	10月份	11月份	12月份
呈领广告验许证明者	1	6	11	6	7	5
批驳未准者	0	0	1	0	1	1
取缔者	0	0	0	0	0	0

注：单位/件

通过上表，不能说北平市卫生局是毫无作为的。但是对比一下当时北平的报刊与广告数量，就发现不符合常规之处。据统计，至1936年6月，北平有报纸62种，期刊168种。③ 而在当时的报章杂志中，广告又占到很大的比重。以北平的《世界日报》为例，1936年8月该报广告版面为193.34版，当月该报总版面为388版，广告版面占比49.8%，1936年整年的广告总量为7329条。④ 但是，北平市卫生局在1936年8月份只是审核通过了8项广告。如此悬殊的数据足见《北平市管理中西医药新闻广告规则》在北平的落实力度是不够的。

(二)法外之地，执行困难

1930年，上海市社会局业务报告记载了该局5月份执行取缔报纸违禁广告规则的情况，自该规则公布后，上海市社会局并公安、教育、卫生三局先后禁止茂昌眼镜公司经售泰利洋行之“科学眼镜”，及晶晶大药行之“近视眼立变平光”“没有儿子的请注意”，并“飞剑游侠传”“人鬼交通”“君有颠颠倒倒者鉴”“济生坛求医问卜”“千寿锭”“维育麟第二号”“米精”“妇女不孕之救星”“爱克司药房等淫猥药品”“安康号私售淫猥图书丝巾”等13项广告。⑤

以上的案例都是发生在租界之外，如果发生租界之内，会使执法相当困难繁杂。1929年初，上海市卫生局发现本埠有所谓三德洋行及爱立司洋行等发售春药，公然在本区范围内进行举牌广告游行，同时也在上海诸多报刊上刊载广告。上海市卫生局认为涉

---

① 这15起处罚案例情况为：业务过失致人死亡1起、无照行医2起、行医执业迁移未报1起、未受训练私自接生2起、无照行医并私自售药2起、所售药品仿单与原报不符1起、设立医院未经呈报3起、代售成药未领执照1起、医院未领执照即行开设1起、药商逾限延不注册1起。北平市政府编审室：《北平市政府公报》，1934年第256期。

② 北平市政府卫生局卫生月刊编辑委员会：《北平市政府卫生局行政报告要目》，载《卫生月刊》，1936年第2卷第7-8、9-10、11-12期。

③ 宁树藩主编：《中国地区比较新闻史》(上册)，复旦大学出版社2018年版，第411页。

④ 肖红：《〈世界日报〉广告研究(1927—1936)》，湖南大学2014年硕士学位论文。

⑤ 《上海市社会局业务报告》1930年第4～5期。

案洋行所售春药及避孕粉足以损害民族人品，有违该党（即中国国民党）之主义。但是，因为涉案洋行位于租界之内，办理困难。于是上海市卫生局通过国民党上海市党部逐级上报到国民党中央，请求通令各地取缔三德洋行及爱立司洋行所发售之春药及广告。对此，国民党中央将该案交由国民政府行政院卫生部办理，后卫生部才通过江苏省政府转饬上海临时法院严予查禁。① 一件普通的案件，前后经过了 6 家部门，可见执法难度之大。

（三）业界反对，进退维谷

管制医药广告的规则还常常遭到医药界或者报馆的抵制和批评。如 1936 年，北平市西药业同业公会以商事艰难为由致函，请求北平市政府（北平市社会局）变更管理北平市医药广告办法。其提出政府对医药广告的事前审查降低了广告的时间效益，"查广告有时间性关系，须随时变更，如过费手续，耽延时日，不免影响时效，有碍营业"。同时，举出了东西各国事后审查的模式请求政府借鉴，"窃按东西各国，管理广告办法，系由登广告者自由登载，倘官方见报，认为词句不合时，可即行通知更正，如仍不改，第三次方给予处罚……务恳俯察下情，准予将原订之管理中西医药广告规则，仿照东西各国之办法，以恤商艰"。② 但这样的请求并没有得到北平市当局的准许。

1934 年的广州医药界请愿事件也折射了法令的执行阻力。1934 年，广州市《取缔医药广告规则》规定，"不得央人或雇人代为登载宣传文字；如有确系由他人自动登载者，由本人向对方声明拒绝，负责撤回，违者处以二十元以上一百元以下之罚金"。根绝当时的报道，卫生局取缔淫猥、虚假医药广告的运动并不彻底，有很多已经具结不再刊登的商家又故态复萌，淫猥、虚假医药广告仍见报端，这引起了曾因违法广告被取缔、遭受处罚的医生们的不满。他们以政府不能平等对待为由，连同中西医药同业向卫生局请愿，报界也推出代表要求时任广州市长刘纪文给予公正对待。最后，政府无奈，只好由卫生局长准予暂缓执行该医药取缔规定。但是前卫生局何姓局长离任后，邓姓局长上台，卫生局的职员李舜臣重新恢复执行取缔规定。政策的陡然直变使医生们陷入了慌乱之中，很多医生纷纷向亲友请求不可再登恭颂广告，但是之前的恭颂者又已经向报馆支付了广告费，而不肯停止刊登，因此被罚者多，③导致怨声载道。无独有偶，1937 年广州卫生局取缔医药广告再度引起医学界和报馆的反对。反对者提出的主要理由两个方面："其一，不适合国情，缘本国尚未有选科之设，而取缔条例规定，医师须有专习某科文凭，方得登报诊治该种疾病；其二，为外人制造机会，取缔医药广告条例为本省独有之单行法规，其效力不能约束在省境内之外的医药，是不啻教市民尽崇外医，于国家经济，影响尤大。"④

① 刘瑞恒：《卫生部咨第五号》，载《卫生公报》1929 年第 12 期。

② 丁丁：《请变更北平市管理中西医药广告办法》，载《新药月报》1936 年第 1 卷第 2 期。

③ 岳：《取缔医药广告之反响》，载《医林一愕》1934 年第 4 卷第 11 号。

④ 广州通讯：《广州卫生局取缔医药广告之反响》，载《光华医药杂志》1937 年第 4 卷第 7 期。

四、违禁广告治理困境之探源

(一)资本趋利性的膨胀

一个社会成员的行为如果不断违犯社会道德规则,那么他就会发现要在他所置身的群体中做一个自尊的成员是很困难的。[①] 可是,当所有或者大部分成员都违反了某一社会道德规则,并不会导致所有或者大部分的成员丧失自尊。相反,这些普遍违反社会道德的行为给违反者的自尊带来的负面影响是微乎其微的。这条理论可以解释1912—1937年之间,政府对虚假淫猥广告的劝诫和行业的自律为何难以收到预期的效果。如果大部分报馆都遵循了拒绝刊载虚假与淫猥广告的原则并斥之为不道德的事情,其中某一报馆冒天下之大不韪,独家刊载大量违禁广告,它肯定会沦为业界舆论谴责的对象。然而,法不责众,道德也存在同样的弊端。因此,当虚假淫猥广告泛滥成风,报馆的主编们也不会感觉这是一件多么可耻的事情。

是什么原因引发了道德堤坝的崩溃?是报刊营利性目的的指引。根据理性经济人理论,利益最大化是资本家们经营的终极目的。《申报》对报刊的营利性就直言不讳,1875年10月11日该报刊登的《论本馆作报本意》称,"若本报之开馆,余愿直言不讳焉,原因谋业所开者耳"。[②] 虽然当时并不缺乏怀揣家国情怀的报人,诸如邹韬奋、邵飘萍、成舍我等人,他们期望用报刊开民智、兴民权。但是报纸的经营也是现实不可回避的问题,如果少了经费支撑,情怀便是空谈。因此,无论是出于何种目的,盈利都是报刊经营的重中之重。而民国时期报业的繁荣也带来了竞争的强烈,很多报纸为了拉到广告,不得不接受送登者的要求。

(二)政府法令本身缺陷

一方面,各地政府制定的法规由于缺乏中央的统摄,施行与否全靠行政领导人的决定,缺乏稳定性。正如1934年广州医药界请愿一案中,在邓局长替换了何局长广州市卫生局长职位后,政策又发生了骤变。法不可数变乃是社会治理的一大原则,朝令夕改只会让民众无所适从。其次,处罚力度过低。从上文所提及的规定中可以看到,对于违规刊登广告的医生、药商和报馆的处罚是几元到几十元之间,只有极严重者才会处罚百元以上,而且北平在1936年修订广告规则时还一度降低了处罚力度。1927—1937年之间,全国物价相对稳定。1928年广州大米的价格为每石10.25元,面粉每石10元左右。[③] 可见,与医药丰厚的利润和巨额的广告费相比起来,这些处罚的力度是相对微弱的。宽缓

---

① [美]博登海默:《法理学—法律哲学与法律方法》,邓正来译,中国政法大学出版社2010年版,第391页。

② 孙顺华:《中国广告史》,山东大学出版社2007年版,第43页。

③ 肖第:《民国时期京沪粤的工资和物价》,载《上海商业》2013年第9期。

的处罚力度或许是出于"体恤商艰",或许是出于保证政府的税收来源,但无论如何,违法成本过低对遏制违法意义不大。

另一方面,审查规则难以操作。很多省市的法令都规定,医药需要报告相关部门如卫生局批准获得验许证后方准登载。这样的事前审查看起来很完善,但是实际上,各类医药广告铺天盖地,数量极大,政府部门人员有限,自然应接不暇。对此,1935 年,上海市卫生局出台新的做法,决定先由各报馆于刊登医药广告时,先加以检查,各报馆对医药广告有疑问时,再送主管局检查,①即赋予了报馆自我审查权,报馆本来就是被监管对象,期望报馆做到大公无私,自我制裁,显得不切实际。此外,在民国时期的大都市里,租界往往是一个独立王国,中国政府很难对此进行有效治理。据统计,1884—1925 年间,上海租界的地域有较大拓展,公共租界与法租界都是如此。在上海公共租界,1899 年扩张过一次地域,扩张的面积是以往的 2 倍多,从原先的 10676 亩扩展到了 33503 亩。上海法租界先后于 1899 和 1914 年两次扩张地域,从原来的 1124 亩扩大到 15150 亩,扩展面积是原先的 13 倍多。②

(三)娼妓与性病之泛滥

中国自古以来就有滋生卖淫嫖娼的土壤,迨及清末民国,欧风美雨竞相进入中国,城市生活日益繁荣的同时,也带来了灯红酒绿的萎靡,大中城市娼妓规模有增无减。与纸醉金迷的上层社会相比,大中城市底层社会的娼妓也十分猖獗。由于小农经济受到工商业的冲击以及战乱的影响,导致了农村和农业的败落,大量失业农民涌进城市,再加上原本生活在城市中没落的小市民,他们处于城市的底层,要么沦为嫖客,要么沦为娼妓。老舍作品《骆驼祥子》中的小福子就是一个典型的悲剧。她为了供养家庭,被迫到"白房子"中卖身。1917 年,英国社会学家甘博尔(S.D.Gamble)对世界八大都市的公娼人数与城市人口的比例作过调查,③调查结果如表 2 所示。

表 2

城市	娼妓与城市人口之比
伦敦	1∶906(即 906 名居民中就有一名公娼)
柏林	1∶582
巴黎	1∶481
芝加哥	1∶437
名古屋	1∶314

① 《上海市卫生局召集各报会商整理医药广告》,载《卫生旬刊》1935 年第 3 卷第 5 期。

② 史梅定主编:《上海租界志》,上海社会科学院出版社 2001 年版,第 97～101 页。

③ 鲍祖宣:《娼妓问题》,上海女子书店 1935 年版,第 30 页。

续表

城市	娼妓与城市人口之比
东京	1∶277
北京	1∶258
上海	1∶137

由上表可见，在这八大世界都市中，中国的北京和上海居然占据了前两位。对此民国政府的态度是矛盾的。一方面屡次开展禁娼运动，但另一方面又实施公娼制度，承认娼妓的合法存在并给予造册登记。娼妓的盛行自然会滋生性病。这些性病患者，或者出于钱财的缺乏不能到正规医疗机构治疗，或者出于道德的谴责，不好意思公开寻医，只好相信报章杂志上的小广告。当时有评论尖锐地指出，"变相医药之营销何以广也？盖以迩来世道日衰，人欲横流，通都大邑，既多声色迷人，男女青年意志尤为薄弱，或沉溺于花柳场中，或耽于自淫恶习，而其结果不免身染恶习。当是时也，告人既羞于启口，自疗又势有未能，不得已而思其次，唯有问荆于报章杂志"，看到报章杂志所登载的药物，以为其为"金科玉律，拯吾于水火者。乃信其说而求其治，震其名而购其药"。[①] 巨大的需求给无良的医药商人大开方便之门，致使"变相医药广告"大行其道。

（四）参药进补之风盛行

除了娼妓盛行带来性病泛滥间接促进变相医药广告猖獗，中国传统的进补之风是变相医药广告猖獗的另一原因。中国传统医学认为，人体四肢百骸、五脏六腑的正常运行，全靠"气血精津液"的维持。而这五种精微元素中，气血最为重要，是化生其他元素的基础，正所谓"人之所有者，血与气耳"。[②] 气血的亏虚盈盛，除了父母给予的"先天禀赋"之外，后天的摄取也是非常重要的。虽然平日的五谷杂粮也可化为"水谷精微"，进一步化为气血。但是这毕竟是慢性的化生过程，而药物进补是摄取气血的快捷途径，对于大病劳损以及急功近利者，进补成了"摄生首选"。同时，以名贵药材进补也是显赫的社会地位、雄厚的财力的象征，富贵家庭更是趋之若鹜。根据蒋竹山的研究，"清代中期以后，尤以在江南地区，社会各阶层普遍好服补药，当时的富贵之家不管有病没病，常以服食补药来滋养身体"。[③] 在《红楼梦》中也可以看到，显赫的荣国府里，上至贾母，下至丫鬟，都讲求参药进补。到了清末民国，化学方式合成的西药进入中国，让国人耳目一新。在一些人看来，追求某种特定的生活方式往往代表着一个人的品位，服用西药似乎也是跟上世界潮流的标志，对"文雅的中产阶级"来说，这种西式的"卫生"似乎"可以通过购买一种商

① 王仲文：《变相医药广告亟应取缔》，载《载医事公论》1935年第2卷第24期。

② 田代华整理：《黄帝内经素问》，人民卫生出版社2017年版，第118页。

③ 范雅君：《滋补与健康：〈申报〉补药广告的社会文化史研究（1873—1945）》，南京大学2012年硕士学位论文。

品而容易达到”。[①]

因此，在民国时期的医药进补市场上，除了传统的参丸膏散之外，也出现了“洋补药”。当时的药商黄楚九瞄准了中国人喜欢进补的习性，研制出了一大批诸如“艾罗补脑汁”“人造自来血”“龙虎人丹”等土洋结合的补药，广告风行一时。但是这些补药广告大多言过其实，以并不存在的药效诓骗消费者。[②] 1929 年，京剧名伶梅兰芳在《医界春秋》中为英国在华药商“韦廉氏大药房”出品的“红色补丸”代言，其称“红色补丸之功用，匪独补血强身，百病皆可调治”。但是后来美国卫生部门化验显示，该药主要由一些化合物构成，说它可以补血、补脑、包治百病明显是虚假广告。

（五）无证行医现象普遍

我国古代虽然不乏管理医政的专门机构，如宋代的翰林医官院、尚药局、御药院、太医局、熟药所，明清两代的太医院等。但这些机构多为皇家服务，对于民间的医生多采取放任的态度。政府医疗人员并没有登记造册，民间也没有官方所办的医学教育机构，一般医生的成长途径都是先在药店中或者师门下从事学徒，自己成年后再另立门面。同时，读书人中也有通过自学掌握医术之人。如苏东坡贬谪海南之时，目睹当地风寒浊气与水毒为害百姓，便给百姓开方治病，活人无数。虽然民间不乏道德与医术俱佳的良医，但缺乏有效管理的大环境也滋生了大量专行坑蒙拐骗之徒。甚至有些医者都不是用医学医治病人，而是迷信邪术。清代《刑案汇览》收录了近 20 起违犯“庸医杀人”律的刑事案件，采用与民间宗教有关的扶乩、画符治病的就有 9 起之多。[③]

作为参照欧美政治体系构建的民国政府，其实并不缺乏专门管理医药从业者的法律法规，甚至可以说是完备，尤其是南京国民政府时期，各种医事法规层出不穷。如 1929 年 1 月 15 日由南京国民政府卫生部颁布了专门管理西医的《医师暂行条例》，1929 年 1 月 15 日卫生部颁布了《药师暂行条例》，1935 年 10 月 1 日颁布了《牙医师管理暂行规则》，1936 年 12 月 19 日颁布了专门管理中医的《中医条例》，1930 年 5 月 10 日行政院颁布了《县各级卫生组织大纲》，详细规定了全国县级医疗服务机构。[④] 但是处于社会新旧交替时期的民国，诸多法令的官方表达与具体实践有很大的出入。正规医疗机构的医师自然受到庙堂之上国家法令的规制，然而在广袤的民间，老百姓的从医观念还停留在过去，游医与草头郎中还是消化了数量庞大的患者。他们活跃在田间地头，也活跃在城市的大街小巷，但是这个医疗群体并没有得到政府的认可。于是，“那些并无入会资格的江湖游医，医师团体的信条根本无从约束。从其时沪上医界来看，医技欠精的江湖游医藉

① 罗芙芸：《卫生的现代性》，江苏人民出版社 2007 年版，第 240 页。

② 刘欢：《浅析民国时期虚假医疗广告治理及其成因》，载《新闻导刊研究》2016 年第 21 期。

③ 龙伟：《清代医疗纠纷的调解、审理及其特征》，载《西华师范大学学报（哲学社会科学版）》2016 年第 6 期。

④ 彭浩晟：《民国医事法与医事诉讼研究（1927—1937）》，西南政法大学 2012 年博士学位论文。

广告巧为宣传,骗取钱财,恰是伪医假药广告禁而不止的原因之一”。①

结 语

中国上古之时,“民有疾,未知药石,炎帝(即神农氏)始草木之滋,……遂作文书上以疗民疾,而医道自此始矣”。② 人类社会发明医药的初衷是应对疾病,消除痛苦。正是医药的发展推动了人类的繁衍生息。所以,保障健康是医药的首要宗旨。以商业广告为载体可以促进医药更快地传播,但是搭载商业广告的快车需要警惕资本趋利性带来的负面影响。也就是说,医药广告也不能一味为了追求利润而违背了保障人类健康这一宗旨。

1912—1937 年,民国政府对违禁医药广告的规制,揭示了在民众对医药的巨大需求的社会背景下,难免有不法之广告商别有用心,夸大宣传,甚至混淆视听。这种现象在当今的中国仍然没有消除。从政府治理和行业自律监督的角度进行解决问题是一贯的做法。但是,这样的模式存在着不可避免的弊端。首先,这需要大量的执法资源;其次,“谁来监督监督者”的悖论又使这种层层监督的模式看上去永无尽头。③ 所以,在政府监管与行业自律的同时,更需要消费者树立正确的消费观,擦亮眼睛。广告营销本质上是心理学的实践,商家正是抓住了消费者的心理特征,才不遗余力地大做文章。至于消费者何以能够辨别真伪稂莠,就像魏则西怎么样才能知道百度给他推荐的北京武警二院存在诈骗嫌疑,就需要以政府为主体的社会各方力量通过信息公开增强医药信息的透明度、通过教育提高民众的辨识能力和引导民众树立正确的消费观。

Evaluation and Analysis of Newspaper and Medical Advertisement Management during the Period of the Republic of China

Zhang Huibin　Wu Yunshi

Abstract: Since the end of the Qing dynasty, the development of Chinese industry and commerce, pharmaceuticals and newspapers and magazines has brought a solid economic and social foundation for the prosperity of pharmaceutical advertising before the outbreak of the Anti-Japanese War. But behind the medical advertising boom lies the proliferation of false, obscene and prohibited advertisements. In this regard, the government of the republic of China took a series of measures in collaboration with the pharmaceutical industry and the press, including moral admonition, the soft rule of the

① 龙伟:《民国广告的自律与他律:以医药广告为中心的观察(1927—1949)》,载《新闻与传播研究》2010 年第 5 期。

② 《纲鉴易知录》,吴乘权等辑,施意周点校,中华书局 1960 年版,第 7 页。

③ 程迈:《软法概念的构造与功能》,载南京师范大学法学院、《金陵法律评论》编辑部编:《金陵法律评论》(2009 年春季卷),法律出版社 2009 年版,第 104 页。

industry and the hard rule of the state. However, through a series of data and cases, it can be found that these measures did not achieve the expected effect. In the final analysis, the reasons for the failure of governance lie in the special social background between 1912 and 1937, such as the expansion of capital profit, the defects of local government laws, the obstruction of foreign forces, the epidemic of venereal diseases and the huge demand for medicine caused by the prevalence of supplement and other factors, which all contributed to the expansion of banned advertisements.

Key Words: illegal medicine advertisement; soft law and hard law; profit-driven of capital; venereal disease; the ethos of tonic

主体需求、利益交错与契约要件变迁
——以敦煌吐鲁番契约文书为中心

陈敬涛[*]

摘要:敦煌吐鲁番契约文书要件变迁实际上是生产生活方式支配下的主体需求推动的,这些需求在契约订立过程中转化为期待利益落实在契约的权利义务安排中。契约主体、标的、时间、地点、方式等内容作为交易本质需求被立契当事人反复书写,形成结构性要件;保人、权利瑕疵担保、悔约罚则、抵赦、不可抗力等因时因事适当调整的条款(或套语)形成调适性要件,这两类要件在经济性契约和社会性契约中的变迁是个体需求、社会需求和国家需求多维互动的结果。这些需求在订约时体现为利益上的复杂交错,它们或主动或被动地涌向契约文书的两类要件,或有意或无意地书写在契约文本中。结构性要件的类别和数目不因时代变迁有大的改变,结构性要件的内容、调适性要件则在经济、政治、文化、民族、宗教等具体历史条件下时有变动。

关键词:敦煌吐鲁番契约文书;主体需求;利益交错;契约要件变迁

导　言

问题缘起。敦煌吐鲁番所出纸本契约文书时间跨度从公元四世纪至十一世纪长达七百年,若将敦煌汉简契约也纳入研究范围,时间则可跨越千年。在这段悠长历史岁月中,民间契约文书从结构到内容均经历了很多变化,古代经济社会生活节奏相对较慢,它们的每一个改变背后都要经历很多故事或很长积累,其起因之原貌大多无从查考,定格在契纸上的是长短丰简不一的契约条款。在官方看来,契约文书中记载的大多是民间日常生活交易交往方面的薄物细故,但对老百姓自己而言却极其重要,敦煌具注历日中所载市买、市易、内(纳)财、入财、出财、开仓、典庄田等各类民商事择吉活动就充分反映了大众日常所重,①也成为现代经济史、法律史、社会史等关注的重点。各类契约文书是古代大众日常生活有序运转不可或缺的纽带与载体,②敦煌吐鲁番所出契约文书一同构成一段历史时期下两地百姓日常生活的生动画卷。布罗代尔指出,

---

* 陈敬涛,法学博士,河南师范大学法学院讲师。

① 邓文宽:《敦煌天文历法文献辑校》,江苏古籍出版社 1996 年版,第 119、379 页。

② 俞江:《是“身份到契约”还是“身份契约”》,载《读书》2002 年第 5 期。

和历史事件的重要性、独一无二性相比，日常生活是琐碎的，在时空范围内显得微不足道，但日常琐事反复发生，经过重复而成一般，进而可能成为结构，它侵入社会的每个层次，在世代相传的生存方式和行为方式上刻上印记。有时候，几桩传闻逸事足以使某盏信号灯点亮，为我们展示某些生活方式。① 这一认识适足成为我们研究敦煌吐鲁番契约要件变迁的理由和旨趣，因为这些要件正是日常生活中的"琐事"向"结构"转变的反映。②

概念分类。依契约性质标准，可以将现有敦煌吐鲁番契约文书划分为经济性和社会性两大类，经济性契约主要包括租佃、买卖、雇佣和借贷等类型，社会性契约范围可以放宽，涉及人身、家庭或社会伦理的契约皆可囊括，如析产文书、立嗣文书、放妻书、放良书、社邑文书及冥契等。经济性契约的结构及其内容实质上是社会性契约书写时模仿和借鉴的对象，③只不过后者会依需变动、因事裁量，故究明经济性契约结构及其内容的生发机理对探究古代民间交易交往中的规则和变迁十分重要。依照回应各类主体需求的性质、方式和程度之不同，本文将契约基本构件分为"结构性要件"和"调适性要件"。本文所论"要件"和现代合同法理论中的"要件"有所不同，此处"结构性要件"是指敦煌吐鲁番契约文书中的主体、时间、地点、标的、方式等不可或缺的基本构件；"调适性要件"是指除上述基本要件之外的在一定时期或地域内反复出现的条款或套语，如见(保)人、权利瑕疵担保、抵赦(或恩敕)、不可抗力等构件。两者都是对某种背景和需求的回应或调适，但它们的作用和变化程度不太相同。结构性要件的骨架——亦即抽象掉具体内容的主体、时间、地点、标的和方式等类项，它们的存在是由交易的本质需求决定的，故其类型和数目不会随各类条件改变而有大的变动，结构性要件所附着的具体内容、调适性要件则受到多种需求的推动或形塑故变动较大。

研究思路。受费正清提出的"冲击—回应"论启发，④本文依其基本原理以"社会背景(生产生活方式)→主体(个人、社会和国家)需求→契约要件"思路展开各部分写作，尽管该理论在中国近代史研究中因其简单化及西方中心论而受到质疑，但其核心概念、原理、

---

① [法]费尔南·布罗代尔：《十五至十八世纪的物质文明、经济和资本主义：日常生活的可能和不可能》(第一卷)，顾良、施康强译，生活·读书·新知三联书店1992年版，第27页。

② 依照习惯和习俗的联系、区别及生发原理，契约要件实际上也是一种民事习惯，它源自民事生活，逐渐演变为惯例，最后稳定为契约文书中不可或缺的结构性内容。韦森：《习俗的本质与生发机制探源》，载《中国社会科学》2000年第5期。

③ 例如，张传玺先生就指出买地券文是脱胎于普通土地买卖契约，参见张传玺：《契约史买地券研究》，中华书局2008年版，第174页。据笔者对各类敦煌吐鲁番契约文书的梳理和比较，也发现社会性契约在结构上无不受经济性契约的影响，而不是相反。因为经济交易模式早已成为大众交往的底本，经济性契约更需要将当事人关系和某些交易规则稳定并明确在纸面上，社会性契约以其为底本再附加上个性化需求即可，从现存文书看也正是经济性契约奠定了契约结构基本样式。

④ "冲击—回应"模式是美国的中国史研究专家费正清在中国近代史研究中所使用的核心概念，指中国在由传统社会向现代社会转变过程中，受到外力(西方的侵略和挑战)破坏、冲击及刺激时所作出的回应和改变，而且这种"冲击—回应"过程会渗透到中国社会的各个领域，影响一系列复杂的历史进程，最终带来新旧秩序的更替。吴佩炯：《史华慈的汉学思想管窥》，载《中国比较文学》2014年第2期。

过程和影响社会的方式对本文有重要启示意义。

理论依据。生产生活方式是契约立基之本，是契约要件“表演的舞台”，它框定契约的类型、性质及具体书写样貌，约束人们书写契约时创造性思维的发挥，并划定不同主体需求得以满足的边界。政治、经济、文化和社会方面的需求在契约文本上的体现是各种条款、套语之设置或安排，需求是契约要件“表演的动力”。生产生活方式和各方需求一同决定契约要件书写的具体内容，亦即契约要件“表演的样貌”。本文以需求作为研究展开的起点和支点，因为正是需求的推动才有了契约及其要件的生发，多样的需求促生契约要件内容的形成及多样变化。在经济学理论中，需求比需要层次要高，需要以缺乏感为基础，是主体感受对内外环境的回应，分为自然性和社会性两种要求，体现为物质和精神两种需求，以意向为形式表现于外，是推动主体展开相应活动的动机。需要随形势变化而变化。需求则是在内心欲望驱动下有条件的、可行的和最优的选择，这种选择可以使欲望得到有条件的最大满足。① 从需要到需求，颇像民法意思表示理论中的行为意思、表示意思和效果意思。从哲学角度讲，人必须从外界汲取所需物，此即“需求性”，“需求性”是人共同的、最根本的功能本性。人的需求性包含人的自然性、社会性和个体行为共性。人的所有行为都是以人的需求为原初动因的，人类的历史和现实都是人类需求的结果。② 人的需求的推动作用、其不同的层次和面向也都在契约要件中有充分体现，但相关主体最初的需求和最终在契约中的具体利益安排可能并不一样，最终安排是各方经过复杂博弈后的结果，而其实然利益则是契约履行后的结果，可能又是一个新的内容。

意义方法。探索契约文书要件形成的动因，实质上是对一种非正式规则生发过程、机理及实践形态的探讨，③规则体系背后内含着社会秩序的结构，通过考察契约文书的重要构造及其内容，可以帮助我们对观察对象与当时当地的政治、经济、文化、社会等因素的互动互映情况予以分析，也有利于加深对契约条款本身的深刻理解。鉴于法制史研究的现实价值实乃文化背景镜鉴和思维方式观照，本文也可以成为对当下某些制度、规则、理论或社会背景等的思考映衬。非正式规则与正式规则存在着相反相成、相依共生的复杂关系，契约要件也必然会体现这种互动关系，以非正式规则为考察目标无法脱离两者特定关系之语境。具体研究方法需要我们对某一个特定的构件，亦即在一段时期内反复出现的条款或套语进行历史性分析，观察其在长时段内的生发变化，并结合相关理论或知识给予总结性判断。对同一类契约的各个要件进行列表式比较是观察其变迁的重要方法，对政权、地区改变时的各类契约之要件进行比较分析是寻找要件结构及其内容重大变化的肯綮。结构性要件和调适性要件往往是对各种社会因素和情势的及时或迟滞性回应，考察其变迁情况可以满

① 严陆根：《社区经济学》，中国发展出版社2013年版，第72～73页。

② 庞庆利：《哲学意义上的需求》，新世界出版社2014年版，第42～43页。

③ 非正式规则是指在长期的社会实践中，在一定的意识形态、价值观念基础上形成的自发地依靠社会互动来实施的无意识、无强制性的行为准则，包括道德规范、习惯方式、传统范型、行为模式和思维定式等。张全忠、吕元礼：《非正式规则的含义、特征及作用》，载《社会科学家》2003年第3期。

足研究者多方面的需求。结构性要件的"骨架"之有无多寡的变动情况需要在长时段内观察,其变化情况往往内含着某种重大的社会变迁,结构性要件的"血肉"和调适性要件回应时代相关因素和情势的速度较为敏捷,可以在较短时段内观察。

一、契约要件变迁及其动因概观

(一)十一世纪以前契约要件的变迁

在契约初萌时期,人们曾长期委诸绳木"保存信息"①"传达信息,处理事件",②依《周易》所记即"上古结绳而治,后世圣人易之以书契。百官以治,万民以察,盖取诸夬"。③《晋书》以后的文献中,记载着我国一些少数民族地区结绳刻木的情形,甚至还有实物遗存,④等到"皇帝之史仓颉见鸟兽蹄迒之迹,知分理之可相别异也,初造书契"⑤(这里的"书契"要比本文所谈"契约"范围广泛得多,后世契约所载相关内容只不过是书契包含的众多内容之一种⑥),人们以文字记载事件就比结绳刻木要方便快捷,信息保留及传递也更准确丰富了,这就为专门契约的出现奠定了知识和经验基础。从"结绳记事"到"书契决断万事",不仅是书写材料的进步,书写的内容亦随时代变迁而清晰和丰富,这种变化源于社会生产生活的渐次多样与水平提升,涉及重要的交易交往内容须予以记载、固化、备示,大众民商事习惯因此而得以确定和深化,社会秩序也稳定可期。

及至契约初创,它才作为一个独立的事物走上历史舞台。周代契约文书因年代久远,民间遗存未见,但契约形式已然呈现,一项完整交易所需之要件——时间、姓名、标的、契价、交易形态等已齐备,⑦青铜器上的"金文契约"属于"立契记事",⑧并非契约本身,从《西周恭王(前921—前910)时格伯典田契约》第三行"毕贾卅田,则析"⑨可推知,周

① 徐中舒:《结绳遗俗考》,载《徐中舒历史论文选辑》,中华书局1998年版,第712页。

② 何星亮:《中华文明·中国少数民族文明(上)》,福建教育出版社2010年版,第170页。

③ 十三经注疏整理委员会:《周易正义》,北京大学出版社2000年版,第356页。

④ 张传玺先生主编的《中国历代契约粹编》,北京大学出版社2014年版,第3~6页汇总了传世文献中少数民族地区契约初萌时期的形态:"言语为约""刻木为信(符、契)""原始盟约"。结绳刻木实物图片参见谢沫华等编:《人类的记忆—云南民族古籍文化遗产》,云南美术出版社2005年版,第9~14页。

⑤ (汉)许慎:《说文解字》,中华书局1963年版,第314页。

⑥ 郑玄注曰:"书契,谓出予受入之凡要。凡簿书之最目,狱讼之要辞,皆曰契"。参见十三经注疏整理委员会:《周礼正义》,北京大学出版社2000年版,第69页。

⑦ 张传玺:《中国历代契约粹编(上册)》,北京大学出版社2014年版,第7~26页。

⑧ 余欣:《胡天汉月—海外中国古代契约研究史略》,载任继愈主编:《国际汉学(第7辑)》,大象出版社,2002年版,第362页。

⑨ 张传玺:《中国历代契约粹编》,北京大学出版社2014年版,第15页。

代民间契约亦应是木刻契约。据《周礼》载,周代契约文书因性质有别而称谓不一,[①]这虽然是两汉时期撰书者的想象,也难说没有一点根据。汉时契约要件较少,[②]只有当事人、立契时间、标的物、中见人等项,买地砖券、铅券或石券内容却比较冗长。魏晋南北朝时期的契约仍保留有汉时遗风,堪称过渡时期的"活化石",但已有明显变化,如《前凉升平十一年(367)王念卖驼券》,有立券时间、当事人、标的物、违约罚则、书券人和时见人,较之汉简契约已稍显丰富。到了《北凉承平八年(450?)翟绍远买婢券》,[③]结构性要件虽未增加,但调适性要件较之以前已显丰富。自高昌王国时期至唐代西州时期,吐鲁番所出契约文书的一些用语习惯也有了细微变化,"券"改称为"契",敦煌契约中直接出现"立契"一词。与称谓变化相伴,其他方面的内容也开始发生变化,如立券时间的干支变化,保人数量的增加等。到了8—10世纪的敦煌契约,要件的变化已经比较显著,如标的物的书写位置有时会置于契首,这和后来的徽州契约书写方式相同,而立契时间则从契首移到契中,最后稳定到契尾。明清民国契约的一些要件和内容已高度同构化,将敦煌吐鲁番契约与之相比,两者满足个性化书写需求方面差异不小。需要指出的是,我们决不能以今天的眼光衡量古代契约要件的完备性和科学性,关键要看当时契约要件的总体书写状况能否满足时人交易交往的需求。

(二)契约要件变迁的需求动因

从上述回顾可知,契约要件的变迁并非一个简单进化论式的阶段性发展过程,而是一个契约脱胎于书契记事、契约要件依需调适的过程。"依需"之"需"既有内求又有外需,化之于形即"变动"。周代契约文书主要构件基本已备,如《格伯典田契约》虽然实际上是立契记事,其书写和契约本身也不会相同,却记录了订立约剂的全过程:(1)讲定价格,剖木为证;(2)明确交付田地界址;(3)树立界标;(4)书记官建档;(5)铸造铜器,记录约剂内容,永久保存。该项交易的内在基本需求是前三项,估计会在契约文书的结构性要件中有体现,后两项则属于完成交易必须项之外的外在附加需求,和当事人的心理感受、当时当地的风俗习惯、官方要求等相关,这些内容本可形成调适性要件,受制于书写材质可能不写入契约文本。学界一般认为,汉代契约即因限于简牍书写带来的不便,所以内容一般比较简短。除了书写及携带的简便需求,民间不断增长的交易需求使得契约被广泛运用,契约结构和功能也慢慢专门化,新生事物初成时实践经验一般有待积累,早前的附加性需求也随时代变迁有所改变,交易类型也影响着契约结构,这些因素的叠加可能是形成汉简契约结构样态的原因。当纸成为契约书写

① "小宰职曰:…四曰听称债以傅别,…六曰听取予以书契,七曰听买卖以质剂,八曰听出入以要会。"参见十三经注疏整理委员会:《周礼正义》,北京大学出版社2000年版,第68页。

② 张传玺:《中国历代契约粹编(上册)》,北京大学出版社2014年版,第27~85页。另见李均明:《秦汉简牍文书分类辑解》,文物出版社2009年版,第436~437页。

③ 国家文物局古文献研究室等编:《吐鲁番出土文书(录文本/一)》,文物出版社1981年版,第5、187页。

媒质时，外在的限制就不再是束缚契约结构变动的原因，内在基本需求随具体交易形式改变不断改头换面——要件的内容或书写位置时有变动，但契约结构性要件的类别和数量并没有大的变化。外在附加需求在敦煌吐鲁番契约中颇显个性，相应的调适性要件也比较丰富。例如，见人及保人条款比较特殊，它主要属于调适性要件，但因其存在时间和契约史几乎相当，成为一种不可或缺的条款，故也具有了结构性要件的一些特征，其变迁过程也比较丰富多彩，深受政治、经济、文化和社会需求牵动，是多种利益交织的结果。契约变迁并非单以文字长短论优劣，其要件的简繁、位置和样貌的变化也不一定体现立契当事人的认识水平，毋宁说是当时人们的集体选择，具体到特定个体需求主要体现在内容补充而非结构选择上。大众交易交往的数量和类型、社会文化、政治变动等因素决定着契约结构和内容的书写习惯，个人、社会和国家三方需求在民事契约上展开多维互动。尽管立契当事人极力要"向外人封闭地构建其自我规制的共同体"，但为各类社会交换"供给模式和构件"的契约文书，仍难免体现出其"社会属性"。① 经济学者华生认为，从狩猎、采集到种植、养殖，既是生产方式的巨大革命，同时也是文化、法律、意识形态、产权保护的革命性变化。② 有什么样的生产方式就会有与之相适应的生活方式，也会伴随有相应的观念体系和文化产品。契约要件作为一种书写习惯，作为一套民间规则系统，作为三方物质和精神多层面需求交织的外化，生产生活方式的内容必然会顺着这个媒介传导和体现。需求是基础动力，行为选择是过程，契约要件是形式，这是一个意思产生、意思表达和意思合致的全过程。总体而言，在一定的生产生活方式支配下，个人要维持生存，就会在经济和社会关系上与他人产生互通有无的需求，或者说，个人必须对既有的生产生活方式产生的推力和压力予以回应。个人交易交往需求内含着经济性和社会性两类内容，经济性需求必须在社会网络中实现，社会性需求必须靠经济性需求支撑。契约当事人生活在王权之下、社会之中，其社会交换需求要想获得成功，必须遵守正式的和非正式的经济性、社会性规则，经过与社会需求、国家需求的互动或博弈，最终落定在契约文书的结构性要件和调适性要件上，完成从需求到利益再到纸面权利义务的转化（见图1）。

二、个体需求在契约要件中的展开

敦煌吐鲁番契约要件的生发主要是自发的过程，受到生产生活方式的影响和支配，人要在这种自然和经济条件下生存，就必须有物质利益维持，在契约中人的存在首先是利益主体，同时也是这一物质环境决定下的社会文化存在，政治、社会和文化等因素也势必转化为某种利益在契约中予以体现，而利益的潜推力是需求，需求作为一种能量和动

① [美]欧中坦：《遗落的隐喻—西方法律学术视野中的中国近代早期契约与产权问题研究》，杨力译，载《交大法学》2013年第2期。

② 华生：《新土改：土地制度改革焦点难点辨析》，东方出版社2014年版，第283页。

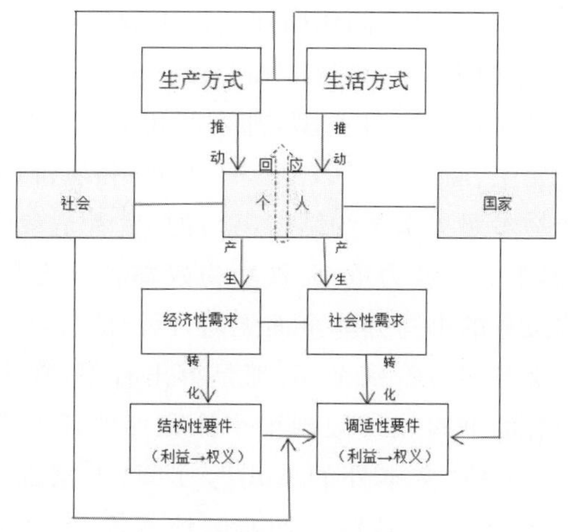

图 1

力推动人（社会主体）创造契约（多种利益固定化），契约要件作为契约的基本要素彰显相关主体的关系类型及利益安排。以下分别从个体内部交易需求和个体外部安全保障需求两个角度展开论述。

（一）个体交易需求对契约要件变迁的推动

强调契约要件形成的趋势，固然要看到张传玺先生所提到的"社会分工""私有制发展""交易关系发生"这些支配性因素，[①]但也不能忽视作为主体的个人之具体需求所促生的创造性，至少契约的订立是当事人的具体需求直接推动的，契约要件的书写是在当事人的实践中展开的，个体需求是契约要件生发的原动力。在格式尚未完全定型的敦煌吐鲁番契约中，个体需求以权利—义务结构形式表现得还是比较多样的。以敦煌雇工契约为例，这类写卷大多是抄件或样文，但也都是源自真实契约，其要件大略相同，要件的具体内容随个人所需进行微调，双方当事人的利益关系体现为他们权利义务的消长。在《龙德四年（924）雇工契（样式）》中，其要件具体内容要比《戊戌年（878）令狐安定雇工契（抄）》书写详细。[②] 后件文书中，订约人先写明了立契时间、雇主姓名、立契原因、雇工姓名、雇佣期限，之后将雇价作为文书的重点予以明确，有粮食有衣鞋，然后再写上"更无交加"，意即除此之外，别无他价。最后是雇主站在债权人立场上对雇工义务作详尽要求——先是总括性强调契约已经订立，雇工"便任入作，不得抛工"，接着是违约罚则——对于雇主的农具牛畜若有损伤，雇工须赔偿，结尾是确定契约效力、保障履行的套语。在

① 张传玺：《中国历代契约粹编（上册）》，北京大学出版社 2014 年版，导言第 3 页。

② 唐耕耦、陆宏基：《敦煌社会经济文献真迹释录（第二辑）》，全国图书馆文献缩微复制中心 1990 年版，第 55、59 页。

佣作期间,若有疾病也只给假三日,算是雇工的权利。在前件文书中,雇主对雇工义务规定得更加详细,对农具牛畜毁损伤亡、佣作期间的抛工偷懒、偷窃他人田苗的注意及赔偿等内容是后件所没有的。这两件文书的当事人对自己的权利义务认识有程度上的差异,并无种类上的区分,他们没有自创要件类型,却书写出有所不同的要件内容。汉代雇工契约要件较少,内容只有雇主、雇工姓名(含籍贯、年龄)和雇价(有的还缺失)。[①] 在敦煌卖人契和典身契中,前者是参照买卖契约结构书写的,后者是参照雇工契约写的,典身契中典身者的义务自然较雇工的义务为重,而被卖为奴婢者要比典身者的义务要重。由于买卖契约格式限制,奴婢义务的书写并非全面无遗,西汉的《西汉神爵三年(前59)资中县王褒僮约》将奴"便了"的义务写得特别全面,那是事出有因,[②]一般民事契约不会如此书写,因为契约要件及其内容的书写习惯限制了个体理性的任意发挥,双方对相关言犹未尽之处多能在协商时形成一种"文本外的共识",亦即"大家都了解的背景性信息或知识"。[③] 一旦双方产生认识上的偏差或故意回避契约本旨,就会危及契约效力,影响契约履行。

个体需求在各类契约要件的书写中施展的空间并不相同,有些契约同构性特别明显,有些契约的个性化较突出,这既和立契人(大多是书手代写)的认识能力有关,也和契约要件稳定性强弱有关。同构性越强,个人表达余地越小,反之个人表达创造性越大。要件作为契约结构性内容,其稳定性是必然存在的,个体需求的表达有一个弹性空间,他只能在这个区间内运作。虽然有人会遗漏某个要件,有人会张冠李戴不同类型契约的要件,但当事人通常不会自创要件,他们多是在某一个要件内容的繁简上展现个性。即使有人创造了新的要件,能否跨地区传播和跨时代传承也难预料,敦煌租佃契约关于病虫害造成损失的承担约定,即属于独特的调适性要件,出现的频次不高。总之,今之所谓契约上的权利义务,实乃大众日常生活中的有关需求在契约上之转化,这种需求在生活中的体现和契约中的具体安排并不等同,个体需求与集体理性选择之间会有一些张力,只是在不同时代、不同地区和不同类型的契约中程度不同而已。

(二)个体交易安全需求对权力保障的寻求

交易安全是现代民商法术语,古人虽未这样表达,但不意味着他们的安全保障需求就不足,相反,他们对契约从可期待利益变成现实利益的追求更为强烈,甚至有完全化、绝对化的倾向。当事人十分希望通过双方的自我履约高效低廉地实现约定利益,这就是

① 张传玺:《中国历代契约粹编(上册)》,北京大学出版社2014年版,第72～73页。

② 张传玺:《中国历代契约粹编(上册)》,北京大学出版社2014年版,第29～30页。该契作者王褒是一位辞赋家,因和奴便了"斗气",从杨惠手中将其买下,便了很有契约意识,强烈主张未约定义务自己不会履行,因此王褒书写券约时才极尽详细想好好教训他:洒扫、洗涤、居住、穿着、手工制作、园艺、交通方式、捕猎、值夜、种植、治畜、待客、邻里关系、选偶、贸易、厨工、樵伐、木工、农作、编织、舂米、浣衣等,可以说涵盖了生活的方方面面。便了的义务越多,其主人的权利越多,奴的地位越低下,低到几乎没有可供自己支配的闲暇时间,因此也就没有了人身自由。

③ 张维迎:《博弈论与信息经济学》,上海三联书店、上海人民出版社1996年版,第49页。

前文提到“向外人封闭地构建其自我规制的共同体”的重要原因。为了尽量在当事人内部快捷地解决履约问题，时人在各类敦煌吐鲁番契约文书中总共设置了四种“安全阀”：(1)“先悔者罚”——悔约时的防范措施；(2)“违限生利”——“过期不偿”时的防范措施；(3)“牵掣家资”——“前却不偿”时的防范措施；(4)“保人代偿”——“身东西无”时的防范措施。这些自我实施机制无疑是非常重要的条款，属于典型的调适性要件。担忧契约履行不畅时债权人恨不得将狠话说尽，但真正到履行时，这些履约保障要件仍有落空的可能。债权是契约上的给付请求权，如果请求而不得，契约内部措施无效果，债权人就不得不寻求拥有合法强制力的第三方——官府介入。官方虽然可以用权力保障契约履行，但在实践中也可能会增加时间成本，如果遇到司法不公还会增加经济成本。因此，当事人对请求官方介入抱有矛盾心态，既想借助权力的强制性，又对他们的介入保持警惕。

古时皇权深入基层社会的能力有限，一份份契约就如同社会生活的纽带和尺规，连接关系网络，规范经济社会秩序，而基层经济社会秩序又关乎政权根基，所以维系社会良好运转的契约履行问题不由官府不重视，私契订立前已在理论上进入国家律令观照范围，尽管这种观照和现代合同法的规范体系不可同日而语，我们仍不可等闲视之。《唐律疏议》中有一些专门条款，最典型的是对经济性契约履行的规定：“负债违契不偿”“负债强牵财物”“受寄财物辄费用”等条目；也有保障社会性契约履行的规定，如“许嫁女辄悔”条，[①]还有一些保障履行的内容内含于其他律条中。立契当事人也常在契约文本中借助律令的权威书写条款，我们可将其视为调适性要件，如《唐天复九年(909)安力子卖地契》第12行有“准法不许休悔”，《宋开宝八年(975)三月一日郑丑挞出卖宅舍地基与沈都和契》第13行有“准格不许休悔”，[②]这类表达在敦煌契约中较为常见，人们有意识地援引法律强制力强化交易安全需求。在一些诉讼文牒中还可以见到官府监督或强制履行的记录，如《相辞为共公乘芰与杜庆毯事》《唐乾元二年(759)赵小相立限纳负浆钱牒》等。[③] 在此方面，官民达成了观念上的一致：老百姓有权利要求官府帮助追债督欠，官府一般也会积极支持。这不仅是因为律令有明文规定，关键是双方形成的默契，即官府有义务保障私契效力，但又不能越界干预私契订立自由。当事人有权对私人交易意思自治，当出现契约纠纷时又可以寻求司法救济，公权力对私权利的保护实质上正是对交易秩序的维护。

三、个体需求和社会需求在契约要件中的共生

私契当中是否有社会需求的立足之地？如何区分契约要件中的个体需求和社会需

① 《唐律疏议》，刘俊文点校，法律出版社1999年版，第521～523、276页。

② 唐耕耦、陆宏基：《敦煌社会经济文献真迹释录(第二辑)》，全国图书馆文献缩微复制中心1990年版，第8、12页。

③ 国家文物局古文献研究室等编：《吐鲁番出土文书(录文本/一)》，文物出版社1981年版，第208、243页。

求？个体需求在私契中的存在显而易见，社会需求大多不是那么显著，甚至是潜存的。社会需求反映的是一种集体性或整体性的需求，在利益关系中表现为集体性或整体性利益，经济性契约中的社会需求一般不是直接以经济利益来体现的，社会在私契中作为一种隐形存在对经济和交易秩序有着强烈的安定和谐及保持公平之需求。社会需求有时也会呈现出利益因素，当交易双方之外的第三人出现在交易关系中时，它实际上可以抽象为一种社会力量，这种力量是社会需求主动或被动进入契约的体现，这时的社会需求就包含有经济方面的因素。在有些社会性契约中则可以直接反映出经济性和伦理性社会需求。个体需求和社会需求在两大类契约中进行着时彰时隐的互动，有时容易协调，有时则成为经久难题。

(一)个体经济需求和社会伦理需求的碰撞

契约中的个体经济需求是在社会伦理之网中展开的，经济需求无法处于社会伦理之外独存，两者因此产生了难解难分的多维互动关系。契约当事人中的债权人往往想将个人经济需求醇化为可用数字计算的经济关系，以保障自己的经济利益通过契约完满地实现；而债务人一方有时会以社会伦理所依赖的人情、面子、报观念[①]模糊和钝化经济规则，以减轻自己的负担；当事人寻找见人、保人时又不得不将乡情、交情和利益一同融进交易关系中，交往之乡情、交情与交易之计算、等价在此遭遇并碰撞。[②] 伦理关系既有促进经济关系开展的一面，也有着天然的模糊与弱化经济关系的能力。

不特定第三方进入或影响私契时，其实是一种个人对社会的依赖或社会对个人关系的渗透，从本质上讲也是个人需求与社会需求的依存性互动。表 1 为买卖、互易和租佃契约的权利担保要件，[③]其中既包括可能出现的第三方伦理性权利干预，也包括可能出现的法律性权利干预：1、5、7 直接点明了亲属干预的可能性，4、6 虽未明写，但也隐含着这种可能性，2、3 则具有更强的法律性权利干预意味。亲属干预契约标的物上的权利，很难排除伦理性因素，田土交易中的先问亲邻之源头应该就是从这里开始的。[④] “亲邻”从具体社会关系而言属于个体因素，抽象掉具体因素后，则是社会需求对私契中个人需求的介入，社会需求背后是宗族、伦理考量，也有物权近便使用的追求。见人或保人条款作为调适性要件，是私人交易过程中个人需求对社会伦理因素的依赖，这种依赖源于社会关系内部相互间的依存性，换个角度看也是社会伦理需求对个人经济需求的保障。析产文

① 雷德菲尔德认为民间社会由一种亚机制(A Second System)支配着，里面形成一种亚文化(Half Culture)，这种“亚文化”在中国民间社会主要包括人情、面子、报等内容。See Robert Redfield, *Peasant Society and Culture: Anthropological Approach to Civilization*, The University of Chicago press, 1956, PP.67-70.

② 民谚“亲是亲，财帛分”是最为形象的表达，参见车云修、王棽林等纂：《禹县志》，成文出版社有限公司 1976 年版，第 944 页。

③ “俄藏”代指乜小红编著《俄藏敦煌契约文书研究》(上海古籍出版社，2009.)，“敦二”代指《敦煌社会经济文献真迹释录》(第二辑)，“吐”代指《吐鲁番出土文书》(录文本/×)。

④ 柴荣：《中国古代先问亲邻制度考析》，载《法学研究》2007 年第 4 期。.

书在描述个人经济需求和社会伦理需求的背离方面堪称典型,如年代未详的(828?)《沙州善护、遂恩兄弟分家契》:"兄弟义让,□上大郎,不入分数,其两家和同,对诸亲立此文书。从今已后,不许争论。如有先是非者,决杖五拾。"[①]此种表达在该类契约中被反复书写并强调,是保障履约的悔约罚则,属于调适性要件。"分家"是体现家庭亲情、兄弟之义的社会伦理,并非简单的个人私事,"析产"是个人间经济性权利分配,民间分家析产如果不能做到公平对待,极易产生亲人间经济纠纷,影响伦序和谐与社会稳定。个人经济需求与社会伦理需求也有转化与契合之时,养男契、立嗣文书属于这方面的代表,人们可以有效地将私人之间的经济及伦理需求与社会伦理需求进行转化,这种转化方式虽然在契约要件中显得比较生硬,却是大众理性选择的结果。在敦煌社邑文书中,个体经济需求和社会伦理中的乡邻互助需求在温情脉脉的表达中完美结合,在严肃的违约罚则中结束。事实上,个体需求与社会需求往往杂错相陈,并非简单的一方经济需求对另一方伦理需求,双方的需求都可能是多样的,本文只是为了分析之便才在此处将分析对象简化为经济需求和伦理需求的单一对应关系。这两类需求促生的两大利益分属不同领域,两者并行时各行其道,交错时因各自遵守的基本规则有异,难免呈现出聚散离合的复杂样态。

表 1

洛晟晟卖园舍契	兄弟同户人悋[护],□园地充替,其舍及□或中间有恩敕,口□	俄藏 112
高昌延寿五年(628)赵善众买舍地券	若后有人呵盗认名者,仰本主了。	吐三 243
唐咸亨四年(673)西州前庭府杜对正买驼契	若驼有人寒盗认名者,一仰本主及保人酬当,杜悉不知。	吐七 389
唐大中六年(852)僧张月光、吕智通易地契	立契已后,或有人忏悋园林舍宅田地等称为主记者,一仰僧张月光父子祇当,并畔觅上好地充替。…如身东西不在,一仰口承人知当。	敦二 2
唐天复四年(904)令狐法性出租土地契稿	从今已后,有恩敕行下,亦不在论说之限。更有亲姻及别人称为主记者,一仰保人祇当,…	敦二 26
唐天复七年(907)高加盈出租土地充欠债契抄	中间或有识认称为地主者,一仰加盈觅好地伍亩充替。	敦二 27
宋淳化二年(991)韩愿定卖妮子契	中间有亲情眷表识认此人来者,一仰韩愿定及妻七娘子面上觅好人充替。	敦二 49

① 唐耕耦、陆宏基:《敦煌社会经济文献真迹释录(第二辑)》,全国图书馆文献缩微复制中心 1990 年版,第 142 页。

(二)个体交易安全需求和社会交易秩序需求的共生

民事契约是民间经济和社会秩序有效运行的联结器与助推器,是确定个体经济社会关系的媒介,当事人通过契约最希望获得的是将利益交换的结果明确稳定下来并尽快实现。"明确稳定"反映的是契约书写规则能否真实反映协商的主要内容,"尽快实现"反映的是交易安全和效率的保障需求。社会作为一个有机整体,它天然希望自身秩序得以良好维系和健康运转,这种需求必然会渗透进自身的每一个细胞,契约当事人的交易关系就属于这种细胞,社会在秩序方面的需求自然会沿着契约这一媒介对契约当事人提出相应要求。

第一,契约样文、抄件的大量存在是集体理性与社会需求共同作用的结果。敦煌文书中现存有不少学童练习抄写的契约草稿,也有书手抄写的契约样文,它们是对作为范本的真实契约的抄写,人们反复抄写练习契约文书之本身透露出的就是集体理性和社会需求。各种类型的契约样文或抄件,储存着人们所需要的信息和规则,这些信息和规则替代了个人思维的必要性,[①]人们模仿着他人经历过的同类事物,也被身边的人再次模仿和重复。[②] 在人们的潜意识中,这不是蹈常袭故而是简便实用。跟着被身边人经过实践证明并无错误的经验前进,实际上强化了同一共同体中既定的交易交往方式。重复、模仿和借鉴就是一种集体理性行为,人们本着节省协商成本、提高交易安全和效率的需求,希望迅速进入既存的、共有的社会交换规则语境。具体到个人,在当事人依契约样文书写正式契约文本时,体现的是个体经济性考虑对社会秩序性考虑的依赖。第二,契约样文或抄件所展示的契约要件是集体理性和社会需求的双重反映。我们知道,"对人类生活具有长久决定性影响的生产方式、技术发明、制度创建、规则制定、习俗形成都是集体理性选择所致",[③]作为被反复书写的"结构性"内容,契约要件必然是源于但又超越个体理性的集体选择,最终沉淀为一种非正式规则,它过滤掉了个性化需求的表达,就像马凌诺斯基研究的库拉土著一样,这些土著人也喜欢拥有,不愿意放弃,但是,社会限定的得失观念远远凌驾于个人的好恶得失的自然取向之上,[④]而正是这些社会性的、共同接受的习惯性规则形塑并维护着经济社会秩序。反言之,社会大众维护公平有序交易交往秩序的需求一定会对契约要件的书写提出要求,要件类型、数目和内容如果不能反映这种需求,可能不久就会被淘汰。在每一份正式私契中,当事人是具体的、鲜活的,债权人、债务人和见(保)人是特定的,他们的需求是个性的,但在已经格式化的契约样文中,这些角色则属于"社会大众",他们的需求是社会性的。第三,契约要件项数、类型及内容的变化反

---

① 周雪光:《制度是如何思维的》,载《读书》2001 年第 4 期。

② 此处可部分运用路径依赖理论来解释,其中的"锁定"概念有一定参考意义。尹贻梅等:《路径依赖理论研究进展评析》,载《外国经济与管理》2011 年第 8 期。

③ 赵汀阳:《惠此中国:作为一个神性概念的中国》,中信出版社 2016 年版,引言第 5 页。

④ [英]马凌诺斯基:《西太平洋的航海者》,梁永佳、李绍明译,华夏出版社 2002 年版,第 87 页。

映的是个体需求与社会需求互依共生的结果。前文述及，周代私契无实物遗存，从金文立契记事中可以看出交易所需要件已能满足当时需要，只是不知是否书写于契约文本上；汉简契约受制于书写材料要件较少；吐鲁番所出4—6世纪之间的契约文书明显出现了结构性变化，如果从更长时段进行观察比较，会发现8世纪的敦煌吐鲁番契约要件比4世纪的吐鲁番契约要件丰富得多。要件数量的增加是要回应某些新生需求的出现，这是集体理性观察、尝试、选择和积累经验的结果。这种新生需求由个体需求发起，落纸生根为普遍性需求，是对原来要件回应现实日显不足的变革，所增加或发生变化的这些新要件比如保人条款即是如此。从个人角度讲，当事人主要是希望保障交易安全即契约能如约履行，[①]如有可能则希望尽量提高交易效率，节省交易费用。从社会角度讲，追求的则是保障交易公平合理、有序顺畅地进行，并将这种秩序长期稳定下来。契约文书类型不同这两种需求互动的结果也会有所不同，比如借贷契约和租佃契约，前者是债权人为绝对主导，要件体现出来的履约保障要求更强烈，后者除了履约保障追求，双方也追求一定的权利平衡性，比如不可抗力条款即有此功能。社会群体内部的博弈促成社会总体需求外化为契约中的特定利益结构。此处主要是以经济性契约为研究对象得出判断，社会性契约中的个体需求和社会需求会有所不同，比如伦理性考虑会增加，但交易交往的安全保障、经济社会秩序稳定的追求不会发生根本性变化。

(三)个体经济文化需求与佛寺彰显存在需求的结合

敦煌吐鲁番文书中的佛寺在敦煌、高昌(唐治时改为西州)两地大众日常生活中占有重要地位，“窃闻敦煌胜境，凭三宝以为基”，寺院作为社会性物质及精神的存在和大众日常生活已经紧密交织在一起，“岁末，就此圣严燃灯斋食，舍施功德，各人麻壹斗…”[②]。双方的经济文化需求彼此依赖共生，转化为多维利益，落定成一件件契约上的各类权利义务。个人与佛寺的相互需求不仅是两个民事主体之间的互相依赖，更属于个人与社会之间的共存关系。敦煌佛寺曾经历过政治、经济、宗教地位的极盛阶段，在当地具有很大影响力，高昌佛寺在高昌王国和唐朝时期影响虽然也很大，但似乎逊于敦煌佛寺。吐鲁番契约中，佛寺及其僧众都是以普通民事主体形象出现，僧俗之间开展各种经济交往。[③]敦煌文书种类繁多，该地佛寺在政治、经济、文化和宗教等类写卷中都有突出存在。经济性契约内较少出现宗教内容，结构性要件的类别和数目并未受到佛教影响，内容则频繁出

---

① 在不动产交易中这种意识最为强烈，如《高昌延寿八年(631)孙阿父师买舍券》：“后若有人呵盗认名，仰本主了”，“券成之后，各不得反悔，悔者壹罚贰入不悔者”，这类功能的要件非常普遍。国家文物局古文献研究室等编：《吐鲁番出土文书(录文本/五)》，文物出版社1983年版，第74页。

② 唐耕耦、陆宏基：《敦煌社会经济文献真迹释录(第二辑)》，全国图书馆文献缩微复制中心1990年版，第281、279页。

③ 高昌佛寺多是民寺，寺院名称以姓氏冠称，不同于山林寺院，它们的世俗生活很活跃，如和马寺相关的《买牛契》《佃菜园契》就是普通的民事契约，写得相当详细。国家文物局古文献研究室等编：《吐鲁番出土文书(录文本/十)》，文物出版社1991年版，第290～293页。

现佛寺和僧尼的身影:主体方面,佛寺可以作为独立当事人出现,僧尼也可以作为当事人、见人和保人出现;时间方面,有一些契约出现了“斋时”还纳的表达;地点方面,寺俗借贷契约中,会以寺院某处地点作为借贷或偿还之地;标的物方面,常见佛帐麦表达。社会性契约与佛教观念沟通方便,不但在结构性契约要件中出现和佛寺及僧众相关的内容,在调适性要件中也大量出现佛教观念的表达。如《养男契》立契原因中经常出现以下内容:“先世不种,获果不圆”“前因不备,今无亲生之子”“盖闻夫妇之礼,是宿世之因,累劫共修,今得缘会。一从结契,要尽百年…”(《放妻书》);立信套语:“斯言莫改,他劫他时,用为后凭”;悔约罚则:“…便受五逆之罪”(《分书》)。尤需一提的是,在寺院与百姓或寺户之间存在频繁的借贷往来,尽管普通的民事契约仍在社会生活中发挥着重要作用,但在特定的时代、地域、场景和条件下,出现了完整记载借贷过程的文书——请求僧官批准贷给麦粟等粮食的牒状《便×牒》、具有复合及简化契约要件作用的《便麦粟契》和记载履行情况的《便物历》。因为借贷者多,寺院主管借贷工作的“佛帐所”为了简化工作流程,便将诸多借贷者集中书写于一纸,形成功能复合、要件简化的《便麦粟契》,[①]这类简化契约现在所见不多,但在当时估计不会少。

敦煌吐鲁番契约文书中的僧俗需求是双向的,百姓对佛寺首先是心灵信仰方面的需求。两地位处西陲,自然条件较内地恶劣,战乱频仍,百姓生活困苦,人们内心十分渴望在精神上寻求心灵慰藉,佛教观念恰好在这方面弥补了大众的皈依需求。这方面的需求主要体现在社会性契约文书中,有些文书如修造佛窟社条、燃灯和斋节分配任务约定等是直接和佛教信仰相关的私契。两地百姓在经济交易需求上也离不开佛寺,城中寺院及某些僧尼与普通百姓混居在市井之间,有的寺院还占有大量田宅,如此一来,经济上互通有无的事情就难免发生。尤其是敦煌寺院面向寺户和普通百姓进行的粮食借贷,不仅带有交易性质更有慈善助济性质,他们借助特殊的社会地位凸现自己的存在,佛教思想也顺势润物无声地流淌进百姓的心田。佛寺彰显自身物质精神存在的需求也十分强烈,在敦煌这种强烈的需求甚至一度被转化成几乎与政权形成竞逐的政治存在,吐鲁番佛寺则一直匍匐在王权之下。佛寺首先求取物质上的存在,需要大众源源不断地施入财物,敦煌文书中有大量“赠物牒”“施入疏”,寺院由此得以建立“长生库”,实现“无尽藏”,等百姓急需用种子和粮食时再低息贷给他们。佛寺求取的精神存在则是传播佛教,既张扬自己的理念,实现自身文化价值,又通过宗教思想传播保障其物质存在。因此,佛寺与百姓间的物质精神需求共存共荣、难舍难分。佛寺实际上成为百姓心灵和生存上的“缓压阀”,佛寺在带有一定生存需求的前提下,自觉地充当起这种“缓压阀”。虽然经济生活是世俗的,佛教是出世的,佛教观念与经济交易之结构相去甚远,两者互学互鉴时不易打通,但敦煌吐鲁番契约仍不同程度地体现出佛寺(教)与世俗的融合,经济性契约结构性要件是交易和经济规则,拒绝宗教观念,却又避不开佛寺与僧尼的民事主体身份,社会性契约某

① 唐耕耦、陆宏基:《敦煌社会经济文献真迹释录(第二辑)》,全国图书馆文献缩微复制中心1990年版,第172、156、175、158、164、131页。

些调适性要件则主动选择佛教观念作为立契基础。在敦煌寺俗借贷文书中，调适性契约要件甚至一度被简化。这些情况是中原地区所不曾有过的。

四、个体需求和国家需求在契约要件中的互动

官方权力焦点之所至会在关注对象中留下痕迹，这是权力势能之所在，是其主动性的表现；权力忽略之处也可能留下影子，这是其惯性之所在，是被民间主动学习模仿的结果，在民间契约中即是如此。今天民法理论中有私法自治之说，国家权力与民间私权之间有一条界线，但两者并非绝对泾渭分明，订立于一定政治背景中的民事契约，难免受到权力这样或那样的影响，其背后动因离不开双方某种需求之推动，双方的需求转化为权力与权利的互动关系，这种关系与个人之间的交易交往、个人与社会之间的相互依存表现形式有所不同。唐朝政权和其他地方民族政权在敦煌吐鲁番契约文书中的影响力是很明显的，但在不同类型契约中影响的力度和广度并不相同，体现方式也有差别，国家权力在私契中的影响力如同围绕统治利益和时代变化的曲线有起有落。官方在敦煌吐鲁番契约中主要有三大需求，一是征收赋税和劳役；二是维持稳定的经济社会秩序；三是彰显政治权威的存在。与之相应的个体需求主要是生存需求和交易安全需求。

（一）个体生存需求对官方赋税需求的承负

官方对私契进行干预的标志性史料，研究者常引用这样一段话："晋自过江，凡货卖奴婢马牛田宅，有文券，率钱一万，输估四百入官，卖者三百，买者一百。无文券者，随物所堪，亦百分收四，名为散估。历宋齐梁陈，如此以为常。以人竞商贩，不为田业，故使均输，欲为惩励，虽以此为辞，其实利在侵削。"[①]确如所言，官府在私契中的表现如同一个自然人，具有相当明显的利益偏好，[②]这种偏好影响和支配着敦煌吐鲁番民事契约中某些要件的内容。如立契理由，在《未年(827)安环清卖地契》第3行有"为突田债负，不办输纳"；《唐大中六年(852)僧张月光、吕智通易地契》第15行有"入官措案"，[③]田宅交易是官方赋税的重要来源，私契中出现官方因素十分自然。对民间买卖奴婢、马牛、驼驴的交易行为，官府则要求必须在契约之外另立市券以便于征税，市券和私契内容基本一致，但增

---

① [唐]魏征、令狐德棻等：《隋书》，中华书局1973年版，第689页。

② 如果说契约文书还不能充分反映官府的赋税利益偏好，那么《后晋开运二年(945)十二月河西归义军左马步押衙王文通牒及有关文书》则可以充分展示这一点，官府对寡妇阿龙"贰拾贰亩口分地"的权利变动并不关心，它关心的是土地不能撂荒，必须有人耕种，有人承担赋税。唐耕耦、陆宏基：《敦煌社会经济文献真迹释录(第二辑)》，全国图书馆文献缩微复制中心1990年版，第295～298页。

③ 唐耕耦、陆宏基：《敦煌社会经济文献真迹释录(第二辑)》，全国图书馆文献缩微复制中心1990年版，第1～2页。

加了程序要件。[①] 吐鲁番文书中有不少雇人上烽代服劳役的契约,原因是有些人无法或不想亲自参加官府分派的劳役,有些人则因家贫而主动请求替人上烽。租佃(赁)契约也很有特色,下表中双方约定了赋税及劳役的义务承担,有地主承担,也有租佃(赁)人承担,[②]这是一项不小的经济压力,非承担方恨不得完全撇清这项义务,承担方也很难轻松应对。面对官方过度征收赋税和派遣劳役,老百姓会通过逃亡来躲避,在吐鲁番和敦煌户籍、手实及其他文书中记载有许多逃亡的实例,名为躲避战乱,实则也有躲避繁苛赋税和劳役的意图。宋代以后官方对私契赋税方面的需求力度加大,契约要件也明显受到规制。

表 2

年代不详奴子将口分地与王粉堆契抄(S.3905)	其地内所▭作草、布、地子差科□物,一仰本地主▭,不忓粉堆之事。	辑校 332
酉年(829?)二月十二日索海朝租地帖稿(P.2858 号背)	其每年地子,三分内二分亦同分付。	敦二 23
唐天复四年(904)令狐法性出租土地契稿(P.3155 背)	其地内,除地子一色,馀有所著差税,一仰地主祗当。地子逐年于官员子逞纳。	敦二 26
唐天复七年(907)高加盈出租土地充折欠债契抄(P.3214 背)	其地内所著官布地子柴草等,仰地主祗当,不忓种地人之事。	敦二 27
甲午年(934)二月二十九日索义成分付与兄怀义佃种凭(P.3257)	所著官司诸杂烽子官柴草等大小税役,并总兄怀义应判,一任施功佃种。	敦二 29
丁酉年(937)租用油梁水磑契(P.3391)	断作油梁磑课少多,…如若不纳课税,掣夺家资,用充课物。	敦二 31

(二)个体交易安全需求与官方经济社会秩序需求的博弈

吐鲁番所出高昌王国时期契约中尚未见到民间抵制官方干预私契的条款,唐西州后开始出现当事人抵制恩赦的条款,到了敦煌所出契约即晚唐五代宋初时期,这类条款已经相当普遍。在借贷契约中常有"如后有恩敕,不在免限",[③]"公私债负停征,此物不在停限"[④]这类表达,几乎成为其必备要件。表面上看似是债权人和债务人双方的利益之争,实则是统治者强制性要求减免私人债负、过多干预私契带来的结果。立契时,债权人是

① 如《唐开元十九年(731)唐荣买婢市券》载国家文物局古文献研究室等编:《吐鲁番出土文书(录文本/九)》,文物出版社 1990 年版,第 27 页;律令规定参见"卖奴婢牛马不立券"条,《唐律疏议》,刘俊文点校,法律出版社 1999 年版,第 538 页。

② "辑校"代指沙知编著的《敦煌契约文书辑校》,江苏古籍出版社 1998 年版,"敦二"代指《敦煌社会经济文献真迹释录》(第二辑)。

③ 唐耕耦、陆宏基:《敦煌社会经济文献真迹释录(第二辑)》,全国图书馆文献缩微复制中心 1990 年版,第 80 页。

④ 国家文物局古文献研究室等编:《吐鲁番出土文书(录文本/六)》,文物出版社 1985 年版,第 417 页。

利益主导方，是交易安全需求方，其可以将这一要求转化为保障契约履行的要件，债务人是没有要求对方遵守国家减免债负政令权利的，但其可能会寻求契约外的“权力庇护”。[①]买卖、租佃、典当、互易契约中也有这类条款——“从今已后，有恩敕行下，亦不在论说之限”，“中间如遇恩敕大赦流行，亦不许论理”[②]这类要件抵制的内容并不确定，有研究者推测可能有四种情况，[③]应该是对官方田宅租卖方面政策带来的交易风险之防范。很显然，作为契约订立时的利益期待方即债权人、买受人、承租人等，他们的个体需求是交易安全，深为担忧契约履行时出现政策风险，都希望“官有政法，民有私契”，而国家则希望以政令的形式减缓社会矛盾，维护稳定的经济和社会秩序。契约中的民事交易是否公平属于价值判断问题，国家有时会主动干预，而民间契约中的利益期待方更愿意将交易看作是事实问题，契约订立后必须履行。我们不必用公平价值臆断谁对谁错，哪一种需求或利益更佳，只是将这种需求动因、利益状况说明即可。契约中这类因应外部政治干预因素的要件，因为指向性各有偏重，有学者称其为“抵赦条款”，有的命名为“恩敕条款”，不管如何称谓，均属于本文所定义的调适性要件，其背后都是两种需求或利益的“博弈”，[④]一方要博取更多生存资源，一方要强化对经济社会秩序的管控。

(三)个体安全需求对官方政治需求的遵从

西北地区在当时是中外经济文化沟通的前沿和枢纽，该地区民族政权杂错，军事角力频繁，这对敦煌、高昌一带民众的生活影响巨大，经济贫困、生活动荡这些现象在民间契约中有充分体现。唐灭高昌、吐蕃占沙州是契约要件中与政治符号相关的内容发生变化的标志性拐点，政权更迭或快或慢地反映在结构性要件的时间、地点、履行方式等方面，具体表现为年号记载、行政建制、赋税制度和度量衡制度等内容书写的改变。前三项变化迅速，而度量衡制度的改变在吐鲁番和敦煌两地契约中的变化均经历了较长过程。例如，唐西州地区履行契约时是依高昌旧斛斗，后来则变成依“平斗取”，其过渡时间长约20余年。吐蕃占敦煌期间的度量衡变化要较吐鲁番契约中的高昌旧制向唐制转变快一些。政治因素在契约结构性要件的标的物、履行方式的其他内容上所起作用有限，因为政治力量无意也无法强制改变当地的经济结构，生产生活方式不变，这些内容自然不会发生大的变动。在契约调适性要件的某些方面，政权变动带来的影响也是比较大的，如高昌王国时期的保人称谓、人数和署押方式都有自己的特点，到了唐朝西州时期，保人的

① 如《丁丑年(977?)金银匠翟信子等状并判词》中就有债务人的申诉：“阿郎起大慈悲，放其大赦，矜割旧年宿债。其他家乘(剩)两硕，不肯矜放”，债务人请求最终得到了官府支持。参见唐耕耦、陆宏基：《敦煌社会经济文献真迹释录(第二辑)》，全国图书馆文献缩微复制中心1990年版，第31页。

② 唐耕耦、陆宏基：《敦煌社会经济文献真迹释录(第二辑)》，全国图书馆文献缩微复制中心1990年版，第26、9页。

③ 罗海山：《唐宋敦煌契约“恩敕”条款考论》，载《当代法学》2013年第2期。

④ 霍存福：《敦煌吐鲁番借贷契约的抵赦条款与国家对民间债负的赦免——唐宋时期民间高利贷与国家控制的博弈》，载《甘肃政法学院学报》2007年第2期。

称谓变了,保人人数也普遍增加,而且变化的节点和政权更迭非常契合。细究起来,官方似乎没有必要靠政治强力积极推行唐朝地区的私契样式,很可能是随之而来的商人将内地的契约文书带到了高昌地区,由于内地经济文化相对发达,当地人民主动接受的可能性更大。

结 语

敦煌吐鲁番契约文书历史悠久,种类多样,尺幅之间,世态万千。不管其信息如何丰富,内容如何变迁,从"琐事"向"结构"的转变在它作为一种独立事物登场之时已然成形,只不过这种"结构"在不同的时代、地区、契约类型和具体条件下时有调整,"琐事"也时不时会跳出来展示一下。"结构"按照回应需求的性质、方式和程度之不同可以分为"结构性要件"和"调适性要件"两种。"结构性要件"是契约当事人满足经济交易互通有无之本质性需求的基本要素,"调适性要件"是围绕期待利益(以权利为外观)及其实现设置的保障性条款。经济性契约是大众进行交易交往的"底本",奠定契约结构的基本样式,社会性契约是对经济性契约的模仿、借鉴和加工,它们都包含上述两类要件,只不过在具体书写时后者会随需裁量、因时变动。契约要件是社会大众集体理性的选择,也是一种民事习惯,它并非遵照"科学完备"的精神而书写,也可能有"粘滞性、非帕累托效率性、地方性知识导致的无法证成自身的合理性"之缺陷,[①]但确实是当时当地、特定知识背景下的"有条件的、可行的和最优的选择",具有"自然性、社会性和个体行为共性",反映社会交换共同的、根本的功能本性。"结构性要件"和"调适性要件"是满足个人、社会和国家三方需求的"舞台",个体间的交易交往需求是其他两方所有需求的原点和支点。在既有的生产生活方式条件下,个人要获得生存,就必须对其推力和压力予以回应,与他人在经济和社会关系中互通有无。个体间的社会交换内含着经济性和社会性两类内容,要想成功实现交换,必须遵守正式的和非正式的经济性、社会性规则,经过与社会需求、国家需求的互动或博弈,最终确定为契约文本中的两大要件及其内容,实现从需求到利益再到权利义务的转化。

具体而言,个体交易需求是契约订立、两类要件生发的原动力,其在契约中的创造力除了受到个体理性的支持与限制,也受到集体理性、社会需求和国家需求的形塑与制约。在交易需求中,当事人最关心的首推安全保障问题,完全自我履约是一种理想状态,民事契约无法自足地确保个体交易的顺利完成,当权利人请求对方履行而不得时,自力救济、保人代偿、国家权力保障就成为三项选择,后者是唯一具有合法强制力的保障方式。与此同时,由于私契履行涉及经济社会秩序安定有序的基础,官方也愿意介入这一活动。在民间契约中,社会需求常常是一个隐形的存在,当我们将正式契约换成契约样文或抄件时,个体需求就可以被抽象为群体需求,进而分析出社会需求。敦煌吐鲁番两地佛寺

① 吴元元:《规则是如何形成的——从哈耶克的"自发演化"论开始》,载《西南政法大学学报》2006 年第 4 期。

既是民事主体，也是社会性物质和精神的存在，其物质和精神方面的需求也应视为可以在契约文本中显著存在的社会需求。较难处理的是个体经济需求和社会伦理需求之间的协调与转换，由于两者关注点有差异、遵守的基本原理和规则也不尽相同，契约要件中的相关内容书写得比较严肃或生硬，契约外的履行实践可能更麻烦。当然两者也不全是冲突，有时社会伦理需求也有助于个体经济需求的实现。社会需求有经济性和社会性之两面，个人和社会间的经济需求容易换算，个人交易安全需求和社会交易秩序需求就不太容易完全契合，但这两种需求总体上是共生共荣的。个人与佛寺间的需求结合得比较好，前者对后者有精神信仰和物质交换及救助上的需求，后者有依赖前者实现生存与彰显文化价值方面的需求，基本上可以形成榫卯相合的状态。国家需求在私契中的出现不像社会需求那样令当事人感到愉快，官方的赋税和劳役需求像一股势能强大的水流，将个体需求冲击得欲躲难成，特别是官方通过政令减免私人债负、干预不动产交易时，当事人在调适性要件中更是左支右绌，即使宣布了“官有政法，民有私契”，契约效力的最终结局也很难事遂人愿。当然，对于官方宣示其政治权威的年号更改、行政建制变化、度量衡调整等内容，因无害于个人经济利益，人们或快或慢地予以遵从即可，习惯的力量在这三项内容中呈递增状态。

The Demands of the Subjects, The Intertwining of Their Interests and The transition of Essential Elements of Contracts
—Based on analysis of Dunhuang and Turpan contractual documents

Chen Jingtao

Abstract: The demands of multi-party participation actually drove the transition of essential elements of Dunhuang and Turpan contractual documents, which was governed under the living and production style. In the course of concluding the contract, they were translated into expected benefits and led into the arrangements of rights and obligations of the contracts. As a structural conditions, contractual elements reflected the natural requirements of bargain ,which included subjects, objects, time, place and method of performance. As a adapting conditions, these clauses and formula, such as guarantor-clause, the system of warranty to the defects of title, penalty regulation of breaching contract, resistance of debt absolving, Force Majeure Clause, would be adjust with changing of times and businesses. The transition of these two types of essential conditions in economic contract and social contract resulted from multi-dimensional interaction of requirements of individual, society and nation. These requirement embodied in the complex intertwining of advantages of the many main body in concluding of the contracts, they were turned into these two types of conditions by means of active or passive, and were written in the text of contracts intentionally or unintentionally. The categories and numbers of structural components were not expected to change significantly, but their contents and adapting components could be alter in pace with the changing of concrete historical background of economy, politics, culture, nationality and religion, and so on.

Key Words: Dunhuang and Turpan Contractual Documents; the demands of the subjects; the intertwining of the subjective interests ; the transition of essential elements of contracts

“行动中的法”在历史文书里的呈现*

——基于民国荣县档案的考察

杨　晖**

摘要:国民政府对四川省县级临时参议会的职权定位为“协助政府”,“促进县政兴革”,并在相关规范性法律文件中对其行动范围予以明确规定,以期能“循法预政”。在四川省荣县临时参议会的运作实践中,当县政府处理县域社会所发生的重大刑事案件关涉自身而有纵庇弥缝之嫌时,临时参议会与县党部及部分社会力量结盟,以较为强势的姿态介入具体个案的处理过程中去,以个案监督的方式,对案件的处理结果产生了实质性的影响,从个案正义或权力均衡的角度而言,此种结果显然具有积极意义。荣县临时参议会在此案所遵行的“行动中的法”,已经明显溢出了既有法律规则的范围。尽管如此,各方也并未对荣县临时参议会“行动”的合法性产生质疑,而四川省政府及省临时参议会亦持默许甚至鼓励的态度。本文运用“行动中的法”理论,重现四川省荣县临时参议会对个案实施监督的过程,揭示“行动中的法”不仅存在于现实之中,而且存在于历史之中,它是“纸面上的法”历史发展的动力。

关键词:临时参议会;个案监督;行动中的法

罗斯科·庞德作为美国社会法学派的“首席发言人”,①一生著述鸿丰,论域极广。庞德反对理性主义者对法律抽象性质的过分强调,以经验主义和实用主义的立场“关注法律在社会中的运行与功能”,②创造性地提出“行动中的法”(Law in action)理论,并进一步形成了建立在利益论基础之上的社会工程说或社会控制说,③其思想深刻影响了同时代的霍姆斯、卡多佐等人。后来,该学派的发展催生出“法律现实主义运动”(realistic movement in law),卢埃林、弗兰克等即为其代表。“行动中的法”理论,“强调行动的能动性、主动性和创造性,将法视为由人们日常行动的构建物”。④ 由于该理论在回应法律规则与事实差距之间具有较好的张力,因而其常被作为解释实际法律活动的理论框架或工

* 本文系国家社科基金重大招标项目“民国荣县档案整理与研究”(13&ZD152)的阶段性成果。

** 杨晖,四川大学法学院博士研究生。

① [美]博登海默:《博登海默法理学》,潘汉典译,法律出版社 2015 年版,第 253 页。

② 邓正来:《社会学法理学中的“社会神”——〈法律史解释〉导读》,载[美]罗斯科·庞德:《法律史解释》,邓正来译,法律出版社 2013 年版,第 232 页。

③ [美]罗斯科·庞德:《通过法律的社会控制》,沈宗灵译,商务印书馆 2010 年版,第 58～61 页。

④ 彭艳崇:《行动中的法:中国单位组织内在秩序的个案研究》,中国政法大学 2006 年博士学位论文。

具,但在法史研究中还付之阙如,即“行动中的法”理论与中国问题的结合,目前仅停留于当下,而尚未触及历史深处。

四川省荣县临时参议会自1942年8月18日开幕议事,至1945年9月10日设立正式参议会,期间凡三年之久。作为地方自治的组成部分,县一级“民意机构”——临时参议会在基层社会治理结构中开始逐渐占据重要位置。除在日常的开会议事、监察粮政等轨辙“循法预政”外,当县域社会发生重大刑事案件而关涉“交通”“治安”“粮运”“民命”至钜时,荣县临时参议会亦以较为强势之姿态介入案件处理过程中去。本文拟运用“行动中的法”理论,重现四川省荣县临时参议会对个案实施监督的过程,进而讨论历史之于“行动中的法”的意义。

一、“纸面上的法”:新县制下之县临时参议会

1939年9月,国民政府行政院颁布《县各级组织纲要》,该纲要第十五条规定,县设县参议会。[①] 县参议会为“全县人民代表机关”,经《县参议会组织暂行条例》规定,其职权主要包括(1)议决权;(2)建议权;(3)听取报告及询问权;(4)接受请愿权等四权。[②] 四川省作为战时大后方,成为国民政府推行“新县制”的全国模范实验省区,荣县亦于1940年被确定为“新县制”示范县。[③] 1940年4月,四川省政府制定《四川省各县临时参议会组织规程》与《四川省各县临时参议会议事规则》两法规,并报经中央核准,计划在1942年8月之前于川内各县普遍设立临时参议会。[④]

根据《四川省各县临时参议会组织规程》规定,县临时参议会“在县地方自治未完成之前,为集思广益,促进县政兴革起见”而特设,其职权仅包括(1)议决权;(2)建议权;(3)听取报告及询问权三项。[⑤] 其职权未见扩张,反有一定程度的缩减。除上述两重要规定外,四川省相继颁布《四川省各县临时参议会开会程序》《四川省各县临时参议会对外行

---

① 四川省政府民政厅编印:《县各级组织纲要》,载王建学编:《近代中国地方自治法综述》,法律出版社2011年版,第284页。

② 钱端升等:《民国政治史》(下册),上海人民出版社2011年版,第606~607页。

③ 四川省荣县志编纂委员会编:《荣县志》,四川大学出版社1993年版,第9页。

④ 王春英:《国民政府改革基层参政制度的努力与成效——以20世纪40年代四川县政议事机构的设立及其运作为例》,载《社会科学研究》2005年第2期。

⑤ 《四川省各县临时参议会组织规程》中关于临时参议会职权之规定集中于以下五条:第六条 县政府之年度施政计划、年度地方概算、处分公学产及有关人民负担事项,应于呈请省政府核定前提交县临时参议会决议,但在县临时参议会休会期内不及提出时,得于呈请省政府核定后提出,次期会议报告之。第七条 县政府对于县临时参议会依前条所通过之议案,如认为不能执行时,应于县临时参议会次期集会时提交复议。于复议时,如经法定出席参议员三分之二赞同原案或对原案予以修正,县政府对于县临时参议会复议时之决议除呈经省政府核准免予执行者外,应予执行。第八条 县临时参议会对于县政兴革得提出建议案于县政府,其关于处分公学产及有关人民负担事项之建议案,并得适用前条之规定。第九条 县临时参议会有听取县政府施政报告之权。第十条 县临时参议会参议员于开会时有依议事规则向县政府提出询问之权。民国荣县档案,全宗号002,目录号01,案卷号008,四川省荣县档案馆藏。

文办法》《四川省各县县政府筹设县临时参议会应注意事项》《四川省各县临时参议会秘书室办事通则》《四川省各县临时参议会驻会委员会规则》《四川省各县临时参议会设备标准》等法规，为四川省内各县临时参议会的筹设与运作提供了基本制度保障。秘书室为县临时参议会仅有的常设机构，工作烦冗，荣县临时参议会特制订《秘书室办事细则》，该细则包括总则、室务会议和工作会报、议案及公文处理程序、考勤、请假、值日员、会客、图书管理、附则九章，五十六条，两千七百多言。① 同时，为严肃会场纪律，秘书室还订有《旁听规则》。②

县级临时参议会除照规定开会议事外，其参与最深、牵连最广之县级地方事务为监察粮政。国民政府因战时“财政汲取”的压力，不得不寄望于新近成立的各地临时参议会，要求其取代已有的县财务委员会，聘请各地“公正士绅”组成“监察网”，对粮政工作实施监察。③ 临时参议会的此项工作虽未在上述规则中予以明定，但有国民政府和四川省政府相关政令为依据。对于新设之县临时参议会，四川省临时参议会视为“实行广泛民权之组织”，在地方自治中“关系至重”，尤对于“新县制”之推行，“集纳众思，表达群意，方能官民交相协力”，并认为地方行政能否进入轨道，最重要之关节在县临时参议会是否能“以议决预决算之权，举监督行政之实”。④ 但此仅为四川省临时参议会之倡议，并未纳入法律规则的范畴。

二、参与会审：查明案情之初步

1939 年“荣井公路”通车后，为运输“军粮”“民食”，交通部川滇西路管理局运粮司机频繁往来于荣县，县内也驻有川滇西路警卫稽查组派出机构。⑤ 1944 年 5 月 16 日，该路段发生一起严重刑事案件，运粮司机杨东华被杀，同车两人一重伤、一轻伤。尽管在战时发生人命事件并不少见，但因嫌犯身份与县府在处理此事件时的种种作为，导致县内舆论大哗。

案发后第二天，嫌犯陈海云即被常驻荣县的四川省保安第五团第一大队抓获。5 月 19 日，保安第五团第一大队部向荣县临时参议会发函，函称：“查本月十六日距县城三十里之外杜家乡，发生劫杀汽车事件，本部已于十八日将该要犯陈海云逮捕归案，兹定于明

① 民国荣县档案，全宗号 002，目录号 01，案卷号 008，四川省荣县档案馆藏。

② 秘书室（1942 年）8 月 13 日缮具，吴晦西盖个人名章并签字。“荣县临时参议会旁听规则”，民国荣县档案，全宗号 002，目录号 01，案卷号 027，四川省荣县档案馆藏。

③ 民国荣县档案，全宗号 002，目录号 01，案卷号 028，四川省荣县档案馆藏。

④ 民国荣县档案，全宗号 002，目录号 01，案卷号 008，四川省荣县档案馆藏。

⑤ 作为“西南外援输出线”，川滇西路在抗战中发挥了重要作用，学界相关研究成果颇多。川滇西路包括内乐、乐西和西祥三段公路，而“荣井公路”属内乐段，为省道干线，经费由川康盐务局拨给法币 30 万元，荣县县内 4 个行政区派领工 81 人，民工（主要为饥民）4138 人，工程分二期，全长 88.72 公里，历时两年，于 1939 年修建完工。四川省荣县志编纂委员会编：《荣县志》，四川大学出版社 1993 年版，第 207 页。

日午前十钟在本部大礼堂会同审讯”,要求县临时参议会派员参加。[①] 而颇可留意处在,“临审一小时前,县政府民政科长郭敦来本会及县党部侦问(辜)北沅、(梁)纯暇,‘保安队是否请党参会审’?北沅、纯暇等答以,‘(已)通知机关不仅党参两会,我们无会审资格,已派员旁听’。郭科长于谓,‘县长说,不要理他’。北沅、纯暇等答以,‘已派员去了’”[②]。

5月20日上午10时,六机关在该队部(设于荣县救济院内)会同审理此案。会审由保安团第一大队长杨映秋主导,荣威师管区司令部中校军法官胡允宏、荣县临时参议会刘永昭、荣县县党部执行委员李忠恕(亦为县临时参议会参议员)、荣县青年团钟其炎、川滇西路警卫稽查驻荣稽查组王昊等五机关人员参加会审。会审前,杨映秋向各机关代表作案情简介。节录如下:

> (保安团)在发生事件之日午后六时才接到情报,当即派队前往缉捕。殊到达杜家井时,匪已远飏。得悉肇事首犯陈海云向河口乡逃窜,赓即派队尾随至河口乡。殊该犯早已闻风向宜宾境内。十七日晚始在宜境乡间将该犯绊获解回讯办。行至过水垇,即遇县府警察局侦缉队长王楷及分所长潘子卿前来说情,请将该犯侦缉证退还,因案情重大,未准所请。于十八日午后三时,始将该犯解送回城。经初讯,招认击毙司机不讳。于十九日复接县府公函,嘱将该犯交县府法办。本队以责任有关,事件复牵涉县府警察局,故未便交送。恐初讯不明,今天特请到各机关法团莅临,会同审讯,以昭郑重。[③]
>
> 除略述抓捕经过外,杨映秋的简介中有两处值得注意。其一,在保安团将嫌犯“解回”途中,县府警察局派人前来说情,请求将嫌犯侦缉证退还,此点涉及嫌犯身份的确认;其二,该请求被保安团拒绝后,“复接县府公函”,要求将嫌犯交由县政府法办,此则表明荣县府曾试图掌握此案之管辖权。在《会审笔录》中,可见此案更多细节,兹录如下:
>
> 问:你叫甚么名字?今年若干岁?住居何地?
>
> 答:我是陈海云,今年三十岁,住荣县河街四十四号。
>
> 问:你现在作什么工作?
>
> 答:我是荣县警察局侦缉组长。
>
> 问:你到杜家井有何任务?
>
> 答:我同县长揹枪刘云、侦缉副队长王荣宗、组长戴治彬、侦缉员王春山、何德修、江顺才等去捕匪,我们同行七人。
>
> 问:你们为什么与交通部发生枪杀案?
>
> 答:我们叫他车子停倒,他不停倒,我们才开枪打他。
>
> 问:是你一个人打的吗?大家都打了的?

① 民国荣县档案,全宗号002,目录号01,案卷号096,四川省荣县档案馆藏。
② 民国荣县档案,全宗号002,目录号01,案卷号096,四川省荣县档案馆藏。
③ 民国荣县档案,全宗号002,目录号01,案卷号096,四川省荣县档案馆藏。

答:大家都打了几砲,车子才停。停倒以后,我们跑到车头前面,将枪制止司机不准开走。司机来扯我的枪,我的枪滑了机,才把他打死的。

问:这支和侦缉证是你伪造(还)是警察局所发的?为什么侦缉证内之枪码号与你现在这支不符?

答:侦缉证和枪都是警察局发的,因初次的枪是我私人备的,继后我把借的枪还了局长,才把这支枪发与我,所以码号不同。

问:王副队长和县长揹枪的刘云与其余的人现在到哪里去了?

答:王副队长和刘云到正紫乡去了,其余的人都骇倒跑了。

问:你到河口乡去准备怎样做?

答:我到那里去藏到看怎样设法。俟后乡公所派他的揹枪龚文光来与我放信,说县府有电话来,叫我快点走,保安队派人来拿你们来了,于是我才跑到乡下去躲到。

问:现在马局长不承认你是他的侦缉队员?

答:我根本是警察局的侦缉组长,地方人民及各机关都是知道我们的,同时我们还有许多工作表现。

问:你有什么工作表现说来听?

答:我们第一次,二月间在上河街槐花树检查到交通警察王排长哲明之鸦片烟四十几两,手枪一支,一并送到局上去的,下午局长就把人放了。

问:第二次?

答:我们第二次在距城五里之程家桥拿到杨三嫂八十几两烟,缴了三十几两到局上,其余五十二两交与王队长去了的。

问:第三次?

答:我们第三次,拿着威远之女客九两几钱生烟。

问:第四次?

答:我们第四次,在城里头卫四维隔壁拿到八九百斤生银,一百个南半元,五个大锭,七个金戒指,并有保甲长盖章证明(保长姓彭)。

问:这些东西在哪里去了?

答:这些东西我们完全都缴在局上马局长手里去了。

问:你们侦缉队是好久成立的?

答:是二月间成立的。

问:成立以后,哪些人来向你们训过话。

答:马局长、刘科长随时来向我们训话。

问:训话说些什么?

答:叫我们工作秘密努力。

问:你们为什么借保安队名义在外招摇?

答:我们并未借保安队名义。

问:你们组织有好多人?

答:过去二十几个,现在只有十一个人。

问:有哪些人?

答:队长王楷,副队长王荣宗,组长是我陈海云、戴治彬,侦缉员刘进云、毕华、何德修、江顺才、王春山、刘火峰。

问:听说各乡都送有你们的烟赌费,每月送有若干?

答:是由王楷队长派王春山去收的,每个乡场每月三千也有,五千也有,不等,保安队并没得有分文。

问:你们每月有无薪饷?

答:我们完全都是义务职。[①]

从《会审笔录》所载内容看,嫌犯陈海云为荣县警察局侦缉队组长,而该案嫌犯不止陈犯一人,包括县长弁兵刘云在内共七人。事发后,荣县政府曾来电通知陈海云,让其躲藏以逃避追捕。为证实其警察身份,嫌犯向参审的各机关代表供述了其作为警察局侦缉队组长期间所参与的四次"工作表现",其中三次为烟毒案,一次为缉私案。

会审结束后,保安团第一大队部再次向荣县临时参议会函告逮捕凶犯经过,函中所揭"凶犯陈云海……随身携带土造手枪一支,荣县警察局警字第五号侦辑证一个",[②]进一步证实嫌犯警察身份。此函引用事发当日川滇西路警卫稽查组驻荣稽查辰铣荣给该队的"法字第一六号"代电,亦对案情有所说明。兹录如下:

兹有川滇西路管理局司机杨东华驾驶"5060"号车,由来牟铺装载粮食部来牟铺仓库食米赴自井,司机室内坐有女客、女孩,工务段职员田康柏各一人,于本日正午十二时三十分驶抵杜家井,有数人持枪阻拦行车,并鸣枪射击车辆,当时司机随在离街道百余公尺被逼停车。不意中有三人,一身着蓝布长褂,一着黑绸长褂,一着白短便服,身着黑绸长褂者扭住司机,当场鸣枪格毙,子弹穿出司机胸背,擦伤女客右肘,穿入田康柏腹部。该凶徒等见行凶已遂,即在柑子垭掀断电杆二根、电线数断后扬长而去。据报,该凶徒等业已潜向乐德镇河口乡一带隐匿,因事关破坏本路交通,扰乱后方治安,相应电请贵部派员捕获法办,以维法纪至祷至感。[③]

三、强势介入:参会质询与反复澄清

荣县临时参议会要求县长黄希濂明确枪杀案嫌犯究竟为"那(哪)一方面的人",而黄

① 民国荣县档案,全宗号002,目录号01,案卷号096,四川省荣县档案馆藏。

② 民国荣县档案,全宗号002,目录号01,案卷号096,四川省荣县档案馆藏。

③ 民国荣县档案,全宗号002,目录号01,案卷号096,四川省荣县档案馆藏。

将此案推为保安团所为，与警察局无关。① 荣县临时参议会在 6 月 2 日开驻委会时，特邀请县政府警察局长马能海报告案情。马局长在报告中说：

本局据报亦曾派员前往捕拿未得。查供词所称各节，颇有涉及本局之处，口供可以套诱教唆，不足为据。所称烟案三起，本局均逐一转送县府取据，并奉有指令。至白银，计南半元二百元，中锭五个，金戒指五枚。本局依照法令分别没收或退还。至侦缉队之成立，系属试办性质，成立后各方啧有烦言，本局即着手裁撤。惟尚有少数以有特殊关系致未裁去，本案凶犯陈海云即在其内。此次枪杀案纯系该犯等所为，应由该犯等自行负责。至侦缉证之制发，本局系遵照二十六年颁发侦缉员警条例发给，而警械使用条例，对于因执行任务开枪杀伤人命亦有规定（非必要时放枪致人于死伤，应依刑法处治或由主官惩罚）。现保安队既争取处理权，本局只有听之。②

在报告中，马能海承认枪杀案嫌犯陈海云系警察局侦缉队成员，不过仅因有“特殊关系”而未被裁去。至于陈海云在此次“执行任务”中“开枪杀伤人命”，马能海认为应按照法令规定由“该犯等自行负责”。同时，对于陈犯供词中所指的四次“工作表现”，马能海并未直接否认，而是承认存在上述事实，不过此皆系“按照法令分别没收或退还”，并无中饱情节，且涉案赃物的数量、金额与陈海云供述相比，均少许多。

马能海报告案情经过后，当天出席会议的参议员对其有较深入之质询。摘录如下：

梁副议长询问：本人于聆取马局长报告后，对杜家乡枪杀司机案已有进一步明瞭，惟案中关系交通、治安、粮运、民命至为巨大，上次黄希濂县长在本会报告，本案系保安队人员所为，究竟凶犯陈海云是哪一方面的人？

马局长答：我已报告过，本队侦缉队员尚有少数因特殊关系，尚未完全裁撤，陈海云即在未裁撤人员之内。

梁副议长询问：闻缉获凶犯陈海云有贵局所发侦缉证，是否盖有贵局关防及贵局长私章？

马局长答：侦缉证系本局所发，盖过关防私章。

梁副议长询问：侦缉队长是王楷，副队长是王荣宗吗？

马局长答：王楷是事务员名义，侦缉队组织是有法令根据的。

梁副议长询问：保安队所送陈海云供词内，肇事犯人内有黄县长揹枪的刘云在内，这对政府声誉大有损害。

马局长答：闻刘云先二三日已请短假回家，本案犯人内无其人，即使有亦系私人行为，本局并无命令。

严参议员章森发言：侦缉队员应严格训练，流氓组合有弊无利。

刘驻会参议尚军询问：侦缉队员入队手续如何？

马局长答：须请保缴相片。

① 民国荣县档案，全宗号 002，目录号 01，案卷号 096，四川省荣县档案馆藏。

② 民国荣县档案，全宗号 002，目录号 01，案卷号 096，四川省荣县档案馆藏。

刘驻会参议员尚军询问:陈犯系何人所保?

马局长答:可查。

梁副议长询问:陈犯供词内有贵局按月抽各乡镇烟赌费之事,究竟是否属实?

马局长答:本人服务贵县四年,从未收受非分财物,烟赌费或系码头所送,我非袍哥,即有其事,本人亦不知情。

梁副议长询问:侦缉队闹出好几件事,各方均有向黄县长谈过,你都不知道吗?

马局长答:我不知道,也没有人告诉过我?

梁副议长询问:贵局督查长还是何楷吗?

马局长答:是。

梁副议长询问:本案虽由该队蒙蔽妄为,应自负责,惟平日主管长官如能从严管教,或可不至发生是项重大事件。①

副议长梁纯暇关切嫌犯的身份,马能海的回答再次证实其系警察局侦缉队员,而非保安队人员。而对于刘云是否也参与此案,马能海则以"案发前刘云即已请假回家"为由,否定其与该案有关。关于嫌犯之侦缉证,马局长承认其系警察局所发,并盖有"关防私章"。至于收受"各乡镇烟赌费"一节,马局长则断为否定。

该次会议记录印发后,马能海以为此记录与其报告"出入甚大",于6月8日回函荣县临时参议会,要求更正会议记录。② 马能海在函中首先对荣县临时参议会表示责难,"贵会有意颠倒黑白、混淆视听,但贵会为县中最高民意机关,会议记录应具真实性,岂可将能海之报告与答复询问各词,听凭书记断章取义、鱼目混珠而公布于外?此不独影响贵会记录之价值,且可能造成法律上之责任,能海概不负担"。③

马能海揭出保安团抓获嫌犯非为陈海云一名,"闻驻县保安队大队部在河口捕获王荣宗、陈海云二名,不知何以竟把王荣宗释放,仅带回陈海云一名"。马能海认为陈海云供词中"颇有涉及本局之处,查该供词系在保安队片面之说,自可以权力威胁,以厉害枉诱,谎言捏造,不足为据。……又说查获白银八百余斤,金子数两,全予没收,竟未提成给奖,而实在仅有五角南板二百个,约重十两左右之银锭五个,而与白银八百余斤之说,枉差霄壤。本案因系违法营业,乃依违警罚法第五十四条及第廿二条从轻处分,均有案可查。至于提成给奖,有法令禁止,岂可擅办?根据以上各案可□,陈海云所供全系捏词诬称"。④

至于"本局侦缉员警之设置,为应事实之需要,遵照四川省政府卅年颁发之《四川省各县警察机关侦缉员警服务规则》办理,且系试办性质,自设置后深感流品复杂,难于管理,而于四月间裁撤,并追撤侦缉证"。为解释嫌犯陈海云为何持有侦缉证,马能海辩解

① 民国荣县档案,全宗号002,目录号01,案卷号096,四川省荣县档案馆藏。
② 民国荣县档案,全宗号002,目录号01,案卷号096,四川省荣县档案馆藏。
③ 民国荣县档案,全宗号002,目录号01,案卷号096,四川省荣县档案馆藏。
④ 民国荣县档案,全宗号002,目录号01,案卷号096,四川省荣县档案馆藏。

为,“因有少数不良分子依仗某方势力,潜逃在外,未能将侦缉证撤销,陈海云便是此中之一”。至于此案是否为陈海云所为,马能海表示怀疑,“因本案在保安队办理,本局难以侦查,即便确为陈海云所为,该员已是裁撤之侦缉员,与警局无关”。并进一步申述,“退一步说,该员尚有侦缉证,不得视为裁撤人员,此是侦缉证,并非是杀人之命令,非为犯罪之护身符,且国民政府公布之警械使用条例明文规定,不当使用武器而使用武器以致伤人或致死,轻则由主管惩戒,重则受刑罚。果真该陈海云有犯罪之事实,人在保安队,可依法惩办。现保安队既争夺处理权,只有任随之”。①

在更正的“答复部分”中,马能海指“王楷是本局雇员,由辜议长介绍来局,掌管侦缉员警事务”。此揭辜北沅插手警察局人事。“本人服务贵县近四年,从未收受非法财物及贪赃枉法事件。如果从各镇乡拿烟赌费,我非袍哥,在各镇乡无人活动,如何可以拿钱。且我并未派员警至各镇乡去拿烟抓赌,各镇乡何以要送费?如系转借侦缉员警之手,王楷并非我私人,我与他毫无关系,他之来局服务,系辜议长认为十分可靠,一再介绍来的,究竟有无借他之手拿钱,可以由辜议长仔细查问,便可明白。”马能海此说辞见其将此案与辜北沅牵连之意图。马能海再次强调,“本局新近成立,人事欠健全,……尚望各位先生原谅,不过侦缉人员由王楷掌管,因王楷是辜议长认为十分可靠,一再介绍来的,所以我很放心”。②

马能海又于6月16日复函荣县临时参议会,要求更正其在该会第三次临时驻委会上的说法。更正要点有三:第一,马能海指摘辜北沅否认介绍王楷到警察局工作,“能海把辜议长第一次、第二次、第三次来局如何介绍详细说明后,辜议长才说是介绍来做事务员的,能海即说,‘王楷字都不认识几个,何能为事务员?’”第二,上次会议记录是否当马能海本人宣读过,“数位参议员均说‘没有’。当时能海即起立发言,‘各位既承认上次记录没有当我读过,随便增删变更,我就不能负责’”。第三,在刘永昭宣读完会议记录后,“能海即起立否认记录与原意不合,吴参议员介持发言,‘听刚才的记录是没有记到马局长说的十分之一,这样扯来扯去总是无用……’,宣读停止”。马能海认为此次所提三点,“贵会第三次临时驻委会记录并无以上三项语句,贵会自认会议记录‘尚无差异’,不知作何解释,今不拟作任何辩论,仅录以上三点,以见他颠倒黑白、鱼目混珠、数入人咎三弊”。③

四、借势媒体:府会各执一端

该案的处理引发了荣县媒体的关注。6月17日,《荣铎报》报道此案,该报之主编为

① 民国荣县档案,全宗号002,目录号01,案卷号096,四川省荣县档案馆藏。

② 民国荣县档案,全宗号002,目录号01,案卷号096,四川省荣县档案馆藏。

③ 民国荣县档案,全宗号002,目录号01,案卷号096,四川省荣县档案馆藏。

县人刘一先。[①] 报道主标题为"荣县警察局侦缉队枪杀运粮汽车司机案",副标题为"地方人士关怀粮运治安,马局长拒绝参会询问"。报道主文中说,"参议会……提出询问多起,旋该局长致函参议会谓是日记录出入甚大,请为更正,参议会以该局长出尔反尔、欺人自欺,特召开临时扩大驻委会议,并函该局长到会询问,兹为使各界人士明瞭此案真相起见,特将前后有关该案文件一并披露,以饷阅者"。[②] 同时,该报道对六机关会审过程予以刊载,其内容与保安团函送荣县临时参议会之《会审记录》基本一致。

7月7日,自贡市《新运日报》登载荣县县长黄希濂巳寝代电一件,试图对此事件作有利己方之陈述。荣县临时参议会迅即向四川省临时参议会正副议长及参议员解释,并指该代电"内容全属抹杀事实、颠倒是非,冀以一纸代电之诳语,遂其偷天换日之阴谋"。[③] 为驳斥县长黄希濂关于"县府无侦缉队"之说法,荣县临时参议会在函中澄清,"县府之侦缉队,骚扰民间,肆无忌惮。……陈海云供词承认其为荣县警察局侦缉队组长,马局长能海在荣县参会之答词亦谓侦缉队组织是有法令根据,并谓陈犯即在未裁撤人员之内。又陈犯之侦缉证,不但有'荣县警察局侦缉队组长陈海云'等字样,且贴有本人之相片,复盖有骑缝印章,并附有侦缉须知若干条。钧会只须调阅是项侦缉证,则所谓'县府无侦缉队组织'之说不攻自破。县人年来战栗于侦缉队淫威之下,痛尝恐怖之滋味,饱受'黄祸'之苛虐,屏营累息,不知死所。关于县府侦缉队之有无,本会一再询问,而黄县长则一再否认,且故弄玄虚,谓该队或属某部,或属某区,嫁祸他人,居心叵测。迨杜家乡枪杀案发生,及陈犯被捕后,县府始则派人说情,欲撤回陈犯侦缉证,继则要求提审,预为地步。于是侦缉队之原形毕露,群情愤激,民变堪虞。惟本会素抱上下兼顾态度,努力疏解,苦心劝慰,以依法检举相号召,五十万人之盛怒始得暂时遏抑"。[④]

有关嫌犯陈海云之身份,荣县临时参议会在此函中称,"陈犯为警局现任侦缉队组长,其供词直认不讳,其侦缉证亦载明其所任职务。果被开除,何不撤回其侦缉证?果已私逃,何不通令缉捕,并通告其侦缉证作废?"对案发地之乡长,荣县临时参议会指责其"事关人命,朱乡长竟未予以扣留,及受伤之陈太太跪请缉凶时,朱乡长亦未受理,竟让匪首从容逃逸"。在朱乡长"向黄县长请示后,竟强令保长陈共山等捏造奉命追匪,以图搪塞"。[⑤] 至于县长黄希濂质疑陈海云供词真实性,荣县临时参议会解释为,"侦缉队为县府之秘密组织,过去种种罪行,悉为县长所认可。故'陈犯供词毫无迟疑躲闪之语,俨不知为犯罪',乃当然之事。且陈犯即使自知犯罪,以为有县长做靠山,亦无迟疑躲闪之必要"。[⑥]

---

① 刘一先(1906—1977),荣县牛尾河人,1927年加入共产党,曾任《荣铎报》总编辑。四川省荣县志编纂委员会编:《荣县志》,四川大学出版社1993年版,第599页。

② 民国荣县档案,全宗号002,目录号01,案卷号106,四川省荣县档案馆藏。

③ 民国荣县档案,全宗号002,目录号01,案卷号096,四川省荣县档案馆藏。

④ 民国荣县档案,全宗号002,目录号01,案卷号096,四川省荣县档案馆藏。

⑤ 民国荣县档案,全宗号002,目录号01,案卷号096,四川省荣县档案馆藏。

⑥ 民国荣县档案,全宗号002,目录号01,案卷号096,四川省荣县档案馆藏。

五、主动搜集：以证据揭真相

此事后遂演变为荣县临时参议会弹劾县长黄希濂贪污枉法案，在向四川省政府和省临时参议会提交的检举材料中，附录了被害人陈渭南、杜家乡副乡长晏希平等人的谈话记录，对重现当日案情颇有价值。陈渭南之谈话记录摘录如下：

卅三年八月十九日，与来牟镇站长陈耀宗之妻陈渭南太太谈话，询问杜家乡汽车司机杨东华被狙击经过纪实。

五月十六日，五〇六〇号汽车在来牟镇装米开赴自贡市，陈太太与田康柏同坐司机台，陈太太坐中间，田康柏坐左边。过杜家乡，出场口，在木桥西边有六人均着便衣，在车右边有几人，马路中间有几人，用手枪招呼司机停车。司机杨东华答以"上坡不能停止"，车之左门即见有一面黑较瘦者，穿青绸便衣，头蓄有发，扒车门外。我与他说明上坡不能停车原因，彼不着一语答复，同时以手招呼体胖者上车，口叫，"快来！"约行一百二十米之途，彼即追及。车停未开，后知车未停，上坡时左外轮胎先已被枪打破，扒右边司机门外，用手枪向司机射击（未说话），我见后立即伏司机台上，耳闻枪声，一弹由司机胸部穿出，擦伤我右肘之关节，又穿入我左边田康柏右边腰肋未出。杨东华当倒我身上，田康柏开车门向杜家乡乡公所去。我昏迷一阵，醒时出车到乡公所，见田已早到。约半小时，朱乡长来说，此为匪人，不要紧，我雇轿送你们到城里去。后田坐滑杆去。后出乡公所约二三十步远，住户休息，有民众围看，详细询问，据答此是县府便衣队常出没此间，发生事端。朱乡长曾与之同饮食，不敢捉拿，故当日有壮丁操练，亦未去捉。说毕，就有车来，我搭车去城。行四公里许，又见朱乡长在路上往前走，当即招呼上车。至荣县车站，同胡站长再思，王稽查吴，一路往县府。

补记：司机被击毙后，陈太太未离车前，乡公所并未有人来看。

陈站长耀宗（私章）　陈太太渭南（私章）　记录涂继承（私章）

卅三年八月十九日上午十一时半

在场人欧阳良知稽查　胡再思站长　郑稷熙科长[①]

从陈渭南之回忆可知，当日虽有七人到乡，但案发时仅有六人，县长弁兵刘云在案发前"十钟许赴西草乡去了"。而据此前马能海之说辞，"在出事前数日，刘云便因病请假回家"之说显系矛盾。在发生枪杀案后，毗邻之乡公所居然无人闻问，当陈渭南到乡公所门口后，该乡长说犯案者"此为匪人"，其如何得知为"匪人"，如其已知此案与侦缉队有关，侦缉队在执行职务时误杀伤人，依正常程序处理即可，不必为其掩饰，而该乡长帮助侦缉队遮掩，似正说明乡民之陈述为真，即"县府便衣队常出没此间，发生事端"。

据晏希平回忆，案发后，"王（荣宗）陈（海云）等三人持枪返场口，称此部汽车载有匪

---

① 民国荣县档案，全宗号002，目录号01，案卷号106，四川省荣县档案馆藏。

人，不服检查，必至乡公所去报告。我等闻说，即同朱乡长一路回所。到所时，则知该王、陈等人已向马路草店子西面长山乡方面逃去”。当田康柏与陈渭南分别返城后，“在彼时，我即商之朱乡长，应赶快报告县府，殊打电话不通，乃写一简略公文，当时曾商得内容如何写法，以后是否写去我不得而知。隔两三天后，朱写一公文呈报出事情形，因与事实不符，我拒绝盖章，县长之意为地方减轻责任，应尽人事□证明，我未答应，稍后黄秉盈秘书又向我说，不盖章也可以，后又如何呈报公文不得而知”。① 该副乡长之证词说明案件发生后，案发地乡长据上峰指令曾试图篡改事实，以减轻“地方”责任。

六、事件定论：不涉嫌犯之结果

事件经酝酿发酵，形成了以荣县临时参议会为主导，荣县党部、县政府部分高级职员及社会力量几方协力的“倒黄”“驱黄”风潮。荣县临时参议会认为县长黄希濂对此案负有重大责任，请求四川省政府及第二区行政专署“准派大员澈查严办”。② 1945 年 4 月 25 日，四川省临时参议会函复荣县临时参议会，并抄送四川省政府训令（民一字第零六零六七号）一件，该训令对荣县临时参议会指控黄希濂各案“查实之情况予以分别说明”。③

有关陈海云枪杀运粮汽车司机一案，查实结果为，“粮车司机系由警察局已裁之侦缉警陈海云、王荣宗等搭车未遂所枪杀”，而不是出于黄希濂的唆使或“纵庇”，县长之弁兵刘云也未参与其事。该训令指出诱发该案的原因为，“惟该警察局长马能海任用王楷，违法组织侦缉队，听其自行吸收队员，不给薪饷，平日搕索滋事，未加制止，酌经裁去，又未将侦缉证悉数缴销，致肇事端，是本案之发生实由该局长马能海听任部属，违法组织侦缉队引起。……该县长黄希濂并不无疏虞失察之处”。案发时正值杜家乡乡长朱华光率领国民兵会操，在“枪声数起”后，鉴于朱华光竟然“不加闻问”，导致凶犯陈海云等一干嫌犯从容脱逃，荣县政府既未能将此案之嫌疑人全部捕获，也未对朱华光予以处分，对于此节，省政府之结论为“该黄县长均有驰废职务情事”。④

四川省政府认为，荣县县长黄希濂负有违法失职之责，对其给予记大过一次之处罚，并将其调离荣县。此案之相关人员，如荣县警察局长马能海，四川省政府认为其对于运粮司机被枪杀一案责任特重，应予记大过两次之处分；警察局侦缉队王楷有庇纵的嫌疑，应饬令县府交有权管辖机关办理；杜家乡乡长朱华光因其纵任凶犯逃逸，给予其撤职并停止任用二年之处罚，而该案在逃凶犯仍应饬令荣县政府缉捕侦办。⑤

---

① 民国荣县档案，全宗号 002，目录号 01，案卷号 106，四川省荣县档案馆藏。

② 民国荣县档案，全宗号 002，目录号 01，案卷号 096，四川省荣县档案馆藏。

③ 民国荣县档案，全宗号 002，目录号 01，案卷号 096，四川省荣县档案馆藏。

④ 民国荣县档案，全宗号 002，目录号 01，案卷号 096，四川省荣县档案馆藏。

⑤ 民国荣县档案，全宗号 002，目录号 01，案卷号 096，四川省荣县档案馆藏。

结　语

本案内中刘云是否参与此案,同案犯王荣宗被保安团无故释放之原由是否查明,其与同案犯在此后是否被捕获,各被课以何种刑责等并无明确记载。而各方之关注重点始终集中于嫌犯陈海云是否为县府警察局侦缉队员,县府是否违法组织侦缉队,县长黄希濂、警察局长马能海等是否利用职权干扰此案等问题。此案嫌犯虽由保安团抓获并组织会审,但荣县临时参议会在后续的处理过程中逐渐掌握了主导权。作为一县之"最高民意机构",荣县临时参议会要求县政府警察局长赴会接受询问,后续展开对县长的弹劾,此举颇具现代民主代议政治的意味。荣县县长及其所属职员虽用多种手段试图掩盖事实,但荣县临时参议会与县党部及部分社会力量结盟,在揭露真相、实现个案正义的同时,也在一定程度上宣示其已成为县域社会中一个重要的权力节点。国民政府设立县临时参议会之初衷本在"协助政府",荣县临时参议会通过介入个案,展现出对政府及所属部门予以监督的另一面,在基层社会治理结构中呈现出一定程度的权力均衡的样貌。

细考荣县临时参议会参与此案之全程,既有法律规则并无临时参议会可实施个案监督、弹劾行政长官的规定,如严格遵循"纸面上的法",结果将不言而喻。历史不容假设,荣县临时参议会通过创造性的"行动",对个案实施监督,并对案件的处理结果产生了积极影响。其行为虽已溢出既有法律规则的范围,但各方并未质疑其"行动"的合法性,四川省政府及省临时参议会亦持默许甚至鼓励的态度。此正说明,当现有的法律规则无法满足社会或普通民众对真相、正义等价值的需求时,社会对通过"行动中的法"进行法律规则的创设或再造的容忍度提高,以期形成更为符合民众日常需求的法律秩序。同时,荣县临时参议会参与此案,也涉及颇为复杂的利益关系。如庞德所言,"法律发现这些利益迫切要求获得保障。"①作为机构本身与参议员个体,其以"行动中的法"突破"纸面上的法"时,应有过一番考量,而"行动中的法"最终成为其利益的保障。因此,庞德立基于利益论所建立的社会工程说或社会控制说在此案中得以一定程度的证成。本案亦揭示出,"行动中的法"不仅存在于现实之中,而且存在于历史之中,它是"纸面上的法"历史发展的不竭动力。

the Representation of Law in Action in Historical Documents
Based on the Rong County Archives Investigation

Yang Hui

Abstract: The Nanjing national government defined the functions and powers of the provisional county-level parliament of sichuan province as "assisting the government" and "promoting the reform of county politics", and specified the scope of action in the

① [美]罗斯科·庞德:《通过法律的社会控制》,沈宗灵译,商务印书馆 2010 年版,第 34 页。

relevant normative legal documents, hoping that the parliament could follow the law in the discussion of government affairs. In Rong county temporary parliament of operation practice, when the county government to deal with major criminal cases have happened in the county are unfair, temporary parliament association with other organizations, part of the social forces, with relatively strong stance in the process of the specific case, in the form of case supervision, the processing results of the case has a substantial influence. From the point of view of case justice or power balance, this result is obviously positive. The "law in action" that the temporary parliament of Rong county followed in this case has clearly overflowed the scope of the existing "rules". In spite of this, the legality of the "action" by the temporary parliament of Rong county has not been questioned, and the sichuan provincial government and the provisional parliament have also acquiesced or even encouraged it. By applying the law theory in action, this paper reproduces the process of supervising individual cases by the temporary parliament of Rong county, sichuan province, and reveals that law in action not only exists in reality, but also in history, which is the driving force for the development of law history on paper.

Key Words: temporary parliament; supervision over the specific cases; law in action

清代地方立法吸纳民间习惯探究[*]

——以《福建省例》为分析视角

林飞翔[**]

摘要:清代地方立法极具特色,在遵循中央一体化立法前提下,因事制宜和因时而治地进行地方立法,注重吸纳地方民间习惯。《福建省例》是清代福建省施行于1752至1872年间的地方立法,地方官员对民间习惯的微妙心态,最终决定民间习惯入例的可能与范围。同时,地方官员基于有利课税、息讼、稳定的地方治理需要,主动或被动吸纳地方民间习惯,若具体民间习惯不违反律例规定,又有益于官员利益,福建官员自然乐于接受,《福建省例》也将予以主动吸纳;而在具体民间习惯与律例相冲突时,福建官员不会一味禁革,而是根据这种冲突对官员利益的影响程度,综合衡量官途利益后,选择漠视、妥协、变通等方式被动吸纳。

关键词:清代地方立法;《福建省例》;民间习惯

清政权在西南地区开辟苗疆的历史进程中,将贵州苗例逐步吸纳到《大清律例》等国家法,作为条例得以认定与适用,在民族地方发挥积极的法功能,弥合国家法与制定法的不足,缓和清政权与边疆民族地区的冲突矛盾。① 同时,在东南地区广泛制定和适用省例,吸纳地方民间习惯,以应对不同文化地域背景下的立法和适法问题。省例是清代独具特色的地方法律形式,与《大清律例》等中央统一立法不同,省例是省级政府长官制定的地方性法规汇编,②以地方事务为规范对象,解决大法在本省的具体细化和施行问题。清代省例包括《江苏省例》《福建省例》等十余种。本文所据《福建省例》刊行于同治末年(1873—1874年),共收录例案484件,并按其内容分为33类,主要为1752—1872年间福建省地方行政法规,"系办理福建全省各项政务的章程条例"。③《福建省例》所载例案反映清代中后期福建省的行政司法状况,凸显清代地方立法吸纳民间习惯的因素和方式,呈现官府对民间习惯的复杂取舍心态,折射国家法与民间法之间的微妙互动关系。

---

* 基金项目:国家社科基金重大项目"民间规范与地方立法研究"(16ZDA070)的阶段性研究成果。

** 林飞翔,厦门大学法学院法律史学专业博士研究生。

① 崔超:《清代贵州苗例入例的历史疏义》,载谢晖、陈金钊、蒋创传光主编:《民间法》(第22卷),厦门大学出版社2019年版,第215页。

② 王志强:《清代国家法多元差异与集权统一》,社会科学文献出版社2017年版,第127页。

③ 《福建省例》,大通书局1987年版,弁言第1页。

一、《福建省例》所涉民间习惯举隅及表现

(一)《福建省例》所涉民间习惯举隅

清代民间习惯作为民事法律关系发展及民间社会长期博弈的结果,是在社会发展的自我管理过程中逐步形成,其类别和内容虽然多样,然颇显零碎,既无国家意志的主动参与,也缺乏国家法和制定法的严谨性与体系性。《福建省例》不存在完整地对某个民间习惯的论述,只根据行政管理的便利,对所涉民间习惯内容进行汇编,致其片断地散落在税课例、田宅例、当税例、钱法例、刑政例、征收例、杂例等篇目,具体内容涉及番银使用、粮食跨县买卖、银贵钱贱、一田二主、田宅交易的契约形式、典当利息期限、胎借、当铺失窃赔偿、因贫卖妻、民间风水等。兹举隅如下:

表 1 《福建省例》有关民间习惯的总目与例条分布情况统计简表

习惯	总目	例条
番银使用	税课例	行动番银税契章程
	钱法例	新到鹰番与捧番一体通行通用
	征收例	生疏钱粮按旬报宜,不许预支,随征随解
银贵钱贱	钱法例	严禁富户、典铺、盐商囤积钱文,稽察奸商私收贩运出境
粮食买卖	平粜例	乘缺故昂,摘惩一二,其米自出,不必过为厉禁
典当利息、期限	当税例	当铺大小行息限期
		开张典当分别本银行息限期
胎借		民间开张大小典当,分别行息章程
一田二主	田宅例	禁革田皮田根,不许私相买卖,佃户若不欠租,不许田主额外加增
	税课例	根契纳税,就佃征粮,〈舟午〉船烙号给照,军流分都安置
	征收例	推收粮额因地、因时酌量妥办
田宅交易契式	田宅例	典卖契式
	田宅例	民间活典产业毋庸设立对契

续表

习惯	总目	例条
当铺失窃赔偿	刑政例(下)	嗣后一切失赃,均须据实确估造册通详
	刑政例(下)	典商收当货物被窃,照例赔偿
民事侵权	杂例	运木出水酌量装排章程
合同赔偿	杂例	染店收染民间布疋被窃赔偿办法
因贫卖妻	刑政例(上)	因贫卖妻分别治罪,别有他故依律问拟
民间风水	杂例	严禁争坟
民间分水	田宅例	禁止争水

(二)《福建省例》吸纳民间习惯的表现形式

总体上,清代百姓的日常生活与国家法律保持着相当的距离,但《福建省例》包含的民事习惯是通过何种途径被官员记录下来,而成为省例的内容呢?笔者认为,清代福建省地方官员在处理政务事项时,需要解决民生问题、倾听民众意见、解决民间争议,当一樁事务处理具有普遍指导意义时,就形成具体例案,需要抄送各级遵照执行,嗣后福建"藩台衙门"对一定规模的例案汇编时,采用把整个例案文件完全收录的方式,"将每一个例案如何构成的原始文件都原原本本的全部录出",①各个例案所涉福建省本地民间习惯随之被完整记录和保留下来,并"潜入"地方立法中。同时福建"藩台衙门"在刊印例案时,"又不得不按其性质加以分类",②这里的性质就是官员处理政务时所涉及的具体事务,分为公式、仓库等 33 类,再将每一类所含各例案依照年代时间的先后顺序排列,以便充分指导和适用于清代福建各级地方官府的行政与司法,满足法律有效供给治理的需要。因此,民间习惯与例案并非一一对应,相关内容也呈现片断化和破碎化,其在《福建省例》主要有三类表现形式:第一类是一种民间习惯涉及多个例条。例如使用番银的民间习惯,散见于钱粮征收的征收例《生疏钱粮按旬报宜,不许预支,随征随解》、交纳田宅交易税契的税课例《行动番银税契章程》③、银钱使用的钱法例《新到鹰番与捧番一体通行通用》。④ 又如清代福建地区"一田二主"的民间习惯,在田宅例《禁革田皮田根,不许私相买卖,佃户若不欠租,不许田主额外加增》、⑤税课例《根契纳税,就佃征粮,〈舟午〉船烙号给照,军流分都安置》、⑥征收例《推收粮额因地、因时酌量妥办》⑦三个例案均有涉及。又

① 《福建省例》,大通书局 1987 年版,弁言第 2 页。
② 《福建省例》,大通书局 1987 年版,弁言第 2 页。
③ 《福建省例》,大通书局 1987 年版,第 233～235 页。
④ 《福建省例》,大通书局 1987 年版,第 584～585 页。
⑤ 《福建省例》,大通书局 1987 年版,第 445～447 页。
⑥ 《福建省例》,大通书局 1987 年版,第 237～239 页。
⑦ 《福建省例》,大通书局 1987 年版,第 1157～1159 页。

如田宅采用单契交易的民间习惯,乾隆二十五年(公元1760年),福建官员要求今后民间典卖田宅均需制定上下契,并规定具体的契约格式,颁布《典卖契式》,[①]要求各属遵照执行。乾隆四十八年(公元1783年)三月,福建省级官员同意《民间活典产业毋庸设立对契》,[②]变更原制定上下契的规定。再如刑政例(下)的两个例条《典商收当货物被窃,照例赔偿》《嗣后一切失赃,均须据实确估造册通详》,[③]亦分别对当铺失窃赔偿习惯问题作出规定。第二类是一个例条涉及多种民间习惯。例如《当铺大小行息限期》《开张典当分别本银行息限期》《民间开张大小典当,分别行息章程》[④]三个例条均涉及典当利息、借款期限、胎借等民间习惯。第三类是一个例条针对一种民间习惯。例如针对民间囤积钱币习惯导致钱币流通不足,颁布禁谕《严禁富户、典铺、盐商囤积钱文,稽察奸商私收贩运出境》。[⑤] 又如民事侵权赔偿问题规定在《运木出水酌量装排章程》;[⑥]承揽合同失窃赔偿问题规定在《染店收染民间布疋被窃赔偿办法》;[⑦]民间因贫卖妻习惯规定在《因贫卖妻分别治罪,别有他故依律问拟》。[⑧] 再如福建地方民间风水习惯规定在《严禁争坟》;[⑨]民间灌溉水量分配的习惯规定在《禁止争水》。[⑩]

二、《福建省例》吸纳民间习惯的方式

《福建省例》吸纳民间习惯的表达方式在具体案件成案过程中有“一事一议”的鲜明特点,吸纳民间习惯的处理方式和评判标准,也并非完全依据《大清律例》,除直接吸纳民间习惯外,还常常采用“头痛医头、脚痛医脚”的短视处理方法,以致对同一事件的处理结果,或前后不一致,或在对民间习惯持否定态度后,又以默认或妥协的方式接受。这种吸纳和接受,实际上就是默许民间社会运行中滋生的自主性规则,通过官法与民间习惯的互动,达到中央与地方、官方与民间利益的平衡。其吸纳民间习惯的具体方式如下:

(一)主动吸纳

主动吸纳是指《福建省例》以主动方式全部接受、部分接受或变通接受地方民间习惯。例如《福建省例》主动吸纳“民间使用番银”的习惯。乾隆三十四年(1769年)八月,德化县令向上级请求在民间置买田产需要交纳契税时,参照之前番银缴纳钱粮的先例处

① 《福建省例》,大通书局1987年版,第442~445页。
② 《福建省例》,大通书局1987年版,第448~450页。
③ 《福建省例》,大通书局1987年版,第923~924页、第927~929页。
④ 《福建省例》,大通书局1987年版,第457~459页、第459~461页、第462~269页。
⑤ 《福建省例》,大通书局1987年版,第579~583页。
⑥ 《福建省例》,大通书局1987年版,第1202~1203页。
⑦ 《福建省例》,大通书局1987年版,第1205~1207页。
⑧ 《福建省例》,大通书局1987年版,第864~867页。
⑨ 《福建省例》,大通书局1987年版,第435~437页。
⑩ 《福建省例》,大通书局1987年版,第435~437页。

理,福建布政司对此予以认可。[①] 咸丰年间,福建抚部院与闽浙总督部要求福州府严饬倾销匠以及各钱铺,“今后鹰番、捧番均一律通用,不准再有贴水”,[②]即明确承认鹰番、捧番作为福建流通货币的地位,主动吸纳民间使用番银的习惯。又如《福建省例》主动吸纳“因贫卖妻”的习惯。乾隆二十六年(1761 年),就因贫卖妻一案,汀州府归化知县请求上级参照浙江省类似案例处理办法,承认后一婚姻行为有效,女方归后夫。[③] 若依照《大清律例·户律》典雇妻女条规定[④],则婚姻行为无效,女方离异或归宗,处罚显然较重。经福建省两司商议后同意该请求,并参照浙江省办法执行,变通《大清律例》,实乃《福建省例》主动吸纳“因贫卖妻”的民间习惯。再如《福建省例》主动吸纳“典买田宅后不按时推收”的习惯。依据《大清律例·户律》典买田宅条[⑤]规定,典买田宅均应及时进行钱粮推收。乾隆三十四年(1769 年)九月,福建省级官员经调查后,认为民间田宅交易未推收清楚已属常态,民间均习以为常,“照各属之人情风土各殊,应各因地制宜,原不必强之画一”,[⑥]故《福建省例》主动接受民间“典买田宅后不按时推收”的习惯,确定仍按各地原来田宅交易推收期限执行,各州府不必强求统一。

(二)被动吸纳

被动吸纳是指《福建省例》在禁革某个民间习惯后,经过反复实践与比较,最终又直接或间接认可该民间民惯。例如《福建省例》被动吸纳“一田二主”的民间习惯。田底(根)主是《大清律例》认可的“业主”,姓名登记在官府地籍册上,负有向官府纳粮的法定之义务,也有权向田地上的耕作者收租。田面主不负有向官府纳粮之法定义务,只向田底(根)主缴纳一定数量或比例的地租,姓名在官府地籍册上也没有体现,但却是民间习惯认可的另一种“业主”。现实中田面主往往实际控制土地,利用田面权可以自由转移而无须田底(根)主同意的漏洞故意欠租。福建地方官员认为田面主在现实中的地位远不限于他们表面的佃户身份,“一经买契,即据为世业,公然抗欠田主租谷,田主即欲起田召佃而不可得”。[⑦] 最终必然导致“田主(田底主)历年租欠无着,驮粮累比,陷身家而误考成”。[⑧] “田面权习俗过分强化佃农的权力并威胁到地主收租,进而影响到国家税收,这就

① 《福建省例》,大通书局 1987 年版,第 233~234 页。

② 《福建省例》,大通书局 1987 年版,第 584~585 页。

③ 《福建省例》,大通书局 1987 年版,第 864 页。

④ 柏桦:《清代律例汇编通考》,人民出版社 2018 年版,第 489~490 页。《大清律例·户律》典雇妻女条规定:“凡将妻妾受财,[立约出]典[验日暂]雇与人为妻妾者,[本夫]杖八十。若将妻妾妄作姊妹嫁人者,杖一百,妻妾,杖八十;知而典娶者,各与同罪,并离异,[女给亲,妻妾归宗。]财礼入官。不知者,不坐,追还财礼[仍离异]”。

⑤ 柏桦:《清代律例汇编通考》,人民出版社 2018 年版,第 480 页。《大清律例·户律》典买田宅条规定:“凡典买田宅,不税契者笞五十;[仍追]契内田宅价钱一半入官,不过割者,一亩至五亩,笞四十,每五亩加一等,罪止杖一百。其[不过割之]田入官”。

⑥ 《福建省例》,大通书局 1987 年版,第 1158 页。

⑦ 《福建省例》,大通书局 1987 年版,第 445 页。

⑧ 《福建省例》,大通书局 1987 年版,第 445 页。

必须压制。"[①]至少从清代前期雍正八年(1730年)开始,福建省已多次发布禁革田皮田根的禁谕。乾隆三十年(1765年)闰二月,福建布政司行文《禁革田皮田根不许私相买卖,佃户若不欠租不放田主额外加增》,再次发布禁谕:"凡属皮租,尽行革除,不许民间私相买卖",[②]禁革"一田二主"。但是"一田二主"民间习惯几乎遍及福建各县,福建官员也承认"无论民屯田,根面皆分",[③]因而禁革效果不佳,民间"一亩二主"现象也并没有彻底改变。直到乾隆四十九年(1784年),由于许多福建省城人民在闽清县购买田产(实为田底),该县官吏每年奔赴省城向此类人征收田赋殊多不便,且耽误本县公事,于是该县知县向上级请求将征粮方式改为"省户到县收租,即令粜价易银,将本户应完粮赋全行完纳,其有不完者,就种田之佃催其代完,俟田主收租,令以执照抵算交清"。[④] 闽清知县所提建议并不明指"一亩二主"现象,只称田面主为"佃户",福建省级官员乐见其成,选择漠视"一亩二主"的事实,同意闽清知县提出在外地田底(根)主欠粮时,即由本地田面主代为完纳粮赋建议。最终《福建省例》在禁革"一亩二主"的习惯二十年后,最终又被动吸纳该民间习惯。又如被动吸纳"典卖田宅采用单契交易"的民间习惯。乾隆二十五年(1760年),福建官员要求今后民间典卖田宅均需制定上下契,并规定具体的契约格式。[⑤] 但在二十三年后的乾隆四十八年(1783年),继任福建巡抚雅德发现:"遇有民间控争田产,吊验契券,俱无前颁典之式,则其中似有扞格难行之处。"[⑥]官府强制要求民间典产时设立上下契并未达到如期效果。省内部分州府认为设立上下契事属便民行为应遵办推行,部分州府认为合同上下契容易被伪造,不必强制推行。福建巡抚院最终决定选择尊重乡俗,"悉从民便,自行交易,毋庸设立对契"。[⑦] 反映官府对民间田宅交易习惯干涉失败,最终选择妥协并在《福建省例》被动吸纳单契的民间习惯。

三、《福建省例》吸纳民间习惯的官方考量

《福建省例》涉及民间习惯的各个例案,无论是因民间人士的主动请议[⑧],或因州县以"通禀""通详"上呈,[⑨]或经藩臬提出相对规范的立法草案,最终都需要经过省级长官总督

① 黄宗智:《法典、习俗与司法实践:清代与民国的比较》,上海书店出版社2007年版,第168页。

② 《福建省例》,大通书局1987年版,第446页。

③ 《福建省例》,大通书局1987年版,第445页。

④ 《福建省例》,大通书局1987年版,第237~239页。

⑤ 《福建省例》,大通书局1987年版,第442~445页。

⑥ 《福建省例》,大通书局1987年版,第449页。

⑦ 《福建省例》,大通书局1987年版,第450页。

⑧ 民间请议的例子有:《禁革田皮田根,不许私相买卖,佃户若不欠租,不许田主额外加增》《民间开张大小典当,分别行息章程》《行用番银税契章程》《新到鹰番与捧番一体通行通用》。

⑨ 州县上报的例子有:《乘缺故昂,摘惩一二,其米自出,不必过为厉禁》《因贫卖妻,分别治罪,别有他故,依律问拟》《当铺大小行息限期》《开张典当分别本银行息限期》《典商收当货物被窃,照例赔偿》《民间活典产业毋庸设立对契》《根契纳税,就佃征粮,〈舟午〉船烙号给照,军流分都安置》《新到鹰番与捧番一体通行通用》《推收粮额因地、因时酌量妥办》。

或巡抚一人或二人共同批准。督、抚的批示分为认同、进一步提出自己的意见、反对三种。每个例案都是为解决政务的现实需要，其背后都有官方自己的利益考量，因此也导致因时因事而对民间习惯的态度前后矛盾和不一。究其原因，显然不在民间习惯发生变化，而在于官方的态度发生变化。因为"地方法规的根本立足恐怕并不真正在于当地的民间社会风习"，"不如说更多地体现了各地官员们的利益和经验"，①"省例作为地方法规的根本立足点恐怕并不在于当地的民间社会风习，而重点在于治民"。② 因此，只能从官员处理政务的治民角度来分析民间习惯，如果说中央政府考虑的方法是"赏、罚"二柄，地方官员们为自身的官运前程而关注其考核的优劣，则钱谷刑名最为重要，系朝廷和上级考核的基准，其核心实质也就是征税派役和维持地方治安。③ 因此，清代地方立法关注和吸纳民间习惯来自中央对地方、上级对下级的考成的内生动力，主要源自官方利益，在涉及具体民间习惯时，都会从税课、息讼、维稳三个方面进行综合考量。

（一）有利税课

清代地方各级对官员的考核，主要在于钱粮征收，因此各级官员都特别注重税课问题，考虑正项钱粮是否能够完成。④ 出于自身利益，官员在考虑民间习惯时，若其有益税课的，都给予支持；不利于税课的，都予以禁止。具体例子如下：一是番银使用有利税课，福建官员表现出对番银使用的接受和鼓励的态度。乾隆三十四年（1769 年）六月，福建省布政司认为德化县因为地方缺少纹银，不得不将番银折算纹银，民间这种使用番银的习惯"而裕税课"，⑤并要求该县县令"勒石晓禁，俾共遵守，以垂久远，取具碑摹送查"。⑥ 特别到咸丰年间，"各商在闽贸易，应完国课向用纹银或番银"，对于"国课民生，两有裨益"，⑦此时官民都认为番银与税课密切攸关，福建官员更是急切地责令推广番银使用。咸丰六年（1853 年），仅南台湾海关关税一项，"至海关税项，自上年九月开征起，至本年八月关满止，南台（湾）一口夷税，征收银番共四十三万六千两零，除已纳纹银三十万九千两零外，该各国夷商续缴鹰番银十二万七千两零"。⑧ 番银缴纳的海关税占比已近三成，若剔除番银，将无益于官员完成考成。因此，福建官员不但对番银使用持欢迎、接受和支持的态度，还对于不利于番银推广的贴水问题给予严厉斥责。二是福建督抚支持官府直接

① 见前引王志强书，第 56、59 页。

② 曾哲、高珂：《清代省例：地方法对中央法的分权》，载《武汉大学学报》2011 年第 3 期。

③ 柏桦：《明清州县官群体》，天津人民出版社 2003 版，第 208 页。

④ [清]方大湜：《平平言桑蚕提要》，吴克明点校，潘运告审校，湖南科技出版社 2010 年版，第 31 页。"大计。三年大计举以卓异，劾以六法。不入举劾者，为平等卓异。道府以下州县以上各员，核计本省历俸已满三年。任内并无正项钱粮未完。其平日循声政绩，该上司实系灼见深知，准其荐举卓异。如任内有正项钱粮未完，果系居官清廉能干，或莅兼三兼四繁缺，在本省历俸已满五年，装准一体保荐，俟引见后，准其卓异者，以加一级注册回任升"。

⑤ 《福建省例》，大通书局 1987 年版，第 234 页。

⑥ 《福建省例》，大通书局 1987 年版，第 235 页。

⑦ 《福建省例》，大通书局 1987 年版，第 585 页。

⑧ 《福建省例》，大通书局 1987 年版，第 586 页。

向佃农(田面主)征收钱粮的行为。乾隆四十九年(1784 年),闽清知县建议直接向田面主征收田赋,福建官员认为这种操作方式“事属简便”,利于税课,能够很好地解决“在印官既可免赴省催征之烦”,减少县级政府工作量,有利于地方官员完成钱粮考成,向田面主征收田赋“催其代完”“官民两便”。[①] 为此,官员甚至不在意之前已多次禁革田皮田根(一田二主)之事实。三是乾隆三十四年(1769 年)六月,为“以裕课赋”,[②]福建省布政司要求各州府依律将十年以上典契认定为改典为卖。四是《福建省例》也记载一个为了保证钱粮征收最优先的例子。清代民间田宅典当买卖时,都应该报请官府办理产权和赋税过户的推收手续。但在乾隆三十四年(1769 年)九月,福建省布政司认为全省属下各府可以不必整齐化一地执行田宅过户后的钱粮推收,可以“因地、因时酌量妥办”,[③]理由是钱粮未推收并没有影响钱粮缴纳任务完成,“今核查各府属中收除向未推收清楚,并无抗延滋弊,历久相安者”。[④] 也就是钱粮课税是官方优先考虑的问题,只要不受到影响,民间不推收钱粮的违法习惯可以暂时不必处理。相反地,对于不利于课税的行为,官员都会给予禁止。如官方因为私当不交税而采取禁止措施。在《当铺大小行息限期》《开张典当分别本银行息限期》《民间开张大小典当,分别行息章程》,官方均提出禁止民间私当的理由之一是“私当并不领帖输税”。[⑤] 又如乾隆三十年(1765 年)闰二月,福建省布政司严禁田皮田根之锢弊,理由之一是该习惯影响钱粮征收,导致官员“误考成”。[⑥]

(二)有利息讼

福建某些民间习惯因被官员认定与诉争相关,引起官员重视并对其加以重点关注,遂成为《福建省例》内容的一部分。具体例子如下:一是“一田二主”引发诉争而被禁革。虽然在乾隆四十九年(1784 年),福建省地方官府对该习惯政策松动,持默认接受态度。但在雍正八年(1730 年),乾隆二十七年(1762 年)、二十九年(1764 年)和三十年(1765 年),福建省当局先后下令禁止田面习俗,甚至树立石碑“以垂久远”。禁革的原因之一是“一田二主”问题导致抗租纠纷频发,“讼案累累”“狱讼繁兴”。[⑦] 二是担心引发诉讼否决“一田两税”的提议。乾隆四十九年(1784 年),福建省闽清知县向闽浙总督报称民间田根仍在私下买卖,且买卖价格高于田皮,但该行为却“从无报税”,请求上级准许该县的田根买卖当事人赴官缴纳契税。该县知县还认为让田根主报税的方法能够让“一切讼端可以渐息”。[⑧] 福建省级官员经考虑后认为之前“一田二主”所产生的诉讼问题,可以“一经控

① 《福建省例》,大通书局 1987 年版,第 237、238 页。
② 《福建省例》,大通书局 1987 年版,第 235 页。
③ 《福建省例》,大通书局 1987 年版,第 1158 页。
④ 《福建省例》,大通书局 1987 年版,第 1158 页。
⑤ 《福建省例》,大通书局 1987 年版,第 465 页。
⑥ 《福建省例》,大通书局 1987 年版,第 235 页。
⑦ 《福建省例》,大通书局 1987 年版,第 445、446 页。
⑧ 《福建省例》,大通书局 1987 年版,第 238 页。

告到官,即行讯明确情,按律究治”,即使是严重事件,也可以通过“即行严拘到案,从重详办”的方式解决。反之,“今若将根契一体投税”,“一田两税”,可能“不无益启讼争之渐”,[①]引发新的讼争。福建省级官员最终否决“一田两税”的建议,就是顾虑法令变更可能引发大量诉讼纷争。三是出于对诉讼担心而恢复民间单契习惯。清代民间以“原契”作为证明产业所有权证据,以及呈控官府审断案件的凭证。由于“原契”只有单方持有,另一方不持有,持有“原契”一方常常伪造证据,导致无法查清案件事实。于是在乾隆二十五年(1760 年),福建巡抚部院要求今后典买田宅设立上下契,并规定典买合同格式,目的就是“以杜假捏、以息讼端事”,使“卖断者既不得执废契以滋讼,而典产者仍得执下契以取赎”,[②]达到避免滋讼的息讼目的。但在乾隆四十八年(1783 年),继任福建巡抚最终发现,既然原契人会伪造契约,设立上下契后,新问题也随之而生,原来是一个持契人伪造证据,现在可能是两个持契人伪造证据。对官员而言,设立对契与其说“是欲除一弊而又滋一弊”,不如说是“一弊未除,一弊又生”,导致官员审案时面对更多的伪造证据,徒增烦恼。面对一个无益于解决证据伪造且徒增审案难度的决定,出于自身审案的考虑,官员最终选择顺从福建各州府习惯,尊重乡俗,尊重民间自行交易,不再强制要求设立对契。四是乾隆三十七年(1772 年)六月,福建省布政司在批示钱粮征收问题时,由于担心诉讼争端,要求各州府出布告,“严禁胥役,不得丝毫多索扰累,致滋讼端”。[③]

(三)有利稳定

民间纠纷和社会管理的问题,是任何朝代无可回避的客观存在,也是社会稳定的基础,这些问题只有仰赖于地方官员的处断。在《福建省例》记载一批的例案,以民事、宗教、道德教化等事务性规范为对象,处断这些问题有利于维护地方社会稳定。[④] 对于不违反律例的一些民间习惯,官员可以大胆、自由地作出决断和处理。而《因贫卖妻分别治罪,别有他故依律问拟》对于违反律例“因贫卖妻”习惯的处理方式,更能说明官员对于维护稳定的考量。因贫卖妻事关教化伦理,《福建省例》将其归入《刑政例》,而不是归入“婚姻田地”“民间细故”类的《户口例》、《田宅例》或《杂例》。《大清律例·户律》典雇妻女条

---

① 《福建省例》,大通书局 1987 年版,第 239 页。

② 《福建省例》,大通书局 1987 年版,第 442 页。

③ 《福建省例》,大通书局 1987 年版,第 234 页。

④ 如:《运木出水酌量装排章程》解决商人因砍伐装运木柴,沿途运输,导致水坝、桥梁、田亩冲损,通过酌定赔修费用,解决当地人藉修理桥坝,勒索钱物问题。《乘缺故昂,摘惩一二,其米自出,不必过为厉禁》解决邻省歉收,向福建省长汀县内采购粮食,影响当地粮价。对于是否限制粮食流动问题,省政府要求当地官员采取措施避免粮价波动,保证民生和维护社会稳定。《染店收染民间布疋被窃赔偿办法》《典商收当货物被窃,照例赔偿》《嗣后一切失赃,均须据实确估造册通详》确立染店、典商的失窃的赔偿原则,“均照当铺失火之例,以值十当五扣除月利赔偿,其月利总以被窃之日为止”,福建省级官员通知各府州一体遵照办理,确定统一赔偿标准,解决民间争议。《当铺大小行息限期》《开张典当分别本银行息限期》《民间开张大小典当,分别行息章程》三个例案对于典当本金、期限、利息的规定,体现了官方的“管制与恤民”原则,同时要求官员禁私当、禁胎借,解决民间高利贷问题。这些事件的处理,避免民众转向“重利剥削,实失便民之道”的私当、胎借,有利于维护社会稳定。

对该案子规定是后一个结婚行为无效,“女给亲,妻妾归宗”。[①] 为绕开对卖妻“恶习”的严厉处罚,乾隆二十六年(1761 年)归化知县赵垣在审理因贫卖妻案件时,请求上级参照浙江省毛文魁之例处断,对律例变通处理,从轻处罚,妻归后夫,福建省级政府经研究后同意该请求。“因贫卖妻”若仅是个案而非民间习惯,州县官在审理中对事关教化案件,很可能毫不犹豫地依律严惩,这种处理方式既符合国家律例的“治统”,又遵从了儒家经义的“道统”,也是地方官员最安全的选择。但“因贫卖妻”在福建省乃至全国各地,不是以个别现象存在,而是作为民间习惯存续,[②]有深厚的民众认同感,甚至官员也对民间卖妻习惯习以为常。[③] 在福建民间卖妻已与田宅等大宗交易相似,形成特定的交易习惯,如交易双方约齐中见人等相关人员写立“文约”,各在“文约”上按捺手印,买妻者过交“财礼”之后将作为买卖“标的物”的妇人领走,交易才告完成。[④] 官员在处理违反律例的民间习惯时,如果不顾及民意和法不责众的实际情况,处理之后也未必能够了结民间纠纷,恢复秩序安宁。如果社会矛盾未能及时有效地得到化解,官员治理职责也没有真正履行完毕。从这个意义来说,《福建省例》对律例的变通,避免了《大清律例》与民间习惯的激烈冲突,起到缓解因社会变迁所导致的尖锐矛盾、维护社会稳定的作用。

结 语

《福建省例》作为指导福建官员处理政务的章程,记载着官员既衡量社会影响,又考量自身利益;既希望落实中央政策,又需要顺应民间习惯的复杂心态,也呈现国家与社会、官府与民间之间的微妙互动,隐含着官员利益与民间习惯的冲突与妥协。对于民间习惯的当存当废,官员端视其“美恶”而定,[⑤]标准在于该习惯是否有利于上级对官员自身和下属的考成,对己有利的则是良、对己不利的则是恶。所以,表面上官员只是根据当前法规对民间习惯作出评判,实际上却是综合钱粮征收、化解诉争和稳定社会等因素而对民间习惯作出取舍。如对于民间使用番银的习惯,福建官员认为其于民方便,可以解决银钱比价失调问题,有利税课,自然是积极接受。但对于诸如“一亩二主”之类民间基础

---

① 柏桦:《清代律例汇编通考》,人民出版社 2018 年版,第 489～490 页。《大清律例·户律》典雇妻女条:“凡将妻妾受财,[立约出]典[验日暂]雇与人为妻妾者,[本夫]杖八十。若将妻妾妄作姊妹嫁人者,杖一百,妻妾,杖八十;知而典娶者,各与同罪,并离异,[女给亲,妻妾归宗。]财礼入官。不知者,不坐,追还财礼[仍离异]。”

② 王跃生:《清代中期婚姻行为分析——立足于 1781—1791 年的考察》,载《历史研究》2000 年第 6 期。据该学者对四川南部档案婚姻案件统计,清朝中期因贫而将妻子嫁卖是个案中数量最大的部分,占离婚总数的 40.35%。这种离婚行为是官方法律所不允许的,但在实际生活中却难以制止。

③ 陈全伦、毕可娟、吕晓东:《徐公谳词——清代名吏徐士林判案手记》,齐鲁书社 2001 年版,第 493 页。载徐士林的判词:“将陈氏押归后夫(陈灿)之家聚。如不安其室,即听陈灿发卖”。即对于认为不安分的女性可以听从后夫发卖。

④ 卢增荣:《清代福建契约文书中的女性交易》,载《东南学术》2000 年第 3 期;福建师范大学历史系:《明清福建经济契约文书选辑》,人民出版社 1997 版,第 732 页。均有同样的卖妻文书的记载。

⑤ 梁治平:《清代习惯法》,中国政法大学出版社 1996 年版,第 122 页。

深厚的习惯，官府的态度是既矛盾又无耐的，该习惯因为不利于钱粮征收，引发诉争，曾是官员眼中的“恶俗”而给予禁革，但禁而不行，某些时候有利于田粮征收时，官员又在衡量各种利益之后给予默认，采用网开一面的机会主义的处理态度。因此，若具体民间习惯不违反律例规定，又有益于官员利益，福建官员自然乐于接受，《福建省例》也将予以主动吸纳；而在具体民间习惯与律例相冲突时，福建官员不会一味禁革，而是根据这种冲突对官员利益的影响程度，综合衡量官途利益后，选择漠视、妥协、变通等方式被动吸纳。

A Research into the Absorbing of Folk Habits by Local Legislation in Qing Dynasty
——From the Perspective of the Fujian Province' Shengli

Lin Feixiang

Abstract: The local legislation of Qing Dynasty has its own characteristics. Under the premise of following the central integrated legislation, local legislation should be made according to the circumstances and the times, and local folk habits should be absorbed. The Shengli of Fujian province was a local legislation implemented in Fujian Province from 1752 to 1872 in Qing Dynasty. Local officials' subtle attitude towards folk customs ultimately determines the possibility and scope of folk customs. At the same time, based on the needs of favorable taxation, interest litigation and stable local governance, local officials actively or passively absorb local folk habits. If the specific folk habits do not violate the provisions of laws and regulations, and are beneficial to the interests of officials, Fujian officials are naturally willing to accept them, and The Shengli of Fujian province e will also actively absorb them. When the specific folk habits conflict with laws and regulations, Fujian officials will not blindly prohibit them Reform, but according to the impact of this conflict on the interests of officials, after comprehensive measurement of the interests of officials, choose to ignore, compromise, flexible and other ways of passive absorption.

Key Words: local legislation in Qing Dynasty; the Shengli of Fujian province; Folk habits

契式的法律世界

——以甘罚约为例

龚汝富* 李 岩**

摘要:契式是民间塾师草拟契稿汇编成册的契约样式,是民间书契日益格式化的成熟标志,一本内容完整的契式稿本几乎囊括民间日用应酬的所有规范要求。其中以甘罚约为例的契式,反映民间社会广泛存在刑罚私约化倾向,貌似侵蚀和分割了国法公权,但在家国同构的礼法世界,却具有现实存在基础,秉承了"官有政法,民从私契"的传统处事方式,以甘罚约消弭民间纠纷,体现了乡村社会本有的一套案结事了的解决机制,而这恰恰展现出与官方律令处置完全不同的法律世界和经验智慧。

关键词:契式;甘罚约;刑罚私约化

一、引子

最近,笔者在检视自己收藏清代至民国时期的民间文献资料时,发现一类有趣的抄本——契式。契式,即契约样式。这些抄本既有清一色的契约抄稿,也有夹杂在其他日用文书里的契约抄件。虽然分门别类传抄各色契约,但同类契约之间,其基本要件、用语及格式几乎完全相同,反映了民间契约演变日渐统一的标准化趋势,这与民间刊刻流传甚广的日用"百科全书"——《万宝全书》《酬世锦囊》所载标准化契约文书也大同小异。但是,由于传抄者文化素养参差不齐,日常人际事务应酬繁简不一,流传至今的契式抄本也存在各自特色,毫无疑问,会深深镌刻着传抄者的生活印迹。我们在清初婺源乡绅詹元相《畏斋日记》中,可以看到一个为乡村民众红白喜事忙碌的书房先生,如果他将每天打理的事务草稿汇集成册,流传下来估计就是一本乡村民众日用应酬的百宝书,其中契约草稿自然也会给后人传抄提供了格式样本。① 近读清中期浙江瑞安塾师赵钧日记《过来语》,更加固化了这种认识,赵钧除了日常在私塾授读之外,为乡邻戚友排忧解难也是现实生活中的重要内容,他曾在调解处理一起亲戚田产交易纠纷之后,觉得"田产房屋,

* 龚汝富,华东政法大学法律学院教授,博士生导师。

** 李岩,华东政法大学法律学院博士研究生。

① [清]詹元相:《畏斋日记》,载《清史资料》第四辑,中华书局1983年。

买卖交易，须即时另簿登记年月、价钱若干、中人姓名、并买卖根由，庶一见了然”。[①] 遗憾的是赵钧自己也未必保存了他所有打理过的事务草稿，否则“另簿登记”的各色契约流传下来，也是可供后人借鉴传抄的契式稿本。从本人收藏契式稿本的纸本质地、文字水平和规制范围来看，应该都是来自乡村塾师之流，他们不断传抄练习的民间日用应酬文书，有的冠名便叫《日用应酬稿约》，[②]几乎囊括了乡村社会民众生活的方方面面，由一代代照葫芦画瓢而累积起来的契式，只是其中最具代表性的文书，因为契式承载着各种资源利益的交易流转，甚至罪责归依。

在契式稿本中，笔者特别关注当事人之间私下处置罪责及其对价的特殊契约，如甘罚约、犯字约等等，也可概称为甘罚约。这类契约之所以显得特殊，是因为他们不仅仅是双方合意的一种利益交易，而且是对本由官方裁量的刑罚责任直接私下了结，以金钱利益换取免除刑罚。当然，缔结这类契约也不是漫无天理国法，而是有章可循的：首先，寻求免除刑罚罪责的一方，其罪与罚载在律典，自知逃无可逃，但也不是穷凶极恶；其次，即使乡村愚氓不懂律例条规，家法族规和民间禁约也是心知肚明；最后，案犯态度、物力与中间人调停是构成双方妥协的关键因素。这类契约在民间边抄边写，随着案件类型而延伸扩展，逐渐演变成为契式中最富有法律内涵的部分，而其处置的刑案范围几乎包括乡村社会可能发生的所有案件类型。所以，我们在审视传统中国法律传统时，常常以刑律一统天下，缺乏民法规范而深感遗憾，殊不知在广大乡村社会，甘罚约、犯字约、犯禁约等以私约形式消解了刑律在基层社会的实施，反而呈现出刑罚私约化倾向。当然，这不是国家公权力让渡民间私约，因为明清律中“私和人命”条款已经明确表达了官方立场，但甘罚约、犯字约、犯禁约在民间风行如故，确是中国传统农耕社会治理结构所决定的。

二、契式的三个面向

从甘罚约、犯字约、犯禁约等刑罚私约化文本来看民间广泛存在的抄传续作的契式草稿，我们除了体会其书契格式存在惊人相似外，其处置事项则体现了乡村民众日常生活各方面的具体要求。在一个严守礼制秩序的乡村社会，任何人都要为自己破坏生活共同体规则而付出代价，而这些共同体规则既可能是国家律令的重新申述，也可能是共同体因地制宜的诠释新版本，它们往往以民间绅民集议而成的禁约形式体现出来。因而，我们透过大同小异的各类甘罚犯约，可以清晰看到契式的三个面向：从形式上看，是书契格式基本定型的明证；从内容上看，是全方位处置民间日常生活中违禁犯约的罪责问题；从本质上看，是体现家国同构的法律也即禁约的实现方式。

1.书契格式的定型

许多民间抄本直接冠以“契式”之名，其实也表明已形成格式化的样本。甘罚约尽管

① 温州图书馆编：《赵钧日记》，中华书局2018年版，第71页。

② 《日用应酬稿约》，民国抄本，原件龚汝富收藏。

称谓各有不同，如有称帖或约的、也有称字或字约的，也有直接称式的，但实质上都是过错一方出具给受害一方的单方面承诺：

获赃令写犯约

立犯约帖人厶厶厶，今因黑在厶人宅前左(后右)，挖孔窃物，当夜被获，贼实赃真，哀求释放，倘后乃(仍)效前非，任凭禀官究治。此据。

见立人厶厶厶

厶厶年厶月厶日立犯约帖人厶厶厶笔。

犯禁帖

立犯禁帖人厶厶厶，今因在厶人山上窃伐树木，比即经厶人撞获，自愿赔补根赃，鸣锣钉(订)禁，书立帖据，倘后仍效前非，任凭执帖送官究治。此据。

在场人厶厶厶

厶厶年厶月厶日立犯禁帖人厶厶厶笔。①

杜后字

立杜后字人厶，情向厶人屡行滋诈，厶月故智复萌，激厶鸣论控究，厶人自知情亏(理亏)畏诉，央托甲邻厶等，从中劝释。自后咸服甘休，倘再藉滋，听厶执字呈究。此据。②

犯约字

立犯约字人厶厶今自遭罗网，于本月厶日夜晚偷盗厶人物件几多，方今拿获，寻实罪当，恳乞亲邻哀怜宽宥，放此残生。从今而后，改过身心，再不犯法妄行，如有再犯等情，日后查出，经中投保执字理论，鸣官究治，身甘坐罪。恐后无凭，立犯约一纸，日后存照。

地保厶厶

见人厶厶

同治厶年厶月厶日　立犯约字人厶厶③

犯奸式

立犯奸字人厶村厶姓名，丧失良心，不顾伦常，于厶月厶日夜潜入厶名房内强奸厶名之妻，适逢厶名在家，当时拿获。自知理亏，哀求族长说妥，自愿罚银几两正，以求苟免刑戮。自后不敢反悔，亦不敢强辩诬奸，另生枝节，今欲有凭，亲立犯奸约为据。

在场 叔、兄

立笔 自己

光绪厶年厶月厶日立④

① 《周映春记民间文书稿本》，光绪四年。原件为龚汝富收藏。

② 董允燮：《应酬见闻》，清代抄本，原件为龚汝富收藏。

③ 《手抄契稿》，民国时期抄本。原件为龚汝富收藏。

④ 《手抄契稿本》，光绪宣统年间抄本。原件为龚汝富收藏。

邹廷亮犯约式

立窃犯约人邹廷亮兄弟，平生屡不安分，素惯捞摸，非为作歹。于今本月十一日，胆敢在邱旺林宅后，白日窃去衣物等件，随即赶至捉获，赃据确凭。比经练邻本欲送官惩治，自知理亏，只得跪叩哀求释放，将衣物付还。自愿写立窃犯约，改过出境，永不敢仍蹈前辙，挟仇故害，诬扳滋事。如有此情，任从执约送官究治。自甘无辞，今欲有凭，立此犯约为据。①

在这些由加害方出具的甘罚约背后，就受害方来说是人身或财产受到侵犯，所以又叫犯约，而人身与财产不仅受到国家法律保护，同时也受到宗族或地方社会订立的禁约所强调，因而也叫犯禁约。在所有“厶”空白处，都是一种格式化文本，可以直接更换当事人而临摹使用。一个乡村塾师在参与处理各种犯奸作科的惩治现场时，违禁犯法者往往是困穷文盲，为其提供甘受惩戒的悔过文书样本是必要的，所以，笔者在同一本契式抄稿中见到同一类冒犯事由的甘罚约，正是前后处理同类案件时起草文稿的见证。不熟悉被责罚者，自然用“厶厶厶”先留空白等待填注，若族内或同村近邻子弟犯奸作科被逮责罚，塾师帮忙起草甘罚约时，便会径直书写完整。如上引邹廷亮犯约式，是塾师邱朝宗留下的众多犯约中惟一内容完整真实的草稿，很显然，窃犯邹廷亮不具有独立完成书写甘罚约的能力，坐书房的邱朝宗给他起草了一个样本，供他或他的亲属直接抄录下来。这与民间状师留下的状稿簿中间或也有内容完整的状子，也是一个道理。遇到熟人了请托，直接起草一个完整的范本。

2.日常生活的规范

一本内容丰富的契式稿本，可能把乡村社会所有人际往来及其权责攸关都以“有言在先”的约定方式固定下来。在笔者收藏的契式抄本或稿本中，有一本契式抄稿其内容之丰富，着实令人叹为观止，不仅全景式展现了乡村社会人际来往的经济互动关系，更重要的是涉及权责利害关系时，都会通过契约加以言明规范，以免日后争端。即如甘罚约的功能，就是为了防范被惩罚者日后诬告受害方敲诈勒索。所以，笔者愿意不厌其烦地陈列这本契式抄稿的目录，用以展现民间日常生活的规范全景。

借银约、借银以田作当约、借银以田作当每年交出早谷顶完利银日后本银完清借纸归还(约)、借铜钱字约、借谷约、收借数银者失去借纸要立收数纸、批田耕约有四篇、批田耕硬断租谷约、请长工做工夫约、批屋约、批秆橑约、批烟橑晒坪约、批茶山约、批店约有贰篇、收粮银字、没典田夺耕一年约、批竹山做纸约、收租谷坐仓约、取上其租谷支数字约、检谷钱字约、税牛约、批岭土约、税牛约、失去牛者出赏帖贰篇、收留贼牛者出字通知失主取回、妇人逃走出赏帖、收留逃走妇人出字通知主任取回、犯奸淫妇女立了事字约、犯约有贰篇、培赃了事字约、贰家打架然后求和立了事纸、立限字约、卖杉木字约、请人照管松山立合同约、代人照管松山立合同约、定画神像合同约、承接画神像合同约、凭祖安坟立合同约、合同字约有贰篇、分关式、学裁缝

① 《契式簿》，光绪壬辰岁官春月日，东江邱朝宗书录。原件为龚汝富收藏。

投师帖、学剃头投师帖、请窑匠字约、请定木匠泥水司务造屋立合同约、妇人再嫁主婚者立定字、妇人再嫁立婚书纸、妇人再嫁随带男儿登婚书有叁篇、贰房以子过与叁房为嗣男立过子约过子一半也、叁房领受贰房之子为本身嗣男立拨产业约领子一半也、为弟者以子过与大嫂为嗣男此过出子全过了约、大嫂拨出产业授与嗣男此领入子全领了约、卖侄男侄媳字约、卖子字约有贰篇、男人招亲约、妇人招郎婿约、禁约有贰篇、禁止山林树木不许砍伐立禁约、禁田禾字、禁止村中赌博、请掌山人照管百物、预先催收罚人与牛铜钱早日付齐、收捡茶桐会众立禁条、求雨出字各村通知、求雨出字各村通知、求雨状词、求雨状词、汇单式、标会小引、领会银字、修赤面石下至田子哥石路石磡题小引、太阳星君圣诞、学关序有贰篇。

从这些契式抄稿目录,我们可以清楚认识到民间社会无论做什么事情,都特别讲究章法。买卖、典当、借贷、租赁、承揽、过付手续等固然是利益攸关,不容小觑。但其他日常生活无一事不能不讲规矩,如请长工做工夫,付"工资银"是理所当然的,可是长工在约定年限内因故死亡或伤残,其责任如何界定,在没有劳动法保障的年代,请工契约便双方言明"至若上山下水,或有不测之虞,各安天命,不干东道之事"。[①] 又如妇女再婚主婚者立定字,必须由有主婚权的长辈出具,而这个长辈又根据妇女具体生活境遇存在差别:在夫家依靠翁姑生活,则由翁姑主婚;夫家无以存活而送至父母家后,则由父母做主。无主婚权人做主的婚姻,常常会因为觊觎彩礼钱而被诉诸官府。所以,民间流行的口头禅"有言在先"确实不是一句空话,它是依据约定而排除潜在风险责任的最好注解,这就是民间日常生活的规则,即使明显存在风险瑕疵,双方事先讲清楚了,一切按规矩办。在前引《日用应酬稿约》目录中,也有四十四类契式,如合伙做生意,既有合"伙合同字式",也有"拆伙言明字式",权责利害和风险担当一切俱在契式约定之中。[②]

3.家国同构的法律

丰富多彩的契式,似乎指天画地、无所不包地把所有民间社会细节都纳入了彼此约定承诺之中,尤其上列契式目录所展现的规范内容,似乎民间社会完全具备自治能力而无须国家公权力的介入。确实,在传统中国的广大乡村社会,许多平头百姓终生不曾与官府和法律打交道,对《大明律》和《大清律例》也不知底里,他们是文盲不假,但斥之为法盲却不妥。因为传统礼法社会讲究情理法,只要不做犯奸作科的坏事,自己就不是坏人,官府就不会找上门来。好坏是非是可以判断的,因而他们即使不识字、不懂具体法条,但至少知道官府(法律)会不会来找自己麻烦。而宗族内和地方社会集议订定的各种禁约条规,无不将国家律例要求化为民间日用常识,经过反复申明即形成不可逾越的规矩,这便是中国传统社会家国同构的法律特征。

家法族规和民间禁约源于国家律令旨意,又具体转化为日用规范要求及相应的惩戒条款,使宗族组织和地方禁约貌似获得了某种国家公权力的授权,其实这是一种误会。

① 《手抄契稿本》,光绪宣统年间抄本。原件为龚汝富收藏。

② 《日用应酬稿约》,民国抄本,原件龚汝富收藏。

国家并没有将刑事惩戒权力让渡给宗族和地方，即便是明初里老理讼制度，也是限制在笞杖等轻微刑事案件范围。只是宗族和地方禁约组织将自己的惩戒条款牢牢链接着国家律例罚则，使之有了为国分忧，替国家惩恶扬善的角色形象。而对于冒犯家法族规和地方禁约的人来说，与其接受陌生而严厉的官府惩戒，不如就近接受可替代的惩罚，甘罚约所了断的刑事案件，都是让加害者获得了一种可选择的惩罚，而对受害者一方则得到了及时有效的加倍赔偿，这便是刑罚私约化广泛存在的现实基础。

家法族规和民间禁约并不完全复制国家律令条款，而是因地制宜地选择和重申某些乡村愚顽容易冒犯的关键事项。如笔者收集的一本张氏松茂堂抄稿本，它给我们展示了甘罚、犯禁等契式的现实"法律"渊源，摘录字句并罗列出来，有利于我们全面了解甘罚约、犯禁约的法源与操作规程。

《峦林禁约》：告诫于四邻，即当申明于本族，立法惟严。戒老幼之拾叶，施行是谨。禁子弟之扳枝，务宜相顾，勿致相残。

《又峦林禁约》：严禁峦林树木以固基址。……不许拾叶扳枝、铲草伐木。……大则经官法究，小则族议重惩。遵约者昌，背约者亡。

《再峦林禁约》：置酒会族，申饬禁条，以惩不法，如再仍前盗取，开祠公议，重罚重惩。禁条既定于前，订盟申严于后。

《又禁峦林山场约》：严禁峦林山场以护龙脉。……树上不许扳枝，树下不许扫叶。……有犯者轻则随情发落，重则送官惩治。有见而不举者，与犯同罪。

《又坟山约》：山龙者，乃地之脉；草木者，乃龙之衣。……纠同宗族人等置备酒肴，于此重禁。此山之中，草不许划，木不许伐。如有恃强来山明砍者或偷窃者，轻则酌量裁处，重则讦谴醮祭，如有负固不服者，执此经官律惩。

《又禁笋约》：置酒公议，歃血立盟，重申严禁。……众坐其家，罚银公论。

《又禁五谷蔬菜》：植五谷以敦农事。……严禁六畜践害，……稍有不遵议而放畜践食者，鸣众公罚。

《地方禁约》：严禁田禾盗贼以靖地方以预国课。……或纵放猪牛践踏，或昼夜捞摸蔬菜。……通图人等轮班巡晚，倘有一处不测，鸣锣为号。前者呼而后者应，往来不绝者，剿贼之人也。

《又地方禁约》：严禁田禾豆麦蔬菜以足衣食、弭盗贼以靖地方。……若不设禁，践害无凭。只得拉同众姓严立一禁，倘有不遵如故犯者，众坐其家而攻其罪矣，罚银公饮而斯厉禁。

《又地方禁约》：小则罚银几钱，大则经官法惩。

《又地方禁约》：公议鸣众，同坐其家。

《又地方禁约》：不服公议者，罚银若干。

《又地方禁约》：远方游惰之人，不事正业。禁陂塆不许放水取鱼；禁擅入田园采取蔬菜者罚银若干；禁黜夜行路，一更许过，二更报名。三四五更杀死勿论。

《又峦林禁约》:持刀斧害者,罚银五分;扳折笋者,并钩柴者,罚银三分;牛猪害罚银三分,入银公用。二犯三犯,打死勿论。

《禁陂约》:不许毁陂取鱼以绝灌　。……如再仍前不遵公议者,罚银一两。言出令随,决不轻恕。……又今见夜贼甚众,各处遭害者多,公议逐夜巡守,一经捕及,处死不饶。

《禁后龙山》:置茶公议,……自后倘有犯禁不俊者,无论本家异姓,重则经投里保,轻则照后款行罚。约在必行,慎之毋忽。

《禁田禾六种》:不许纵放鹅鸭猪牛明加啄践,……如有犯者,罚谷若干饮会。不服者鸣官究治,罪不轻贷。

《又禁田禾六种》:不遵约议者,无论鹅鸭猪牛下田,捉获打死勿宥。又有负固不服、跳梁横行者,通众坐罚。弗从,扭结鸣官,当以灭税治罪,决不轻恕。

《又禁六畜啄践禾苗》:自今立禁之后,如有仍前纵放者,则不问牛羊六畜,许诸人戕于田中,以为供会计,更罚其银若干入众充会。如负顽不服,则举此呈官,法(罚)以纵兽杀人之罪。

《坟山禁约》:禁蓄坟山以妥先灵。……因为地处窎远,捉获"偷刬草皮,盗砍薪木"者鸣公重罚,强则鸣官究治。如有能捉获者,本家另给赏劳。

《禁盗鸡犬约》:会众立禁,捉赃送官理问。

《禁盗竹笋约》:捉赃指首谢银若干。

《禁私宰赌博》:私宰私贩,一经发现,锁解赴厅鸣官依律究治。赌博匪类"送官法究"。①

这些针对宗族内外可能发生的不法侵害行为的厉禁条款,其惩罚上限可以追溯到国家律令渊源,即"鸣官究治"的法律依据。但惩罚下限却远比国家法律内涵要丰富得多,即便实施惩罚的方式也独特而又灵活。如对于祸害禁山木植的各种情形,禁约显然细化了惩罚规则,给施罚者提供了可操作性,"持刀斧害者,罚银五分;扳折笋者,并钩柴者,罚银三分;牛猪害,罚银三分,入银公用。二犯三犯,打死勿论"。又如"众坐其家攻其罪"和"同坐其家"是一种什么样的惩罚呢?其实就是大家上门讨说法,讲不清楚或无法交代便抄家强搬物件,也即民间盛行的抄家。犯禁约者迫于"众坐其家"的汹汹阵势,要么扭送见官等待严惩,要么签订城下之盟的甘罚约。权衡公私两罚取其轻,接受甘罚约无疑是更好的选择。尤其像前引"犯奸式"所面临的刑罚,犯奸者非死即流,甘罚处置则只是破财消灾。而对于受害方来说,除了获得现实物质利益补偿之外,也有悄然保护颜面名节的需要。

---

① 《诏公松茂堂会本·桥下礼帖》,张松茂堂记用,"张喜元记"戳,原件为龚汝富收藏。

三、刑罚私约化的契式例举

在契式中保存大量刑罚私约化的甘罚约，说明在乡村社会这些事情不是个案特例，而是具有广泛性和普遍性的社会现象。通过对甘罚约具体而微地比对分析，其功能价值会越发清晰明确。

1.犯禁约

犯禁约如前所述，有的称犯约字、有的称犯禁帖。不仅承认对已经造成的实际损害提供相应赔偿，而且这种赔偿的法定依据往往从乡规民约中可以得到有力支持。显然，此中之“约”与“禁”实与前引大量宗族与地方禁约所申述的罚则完全一样，有的家族在民国时代仍然保留“禁首”，用禁约对族众实施惩戒的权力。①

犯约字

立犯约字人厶厶伙傥（党）厶厶，今因自行匪类，于厶月厶日黄昏潜入厶厶家中盗窃物件几多，当即知觉，赶至地名厶处捉获，物件已被伙傥（党）厶身带奔逃。人赃两确，实无可奈（赖），只得哀求中保自愿通知伙伴厶，将赃交还，永不敢犯等情。如有赃物不交，任凭厶姓执字鸣官究治。恐后无凭，立犯约字为据。②

犯约字

立犯约字人厶厶，今因品行不端，无为妄作，窃取厶厶衣衫什物等件，当即拿获，赃证确切。经众理处，自揣情亏，自愿赔赃立约，日后改恶从善，不得仍踏前辍，倘有仍踏前辍，任厶执约禀官究治，甘罪无辞。今欲有凭，立此犯约字为据。③

犯字约式

立犯约字人厶厶厶，今因五行不端，冒犯厶厶厶是实。决要经中理送论官惩责，幸蒙厶厶解释，当日自愿立下犯状。嗣后改恶迁善，不敢再犯。如有仍蹈前辙不改，任凭送官究治，自甘坐罪，恐后无凭，立犯约为照。④

盗犯约式

立窃犯约人厶厶，情因本月厶夜，在于厶人住屋、田山内窃去厶物若干，当时人赃并获，经请练邻，欲行送究。自知法所难逃，只得哀恳宥恕，将物付还。自立犯约之后，情愿改过出境，永不得仍蹈前辙，挟隙诬扳戕害滋事，如有此情，任从执约禀究，甘座（坐）无辞。此据。

在场人厶厶厶 厶厶厶

光绪厶年厶月厶日 立窃犯约字人亲笔⑤

---

① 彭鼎纂修：《彭氏族谱》卷一《芝兰谱引》，民国二十七年（1938），上海图书馆藏木活字本。

② 《手抄契稿》，民国时期抄本。原件为龚汝富收藏。

③ 《杨俭文抄稿约全卷》，原件为龚汝富收藏。

④ 《契卷》，民国七年（1918）叶辉崧记，原件为龚汝富收藏。

⑤ 《契式簿》，光绪壬辰岁东江邱朝宗书录，原件为龚汝富收藏。

对照以上三个犯禁约契式，从程式上看一般包含以下几个要素：(1)立犯约字人，也即犯奸作科之人；(2)事由与事实，交结匪类或品行不端导致行窃被逮，且赃证确切；(3)恳求中保调处，即自知法网难逃，央求中保族戚从中调解妥协；(4)交赃与赔偿，交出赃物并赔偿损失，有的还缔结悔过书或代立禁约牌；(5)声明与承诺，声明赔偿自愿并无逼勒情由，承诺了结之后不再诬控纠缠，否则以此为据鸣官究治。但是，现实中反悔诬控敲诈勒索者不少，因而在书写犯约或甘罚约时，有经验的书房先生特别强调，必须由犯奸作科者本人亲自书写或抄写，“此犯约他人不肯代笔写，务要此贼匪自己立笔。若请他人代写，恐生祸端也。在场务要用此贼匪之胞兄弟、胞伯叔与父亲至亲者，方为妥当，不能反悔。倘若用疏者与戚友在场，必生祸端”。① 显然，犯奸作科者受罚之后未必真心甘服，脱身之后反悔常有，所以犯禁约不仅格式上要件必须完整，更要在书写细节上给予足够细心的防范。在以上三个犯禁约式中，最后一个盗犯约式特别注明“立窃犯约字人亲笔”，可知草拟契式者邱朝宗确实是考虑周全的塾师刀笔。

2.甘罚约

甘罚约和犯禁约没有本质区别，都是就已经造成的损害作出甘愿受罚的承诺和现实物质处分。甘罚约也称甘服约、甘悔约、服约、服辩约等等，其程式要件也与上述犯禁约基本相同。

做贼偷窃甘伏式

立甘伏厶厶，今因一时失志，擅砍、盗厶处厶物，被获赃据，理应送官定罪。但身自知不法，哀求地方长老周全，所失物件逐件送还，情愿赔礼，愿受刑法。自今日后，改过自新，并不挟仇报怨，再要踵蹈前辙，任凭呈究无辞。众目不平，立此甘伏存照。

甘悔禁全约式

立悔全禁约人厶厶，缘本月厶日，在于厶人田、山内误取厶物若干，当被撞获，人赃确实。经凭族戚理论，自知愧悔，情愿赔赃全禁，嗣后永不仍蹈前辙，匿怨故害滋事，如有此情，任从执约送究无辞。此据。

在场处劝人 厶厶厶 厶厶厶

触犯长上服辩式

立服辩人厶厶，今因不守规矩，性傲冲暴，触犯尊长、伯叔、娘舅，本宜送官究治，但身自知非理，敢恳尊长厶厶等谏劝讲情，自愿认罪赔礼，自今日后，改过自新，倘复干犯，悉凭重究，不敢有违。众目不平，立有服辩，存族执照。②

但甘罚约也有对某事某案未来存在的潜在风险作出担保，并承诺自己为此甘愿付出相应代价，民间百姓就自己行为后果发誓，常用甘罚约。而向官府作出的保证或者发誓，则用甘结，其本质都是对潜在风险与责罚承诺自己独任其力。如：

① 《手抄契稿本》，光绪宣统年间抄本。原件为龚汝富收藏。
② 《契式簿》，光绪壬辰岁东江邱朝宗书录，原件为龚汝富收藏。

甘结字式

立甘结字人厶系厶处人氏，移居厶县厶乡厶堡厶村居住。今当厶乡约公结到不敢匪类窝藏面生歹人，如有此情，日后察出，身甘坐罪。所结是实。立甘结一纸，后为照用。①

显然，甘罚约与单纯的犯禁约相比，具有更宽泛的规范领域，既可能为了结已然事件，也可能处置未然事项，因而它更能代表契式中处置责罚的类别。

3.耽字约

耽字约也是契式中较为常见的种类，它是一种保证契约，即对于可能发生的事件及风险责任由耽字人负责，不与其他人相干，由此排除可能给其他人带来的纷扰。在聚族而居的乡村社会，族人对外造成的损害行为往往牵扯到其他人，如果不能有效切割，必然引发宗族内外矛盾甚至械斗，所以，耽字约是一种特别富有社会内涵的特殊契约。

耽领字

立耽领字人厶厶情因厶事，此系自心甘愿，房族均无异言，倘有另生枝节，大小一力承耽。不与厶厶相干，恐后无凭，立此耽字为据。②

媳妇逃去氏父书立承耽字

立承耽字人厶厶厶仝妻厶氏，缘我女厶厶嫁与厶厶厶为妻，迄今性变非常，不听教训，屡次无故逃匿，实属无奈。倘若仍蹈前辙，任从拐去逃失嫁卖无踪，以及缢溺毙命，一切不测等因，当凭众言断，不干厶人之事，我等一力耽承。我族内外人等，断不得藉端讹索，并不得捏情异论。如有等情，任从执字鸣公，甘坐无辞。此系心甘情愿，并无逼勒，恐后无凭，立此承耽字为据。

领女归家字

立领女归家人厶厶厶同妻厶氏，缘我女厶名，嫁与厶厶厶为妻，奈因家贫，女性遂变，屡次逃匿乱行，施为常凭。我等商议，只望训改前非，讵知迭训迭违，迄今较昔尤甚。兹厶厶厶自愿将妻退还，当凭众交我领回是实。自领之后，我等自行理落，不干厶人之事，日后任从厶人另娶，我族内人等断不得扰害阻滞、捏情异论等弊。此系二比甘愿，两无逼勒。今欲有凭，立此领女归家字一纸，交厶人收执为据。③

很显然，耽字约是一种排除他人责任的保证契约，其要件包括：(1)耽字人，也即保证人自己；(2)保证事由；(3)排除他人责任条款，同时也是耽字人独任其责的保证，其中包括潜在风险及纠纷解决责任；(4)声明事项，即该契约订立完全自愿，并无逼勒情由。在聚族而居的乡村社会，家族成员的婚姻被赋予两个家族的结合，一旦婚姻出现裂痕酿成悲剧，往往成为两个家族冲突的导火索，所以，有的家族法规反复强调不能“虐媳爱儿”，

---

① 《手抄契稿》，民国时期抄本。原件为龚汝富收藏。

② 《杨俭文抄稿约全卷》，原件为龚汝富收藏。

③ 《稿子书》，刘茂芳置用，原件为龚汝富收藏。

“以免因虐媳酿成不测，连累族间也”。[①] 以上耽字约正是为了撇清家族责任，潜在风险后果归当事人自己承担。显然，这种独特的保证契约所应付的事项具有特定的宗族社会内涵。

4.挽劝人命约

挽劝人命约是中国传统社会民间士绅合作一体消解国家强制法中最重大的事项，如前所述“犯奸式”处置的强奸案件，即使是强奸未遂也足够严惩重罚的，而人命重案，官府律有“私和人命”专条，可见官方对于民间私了人命案是心中有数的。

挽劝命案约式

立挽留约人厶厶，情因本月厶日下午，厶厶等搬柴失误，打伤厶人毙命。至厶日，厶厶抬送厶人家，其男看见，心中不忍，随经练邻验明，伤痕实重，速即报明大宪台下。余等力劝挽留，其厶姓自知律法所干，情愿办猪样祭醮礼仪安殡诸事。称情自厶人等无辞。此据。[②]

贰家打架然后求和立了事纸

立收良药银并领酒席了事字人厶村厶姓名，情因厶月厶日口角之事，被厶村厶姓名打破头壳，去血过多，命几不测，经投马市公局等说妥，自愿办良药治愈，并银几大圆办酒席几筵正，一足收清。即席言明：保护受伤者六十日，如有六十日内性命难留，惟厶姓名是问。至若六十日外染患疾病以致毙命，自安天命，不干厶姓名之事。自此之后，贰家不得异言反悔，亦不得另生枝节，一了百断。今欲有凭，立了事约为据。

立笔自己

在场厶姓名、厶姓名、厶姓名

光绪厶年厶月厶日 立[③]

以上两份私了人命契约，实际上存在一定差别，前者是人死之后，由中间人出面挽劝订立私了命案契约，这是标准的私和人命重案。而后者实际上是一份保辜契约，是由伤者出具的，经过中间人调处，收取一定良药银和赔礼筵席费后，作为治疗伤和酬谢中人的费用，按照律例中有关保辜规定期限，或者参酌民间保辜习惯做法，在六十日限外，伤者死亡不与加害人何干，也是就人命重案一了百了。

四、官有政法，民从私契

作为民间文献收藏爱好者，在长期寻访文献资料和关注文献交易市场中，笔者切身感受到一个不争的事实：彰显国家意志的律令（例）文本很难见到，甚至迄今为止也未能

① 彭鼎纂修：《彭氏族谱》卷一《四大家法》，民国二十七年（1938），上海图书馆藏木活字本。

② 《契式簿》，光绪壬辰岁东江邱朝宗书录，原件为龚汝富收藏。

③ 《手抄契稿本》，光绪宣统年间抄本，原件为龚汝富收藏。

收集到一部完整的《大清律例》，而体现乡村社会预防与解决民间纠纷冲突智慧的读本却无所不在。在礼法合一的广大乡村社会，人们即便对律例条款及其相关知识一无所知，也未必陷入危险境地。只要他保有基本的道德底线，在此范围内任意处置自己的权益，甚至作出一定的交易或妥协，都是自由和安全的。乡村社会广泛存在的塾师、坐书房的“话事人”，他们作为民间纠纷调处的见证人或调处人，不经意间留下的草拟相关文书的底稿，成为我们观察传统社会民间法律生活实态的原始文献。契式只是其中一类富有经济与法律内涵的日用文书，它是契约演变定型后的格式化文本，传抄者在模拟练习起草的同时，也会增加一些自己见证的新的事项及其契式，当然也会忽略已经不常发生的老旧契式。所以，契式作为当事人处分彼此权益责任分担的依据，不仅体现乡村社会生活的广度和深度，也承载着民间实用法律知识演进的真实图谱。

1.民间私罚何以能广泛存在

甘罚约作为契式中特别富有法律内涵的种类，最具冲击力的是民间私罚泛滥。因为小到六畜践踏田禾蔬果，大到人命奸盗重案，似乎都能在彼此妥协调停之后以缔结甘罚约的方式来得到解决。难道民间盛行的甘罚约获得国家授权了？当然不是！但刑罚契约化的广泛存在，却又具有现实社会基础。

首先，民间家法族规和地方禁约，提供私罚惩戒的法律依据。明清以降，“讲读律例”不仅是律典专条，而且乡约俗讲律例条文也是地方治理中的基本要求。而参与乡约俗讲律例条文的地方绅士，往往就是那些家法族规和地方禁约的实际操刀者，所以，我们很少发现民间家法族规和地方禁约会与国家律例这一上位法发生冲突，反而是律例宗旨的重申和细化，是律例的良法美意在特定地域贯彻实施。如前引大量禁约，保护山林、坟地、陂塘、田禾、竹木都是律例强制法的应有之义，而地方禁约中各种犯奸作科行为也无不在国家严禁之列。所以，在普通民众看来，家法族规和地方禁约与国法厉禁并无二致。

其次，更加细化的民间私罚，给各方创造了一个彼此妥协和选择的灵活性。家法族规和地方禁约在自愿赔罪认罚和鸣官究治之间，给予犯禁约者一定的妥协和选择余地，甚至一而再地以罚代刑。书立甘罚约对于犯禁者来说，可能被认为是一个倒霉的小概率事件，而对于受害方来说，“加倍赔还”并置酒肉狂欢，可谓赔补到位。甘罚约处置事项背后，当然存在“众坐其家”的抄家阵势所产生的逼勒效果，但比较“鸣官究治”，以甘罚约迅捷了结麻烦仍然是可选项目。

最后，甘罚约既是确认自愿合意的私罚证据，也是防止立约人悔约诬控的反制法宝。甘罚约多为犯禁被逮现场的城下盟约，重罚未必心甘，但脱身之后要控告威逼勒索，甘罚约所陈犯罪事由也足以受到官府重惩。现实生活中书立甘罚约者，因为罚责过重而怨恨不甘者所在多有，是不甘心；由受害者转而成为施罚者，由于实施一揽子重罚而获益，转而后怕被控敲诈勒索，是为担心。而平复不甘与消弭担心，书立甘罚约是最好的处置方式。

2.国法、私契之间的冲突与合作

自汉唐以来,中国古代社会广泛存在"官有政法,民从私契"的双重规则世界。犯法了,由官府用国家律令来治理;平日里,人们可以根据个人意愿自由处理自己所掌握的事情。这种观念产生,未曾丝毫蔑视官府的存在,相反,是把官府看成寻求公理的最后屏障。我们从契式中"倘若再犯……鸣官究治"的基本格式用语,便可以了解到,私契罚约能处理的就不麻烦国家了,按照彼此约定俗成的规则处理。处理不了了,明知故犯了,才寻求"鸣官究治"的最后一途。

有限的官府及其管控力,需要地方社会的通力合作,催生了民间自治力量的形成。我们在契式文本中看到大量宗族与地方社会的禁约,几乎囊括人们日常生活劳作和社会交往的方方面面,这些禁约以更加细节性的条款,与国家律令(例)较为抽象的一般性规定形成"无缝连接",变为更加切实可行的具体罚则,在禁约施行范围内,这就是大家必须共同遵守的法则,与官府的律例并无差别。破坏了这些地方禁约,自然也必须接受宗族或乡约的制裁。所以,契式中的甘罚约,常常写成"犯禁约""犯约式",却没有写成"犯法约"的,说明立甘罚约人清楚地意识到,自己已经冒犯禁牌和禁约了。而无论禁牌也好,禁约也好,都是有言在先的约定罚则,如《禁坟山》《禁害禾苗》《禁害蔬果》[①],往往将惩罚条款写在木牌上,订立在山边田头,若有侵犯者即按照禁牌罚则处置。在乡村社会还广泛存在禁山会、培耕会等民间自治合作组织,用以联合保护山林田地,其禁约也即是法律。所以,当犯禁约者被逮,被"央求"来调处事件者,恰恰多是主持制订禁约的人,或者其后人。虽然犯禁约者亲属也必须参与其中,但只是见证认可甘愿受罚的事实,并不具有发言权。

甘罚约类的契式所裁量的刑事犯罪似乎无所不包,民间私了案件风行其事,貌似侵害了官府"政法"公权力,其实不然。首先地方乡约组织就是官府鼓励推行的,即便没有乡约组织的地方,也有宗族与会社组织承担这一代理人角色。他们不仅议定禁约罚则,而且具体实施惩戒,所以当有冒犯禁约者,便有"众坐其家"热闹狂噪的抄家场面。将每一个犯禁约者置于团体的对立面,其威慑力并不亚于冒犯国法。而且这些地方自治组织与官府也保持一定的联系,如江西万载县民间各家族普遍都有族董会,全县有一个族董会联合理事会,一度要官府承认其与县参议会分庭抗礼的地位。同类地方自治组织多了,如禁山会,慢慢便会发展成为全境禁约组织,发挥约束全境的效力。如笔者前引私了人命约式中的"马市公局",便是江西泰和县马市镇的禁约联合组织,在地方治理中扮演着官方代理人的角色,所以被赋予"公局"地位。发生人命案了,经过请示"公局"之后,认为甘罚处置无妨,便开始具体运作。显然,"公局"扮演了周知境内治安、履行管治职责的角色。同时,它也是承接官府意旨和通会协办官方事务的主要渠道。

在甘罚约类契式中,虽然看不到官府出面调处的角色,但官府的威慑力却如影随形。首先,如前所述,任何一份甘罚约都给立约人提出了同样警告:倘若仍蹈前辙,鸣官究治。

---

① 《稿子书》,刘茂芳置用,原件为龚汝富收藏。

其实这是给立约者吃的定心丸，只要不重蹈前辙，所犯罪责的追诉，也就到此为止了。甘罚约同时强调，立约完全自愿，没有逼勒情事，甘罚者以后不能再反悔，诬扳别人敲诈勒索、威逼立约，这又给受害方吃了定心丸，若要反悔告官，这些赃证确凿的罪责，足够他吃一壶的了。当然，甘罚是否甘心，甘罚有无胁迫情形，若立甘罚约人向官府提起诉讼，官府仍然保留救济通道。如甘罚约见证人仅为受害一方的关系人，而无犯者本人亲属或友人见证，此甘罚约在官府审案时，往往被认定为是在胁迫之下订立的违背本人真实意思的无效契约，因而失去证明力。所以，前引犯约式特别强调，甘罚约必须要本人书写，父亲、亲兄弟或亲伯叔到场见证签字，这样才不易反悔诬控。塾师在甘罚约后专门就此细节提出要求，显然他本人或者他的前辈遭遇过反悔告官的情形，才能成为书立甘罚约的前车之鉴。

小结：私契了事的经验智慧

契式所展现的法律世界，其实就是乡村民众日用生活中最平常的私契了事的处事方式。凡事预则立，不预则废。事前必须充分考虑到各种可能出现的后果及其责任分担，载之书契，立为确证。这既是做事的规矩，又是事后问责的依据。所以，我们从丰富多彩的契式中可以发现，乡村民众采取私契了事的处事方式，内含极为丰富的实践经验和生活智慧。

有言在先，是我们预判正确且得意时常用的口头禅。可是在现实生活中，我们若要用这句口头禅来撇清自己的责任，则需要白纸黑字固定下来，这便是契约主宰的世界。买卖租赁有契约，过付有收据，结婚有婚约，立会有会约，学徒有师帖，分家有阄书，立嗣有继约，日常生活中只要存在权责攸关的事项，都可以用契约加以确定下来，防患于未然。否则，每个环节出问题，都可能诱发纷争和诉讼。

甘罚约所展现的社会内涵更加丰富，因为它直接替代了鸣官究治的判决结果。契式抄本中保存大量形形色色的甘罚约，把本该起诉到官府的案件消化在民间社会，既为受害一方提供了及时有效的加倍赔偿，又给加害方创造了一个改过自新的机会，不仅实惠，也很灵活，无意中也极大地节约了地方衙门的司法成本。甘罚约所代表的刑罚私约化倾向，虽然不是中国传统社会的制度安排，其本身甚至直接构成对官方公权力的侵蚀和分割，但其广泛存在的事实，便足以说明具有强大生命力和现实合理性。

细节决定成败。并非所有甘罚约都能达到案结事了的预期效果，反悔告官诉诸公权力裁判者常有，但消弭在众声喧哗的甘罚现场的案子无疑更多，只要在缔结甘罚约细节上小心谨慎，做足功夫，妥议一个彼此甘心情愿接受的方案，甘罚约事实上能获得一个双赢效果。唯有如此，也才真正凸显民间私契了事的经验智慧。

The Legal System of Format Settlements: Taking the Settlement Willing to Be Punished for Example

Gong Rufu　Li Yan

Abstract: Format settlements are the forms of settlements drafted and compiled by private tutors. They symbolize the increasingly formatted written agreements. An all-round manuscript of format settlements almost covers all of norms and practices that apply to social interactions. Taking the settlement willing to be punished for example, it reflects the tendency of privatization of penalty widespread in rural society. It seems to erode and divide the public power of laws and regulations, but it has the realistic foundation in the society of co-construction of nation and family governed by patriarch system and Confucian ethics. Adhering to the traditional way of dispute resolution that lawsuits are decided according to the law and private disputes resort to settlements, people use the settlement willing to be punished to solve private disputes. It illustrates the naturally developed settlement mechanism in rural society, which just shows a legal system full of experience and wisdom quite different from that of lawsuits.

Key Words: format settlements; settlement willing to be punished; penalties set down in private agreements

法律漏洞的成因、特征与表现形式*

曹　磊**

摘要:法律漏洞并非陌生的法学概念,但因其自身的抽象性和复杂性,使得司法实践中对其把握存在困难。如何准确地对法律漏洞进行界定,成为正确识别和应对法律漏洞的必要前提。法律漏洞存在于"法内空间","法外空间"不属于法律管辖范围,自然不存在法律漏洞。通常情况下,法律漏洞是指制定法所出现的违反立法计划的不圆满性。特殊情况下,制定法中存在不违反立法计划的不圆满,主要包括"对法学和司法实践的授权"、"不确定概念和一般条款"和"有意义的沉默",前两者属于特殊的法律漏洞,后者则并非真正的法律漏洞。确认制定法存在法律漏洞时,以习惯为主要表现形式的民间法可以作为漏洞补充方法填补法律漏洞;如果认定待决事项归属"法外空间",民间法则直接作为纠纷调整手段。

关键词:法律漏洞;民间法;不确定概念;一般条款;有意义的沉默;法外空间

法律在设计之初被寄予疏而不漏地覆盖全部社会生活的期待。人们相信法律是万能的体系,法官无论碰到任何问题都能够在法律文本中找到具体的、确定而适当的裁判依据或理由来解决当前的案件。然而,社会生活是不断变化的,这种变动挑战着法律的应对能力。法院常常碰到一些几乎没有得到法律调整的空白领域,这引发了关于法律是否存有漏洞的争论,人们逐渐发现法律一直未能达到以后也不可能达到"逻辑完备的"或者"逻辑自足的"境界。① 尤其是在德国,以耶林为首的目的法学击破了概念法学"法律逻辑自足"的神话,法律无可避免地存在不圆满性遂成为公论。魏德士教授甚至认为,所谓的漏洞在司法实践中与其说是例外,还不如说是通例。② 漏洞是法律的一种欠缺、一种应对社会事实的不能。我国是成文法国家,制定法是最主要的法源,我们必须崇尚制定法的权威,正因如此,我们更需要正视制定法存在漏洞的现实。只有深入地研究、认识法律漏洞,才能够在今后的立法过程中尽量予以避免,在司法过程中予以妥当填补和应对。

---

* 司法部项目"人工智能背景下类案检索的困境与突破"(项目编号:19SFB2004,山东师范大学法治文化与话语比较研究创新团队研究成果。)

** 曹磊,法学博士,山东师范大学法治文化与法治话语比较研究青年创新团队研究员,山东师范大学法学院硕士生导师,济南市中级人民法院四级高级法官。

① 王洪:《逻辑的训诫——立法与司法的准则》,北京大学出版社 2008 年版,第 130 页。

② [德]伯恩 · 魏德士:《法理学》,丁晓春等译,法律出版社 2003 年版,第 356 页。

一、法律漏洞生成的主要原因

丹宁勋爵指出，无论一项法律什么时候被提出来考虑，人们都没有能力预见实际生活中可能出现的多种多样的情况。即使人们有这种能力，也不可能用没有任何歧义的措辞把这些情况都包括进去。[①] 法律在适用过程中呈现了诸多困境，法律规范的模糊性、概括性、抽象性等特征都制约着法律功能的有效发挥，因立法者故意或者无意等因素，制定法无可避免地出现与社会生活的不对应。至于法律漏洞生成的主要原因，可从以下四个方面进行揭示：

（一）有限理性决定的预知遗漏

人类理性本身的有限性决定了人类不可能创制完全符合逻辑标准或数学计算公理体系的法典。法律的逻辑化或数学化只可以想象和期望，实际上根本难以实现。[②] 人类立法者不可能预知未来可能发生之所有可能情况的组合。[③] 彼得·斯坦指出，并没有什么法律规范能够总揽无遗甚至能够包括各种各样的、只要有可能产生的情况。[④] 王泽鉴先生认为，法律漏洞的产生与立法者的认知能力紧密相关：其一，出于立法者之认识或意思，即立法者对于某项问题，认为当时不宜即为规定，应让诸判例学说加以解决，凡曾参加立法工作之人，对此皆能知之。其二，出于立法时之疏失，未能预见者。[⑤] 因此，立法者自身有限的理性，成为导致法律漏洞产生的重要因素。立法者在制定法律时，总是千方百计地考虑各种情况和可能，并且对未来可能出现的法律关系极尽所能作出周密的预测。但是，立法者的有限理性导致其预见能力总是难以应对社会经济的发展，总有一些问题是立法者无法认识和预见的，当这些问题出现之后，就出现了法律空缺。一方面，立法者可能认识到自身的有限理性从而有意保持沉默。即便在立法当时已经预见到的问题，立法者也不一定能够用法律语言严谨清楚地进行表达，或者有意识地保持沉默。另一方面，立法者很多时候难以意识到自身理性的有限，从而疏忽大意地遗漏了应当规制的有关情形。总而言之，立法者理性的有限性不可避免地导致法律在制定之初即存在漏洞或在适用过程中产生漏洞。同时，立法者通常是以社会现象的典型情况为依据来制定法律，而不可能顾及任何可能发生的事件。例如，对于陨石的归属问题，立法者在立法时已对此有所认知，但因陨石引发的争议极少，并非必须通过法律进行规范的事项，因此，立法者对此未作出规定。

---

① ［英］丹宁勋爵：《法律的训诫》，杨百揆等译，法律出版社 1999 年版，第 13 页。

② 舒国滢：《从方法论看抽象法学理论的发展》，载《浙江社会科学》2004 年第 5 期。

③ ［英］哈特：《法律的概念》，许家馨、李冠宜译，法律出版社 2011 年版，第 117 页。

④ ［英］彼得·斯坦等：《西方社会的法律价值》，王献平译，中国人民公安大学出版社 1989 年版，第 4 页。

⑤ 王泽鉴：《民法学说与判例研究》，北京大学出版社 2015 年版，第 96 页。

(二)空缺结构引发的涵摄局限

哈特指出,无论我们到底选择判决先例或立法,在碰到其适用会成为问题的方面来看,这些方式仍会显出不确定性;它们有着所谓的空缺结构(open texture)。[①] 法律自身存在空缺结构是不可避免的,这种空缺结构犹如渔网上的孔洞,无论网有多大、目有多密,亦必有无法捕捉之鱼虾。社会生活处于不停的发展和变化中,并且这种变化会随着人类文明的不断进步而加速,人类难以预见法律颁行之后出现的各种新事物和新情势。从司法裁判的角度看,法律适用的一般模式是将个案涵摄到法律规范之中,但是由于个案的多样性和不可预见性,导致法律的意义被不断地超越和扩大。[②] 不管哪一类规则,都会出现落后于社会现实的情况,法律更是如此,这就是法律的滞后性。"随着科技、社会或者事物本身的发展,人类的经验也处在不断的变化和丰富之中。对立法者根本没有预见到的事物,如何进行处理。这个问题,我们称之为立法的滞后性问题。"[③]法谚云:法律应着眼于频频发生之事件而制定,不应着眼于不能预测之事件而制定。[④] 法律本身就是社会已发生事件或已存在事物之反映。考虑到立法的有效性,在制定法律之时,立法者应当以社会上发生较为频密的事项作为法律规范的对象,而不宜过分顾及未来可能发生之事,因此,法律的滞后性是由法律的本质所决定的。舒国滢教授认为,实在法都是在一定的时间和空间内存在和发生效力的。[⑤] "社会上事故变化之速,有非人所能料。今日为奇珍异宝,明日或成为朽木糟糠,日进月进,无所抵止。无论法律如何致密,经过数年之后,不但有种种缺点,且生出当日立法时梦想不到的新事实。"[⑥]《继承法》规定了书面遗嘱、代书遗嘱、公证遗嘱、口头遗嘱等种类,在立法时认为已经包含了全部遗嘱种类,但随着社会经济发展,逐渐出现了打印遗嘱、电子遗嘱等新型遗嘱,也许今后还会出现更新型的遗嘱,立法者对于这些新型遗嘱是无法事先预知并进行妥当规定的。特别是二十一世纪的今天,科技发展突飞猛进,互联网、克隆技术、3D 打印、大数据、人工智能……以惊人的速度闯入我们的日常生活。人类已经开始尝试用 3D 打印技术制造的人体器官为病人做手术,阿尔法狗可以轻松战胜世界围棋高手,沙特女性机器人索菲娅已经获得了国家认可的公民身份,人脑有望在不久的将来与芯片连接……一系列让人惊爆眼球的新生事物引发了生活方式的革命,同时也产生了各种新型权利和纠纷。例如"胚胎案""被遗忘权案"等等。"被遗忘权案"属于互联网时代发生的新型纠纷,立法者根本无从事先预料。该案发生时,国内法学界对"被遗忘权"的法律性质、是否应受到保护、保护的法律渊源及

---

① [英]哈特:《法律的概念》,许家馨、李冠宜译,法律出版社 2011 年版,第 117 页。

② 谢晖、陈金钊:《法律:诠释与应用——法律诠释学》,上海译文出版社 2002 年版,第 54 页。

③ 舒国滢、王夏昊、梁迎修等:《法学方法论问题研究》,中国政法大学出版社 2007 年版,第 347 页。

④ Jura constitui oporet, in his quae ut plurimum accidunt, non quae ex inopinato. 详见郑玉波:《法谚》(一),法律出版社 2007 年版,第 9 页。

⑤ 舒国滢:《从方法论看抽象法学理论的发展》,载《浙江社会科学》2004 年第 5 期。

⑥ 佚名:《法学通论(续第十四期)》,载《法政浅说报》1911 年第 15 期。

路径、保护的法律标准等重要问题均尚未展开研究,遑论立法层面的保护。可见,复杂的社会生活常常使貌似周全的法典应接不暇。这就要求"法官不再仅仅是判断和解释法律,而需要结合时代的精神去发现、阐释或者创立法律规则,以回应社会现实的需要"。[①]对于某些新型的事物,法官可以通过法律解释的方式将其包含在原有概念之内,然而法律解释毕竟需要以制定法文本为基础和最大范围,这导致其应对能力是有边界的。当"模糊边缘"无法明确地透过法律解释方法来包容新生事物时,在法律不容轻言立法修改的前提下,就必须承认法律漏洞的存在。[②] 法律的滞后性造成的空缺结构决定了其很难从容应对未来之事,新生事物发生之日,便是法律漏洞显现之时。

(三)抽象语言难免的表达失灵

法律是严谨的,其对语言有严格的要求。"法律以细如丝毫的精确被法国诗人司汤达奉为楷模,据说司汤达每天早上工作前都要读几段拿破仑法典,以找找风格。"[③]即便如此,面对复杂万千的世界,通过语言表达的法律往往出现捉襟见肘的情形。"从词与物的关系上看,辞总不达意,言尽意不尽,词语总是显得模糊。"[④]为了使法律为社会公众所熟悉,法律语言会力求通俗易懂,但语言通俗不能以牺牲法律的逻辑性与严谨性为代价,这使得法律语言中必须保留大量的专用概念及术语,例如,"诉讼时效""行为能力""意思表示""不当得利""补充责任""过失相抵"等等。这些概括性的词语、专用术语本身含义的边界非常模糊,就形成了不确定概念。"一条法规的语词往往不能完整地或准确地反映该法规制定者的意图和目的。当立法者试图用简洁但却一般的术语表达其思想时,那些在过去曾属于整个意图范围中的情形,在当今则几乎完全切割出去了。"[⑤]法律允许不被明确地表达,因为法律是为解决案件而创立的,而案件的多样性是无限的。一个自身封闭的、完结的、无懈可击的、清楚明了的法律,也许会导致法律停滞不前。[⑥] 因此,法律语言最重要的特征之一就是具有抽象性,以实现普遍的拘束力。之所以要求这样的特点,是因为语言文字越具体明确,覆盖性和包容性就越低。相反,语言越高度概括和抽象,则生命活力越强,越能与时俱进,容纳更多的新生事物,具有更广阔的发展空间。任何事物都有两面性,法律语言的高度抽象性注定是有缺陷的,会带来一定的负面效果,即随着抽象性和概括性的提升,法律规范本身含义的模糊性越来越严重。例如,法律文本中常常使用"重大过失""善意""过错"等不确定概念,以概括更多情势,但却导致法律理解上的

---

① 杨建军:《重访司法能动主义》,载《比较法研究》2015年第2期。

② 黄建辉:《法律漏洞·类推适用》,台湾蔚理法律出版社1988年版,第31页。

③ [德]阿图尔·考夫曼、温弗里德·哈斯默尔主编:《当代法哲学和法律理论导论》,郑永流译,法律出版社2013年版,第292页。

④ 郑永流:《法律方法阶梯》,北京大学出版社2012年版,第15~16页。

⑤ [美]E.博登海默:《法理学法律哲学与法律方法》,邓正来译,中国政法大学出版社2004年版,第556页。

⑥ [德]阿图尔·考夫曼、温弗里德·哈斯默尔主编:《当代法哲学和法律理论导论》,郑永流译,法律出版社2013年版,第187页。

诸多疑难。法律语言的抽象性、概括性和模糊性成为立法者难以逾越的障碍。

(四)复杂系统指向的逻辑规律

从逻辑学的角度看,法律规范无论如何严密都不可能妥当覆盖所有应予调整的社会关系。1931 年,奥地利裔美国著名数学家歌德尔提出了著名的不完全性定理。该定理指:1.在任何一个包含算术的无矛盾的系统中,存在不可判定的命题,即存在一个命题 G,G 和非 G 在该系统中都不可证,这被称为第一不完全性定理。2.任何一个包含算术的形式系统的无矛盾性在该系统是不可证明的,这被称为第二不完全性定理。[①] 就一个系统而言,要想拥有一个复杂的系统,就必须以牺牲无矛盾性为代价;相反,要想拥有无矛盾性的系统,则该系统不可能是复杂的系统。不完全性定理与我国古代哲学中"鱼和熊掌不可得兼"的逻辑理论是相通的,打个比喻,如果将系统的复杂性比作"鱼",将系统的无矛盾性比作"熊掌",我们只可能取"鱼"或"熊掌"其一,而不可能两者兼得。法律体系是一个复杂的系统,必然受到不完全性定理的支配,因此,法律系统不可能是没有矛盾的,必然会因其复杂性而引发矛盾,显现出不圆满。以我国制定法为例,通过法信网检索可以发现,截止 2019 年 8 月 31 日,我国现行有效法律 2146 部;现行有效行政法规 7615 部;现行有效部门规章 248846 部;现行有效司法解释 5314 部(件);此外,还有数量更加巨大的规范性文件、会议纪要、司法文件等等。从上述一系列惊人的数字可以看出,制定法是一个极为庞大、复杂的体系,不可能实现无矛盾性和完备性兼备。因此,法律漏洞的发生有着逻辑上的必然性。

二、法律漏洞的通常特征

在对法律漏洞成因探究的基础上,学界普遍将法律漏洞定义为,以整个现行法律秩序为标准的违反计划的非完整性或不圆满性。[②] 在此定义的基础上,进一步确认法律漏洞的存在范围,提炼法律漏洞的特征,将有助于更加准确地对其进行把握。

(一)判断前提:归属法内空间

全面建立法治国家意味着法律是国家治理最主要的手段,但这不等于法律覆盖社会全部生活。社会生活中的大部分事项由法律进行调整,其余部分则必须交由道德、风俗习惯等民间规范进行调整。这些法律不管或不适宜用法律来规范的事项就构成一个所

---

① 张洋:《类推在弥补法律漏洞中的适用》,载《河南公安高等专科学校学报》2007 年第 1 期。

② [德]伯恩·魏德士:《法理学》,丁晓春、吴越译,法律出版社 2013 年版,第 347 页;[德]卡尔·拉伦茨:《法学方法论》,陈爱娥译,商务印书馆 2003 年版,第 251 页。[德]卡尔·恩吉施:《法律思维导论》,郑永流译,法律出版社 2014 年版,第 168 页。恩吉施将法律"漏洞"与法律中的"错误"进行区分,其认为两者均应总括在"缺陷"概念之下。对于法律"漏洞"可以通过"法律补充"进行排除,此时的法官起着"超越制定法"和"补充法律根据"的作用;对于法律"错误"缺陷,将通过"法律修正"来消弭,此时的法官起着"违背法律"和"矫正法律根据"的作用。

谓"法外空间"。法外空间是指法律对一些不重要事项不予规定从而形成一定的法律不管范围。[①] 道德范畴内的行为即属法外空间,既不受法律保护,也不受法律制裁。例如,感情、思想、信仰、私人好恶、日常礼仪等事项就不受法律调整。当然,法外空间与法内空间只是一种应然状态,而非实然状态,其边界并非清晰可见,正如国与国之间未经勘定的国界,两者的范围亦非一成不变,正如国与国之间偶尔交换的国土。考夫曼指出,不同于道德对内在有兴趣的是法律仅是其产生在外部之效力。[②] 因此,法律与道德、习惯等其他民间规范对社会发生作用的方式有所不同。在法外空间所为的行为既不能评价为合法,亦不能评价为违法,法外空间并非指法律绝对没有规定,其与法内空间有时存在模糊的边缘地带。例如,《婚姻法》第 4 条规定夫妻应当互相忠实,互相尊重。这一规定对于夫妻之间忠实义务的调整仅是倡导性的,并不具有法律上的强制效力。这种模糊调整导致实践中对于夫妻之间忠诚协议的效力产生极大争议。《上海市高级人民法院民事法律适用问答》(2003 年第 1 期)中的意见为:"夫妻一方以对方违反忠诚协议为由起诉要求赔偿损失或支付违约金的,人民法院不予受理;在离婚案件中提出的,人民法院对此诉请不予处理。"该意见认为忠诚协议属于法外空间,而不属于法律调整的范围,由其引发的纠纷不属于法院受理民事案件范围。相反观点却认为,夫妻忠诚协议符合婚姻法的基本精神,是对婚姻法中"夫妻应当相互忠诚"规定的具体化,忠诚协议中给付金钱的约定具有违约赔偿的性质,使得婚姻法上原则性的夫妻忠诚义务具有了可诉性,因此,忠诚协议应当有效,应受法律保护。[③] 还有一种情形是,同一行为因其程度不同而归属不同的领域。比如自愿帮助别人的情谊行为。"如果施惠人在情谊行为过程中未导致对受害人合法权益的损害,则此种情谊行为仅处于'法外空间',是纯粹的情谊行为。但施惠人在从事情谊行为的过程中使受害人产生损害,由此进入民法的调整领域,情谊行为就由'法外空间'转化为侵权行为,成为民事法律事实,引发侵权责任。"[④]如男朋友自愿接送女朋友上下班,假设男朋友在接送过程中因驾驶技术问题导致女朋友受到惊吓,女朋友对男朋友进行责骂、埋怨,该行为属于道德拘束范畴;但若女方因惊吓过度而生病入院,则可以依法要求侵权损害赔偿。这一转化过程体现了"道德的归道德,法律的归法律"的理念。区别"法外空间"与"法内空间"具有重要意义:法律漏洞仅存在于法内空间,而不可能存在于法外空间。如果此事项属于法内空间,即法律应当调整的范围,但法律对此未进行规定,则属于法律漏洞;反之,则不存在法律漏洞。需要注意的是,因地域、时间的不同,法律对同一事项会产生不同的认知和态度,比如同性恋问题在世界不同的国家、同一国家的不同时间,法律对其态度、是否采取规范和评价可能是不同的。

---

① 杨解君:《法律漏洞略论》,载《法律科学》1997 年第 3 期。

② [德]阿图尔·考夫曼:《法律哲学》,刘幸义等译,法律出版社 2004 年版,第 319 页。

③ 吴晓芳:《当前婚姻家庭案件的疑难问题探析》,载《人民司法(应用)》2010 年第 1 期。

④ 王利明:《债法总则研究》,中国人民大学出版社 2014 年版,第 321 页。

(二)判断标准:概念中的关键词

从上述法律漏洞的概念可知,法律存有违反立法计划的不圆满性属于法律漏洞的主要特征,而是否违反计划则需以整体现行法律秩序为标准。因此,是否构成法律漏洞应通过以下三个关键词进行判断:

第一个关键词:整体现行法律秩序。所谓整体现行法律秩序一般是指由现行制定法(英美法系也包括判例法)组成的规范体系。具体到我国而言,整体现行法律秩序,则指包括宪法、法律、法规、规章和司法解释在内的规范体系。从司法方法的视角看,法律秩序更多地是指司法者对规范和价值矛盾进行统一解释后的产物,因此不可避免地带有一些行为者的意志因素。

第二个关键词是:违反立法计划。理论通说认为,对于某项法律问题,法律未设规定时,是否构成法律漏洞,应视其是否违反规范计划而定。① 所谓的"违反立法计划"中的"计划",一般情况下是很难从最初的规范目的中产生的计划,因为这种计划是难以得到考证的,大多数情况下只能是法律适用者根据价值判断指引所欲达成的理想计划;所谓立法计划,是指从法律的立法目的考量,其应当作出的规范设计。② 违反立法计划的原因,或是立法者未能对社会关系充分预见,或是虽有预见但未能妥当进行规范,或是社会发展出现新的情形等。可见,法律漏洞的出现通常情况下应是违反了立法者的计划,与立法者的意图相悖,并非立法者有意的安排。

第三个关键词:不圆满性。不圆满性是法律适用者对法律现状与理想计划进行比较的结果,因此,"有漏洞的并不是法律,而仅是我们迄今为止对法律的认识"。③ 不圆满性是法律漏洞的根本特征。黄茂荣认为,如果一个生活类型未受法律规范,那么,在该生活类型所发生的问题,即不能找到法律上的答案。如果该问题经判断,认为不适合归属于法外空间,则这种情形之存在便是在法律补充的讨论上,被提到之法律对该问题的"不圆满性"。④ 简言之,法律如果对于应受其保护的合法利益没有给予相应的规定,而导致该合法利益无法寻求法律救济,则法律于此显现出"不圆满性"。例如,《民法通则》未对死者人格权保护作出规定,但现实中侮辱死者人格权的情形时有发生,法律显现不圆满性,《最高人民法院关于审理名誉权案件若干问题的解释》第 5 条对此不圆满予以填补。最终,《民法总则》第 185 条以立法形式对该不圆满性彻底予以消除。

三、特殊的法律漏洞与非真正的漏洞

从法律漏洞的特征看,违反立法者计划通常属于法律漏洞的关键要素。但是,法律

① 王泽鉴:《民法学说与判例研究》,北京大学出版社 2015 年版,第 120 页。

② 王利明:《法学方法论》,中国人民大学出版社 2011 年版,第 428 页。

③ Larenz, Methodenlehre der Recheswissenschaft(wie Anm.2),S.290.

④ 黄茂荣:《法学方法与现代民法》,法律出版社 2007 年版,第 377 页。

可能对尚无定论的问题不作规定……法律也可能由于有关机构的决定只作出了笼统的指导方针而保持沉默。[①] 实际上,有些情形是立法者已经预见,但因立法时机、立法水平限制,暂时无法作出有效规定,而授权法学和司法实践予以解决;或是因立法技术需要,必须作出存有裁量空间的一般条款或使用待价值补充的不确定概念;或是立法者认知了相应事实,但认为无法通过法律作出有效安排,而仅通过既有的法律条款表明立场,同时不允许法官在司法过程中予以填补的"有意义的沉默"。因此,在普通的法律漏洞之外,尚存在不违反立法计划或无法作出有效计划的特殊漏洞。

(一)计划安排的漏洞:对法学和司法实践的授权

立法对法学和司法实践的授权是指,立法者对已经预测到的社会事实有意不予规定,因为对该类事实无法在法律上作出有效的安排,立法者希望留待法学作进一步研究或者经由司法实践探索出经验后再通过立法予以解决。立法者一般都意识到自己认知能力的有限性,自己原本想作出尽可能详细的规定,但由于无法准确预见所有可能发生的情况等各种原因。他们认为作出法律规定很棘手,所以他们有意识地容许法官造法,[②]以免由于操之过急,而作出不成熟而又僵硬的规范,以致妨碍生活关系之自由发展及法律的进化。[③] 因此,现实中存在着"计划安排"的法律漏洞。立法与司法分工不同,立法关注一般事项,而司法则注重个案解决。"立法作为一项复杂的系统工程非一朝一夕可成,尤其法律的稳定性决定了法律修改的审慎性态度和法律修改的周期应保持在一个较长期限内,法律不可能也不应该对社会生活中的新生事物作出及时灵敏的反应。"[④]因此,立法者有意识地对司法实践中面临的新问题授权法学研究和法官发挥司法智慧予以处理,而不允许坐等新法律的出台。这些疑难案件在群体智慧的作用下,会不断地提升、总结出裁判规则,成为立法机关制定新法的基础材料。所以说,"对法学和司法实践的授权"是立法者的有意安排,属于认知的法律漏洞。恩吉施认为,在立法者意识到法律问题的存在,并有意"搁置"决定,而听凭"学术和实践"来决断时,人们必须说这是漏洞。[⑤]

死亡赔偿金的性质及分割问题即属于此类法律漏洞。《继承法》规定,遗产是被继承人死亡时遗留的合法财产。可见,死亡赔偿金并非遗产,不可以按照遗产进行分割。《最高人民法院关于空难死亡赔偿金能否作为遗产处理的复函》认为,空难死亡赔偿金是基于死者死亡对死者近亲属所支付的赔偿。《侵权责任法》第 18 条规定,被侵权人死亡的,其近亲属有权请求侵权人承担侵权责任。可见,死亡赔偿金请求权的权利主体是死者的近亲属。法律规定近亲属包括配偶、父母、子女、兄弟姐妹、祖父母、外祖父母、孙子女、外孙子女。因此,死亡赔偿金的分配范围不仅包括第一、二顺序法定继承人,还包括并非法

---

① [美]罗纳德·德沃金:《法律帝国》,李常青译,中国大百科全书出版社 1996 年版,第 8 页。

② [德]伯恩·魏德士:《法理学》,丁晓春、吴越译,法律出版社 2013 年版,第 348 页。

③ 黄茂荣:《法学方法与现代民法》,法律出版社 2007 年版,第 429 页。

④ 张维:《民政部门作为交通事故索赔案原告资格的法理辨析》,载《人民司法(应用)》2008 年第 19 期。

⑤ [德]卡尔·恩吉施:《法律思维导论》,郑永流译,法律出版社 2014 年版,第 171～172 页。

定继承人的孙子女、外孙子女,各权利人无论继承顺序、有无继承身份均可直接参与分配。那么,近亲属各成员是否为同等权利人?近亲属与死者生前是否共同生活、与死者亲密程度是否作为死亡赔偿金分配比例的考量因素?并非近亲属,但依靠死者生前实际扶养者能否成为死亡赔偿金的权利人?死者生前对死亡赔偿金的处分是否有效?上述问题在《侵权责任法》出台之前频现于司法实践,成为长期困扰法官的疑难问题,立法者显然对此早已明知,立法者之所以在《侵权责任法》中直至《民法典》侵权责任编中仍规定,其主要原因不外乎目前仍难以通过立法对此作出妥当规定,不如继续交由法学和司法实践作进一步的探索。

法律应着眼于社会主要矛盾和长期需要规范的事宜。因此,某些特殊情况下,立法授权法学和司法实践处理的事项可能是暂时的,相关事项随着时间发展会自行消亡,而不必由立法进行规范。关于房改房性质的认定及处理,因涉及政策问题,法律未作出明确规定,这造成房改房的分割在现实中引发了激烈的争议。2000 年 2 月 17 日,《最高人民法院关于在享受本人工龄和已死亡配偶生前工龄优惠后所购公房是否属夫妻共同财产的函的复函》认为,死亡配偶的工龄优惠只是属于一种政策性补贴,而非财产或财产权益。该复函出台后的一段时间内,法院顺利处理了绝大多数此类案件。但是,随着房地产市场的升温,房价发生了“火箭式”上升,房屋价值与房改支出的购房款严重失衡,该复函内容已与社会现实形成极大矛盾,依照复函进行裁判将出现“不正义”的结果。鉴于此,最高人民法院于 2013 年 2 月 26 日决定将该复函予以废止(2013 年 4 月 8 日生效)。复函的废止意味着其内容对之后的案件不再具有参照力,房改房性质的认定再次落入无法可依的境地,此时,该问题即回归立法对“法学和司法实践的授权”的范围。但是,从发展的眼光看,房改房相关纠纷必然随着时代发展与房改政策的取消而逐步消亡,以后,立法对此已无作出规范的必要。

(二)似无却有的漏洞:不确定概念和一般条款

不确定概念最早由奥地利法学家腾策尔(Tenzer)教授提出。以内涵和外延是否确定为标准,法律概念被分为两类:一类是确定概念,是指内涵和外延相对确定的概念,诸如法人、婚姻、诉讼时效等;另一类是不确定概念,是指内涵和外延均不确定的概念,诸如公平裁量、诚实信用、善良风俗、重大误解等。一般条款是指法律中的某些不具有确定内涵外延,又具有开放性的指导性规定,其文义是空泛的、抽象的,表达立法者的价值倾向,其具体内涵需要法官于个案中依据价值判断予以具体化。一方面,一般条款需要法官予以补充。“一般条款是指在更大程度上不确定的、需要价值补充的概念。”[①]另一方面,一般条款与法律原则具有类似性。“一般条款是从规则抽象角度提炼出来的技术性原则,而基本原则是更多地带有价值性、观念性……所谓‘基本原则’则可以是最大一般条款的

① Vgl.Ralph Wber, Einige Gedan zur Konkretisierung von Generalklauseln durch Fallgruppen, Acp(192) 1992, S.523.

基本价值观念。”[①]对于不确定概念和一般条款是否存在法律漏洞，存在着争论。肯定说认为，一般条款因其不确定性和模糊性导致无法直接作为裁判的依据，属于立法者授权法官进行解释的规范，归于认知的法律漏洞。如梁慧星先生认为，法律解释与漏洞填补，既有区别，也有接壤地带。虽然在接壤地带泾渭难分，但在非接壤处则其区别甚明。不确定概念和一般条款正是处于接壤地带，在开放性不确定概念中，其可能文义模糊，不足以确定其外延，在一般条款中则连可能的文义也没有，学者称之为“法内漏洞”或“授权补充的漏洞”，已成通说。[②] 进而，对于一般条款进行价值补充属于漏洞补充的核心理由在于：不确定概念和一般条款仅比未作任何规定的白地型漏洞稍进一步，而其具体内容的确定则需要法官进行填补，这种填补行为已经超出了“文义的射程范围”，已不属于狭义的法律解释范围，而应归入漏洞补充。否定说认为，一般条款和不确定概念并不违反立法者的计划，仅是立法者在符合立法计划的前提下对法官约束的松动。如恩吉施即认为，当立法者通过不确定的规范性概念或者又通过一般条款和裁量条款延续了一个决定的活动余地时，我不想再谈漏洞……制定法在这里为决定权毕竟标出了一定的指南和界限。[③] 卡纳里斯同样认为，不管法律在这里是多么一般或不确定，它总算作了规定。从而有时虽可说它未作足够之法律上的评价，但不能说它未作法律上的指令。而法律指令上的有无，应是法律漏洞之范围的划分标准。何况，在这里也不具备法律漏洞概念之第二个特征：违反计划性。[④]

孔祥俊则辩证地给出评价：一般条款是否存在漏洞，取决于从形式意义上还是实质意义上进行判断。如果从形式意义上进行判断，一般条款是法律明文规定的条款，并无漏洞可言。但是，从实质意义上看，其内容是模糊的，只是给出了作法律衡量的名称而并未给出具体的衡量标准。[⑤] 不确定概念和一般条款仅是立法者在立法方向和目的上进行了指引，其是在无法进行有效安排情况下的无奈之举。因此，：不确定概念和一般条款属于立法者“计划不能”，而不属于违反计划。但是，对于不确定概念的明确和一般条款的价值补充，无法通过狭义的法律解释方法完成。例如，《继承法》第 10 条（现《民法典》第 1127 条）规定，本法所称子女包括有扶养关系的继子女。此处，“有扶养关系”系不确定概念，对于该概念的明确，实践中涉及共同生活时间长短、是否进行情感交流及交流深度、继父母对继子女是否进行物质上的帮助、帮助程度如何等等，需要考量因素的数与量显然无法在文本“文义射程内”进行解释，即无法通过狭义的法律解释方法予以解决，而需要在考察立法目的、立法文件和风俗习惯的同时借助漏洞补充方法完成。因此，从法律适用的角度看，应当认为不确定概念和一般条款实际上存有漏洞。

---

① 耿林：《民法典的规范表达研究》，载《清华法学》2014 年第 6 期。

② 梁慧星：《民法解释学》，法律出版社 2015 年版，第 298 页。

③ [德]卡尔·恩吉施：《法律思维导论》，郑永流译，法律出版社 2014 年版，第 172 页。

④ Canaris，Die Feststellung von lücken im Gesetz，1964，S.26f.转引自黄茂荣：《法学方法与现代民法》，法律出版社 2007 年版，第 383 页。

⑤ 孔祥俊：《法律方法论》（第三卷），人民法院出版社 2004 年版，第 1410 页。

(三)非真正的法律漏洞:有意义的沉默

"有意义的沉默"系由拉伦茨教授提出。拉伦茨认为,"法律的沉默"包含"法律漏洞"和"有意义的沉默"两种情形,后者并不构成法律漏洞。此时,不容许借司法裁判来创设(或重新引入)这种法制度到我们的法秩序中,因为法律于此并无"漏洞"。① 因此,拉伦茨提出的"有意义的沉默"存在于法内空间,但立法者通过现有立法已经表达了其态度,即暂不拟通过法律对其拘束。例如,我国法律未规定兄弟姐妹之间的扶养义务,这是立法者无意将扶养义务扩展到兄弟姐妹之间,《最高人民法院关于对年老、无子女的人能否按照婚姻法第二十三条类推判决有负担能力的兄弟姐妹承担扶养义务的复函》中答复不允许进行类推,即禁止法官将其作为法律漏洞以类推方法进行填补。黄茂荣对"有意义的沉默"做了更深入的研究。其认为,"法律的沉默"包含"法律漏洞"、"有意义的沉默"和"其他沉默态样"三种情形。"有意义的沉默"指立法者已经通过沉默表达了他的意思,其不属于法外空间,而属于反对解释不能封闭的法内空间。"其他沉默态样"即"自始的无据式体系违反"。② 要更清楚地认识"有意义的沉默",必须弄清反面解释的含义。

所谓反面解释,亦称反对解释或反面推理,系指自相异之构成要件,以推论其相异之法律效果而言,此即所谓以反对之法则,而适用于反对之事实也。③ 反对解释推论之结果,则在反对文义"射程"之内。④ 反向推理存在的法律依据是对于不同的事实构成应该给予不同的评价,这符合法律中的普遍平等原则。其逻辑前提是,法律体系已经从正面穷尽了能够引起某一法律后果的所有情形。换言之,反面解释只有在"构成要件"的一方被充分列举时,始成为一个有效的逻辑规则。对于反面推理的逻辑结构,黄茂荣解释为,假如只有在 A1,A2,A3,……或 An 时,才导出 B。则如 C 非 A1,A2,A3,……或 An,那由 C 就不能导出 B。在这里重要的是构成要件这一方的态样必须已被穷尽地列举。⑤ 反面解释的适用必须是只有在法律规范的行为模式和该行为模式的法律效果之间存在必要条件或充要条件时,才可对条文进行反面解释,若前者为后者充分条件,则不可使用反面解释。可以适用反面解释的情况如,《继承法》第 16 条(现《民法典》第 1133 条,表述略有改动)规定:"公民可以立遗嘱将个人财产赠给国家、集体或者法定继承人以外的人。"此处所立法即对公民遗赠的对象作了穷尽式的列举,即"国家、集体或者法定继承人以外的人",因此,可以通过反面解释,得出"法定继承人"并非适格受遗赠人的结论。不可以

---

① [德]卡尔·拉伦茨:《法学方法论》,陈爱娥译,商务印书馆 2003 年版,第 249 页。拉伦茨对此举例说,民法典对房屋所有权原本并未规定,这并不构成漏洞。民法典的立法者基于土地法律关系明确性的考量,有意地不将房屋及其他建筑物部分的特别物权纳入民法,虽然他们对此等规定并不陌生。因此,如果要把房屋所有权制度引入现行法秩序中,就需要独立的——改变民法典部分规则的——法律。

② 黄茂荣:《法学方法与现代民法》,法律出版社 2007 年版,第 421~425 页。

③ 杨仁寿:《法学方法论》,中国政法大学出版社 2013 年版,第 214 页。

④ 杨仁寿:《法学方法论》,中国政法大学出版社 2013 年版,第 154 页。

⑤ 黄茂荣:《法学方法与现代民法》,法律出版社 2007 年版,第 423 页。

适用反面解释的情形有两种:其一,例示性规定。例示性规定为非穷尽式列举,反面解释无从适用。其二,开放性规定。例如,《婚姻法》第 24 条(现《民法典》第 1061 条)规定夫妻有相互继承遗产的权利。此处不可作反面解释,若采取反面解释就排除了夫妻关系以外的人相互继承遗产的权利,实际上,父母子女也有相互继承遗产的权利。

有意义的沉默,司法权不得进入。如果法院认为这些地方存在漏洞并进行补充,就违反了法律。① 需要特别对"有意义的沉默"禁止法官予以补充的法理进行说明。法律不介入法外空间,并不意味着法律必须充满法内空间。我们以案例来阐释为何不得对"有意义的沉默"进行补充。例如,无名氏或无法查明继承人的人因第三人侵权致死,谁可作为原告请求侵权赔偿?根据目前法律规定,原告必须是与案件有直接利害关系的公民、法人等。具体到此类案件中,原告只能是死者的近亲属。但是,此类案件中原告缺位,导致侵权人的赔偿责任变相免除,法律于此陷入对受害人救济无力的困境。为寻求出路,民政部门一度被推举为原告,但司法实践中出现两种截然不同的裁判结果。如高淳县民政局诉王某胜、吕某、天安保险江苏分公司交通事故人身损害赔偿纠纷案,②洪江市民政局诉洪江市辉宇交通运输有限责任公司、付某良、中华联合财产保险股份有限公司洪江市支公司交通事故责任赔偿纠纷案,③中银保险有限公司焦作中心支公司与延津县民政局、李某峰、李某富、武陟县龙源和通运输有限公司道路交通事故人身损害赔偿纠纷案④等案中,法院均以民政局并非适格原告为由裁定驳回了起诉或上诉。然而,在中国人民财产保险股份有限公司泰兴支公司与浙江省长兴县民政局等道路交通事故人身损害赔偿纠纷案⑤以及中华联合财产保险股份有限公司驻马店中心支公司与汝南县民政局等机动车交通事故责任纠纷案⑥等案中,法院均确认了民政局的原告资格。

法院裁定驳回民政局起诉的案件,从形式上看,使原本应当获得保护的利益(死者损害赔偿请求权)因权利主体缺位而失于法律救济,等同于放纵了侵权人;即使侵权人自愿履行赔偿责任,亦因缺少接受人而无法进行。法院判决认定民政局具有原告资格的案件中,属于法官创造性司法。但这种裁判方法无法解释民政局原告资格来源问题,因为民政局既无法定授权亦无当事人委托授权。同时,赋予民政局原告资格将会引发更多无法解决的问题。诸如,民政局可否与侵权人进行调解?民政局有无权利谅解涉嫌刑事犯罪的侵权人?如何确定由死者扶养人的人数、年龄、扶养费数额?民政局获得的赔偿款当如何保管?权利人出现时,赔偿款当如何分配?出现如此两难境地的真正原因是:该问题击中了"有意义的沉默"。《侵权责任法》颁布前,因无名氏受害引发的原告主体资格问题已经频繁发生,《侵权责任法》之所以仍然未对此特殊情况作出规定,并非立法者寄希

① [德]伯恩·魏德士:《法理学》,丁晓春、吴越译,法律出版社 2013 年版,第 349 页。

② 《最高人民法院公报案例》2007 年第 6 期。

③ 湖南省怀化市洪江区人民法院(2009)洪民一初字第 77 号民事裁定书。

④ 河南省新乡市中级人民法院(2012)新中民一终字第 213 号民事裁定书。

⑤ 浙江省湖州市中级人民法院(2010)浙湖民终字第 301 号民事判决书。

⑥ 河南省驻马店市中级人民法院(2013)驻民三终字第 00367 号民事判决书。

望于“法学和司法实践”进一步探索经验，而是实在无法作出有效安排，故此处的“漏洞”属于“有意义的沉默”。《侵权责任法》出台后不久，《最高人民法院关于侵权行为导致流浪乞讨人员死亡，无赔偿权利人或者赔偿权利人不明的，民政部门能否提起民事诉讼的复函》已经明确否定了民政局的原告资格，但司法实践中仍不断有法官认为此处存有法律漏洞并进行填补，显然是未及时掌握批复内容或未解批复真意。简言之，“有意义的沉默”系特殊概念，被创造之初即被赋予特定的含义：“有意义的沉默”归属法内空间，属于立法者已经预见到的情形，由于特殊原因而未能予以明确规定，但立法者已经以其他立法表明了态度，该欠缺不构成法律漏洞，禁止法官在司法过程中进行填补。

结语：民间法的双重功能

所谓民间法，顾名思义是来自并适用于“民间”的法，在形式上主要表现为习惯法。[①]严存生先生言简意赅地阐明了民间法的最主要特征和功能。但进一步探究，会发现民间法不仅仅限于对“民间”纠纷的处理。有学者对民间法的功能进行了归纳，认为“民间法可以通过立法与司法互动规范化、以民间组织为载体实现规则再生成和激发社会参与者主体自觉三个途径介入社会治理”。[②] 换言之，民间法主要通过三种方式作用于社会：一是在立法过程中，立法者通过对民间法中有益的、已有成熟经验的成分的吸收，为制定法提供规则资源；二是在司法过程中，当确认法律漏洞存在时（除去超越司法权权限范围的事项），法官可以运用习惯等民间法作为法律渊源对法律漏洞进行填补；三是在确认待决事项归属法外空间时，民间法直接作为纠纷的解决手段。但是，当民间法被立法者上升为制定法时，其间蕴含的“民间法”已成为制定法的来源，而不再属于传统意义上的民间法。因此，民间法主要以其他两种方式参与社会治理。

（一）作为法律漏洞的补充方法

法官填补法律漏洞进而作出判决的必要性，缘起于“禁止拒绝裁判”原则。所谓禁止拒绝裁判原则，是指法官“有义务在对争议的事实情况没有相应的法律规定的时候，对属于其管辖范围的待决法律案件作出判决”。[③] 法律之目的在于规范与指引社会生活，保护权利，协调各种利益冲突，维护社会公平与秩序。法院是解决社会冲突与纠纷的主要场所，到法院起诉是解决社会冲突与纠纷的最主要的途径。如果允许法官以法律没有规定、不明确或不完备为借口而拒绝对待决案件作出裁判的话，法律的目的在此情况下将会落空。所以，法官对社会中出现的各种归属法律解决的冲突和纠纷，负有神圣不可推

① 严存生：《民间法与国家制定法互动关系的法社会学思考》，载谢晖、陈金钊主编：《民间法》（第16卷），山东人民出版社2015年版，第2～4页。

② 李杰：《民间法在社会治理中的作用及介入途径》，载《甘肃政法学院学报》2015年第1期。

③ ［德］伯恩·魏德士：《法理学》，丁晓春、吴越译，法律出版社2013年版，第344页。

卸的裁决责任。在法律出现漏洞的情况下,为保护权利、实现法律之目的,法官应当寻找其他法律渊源或者运用法律方法补充法律而为裁判。如前所述,在法律出现不圆满时,应首先判断待决事项是否属于法内空间,是否归属法律管辖范围。如果待决事项属于法外空间,则不可认定为法律漏洞,因为法律漏洞属于法律应当覆盖但未覆盖的领域。因此,制定法存在不圆满并不等同于出现法律漏洞,需要借助前文所描述的特征进行判断和识别。当确认法律漏洞真实存在后,方可进行漏洞补充操作。就漏洞补充方法而言,可以分为两大类。一类是材料型方法,即将非正式法律渊源作为漏洞补充的材料填补漏洞,这些非正式法律渊源主要有习惯(民间法)、法律原则、法理学说、比较法等;一类是技术型方法,即运用法律方法对正式法律渊源中现有规定进行变通而为适用,这些方法主要有类推适用、目的性扩张与限缩等。上述两类漏洞补充方法中,以习惯为主要表现形式的民间法有着举足轻重的地位。我国《民法典》第 10 条即规定,当法律没有规定时,法官可以适用不违反公序良俗的习惯进行漏洞补充。民间法作为填补法律漏洞的主要原材料有力地形成对制定法的补充。填补法律漏洞时,民间法发挥了辅助制定法以完成社会治理的功能。

(二)作为法外空间的管理手段

法治社会建成之前的几千年间,民间法一直是社会生活调控的最主要手段,绝大多数的生活领域由民间法所管领。民间法首要的功能并非作为制定法的辅助进行漏洞补充,而是具有其独立掌管领域及纠纷解决价值。只是随着社会生活日趋繁杂,纠纷的解决需要更加稳定和规范的手段。相较于民间法而言,制定法对社会纠纷有着更有力和更可预测的调整效果,这使得制定法的调整领域日益扩大,民间法的调整领域日渐缩小。但是,无论制定法数量如何增长、调整领域如何扩张,其都不可能亦不应该覆盖人类社会生活的全部,因为总有一些事情是法律所无能为力或是没有法律反而会生成更好秩序,这决定了法外空间将永续存在。法外空间的纠纷应交由民间法进行处理。山东省莱西市人民法院审理的原告柳某圣诉被告刘某治名誉权纠纷一案,[①]法院认为:"群主与群成员之间的入群、退群、解散群等行为,应属于一种社会交往情谊行为,不产生民事法律关系,可由互联网群组内的成员依照群规和功能设置权限自主进行。"该部分说理是对原被告之间纠纷性质的界定,即微信群群主和成员之间的进出群行为属于法外空间的情谊行为,不属于法律纠纷,不应归属法律进行调整。这意味着,现行法律虽未对本案纠纷作出规定,但法律并不因此存在漏洞。法院同时认为:"刘某治使用互联网平台赋予群主的功能权限,将其认为违反群规发言不当的柳某圣移出群组,是互联网群组内'谁建群谁负责''谁管理谁负责'自治规则的运用。"该部分论述是对原被告之间纠纷处理方式的阐明,即应当依靠互联网微信群组内部自发形成的自治规则(民间法)进行解决。该裁判作出后获得了社会上一致的认同,这证明"法外空间事项应归由民间法进行管理"的观点是

---

① 山东省莱西市人民法院(2019)鲁 0285 民初 4407 号民事裁定书。

有社会认知基础和可接受性的。

简而言之,法内空间的事项由法律管理,民间法作为法律漏洞的补充方法;法外空间的事项专属民间法掌管,制定法不得进入。制定法是社会秩序的主要控制手段,但并非唯一控制手段,它需要获得民间法的支持,更需要尊重民间法的专属管辖范围。“不能理所当然地认为,国家法总是优越于民间法,国家法处于正统地位,民间法处于边缘角落。”①现代法治应容许民间法在合理范围内构建秩序,并与法秩序一道,以既互相对抗又互相协调的方式共同塑造和谐的社会秩序。② 十九大报告提出“要坚持依法治国和以德治国相结合”,实质上是对符合公众利益的伦理道德、风俗习惯等民间法在法治国家建设中的重要价值和不可或缺的地位的肯认。

Causes, Characteristics and Manifestations of Legal Loopholes

Cao Lei

Abstract: Legal loophole is not a strange legal concept, but because of its abstractness and complexity, it is difficult to grasp in judicial practice. How to define the legal loopholes accurately becomes the necessary premise to correctly identify and deal with the legal loopholes. Legal loopholes exist in the “legal space”, “extra-legal space” does not belong to the scope of legal jurisdiction, there is no legal loopholes naturally. Usually, the legal loophole is the imperfection of the legislative scheme in the statutory law. Under special circumstances, there is imperfection that does not violate the legislative plan in the statutory law, which mainly includes “authorization to jurisprudence and judicial practice” “uncertain concept and general clause” and “meaningful silence”. The first two belong to special legal loophole, and the latter is not the real legal loophole. When it is confirmed that there are legal loopholes in statutory law, the folk law with custom as its main form of expression can be used as a supplement method to fill the legal loopholes. If the pending issues belong to the “extra-legal space”, then the folk law is directly used as a means of dispute adjustment.

Key Words: legal loophole; folk law; uncertain concept; general clause ; meaningful silence; extra-legal space

① 李义辉:《民间法与司法中的法律续造》,载《甘肃政法学院学报》2016 年第 2 期。

② 魏治勋:《民间法思维》,中国政法大学出版社 2010 年版,第 28 页。

制度分析

商事习惯适法性审查的功能性标准*

卢　迎**

摘要：实证研究显示，在民事思维支配民法典制定的背景下，《民法总则》第10条将公序良俗确立为商事习惯适法性审查标准并不充分，不仅存在法律逻辑偏离商业交易逻辑的缺陷，而且难以回应司法实践极少适用公序良俗并出现多元判定立场的现实状况。这些缺陷源于《民法总则》对商事习惯特殊性关注欠缺，未充分考虑因商事习惯具有于伦理性民事习惯的显著文化差异而导致两者呈现出不同的公序良俗色彩。商事习惯作为商事主体自发适用的一种调整权利义务配置的内生性交易规则，本身即表征着商业交易活动领域运行的客观规律，其适法性判定标准的设定应充分考虑到如何消解适用过程中可能产生的交易社会负面效应。因此，在未来制定《商法通则》等商事单行法时，应从尊重商事习惯背后所蕴含的文化基础出发去矫正商事习惯适法性审查规则，通过对交易活动可能产生的社会负面效应进行类型化界定，构建由公序良俗与公平原则而构成的功能性复合化评价标准。

关键词：商事习惯；民事习惯；社会负效应；公序良俗；公平

命题不能建立在我们认为不言自明的事物上，很多被谨慎的思想家认为是不言自明的问题，后来却发生问题。①

——鲁格罗·亚狄瑟

一、问题的提出

《中华人民共和国民法总则》（以下简称《民法总则》）第10条规定："处理民事纠纷，应当依照法律；法律没有规定的，可以适用习惯，但是不得违背公序良俗。"该法源条款在导入民事司法一般性规则的同时扩展了法源构成的涵摄范围，将习惯确立为法院解决民事纠纷的裁判依据，这也被视为保持法典体系包容与弘扬优秀传统法律文化立法理念的

* 本文系2020年中国博士后科学基金面上资助项目（编号2020M682647）、2017年教育部人文社科青年基金项目（编号17YJC820041）的阶段性研究成果。

** 卢迎，法学博士，暨南大学经济学院、广发银行博士科研工作站联合培养博士后。

① ［美］鲁格罗·亚狄瑟：《法律的逻辑—法官写给法律人的逻辑指引》，唐欣伟译，法律出版社2007版，第47页。

重要举措。[①] 在“不得违背公序良俗”的适用限制下，习惯借由公序良俗标准的校验是其具备法源资格的前置性条件，此种一元化适法性审查标准也被当前学界诸多研究普遍肯认。[②] 其原因一方面在于，习惯经由公序良俗标准的控制与检验，更符合民众的法律情感、更能适应社会经济变化需要与维护法律安定性；[③]另一方面，也更容易在运用习惯引导社会公众行为的过程中形成法的共识并减少法官造法的外部负担。[④] 然而，对法律条文与社会现实之间的差距展开功能化的研究才是法学研究应当关注的核心要旨。[⑤] 在民事思维支配民法典制定的立法技术下，商法作为民法的特别法一般不能脱离民法的基本原则、基本制度而径行适用。[⑥] 换言之，民法典同时具有担负调整民事行为与商事行为的双重功能，立法机关的本意在于将商事习惯与民事习惯适法性审查同质化，要求商事习惯作为法源时也应遵循不得违背公序良俗的限制条件，这也契合学界研究的基本观点。[⑦]

编纂民法典的目的在于通过法典对散乱化单行法的聚合实现体系效益价值的最大化，[⑧]但这种目标应建立在对社会经济生活实践客观规律的反映之上。罗斯科·庞德曾指出，立法的任务不在于向民众提供一种具有完美形式的立法法典，而是在于通过提供一种对实在法理想成分的鉴定，并使其成为各种论证、解释和适用标准的出发点进行选择的尺度。[⑨] 卡多佐认为，法律的确定性并不是要求立法追求的唯一价值，静止不动与永远变动一样危险，而妥协是法律成长原则中很重要的一条。[⑩] 民商分离理念事实确立与民法典编纂体例坚守固化合一所产生的张力与冲突、商事习惯规则类型

---

① 曹兴权、卢迎：《商事习惯司法适用特殊性问题的体系阐释与因应》，载《人民法院报》2018 年 11 月 14 日。

② 谢晖：《“可以适用习惯”的法教义学解释》，载《现代法学》2018 年第 2 期；王利明：《论习惯作为民法渊源》，载《法学杂志》2016 年第 11 期；彭诚信：《论民法总则中习惯的司法适用》，载《法学论坛》2017 年第 4 期；王洪平、房绍坤：《民事习惯的动态法典化—民事习惯之司法导入机制研究》，载《法制与社会发展》2007 年第 1 期；高其才：《认可、吸纳与空漏—〈民法总则〉对习惯的规范及完善》，载《江海学刊》2017 年第 5 期；张民安：《〈民法总则〉第十条的成功与不足》，载《法治研究》2017 年第 3 期。

③ 王利明：《法律解释学导论—以民法为视角》，法律出版社 2009 年版，第 553 页。类似观点可参见胡长清：《中国民法总论》，中国政法大学出版社 1997 年版，第 30～31 页；梅仲协：《民法要义》，中国政法大学出版社 2004 年版，第 9 页；王泽鉴：《民法概要》，北京大学出版社 2009 年版，第 13 页；朱庆育：《民法总论》，北京大学出版社 2016 年版，第 40～41 页。

④ 苏永钦：《私法自治中的经济理性》，中国人民大学出版社 2004 年版，第 13 页。类似观点可参见张新宝：《中华人民共和国民法总则释义》，中国人民大学出版社 2017 年版，第 121 页；中国审判理论研究会民商事专业委员会编著：《民法总则条文理解与司法适用》，法律出版社 2017 年版，第 32～33 页。

⑤ 瞿同祖：《中国法律与中国社会》，商务印书馆 2011 年版，导论第 8 页。

⑥ 赵旭东：《改革开放与中国商法的发展》，载《法学》2018 年第 8 期；王利明：《民商合一体例下我国民法总则的制定》，载《法商研究》2015 年第 4 期。

⑦ 李适时主编：《中华人民共和国民法总则释义》，法律出版社 2017 年版，第 33 页；王利明主编：《中华人民共和国民法总则详解》，中国法制出版社 2017 年版，第 54 页；石佳友：《民法典的法律渊源体系—以〈民法总则〉第 10 条为例》，载《中国人民大学学报》2017 年第 4 期。

⑧ 苏永钦：《寻找新民法》，北京大学出版社 2012 年版，第 75 页。

⑨ [美]罗斯科·庞德：《通过法律的社会控制》，沈宗灵译，楼邦彦校，商务印书馆 2010 年版，第 4 页。

⑩ [美]本杰明·N.卡多佐：《法律的成长》，李鸿勃、李璐怡译，北京大学出版社 2014 年版，第 9 页。

的多元化以及成文化趋势愈加显见等现实情况,[①]需要我们理性反思将公序良俗作为商事习惯适法性审查的一元标准是否充分?如不充分,则又应如何设定其底线标准?为此,本文不揣浅见,从分析司法实践在处理商事习惯适法性问题时的基本立场着手,重新审视公序良俗标准的规制逻辑,探讨如何从商业交易的视角设定商事习惯适法性审查的具体标准。期望通过对这一问题的讨论,能够对后民法典时代商事习惯适用规则的完善有所助益。

阿克列西在《法律论证理论》一书中曾提出,所谓"证成"不过是"合理性"的另一种替代性称谓,它并不要求"百分之百"的可靠性或确定性,也即证成是给所欲得出的结论提供充足理由的活动或过程。[②] 基于此,为提升论证效率与阐释逻辑的周延性,本文需要说明如下三点:第一,术语使用。由于商事习惯的内涵与外延在理论上并未形成共识,[③]具体表达也存在多种形态,故本文主要借助法院在司法裁判中的说理加以认定,无意对商事习惯的构成要素及具体类型展开评析。第二,研究基础。本文的研究是建立在承认民法与商法存在显著区别、商事习惯和民事习惯存在差异的基础上,否认商法所具有的特殊性将会使本文丧失研究价值与立论基础。第三,功能性标准与民法其他基本原则的关系。本文无意去剖析商事习惯适法性审查功能标准与其他民法基本原则的具体关系,只是强调立法设定具体标准时应当关注的主要因素以及在民法典编纂即将完成体系整合的情况下,如何通过科学的解释方法实现对商事行为的有效规制。

二、商事习惯适法性审查标准的司法实践

(一)样本方案设计

以"商事习惯""行业做法/行业惯例""通常/一般/普遍做法"+"适法性"为关键词,从北大法宝和中国裁判文书网进行分次检索,截至 2019 年 5 月 10 日,共检索到案件 1175 件。剔除一些重复或者法院仅提及商事习惯但未进一步对其适法性判断展开论证等类型的案例,最终选取剩余有效样本共 1064 件。

① 曹兴权、卢迎:《商事习惯司法适用特殊性问题的体系阐释与因应》,载《人民法院报》2018 年 11 月 14 日。

② [德]罗伯特·阿克列西:《法律论证理论—作为法律证立理论的理性论辩理论》,舒国滢译,中国法制出版社 2003 年版,第 9 页。

③ 陈彦晶:《商事习惯之司法功能》,载《清华法学》2018 年第 1 期;马恩斯:《商事习惯的优先适用条款加入民法典的法经济学分析》,载《社会科学家》2017 年第 6 期;董淳锷:《商事自治规范司法适用的类型研究》,载《中山大学学报(社会科学版)》2011 年第 6 期。

(二)司法实践的基本情况及初步评析

表1 法院评价商事习惯适法性所采用的标准概览

法院评价理由	案件数量(件)	所占比例(%)	主要场域
公序良俗	228	21.43	宣传营销等
公平	575	54.04	格式条款
诚实信用	165	15.51	保险、金融理财
法律强制性规定	75	7.05	互联网金融
意思自治	21	1.97	服务居间

通过表1的数据对比可以发现,法院在司法实践中审查商事习惯适法性问题时呈现出如下特征。

首先,法院审查标准的选用类型呈现出突破公序良俗的多元化趋势。社会信息技术手段的发展导致新型交易纠纷不断涌现,法院会倾向于将公序良俗、公平、诚实信用等标准作为论证具体商事习惯是否具备适法性的重要考量因素。例如,法院以"不违背公平"来评价航空票务领域特价机票不得退该签规则、①保险人承担比例赔偿责任的行业做法等;②以"有违投资风险的合理分担、干扰金融市场稳健运行"、③"违反市场规律,不利于维护证券市场稳定"④否定结构化银行理财产品"保本收益"行业习惯的效力;以不违反"法律、行政法规禁止性规定"等评价讼争行为是否具有可免责性。⑤。从反面解释可得知,具备适法性的习惯应当同时合乎法律原则与具体规则的要求,这种论证思路似乎又可以为商事习惯适法性的体系判定提供新的视角。由此可以看出,法院的评判依据是多样化的,可以基于特定的政策目的突破《民法总则》第10条所设定的公序良俗这一单维审查标准。

其次,在司法实践中法院运用公序良俗去审查商事习惯适法性来维护社会公共利益或基本运行秩序的案例相对较少,运用公平等其他标准去审查商事习惯适法性的案件反而较多。这些案例较多地出现在消费者保护领域。比如,对于财产保险领域中的"高保

① 重庆市第一中级人民法院(2016)渝01民终7409号民事判决书。

② 江西省宜丰县人民法院(2017)赣0924民初94号民事判决书。类似案件可参见:浙江省宁波市中级人民法院(2009)浙甬商终字第894号民事判决书、云南省大理白族自治州中级人民法院(2016)云29民终732号民事判决书等。

③ 浙江省温州市中级人民法院(2014)三中民终字第15611号民事判决书。

④ 上海市静安区人民法院(2009)静民二(商)初字第38号民事判决书。

⑤ 最高人民法院(2013)民三终字第5号民事判决书。最高人民法院在该案的说理部分认为,在市场经营活动中,相关行业协会或者自律组织为规范特定领域的竞争行为和维护竞争秩序,通过结合其行业特点和竞争需求,在总结归纳其行业内竞争现象以及行业规范性文件不违反法律原则和规则,公正、客观的基础上而形成,以自律公约等形式制定行业内的从业规范,反映和体现了行业内的公认商业道德和行为标准,可以成为法院发现和认定行业惯常行为标准和公认商业道德的重要渊源之一。

低赔”问题、[①]通过签字方式来证明保险人已履行说明义务的行业做法、[②]以及保单次日临时生效等问题，[③]法院要么直接援引《合同法》第40条的格式条款控制机制，要么以这种不公平的行业做法损害投保方利益为由否定对保险市场中已经形成的相关行业的做法。再比如，信用卡逾期还款的罚金，虽然银行主张存在行业惯例，但是法院仍会以“该条款不公平地损害了用户利益”为由而否定信用卡高额利率条款的适法性和正当性。[④]比如大数据杀熟涉及的个性化推荐与产品设计，虽然这是电子商务行业的习惯性做法，但法院通常以侵犯消费者知情权和选择权因而显失公平来否定该做法的效力。

再次，从纠纷发生的主要场域来看，互联网技术的发展导致法院会倾向于将公共秩序、社会公共利益、市场秩序等标准作为论证互联网金融交易习惯是否可以作为法源得以适用的重要考量因素。由于结构化的交易金融创新产品通常会以公开发行金融产品的形式实现规模效应，在资本市场投资者保护机制与监管体制仍待进一步健全的状况下极易引发群体性纠纷，这也导致法院高度关注防范适用金融交易领域商业习惯可能产生的外部性问题。例如，在结构化的银行理财产品中，处于信息、专业能力等优势地位的金融机构通常以“保本收益”作为其宣销理财产品的重要推介方式。例如，在范某与唐人志诚投资管理中心、吉林中股资产管理有限公司合伙协议纠纷案中，法院认为，预计收益、测算收益或类似表述不代表投资人最终获得的实际收益，损失的产生属于投资行为本身所具有的合理风险，如支持原告诉讼请求则有违投资风险的合理分担、干扰金融市场的稳健运行。[⑤] 同样，在(2009)静民二(商)初字第38号纠纷案中，法院认为，法律虽未明文规定个人之间承诺理财产品保本条款的效力，但是从股市风险的分配角度看，保本条款明显违反了基本市场规律，不利于维护证券市场稳定[⑥]；再如，在“李某华诉立荣典当公司典当纠纷”案中，当事人就绝当后当户能否单方要求赎回当物发生争议。法院审理后认为，绝当后消灭当户基于典当合同对当物的回赎权，既不违反法律规定也符合典当行业的惯例和社会公众的一般理解。对于典当行业存在的行业习惯，在不违反现有法律、行

① 湖北省荆州市中级人民法院(2017)鄂10民终1498号民事判决书中。法院认为，保险合同中特别约定的“本保单每次事故赔偿限额为50万元”的规定属于格式条款，排除了上诉人的主要权利、免除了上诉人的主要义务，应认定无效。其他类似判决可参见：山东省临沂市中级人民法院(2017)鲁13民终3402号民事判决书、河北省怀化市人民法院(2016)冀0281民初4922号民事判决书等。

② 河南省漯河市郾城区人民法院(2017)豫1103民初758号民事判决书。法院认为，基于合同的公平原则和诚实信用原则，鉴于双方信息不对称的实际情况，投保人签字并不能证明保险人已对保险合同中的专业术语与免责条款履行了说明义务。其他类似案例可参见：山西省晋中市中级人民法院(2018)晋07民终2663号民事判决书、上海市第一中级人民法院(2018)沪01民终4849号民事判决书。

③ 吉林省白山市中级人民法院(2017)吉06民终433号民事判决书。法院认为，次日零时生效是格式条款，因违反《合同法》第五十三条，对投保人明显不公平而不具法律效力。其他类似判决可参见：河北省沧州市中级人民法院(2018)冀09民终5684号民事判决书、江苏省南京市中级人民法院(2014)宁商终字第213号民事判决书等。

④ 四川省成都市高新区人民法院(2015)高新民初字第6730号民事判决书。

⑤ 北京市第三中级人民法院(2014)三中民终字第15611号民事判决书。

⑥ 上海市静安区人民法院(2009)静民二(商)初字第38号民事判决书。

政法规禁止性规定的前提下,应当作为法院处理典当纠纷时的参照。[①] 该案中,法院认可典当行业存在的习惯性做法合乎法律以及公平原则的要求进而将其确立为裁判依据,这同样突破了学界对商事习惯适法性判定标准的既有讨论。

最后,法院审查商事习惯适法性时也出现了采用诚实信用、合法、绿色等倡导性评价标准,但是通过法院的裁判说理看,这些评价标准可能更多地呈现出一种过程性控制功能,本质上仍旧是对公序良俗与公平原则的考量。例如,对金融机构在借款人逾期还款后所预付保证金的处理,法院认为,金融机构根据业务类型选择扣划保证金时间的行业做法直接导致后续高额借款罚息的产生,明显违反了诚实信用原则,损害了相关权利人的合法权益。[②] 可以发现,在本案中,法院只是将诚实信用原则作为增强裁判说理的工具,事实上仍将适用商事习惯可能对商事主体权利义务产生的实质影响作为最终考量因素。同样,在判断保理业务中当事人之间的习惯做法是否具备合法性时,法院认为双方签订的保理合同没有违反效力性强制性法律规范,不存在危害金融安全或社会公共安全,符合市场需要和经济发展政策导向。[③] 可以看出,法院对商业习惯合法性的认定没有简单地停留在对强制性规范的识别之上,仍旧关注商事习惯在适用过程中可能对社会公共利益造成的不利后果。也就是说,法院运用合法原则去校验商事习惯能否作为法源只是一种表象,内在的评判标准在于违反法律、行政法规禁止性规定后可能对特定或非特定主体利益产生的不利影响。再比如,对在承揽加工过程中定作物出现质量问题时的责任分担,法院明确当事人因定作物质量存在争议而主张对方承担修理、整改等违约责任前,应当就工作成果是否具备修理、整改的可行性等事项事先征求国家特种设备检验部门意见以减少资源浪费,贯彻民事活动绿色原则。[④] 对此,有学者所指出,如果限制权利或附加义务同时关涉环境公益和私人利益,就私益保护而言,此时公平、公序良俗等既有民法基本原则,即足以胜任环境保护实质为私益保护的另一种形式,而并非与之并驾齐驱的目的。[⑤] 因此,从司法实践的角度看,绿色原则本身并不能作为法院解决纠纷的依据,通常其只能发挥增强法院论证说理、桥接其他实体性规范以及彰显司法回应社会形势发展变化的能动作用,只能作为保障交易秩序的一种过程性控制方式。

(三)司法实践的启示

从法院在审查商事习惯适法性问题时的基本立场,可以得到如下启示:

第一点,法院判断商事习惯适法性考量的因素是多元化的,并非仅仅局限于对公序良俗原则的僵化理解与适用。从文义解释的角度看,《民法总则》仅仅确定了商事习惯不

① 《最高人民法院公报》2006 年第 1 期。

② 河北省邯郸市中级人民法院(2019)冀 04 民终 1578 号民事判决书。类似案件可参见广东省高级人民法院(2018)粤民申 980 号民事裁定书、北京市第二中级人民法院(2017)京 02 民特 359 号民事裁定书等。

③ 深圳前海合作区人民法院(2017)粤 0391 民初 122 号民事判决书。

④ 浙江省温州市中级人民法院(2017)浙 03 民终 3211 号民事裁定书。

⑤ 贺剑:《绿色原则与法经济学》,载《中国法学》2019 年第 2 期。

得违背公序良俗这种一元化的判断标准，但司法实践中法院并没有完全坚持这一论断。原因在于，如果这些商事习惯仅与公序良俗有关，那么按照法条主义的裁判思路，为了实现裁判统一性与法律安定性的预期，法院对商事习惯适法性的判断立场将是简单、绝对的否定。在这些类型的案件中，相同法院的态度存在差异、相同法院不同时期的裁判态度显然也存在差异。这些差异的事实一方面表现出法院否定商事习惯适法性时所考虑的理由可能并非仅是出于对社会公共利益或者公序良俗的维护；另一方面也表明法院认为对商事习惯适法性的判断应当要考虑到商事习惯所具有的区别于民事习惯的特殊性，而非僵化地适用评价民事习惯所遵循的一般范式。

第二点，法院处理商事习惯适法性问题的标准与学界理论共识之间存在严重偏离。国内具有代表性的专家建议稿等诸多立法资料都倾向于认可习惯不违背公序良俗单维标准的正当性。① 然而在司法实践中，法院运用公序良俗去审查商事习惯适法性的案例相对较少，相反更多地运用公平来维护金融消费者等弱势群体的利益。虽然有学者提出，习惯的合法性内涵具有多样性，即包含了习惯在解决民事纠纷时的适用状况，还包括其是否违背法律原则、精神或者公序良俗，而关注其是否符合法律原则和法律精神属于当然之要求。② 然而，这种当然性的判断本身即存在诸多疑问。例如，在《民法总则》取消社会公共利益与政策作为民事主体行为的一般性要求时，公序良俗具有或者类似于社会公共利益的地位，其在民法基本原则中所具有的价值位阶一定属于最轻的序列？这种当然性解释是否能够为司法实践提供相应的参照指引？司法评价商事习惯适法性所采用的多元标准，昭示着在民事思维支配民法典制定的立法技术下，《民法总则》第10条将公序良俗作为商事习惯适法性审查标准可能存在解释与适用上的乏力状态。

第三点，关注商事习惯在调整当事人权利义务关系过程中可能产生的具体影响是法院评价商事习惯适法性考虑的核心要素。在这些案件中，虽然存在法院运用诚实信用、

---

① 具有代表性的如梁慧星教授主持的《中国民法典草案建议稿》第7条："习惯，以不违背公共秩序与善良风俗为限"；王利明教授主持的《中国民法典学者建议稿》第12条："本法和其他法律都没有规定的，应当依据习惯，没有习惯的，依照本法确定的基本原则参照法理处理"；中国社科院孙宪忠教授主持的《民法总则建议稿》第9条："无法律规定，适用不违背公序良俗的习惯"；中国法学会《民法总则专家建议稿（送审稿）》第20条"习惯不得违背公序良俗"；龙卫球主持的《民法典·通则建议稿》第3条："没有法律规定的，适用经实践确定的且不违背社会公共利益、法律原则即立法精神的习惯法"等。这些意见稿的细微之处的区分仅在于，对公序良俗的具体表达存在差异。例如，中国民法学研究会在主持的征求意见稿中，将习惯的限制条件表达为不得违背社会公德和社会公共利益，此后在正式的送审稿中将其替换为不得违背公序良俗。有部分专家建议稿虽未明确指出习惯作为法源应遵循的限制条件，但是从建议稿关于基本规定的整体内容看，同样可以推论出习惯作为法源不得违反公序良俗的限制条件。例如，在王利明教授主持的意见稿中，虽未明确指出习惯的限制性条件，但在其立法理由书中，其认为对习惯不得违背公序良俗可以实现良俗接纳与恶俗排除的功能。由此可以看出，公序良俗也被视为习惯得以适用的前置性条件。同样，在中国社会科学院立法研究课题组发布的建议稿中，也要求在适用习惯法时，应当参照不违背民法基本原则确立的规则。这种语境限制下，可以被视为法源的习惯也必须要遵循一定的筛选标准，而在《民法总则》已经明确将公序良俗作为民事司法的一般性规则时，习惯的适用也当然要受制于公序良俗标准的限制，尚存疑问的是如何对民法其他基本原则与公序良俗的关系进行系统界定。

② 谢晖：《"可以适用习惯"的法教义学解释》，载《现代法学》2018年第2期；前引张新宝：《中华人民共和国民法总则释义》，中国人民大学出版社2017年版，第21页。

绿色原则等标准评价商事习惯的适法性场合，但这些评价标准都呈现出浓厚的过程性控制色彩，法院最终仍会依据适用商事习惯可能对交易主体权利义务的影响而作出实质判断。也就是说，虽然法院在司法实践中对商事习惯合法性的判断基准虽然是多元的，但这些多元化判断标准的实质目的具有同质性，即防范商事主体在交易过程中运用商事习惯可能产生的交易不利后果。这种目的导向决定了我们在判断商事习惯的适法性问题时必须要考虑具体评价标准的选择依据以及如何将这种选择依据与商业运行实践逻辑相衔接的具体路径。由此，检视《民法总则》第10条将公序良俗作为商事习惯适法性审查的立法逻辑将是回答这些疑问的必要途径。

三、公序良俗作为商事习惯适法性审查标准的逻辑检讨

庞德曾认为，习惯乃法律最佳之说明。[①] 也正因如此，在历史法学派看来，习惯、宗教和法律构成了社会控制机制的规范集合。同样，尊重民事立法的历史延续性并在此基础上展开承继或制度创新构成了我国民法典编纂的重要指导思想。对商事习惯适法性标准进行体系透视，不仅能提炼出既有标准规制逻辑之基础，明晰将公序良俗作为习惯控制机制的立法旨趣，同时也是评价既有判定标准理性程度的重要依据。

（一）公序良俗标准的确立成因：以伦理化的民事习惯作为规制内核

法律规范效力的普遍性与地域社会经济生活的矛盾性是《民法总则》第10条引入习惯法源的正当性基础，其确立也经历了较为曲折的过程。[②] 从已公开的立法资料看，《民法总则》第10条引入习惯作为法源的目的在于将大量民事习惯作为解决纠纷的主要工具以填补法律漏洞、克服民法制度及有关原则的僵化性，增强民法典的灵活性和适应性。[③] 对此，可以通过对相关立法资料的梳理加以印证。

首先，立法机关关于民法典编纂指导思想和基本原则的权威阐释。有学者指出，立法机关所作的关于某项制度设计的立法理由抑或立法指导思想的说明，具有为立法机关吸纳立法需求以及凝聚立法抽象性共识等功能。[④] 从这个角度看，立法机关的立法理由抑或指导思想无疑会表露出制定某一法律制度时的考量因素。全国人大常委会副委员长李建国在十二届全国人民代表大会所作的关于《中华人民共和国民法总则（草案）》的说明情况》中指出，《民法总则》的编纂要传承我国优秀法律文化传统，坚持文化自信，深

---

① ［美］罗斯科·庞德：《通过法律的社会控制》，沈宗灵译，楼邦彦校，商务印书馆2010年版，第75页。

② 在确立民法法源范围的过程中，学界观点分歧较大。如围绕是否保留国家政策、确认法理以及基本原则等作为具体法源的构成范围。具体可参见梁慧星：《民法总则重要条文的理解与适用》，载《四川大学学报（哲学社会科学版）》2017年第4期；张民安：《〈民法总则〉第十条的成功与不足》，载《法治研究》2017年第3期。

③ 民法总则立法背景与观点全集编写组：《民法总则立法背景与观点全集》，法律出版社2017版，第42、64、109、432页。

④ 张婷：《立法理由说明的民主功能和制度构建》，载《环球法律评论》2019年第4期。

入挖掘和传承包括中华法律文化在内的中华优秀文化的时代价值，使民法总则体现出鲜明的民族性。同样，全国人大法工委相关人员编写的立法释义也指出，“民事生活纷繁复杂，法律难以实现面面俱到，根据习惯裁判更贴近社会生活，有利于定纷止争，且司法实践中确有必要根据习惯处理民事纠纷”。[①] 民事习惯通常是生活在一定范围内的人们内心普遍确信并遵从的一种行为规则。[②] 这种行为规则的形成过程本身就是对优秀民族文化与民族精神的重构与再现，具有彰显传统文化的内生优势。诚如梁治平所言，民间习惯乃是一套关乎实用的知识，它们主要受实用理性的支配，经由长期生活实践和无数利益冲突而形成，通过分配和调整乡民间权利、义务关系，实现乡村社会秩序，具有合乎其自身特质的生长规律，保有属于它自己的传统。[③] 萨维尼对此也认为，法律乃是民族意识的产物，具有自身的秉性，根治于一个民族的历史之中，源于普遍信念、习惯和民族共同意识，如同语言、行为方式和社会组织体制，是一个独特民族所特有的根本不可分割的禀赋和趋向。[④] 由此，以风俗习惯等为代表的民事习惯契合民法典时代性与民族性并重的立法理念，这也是《民法总则》引入习惯作为法源的重要原因。

其次，相关立法调研资料蕴含的观念映射。在《民法总则》意见征集过程中，有单位提出，习惯除民事习惯外，还有商事习惯、行规行约、国际惯例等不同类型，应当予明确可以适用的习惯类型、范围和判断标准、适用原则等，同时应将《民法总则》第 10 条的习惯修订为“商业惯例和习惯，以及善良的民间风俗习惯”。[⑤] 还有人认为，在社会高速流动的背景下，如果轻易适用风俗习惯解决当事人争议，可能得不到当事人的认可和接受，因此建议规定风俗习惯可以作为参照适用解决纠纷的依据，而且该习惯要符合公序良俗。[⑥] 还有一些立法建议认为，由于民事习惯具有显著的地域性，各地的风俗习惯都不尽相同，如果过度强调对风俗习惯的维护，一方面不利于维护法制同一性与权威性，同时也不利于民众规则意识的养成，与法制建设所追求的目标相背离。因此，可以在民法典各分编中引入具体习惯作为补充性的法律渊源，同时限制习惯的领域和范围。[⑦] 这些立法史料呈现出两个特征。一方面均肯认将民事习惯引入法源具有重要意义，另一反面也对民事习惯在适用过程中可能出现的负面问题表现某种审慎态度。秉持凝聚共识以体现立法民主性的立法政策，决定立法机关要回应法源条款确立过程的一些不同意见，关注具有

---

① 李适时主编：《中华人民共和国民法总则释义》，法律出版社 2017 年版，第 35～36 页。

② 杨建军：《惯例的法律适用—以最高人民法院的公报案例为参照》，载《法制与社会发展》2009 年第 2 期。

③ 梁治平：《清代习惯法》，广西师范大学出版社 2015 年版，第 2 页。

④ [德]阿图尔·考夫曼：《法哲学问题史》，载[德]阿图尔·考夫曼、温弗里得·哈斯默尔主编：《当代法哲学和法律理论导论》，郑永流译，法律出版社 2002 年版，第 89 页；[美]E.博登海默：《法理学—法律哲学与法律方法》，邓正来译，中国政法大学出版社 2010 年版，第 91 页。

⑤ 民法总则立法背景与观点全集编写组：《民法总则立法背景与观点全集》，法律出版社 2017 版，第 116 页。

⑥ 民法总则立法背景与观点全集编写组：《民法总则立法背景与观点全集》，法律出版社 2017 年版，第 442～443。

⑦ 杜涛主编：《民法总则的诞生—民法总则重要草稿以及立法过程背景介绍》，北京大学出版社 2017 年版，第 9～11 页。

地方性与伦理性色彩的民事习惯并消解适用中可能产生的问题。

最后,习惯立法规范的分布也可以看出以民事习惯为主要规制逻辑的立法思路。由于民法典编纂不是制定全新的法律,而是对现行民事法律规范进行科学整理,这决定充分借鉴与吸收现有立法资源将是立法机关制定法源习惯规则所必须关注的内容。从整体上看,现有法律法规对习惯的规范类型主要包括具体规范与概括规范两类。前者主要对物权、婚姻家庭、继承等民事习惯进行了规定;后者也主要聚焦于通过自治条例与单行条例等对地方民族习惯认可。① 在学者主持起草的民法典草案专家建议稿中,涉及习惯的立法建议条文表达也呈现出以民事习惯为主的特点。例如,在梁慧星教授主编的《中国民法典草案建议稿附理由》一书中,通过逐条检索与归类发现,在全部2415个立法建议条文中,涉及习惯的建议条文共计35个。在这35个条文中,共有21个条文涉及物权习惯,诸如相邻关系的处理、物权的创设规则、管线安装、埋藏物的发现与取得等,占比为60%;在《债权总则》中,共有10个条文涉及交易习惯,诸如契约的解释原则、格式条款的控制机制、契约的履行方式、附随义务的确定等,比重约为28.6%;在具体的分则中共有4个条文涉及习惯,诸如承运人的运输义务、转委托事项之处理、旅行者的协助与告知义务,占比约为11.4%;同样,在王利民教授主编的《中国民法典学者建议稿及立法理由》中,共有26个建议条文涉及习惯。这些条文也主要涉及物权习惯,诸如物权的行使、相邻关系的处理、先占规则的设定、抵押权的设立、质押合同的生效等。诚如学者所言,习惯在传统民法中具有更大的适用余地和价值,尤其适用于家庭法、物权法和合同法等领域。② 在现有习惯规范立法分布呈现出主要以规制涉及传统家庭生活领域的民事习惯为特征的情形下,立法机关也会考虑这种分布特征去设定商事习惯适法性审查的具体标准。

由此看出,在民事思维统摄民法典制定的立法场景中,《民法总则》第10条中所指涉的习惯主要指向民事习惯。也就是说,在立法者看来,存在于私法场域中的习惯主要是指民事习惯。正如学者所言,《民法总则》第10条规定习惯不得违背公序良俗的主要原因是我国部分地区可能存在一些不合理的习惯,比如外嫁女不得分财产,剥夺子女的继承权等,这些习惯的存在严重影响社会公正的实现。法律作为实现公平正义的重要规范类型,应当对那些落后的习惯进行纠正。③ 这其实也可以推论出《民法总则》第10条主要侧重于关注民事习惯的立法逻辑。由于民事习惯更多地涉及社会生活、家庭生活领域的伦理与道德问题,本身公序良俗色彩也较为浓厚,经过公序良俗原则的控制即可以在大

① 有关立法规范的具体分布状况可具体参见高其才、陈寒非:《调查总结民事习惯与民法典编纂》,载《中国法律评论》2017年第1期;张哲、张宏扬:《当代中国法律、行政法规中的习惯》,载《清华法学》2012年第2期。

② 石佳友:《民法典的法律渊源体系—以〈民法总则〉第10条为例》,载《中国人民大学学报》2017年第4期;姚辉、梁展欣:《民法总则中的法源及其类型》,载《法律适用》2016年第7期;前引彭诚信:《论民法总则中习惯的司法适用》,载《法学论坛》2017年第4期;杨建军:《惯例的法律适用—以最高人民法院的公报案例为参照》,载《法制与社会发展》2009年第2期。

③ 刘作翔:《"法源"的误用—关于法律渊源的理论思辨》,载《法律科学(西北政法大学学报)》2019年第3期。

体上实现对良俗接纳与恶习排除的过滤功能。也正是基于这种认识,《民法总则》第 10 条以民事习惯内核作为建构习惯适法性审查标准的逻辑起点,在此基础上通过公序良俗实现对法源习惯的适法性控制。

(二)公序良俗作为商事习惯适法性审查标准的评析

有学者指出,商事习惯作为调整商事交易领域最重要的法律渊源,《民法总则》第 10 条的规定却仅从狭义民法立场确定民事习惯的法律适用程序,而忽略商事习惯适用规则所需的特殊机制。[①] 如上所述,《民法总则》制定过程中以民事习惯为主要关注对象,忽视商事习惯的现象较为突出。在这种立法技术下,将公序良俗作为商事习惯的适法性审查标准,一方面与商业交易运行实践相背离,另一方面也与法律实践中法源习惯的运行逻辑相脱节。

一方面,忽视商事习惯与民事习惯的文化基础差异性,背离商业运行的一般逻辑。商业活动所具有的高度技术性与定型化等特征,要求商事法律制度本质上必须尊重和反映商业社会的基本运行规律与实践需求。固然,法律制度在创设与实施过程中必须内嵌于国家的特定政策需求,但该政策目标本身及其实施机制同样也不得无视商业社会本身的特质。从某种意义上讲,任何一种习惯都代表着一种文化,但商业领域的习惯与传统世俗生活领域中的习惯的文化基础显然不同。《民法总则》第 10 条引入习惯法源的正当性基础也在于消解法律规范的普遍性与地方生活的矛盾性,该论证也是从文化的角度展开。通常来讲,在高度技术化的经济生活领域,商业习惯本身即是该领域客观规律或者技术性规律的反映。就此而言,商业领域的很多习惯带有浓厚的专业性色彩,其适法性审查标准的构建也应从专业的角度加以设定,非商业领域的主体将难以理解该习惯,典型的如商事侵权纠纷中广泛使用的商业判断规则就是基于该种逻辑而展开。相反,民事习惯的文化基础则在于特定地域或群体对某个社会现象的共识。美国著名社会学家格尔茨也指出,法律乃是一种地方性知识(local knowledge),而这种所谓"地方性"不只是与地域、时代、阶级以及问题的多样性有关,而且关涉法律能动功能的发挥,它并不是有限的一组规范、规则、原则、价值或者它据以回应特定事件的无论什么东西,它只是想象真实世界之特殊方式的一部分。[②] 也即是说,商事习惯与民事习惯的文化基础存在专业性与地方性的区分,由此而衍生出技术性与伦理性的显著差异,这决定我们需要依据习惯背后不同的文化基础去设定适法性审查标准。《民法总则》第 10 条显然忽略了这种文化差异,未考虑到商事习惯适法性审查基础不在于特定地域主体的文化观念而在于对特定经济领域中的设定商业主体的商业观念。以规制民事习惯的立法思维将公序良俗确立为商事习惯的适法性审查标准,显然背离了商业交易过程中商事主体对商事习惯的专业性理解,无法充分发挥商事习惯在提升交易效率、降低交易成本等方面的功能。

① 许中缘、冉克云:《商法的独特性与民法典编纂》,载《中国社会科学》2016 年第 12 期。

② [美]克利福德·格尔茨:《地方知识》,杨德睿译,商务印书馆 2016 年版,第 360 页。

另一方面,忽视商事习惯与民事习惯的公序良俗差异,无法有效地消解适用商事习惯适法性带来的社会问题。从习惯到商事制定法是商事法律制度演化发展的根本规律。如上所述,商事习惯表征着商业交易领域的基本规定,在长期的商业活动领域中被广泛认可,具有相当的合理性基础。商事习惯产生于以营利性商行为特征的商业社会中,以成文习惯为主且具有较强的技术性,与商业逻辑高度关联。① 也正如德国学者卡纳里斯所言,习惯事实上在商业交易中比在民法中具有更重要的作用,它主要适应了典型化和标准化,尤其是人数众多的商业交易行为的需要。就此来看,商人对商业习惯的考虑不仅仅限于实现交易的便捷性和稳定性,更在于商事习惯在某些情况下包含了平等对待意义上的公平性因素。② 民事习惯是在某区域内基于长期的生产生活实践之俗成或约定的所形成的一种行为规范③,以不成文形式为主要类型且与传统伦理秩序紧密关联。《民法总则》第10条严重背离交易的一般逻辑,忽视商业领域中的很多习惯与人伦意义上的公序良俗没有关系;同时,也未能认识到虽然通过公序良俗原则能够实现维系传统社会、家庭生活中的基本秩序,但在商业社会中由于商事习惯所具有的较为微弱公序良俗色彩,仅仅依据抽象的公序良俗原则难以消除商事习惯适用所带来的社会问题,无法实现对商业交易行为规范的有效供给。例如,在最高人民法院发布的一号指导案例"上海中原物业顾问有限公司诉陶德华居间合同纠纷案"中,法院将"禁止跳单"条款解释为房地产中介服务领域的行业习惯以区别传统的民事居间活动,并最终借助公平原则实现对消费者权益的保护。在这种情况下,如果仅仅借助公序良俗可能也无法有效解决房地产中介服务机构滥用信息优势地位而损害对弱势消费者合法权益的现状。

(三)可能路径的探寻

上述分析可看出,《民法总则》第10条以规制具有显著地域性与伦理性色彩的民事习惯为内核,将公序良俗作为商事习惯的适法性审查标准背离了商业交易领域习惯的运行逻辑,另一方面也与法律实践中法源习惯的运行机理相脱节,无法有效消解适用商事习惯带来的社会问题。这些背离和脱节要么反应出现有单维公序良俗适法性判定标准的缺陷,要么反映出现有规定的缺位。因此,商事习惯适法性审查标准的缺陷矫正或规则补足,也应从尊重商事习惯背后文化因素的角度出发,关注商事习惯影响商事主体权利义务配置的具体路径去供给商业领域法源习惯的一般规则。

四、商事习惯适法性审查功能性标准的体系构建

法律虽然在一定意义上高于生活,但其本质还是来源于生活实践,商事习惯适法性

① 周林彬:《民法总则制定过程中商法总则内容的加入可能性—以民法总则专家建议稿"一般条款"的修改为例》,载《社会科学战线》2015年第12期。

② [德]C.W.卡纳里斯:《德国商法》,杨继译,法律出版社2006年版,第547页。

③ 杨建军:《惯例的法律适用—以最高人民法院的公报案例为参照》,载《法制与社会发展》2009年第2期。

审查标准的建构也应遵循该逻辑。为此,考察商事习惯运行的基本规律与制度内涵,关注商事习惯在促进商事法律制度发展的机制性价值将会成为构建商事习惯适法性审查标准的基础。商事习惯来源于市场自发的实践和规范,也在一定程度上体现市场主体的意思自治。从这个角度看,司法对习惯进行适法性审查本身即意味着国家对市场主体交易行为自由的某种限制。因此,从国家强制介入市场主体行为自由的角度去认识这一问题,是构建商事习惯适法性审查标准的一个可行思路。

(一)商事习惯作为交易规则属性的功能诠释

市场交易规则最初表现为市场交易习惯。① 传统商法中的商行为是独立于罗马法体系而借由商事习惯发展起来的特殊概念,其与商人关系密切。② 就此来看,商事共同体的产生同样源于商业实践的自发创造。③ 在任何复杂的市场关系中,竞争都不是偶然发生的,支持竞争的机制都是由企业家参与设计。④ 汤普森在论证行业规则如何演变为商主体主张自身权利正当性的依据时指出,当一种行业或职业经常援引某一特定的商业习惯,这表明在如此长时期内形成的商事习惯可以被认为是一种特权或权利来加以模仿。⑤ 由于立法不可避免地迟滞于社会实践需求,在法律对某些由于社会快速转型发展与技术变革产生的新型交易类型缺乏有效规则予以引导的情况下,商事习惯作为通过商事主体在反复交易实践基础上而自生自发的一种交易规则,可以为商事主体提供具有稳定性预期的行为模式。正如弗朗西斯·福山在解释习惯何以成为组织成员自发选择适用的内在原因时指出,信任与社会资本不像人的资本一样可以从理性的投资者的决策中获得,而是从宗教、传统、习惯中获得,如果群体因缺乏习俗规则的引导可能会妨碍人们对商业机遇的利用。⑥ 因此,商事主体将商事习惯作为配置权利义务的一种交易规则,本身就是商人理性计算的结果,蕴含了商人丰富的实践智慧。

在制度经济学的视域下,商事习惯被认为是商主体通过渐进式反馈和调整性演化过程而形成,并借助群体内部非正式惩罚规则而获得约束力的一种交易规则。⑦ 由于商业交易行为具有典型的职业性、技术性特征,为了满足商人对交易效率的目标追求,商事习惯相较于法律的任意性规定更具有强制力。如果商人违背了交易活动应遵循的一般习惯,将会导致其在该区域失去信任基础。⑧ 例如,在我国温州与台州地区出现的合会规则,合会成员在向合会缴纳一定数额的资本后,便享有了特定数量货币在一段时间内的

① 徐学鹿:《什么是现代商法—创新中国市场经济商法理论和实践的思考》,法律出版社 2003 年版,第 13 页。

② 王建文:《我国〈民法典〉立法背景下商行为的立法定位》,载《南京大学学报(哲学·人文·社会科学)》2016 年第 1 期。

③ 汪青松:《主体制度民商合一的中国路径》,载《法学研究》2016 年第 2 期。

④ [美]约翰·麦克米兰:《市场演进的故事》,余江译,中信出版社 2006 年版,第 112 页。

⑤ [英]爱德华·汤普森:《共有的习惯》,沈汉、王加丰译,上海人民出版社 2002 年版,第 51 页。

⑥ [美]弗朗西斯·福山:《信任—社会美德与创造经济繁荣》,彭志华译,海南人民出版社 2001 年版,第 12 页。

⑦ [德]柯武刚、史漫飞:《制度经济学—社会秩序与公共政策》,韩朝华译,商务印书馆 2000 年版,第 38 页。

⑧ 许中缘:《论商事习惯于我国民法典—以商事主体私人实施机制为视角》,载《交大法学》2017 年第 3 期。

使用权,从而扩大资金的规模效应。从其运行模式看,合会成员必须信守该种规则,否则将导致合会资格的丧失。① 换言之,相较于以国家强制力保障实施的制定法,商事习惯是对那些已经取得共识性市场交易规则的进一步凝练,借助组织内部惩罚约束机制而使其内化为商事主体在交易过程中自觉遵守的行为规则。出于减少交易成本以及在违背商事习惯可能遭受的不利影响,商事主体会对该类规则形成较高的内心认同。诚如有学者指出,人们在理解市场经济这种"生活游戏"有序运行所需的相关规则时,通常会认为市场规则是如同哈耶克所认为的法律、契约以及产权等外在规则,而事实上市场习俗、商业惯例以及罗尔斯在《正义论》中所试图构建并力图证明人们按正义原则行事的内在命令才是市场经济中不同资源要素价值得以顺利实现的关键。② 这说明,商主体之所以会将商事习惯作为配置权利义务的交易规则,本质原因仍然是基于趋同化的交易规则可以实现交易效益价值的最大化。在这种路径引导下,商事习惯可以在交易过程中内化为建构商主体权利义务的规范依据,作为交易双方基于商业逻辑而设计的动态化交易模式的资源要素,通过调整交易价格构成要素等方式影响交易的边际成本。

综上,商事习惯在交易过程中通过为商主体确定彼此权利义务关系提供了一种相对于制定法而言更为便捷且更为有效的控制方式。商事习惯作为配置商主体间权利义务关系的交易规则属性,决定我们必须要去关注其适用过程中可能产生的交易负面社会效应,这也是构建商事习惯适法性审查标准的逻辑基础。

(二)商事习惯适法性审查功能性标准的理论证立

1.法律强制介入商事主体交易行为的目的——消解交易活动的社会负效应

国家强制与私法自治被视为国家治理社会经济的两种不同路径,其背后体现出国家对经济发展、治理模式选择的基本态度与基本政策。③ 学界通常认为,如果个体行为未对他人利益产生不利影响,则就不存在国家强制介入干预的正当理由。④ 黑格尔对此认为,"如果希望市民社会特殊性中的普遍物得以实现和维持,则国家需要采取外部秩序和设施的方式,以保护和保全大量的特殊目的和特殊利益,因为这些目的和利益构成了社会普遍存在的基础"。⑤ 托马斯·阿奎那指出,由于在人类社会中大多数人在德行上是不完美的,而依赖于自我矫正行为的模式又充满着道德情感的不确定性。因而,制定法的目的在于通过禁止个人那些可能对他人以及人类社会的存在构成威胁的恶行来维护人类社会的整体利益。哈耶克也认为,自由社会国家强制的目的并不在于强制私人,而在于

---

① 张翔:《合会的信息汇聚机制—来自温州和台州地区的初步证据》,载《社会科学研究》2006年第4期。

② 韦森:《经济学与伦理—市场经济的伦理维度与道德基础》,商务印书馆2015年版,第189页。

③ 曹兴权:《认真对待商法的强制性:多维视角的诠释》,载《甘肃政法学院学报》2004年第10期。

④ [美]布莱恩·比克斯:《法理学:理论与语境》,邱昭继译,法律出版社2008年版,第190页。

⑤ [德]黑格尔:《法哲学原理》,范杨、张企泰译,商务印书馆1982年版,第282页。

阻止个人为一定的行为或促使他们自愿承担的义务。[①]

马克思·韦博在分析近代以来资本经济快速发展崛起的原因时，将市场自由视为保障经济发展的重要条件，认为对任何商业交易的不合理限制，譬如阶层身份的固化或者阶级垄断权的存在，都可能会阻碍自由劳动力或者商品市场的形成。然而，社会的有序运转需要国家对经济活动展现出一种主动关切的态度。[②] 在社会生活领域中，虽然绝大部分事务属于个体自律、社会自主调节、市场调节的范畴，由道德、法律、习惯、惯例等社会规范加以调整，出现问题后法治系统才可以介入。然而，在中国社会急剧转型发展阶段，由于个体自律的有效性不高、社会规范的功能受限、社会生活领域的法治需求日益增长，因而需要法律主动干预。[③] 因此，从实践需要的角度，私法自治与国家管制共同构成了市场经济有序运行的制度要素，两者的选择基准与适用方式取决于具体交易行为可能对经济运行秩序及弱者利益产生何种影响。法律强制介入市场交易活动作为一种外在干预机制，其正当性基础在于防范或消除市场主体交易行为可能产生的负外部性问题。[④] 这种干预是以市场运行规则有效且竞争充分为假设，通过介入市场主体的博弈过程而制约主体的行为选择，减少非理性行为产生的外部性问题。由于商事习惯本身即具有交易规则的属性色彩，可以充当交易活动的运行基础，法律在处理这种交易活动时同样面临着如何防范或消解交易活动可能对社会经济生活造成的负面影响。

2.交易行为社会负面效应的功能分类

从交易产生与展开的一般逻辑看，适用商事习惯开展交易活动可能产生的社会负面效应无外乎以下两种类型。

第一种，对不特定主体利益的损害。金融科技创新与互联网技术的发展导致交易活动的影响范围急剧放大，因交易活动产生的社会负效应的边界也在逐步扩张。因此，通过商事习惯进行的交易活动，也有可能对不特定当事人利益产生负面影响，这种负外部性影响范围的扩张破坏了维系社会良好发展所需要的秩序状态，可以构成法律强制介入的正当理由。对此，哈贝马斯从强制法适用的场域与公私领域的界分出发进行了详细论证，认为“由于私人领域和公共领域之间的历史界线一直存在，导致公民私人自主与公共自主也经常处于变动状态，因而强制法只能处理个人之间基于偏好而发生且自认为行为具备善的概念行为取向的外部关系”。[⑤] 也就是说，即使个人行为的动因具有良善之目的，然而交易关系的复杂化导致交易结果仍然可能侵害由非特定主体利益而构成的社会

---

① [奥]弗里德利希·冯·哈耶克：《自由秩序原理》，邓正来译，生活·读书·新知三联书店 1997 年版，第 176 页。

② 曹兴权：《商道法意》，法律出版社 2009 年版，第 5 页。

③ 陈柏峰：《中国法治社会的结构及其运行机制》，载《中国社会科学》2019 年第 1 期。

④ 李昌麒、王怀勇：《政府干预市场的边界—以和谐产业发展的法治要求为例》，载《政治与法律》2006 年第 4 期；程恩富、孙秋鹏：《论资源配置中的市场调节作用与国家调节作用—两种不同的“市场决定性作用论”，载《学术研究》2014 年第 4 期；邓辉：《论公司法中的国家强制》，中国政法大学出版社 2004 版，第 51～59 页；曹兴权：《公司法的现代化：方法与制度》，法律出版社 2007 年版，第 101 页。

⑤ [德]尤尔根·哈贝马斯：《包容他者》，曹卫东译，上海人民出版社 2004 年版，第 83 页。

公共利益。

第二种,对特定交易主体中交易弱者利益的损害。在现代市场经济的竞争规则下,交易被视为实现资源要素所有权移转价值最大化且能够改变交易主体自身境况的最富有效率性的手段。[1] 麦克尼尔的关系契约理论也认为,由于契约本质上是各种关系的集合,因此在理解当事人以契约形式而建构的复杂关系时必须要坚持互惠共赢的价值理念。然而,在长期性、持续性的商业合作关系中,一方当事人在合作关系过程中会随着交易关系的动态变化逐渐产生一定的优势地位,这直接导致交易双方当事人处于实质不对等地位。[2] 德国契约经济学中的等级契约,其内核也强调在交易关系中处于强势地位的一方通常拥有交易过程中的大部分权利,而另一方通常只有相对的选择权。[3] 商事习惯作为一种影响当事人权利义务的配置的交易规则,在交易过程中处于优势地位的交易一方可能会利用这种优势侵害交易关系中弱势一方的利益。正如基尔克所认为的那样,私法在规制个人财产上的简单的基础关系时开拓了私法的社会任务,明确私法首先需要保障并界定私人的财产权利并应维护持续性人际关系的稳定相应作用,以防止可能产生的不公平问题。[4] 哈贝马斯也指出,对公民生存的确保、对弱者的保护,即使在私法中也获得了与追随个人利益同样的地位。[5] 这说明,防范交易活动对特定主体利益造成的不利影响本身就是法律强制介入市场主体行为自由的重要考量因素。

(三)商事习惯适法性审查功能性复合标准的内容

如上所述,既然商事习惯在适用过程中可能存在侵害弱者权益与社会公共利益的可能,那么接下来的问题即在于如何构建商事习惯的适法性审查标准以解决这两个潜在的社会负面效应。从尊重商业运行实践逻辑的角度看,修正《民法总则》第10条所确立的单维公序良俗标准,探寻构建一种功能性的复合化评价标准可能是最具可行性的解决方式。

1.借助公序良俗原则来消解损害社会公共利益的情形

商业活动是商事主体基于营利性考量,通过交易安排实现资源要素价值最大化的系列过程。一般情况下,合理有序的商业活动可以促进社会公共利益的增加,反之法律则会限制商事主体交易行为自由以维护社会公共利益。社会公共利益是一个极具抽象性的概念,学者对其理解也存在差异。[6] 虽然学者经常会引用各种国外资料与许多经典著

---

① [巴]约拉姆·巴泽尔:《产权的经济分析》,费方域、段毅才译,格致出版社、上海三联出版社、上海人民出版社2017年版,第92页。

② 张艳:《关系契约与契约关系》,法律出版社2017年版,第127页。

③ [美]斯蒂格里茨:《契约经济学》,李风圣译,经济科学出版社2003年版,第28页。

④ [德]奥托·基尔克:《私法的社会任务》,刘志阳译,中国法制出版社2017年版,第34页。

⑤ [德]尤尔根·哈贝马斯:《在事实与规范之间》,童世骏译,生活·读书·新知三联书店2003年版,第496页。

⑥ [英]迈克·费恩塔克:《规制中的公共利益》,戴昕译,中国人民大学出版社2014年版,第65页;[美]E.博登海默:《法理学—法律哲学与法律方法》,邓正来译,中国政法大学出版社2004年版,第487页;[美]罗斯科·庞德:《通过法律的社会控制》,沈宗灵译,楼邦彦校,商务印书馆2010年版,第41页。

述阐述公序良俗与社会公共利益的关系问题。① 尽管如此，将社会公共利益认为是一种整体、普遍具有独立性的利益已成为学者较为一致的观点。② 有学者认为，社会公共利益和公共秩序概念从内涵、适用范围和特性来说都是共同的，社会公共利益概念有可能就等同于公序良俗概念。③ 但也学者持有不同观点，认为社会公共利益实际包含公序良俗和公共利益，应当用公序良俗和公共利益取代社会公共利益。④ 本文认为，应结合《民法总则》编纂过程中相关条款的表述变化对两者之间的关系加以判断，纯粹的理论推演无法充分提供具有说服力的解释范式。《民法总则》对社会公共利益的表达变化表明了公序良俗具有涵盖社会公共利益的可能空间。

从现行规定来看，《民法总则》第 8 条、第 10 条、第 143 条、第 153 条共四个条款涉及公序良俗，其内容包括主体行为的限制性要求、法源习惯的合法性审查规则以及法律行为效力控制规则等内容。由于我国民法典编纂采取了《民法总则》与《民法通则》二元并行的模式，这种模式决定了作为新法而优先适用性《民法总则》相较于《民法通则》相关条款的表述变化更能体现立法机关的倾向性态度。从具体表达变化上看，《民法总则》删除了《民法通则》第 7 条关于“民事活动应当尊重社会公德，不得损害社会公共利益，破坏国家经济计划，扰乱社会经济秩序”的规定，将不得损害公共利益的立法表达进行了弱化处理。对此，梁慧星教授认为，“社会公德”相当于“善良风俗”，社会经济秩序相当于“公共秩序”，这一变化反映了学术界和实务界的一致要求，放弃“社会公德”和“社会公共利益”而采用大陆法系民法所通用的公共秩序和善良风俗概念，明文规定公序良俗原则具有重大的理论意义和实践意义。⑤ 同样，《民法总则》第 153 条取消了《民法通则》第 55 条违反社会公共利益的民事法律行为无效之规定，用公序良俗法律原则予以替代，同时新增加恶意串通损害他人合法民事权益无效的规定，此外又在基本原则中部分明确要求民事主体从事民事活动时应当遵守公序良俗。对于这种变化的原因，立法机关认为，由于相关立法解释已经使用过公序良俗这一更具简洁性的表达，同时公序良俗作为民法的基本原则具有高度的抽象性特征，具备普遍适用性。因此《民法总则》没有继续采用社会公共利益，而以公序良俗原则予以取代。⑥

基于此，本文认为，公序良俗应当包括社会公共利益，在民法典编纂即将完成体系整

---

① 梁上上：《公共利益与利益衡量》，载《政法论坛》2016 年第 6 期；颜运秋：《论法律中的公共利益》，载《政法论丛》2004 年第 5 期；金彭年、蒋奋：《再论社会公共利益的法律保护—案例法的视角》，载《时代法学》2007 年第 1 期。

② 梁上上：《公共利益与利益衡量》，载《政法论坛》2016 年第 6 期；符启林、罗晋京：《论社会公共利益和经济法》，载《河北法学》2007 年第 7 期；梁上上：《利益的层次与利益衡量的展开—兼评加藤一朗的利益衡量论》，载《法学研究》2002 年第 2 期。

③ 蔡唱：《公序良俗在我国的司法适用研究》，载《中国法学》2016 年第 6 期；王轶、关淑芳：《认真对待民法总则中的公共利益》，载《中国高校社会科学》2017 年第 4 期。

④ 李永军：《从民法总则第 143 条评析我国民事法律行为规范体系的缺失》，载《比较法研究》2019 年第 1 期；于飞：《公序良俗与诚实信用原则的区分》，载《中国社会科学》2015 年第 11 期。

⑤ 梁慧星：《中华人民共和国民法总则(草案)：解读、评论和修改建议》，载《华东政法大学学报》2016 年第 5 期。

⑥ 李适时主编：《中华人民共和国民法总则释义》，法律出版社 2017 年版，第 29 页。

合的情况下应当用公序良俗取代社会公共利益。从这些立法表达的变化中可以看出，立法者将社会公共利益抽象为公序良俗作为民法基本原则与民事法律行为效力检验机制。借助于两者的替代关系，将公序良俗作为商事习惯适法性的审查标准不仅可以消解交易活动对社会公共利益的负面影响，而且可以实现民法典对体系效益价值的目标追求。

2.借助公平原则实现对交易弱者权益的维护

根据合同法的一般原理，契约以平等、公平及意思自治等作为主体行为规范的基本原则。在特定交易主体之间发生的交易行为，通常情况下该交易行为产生的不利影响只能在特定的主体之间予以消解。而公平原则的目的就是为特定当事人权利义务的配置失衡状态提供的一种校正机制，以弥补和平衡处于弱势地位一方的利益。① 因此，将公平原则作为商事习惯适法性审查标准，不仅可以解决处于优势地位的交易一方利用格式条款等可以导入商事习惯的方式损害弱势群体利益的现象，另一方面也可以为司法实践解决此类问题提供清晰的裁判规则进而提升裁判的统一性。需要注意的是，商事主体被假定为老练的经济人（sophisticated economic actors），较之于民事主体而言，通常具有更多的商业经验和事前评估风险并能以适当机制分散或者规避风险的能力与工具。② 因此，适用公平原则检验商事习惯的适法性问题时要回归到民商法关于公平原则的基本判断，在秉持审慎介入商主体通过商事习惯开展的交易行为理念基础上，不应过分关注结果公平，而应聚焦于信息披露、缔约机会等过程公平。

（四）商事习惯适法性审查功能性标准的关系厘定

上述阐释虽然可以论证出商事习惯适法性审查采取功能性复合化标准具备理论解释上的周延性，但仍未明确功能性复合化标准之间的内部关系，而其内部关系的确定直接影响功能性判定标准在司法实践中的适应性与实效性。

确立公序良俗（P）与公平（Q）作为商事习惯适法性审查标准存在两不同的解释空间。第一种，P 或 Q，即商事习惯不得违背公序良俗或公平原则。第二种，P 且 Q，即商事习惯不得违背公序良俗且不得违背公平。本文认为，公序良俗与公平原则的意涵功能虽然存在差别，但在判断商事习惯适法性问题时，两者是一体两面的关系，可以充当法源的商事习惯应当同时复合公序良俗和公平原则的要求。在理解时应当注意以下两点。

第一，复合性标准的外部应是一个整体。从外部体系上看，法院在运用复合标准评判商事习惯的适法性时，应将某一待校验的商事习惯投射到功能性复合化标准构成的整体框架内进行判断，只有同时接受复合化标准的检验方可进入法源习惯的选择范围。这种整体性外部关系的设计目的在于防范单维评价标准对商事习惯适用过程中社会负面效应问题的控制缺漏，通过扩大适法性审查标准的射域面积而实现对商事习惯适法性的全面判断。

---

① [德]哈贝马斯：《公共领域的结构转型》，曹卫东、王晓钰译，学林出版社 1999 年版，第 171 页。

② 王文宇：《合同解释三部曲—比较法观点》，载《中国法律评论》2016 年第 1 期。

第二，复合性标准内部应遵循一定的顺位条件。法院在运用复合标准判断商事习惯适法性问题时，应当遵循先适用公序良俗，后运用公平原则的校验次序。也就是说，只有在商事习惯不违背公序良俗的情形下，才存在运用公平原则加以检验的可能性。这种顺位设定的原因是考虑到公序良俗在民法规范体系中的显性功能。《民法总则》第 8 条明确民事主体从事民事活动应当遵循公序良俗，第 153 条将公序良俗作为民事法律行为的效力控制机制，明确违背公序良俗的民事法律行为绝对无效。因此，商事主体在通过商事习惯开展交易行为的过程中如果违背公序良俗的限制，其产生的法律后果将是直接否定商事习惯这种交易规则的效力，不存在继续运用公平原则加以检验的基础。此外，由于商事主体通常是具有充分理性的经济人，能够在权衡风险收益的基础上作出富有效率性的交易决策，这使得企业法对商事主体提供的保护较于一般的民事主体而言程度相对更低。因此，在交易过程中，应当被动尊重商事主体通过商事习惯进行的权利义务安排，这决定公平原则只能作为一种后端控制机制用以防范交易行为可能产生的社会负面效应。

结　语

日本著名民法学者星野英一指出，“虽然方法先于理论，但学问的顺序，首先应当是针对具体问题进行研究”。[①] 本文立足于对《民法总则》第 10 条将公序良俗作为商事法源资格限制条件的正当性追问，在分析司法实践对该问题的处理态度以及反思既有标准规制逻辑之基础上，发现在民事思维支配民法典制定的背景下，《民法总则》第 10 条将公序良俗确立为商事习惯适法性审查的单维标准可能并不充分，存在法律逻辑与商业逻辑相背离的严重缺陷。任何社会的法律都是为了维护并巩固其社会制度和社会秩序而制定的，只有充分了解产生某一法律中的社会背景，才能了解这些法律的意义和作用。[②] 商事习惯适法性审查标准的构建应当回归商业交易领域运行的一般逻辑，去探讨与商事习惯发展相适应的社会条件，关注商事习惯与民事习惯所存在的文化差异。因此，应修正基于规制民事习惯为内核而配置的单维公序良俗标准，关注如何消解商事习惯适用过程中可能产生的交易社会负面效应，构建由公序良俗与公平原则构建的复合化功能性审查标准。“只有那些与现实的基本制度和社会经济条件相兼容的制度才能具有竞争力，这决定了变革是痛苦抉择且充斥着试错、学习、调整和适应的过程。”[③]应当注意的是，本文虽侧重讨论应如何从商业交易的视角设置商事习惯适法性审查标准的问题，但我们不能忽视在《民法典》编纂即将进入后期体系整合的背景下，诸如商事习惯与法律的法源顺位规则、授权司法机关适用商事习惯的授权规则以及商事习惯成文化趋势凸显、组织习惯兴

① ［日］星野英一：《现代民法基本问题》，李城予、岳林译，上海三联书店 2015 年版，第 248 页。

② 瞿同祖：《中国法律与中国社会》，商务印书馆 2010 年版，导论第 7 页。

③ 丁利：《制度激励、博弈均衡与社会正义》，载《中国社会科学》2016 年第 4 期。

起等问题,仍有待继续关注。这不仅关系到发挥商事习惯功能所需外部环境的创设,也直接影响能否在民商合一立法模式下实现对商事交易行为的有效规制。希望通过本文对这一问题的探讨,能引发学界对上述问题展开系统思考与研究!

Functional Criterion for Judging the Legality of Commercial Custom

Lu Ying

Abstract: The empirical study shows that, in the background of the civil thinking dominate the making of the civil code, it is insufficient for the Article 10 of General Provisions of the Civil Law to set the public order and good customs as the criterion for judging the legality of commercial custom. It not only has the defect that legal logic deviates from commercial transaction logic, but also it is difficult to respond to the reality that judicial practice rarely applies public order and good customs and has multiple criterion. The reason is that, Article 10 of General Principles of the Civil Law pay insufficient attention to commercial custom, leading to neglect the different degree of public order and good which results from the significant cultural differences between them. Commercial custom can be spontaneously used by commercial entity to adjust the allocation of rights and obligations, it represents objective law in the operation of commercial trading activities. Therefore, when formulating the General Principles of Commercial Law and other commercial separate laws in the future, we should start from respecting the cultural basis behind commercial custom , revise the single-dimensional public order and good customs standard configured by civil customs as the regulatory logic, by defining the social negative effects that may be generated by trading activities, and finally to construct compound criterion for judging the legality of commercial custom that including principle of public order and good order as well as fairness.

Key Words: commercial custom; civil custom; social negative effect; public order and good custom; fairness

民事审判中的风俗习惯适用及其审查标准研究*

张玉洁** 江景星***

摘要:把风俗习惯引入司法实践尤其是民事审判工作中,既是精细化法治发展的必经之路,也是中国法治建设汲取中华法律文化传统的重要方式。风俗习惯通过"入法"、"释法"和"辅法"等形式进入民事审判之中,除了要遵守合理甄别原则、地域性统一适用原则、坚持情理法相结合原则和避免同化原则之外,还应当在司法适用中符合一般性审查标准和特殊性审查标准,进而实现司法公正。

关键词:风俗习惯;民事审判;审判原则;审查标准

引 言

在推进中国特色社会主义法治国家建设的进程中,风俗习惯作为一种法律之外的社会规范,或以成文的乡规民约、行业规范的形式存在,或以不成文的集体信念、观念存在,并逐渐深入司法实践中,帮助法院化解诉讼双方的纠纷。这一点从各级法院的众多判决中得以强力印证。然而,将风俗习惯作为息讼止争依据的做法,显然与私法领域的"法无明文规定即自由"的经典法治命题相矛盾。但深究其中的缘由却不难发现,在法治国家建设进程中,将风俗习惯融入民事审判,又有其正当性和必要性。例如:风俗习惯的引入,能够弥补我国现行法律体系的漏洞。面对社会的持续发展,尤其是科学技术的飞速进步所引发的一系列问题(如基因编辑技术所引发的道德、伦理和法律问题;微信等软件开发后所引发的关于虚拟财产的归属问题等),我国现行法律体系并没有作出具体的规范。在法律缺位的情况下,如果借助风俗习惯可以达到解决纠纷、稳定社会秩序的效果,那么就不能否认风俗习惯的法治价值。况且,当下的法律纠纷正在朝利益多元化的方向发展,使得人们对法院的纠纷解决机制、纠纷解决方式提出了更高的要求。故此,风俗习惯逐渐纳入司法审判就成为当前社会应对利益多元化的一个折中方案。当然,从风俗习

---

* 广东省哲学社会科学"十三五"规划2017年度学科共建项目(编号:GD17XFX16)。

** 张玉洁,法学博士,广州大学公法研究中心助理研究员,硕士生导师。

*** 江景星,广州大学法学院2018级法律硕士(法学)研究生。

惯自身的属性出发,也应当看到风俗习惯也是一种被普遍遵循、反复适用的社会规则或社会规范。因此,从风俗习惯的民事审判适用现状出发,探究其在司法审判中的实际裁判标准,就显得极具现实意义和法治意义,有助于我国法院在“人少案多”的当下,以合理的方式快速、有效地解决民事纠纷,维护社会稳定!

一、民事审判适用风俗习惯的实证分析

风俗习惯在民事审判中的适用,一般表现为两种形式:一是由当事人主张适用。这种表现形式一般出现在民事起诉状或者答辩状中,即原告以被告违反风俗习惯为由提起诉讼并以此风俗习惯所规定的权利义务作为依据提出自己的诉讼请求,被告则以自己的行为符合风俗习惯作为抗辩事由。二是根据司法智慧,由法官依职权启动风俗习惯的适用。对于法院是否有权启动风俗习惯的适用程序,理论界目前存在两种主要观点:一种观点认为,法院不应主动适用风俗习惯来裁判民事案件。理由在于,民俗习惯在得到司法适用后才具有准法律的性质,否则其只是一种社会现象而不具有法律上的意义。① 法院在司法审判中充当中立者的角色,不应当主动查明、适用风俗习惯,否则难免存在“有失偏颇”的嫌疑。另一种观点则认为,由于社会发展之迅猛,法律规定难以涵盖社会生活的全部,加之“法院不得拒绝裁判”的义务性要求,法院有权依职权主动查明和适用风俗习惯以应对纠纷多元化的现实需要。如我国台湾地区的“民事诉讼法”第 283 条所规定的,对于法院所不知的习惯、地方法律乃至外国法内容,当事人负有举证的责任,法院同样应当依职权查明。德国《民事诉讼法》第 293 条亦有类似规定。②

然而,不同于国家立法,风俗习惯“源自乡土社会的秩序渴求,它面向的是乡民在日常行为中的物质事实和精神事实”。③ 普通民众对风俗习惯的了解程度较之法院有过之而无不及。同时法院作为司法审判机关,行使国家的审判职能,具有更强的权威性和严谨性,因此应当结合当事人主张和法院依职权启动的两种方式,为风俗习惯的司法适用提供不同的启动程序途径。《最高人民法院关于适用〈中华人民共和国民事诉讼法〉的解释》第 93 条、《最高人民法院关于民事诉讼证据的若干规定》第 9 条中均明确规定“众所周知的事实”是一种司法认知事实,法院对此有依职权主动查明的职责。而“习惯是为不同阶级或各种群体所普遍遵守的行动习惯或行为模式”④,是在特定群体和特定区域内都被知悉的事实,故风俗习惯属于“众所周知的事实”,法官可以依职权主动查明并适用到民事审判中。就当前的司法实践来看,不论是经由当事人主张还是法官主动适用,风俗习惯已经进入民事审判活动中,并且涵盖了众多民事法律领域,例如:物权领域、民事合

① 公丕祥:《民俗习惯司法运用的理论与实践》,法律出版社 2011 年版,第 53 页。

② 谢怀栻译:《德意志联邦共和国民事诉讼法》,中国法制出版社 2001 年版,第 71 页。

③ 张宁、余地:《论民间规范对调解的意义——基于对“枫桥经验”的研究》,载谢晖、陈金钊、蒋传光主编:《民间法》(第 22 卷),厦门大学出版社 2019 年版,第 176 页。

④ [美]E·博登海默:《法理学:法律哲学与方法》,邓正来译,中国政法大学出版社 1999 年版,第 379 页。

同领域、婚姻继承领域以及侵权责任领域。以下便以上述四个领域的风俗习惯司法适用作为例证，抛砖引玉，探究我国民事审判中风俗习惯的具体适用情况。

（一）物权纠纷中的风俗习惯适用

我国《物权法》仅在第85条、第116条明确规定相邻关系和法定孳息归属在没有法律规定或当事人约定的情形下，可以按照当地习惯或交易习惯处理。但实际上，风俗习惯在物权领域的适用远不止于此。只要不违反《物权法》的强制性规定，风俗习惯应当还有更宽广的适用空间。例如：在余某、罗某某等四人与袁某某恢复原状纠纷案（以下简称"祖坟边界案"）中，①余某等四名原告认为被告袁某某擅自浇筑通道、压住原告四家祖坟坟头的行为，不符合民间风俗习惯和社会道德，侵犯了原告的合法权益，诉请法院判决被告袁某某拆除浇筑的混凝土，并恢复祖坟的原有状况。法院根据物权公示原则，不动产物权的归属和内容应以不动产登记簿为根据，据此被告袁某某浇筑的水泥路并不在其房屋土地使用权范围内，其行为不符合《物权法》第16条规定。同时，法院认为，该案涉及农村土葬习俗，按照民间传统习俗，入土为安是对死去亲人的安慰，也是后世者对亲人的祭奠，一入葬就不能轻易破坏，袁某某浇筑水泥土部分压住四家祖坟坟头的行为也违反了社会公德和当地风俗习惯，故判决被告袁某某拆除压在原告祖坟上的混凝土并恢复祖坟的原状。由此观之，尽管我国《物权法》仅在相邻关系和法定孳息归属上确定了风俗习惯的法律地位，但是在实践中类似"祖坟边界案"的例子还有很多，风俗习惯在物权领域的适用上不局限于相邻关系和法定孳息两方面，而是在处理物权纠纷时可发挥的更为广阔的息讼止争空间。

（二）合同纠纷中的风俗习惯适用

我国《合同法》中存在大量风俗习惯类条款，肯定了交易习惯在民事交易和商事活动中的地位和作用，并在一定程度上承认了交易习惯优先适用，或者作为例外情形适用。例如《合同法》第22条规定了作出承诺的一般方式，即应当以"通知"的形式明确告知合同另一方当事人，但在例外情形下，合同一方也可以根据交易习惯以"行为"的方式作出承诺的意思表示。而《合同法》第61条肯定了交易习惯在价款、质量等合同内容不明确时作为确定补充协议的作用，承认合同双方可以在约定不明或者没有约定时借助交易习惯来明确合同内容。例如：在彭某、杨某与杨某某房屋买卖合同纠纷案（以下简称"凶宅案"）中，②彭某和杨某购买了杨某某出售的房屋一套，后在房屋装修时发现该房屋曾发生过坠楼事件。彭某和杨某认为杨某某未能履行如实告知与该房屋相关的重大信息的合同义务，故意隐瞒这起非正常死亡事件，诱使其作出错误的买房决定，故诉请法院撤销该房屋买卖合同。法院认为，"不吉房屋"信息属于卖方依照交易习惯应当如实向买方披露

① (2015)雅民终字第755号。

② (2016)川民申2822号。

的重大信息,杨某某故意隐瞒未如实告知的行为违反了诚实信用原则,构成欺诈。故该房屋买卖合同为可撤销合同。从《合同法》相关条款和民事司法实践可以发现,《合同法》本身只是对于惯常发生的市场交易行为作出的常态式规范,却无法回应纷繁复杂的社会现象以及地域化、行业性惯例(如"凶宅买卖""熟人交易惯例"等)。因此,在民事合同领域,合同的订立、变更与解决一方面需要符合法律规定,另一方面还要遵循人们社会交往中所形成的风俗习惯——即便该风俗习惯与法律的规定性相冲突——"入乡随俗"便是这一现象的经典案例。目前来看,交易习惯已经常见于各种民事合同行为中。无论是从合同的订立、合同的内容和形式、合同的履行和解除,交易习惯在合同的各个环节均发挥重要作用,其广泛适用于民事合同领域,有助于民事合同纠纷的解决。

(三)婚姻家庭领域的风俗习惯适用

在我国,订婚是男娶女嫁的必经阶段,婚约对于男女当事人具有很强约束力。尽管我国法律没有明确保护婚约关系,但就婚约期间发生的财产纠纷,《最高人民法院关于〈中华人民共和国婚姻法〉若干问题的解释(二)》(以下简称《婚姻法解释二》)第10条就明确阐明风俗习惯的依据型作用,将"习俗"作为彩礼给付的依据。例如,在于某某与刘某婚约财产纠纷案中,[①]于某某与刘某经人介绍相识,并按照农村习俗举办了结婚仪式后同居生活但未及时办理结婚登记手续。现两人因感情不和无法完成婚姻登记。于是,于某某诉请法院请求刘某及其父亲返还订婚时所给的"彩礼"及相关费用。法院认为,该案系于某某与刘某未办理结婚登记,但按照习俗举办订婚仪式后同居生活产生的彩礼纠纷,按照最高人民法院关于《婚姻法解释二》第10条规定,男方(于某某)付给女方(刘某)的彩礼应当酌情返还。实际上,在民事司法实践中,风俗习惯适用于婚姻家庭领域除了上述提到的婚约关系中的彩礼返还问题,还体现在继承、收养、分家析产等家庭关系中。例如,我国《继承法》第35条就作出了民族自治地方继承问题的变通或补充规定,肯定了风俗习惯在民族自治地方依照当地实际情况灵活适用的合法性。综上所述,由于我国传统的熟人社会因素以及风俗因素的地域性影响,婚姻家庭领域的法律法规对风俗习惯的接纳,范围更广、程度更深。而法律仅在必要范围内作出了强制性规定(例如法定结婚年龄等),而对于一般性事项,则交由人们按照风俗自行解决。换句话说,在法律无力解决的民间婚姻家庭问题上,风俗习惯作出了有效的补充性规定。

(四)侵权损害赔偿领域的风俗习惯适用

我国《侵权责任法》对侵权责任的认定和判断,已经作出明确的规定。因此,风俗习惯在侵权领域的适用受到一定的限制。但这并不意味着侵权领域完全排斥风俗习惯的适用。恰恰相反,在侵权行为的认定、侵权责任的减轻和免除方面,风俗习惯自始至终在社会生活中发挥极大的规范和协调作用。例如,在季某谟和季某进特殊侵权责任纠纷案

---

① (2015)葫民终字第01544号。

(以下简称“乌龙祖坟案”)中,季某谟与季某进两家的祖坟相邻,由于公路建设,两家坟地需要迁移。季某谟以季某进错挖其祖坟并下葬为由,请求法院判令季某进返还其祖坟埋葬的父亲尸骨,同时申请 DNA 司法鉴定。法院认为启动该类司法鉴定一般需要双方当事人的一致同意,甚至需要取得被申请方近亲属的同意。在双方不能协商一致的前提下,若申请方可以提供证据,使法官达到内心确信且不违背当地一般的善良风俗的情况下,该类司法鉴定尚具有可行性。但本案申请方季某谟除了本身陈述外没有提供证据证明残存的尸骨能够满足司法鉴定所需条件,即使司法鉴定不存在技术障碍,依据当地民间风俗不宜随意挖祖坟取骨,否则是对死者的不敬,违背民间善良风俗、超出社会伦理道德的容忍限度。故判决驳回季某谟的诉讼请求。在本案中,关于季某进是否存在错挖季某谟祖坟的侵权行为的认定,唯有通过 DNA 司法鉴定技术进行判断。但是结合民间习俗,挖祖坟取骨进行司法鉴定有违善良风俗和社会道德伦理,且结合司法鉴定启动程序的缺陷,难以认定季某进存在侵权行为。申言之,法律虽然是具有强制力的社会规范,但在面临风俗习惯的冲突性规范时,法院往往需要维护法律与风俗习惯的双重规范性。

二、风俗习惯之民事审判类型研究

风俗习惯不同程度地适用于民事审判的各个领域,其大致可分为三大类型。一是风俗习惯“入法”:作为司法裁判的直接依据;二是风俗习惯“释法”:对法律中一些原则性、抽象性规定进行阐释;三是风俗习惯“辅法”:对最后的裁判结果作进一步加强论证。

(一)风俗习惯“入法”:作为司法裁判的直接依据

风俗习惯“入法”,是指国家机关经过法定程序把风俗习惯上升为国家层面的法律规范(包括司法解释),使其具有国家法的功能和作用。换言之,法官在解决具体纠纷时,可以寻找“入法”后的风俗习惯作为其司法裁判的法律根据。在前文“婚约案”中,法官结合当事人提交的证据,经审理确定该案案由为婚约财产纠纷,争议的焦点为婚约期间男方所给付的“彩礼”是否返还以及如何返还。由于最高人民法院在《婚姻法解释二》就婚约期间的“彩礼”返还问题作出了明确规定,故法官在审理此案时直接依据本解释第 10 条规定作出了判决。“彩礼”问题源于民间婚嫁的重要传统,男子迎娶女子按照当地习俗要给付不同数额的彩礼,因此在司法实践中关于婚约期间产生的彩礼纠纷不胜枚举。最高人民法院《婚姻法解释二》第 10 条在肯定了“彩礼”习俗客观存在的同时,还为法院处理该类纠纷提供了一般标准。“彩礼”等风俗习惯“入法”,有助于提高人民法院的办案效率,引导各级法院就同类纠纷统一裁判理念,①从而提高我国的司法权威和司法公信力。就民事领域而言,风俗习惯直接规定在法律条文中,成为法官司法裁判依据的范围有限

① 彭中礼:《最高人民法院司法解释性质文件的法律地位探究》,载《法律科学(西北政法大学学报)》2018 年第 3 期。

且大部分以“习惯”“交易习惯”“当地习惯”等形式出现，大致分布如表1：

表 1

序号	法规名称	具体条文	条文主要内容
1	《民法总则》	第10条、第140条、第142条	一般适用原则、意思表示的方式和解释；
2	《物权法》	第85条、第116条	涉及相邻关系、法定孳息；
3	最高人民法院关于适用《中华人民共和国物权法》若干问题的解释(一)	第17条、第19条	受让人重大过失的认定、合理价格的确定；
4	《合同法》	第22条、第26条、第60条、第61条、第92条、第125条、第136条、第293条、第368条	关于承诺的方式和生效、合同义务和合同内容的确定、客运合同的成立、保管合同中保管凭证的例外规定等；
5	最高人民法院关于适用《中华人民共和国合同法》若干问题的解释(二)	第7条	合同法上的“交易习惯”认定标准；
6	最高人民法院关于审理买卖合同纠纷案件适用法律问题的解释	第1条、第8条、第17条、第18条	买卖合同的成立、标的物转移、相关“合理期限”的判断；
7	最高人民法院《关于审理民间借贷案件适用法律若干问题的规定》	第3条、第16条、第25条	关于借贷合同履行地和借贷事实的判断、利息的确定；
8	全国人民代表大会常务委员会关于《中华人民共和国民法通则》第九十九条第一款、《中华人民共和国婚姻法》第二十二条的解释	风俗习惯	公民姓氏
9	最高人民法院关于适用《中华人民共和国婚姻法》若干问题的解释(二)	第10条	婚约“彩礼”的返还；
10.	《中华人民共和国继承法》	第35条	民族地区习惯适用的一般原则

(二)风俗习惯“释法”:阐释法律的规范范围

我国在司法实践中主要采用了演绎式的三段论法律推理，这种推理方式要求作为大前提的法律几近完美，既要完整、清晰，又要准确、有效。但基于各种因素考虑，我国现行法律难以避免地存在一些原则性、抽象性规定，这无疑给法官适用三段论推理带来困难、给司法带来难题，即法官在寻求裁判依据时需要结合个人能力和素质，运用自由裁量权合理地阐释法律中的原则性、抽象性规定，最大限度地实现个案的公平公正。风俗习惯的引入和适用，可以作为法官阐释原则性法律规定的素材，这在很大程度上解决由于法律规定过于原则导致的法官司法困惑问题，增强法律的可操作性。正如勒内·达维德所言："为了使法律家喻户晓，常常需要习惯作为补充，因为立法者所用的概念要求借助习惯予以阐明。"①在"凶宅案"中，法院借助"不吉房屋""不吉"信息披露等相关的民间风俗来阐明合同法上的"霸王原则"——诚实信用原则，即在房屋买卖合同中卖方应当遵守诚实信用原则，如实告知买方关于房屋的相关信息，其中就包括房屋的"不吉"信息，故意隐瞒则可能构成欺诈。在该案中，诚实信用原则经法官借助"不吉"习俗的阐释而变得更具体、更具指导性和可操作性。

(三)风俗习惯"辅法"：强化裁判论证的结果

法律具有普遍适用性，这一基本特征要求我们的立法过程在一定程度上是把日常语言转化为法律术语的过程。这个过程得到的法律概念或法律术语具有双面性，正如卡多佐所言，"概念只要适得其所，就是有用的、实际也是必需的……法律体系的匀称性、其各部分的相互关系以及逻辑上的协调性，这些都是深深蕴含在我们法律及法哲学中的价值。但很多不公都源自概念上的专制：当人们将概念视为真实的存在，鲁莽地运用它们而无视逻辑对结果的限制时，它们与其说是人们的工具，毋宁说是专横的主人"。② 甚至，法律术语自身的专业性和科学性在不觉间导致了其与普通民众日常生活的距离不断扩大，以至于与他们的心理距离也在逐渐拉开。若法官单纯地运用法律规定进行说理论证难免显得空洞无力，欠缺说服力，这也是导致在司法实践中出现"案结事不了"现象的重要原因。孟德斯鸠曾指出，法律来自特殊的制度，风俗则以人民的一般精神为渊源；要推翻"一般的精神"与变更这种"特殊的制度"同样危险，甚至更为危险。③ 风俗习惯源于人民长期的实践和生活，得到群众的普遍遵循和认可，在约束和规范人们的日常行为方面具有强大的力量。把风俗习惯适用于民事审判工作中，作为法官推理过程的论据之一，无疑有助于加强法官论证、促进民众对裁判结果的接受和理解，助推"案结事不了"现象的解决，为法官开创超越法律的论证之路提供可能性，促进法律走进基层、走进群众内心。在前文提到的"祖坟边界"一案中，双方当事人经多方组织调解未果，并在案件审理过程中拒绝法院调解，法官在综合整个案件事实和证据的前提下，首先依据我国《物权法》规定的物权法定原则，明确袁某某违反了《物权法》第16条规定，其行为不符合法律

① [法]勒内·达维德：《当代主要法律体系》，漆竹生译，上海译文出版社1984年版，第487页。

② [美]本杰明·卡多佐：《法律的成长：法律科学的悖论》，董炯等译，中国法制出版社2002年版，第129～130页。

③ [法]孟德斯鸠：《论法的精神》(上册)，张雁深译，商务印书馆1997年版，第309页。

规定;其次,再辅以“入土为安”的风俗习惯,认为袁某某行为违反了社会公德和当地风俗习惯,情、理、法相结合的论证方法,达到增强论证的效果,使该判决更具说服力、当事人更容易接受。

三、民事审判适用风俗习惯的标准化建构

(一)民事审判适用风俗习惯的审查原则

风俗习惯作为一种纠纷和矛盾的解决手段和辅助方式进入民事审判领域。由于其自身特性和司法适用的模糊性,导致了法官在司法实践中有较大的自由裁量权。因此,风俗习惯在司法实践中适用应当遵循以下四个原则,避免“以德入法”的道德裁判风险,防备法官自由裁量权的无限扩大。

一是风俗习惯的合理甄别原则。风俗习惯源于人们生产和生活的反复实践,其中存在大量值得推广和运用的“良俗”,但也有某些不符合现代社会发展需求,甚至阻碍社会进步的“陋习”。这是风俗习惯面对社会发展所展现出的必然特征。面对风俗习惯的此种特征,法官必须在风俗习惯的司法适用中有效甄别“良俗”和“陋习”,做到取其精华去其糟粕。同时,法院还要注重风俗习惯的地域性和差异性,在法律允许的范围内,承认风俗习惯对于各类社会关系的调整作用,并最终通过法律规范的灵活运用,实现风俗习惯的法律化。

二是风俗习惯的地域性统一适用原则。由于目前我国还没有统一的风俗习惯认定标准,实践中“同案不同判”的情形时有发生,这无疑加剧了社会对法院裁判的不信任,甚至导致上诉、上访案件的增加,不利于司法公正和社会公平的实现,也有损司法权威。开展风俗习惯的归纳整理工作,应当发挥地方法院的基层调查、走访优势,统一本区域内风俗习惯的认定和适用标准,有助于解决法官在办案过程中“识别难、认定难”的问题。例如:江苏省姜堰市人民法院从2003年开始针对本区域内的民间习俗进行系统的收集和整理,并在2004年至2007年期间制定了七部关于将善良风俗引进民事审判工作的规范性文件,为法院的审判实务提供具体的、可操作的指引。① 姜堰市人民法院的实践为风俗习惯进入民事审判领域提供了框架性指导,能够进一步推动风俗习惯的规范化,保障司法公正和同案同判。

三是坚持情、理、法相结合原则,在民事审判工作中引入风俗习惯,要注重“情、理、法”的结合,通过“情”的方式感化当事人,使其认同其中所蕴含的“情理”和“法理”,以达到使其最终接受“法”所具体化的权利和义务的效果。

四是避免同化原则。把风俗习惯引入民事审判领域并不意味着制定法和风俗习惯

---

① 汤建国、高器材:《习惯在民事审判中的运用——江苏省姜堰市人民法院的实践》,人民法院出版社2008年版。

的未来发展方向是趋于融合,走向同化。相反,制定法的强制性、规范性和一致性是风俗习惯所不具备的,风俗习惯的"软教化"功能也是制定法所欠缺的,两者在功能上是互补。风俗习惯司法适用中的避免同化原则既是国家对现代法治建设的要求,也是纠纷解决机制、社会组织和社会结构多元化共同作用的必然要求。①

(二)民事审判适用风俗习惯的审查标准

风俗习惯能否真正适用于民事审判,仍须经过法院的严格审查。其核心包括一般性审查标准与特殊性审查标准。在一般性审查标准下,法官审查风俗习惯能否适用于民事审判,必须要考虑的是该项风俗习惯是否符合以下要求:

(1)合法性审查标准。不论是风俗习惯"入法"、"释法"还是"辅法",都不得与我国禁止性法律规范相抵触,这既是建设法治国家的必然要求,也是风俗习惯进入民事审判领域的首要前提。在不与制定法相冲突且法律没有明确规定的前提下,风俗习惯既不违反一般法律原则又符合社会公德的要求,那么,该项风俗习惯可以在民事审判中适用。若对于某种民事纠纷,制定法虽有原则性规定但缺乏具体实施细则,则风俗习惯可以作为制定法的补充性实施规范予以适用。

(2)客观性审查标准。该标准要求风俗习惯必须是客观存在的事实,而不是虚构的猜测之物或先验性事实。所谓客观存在的事实,要求风俗习惯是在连续的一个较长时间段中存在并发挥作用,且得到人们的普遍遵守和反复实践的社会事实。人们服从该类风俗习惯,主要是由于该类风俗习惯能够深入推动人们之间的交流,减小社会关系中的摩擦。相较于客观存在的事实,先验性事实——例如鬼神、宗教等——很难从现代社会与科技发展中找到其科学性,因而很难为法律的验真性所接受。故此,客观审查标准实际上就是针对风俗习惯融入民事审判的限度所设定的标准。

(3)关联性审查标准。风俗习惯的社会性适用深受地域与人际关系的影响:熟人社会很容易依赖风俗习惯而息讼止争;陌生人社会则更强调规范之间的普遍适用性。由此,民事审判能够接纳的那一部分风俗习惯,必定是在某一特定区域内所形成的熟人纠纷。这种熟人纠纷,并不一定是相互认识的人之间基于某种利益关系而产生的纠纷,更多的是共同分享某一地域风俗习惯的人之间所产生的纠纷。在此意义上,关联性审查标准首先要求风俗习惯必须是与案件争议事项存在必要的客观联系,这是风俗习惯得以适用的基础;其次,还要求风俗习惯对案件双方当事人均具有约束力,即风俗习惯与当事人之间存在关联,这是由风俗习惯的地域特性决定的;最后,面对解决纠纷的法律后果与风俗习惯后果大相径庭,风俗习惯的适用应当能够在特定区域范围内实现公平正义。

在特殊性审查标准下,法院在风俗习惯的司法适用上除了满足一般性审查标准外,还应当满足特殊性审查标准的要求。这是法院开展实质审查的主要内容,也是风俗习惯

① 范愉:《从司法实践的视角看经济全球化与我国法制建设——论法与社会的互动》,载《西北政法学院学报》2005年第1期。

得以适用的正当理由。特殊性审查标准主要围绕风俗习惯的内容展开，主要审查其内容是否合理、是否遵守社会公德、是否符合公序良俗的要求。基于以上三方面的要求，凡是违背社会公德和公序良俗原则的风俗习惯在法院审查阶段即应当被排除适用。况且，风俗习惯在法律缺位或法律效力不足等情形适用于民事审判领域，其作用与法律所发挥的功能具有异曲同工之妙，即不仅在于解决纠纷，还具有指引、教育和规范等作用。因此，倘若风俗习惯融入民事审判，其本身应当符合社会公德和公序良俗的要求。这不仅符合人们对该风俗习惯司法适用的可接受心理，还增加了风俗习惯自身的价值公认性。

在特殊性审查标准的要求下，风俗习惯向公序良俗的转化，是我国民事审判接纳风俗习惯的必然要求，但却无法从正面获得统一、明确的标准，但这并不妨碍我们采用反向例证的方法来确立其范围。一般认为，不符合公序良俗要求的情形主要包括以下9项：①危害国家公序的行为，包括危害国家政治、经济、财政、税收、金融、治安等秩序；②危害家庭关系；③违反性道德的行为；④射幸行为；⑤违反人权和人格尊严的行为；⑥违反公平竞争的行为；⑦违反消费者和劳动者保护的行为；⑧限制经济自由的行为；⑨显失公平的行为。[①] 也就是说，倘若一项风俗习惯不违背以上9项内容，在该风俗习惯经过一般性审查标准和特殊性审查标准审查之后，便可以适用到司法审判程序中。

结　语

风俗习惯的司法适用有助于息讼止争，已经成为一个无需争论的事实。但我们同时也要看到，在面对常规民事案件时(如法定继承、借款合同、实物担保等)，依法裁判成为法官的不二选择；但在应对疑难(非常规)民事案件时，法律的表现常常难以令人满意，而风俗习惯却能展现出高效的纠纷调解功能。每出现一类疑难民事案件，风俗习惯的司法适用都要创造出一套全新的“入法—释法—辅法”路径，并且必须针对该类案件阐释出强有力的裁判说理。

然而，我国司法职业共同体显然早已形成一个潜在共识：裁判说理越多，其逻辑自洽性越容易被刺破。因此，无论是民事案件的判决书，还是刑事、行政案件的判决书，裁判说理在文字使用上总显得“惜字如金”。而且案件越是疑难，说理性文字的运用越加稀少。最终，风俗习惯的司法适用都将回归到传统的法律规范之中(例如“不吉房屋”信息披露向诚实信用原则的倒戈)。这种处理结果虽然掩盖了风俗习惯的社会规范力量，却无法消除风俗习惯本身强大、全面的行为影响力。在风俗习惯“入法—释法—辅法”过程中，法律始终在竭尽所能地承受风俗习惯带来的额外行为影响力。

至此，我们可以获得一个暂时性的结论：应对常规民事案件，从舍弃依“风俗习惯”调解到强调依法裁判，是社会治理的一种进化；而应对疑难民事案件，法律相对于风俗习惯就成为社会发展的一种障碍，由依法裁判回归到依“风俗习惯”调解才是社会治理方式的

① 梁慧星：《民法总论》，法律出版社2011年版，第208～210页。

进化。法律无力于解决复杂疑难民事案件背后纷繁复杂的社会要素，更无力于应对社会发展所带来的规范僵化性与滞后性。因此，“人间秩序者，国家法与民间法相须而成也”。[①] 随着我国法治进程的加快，风俗习惯将同法律规范并行前进，既保留自身贴近社会发展规律的优势，又依托民事审判适用风俗习惯审查原则和审查标准，进而“通过地方立法，尽量把习惯认可为地方性法规，以既升华人们约定成俗的习惯，也提升地方性法规的司法效力，还保障司法之裁判有据、有效和权威”，[②]使得风俗习惯在司法审判（尤其是民事审判领域）中发挥出更大的规范作用。

① 谢晖：《民间法年刊总序》，载谢晖、陈金钊主编：《民间法》（第1卷），山东人民出版社2002年版，总序第2页。

② 谢晖：《从“可以适用习惯”论地方性法规的司法效力》，载《法律科学（西北政法大学学报）》2018年第6期。

微博平台的自治规则分析

胡佳敏* 唐春燕**

摘要:微博平台的自治规则伴随着微博社区治理的需要应运而生。基于微博平台服务提供者与用户的共同推动,创制了《微博社区公约》等自治规则,自主博弈机制以及奖惩机制保障这些规则的社会信任度。社区规则、微博官方的平台治理、社区委员会制度、监督员管理制度、微博用户的自我约束和监督、国家机构的权威治理与监管共同作用于微博平台自治规则的运行。自主性规则性质的微博平台自治规则在微博社区的治理中发挥了重要的规范作用,但其权威性不足和私权力性质成为阻隔用户积极选择的重要原因,推动其向更加规范的方向发展是未来应考虑的前进方向。

关键词:微博平台;自治规则;规则运行;平台治理

网络社会的崛起,已经成为一种历史趋势和正在浮现的社会结构。① 伴随着网络技术的发展,在我国诞生了新浪微博、腾讯微博、人人网等众多社交网络平台,与此同时,自媒体时代的到来也推动了社交网络平台的进一步发展。其中,微博已经跻身为社交网络领域的重要部分,人与人之间的交往方式、交往内容等通过微博这样的平台都日益呈现出多样化的趋势。自 2009 年微博正式推出以来,其在众多网民中日益受欢迎。根据微博的财报数据显示,截至 2019 年 9 月,微博月活跃用户数②为 4.97 亿,平均月活跃用户数为 2.16 亿。③ 庞大的用户群体成就了微博这一基于社交关系产生的信息传播媒体平台。可以说,微博在当代网民的生活中已成为不可或缺的一部分。大量的社会个体聚集于微博平台,构建起微博社区这样一种新型的虚拟社区。微博社区产生了社区内部多层次的自治规则,为规范用户行为、解决社区纠纷、净化社区环境起着重要作用。那么,微博平台的治理规则是怎样形成的,其是怎样运行的,在现代网络环境下微博平台的自治规则发挥了哪些积极作用,又存在着哪些隐忧,是值得探究的问题。

---

* 胡佳敏,中南大学 2018 级硕士研究生,研究方向:法理学。

** 唐春燕,中南大学 2019 级硕士研究生,研究方向:刑事诉讼法。

① [美]曼纽尔·卡斯特:《网络社会的崛起》,夏铸九等译,社会科学文献出版社 2006 年版,第 42 页。

② 月活跃用户数是一个用户数量统计名词,指网站、app 等去除重复用户数后的月活跃用户数量,数量的大小反映用户的活跃度,常用于对市场用户规模进行估计,如估计不同 app 或关注人群的月活跃用户规模。

③ 《微博发布 2019 年第三季度财报》, https://finance. sina. cn/usstock/mggd/2019-11-14/detail-iihnzahi0884153.d.html? _t=b1580612497,下载日期:2020 年 1 月 2 日。

一、微博平台自治规则产生的背景

微博的用户数量庞大,社会影响力十分巨大,特别是微博与电商的合作,为微博的社交形式增添了新内容。同时,政务微博的规模持续稳定地增长,微博社区微公益事业的发展,这意味着微博的影响力已经渗透到社会经济、政治、文化等各个领域。用户规模巨大,信息内容繁杂多样,信息发布渠道方便快捷,微博的这三个典型特征显示了其强大的信息传播能力。新浪微博的用户群体中,包括了大量的公众人物,这些用户均实行实名加 V 认证以表明自己的独特身份。这些用户通常具有较高的知名度和良好的社会信誉,在社会上具有较强的影响力,因此,基于自身社会影响的考虑一般在微博平台上发布的内容真实性更强,可信度更高,往往能够引导大众反思现实生活,产生积极的社会影响。但是,在这个全民微博的时代,普通用户的规模要远远大于知名用户的规模,在微博中,除了存在许多真实性、实用性内容以外,同时也充斥着大量的虚假信息和无用信息,一些用户利用匿名身份发布虚假信息,容易引起虚假信息的大肆宣扬。这导致微博社区成为许多网络谣言、网络暴力、网络诈骗、网络炒作的发生地,为营造健康有序的微博社区空间蒙上阴影。因此,如何趋利避害是微博运营方需要解决的一个关键问题,也是其主张推行自治规则的一个重要动力来源。

微博兼具信息量巨大、更新周期短、用户平民化的特点,如何快速有效地处理如此大的信息量,是执法主体面临的一大难题;举证难度高使得用户难以利用法律手段维权,普通用户群体基于维权成本较高的考虑,在发生纠纷时往往不会为了短短的 140 字而寻求法律手段解决,这就为信息内容抄袭、违规虚假信息发布、用户言语辱骂或骚扰行为等纠纷提供了滋生的土壤。这些在微博平台中频发的乱象必然会影响用户对平台服务的信任,破坏平台服务提供者与用户之间的关系。所以,在微博这样的虚拟社区中不仅要有法律进行规制,同时需要内部规制,即需要"网络自律"的"软约束"。① 此外,从规则的作用上来看,微博运营方需要借助规则的纠纷解决、引导平台用户行为的作用来维护微博社区的秩序。平台应对用户发布的信息内容进行实质性判断,但仅靠技术性手段难以实现,还需要有人的主观性介入,因此自发性的第三方纠纷解决机制对平台发展运营形成有效的闭环。② "微博社区公约"等微博平台的自治规则便在这样的背景之下应运而生。

二、微博平台自治规则形成的基础

为了应对互联网时代新媒体的发展,加强对诸如微博等社交媒体平台的治理和监

① 朱巍:《〈新浪微博社区公约〉:互联网自律的一个里程碑》,载《光明日报》2012 年 5 月 3 日。

② 王磊:《互联网场域下社交网络社区规则研究———以微博社区委员会为例》,载《科技与法律》2015 年第 4 期。

管,国家相继制定出台了《中华人民共和国网络安全法》《中华人民共和国计算机信息安全保护条例》等法律法规和政策规定。但是网民们在微博等社交网络平台上的言论日益呈现出多元化、碎片化的发展态势,面对如此众多的用户和新型的虚拟社区环境,每一个网民的自我约束和自律显得尤为重要,微博平台的自治规则便是在营造自治型的微博社区过程中的产物。微博用户基于其个体的自身需求和利益促进了微博自治规则的构建,同时用户之间的交往也促进平台纠纷解决机制的形成,其中,驱动主体和社区信任的建立是这些规则形成的主要基础。

(一)构建微博平台自治规则的驱动主体

区别于传统的QQ、微信等这些因共同爱好而走到一起的相对独立的社区,需要具备一定的条件才能加入进去成为其中一员,微博社区作为一种新型的虚拟社区来说进入门槛低,随意性较强。2012年7月,为了维护网友权益,净化社区秩序,新浪公司推出了《新浪微博社区公约(试行)》(以下简称《公约》)及其配套社区规则,并于2017年1月进行了与时俱进的修订。络绎不绝的网络侵权事件直接推动了《公约》等微博平台的自治规则的产生和完善发展,用户们在平台上的网络活动与这些自治规则的产生具有不可分割的亲缘关系。该公约体现了新浪公司作为企业方积极适应新媒体的需要,试图突破传统的主要依靠国家法律法规来监管网络行为的互联网管理方式,尝试依靠内部自治规则实现以自我管理模式为主、外部监管为辅的治理新局面。

学界对于社区这一概念的定义虽然不一,但主要从地理因素、经济因素、社会交往因素、社会心理因素四个层面阐释社区的概念。即社区是指生活在同一地理区域内、具有共同意识和共同利益的社会群体。① 网络社区是互联网发展的产物,相对于实体社区来说,网络社区是传统社区在网络空间的延伸,除了具备实体社区的一般性质与功能,其典型特征是虚拟性和非地域性。微博社区是典型的网络社区,它打破了地域的界限,让数以亿计的微博用户能够在同一平台上实现交流互动,人们基于兴趣与信仰而活跃于这一网络平台中。微博社区当然也具有虚拟性的特点,微博平台上人们之间的交流依赖于网络虚拟技术来实现,人们并不产生真实的接触,但同时人们之间的这种在线交流又是来源于现实社会的,与人们的现实生活紧密相关。

在微博社区这样一个有数以亿计的网络用户活动的虚拟社区中,为了实现有序管理,需要多方主体的协作,共同发挥治理效用。首先,微博官方作为微博社区的经营者和其网络事业的推动者,发挥重要作用。作为新浪公司的重要组成机构之一,新浪微博事业部承担的主要职能有:对微博言论进行有效治理;维护微博社区正常秩序;管理微博日常事务等。微博官方作为微博平台服务的提供者,其代表的是公司的利益,但是面对新媒体时代带来的巨大财富契机,须防范随之而来的风险问题。网络主体面临的风险各不相同,《侵权责任法》规定,网络用户利用网络实施侵权行为,网络服务提供者在法定情形

① [美]戴维·波普诺:《社会学》,中国人民大学出版社2007年版,第112页。

下承担连带责任。[①] 因此,交易平台服务提供者的法律风险主要为民事连带责任。在互联网行业中,网络服务提供者承担连带法律责任的争议案件逐渐增多,突显了其中的法律风险。微博社区相对来说随意性较强,多种多样的言论纷呈更容易引起纷争。微博官方为了避免卷入微博用户的诉争之中,需要从源头下手,减少平台用户纠纷的发生。微博平台的用户数量太大以至于基本上不可能做到完全避免用户纠纷的发生,因此制定相关的自治规则,一方面通过规则约束平台用户的网络行为以减少纠纷的发生,另一方面依靠规则尽可能地使平台用户之间的纠纷在诉讼外得到快速便捷地解决。比如,官方意图通过各种技术手段直接在源头上阻断一些侵权信息的发布,并为用户提供投诉通道通过在线纠纷解决机制解决纠纷。正式发布施行的《公约》第 40 条规定站方将通过技术手段阻断一些侮辱诽谤内容的展示,第 9 条规定用户可选择微博内部提供的投诉途径维护权益。可以窥见,其中诸多条款的制定都是微博官方基于规则自治目标的驱动。从经济理性的视角来看,如果微博平台用户争端频发,个人权益得不到有效保障,会使网民的平台用户体验下降,容易导致用户的流失,这对于依赖用户流量来获得经营收益的微博平台运营方来说,无疑是致命的打击。微博官方作为微博平台服务的提供者,为了赢得用户的持久信任,拓展市场获得长远发展,顺理成章地希望能够依靠自治规则构建良好的微博社区使用环境,优化用户的平台使用体验,以性能上的优势吸引更多的网民进入。因此,微博官方不仅有制定出《公约》等社区自治规则的积极性,同时,其需要主动创制用户之间的纠纷解决适用规则。因此,微博官方是平台自治规则形成的最主要的驱动主体。

其次,网络用户本身同样对平台自治规则的形成发挥着不可或缺的重要作用。“随时随地发现新鲜事！微博带你欣赏世界上每一个精彩瞬间,了解每一个幕后故事。分享你所表达的,让全世界都能听到你的心声。”[②]这是微博官方的广告词,确实如此,注册成为微博用户后,人们能够以文字、图片、视频等多媒体形式实现信息的即时分享、传播互动,便捷性、传播性、原创性是其突出特点,但是微博给人们交往带来方便的同时,也出现了信息泛滥、谣言频发的尴尬局面。在微博平台上,人人都可以自由表达,个人信息和隐私面临着随时暴露的风险,极易导致网络暴力的产生。用户的高度自由意味着随时可能面临风险,在如此庞大的信息量之下,国家立法难以跟上网络发展的步伐迅速提供相应规则,再加上活跃于微博平台的众多草根用户难以寻求法律手段维权,用户面临着规则匮乏的困境。在这样的窘境之下,庞大的用户群体自然希望有其他途径能够填补规则的空白,以高效便捷低成本的方式解决在使用微博平台时可能或已经遇到的风险。例如,

① 《侵权责任法》第 36 条第 2 款:“网络用户利用网络服务实施侵权行为的,被侵权人有权通知采取删除、屏蔽、断开链接等必要措施。网络服务提供者接到通知后未及时采取必要措施的,对损害的扩大部分与该网络用户承担连带责任。”

② 《微博官方广告词》,https://weibo.com/,下载日期:2020 年 1 月 2 日。

针对用户在微博平台中恶意泄露他人信息的违规行为,官方为用户提供线上投诉和权益投诉[①]两种方式的维权投诉渠道,并在《微博投诉操作细则》中明确违规行为的表现形式、投诉方式、处置流程和处置结果。此类条款不仅有利于实现官方维护社区秩序的目的,也为用户维权提供了便捷的服务,自然能够得到用户的认可。因而,面对微博官方的自治规则创制行为,平台用户也愿意参与规则的创制过程。按照微博官方的说法,《公约》属于用户自律范畴,用户在享有使用微博平台自由发表言论的权利的同时需遵守《公约》的规范。用户虽因受到规则的约束牺牲了部分权利自由,但是基于更大的实体利益的驱动仍愿意选择接受平台自治规则的约束,以期构建和谐的微博社区大环境,为这一规则的形成发挥了决定作用。

(二)微博平台信任的建立

网络社区信任与实体社区信任不同,在网络社区中,人们突破时空的限制建立起远距离的社会关系,双方以非面对面的形式运用虚拟符号进行交流交往。虽然微博社区在2011年,北京市推出《北京市微博客发展管理规定》后逐步推行实名制规则,但采取的是"后台实名,前台自愿"的注册方式,《公约》第6条[②]规定,用户需使用真实身份信息认证后方能进行注册和使用账号,鼓励前台实名认证。这说明,微博并未强制性要求用户进行前台实名认证,用户在使用真实姓名完成微博账号的注册之后,仍可自愿选择用户昵称,无需实名。在"黑暗效应"[③]的作用下,大量的普通用户不同于选择实名作为微博昵称的"意见领袖"或"公共知识分子",他们通常会采用匿名的方式活跃于微博社区之中。实名制意味着将自己暴露于人前,此时用户会十分注意自己的举动。采用匿名的虚假身份则犹如隐匿于黑暗之中,能够增强人的安全感,形成自我保护心理。人们以匿名身份示人,仿佛自己戴上了伪装面具,在发表言论、作出举动时无需过多担心,感受到享有更大的自由空间。由此,匿名成为普通微博用户最常见的身份表达方式。在匿名身份下,用户的行为不受社区内其他人的控制,人们通过微博的"关注""私信""转发"功能可以与任何人发生联系或者获取自己想要的讯息。从用户之间的互相了解程度来看,微博社区是一个以陌生人为主要构成的社区群体,因此,其信任情境较为复杂。特别是在2013年后,微博与电商平台展开合作,其作为社交网络的电商化趋势日益明显,同时,微博公益事业日益发展壮大,微博作为社交网络平台的功能由单一化趋向多样化,这导致微博社区环境日益复杂,社区信任情境更加复杂化。互相以匿名身份示人的用户群体在微博社区中无法产生直接的接触,渴求借助一种有效机制建立起彼此之间可靠的信任关系。由

---

① 线上投诉即用户通过微博页面上的投诉功能,对涉嫌违规的行为进行投诉,权益投诉专指涉及姓名权、名称权、名誉权、荣誉权、肖像权、隐私权等人身权益的纠纷投诉。

② 《公约》第六条规定,用户按照"前台实名,后台自愿"的原则,要求微博用户进行基于移动电话号码等方式的真实身份信息认证后注册和使用账号。站方鼓励前台实名认证,并优先为认证用户提供服务。

③ 心理学认为,在光线比较昏暗的场所中双方彼此看不清,就很容易减少戒备感从而产生安全感,因此产生亲近并进行交流的可能性就会远远高于光线比较明亮的场所,这种现象即是"黑暗效应"。

此,需要借助规则来建立微博社区的信任。人们之所以愿意遵守某种规则,从规则参与者的角度来说,一个重要前提就是人们对于一项规则具有情感上的体验或价值上的认可。[①] 微博用户参与到微博社区规则的形成过程中,将自己的需要、情感和信念融入规则之中,当对社区规则的存在达成某种共识或默认时,人们也就产生了对规则的认同感,并在此基础之上建立起对规则的信任。

民间规则不仅生长在乡土社会、民族村落,同样也存在于现代城市生活之中,存在于陌生人社会的交往关系之中,例如社区规则、企业章程、校规校纪、行业惯例等,这些民间规则,很多是无须依赖任何社会权威或组织便得以形成并自我实施的。[②] 首先,微博平台自治规则的创制过程,也是微博平台服务提供者与用户之间的一场博弈。在复杂的微博社区环境中,鉴于微博平台服务提供者借助大数据和云计算能够充分了解到平台用户的行为和态度,网络平台自治规则的制定发起人角色通常是由平台服务提供者扮演。此外,由于平台服务提供者掌握着平台运作的技术优势,微博平台服务提供者一方具备发起和制定平台自治规则的能力。作为微博平台服务的提供者,其发起制定自治规则的目的无非是避免卷入不必要的纠纷,防止造成不必要的损失或者给己方带来不利影响。平台服务提供方在《公约》中既对微博用户的权利作出了规定,也对用户行使这些权利设定了限制条件,并对社区管理方式,管理规则等都作出了相应的规定,以明确在微博社区中发生纠纷的解决机制,谋求己方利益的最大化。但是,在微博社区这样的网络社会中,每一个用户均是微小且独立的信息提供商,可以在平台上表达自己的观点或创造原创的内容,微博平台服务的提供者一方很难做到完全垄断自治规则的制定权,其角色主要是为平台用户提供相应的信息,传递相应的意见。《公约》的制定,首先由微博社区平台服务提供者拟定出草案文本,形成征求意见稿向社会公布,征求全体微博用户和网友的意见之后进行相应的保留或修改。微博用户在这个过程中,对自治规则的条款内容进行利益权衡,判断该规则条款将会给自己带来的预期成本和预期收益,决定支持、反对或修改的态度并就征求意见稿发表自己的意见。最终,决定正式公布施行的《微博社区公约》(修订版)即为微博平台服务提供者与微博用户之间自主博弈的结果,也是双方利益达到相对平衡的结果,规则的建立于是得到博弈双方的信任,从而在微博社区平台中建立起信任关系。

其次,由于平台的自治规则在执行上面临缺乏国家强制力保障的窘境,可能因为利益的驱使发生机会主义行为导致规则无法正常发挥作用。很多心理契约难以创造法律意义上的义务,至多表现为自己承担义务的意志,也即一种姿态。[③] 所以,网络平台自治规则的生命力还需要借助奖惩机制来保障其社会信任度。例如,在《公约》中,对于社区管理规定的违规行为处置,规定了"禁言令"与"用户信用积分"这样的惩罚措施。站方一

① 黄金兰:《民间规则的认同模式及其意义》,载《山东大学学报(哲学社会科学版)》2007 年第 3 期。

② 赵海怡、钱锦宇:《法经济学视角下国家法的限度》,载《山东大学学报》2010 年第 1 期。

③ [德]拉德布鲁赫:《法哲学》,王朴译,法律出版社 2005 年版,第 146 页。

旦发现违规行为，可对用户实施“禁止发布微博和评论、禁止关注、禁止修改账号信息等，限制访问直至关闭、注销账号”的惩罚措施。在“用户信用积分”规则中，信用分被用作用户信息的一部分，反映用户短期的信用等级。如果发现用户违反规定，将扣除积分。信用积分与每个用户的个人信誉和利益有关，此要求意味着用户需要对自己的言论负责。“公约”需要为用户制定行为准则，明确定义违规行为，并定义信用积分，以确保可以在来源、过程和结果三个方面真正有效地得到实施。微博平台服务的提供者作为自治规则的发起方，同时也承担着违规行为处置者的责任，维护用户在微博的正当权益，推动微博用户形成对规则的支持和信任。

三、微博平台自治规则的运行机制

“在网络世界中，共识和自律是其有序运行的基础，自治是网络的灵魂。”①微博社区是以信息传播和言论社交为主的社区类型，因此，微博社区的自治规则主要是针对用户发布的信息采取的处置措施。《公约》作为微博平台的“基本法”，是规范微博用户行为和规定社区管理的基本问题的规范，并以《微博投诉操作细则》《微博商业行为规范办法》等配套的规则与之相配合，形成了微博社区的自治环境。具体说来，微博社区自治规则的运行体现在以下几个方面：

第一，社区规则。《公约》等微博社区的自治规则是微博平台作为自媒体的“自治”表现，《微博服务使用协议》明确用户在使用微博平台时须完全接受《公约》的规范要求。“从某种程度上讲，生活关系本身就含有它们自身的标准和它们自身的内在秩序。隐于这种关系的内在秩序被称之为事物的性质。”②基于维护微博平台秩序的需要，微博平台服务的提供者与微博用户共同制定了《公约》，以期实现微博平台内部自律。在 2011 年，中国互联网协会的官方网站就创立了“行业自律”栏目，倡导互联网从业者实行自治。微博平台的运营商高度重视微博社区内部的自治，《公约》的制定即提醒用户在微博社区中享有言论自由，允许依个人意愿发表言论和观点，但要注意社会责任的承担，自由不等于不受任何约束，用户须对自己的言论负责。“所有的社会秩序分为两种，生成的秩序是指‘自发的秩序’，建构的秩序是指‘组织’或者‘人造的秩序’。”③网络时代信息治理趋向于“自律”，微博平台的自治规则为解决用户纠纷、维护社区环境而自发产生，所具备的自治性说明其属于“自发的秩序”。

第二，微博官方的平台治理，包括“微博小秘书”和微博官方辟谣账号。在微博日常管理中，“微博小秘书”以微博官方的名义直接与用户互动。“微博小秘书”又叫微博审查

---

① 蔡文之：《自律与法治的结合和统一——论网络空间的监管原则》，载《社会科学》2004 年第 1 期。

② ［美］博登海默：《法理学：法律哲学与法律方法》，邓正来译，中国政法大学出版社 2004 年版，第 458～459 页。

③ ［英］弗里德利希·冯·哈耶克：《法律、立法与自由》（第一卷），邓正来译，中国大百科全书出版社 2000 年版，第 52～78 页。

员,同时也提供微博官方客户服务,基于微博官方授权,“微博小秘书”主要负责两种工作:内容治理和账号治理,承担维护微博社区正常秩序、引导用户行为规范的重要责任。《公约》第16条规定:“站方通过主动发现及接受用户投诉发现违规行为”,基于此,微博官方可以对微博社区实施主动治理。具体包括:删帖、禁止被转发、禁止被评论、屏蔽、限制展示、标注等,通过及时删除违法违规的帖子,对垃圾广告、淫秽色情信息等“危害信息”进行直接处理。对于涉及敏感信息的帖子和未经核实的言论禁止转发和评论。账号治理则是更为严厉的惩罚措施,包括:禁止被关注;禁止发博、评论;限制账号信息等,禁止访问甚至关闭、注销账号。这两种治理通过微博官方后台的敏感词设置实现信息自动过滤。可以看出,“微博小秘书”兼具删帖封号、发布通知、协商冲突等多种功能,在微博平台的治理中享有很大的权限。同时,为了制止和打击捏造事实、编造虚假信息的行为,强化网络信息有效治理,微博官方于2010年10月设置了“微博辟谣”官方账号。① “微博辟谣”通过对微博虚假信息进行24小时监控,持续跟进用户发布信息的核实工作。针对未经证实就发布的信息,微博官方对用户博客标注“此条微博未经证实,请勿轻信”字样,用以提醒用户切勿轻信。对于虚假信息,微博官方对其采取删除措施或标明“虚假”或“谣言”字样。而对于已经造成不良影响的虚假信息,“微博辟谣”会进行公开澄清,根据情节轻重,对发布不实信息用户采取限制使用、注销账号的惩罚措施,并将真实情况告知广大用户。作为主管方,一直在寻找一种可行的方法来有效监视用户在平台上发布的大量信息。微博官方一直致力于对平台用户发布的海量信息进行有效监管,但凭借微博官方的一己之力实施完全有效的信息控制的难度之大可想而知,单凭微博官方的平台治理还是显得有些力不从心。

第三,社区委员会制度。微博社区委员会制度在性质上类似现实生活中的“业主委员会”②,是一种自我治理的虚拟社区治理模式。社区委员会是微博官方发起成立用来协助新浪公司管理微博社区的委员会,根据《公约》,微博的社区委员会由专家委员与普通委员共同组成,均通过公开招募产生,符合报名条件的用户皆可主动报名,经审核后获得社区委员会委员资格。专家委员会则是由普通委员会委员基于经验值排序晋升产生。同时,微博官方还为委员会成员制定相应的激励措施以保障委员会的工作质量。“在现代社会治理中,有很多不同的社会组织和治理方法,例如网络平台组织,这些灵活的社会组织和治理方法在协调和组织相应领域方面发挥了更好的作用。”③社区委员会制度采用专家治理和大众治理两种治理方式,在微博社区的自治上发挥着重要作用。专家委员会负责判定发布不实信息的违规行为、复审普通委员会成员的决议以及复审扣除信用积分举报等,由社会精英人士构成,往往是各个领域、各个话题的意见领袖。这些人士在相关

① 《新浪微博积极回应国信办打击网络虚假信息呼吁》,http://tech.sina.com.cn/i/2011-10-01/22226137207.shtml,下载日期:2020年1月12日。

② 业主委员会指由物业管理区域内业主代表组成,代表业主的利益,向社会各方反映业主意愿和要求,并监督物业管理公司管理运作的一个民间性组织。

③ 王利明:《论互联网立法的重点问题》,载《法律科学(西北政法大学学报)》2016年第5期。

领域具有较高的权威和影响力，具有较高的关注度，因此把握这部分精英人群往往是引导舆论发展方向的关键。按照《公约》规定，对于"谣言"等"不实信息"①，专家委员会有权判定是否对发布者采取惩罚措施。对于一些未经证实的信息，专家委员会有权进行鉴定，由于这部分人群粉丝数量庞大，具有较强的号召力，因此能通过理性参与的示范引导微博的健康发展。而普通委员会则是出于体现广泛用户群体的民意基础考虑，发挥参与社区运作管理的建设作用，用户借此能够表达自己的诉求，享有更多的自由和更平等的权利。按照《公约》规定，普通委员会的职责主要是判定冒充他人、骚扰他人、内容抄袭等用户纠纷，以"多数决"的方式对涉嫌违规的行为进行判定，结果交由新浪官方后台处理。"站方根据社区委员会判定结果所采取的处理措施，属于用户自律范畴，不代表新浪微博立场。"这一条款体现出社区委员会起到依据自治规则进行民间仲裁的作用。可以说，"精英治理与用户参与相结合改变了政治精英和公民参与的信息环境"。② 在这一机制中，依靠平台自治规则建立的用户投诉通道、举报处理中心在接到用户举报之后，系统将会通知举报人和被举报人，由举报人承担举证责任，被举报人有权自辩，随后由系统随机挑选委员会成员组成委员会，委员会须在 24 小时内针对某一具体涉嫌违规行为完成投票，决定出处理意见，交由站方根据《新浪微博社区管理规定》公示结果。这一制度以社区委员会制度为核心，发挥用户和社区委员会成员的作用，形成开放性的纠纷解决方式处理微博平台的在线纠纷。在这样的自治规则运行中，平台不仅利用了社区内部在线纠纷解决机制的便捷性、低成本性等优势，同时也注重发动用户自主参与纠纷解决的积极性和能动性，充分地发挥用户自主治理的民主价值。

第四，监督员管理制度。为落实企业主体责任，强化网民监督，净化微博社区环境，有效处置微博上的涉黄、违法及有害信息，微博专门建立了社区监督员机制，公开招募微博监督员。③ 微博监督员需满足一定的条件并通过考核方能参与，主要工作是通过平台的一系列投诉机制，针对微博上的涉黄、违法及有害信息进行投诉处理。据统计，2019 年，微博监督员新增违法有害投诉类型，扩充 2000 人的监督员队伍，有效处置涉黄低俗、违法有害信息 4457 万条，正确率高达 99.82%。社区监督员制度自 2017 年上线以来，不断壮大完善，每年提供专项资金 500 万余元，用于微博监督员网费补贴、现金奖励、赠送会员等，并为监督员提供不定期的线上和线下培训，保障了微博监督员工作的顺利开展。微博监督员机制的运行，对净化微博社区环境，进一步提高处置涉黄及违法有害信息的效率，促进平台的有序发展发挥了重要作用。这一制度有利于加强微博社区的自律监督，并带动用户积极参与微博社区的网络生态环境治理。

第五，微博用户的自我约束和互相监督。"规范和自利共同塑造了行为。"④在日常交

① 包括淫秽色情、故意捏造、不全、夸大、过期、残缺等信息。

② Woodly D, New Competencies in Democratic Communication? Blogs, Agenda Setting and Political Participation, *Public Choice*, 2008(134), p.109.

③ 《微博监督员官方》, https://m.weibo.cn/6264005608/4397620933965132, 下载日期：2020 年 1 月 12 日。

④ [美]埃尔斯特:《社会黏合剂:社会秩序的研究》，高鹏程译，中国人民大学出版社 2009 年版，第 149 页。

往中,用户基于违反平台规则的后果,在自身言论中保持一定的自律性,而避免违反公约规则和法律规定。否则,用户的各类权限将受到限制,[①]违法者甚至会受到相关法律制裁。对用户来说,微博是日常生活中不可或缺的社交媒体,如果因为言论违规而被限制使用权限甚至关闭账号,会对用户的日常社交带来很大的不便。因此,微博用户出于自身利益的考虑,为保障自己的使用权限尽量不受限制或干扰,通常会进行理性的自律,自觉遵守微博社区的自治规则,避免受到惩罚。由此,在用户之间逐渐形成一种自我审查的自律机制。可以说,微博平台的自治规则促进了用户的自我约束和监督机制的形成。但是,并非每一个用户都是理性的,能够做到自觉遵守公约。对此,微博平台提倡通过用户之间互相监督来共同构建健康的微博社区环境。《公约》规定,"完成真实身份验证的用户可使用微博的举报功能",这意味着微博平台为用户举报发现的违规违法行为提供了途径,这有助于社区使用环境的进一步净化。

第六,国家机构的治理与监管。尽管微博平台倡导社区自治,但是国家力量始终扮演着至关重要的监管角色。通过制定相关法律法规,确立微博用户的行为规范。相关机构享有重要的舆情监管功能,国家机构可以直接介入微博社区的治理。即通过联络微博官方的方式,对相关言论进行处理,以删帖、设置敏感词、惩罚违法者的手段来控制言论传播,防止负面影响的扩散。例如,国家互联网信息办公室根据网民的举报和日常工作中掌握的线索,会同各地互联网信息内容主管部门对一些经常传播不实信息的网站和微博账号进行深入调查,会同公安机关依法追究相关人员的责任。2018 年,国家互联网信息办公布《微博客信息服务管理规定》,该规定根据《中华人民共和国网络安全法》制定,旨在促进微博客信息服务健康发展,在打击虚假信息的广泛传播上发挥着重要作用。通过关闭造谣传谣的微博账号,对相关人员实行治安拘留处罚,对所谓"意见领袖"给予关闭账号、停止评论等不同程度的处罚措施等,国家互联网信息办公室在微博社区的治理中发挥了一种强制性约束作用。国家机构的监管相对于微博的自治规则约束来说,具有权威的国家意志。例如,在遏制谣言的传播上,国家机构多是使用行政化的强制性手段来达到迅速遏制谣言传播、维护社会稳定的目标,而微博自身的自治规则的治理力度则相对较弱,在重大事件上难以第一时间有效控制,这也是即使有《微博社区公约》等自治规则的约束,也依然需要国家机构运用法律手段对微博言论进行管控的原因。

四、对微博平台自治规则的思考

孟子曰:"不以规矩,不能成方圆。"为了实现微博社区的有效治理,微博平台的自治规则应运而生,并不断发展完善。法律多元理论者雅克·范德林认为,在同一个社会的同一种情形下,适用多种法律的状态即"法律多元"。网络社会的出现打破了传统国家法

① 据《微博投诉操作细则》规定,"累计发布 5 条及以上时政有害信息和社会类有害信息的用户将被禁言 48 小时,恶意发布时政有害信息和社会类有害信息的用户将被禁言 48 小时以上直至关闭账号"。

律专制的一元性，形成网络自治规则与国家法律并存的形态，这既是社会生活多元化与多样化的典型体现，也是自由主义对网络社会的基本要求。[①] 在开放的网络社会中，涌现出各种各样的社区自治规则，微博平台的自治规则是其中的典型代表。

(一)如何理解微博平台自治规则的性质

关于"自治"，谢晖认为，"自治"即以自己为主体，每个人自己决定自己的事务，区别于古代一般意义上的法制，现代意义上的法治针对的一个基本前提就是自治。[②] 在市场经济的背景下，现代社会强调每个人个体意义上的主体性，每个人都是自主的、自治的、自由的主体，人与人之间的交往方式以个人的意愿、个人的自主为前提。微博平台的自治规则主要是微博平台服务的提供者与用户之间在自主、合意的基础上形成的用以管理、规范微博社区言论行为的标准和准则，是微博社区自我调节、自我管理的规范。2012年，全国人民代表大会通过了《关于加强网络信息保护的规定》，其中第 5 条规定网络服务提供者对用户发布信息的管理责任。[③] 2017 年，国家互联网信息办公室发布《互联网论坛社区服务管理规定》与《互联网跟帖评论服务管理规定》，进一步对网络平台关于用户发布信息或用户的跟帖评论的管理责任作出规定。2018 年，国家互联网信息办公室公布《微博客信息服务管理规定》，明确微博服务提供者应当落实信息内容安全主体管理责任。法律法规和相关规范性文件为微博平台自治规则的形成奠定了法律基础。

社会自治是相对于国家行政的一个概念，其相同点在于二者都是对公共事务进行管理，区别在于国家行政强调的是宏观上一些具有重要性、基础性的公共事务，而社会自治针对的事务是相对来说范围较窄、影响面较小的公共性事务。国家行政的权力来源于法律，依靠国家行政机关组织公务员实施，社会自治则由带有自治性质的社会组织行使公权力，通过制定社会自治规则规范其组织内部成员的行为。从权力来源看，社会自治规则的制定依据有两类，一类是基于法律的具体授权，如《教育法》《高等教育法》概括性授权公立高校制定纪律处分规则等；另一类是社会自治组织在自治权范围内制定的规则，该类规则具有严格意义上的自治特征。[④] 授权性社会自治规则在法律的授权下，可以在调整相关事务时通过批准、批复或批转的方式使其获得法律效力。自主性社会自治规则的效力则体现为对组织内部成员的约束力，不具有法律的强制力，只有在经由法院确认其合法有效之后，才能被赋予强制执行的效力。尽管微博平台的自治规则可寻见其构建

---

① 何跃军、张德淼：《自治与立法的双重逻辑：法律多元理论视角下的互联网发展》，载《北京行政学院学报》2011 年第 2 期。

② 谢晖：《沟通理性与法治》，厦门大学出版社 2011 年版，第 148～150 页。

③ 《全国人民代表大会常务委员会关于加强网络信息保护的决定》第 5 条："网络服务提供者应当加强对其用户发布的信息的管理，发现法律、法规禁止发布或者传输的信息的，应当立即停止传输该信息，采取消除等处置措施，保存有关记录，并向有关主管部门报告。"

④ 薛刚凌、王文英：《社会自治规则探讨——兼论社会自治规则与国家法律的关系》，载《行政法学研究》2006 年第 1 期。

的法律基础,但因缺乏法律的具体授权,性质上仍应归属于具有明显自治特征的自主性规则,是一种契约性和自律性规范。人和人之间的组织交往方式,最重要的就是通过契约的方式进行交往,达成一种组织性的勾连,最后形成一种组织性的架构,这样的团结方式就是契约型团结。[①] 其契约性体现在:《公约》等自治规则的内容是微博官方与用户一致同意的结果,双方主体之间的关系是明确、肯定的。其自律性体现在:它是由微博官方和用户为了微博社区的共同利益而制定的,用户必须自愿接受其约束才能获得平台的使用权限,其实施也需要依靠用户的自觉遵守。微博平台的自治规则作为微博社区范围内的公共行为规范,为了实现社区内部的良好秩序和共同利益,要求用户必须服从,这也是平台自治规则得以存在的依据。同时,规则中设有惩罚性条款,如禁言、扣除信用积分、关闭账号等,当用户违反规则时,由站方自行负责执行相应的惩罚措施。授权性规则具有法的属性,这类规则虽然不是国家直接制定,但为国家认可并由国家强制力保障实施;而自主性规则更接近公法契约,不属于法的范畴,其制定主体、规范对象、追求目标和实施保障等方面都与法律有很大差异。[②] 微博平台自治规则的自律性和契约性不同于私人之间的意思自治,而是按照公法程序,经社区内部成员多数同意制定的规则。由此可以看出,微博平台自治规则的性质是自主性规则,微博平台自治权的来源符合我国"法无禁止即自由"的法律原则。

(二)微博平台自治规则如何规制用户言论

在微博平台上,用户可以通过文字、图片、视频等多种方式自由表达自己的观点和想法,享有广阔的自我表达空间。"网络所提供的便利使得每一种观点都能够得到充分的讨论,从而能够更有力的推动重叠共识的形成,并最终推动协商民主的发展进程。网络与传统媒介相比更有利于促进民主与自治的实现,网络空间中的言论自由较之现实空间中的言论自由也就具有更高的价值。"[③]网络空间的出现使得人们不仅可以实时接收外界信息,也能轻松实现实时向外传播信息,在最大程度上帮助人们实现在线信息交流。微博是当下最热门的社交网络平台之一,在 Web2.0[④] 的产品模式之下,用户成为平台内容的主导者,用户相互连接、用户检索、记录个人数据等功能的实现使得用户在微博平台上有了更为广阔的言论自由空间。但是,在网络空间中,言论的最大守护者是架构,相对匿名性和分散性传播、多结点访问、与地理位置没有必然的联系、缺乏内容发表的公共标识

① 谢晖:《沟通理性与法治》,厦门大学出版社,第 155~157 页。

② 薛刚凌、王文英:《社会自治规则探讨——兼论社会自治规则与国家法律的关系》,载《行政法学研究》2006 年第 1 期。

③ 陈道英:《我国网络空间中的言论自由》,载《河北法学》第 30 卷第 10 期。

④ Web2.0,是相对 Web1.0(2003 年以前的互联网模式)的新一代互联网应用,指的是一个利用 Web 的平台,由用户主导而生成的内容互联网产品模式,为区别于传统由网站雇员主导生成的内容而定义为第二代互联网,Web2.0 是一个新的时代。

系统和提供加密工具等，所有这些特点以及互联网协议，使网络言论变得难以控制。[①] 这也是微博平台容易出现谣言肆虐、网络暴力等事件的原因。微博平台为确保社区秩序，在《公约》中对用户违规行为规定了封号、限权等处理措施。有人认为，微博平台自治规则中规定的删帖、封号、禁止评论等惩罚措施可能侵犯用户依据《宪法》第 35 条[②]享有的言论自由。但是，微博平台用户的言论自由不应当是无限制的自由。微博平台自治规则中规定的限制用户权利的措施是否涉及对用户言论自由的不当限制，是一个值得探究的问题。

用户享有的言论自由权的主要依据即《宪法》第 35 条的规定，与之相关联的，还有《宪法》第 41 条[③]、第 47 条[④]，也与公民享有的言论自由有关。可以说，微博平台为用户行使言论自由提供了强大的技术支持。但值得注意的是，宪法所保护的公民的权利和自由也是有条件的，即不得违反宪法和法律关于公民行使言论权利和自由作出的相关规定，不能对他人的权利和自由造成损害。公民在行使言论自由时，如果违反了宪法和其他法律的相关规定，对公共利益、他人的利益造成损害，言论自由就会受到限制，甚至被剥夺。如前文所述，国家通过多部法律和相关规范性文件对网络平台关于用户发布信息的管理责任作出了规定，且在《侵权责任法》中明确平台服务提供者对用户发布信息监管不力的法律责任。[⑤]《互联网信息管理办法》第 16 条明确规定互联网信息服务提供者发现其网站传输的信息明显属于禁止性内容时应主动采取相关措施。[⑥] 2018 年 10 月，国家互联网信息办公室开展了自媒体账户专项整治活动，并对外公开发表意见，强调要对自媒体账户实行分级分类管理，即要求平台根据后台数据，对用户的信息发布行为进行归类并信用评级，根据信用等级实施管理。特别是微博与电商展开合作以后，微博平台上的商业信息发布行为不断涌现，自媒体经济的兴起更是带动了那些背后有运营团队的账户连续的信息发布行为。国家互联网信息办公室发布了一系列规范性文件，希望网络平台依靠自身的技术优势在大量的信息内容里对用户进行分级分类管理，引导用户行为主动向法律、政策和社会道德等方面的要求靠拢。[⑦] 这些都说明，国家法律要求平台服务

---

① [美]劳伦斯 · 莱斯格：《代码 2.0：网络空间中的法律（修订版）》，李旭、沈伟伟译，清华大学出版社 2018 年版，第 252 页。

② 《宪法》第 35 条规定，中华人民共和国公民享有言论、出版、集会、结社、游行、示威的自由。

③ 《宪法》第 41 条规定，中华人民共和国公民对于任何国家机关和国家机关工作人员，有提出批评和建议的权利；对于任何国家机关和国家工作人员的违法失职行为，有向有关国家机关提出申诉、控告或者检举的权利，但是不得捏造或者歪曲事实进行诬告陷害。

④ 《宪法》第 47 条规定，中华人民共和国公民有进行科学研究、文学艺术创作和其他文化活动的自由。国家对于从事教育、科学、技术、文学、艺术和其他文化事业的公民的有益于人民的创造性工作，给予鼓励和帮助。

⑤ 《侵权责任法》第 36 条第 2 款。

⑥ 《互联网信息服务管理办法》第 16 条：互联网信息服务提供者发现其网站传输的信息明显属于本办法第十五条所列内容之一的，应当立即停止传输，保存有关记录，并向国家有关机关报告。

⑦ 如 2018 年 3 月 20 日起开始实施的《微博客信息服务管理规定》第 15 条明确规定：国家鼓励和指导互联网行业组织建立健全微博客行业自律制度和行业准则，推动微博客行业信用等级评价和信用体系设，督促微博客服务提供者依法提供服务、接受社会监督。

提供者对用户不当行使言论自由的行为予以一定的限制。微博平台主动贯彻国家法律法规和政策的要求,发起制定社区自治规则并积极使用规范要求,对用户的违法、淫秽色情、造谣诽谤等不利社会稳定和国家长治久安的言论进行一定限度的规制。微博平台通过制定《公约》等社区自治规则的方式,起到了过滤不良言论,打造健康的言论生态的作用。

《宪法》第35条及相关条文所保护的言论自由,是基于自然人运用自己的自然禀赋、运用自己的财力物力,通过合法的方式而表达意愿、传递信息。① 用户通过微博平台提供的服务,享有和使用言论自由权,因个体表达能力、知识水平或经济水平方面的限制,而使自己言论自由的程度受到限制,也会因为使用微博平台不同类型的服务等等各种各样的因素而使自己的言论自由权利受到不同程度的限制。微博平台在为用户提供服务时,通过与用户签订《微博服务使用协议》的方式,要求用户对自己的权利和义务进行确认。② 同时,《公约》也对违规使用其服务的用户规定了不同类型的处罚措施,且《公约》及其配套自治规则会因为国家法律法规或监管政策的变化而不断调整其自治规则,如微博在2017年对《公约》及其配套规则进行了与时俱进的修订。这类由平台依据和用户之间签订的服务协议或根据国家监管要求而完全由平台自己采取的措施,尽管会对用户通过平台提供的服务享有和行使的言论自由有所影响,但因为这些限制措施依据的是平台和用户之间的协议,是平等主体间的民事活动,由平台而非政府直接针对用户采取,不涉及言论自由权。③ 由此可以看出,微博平台在国家法律法规和相关政策规定的框架之下,通过构建自治规则,对用户在使用微博平台提供的服务时的言论行为进行一定程度的规制,不构成对用户根据《宪法》第35条享有的权利和自由的不当限制。

言论的价值,即为宪法所保护的言论或表达,是具有某种特定价值的言论。因此,根据言论的价值不同,不同类型的言论的自由度是有所区别的,微博平台应当对用户发布于社区内不同类型的言论进行不同程度的限制。在微博社区中,用户出于本能并且没有明显商业诉求,不构成对他人权利的侵犯的言论应当享有最大程度的自由。相反,对于那些由专业团队出于商业目的而发布,或者带有明显的商业诉求的言论,则应当设置严格的限制条件。原因在于,平台负有对用户言论进行监管的义务,那些追求商业利益的言论表达,容易受到商业的推动而扭曲自己本真、自然的表达,为获得经济回报而进行的内容创作容易受到资本的绑架。当平台发现有明显的为了资本利益而进行的内容发表时,应当注意这类言论对网络言论生态的影响,因为这类用户有时会出于商业利益而传播虚假信息,甚至利用或者绑架公众情绪。这类言论会对公开、公正的言论生态环境造成破坏,侵害公共利益,因此微博官方应当对这类用户进行更加严格的监管。同时,平台

① 王四新、孟禹熙:《自媒体账户的言论自由与限制》,载《理论视野》2019年第8期。

② 《微博服务使用协议》规定:"为获得微博服务,用户需在认真阅读及独立思考的基础上认可、同意本协议的全部条款。"

③ 王四新、孟禹熙:《自媒体账户的言论自由与限制》,载《理论视野》2019年第8期。

还应当根据用户发布的内容所产生的社会效果来考虑是否对某一言论进行限制以及限制的程度。通常来说，用户在平台中行使言论自由时，其所发布的内容所传播的社会效果越好，受到的社会关注度越高，就越应当受到一定的限制。因此，微博平台在为用户提供服务时，在用户服务使用协议中着重强调用户发表的内容应当符合主流的价值观，不得从事任何有害微博生态的行为，这正是微博平台主动履行自身言论监管义务、承担维护微博言论生态环境责任的表现。

（三）如何发挥微博平台自治规则的积极作用

网络社会治理的基本目标是在线行为的有序化与合秩序性。[①] 在王利明看来，在网络平台组织的多元治理方式中，这些灵活的治理方式在协调和组织秩序上能够起到更好的作用。第一，微博平台的自治规则在微博社区的自我治理上发挥着重要的规范作用。"当前某些网络立法过于笼统或原则，无法细化，缺乏可操作性，成为制约我国网络秩序健康发展的重要瓶颈"[②]这说明，国家公权力机构运用法律手段对微博这样的社交媒体进行监管的实际操作往往会受到法律自身局限性的限制，发挥的作用是有限的，对微博社区中出现的新问题难以作出迅速的反应。微博平台的自治规则是平台服务提供者与用户之间自主博弈的结果，也是双方利益达到相对平衡的结果。它因微博社区的发展需要而产生，也能够遵循微博社区发展的步伐不断跟进，以更好地满足双方的需求。自治规则在微博平台服务提供者和用户之间建立起了信任，因此能获得微博社区成员的认同。这种获得社区"认同感"的自治规则会产生实际的约束效果。第二，自治规则兼具灵活性、包容性特征，在细化在线纠纷解决机制上更能满足用户的需要，在一定程度上也能引导用户选择自治规则作为处理纠纷的方式，减轻司法负担，弥补政府监管的不足。网络社区规则从内部培育了更多良性"抗体"，通过外部控制因素促进了网络的自律机制，并建立了良好的网络自发秩序，从而减少并抵制网络世界风险的产生和蔓延。[③] 一方面，微博渗透用户生活的方方面面，并逐渐彰显用户对生活的态度和价值需求。自治规则具有根据其网络特征连续跟踪和评估规则秩序的能力。另一方面，微博平台的自治规则是为平台的灵活和稳定的在线行为而创建的，可有效地帮助政府监控网络活动，能够以其解决纠纷的有效性在规则层面起到一定的示范作用，为网络立法的完善提供可靠的现实来源。

第三，自治规则是微博平台实施自我监管的有力手段。微博平台基于大规模的用户流量而获得经济效益，自然需要防范因用户规模扩大而可能产生的社会风险。"对于平台而言，这符合风险与收益一致的原理"，[④]这意味着平台在享受经济收益的同时，还应承

① 何明升：《中国网络治理的定位及现实路径》，载《中国社会科学》2016 年第 7 期。

② 陈纯柱、王露：《我国网络立法的发展、特点与政策建议》，载《重庆邮电大学学报（社会科学版）》2014 年第 1 期。

③ 蔡文之：《自律与法治的结合和统一——论网络空间的监管原则》，载《社会科学》2004 年第 1 期。

④ 王利明：《论互联网立法的重点问题》，载《法律科学》2016 年第 5 期。

担相应的社会责任，为了控制有害信息的传播，其必须重视相关行为规则的构建。平台秩序的稳定与安全是平台服务提供方实现良好经营的必要前提，微博社区的繁荣需要规则体系的支持。平台服务提供方积极设置一系列自治规则，例如准入机制、平台争端解决机制和纪律措施，规范用户行为并最终实现平台的健康稳定运行。第四，自治规则顺应网络特性吸收用户参与到平台的共同治理中，充分发挥了民主价值。在微博平台的在线纠纷解决机制中，社区委员会制度吸纳用户参与到机制中扮演裁判者的角色，对平台中被举报的用户不当行为进行判定，进而规制用户的违规行为。从实质上看，这是微博平台运用网络民主，实现用户自我解决纠纷的一项举措，打造了微博社区“网民共治”的模式。第五，微博用户们基于共同的表达观点或获取信息的爱好和需求而形成微博社区这一社群，不同的社群因其各自不同的特性而独立存在。就微博这一社群而言，需要借助特定的自治规范来调整其内部成员的关系。微博平台的自治规则本身具有“标志性”作用以凸显微博社群的特殊性。于是，完善微博社区的治理方式，是推进微博平台自治规则进一步建设的必经之路。充分发挥自治规则的积极作用，应推动微博平台的自治规则向更加规范的方向发展。当前微博平台自治规则的构建缺乏统一、规范的制定程序和要求，往往没有发挥其预期的规范效果。可以通过确立平台自治规则的基本原则等举措，将诚实守信、公平效率及相关的商业道德、技术标准等转化为具有约束力的互联网自治规则，①以统一实现违规行为首先由自治规则处理，当自治规则无法解决时，再运用法律资源进行规制的目标。

(四)如何消除微博平台自治规则的隐忧

《公约》等自治规则作为微博用户之间的协商规范，建立于自主博弈基础之上，属于非正式性规范，因而在解决用户纠纷上无疑属于非正式性纠纷解决规范。非正式性纠纷解决具有非制度化、非职业化的特征。② 相较于运用法律手段的正式性司法救济制度，运用自治规则的解决手段显然不具备国家强制手段的威慑力。虽然《公约》等自治规则在制定过程中必然受到多年来国家大力推进的法治建设的影响，在内容和形式上都有向国家法律靠近的趋势，比如，在《公约》的内容结构上，整个自治规则由总则、用户权利、社区管理方式、各类信息管理规则和行为规则以及附则几大部分构成，明确了公约的最高效力地位，规范主体及相关具体管理规则。民间规则属民主型规范，内心认同是民间规则纠纷解决有效性的原因之一。③ 自治规则在性质上毕竟还是属于民主型规范，用户基于利益考量对其形成内心认同是支撑自治规则解决纠纷有效性的原因之一。这意味着自治规则不具备法律那样的普遍强制性，在保障用户权益的力度上与国家法律的权力保障力量相比也相去甚远。

---

① 王利明：《充分发挥网络行业自治功能》，载《中国社会科学报》2016年12月24日。

② 范愉：《ADR原理与实务》，厦门大学出版社2002年版，第13页。

③ 陈文华：《论民间规则的效力》，载《甘肃政法学院学报》2010年第1期。

平台自治规则的自治性，体现在用户的自主参与方面，但是微博官方对社区自治规则的主导性也制约着用户的民主参与。这体现在：第一，微博官方利用技术优势拟定格式条款。例如，网民在注册成为微博用户时必须同意《微博服务使用协议》的全部条款，其中不乏可能对用户造成不利的格式条款。这意味着用户在开始进入微博社区时就已经承担了不公平的对应责任。第二，微博服务的提供者作为自治规则制定的主导方，虽然在大多数纠纷中能够做到中立，客观公正地看待纠纷双方，但商业的逐利性本质决定其无法保证始终保持独立。比如，普通微博用户与微博"大 V"用户之间发生纠纷，假设粉丝众多的"大 V"应受到关闭账号的惩罚。但是由于其影响力相较普通用户要大得多，是平台运营利润的重要来源，这样做将会对平台带来重大的经济损失，这时就无法保证平台能够坚持中立原则，在在线纠纷解决中可能作出不公正的裁决。第三，平台服务提供方私人主体的身份，不可避免存在"一己之私"，容易造成监管权的滥用。平台服务提供方同时担当平台自治规则的制定者和在线纠纷解决机制的完善者的双重角色，在国家对网络产业实行"鼓励、促进、宽容"的大背景下，极易出现其基于自身利益考量，泄露用户个人信息、不当引导用户行为的情况。这体现出微博平台的"私利性"。由于权威性不足和平台的私权力性质，往往成为阻隔用户积极选择进行有效的秩序维护的重要原因。因此，就微博平台的自治规则而言，如何推动其向制度转化、与规范衔接是未来应考虑的发展方向。

微博的影响力触及经济、政治、文化等各个方面，而法律因其自身的特性无法对各个方面都作出具体的规定。因此，健全和完善微博平台的自治规则，发挥微博平台的自治功能，提高微博平台的治理能力，对微博的治理至关重要。首先，推动微博平台自治规则与法律规则实现融合发展。微博平台的自治规则与相关的法律规则各有利弊，应当将二者的优势结合起来相互补充，以优化二者功能的发挥效果。微博平台自身对于微博社区中出现的问题有着更直接、更深刻、更及时的了解，制定的规则具有更强的针对性，更加契合微博社区的实际发展状况，因此国家在对微博言论进行宏观管控时要尊重微博平台的自治权利，在法律框架下给予其一定的发展空间，为自治规则的发展和运行提供良好的外部条件。同时，通过立法引导微博平台的自治规则向制度化方向转化，提升自治规则的权威性，推动微博平台自治规则与司法有效衔接，可以将自治规则的制定主体、制定程序、内容范围等纳入法律之中，对自治规则的制定作出原则性要求，也可以通过加强对自治规则的审查来增强其规范性，如事先的备案和批准或事后的司法审查，重点审查自治规则的合法性，允许受互联网自治规则约束的相对人在其合法权益受到损害时，向法院寻求救济。其次，要增强微博平台自治规则的透明度。微博平台自治规则虽然是由平台服务提供方与用户共同制定的，但起主导作用的还是平台服务提供者，可能出现利用技术优势侵害用户权益的情况。因此，可以考虑拓展用户参与制定平台自治规则的途径，通过用户群体对自治规则制定过程的监督推动规则朝着客观公正的方向发展，让更多的用户群体参与到规则的制定过程中，表达自己的建议，不断完善自治规则的构建体系。最后，推动自治规则的构建由以微博官方为主导向以用户为核心转变。将自治规则构建的核心落到用户方，具体来说，可以考虑国家通过立法将创制微博平台自治规则的权力委托给微博平台利益无关的国内非政府的中立性机构,由中立的非政府机构负责组织社区民众制定自治规则。这不仅有利于充分发挥用户的作用,落实微博社区的自治机制,而且有效削弱了平台服务提供方的"私利性",增强微博平台自治规则在国家司法层面的认同。

结 语

微博平台自治规则的构建为虚拟社交平台的自我治理提供了一种可借鉴的模式,《公约》等自治规则的发展和完善为平台自治打下扎实的规则基础,也为国家的网络平台治理工作提供了良好的补充。同时,其非正式性特点和私权力性质制约着规范作用的发挥。所谓自治,绝对不是说任其恣意妄为、为所欲为,而是必须进行法律上的相关的权利和义务的配置。① 未来微博平台自治规则的制定应更多地关注用户的民主参与,明确平台服务提供方在社区自治中的权利与责任,削弱微博官方在自治规则制定中的优势地位,实现在自治的前提下,微博官方与用户通过契约的方式建立在线纠纷解决规则体系。我们有理由相信,微博平台自治规则在经过不断的实践经验累积之后,能够与相关的网络立法共同发挥作用,最终实现微博社区的良性治理。

Analysis of Autonomous Rules on Weibo Platform

Hu Jiamin　Tang Chunyan

Abstract: The autonomous rules of the Weibo platform came into being along with the need of Weibo community governance. Based on the joint promotion of the service providers and users of the Weibo platform, autonomous rules such as the Weibo Community Convention, autonomous game mechanism and reward and punishment mechanism are created to ensure the social trust of these rules. Community rules, Weibo official platform governance, community committee system, supervisor management system, self-restraint and supervision of Weibo users, authoritative governance and supervision of national institutions all play a role in the operation of autonomous rules of Weibo platform. Autonomous rules of Weibo platform play an important normative role in the governance of microblog community, but their lack of authority and nature of private power have become important reasons to prevent users from making positive choices, and it should be considered in the future to promote their development in a more normative direction.

Key Words: Weibo platform; autonomous rules; rule operates; platform governance

① 谢晖:《沟通理性与法治》,厦门大学出版社 2011 年版,第 158～159 页。

被执行人信用失范及其归正*

贺译葶**

摘要:社会信用失范现象频发与信用习惯法的流失有一定关联,司法执行中的信用惩戒则是执行威慑的一项手段创新。通过失信信息的公开共享及多部门联合惩戒,促使失信被执行人履行生效判决。但信用惩戒尚存在失信被执行人认定模糊、惩戒强度差异化、惩戒措施过度延伸及救济不足等制度缺陷。需从审慎认定失信被执行人,规范信用惩戒适用对象及惩戒方式、拓宽救济路径及强化监督等方面进行完善,并基于惩戒失信"老赖"的示范效用,引导公众重塑诚实信用观,强化诚实守信认知与习惯。

关键词:信用;信用失范;信用惩戒;信用习惯

近几十年来,中国经济取得了快速发展,但亦暴露出各种问题,其中的突出问题之一便是社会信用危机。信用问题已经跨越经济领域,渗透到社会生活的各个方面,并成为严重影响经济发展和社会秩序的公共问题。2013年最高人民法院《关于公布失信被执行人名单信息的若干规定》(以下简称《若干规定》)公布施行后,信用惩戒便逐渐在司法执行领域展露出遏制被执行人失信行为的显著成效,反映出公权力对社会信用下滑问题的介入及对信用失范行为的归正。

一、当代中国社会信用失范现象及成因

古罗马法学家西塞罗将"信"解释为"行其所言",古希腊的智者学派指出"信是承诺和协议的遵守和实现"。① 相当于中国人经常说的一句话"言必信,行必果",在中国人的传统观念中,"信"即意味着人与人之间的交往应当信守承诺,言行一致;"用"可进一步解释为双向的"可供使用"的社会关系。② 因而,信用亦可概括为进行交往或交易的双方基于互相信任而发展出来的可供双方使用的社会关系,但当前这种社会关系并未在我国获得社会主体应有的珍视。

* 基金项目:湖南省哲学社会科学基金重点项目"司法执行中信用惩戒适用研究"(18ZDB010)。

** 贺译葶,法学博士,湘潭大学信用风险管理学院讲师,硕士生导师。

① [古罗马]西塞罗:《论义务》王焕生译,中国政法大学出版社1999年版,第22～23页。

② 章政、张丽丽:《论从"狭义信用"向"广义信用"的制度变迁》,载《征信》2019年第12期。

(一)层出不穷的信用失范现象及其危害

从“毒大米”“毒胶囊”到“黑心月饼”;从偷税漏税、虚造报表到走私骗汇;从非法集资、恶意破产到欠债不还“老赖”盛行,层出不穷的信用失范现象表明当前中国社会诚信已出现严重滑坡。譬如,原本欠钱还债是天经地义的事,但有一部分人明明有钱,动辄到高档茶餐厅喝早茶,到高档场所高消费,却赖着欠款坚决不还,肆意享受失信带来的“好处”,俗称为“老赖”。当失信相较于守信带来的利益更多更大时,或者当失信者并不会因失信而承担不利后果时,不排除其他社会成员会顺从“经济人”的假设,以实现个人利益最大化为目标,加入失信队伍。以各大媒体和社交网络频繁曝出“扶老被讹”事件为例,其产生的社会影响极为恶劣。在“扶老被讹”的民事纠纷中,扶人者若没有足够的证据证明自己不是肇事者,最终将不得不面临高额赔偿。倘若热心的扶人者因不满被讹而拒不执行法院判决,则将引发新一轮的失信问题,最终导致信用失范的连锁反应。由此可见,社会信任危机不仅无形之中成了人与人之间施以援手的屏障,且极可能成为信用失范问题迭出的推手,如果失信现象不能得到有效遏止,最终会激化社会矛盾,影响社会和谐。

(二)社会信用失范现象频发的根源

当诚实信用的认知被内化为个人行为准则的程度越高,越是会得到贯彻执行,那么失信行为出现的概率则越小,而社会信用失范现象频发的根源即为对诚实信用认知或习惯的淡化或抛弃。古代传统的信用模式主要体现在以亲缘、乡土关系为基础的信用关系当中,如以“自觉遵循信用规则”与“集体惩戒”构成晋商信用模式的基本内容与主要特征。晋商经营依赖于交易者严格的自律和大量的隐含契约,这种隐含契约是受到交易各方共同认可的、具有一定约束力的行为规范,所谓约定俗成。但其对行为各方的约束力并非由第三方(国家)强制性要求签约各方履行契约内容来实现,而是由签约人的信誉来维持。因为,信誉不佳的人往往会受到其他人的共同排斥,排他性亦成为隐含契约中对于失去信誉者最重要的惩戒机制。在清政府时期,虽然相继出台了《奏定商会简明章程》《公司律》《商人通例》等,但经济交易活动尚缺乏全面有效的法律规范保护,交易习惯及惯例仍然对于规范交易者行为起着重要作用,一定程度填补了法律缺失的缺憾。不过,清末的法律制度为现代信用制度的发展完善奠定了基础。①

信用习惯对人的约束作用与中国“熟人社会”的特质有关,“熟人社会”的影响力使得信用规则在很长一段时间里都发挥着规范交易活动的重要作用,并在现代社会为成文法所吸收。诚信原则在司法领域尤其是在民法债权理论中被视为“帝王条款”,其基本语意是要求人们在民事活动中行使民事权利和履行民事义务时应当讲究信用,在不损害他人利益的前提下追求自己的利益,否则将获得不利的法律评价。即诚信和讲信用的道德要

① 安雪昆:《法律文化视角下的商事信用研究》,载《经济与法》2013年总281期。

求与行为习惯被上升为民事活动中的一种法律义务，若有违反，在特定情形下将面临不利的法律评价。除《民法总则》外，诚实信用原则在《中华人民共和国药品管理法》《中华人民共和国民事诉讼法》[①]等多部法律法规中皆有体现。但法律向来被视为最低标准的道德规范，当诚实和讲信用被归为道德层面或交往习惯层面的基本遵循时，能够更多地诉诸人的精神世界，其对人们各种行为活动的规约作用亦大于法律所能及之作用范围。而当诚实信用被作为一种法律义务来对待时，尤其是以违背诚实信用原则追究当事人的法律责任时，实际上依据的是更为细致的法定事项或法定情形。

法律相较于道德或习惯的刻板性使得成文法意义上的信用评价更为严苛，相应地，人们对诚实信用这一行为规范的背离空间却相应扩大。譬如，“欠债还钱，天经地义，有借有还”亦是讲信用的一种体现，当欠债还钱被人们共识为必须尊崇的道德规范或交往习惯时，即便没有纸面上的凭证，亦能促使债务人自觉还钱。而当欠债还钱被视为一种依照法律应当履行的义务时，债权人要求债务人还钱的前提是必须持有相应的债权证明或证据。倘若基于熟人关系所产生的债务债权关系并无具有法律效力的凭证，那么，法律意义上对失信债务人的不利评价则难以实现。换言之，信用规则的成文法化一定程度上削弱了诚信习惯的内化[②]，因为“熟人社会”给予失信者获利的可能性，而法律的缜密性与刻板性则赋予失信者免责的空间。从这一角度而言，信用习惯法的成文法化牵动了信用习惯法的流失，而信用习惯法的流失则加剧了社会信用失范现象。

二、信用惩戒：遏制被执行人信用失范的制度尝试

自《若干规定》《关于对失信被执行人实施联合惩戒的合作备忘录》（以下简称《备忘录》）发布以来，失信被执行人信用惩戒措施得到了广泛应用，信用惩戒改变了司法执行机关及申请人在执行程序中的被动局面，有效缓解了被执行人信用失范问题，可视为公权力介入信用失范问题的有益尝试。

（一）失信被执行人信用惩戒制度的作用机理

失信被执行人信用惩戒主要是指当被执行人具有履行能力而拒不履行生效法律文书时，由法院主导对失信信息进行共享或公开，贬损公众对失信被执行人的信用评价，并

---

① 《民法总则》第7条：民事主体从事民事活动，应当遵循诚信原则，秉持诚实，恪守承诺。《中华人民共和国药品管理法》第85条：依法实行市场调节价的药品，药品上市许可持有人、药品生产企业、药品经营企业和医疗机构应当按照公平、合理和诚实信用、质价相符的原则制定价格，为用药者提供价格合理的药品。《中华人民共和国民事诉讼法》第13条：民事诉讼应当遵循诚实信用原则。

② 尽管如此，信用规则的成文法化仍有其不可否认的优势，因为法律具有道德或习惯所不及之强制实施力，违反道德或习惯层面的诚信规则，往往会受到社会舆论压力或良心谴责，而违法成文法意义上的诚信规则会面临相应的法律制裁。法律的缜密性和刻板性虽可能赋予失信者投机免责空间时，亦同时赋予社会信用关系最强有力的保护。

对其实施联合惩戒。失信信息公开的范围既包括对社会普遍公开,也包括有针对性地向相关单位或机构公开,失信被执行人信用惩戒之所以能够起到显著效果,与失信惩戒的作用逻辑密切相关。

1.通过失信信息的公开向失信者施加舆论压力

由法院主导公开的失信信息主要包括被执行人基本信息、生效判决中的案件信息及被执行人未执行的情况,此类信息的公开会降低公众对失信者的社会评价,可借助公众舆论,向失信被执行人施加精神压力,迫使其履行生效判决。如同约翰·布雷思韦特在讨论社群主义与羞耻时所言,"一个人需要整天忍受来自邻居之冷酷的目光,而法官冷酷地瞪他一眼的机会却只有一次"。① "全体公民构成了一个法庭,比其他所有法庭垒加起来还要重要。……它始终决定着公民的命运,它所作出的处罚无可逃避。"②失信行为归根结底是一种不为公众所容的信用失范行为,能够自发地引起社会公众的批判及厌恶。而生活在社群中的人以及活动在社群中的各种组织都渴望被社会中的他人或组织所接纳,受到他人的肯定或赞美,尤其是对与他人有着强烈依赖关系的人或组织来说,良好的信用是其参与社会竞争的无形资产,它将使一个人在生产及生活中获得更多的机会和选择。对于一个企业来说,良好的信用能够起到安全网的作用,降低突发事件或经济危机对企业、组织造成的冲击,减少企业、组织因不可控因素造成的损失,并使企业在市场活动中占据更有利的位置,如当公司决策者面临合作伙伴抉择问题时,往往会依靠信誉等来简化选择进程,因为将合同委托给一个信誉良好的公司要比委托给名声不好的公司安全得多。③ 公众舆论对失信被执行人所施加的精神压力实际上是一种广泛意义上的惩戒,它是决定事态发展的神秘力量,公众舆论的鞭笞对于失信者而言,犹如芒刺在背,迫使其不得不自觉履行生效判决,以抹去失信者的标签。因此,通过失信信息的公开向失信者施加舆论压力,亦是促使公众重塑诚实信用品格及交往习惯的推力。

2.借由失信信息的共享达成多部门联合惩戒

被执行人失信信息的公开可以产生舆论制裁力,会使生活及活动于社群中的失信被执行人受到来自四面八方的舆论影响,但舆论制裁并非时时有效,舆论制裁须诉诸失信被执行人的精神世界才能产生规约效用,对于在意自己信用或与他人有着强烈依赖关系的人或组织来说,这种惩戒方式,可能是有效的,但对于不在意自己信用的人或组织而言,则可能失效。因而,在《若干规定》出台之后,由国家发展改革委和最高人民法院牵

---

① 约翰·布雷思韦特:《犯罪、羞耻与重整》,王平、林乐鸣译,中国人民公安大学出版社 2014 年版,第 109 页。

② 转引自哈贝马斯:《公共领域的结构转型》,曹卫东等译,学林出版社 1999 年版,第 117 页。

③ Fombrum, *Reputation effects and the limits of contracting: A study of the Indian software industry*: Vol. 115, No.3, *Quarterly Journal of Economics*, 989-1017(2000).

头，人民银行、中央组织部等44家单位联合签署了《备忘录》，共提出八大类[①]55项惩戒措施。如果说公开失信被执行人失信信息是一种实际效用悬而未决的惩戒方式，那么联合惩戒则是促使被执行人失信信息公开后达成预期惩戒效果的保障措施，令失信被执行人感受到“一处失信，处处受限”的痛苦。信用习惯法对人的规约作用主要通过社会交往各方的内心认同及“熟人社会”的特质约定俗成地呈现出来，“熟人社会”的影响力使得信用习惯法在很长一段时间里发挥着规范社会交往活动的重要作用。而今的信用惩戒则是借助外力达成对失信行为的威慑及矫正作用，借由社会多元主体对失信者的“围剿”，将一种广泛意义上的惩罚变成一种清晰明朗的间接强制执行制度。

（二）失信被执行人信用惩戒制度存在的缺陷

失信被执行人信用惩戒制度是基于《若干规定》及《备忘录》形成的，前者用于明确哪些被执行人应当纳入失信名单、名单信息的具体内容以及公布的方式，后者用于明确失信被执行人将面临哪些联合惩戒措施。而如何认定失信行为，如何权衡失信名单公布信息的具体内容以及采用何种方式，以何种途径对失信被执行名单进行公布都是影响信用惩戒效果的关键因素，但《若干规定》中的制度设计相对比较简单，并没有就信用惩戒各环节的衔接及法院与其他单位相应工作的配合进行具体考量。

1.失信被执行人认定模糊

未执行案件中的被执行人可以分为“有履行能力却拒不履行”和“没有履行能力”两种情形。《若干规定》中虽对法院应当纳入失信被执行人名单的情形作出了规定，但其中“其他有履行能力而拒不履行生效法律文书确定义务的”指向并不明朗，较易引起争议。有履行能力却拒不履行，显然属于失信被执行人。没有履行能力，则当事人没有可供执行的财产，此时若没有履行法院生效判决，并非由主观原因所致，而是客观现实所导致的必然结果，若对没有履行能力的当事人施以信用惩戒，则背离了信用惩戒制度设计的初衷，因为当事人并没有主观上的故意失信情节。因而，在决定是否将当事人纳入失信被执行人名单时须对其是否具有履行能力作出清晰认定。由于《若干规定》并没有就履行能力设置具体的认定标准，实践中往往由法官来自行认定，不同法官对当事人是否具有履行能力的认知受到多种因素的影响，如结合当地经济发展水平、行业发展状况、社会生活水平以及当事人家庭生活状况等进行比照，可能得出不同的认定结果。“有履行能力”和“没有履行能力”之间往往不存在清晰的界限，二者并非非此即彼的关系，实践中不排除有一部分当事人是履行能力不足，而非完全没有履行能力，那么认定起来就更为复杂，

① 第一类是对失信被执行人设立金融类机构的限制措施；第二类是对失信被执行人从事民商事行为的限制措施；第三类是对失信被执行人行业准入的限制措施，例如限制招录（聘）其为公务员或事业单位工作人员等；第四类是对失信被执行人担任重要职务的限制措施，例如限制担任金融机构的董事、监事、高级管理人员等；第五类是对失信被执行人享受优惠政策或荣誉的限制措施；第六类是对失信被执行人高消费及其他消费行为的限制措施，例如限制乘坐飞机、列车软卧、高铁，限制子女就读高收费私立学校等；第七类是对失信被执行人限制出境、定罪处罚的限制措施；第八类是协助查询和公示失信被执行人信息的措施。

很可能出现同类案件的近似行为在由不同法官认定时作出不同的认定结果。

2.信用惩戒强度差异化

《若干规定》中规定各地人民法院可以根据实际情况，通过报纸、广播、电视、网络、法院公告栏等方式公布失信被执行人名单。实践中，失信被执行人信息公布的方式亦呈现出多样化的趋势，如利用抖音 App 晒“老赖”照片[①]、给“老赖”手机强设失信彩铃[②]、利用微信公众号或微信朋友圈晒“老赖”或在商业繁华区域的户外显示屏上，滚动播出失信被执行人名单信息，包括姓名、案号、案件类型等[③]，以图片文字和视频的形式，晒出失信被执行人的照片、姓名、地址、未执行标的额等信息。[④] 利用新媒体的影响力与便捷性公布失信被执行人信息，提升了失信被执行人的社会关注度，强化了公众对失信被执行人的舆论制裁力。但对于是否可以公开失信被执行人照片，《若干规定》并没有明确规定，实践中也并非所有地方法院都会在公布失信被执行人信息时，同时公布失信被执行人照片。失信被执行人名单信息公布之后的直接结果是被执行人名誉受到一定程度的贬损，公众接收失信被执行人信息的方式越便捷越直观，对当事人名誉贬损的力度也越大，信用惩戒的强度也愈大。新媒体为法院采用多种形式公布失信被执行人信息提供了便利，但在经济欠发达地区，公众通过新媒体获取失信被执行人信息则较为困难，客观上造成了失信信息公开效果及信用惩戒强度的差异化。相比较而言，韩国的债务不履行者名簿的公开则显得审慎得多，司法辅佐官可以将名簿副本送达债务人所在地区的相关机构，公众亦可阅览和复制，但却禁止公开发行该名簿。[⑤]

3.信用惩戒措施过度延伸

由于收效显著，信用惩戒亦在实践中不断变换出新思路，乃至有过度延伸惩戒对象及范围的嫌疑。如曾有消息称“儿子因老爸失信行为而差点无法被知名高校录取”，在网上引起热议。《备忘录》中仅设置了限制失信被执行人子女就读高收费私立学校的惩戒措施，并没有限制失信被执行人子女就读知名高校，对惩戒措施进行扩张解释，则会损害他人合法权益，弱化信用惩戒的正当性。有的地方将信用惩戒与所有权处分挂钩，规定有不良信用记录的，不能出售出租房屋；或者父母有失信记录的，儿女不能作为公务员招录对象，这都属于对信用惩戒措施的过度延伸[⑥]，违反了禁止不当联结的法治原则。禁止

① 《南宁一法院抖音晒老赖信息，新举措获最高法点赞》，http://news.163.com/18/0620/20/DKP5ORB70001875P.html，下载日期：2019 年 11 月 20 日。

② 《老赖手机被强设失信彩铃，称“受不了”把钱还了》，http://news.sina.com.cn/s/wh/2017-06-12/doc-ifyfzhac1484084.shtml，下载日期：2019 年 11 月 20 日。

③ 《李保光：青岛 1300 余“老赖”上黑榜 闹市电子屏滚动曝光》，http://news.bandao.cn/news_html/201411/20141105/news_20141105_2469842.shtml，下载日期：2019 年 11 月 20 日。

④ 《精准晒老赖，三门峡法院利用微信朋友圈曝光失信被执行人》，https://finance.jrj.com.cn/2017/11/17082023401137.shtml，下载日期：2019 年 11 月 20 日。

⑤ 林婷莉：《我国失信被执行人信用惩戒制度的完善——基于德韩两国比较借鉴》，载《绵阳师范学院学报》2016 年第 12 期。

⑥ 罗培新：《惩戒失信者不该“多迈一步”》，载《解放日报》2018 年 7 月 24 日。

不当联结原则要求公权力主体作出公权力行为时，应避免将不相干的主体与不相关的行为因素进行无端关联，导致无辜主体承受他人行为的不利后果。[①] 我国失信被执行人名单制度与德国的债务人名册制度及韩国债务不履行者名簿制度较为近似，但后两者则主要将之作为一种信息公开措施，且对名册或名簿的公开设置了一定的限制条件，如德国增加了目的性限制，用以保护债务人信息自主权。根据第882f条的规定，经证实可查看的目的为：(1)为强制执行目的；(2)为履行法定的资信审查义务；(3)审查是否具备给予公共福利的条件；(4)为避免债务人不履行支付义务导致的经济不利；(5)为刑事诉讼和执行判决的目的；(6)为获取关于本人的记录信息。[②] 而我国则鼓励并积极推动失信黑名单信息的普遍公开，公开路径及形式多种多样，且在信息公开之后失信被执行人必然面临55项联合惩戒所带来的负面后果。显然，我国失信被执行人黑名单制度较之德国与韩国的名册或名簿制度的惩戒性倾向更突出。尽管出于迫使失信被执行人履行义务的目的一定范围地实施联合惩戒有其正当性，但若过度延伸信用惩戒的对象及范围，则易引起公众对信用惩戒制度合理性的质疑。

4.信用惩戒错误救济不足

《若干规定》修订版虽规定了被纳入失信名单后应当删除的情形，但并未涉及信息出现谬误致信用惩戒对象错误的赔偿问题，亦没有对如何消除当事人因错误信用惩戒造成的负面影响作出安排。失信被执行人信用惩戒既包含了由法院主导实施的公众舆论制裁，也包含了由多部门联合实施的惩戒措施。被纳入失信名单公布后，必然会面临两种后果：一是受到来自公众的共同抵制或否定性评价，并因之承受一定的舆论压力；二是不得不面对多部门的联合惩戒。从信用惩戒的实际效果角度考量，当被执行人失信信息被删除之后，多部门联合惩戒也会及时解除，多种受限权益即可恢复，但失信者受损的名誉或信誉却不会因信息的删除而马上恢复。事实上受信用惩戒的失信被执行人除不得不面对《备忘录》中所规定的联合惩戒外，还必须面对信用贬损对其生活、工作、学习等各方面造成的负面影响。当失信信息被删除后，当事人名誉权益、资格权益乃至财产权益等所受到的负面影响亦可能延续存在，因此，有必要赋予被执行人相应的权利救济途径，以保障其合法权益。

三、借由信用惩戒归正被执行人信用失范的制度完善进路

从信用惩戒的实际应用效果来看，其不失为应对被执行人信用失范的有效措施，但从被执行人权利保护及社会诚信氛围营建角度而言，该制度尚需基于现有问题作进一步完善。

---

① 胡建淼：《法治禁止不当联结》，载《学习时报》2019年8月21日。

② 丁启明：《德国民事诉讼法》，厦门大学出版社2016年版，第212～214页。

(一)审慎失信被执行人的认定

为避免在认定是否为具有履行能力的被执行人时法官对于同类案件的近似行为出现不同认定结果,应当统一规范失信被执行人的认定标准,对于是否将被执行人纳入失信黑名单进行公布,应当审慎而为。《若干规定》第1条虽明确了应当纳入失信被执行人名单的几种情形,但规定仍较为宽泛,可考虑在此基础上对失信被执行人的认定作进一步的细化。严格区分"履行能力不足"和"有履行能力",不能将履行能力不足而未履行的当事人视同有履行能力而拒不履行的当事人,在决定是否将其纳入失信黑名单时可以当事人是否能够提供其确实不能履行义务的相关证明为准,同时核实当事人的财产状况。如被执行人是自然人的,可根据是否能提供证明其为"五保"人员或者低保对象的证据来判断是否具有履行能力;被执行人是法人或其他组织的,核实其是否存在未申报财产或者申报不实的情况。在认定当事人是否以伪造证据、暴力、威胁等方法妨碍、抗拒执行时,可以被执行人是否存在伪造、隐藏、毁灭有关被执行人履行能力的重要证据,妨碍人民法院查明被执行人财产状况;指使、贿买、胁迫他人对被执行人的财产状况和履行义务的能力问题作伪证等情节为依据,具体可参考黑龙江法院的经验。[①] 只要被执行人能够参照相关依据和标准提供自己属于失信黑名单应当排除的情形,就应避免将其纳入黑名单。

(二)规范信用惩戒适用对象及惩戒方式

从理论上而言,司法中信用惩戒的适用对象应为失信被执行人,但从信用惩戒的实际应用情况来看,其负面影响已然辐射至失信被执行人的家人。如父母是失信被执行人的,子女不能就读私立高收费学校,不能招录为事业单位工作人员。其中,失信被执行人的子女不能就读私立高收费学校,可从《若干规定》中找到依据。设置该信用惩戒措施的目的在于遏制一些明明有经济能力让子女就读贵族学校,却拒不执行法院生效判决的"老赖"行为,且限制失信被执行人子女就读高收费私立学校并没有剥夺子女的受教育权,失信被执行人的子女仍可就读普通学校。而限制被执行人子女报考事业单位[②],已经直接影响到被执行人子女的合法权益,亦缺乏相应的法律依据。将信用惩戒负面效果的辐射范围拓宽,虽有利于遏制老赖行为,不乏有一些老赖因惧怕其失信记录会影响子女前程而纷纷自动履行生效判决。但在没有法律依据或法理支撑的基础上,以父母失信为由对其子女权利进行限制,显然违反了相对性原则。信用惩戒不应以追求惩戒效果为唯一考量,其适用须有充分的正当性,信用惩戒的对象应尽可能地限制为失信被执行人,仅在必要时,才考虑将信用惩戒的负面影响辐射于失信被执行人的子女。

---

① 《全省法院公布失信被执行人名单信息工作实施细则(试行)》中第6~13条的规定。

② 《父亲是失信被执行人,女儿考上事业单位政审受阻》,https://www.thepaper.cn/newsDetail_forward_4294859,下载日期:2019年11月30日。

如同以盗窃数额多少作为盗窃罪的量刑依据，区分不同的量刑标准一样，合理的信用惩戒亦应在区分老赖失信程度的基础上给予不同严厉程度的信用惩戒。对此，一方面应对现有的信用惩戒措施的严厉程度进行分级，如通过只公布失信信息，不实施联合惩戒；既公布失信信息又实施联合惩戒，乃至通过联合惩戒措施的叠加数量、失信信息公布的直观程度及失信信息公布的范围等来划分信用惩戒的严厉程度，并做好法院与其他机关相应工作的配合和协调。另一方面可通过建立失信评级体系对失信被执行人拒不执行的主观恶性和失信行为的严重性进行认定和评价，在此基础上给予合理的信用惩戒，以免过犹不及。任何一项惩戒措施都非以惩戒特定对象为最终目的，而是要恢复被特定对象所破坏的社会秩序。

（三）拓宽信用惩戒错误的救济路径

修订后的《若干规定》第 10 条、第 11 条、第 12 条等对失信信息的纠正和删除作出了更为细致的规定，如第 11 条和第 12 条中分别规定了公民、法人或其他组织认为不应将其纳入失信被执行人名单的，可以向法院申请纠正。若法院作出驳回决定，公民、法人或其他组织可以向上一级人民法院申请复议，但并没有就被错误纳入失信名单的被执行人的损害赔偿问题作出规定，亦没有对如何消除信用惩戒所产生的负面影响作出设置。如前所述，若被错误纳入失信黑名单，即便失信信息删除了，因失信名单公布导致的当事人名誉权益、资格权益乃至财产权益等受到的负面影响亦可能延续存在。对此，可考虑拓宽信用惩戒错误的救济途径，如对错误纳入失信名单的被执行人是否可以申请国家赔偿及在何种情形下可以申请国家赔偿作出更明确的规定，确保该救济具有可操作性。被错误纳入失信名单的被执行人信誉的贬损是由法院公布失信名单所导致，因而，应赋予当事人请求法院采取合适方式恢复其信誉，消除负面影响的排除损害请求权。此外，在信用惩戒的退出方面，德、韩两国规定了信息的消除和监督的法律救济渠道，包括作为被执行人的信息惩戒的异议以及债权人申请不能的异议，很好地平衡了当事人之间的权利保护问题。[①] 我国亦可考虑通过设置被执行人的异议期限来降低错误适用信用惩戒的概率，即在决定将被执行人纳入失信被执行人名单的，及时将该决定及所包含的信用惩戒风险告知当事人，并经过了异议期后再予公布。

（四）强化对信用惩戒适用的监督

最高人民法院《关于人民法院执行工作若干问题的规定（试行）》中的第 15 部分对执行监督作出了规定，上级法院对于下级法院的执行工作可以采用多种方式进行监督，但它主要涉及的是法院内部监督。[②] 而信用惩戒是由法院主导对失信信息进行共享或公

① 林婷莉：《我国失信被执行人信用惩戒制度的完善——基于德韩两国比较借鉴》，载《绵阳师范学院学报》2016 年第 12 期。

② 江必新：《强制执行法理论与实务》，中国法制出版社 2014 年版，第 433 页。

开,贬损公众对失信被执行人的信用评价,并由 40 多个不同单位对其实施联合惩戒,因而有必要就法院与其他单位相应工作的配合进行具体考量,并对信用惩戒的实施情况进行监督,避免信用惩戒实施层面的不公正。譬如,同为失信被执行人,但因联合惩戒机构工作配合不到位,造成事实上权利受限出入较大。无论是限制失信被执行人在夜总会、高尔夫球场消费,还是限制其一定范围的旅游、度假,都需有相应的监督或阻却措施,才不至于使此项联合惩戒措施的效果落空。由于信用惩戒包含失信黑名单公布及联合惩戒两部分,因此,对信用惩戒的监督可考虑从两个层面展开:一是上级法院对下级法院是否合理认定失信执行人进行监督,上级法院既可主动监督也可以通过审核被执行人复议申请实施监督,造成严重后果的,应按照有关规定追究有关主管人员和直接责任人员的责任。二是在实施联合惩戒的诸家机构和单位间设置联合惩戒工作衔接机制,确保失信信息及时、有效、准确共享,保障信用惩戒的顺利进行,并由有权机构及主体对各单位实施联合惩戒的情况进行监督,促进法院与其他机构、组织相应工作的配合和协调。

(五)强化诚实守信认知与习惯

从信用失范问题的发展态势来看,其既不能全然依靠道德习惯的内化来疏解,也不能全然仰仗法律规范的规约来剔除,因为,纯粹从道德层面提倡诚实信用的品格或从法律层面惩戒失信违法行为都无法完全抑制信用失范现象。被执行人信用失范只是社会信用失范问题中的冰山一角,但也是诸多信用失范行为中最让公众痛恨的一类。因此,失信黑名单制度大刀阔斧地在全国范围内推行,并取得了显著成效。但司法执行中信用惩戒制度的功用不应停留于解决执行难问题,而应基于惩戒失信"老赖"的示范效用,引导公众重塑诚实信用观,从根源上剔除失信行为滋生的土壤。一方面,应强化失信被执行人信用惩戒效果及示范效应,巩固"一处失信,处处受阻"的联合惩戒合力,形成全社会范围内对失信行为的共同抵制,依赖公众舆论力度及抵制失信的行动选择凝聚对失信行为的修正力,激发公众重塑诚实守信的认知与习惯。另一方面,可借由信用惩戒的示范效应带动信用习惯的内化。守信与失信间的意识切换,很大程度上与主体的精神或物质利益相关,诚实信用对人们社会交往行为的规范作用亦是通过一定的精神慰藉和物质利益体现出来的,即要求参与社会交往的各方都能自觉采取合乎诚信及信用价值的方式行为,才能获得其所期待的经济或物质利益,并且诚实信用及于人的价值体验并不总是通过物质利益体现出来,亦体现为个体受他人尊重及肯定的精神需求。但这种心理需求的满足并不完全掌握在行为人自己手中,而需要行为人以符合社会期望的方式行动来获取其他社会公众的认可,经由他人评价及自我评价后才最终形成受人尊重与恭敬的自我体验。失信显然是背离社会期望的,会影响公众对失信者的尊重、恭敬及总体评价,从这一角度而言,社会交往中的信用规则与习惯塑造了人们间交往的内生秩序。因此,可借由信用惩戒的示范效应,实现国家法律与诚实守信交往规则及习惯的协作与共融,使诚信交往习惯充分发挥出国家法律所不能之功效,带动传统诚信观念的回归。

Credit Failure and Correction of the Executed Person

He Yiting

Abstract: The frequent phenomenon of social credit failure is related to the loss of credit customary law, and credit punishment in judicial execution is an innovation of means in the implementation of deterrence. Through the public sharing of information and joint disciplinary action in multiple departments, the person who has lost his trust is prompted to comply with the effective judgment. However, there are still defects in the system of breach of trust, which is found by the executor to be fuzzy, the differentiation of the intensity of punishment, the excessive extension of disciplinary measures and the lack of relief. It is necessary to perfect this system from the aspects of carefully identifying the person who has been executed for breach of trust, regulating the applicable object and punishment method of credit punishment, broadening the relief path and strengthening supervision. And based on the exemplary utility of punishing the person without credit, guide the public to reshape the concept of honesty and credit, strengthen the understanding and habit of honesty and trustworthiness.

Key Words: credit; credit failure; credit discipline; credit habits

高校校规与国家法律之间关系的学理阐释

——基于最高人民法院司法态度的考察

聂帅钧*

摘要：高校校规与国家法律之间的关系定位缺乏清晰的认识，亟须法学理论的认真对待。重新解读四起典型的教育行政诉讼案件，可以发现最高人民法院针对高校校规与国家法律之间的定位作出了两种不同的司法判断，分别是横向对等关系和纵向位阶关系，但这两种相反的判断面临着逻辑不能自洽的困境。从高校办学自主权的视角探究，两种司法判断最终源于国家行政权与社团自治权的定性之争。相应地，在学理层面统合办学自主权的两种属性是解决最高院逻辑悖论的最佳方案。基于保障高校内部成员基本权利的需要，高校办学领域存在法律保留原则的适用空间，但学术性事务应适用低密度的法律保留，同时国家法律也应是原则性的框架规定。

关键词：大学自治；高校校规；国家法律；办学自主权

一、问题的提出

当前，无论是深化高等教育领域“放管服”改革抑或是推动大学治理现代化，都离不开作为“规则之治”的高校校规提供制度保障。尤其是在全面推进“双一流”建设以及贯彻实施依法治校的新形势背景之下，更需要高校校规作为有效治理的基础。自不待言，校规既是大学行政权力与自治权力行使的重要依托，更应是保障学生权利的“圣经”。①但在实践中，由于僭越法律的校规而致使学生被开除的事件屡见报端，比如，重庆邮电学院女大学生因怀孕违反校规而被学校开除②、成都两大学生因在教室拥吻违反校规而被学校勒令退学③，等等，诸多事例不一而足。由此需要进一步思考的问题便是，高校校规

* 聂帅钧，上海交通大学凯原法学院宪法学与行政法学专业博士研究生。

① 杜健：《大学校规司法适用的逻辑梳理与路径创新》，载《中国高教研究》2018年第7期。

② 王晓东：《女生怀孕两学子被除名，学校行为于法有据吗》，载《北京青年报》2002年12月1日。

③ 聂超：《大学生教室接吻被勒令退学，校方称是非法性行为》，载《重庆商报》2004年9月3日。

是不是法律规范，其是否具有法源地位？高校校规与国家法律[①]之间究竟是何种关系？两者之间的边界究竟在哪里？应当如何实现高校校规所塑造的校内秩序与国家法律所代表的社会秩序之间互动协调？这些都是亟待厘清的关键性理论问题，因为这些棘手难题不仅关系实现大学自治与国家法治之间的平衡，还涉及保障学生受教育权和落实高校办学自主权。但令人遗憾的是，现有的研究大部分集中于高校校规的法律性质以及司法审查方面，而鲜有关注高校校规与国家法律之间关系定位的问题，这就使得关于高校校规法律地位的研究既不全面也不深刻。因而，本文将从整理相关司法判例入手，厘清司法权对高校校规与国家法律之间关系的定位及其背后的影响因素，以期为进一步完善高校校规的制定提供学理支撑。

二、高校校规与国家法律之间关系的司法判断

随着《行政诉讼法》中"法律法规授权组织"条款内涵的泛化，司法权顺势介入"象牙塔"的内部治理，"学生告母校"也理所当然地归入行政诉讼的受案范围。而在对高校行政管理行为进行司法审查时，法院难免要对该行为所依据的高校校规进行合法性审查，这时就势必要对高校校规与国家法律两者之间的关系作出明确的判断。正是基于这一前提，笔者在下文中将选取四件能够代表最高人民法院（以下简称"最高院"）司法态度的标志性案例[②]作为分析对象，希冀通过整理这些案例的裁判思路以揭诸最高院针对高校校规与国家法律之间关系的观点与立场。

（一）横向对等：高校校规与国家法律并行

就高校校规与国家法律之间的关系而言，在田永案[③]中，法院指出北京科技大学的校规（068 号通知）"不仅扩大了认定'考试作弊'的范围，而且对'考试作弊'的处理方法明显重于《普通高等学校学生管理规定》（1990 年，已失效）第 12 条的规定，也与第 29 条规定的退学条件相抵触，应属无效。"可见，在本案的裁判理由中，法院先承认高校具有办学自主权，后提出高校校规的合法性标准在于"不违背"国家法律。很显然，田永案判决在法律规范与校规之间明显地划出了区分界限，这也意味着这项判决所立足的是国家—社会二元化的立场。[④] 简单地讲，法院认为高校校规作为自治规范与国家法律分属于不同的

---

① 需要说明的是，为了方便讨论，本文中的高校校规采用的是广义概念，即包括大学章程这一类别，这是因为本文是从高校校规的整体角度来考察其与国家法律的关系问题。但从学理上讲，大学章程不同于高校校规，章程是一校之内的"最高法"，高校校规必须以章程为依据制定，校规是章程的具体化、规范化与制度化。湛中乐、徐靖：《通过章程的现代大学治理》，载《法制与社会发展》2010 年第 3 期。而国家法律则包括立法机关和行政机关制定的法律。

② 这些案例分别来源于《最高人民法院公报》《中国行政审判指导案例》以及最高人民法院发布的"指导性案例"。值得说明的是，尽管以上述方式发布的大多案例并非最高人民法院直接审理，但在某种程度上讲，这些经过最高院层层筛选和重新编写的案例能够代表其司法判断，并对下级人民法院审理同类案件具有事实上的拘束力。

③ 该案刊载于《中华人民共和国最高人民法院公报》1999 年第 4 期，并被列为指导案例 38 号。

④ 朱芒：《高校校规的法律属性研究》，载《中国法学》2018 年第 4 期。

规范体系,二者之间是横向并列关系,“068 号通知”就“考试作弊”所设定的事项、效果以及“按退学处理”的条件不能侵入国家法律的调整范围之中。进一步讲,此时在校规和法律规范之间并不存在纵向的上下位阶关系,从而也不存在法律优位原则的适用空间。[①]

随后,甘露案[②]的裁判思路继续沿袭了这一司法定位。在该案中,法院认为,由于国家法律中的“剽窃、抄袭他人研究成果”仅存在于“高等学校学生在毕业论文、学位论文或者公开发表的学术文章、著作,以及所承担科研课题的研究成果中”,而不包括课程论文抄袭的情形,所以暨南大学的校规不能违背该立法本意。就此而言,有学者从法教义学的立场出发,指出该解释结果属于限缩的解释,本来未加限定的“剽窃、抄袭”变成了限定“特定情形下的剽窃和抄袭”。[③] 虽然说这种判断固然能够成立,但其过于技术化且浮于表面,未能真正反映出裁判理由背后所隐匿的司法判断逻辑框架。其实,如果从高校校规与国家法律之间关系的角度加以理解,法院的裁判思路则意味着暨南大学所公布校规(即《暨南大学学生管理暂行规定》第 53 条第 5 项与《暨南大学学生违纪处分实施细则》第 25 条)的具体内涵不能扩大或替代国家法律[《普通高等学校学生管理规定》(2005 年,已失效)第 54 条第 5 项]规定的“剽窃、抄袭”的情形。反过来说,“剽窃、抄袭”范围属于国家法律的设定权限,而不能由高校校规予以自主创制,高校校规既不能侵入国家法律的边界,亦不得违背国家法律的立法精神。可见,甘露案是再次将高校校规与国家法律置于同一平面上的并列关系,两种规范之间并不存在类似于“高级规范”与“低级规范”的上下等级关系。但令人吊诡的是,甘露案公报案例版本中裁判摘要“不违反上位法规定精神的校纪校规”这一表述似乎又否认了两者相互对等的地位,将高校校规作为国家法律的下位法。那么随之而来的问题便是,应该如何理解裁判摘要与裁判理由之间在逻辑上出现的断层,其究竟是最高人民法院有意为之还是无意之举?鉴于下文还要详述个中缘由,在此不赘。

(二)纵向位阶:国家法律优先于高校校规

然而,不同于以上案件中横向并列关系的定位,武华玉案[④]中的司法立场发生了明显的转变。在该案中,法院认为华中农业大学根据《学位条例暂行实施办法》第 25 条的授权,“有权制定《华中农业大学学位授予工作实施细则》,且《华中农业大学学位授予工作实施细则》与《中华人民共和国学位条例》和《国务院学位委员会关于对〈中华人民共和国

① 陈越峰:《高校学位授予要件设定的司法审查标准及其意义》,载《华东政法大学学报》2011 年第 3 期。

② 最高人民法院行政判决书(2011)行提字第 12 号,该案刊载于《中华人民共和国最高人民法院公报》2012 年第 7 期,并被收编为《中国行政审判案例》第 3 卷第 93 号案例,由于该案是被最高人民法院提审,所以其更能准确地反映出最高院的司法态度。

③ 蔡琳:《不确定法律概念的法律解释——基于“甘露案”的分析》,载《华东政法大学学报》2014 年第 6 期;朱思懿:《高校开除学籍处分的司法审查——以“甘×诉暨南大学开除学籍决定案”为中心》,载《公法研究》2014 年第 1 期;钱昕,杨朝程:《论限缩解释在行政审判中的具体适用——以“甘露诉暨南大学开除学籍案”为例》,载《山东审判》2014 年第 2 期。

④ 最高人民法院行政审判庭:《中国行政审判指导案例(第 1 卷)》,中国法制出版社 2010 年版,第 43~47 页。

学位条例〉等有关法规、规定解释的复函》的规定不相抵触”。从裁判理由的文字表述中不难看出，法院是采取“不抵触”的审查标准来判断高校校规与国家法律之间的关系——即国家法律优先于高校校规，也就是所谓的法律优先原则。据此原则的要求，低位阶法律规范的制定必须以高位阶的法律规范为依据，前者必须服从于后者并不得与之相抵触。[①] 这也就意味着高校校规的效力位阶在国家法律之下，正因如此，该案的“裁判要旨”部分明确提出了“上位法”的概念[②]。不难看出，“校规不抵触上位法规定”的司法判断框架实则是把高校校规纳入国家教育法律体系之中并将其视为整个法秩序的一环，即国家法律与高校校规之间构成上下位法的纵向位阶关系。

上述裁判路径在何小强案[③]中得到了再次确认。该案中，法院认为“华中科技大学将英语四级考试成绩与学士学位挂钩，是在法律法规的授权范围之内，并没有违反《中华人民共和国学位条例》第 4 条和《中华人民共和国学位条例暂行实施办法》第 25 条的原则性规定”。显然，在法院看来，就学术事务而言，国家法律和高校校规之间存在着“国家授权—依法设定”的立法传送带关系，高校校规在国家法律授权的框架范围之内具有自主的形成空间，并可针对学位授予标准作出相对具体的规定。而经过“剪裁”发布的指导案例 39 号裁判理由中“被告制定的《华中科技大学武昌分校授予本科毕业生学士学位实施细则》第 3 条的规定符合上位法规定”的新增表述更加凸显了这种司法认知。由此不难推导出，最高院在高校学位授予案件中的司法审查逻辑是——“国家法律是上位法，高校校规不得与其抵触”。相应地，这一司法判断隐含了高校学术事务领域中国家法律与高校校规的两点关系：其一，高校校规是国家教育法律体系的重要组成部分且位于高等教育法秩序的末端；其二，高校校规是国家法律的具体化与特定化并在其授权范围内具有裁量空间。

（三）殊途同归：表面的分歧与内在的共识

通过梳理以上案例，可以观察到最高院针对高校校规与国家法律之间关系的定位出现了严重的分歧：一种认为高校校规与国家法律并行（横向对等），另一种却认为国家法律优先于高校校规（纵向位阶）。从表面上看，两种不同的司法判断框架好像相互抵牾，法院似乎“迷失”于国家法律与高校校规间纵横交错的关系之中。但是细细分析，看似大相径庭的观点背后其实还存在着深层次的司法共识——即不管最高院是从横向对等层面还是纵向位阶维度来考察高校校规与国家法律之间的关系，它们都是建立在尊重办学

① 周佑勇：《行政法中的法律优先原则研究》，载《中国法学》2005 年第 3 期。

② 学者朱芒教授认为“武华玉案”首次明文提出“上位法”的概念，其可理解为最高人民法院行政审判庭对此判决内容在用语方面予以的归纳和提升。朱芒：《高校校规的法律属性研究》，载《中国法学》2018 年第 4 期。

③ 该案刊载于《中华人民共和国最高人民法院公报》2012 年第 2 期，并被列为指导案例 39 号。

自主权[①]或者是学术自由的基础之上。就办学自主权而言，在田永案中，法院认为“高等学校依法具有相应的教育自主权”，而在甘露案中，法院认为“暨南大学有权对受教育者进行学籍管理”；就学术自由而言，在武华玉案的评析部分，法院指出“必须考虑到‘高校学术自治权’的健康发展，司法审查不宜对其过多干涉，应以有限审查为原则，以必要为限度”，而在何小强案中，法院认为“华中科技大学在此授权范围内将全国大学英语四级考试成绩与学士学位挂钩，属于学术自治的范畴”。需要说明的是，在田永案和武华玉案中，尽管法院是从程序方面入手来审查高校行政管理行为，但这并不等同于司法的退让，也不意味着在高校与学生之间的实体权利义务中建立起隐性的特别权力关系，相反，这种以程序性事项为主的有限审查模式，既贯彻了正当程序的司法理念，又彰显了法院对高校学术自治中“判断余地”的尊重。

从宪法学的视角来看，学术自由与办学自主权分属于两个层面上的概念，二者之间是一种目的与手段的关系，其中，学术自由是宪法上的基本权利，而办学自主权则是实现学术自由的制度性保障。一方面，尽管我国宪法文本中并没有规定学术自由，但《宪法》第47条“科学研究自由”的规定为证成学术自由的宪法地位提供了解释空间。作为一种基本权利，学术自由的权利主体不仅包括追求真理、创造知识的教师与学生，还涵盖高校、研究院等学术机构。另一方面，学术自由兼具“主观权利”与“客观价值秩序”的双重属性。在主观权利层面，高校享有不受国家权力肆意干预的自由。在学术自由权的客观价值秩序作用下，国家负有两个义务，一为国家应提供人力、财力，以及组织力，以实现或促进学术及其研究；二为应提供适当组织性措施，使学术活动自由不受侵犯。[②] 所以，国家扩大和落实高校办学自主权的若干改革举措可视为学术自由客观价值秩序功能的体现，更准确地讲，办学自主权是维护高校从事学术自由、开展教与学活动的制度性保障。从这个意义上讲，司法实践中对学术自由的尊让可等同于是对高校办学自主权的承认与尊重，因此可以说，上述四个案件的司法共识在于都尊重了高校办学自主权。而这就衍生出了一系列非常值得探讨的话题，那就是：(1)应该如何理解高校办学自主权的法律性质？(2)为什么最高院基于尊重高校办学自主权的内在共识还会出现两种不同的司法判断？(3)这两种相反的司法判断之间是否存在逻辑体系上的悖论？对于这些问题，下文将一一予以明确的解答。

三、高校校规与国家法律之间关系的学理分析

应该说，明晰高校办学自主权的法律性质是探究其如何影响最高院判断高校校规与

① 为了避免行文逻辑上的混乱，下文将统一使用官方文件中“办学自主权”这一本土化概念来装置“教育自主权”“大学自治”的具体内涵。对此，有学者曾指出“高等学校办学自主权”与西方的“大学自治权”相比，多了一个“办学”的限定词，属于典型的中国话语。蒋后强：《高等学校自主权研究：法治的视角》，法律出版社2010年版，第21～22页。

② 董保城：《教育法与学术自由》，台北月旦出版社1997年版，第120页。

国家法律之间关系的前提条件。在此基础之上，笔者将进一步阐释两种司法判断与高校办学自主权之间的内在关联，并从学理维度提出解决两种相异司法判断逻辑不能自洽的出路。

(一)高校办学自主权法律定位的理论争鸣

一直以来，学界关于高校办学自主权法律性质的定位争议颇多，但总体上可归纳为国家行政权与社团自治权两种观点。事实上，若从规范角度加以解读，无论是《高等教育法》第11条中的“依法自主办学”，还是第32条至38条所列举的七大类事权均没有明确高校办学自主权是授予的权力还是固有的权利。因此，将高校办学自主权理解为国家行政权或是社团自治权都不会与这些条款的字面含义相冲突。但是，若从理论层面加以审视，可以发现将办学自主权定位成国家行政权主要有公务法人说、法律法规授权说以及国家放权说等理据，而定位成社团自治权则是立足于社团自治说。

本质上讲，公务法人说、法律法规授权说与国家放权说的论证思路有着微妙的差异：前两种将高校定位成具有行政诉讼被告资格的行政主体，以此来证成高校办学自主权属于国家行政权；后一种并没有探究高校的法律地位问题，而是直接认为高校办学自主权来源于政府放权。具言之，公务法人说认为，学校作为事业单位，既享有一般民事主体的法律地位，又有区别于民事主体而近似行政主体的法律地位，可将其定位于公务法人，并区分公务法人与其利用者之间的不同种类的法律关系，提供全面的司法救济途径。[①] 尽管该说从制度借鉴层面提出要采用公务法人概念的观点具有很大的创新性，但其很难融入我国的法律文化和法治实践，可能面临着水土不服的情况。因为我国法学界认为法人是一个民法概念，只有私法(民法)上才有法人问题，而公法上没有法人的问题[②]，所以该说面临着重塑行政主体理论的巨大挑战。法律法规授权说认为，高校依据法律、法规、规章的授权，可以成为行政主体。[③] 严格地讲，该说需要明确、直接的行政法规范作为授权依据，但现行教育法规范并不能为所有的高校管理行为提供具体依据，因此该说存在着授权依据概括化的趋势。此外，亦有学者认为授权规范所授之权并不能当然地解释为国家行政权。[④] 例如，单单根据《教育法》第21条、第22条之规定，断言学校颁发毕业证、学位证是一种代表国家的行政权力，论理上并不十分周延。[⑤] 相比之下，国家放权说认为，

---

① 马怀德:《公务法人问题研究》，载《中国法学》2000年第4期。

② 葛云松:《法人与行政主体理论的再探讨——以公法人概念为重点》，载《中国法学》2007年第3期。

③ 周佑勇:《行政法原论》，北京大学出版社2018年版，第113页。

④ 学者袁明圣教授从权力作用对象(范围)是否具有开放性的角度出发，认为学业证书颁发权和学位授予权属于高校的固有权利，不属于行政权的范畴，并不存在授权的前提和基础。袁明圣:《解读高等学校的“法律法规授权的组织”资格——以田永诉北京科技大学案为范本展开的分析》，载《行政法学研究》2006年第2期。

⑤ 学者沈岿教授认为，仅就《教育法》第21条、第22条文字的意义而言，国家实行某种制度和国家在这方面享有独占的管理权力之间并不能画等号(试比较国家实行社会主义市场经济制度)；经国家批准设立或认可的一个组织按照国家规定作出某个行为，并不意味着这个组织是代表国家行使公共权力(试比较经国家批准设立的企业之间依法签订合同的行为)。沈岿:《公法变迁与合法性》，法律出版社2010年版，第119页。

办学自主权不是一项民事权利,而是政府下放给学校独立行使的行政权,这是一种必须根据公认的合理性原则行使的公权力。① 可见,该说认为办学自主权是国家与高校之间的权力再分配,两者只存在权力的转移而没有权力的分化,其背后仍是高校从属于政府的理念,并不承认高校的独立性。

但与上述三种学说截然相反的是,社团自治说认为办学自主权并非来自国家"授权",而是属于大学固有的"自治权",本质是一种社团自我管理的权利。② 显而易见,该说认为办学自主权既是高校相对于国家的自治权利,又是相对于学生及教职工的自治权力,其背后蕴含着"社会先于国家"的思想。然而,尽管该说体现了宪法上的学术自由权,但其并不能充分解释为何计划经济时期政府能对高校进行集权管理的现象。总之,这四种学说从不同视角为办学自主权的两种互异法律属性提供了理论支撑,虽都有可取地方,但亦有缺陷之处。

(二)基于办学自主权不同认识的司法判断

理论上讲,判断高校校规与国家法律之间关系的核心在于厘清校规制定权的权力来源,原因在于:如果校规制定权来源于自治权力,那么高校校规与国家法律就可归为并列平行的二元规范体系;反之,如果校规制定权来源于国家权力(以下简称"国家授权说"),高校校规就自然属于国家法律体系的组成部分(即一元法律体系)。事实上,针对校规制定权的权力来源存在着两种不同观点:一种基于"国家"一元权力观的立场,认为校规制定权来源于国家权力的授予;另一种则基于"国家—社会"二元观的立场,认为校规制定权来源于宪法效力位阶的基本权利——学术自由权利。③ 笔者以为,"国家授权说"虽有些许道理,但仍存在以下三点缺陷:其一,"国家授权说"其实是从高校与国家(政府)的外部关系向度来看待校规制定权来源,而忽视了作为社会组织的高校拥有对其内部事务进行自主管理的权力。毕竟,大学为实现其管理学生的职能,必须要有权力制定校规校纪,这也是学校"按照章程自主管理"的应有之义。④ 其二,"国家授权说"加剧了教育行政法概念体系的混乱。这是因为根据教育法理论,办学自主权的内涵主要包括自治规章制定权、组织自主权以及教育事项执行权。⑤ 按照种属关系的逻辑,校规制定权理应归属于办学自主权这个上位概念,即校规制定权派生于办学自主权,而"国家授权说"则很容易造成校规制定权、办学自主权、国家权力三种概念逻辑关系的混乱。其三,"国家授权说"与高校"去行政化"的改革思路相悖。众所周知,高校"去行政化"改革的基本要义在于落实高校法人地位和办学自主权,但"国家授权说"意味着高校制定校规须经法律授权,这也就否认了高校直接根据学术自由制定校规的宪法权利。依此逻辑,若没有国家立法的规

① 尹晓敏:《高校公权力规制——信息公开的视角》,载《教育发展研究》2010 年第 7 期。

② 金自宁:《大学自主权:国家行政还是社团自治》,载《清华法学》2007 年第 2 期。

③ 黄厚明:《高校校规的创制研究:基于两种权力观的考察》,载《教育科学》2016 年第 4 期。

④ 张冉:《高校校规:大学自治与国家监督间的张力》,载《清华大学教育研究》2011 年第 6 期。

⑤ 李惠宗:《教育行政法要义》,台北元照出版有限公司 2004 年版,第 293～307 页。

定,高校即不得自治,如此一来,高校自治的意义将丧失殆尽。①

基于以上三点理由,校规制定权从根本上应理解为是高校办学自主权的重要组成部分,其权力来源与办学自主权的法律性质一脉相承,因此校规制定权来源的两种不同观点其实就是办学自主权法律性质理论争议的延续与再现,从这个意义上讲,将前者单独拿出来讨论实属多余。同时,这就意味着判断高校校规与国家法律之间的关系取决于对办学自主权法律性质的定位。言及至此,我们便不难理解,最高院之所以会对高校校规与国家法律之间关系存在两种不同的司法判断,原因就在于对高校办学自主权性质的不同认识。而最高院之所以能对办学自主权作出不同的定位,则是因为办学自主权的法律性质往往在理论上徘徊在国家行政权与社团自治权之间,没有统一的定论。具体而言,田永案和甘露案中的横向对等关系是最高院将办学自主权定位为社团自治权的反映,而武华玉案和何小强案中的纵向位阶关系则是最高院将办学自主权定位为国家行政权的结果。

(三)高校办学自主权双重面向之间的统合

不言而喻,最高院两种司法判断的价值取向明显不同。简言之,一种是将高校校规作为适用于高校内部治理的"自治性规范",另一种是将高校校规视为国家法律体系之中的"法源性规范",由此便产生了最高院的司法判断在逻辑上不能自洽的困境,即关于高校校规与国家法律之间关系的论证思路存在较为严重的割裂,甘露案公报案例版本中裁判摘要与裁判理由的逻辑错位便是明证。因此,为了解决司法实践中的这一逻辑困境和实现两种论证思路体系上的融洽,有必要进行相应的理论作业,为最高院出现的两种不同司法判断提供合理解释,从而弥合逻辑上的断层。更确切地说,司法判断悖论的化解之道在于破除高校办学自主权法律定位的非此即彼之争,从统合视角重新厘定国家行政权与社团自治权之间的关系。

诚然,国家行政权遵循的是"法无授权即禁止"的公法原理,其是从高校与国家(政府)的外部分权逻辑中证成高校的行政主体地位,也就是从权力面向定位办学自主权的属性。与此相反,社团自主权则秉承的是"法无禁止即自由"的法治思维,其从高校与共同体成员(教职工和学生)的内部治理逻辑中诠释高校的法人地位,也就是从权利面向定位办学自主权的属性。需要指出的是,尽管高校在不同法律关系中享有不同的法律权利,但权利面向中的办学自主权应是公法上的权利,而非私法上的权利,这是因为社团自治权来源于学术自由这一宪法基本权利,而基本权利是公法中的权利;同时,在内部治理关系中,高校与师生之间并不是平等关系,而是管理与被管理的隶属关系。由此可见,办学自主权的两种互异属性如同指南针的两端,将二者统合起来实非易事。幸运的是,借助社会公权力这一学理概念能够装置办学自主权的两种不同内涵。一方面,随着"国

① 伏创宇:《高校校规合法性审查的逻辑与路径——以最高人民法院的两则指导案例为切入点》,载《法学家》2015年第6期。

家—社会”一体化局面被打破，与国家相对分离的民间组织和社会多元化格局形成，政府将部分国家公权力“下放”给民间组织或社会团体行使，这也就出现了国家公权力的社会化进程。[①] 从这个意义上讲，社会公权力乃是国家行政权的分支，因此若将办学自主权视为社会公权力，则能承接其权力面向。另一方面，社会公权力往往是以公权利为基础而形成的，[②]因此其也能够承接办学自主权的权利面向。可见，社会公权力的概念有力地涵盖了办学自主权的双重面向，这就意味着国家行政权与社团自治权二者并不是截然对立而是相对统一的。究其根源则在于，同一主体可同时享有权利和拥有权力，权利与权力是互相渗透的。[③]

综上所述，就高校办学自主权的权力来源而言，既有国家行政权的影子，又有社团自治权的色彩。那么如何实现国家行政权与社团自治权之间的统合？两者的统合基点在哪里？就此而言，高校校规能够堪此重任，这是因为它既可作为国家行政权的内化通道，又能作为社团自治权的运行载体，因此可以说高校校规承担着对外分权和对内治理的双重功能。进一步讲，高校校规的双重功能反映了其两种属性，即裁量属性的法律规范和自治属性的内部规范。总而言之，唯有统合办学自主权的两种属性方能消解最高院两种司法判断之间的矛盾与张力，为此，可借用社会公权力这一学理概念并利用好高校校规这一统合路径。

四、高校校规与国家法律之间关系的应然探讨

应该看到，高校校规与国家法律之间的关系无论是横向对等还是纵向位阶，都需厘清两者的边界，即哪些事务应当由国家法律予以规定？究竟是粗线条式的框架还是更为精细化的规定？有鉴于此，下文将从应然层面继续探讨高校校规与国家法律之间的边界问题。

(一)高校事务中法律保留之适用

毫无疑义，高校校规中的某些内容与大学生的宪法权利相背离，例如学籍处分规定可能侵犯受教育权、招生管理规定可能侵犯平等权等等。[④] 而根据法律保留原则，对人民基本权利的侵犯，必须以法律方得为之。[⑤] 所以，这就需要明确高校事务中是否存在法律保留原则的适用空间。对此，答案显然是肯定的。理由主要在于：第一，符合法律保留原则的适用场域。法律保留原则调整的是法律与行政的关系，强调行政活动必须有法律的明文依据。也就是说，如果高校管理行为具有公权力成分，则其行为依据（即高校校规）

---

① 徐靖：《论法律视域下社会公权力的内涵、构成及价值》，载《中国法学》2014 年第 1 期。

② 郭道晖：《社会权力与公民社会》，译林出版社 2009 年版，第 47 页。

③ 郭道晖：《法理学精义》，湖南人民出版社 2005 年版，第 153 页。

④ 胡肖华、徐靖：《高校校规的违宪审查问题》，载《法律科学（西北政法学院学报）》2005 年第 2 期。

⑤ 陈新民：《德国公法学基础理论》，山东人民出版社 2001 年版，第 354 页。

就可以与法律保留关联起来。针对这一点,办学自主权的国家行政权属性决定了高校事务与法律保留之间存在着内在的勾连。第二,实现基本权利和谐共处的内在要求。从宪法的角度看,任何权利的行使都有其边界,学术自由亦不例外,这就意味着不能通过限制或剥夺受教育权、婚姻自由等其他基本权利的途径来保障其实现。因此,为了维护宪法基本权利价值体系的内在稳定,国家法律有必要对高校事务中涉及教职工基本权利的内容作出规定,以防止高校校规假借保障学术自由之名而行侵犯基本权利之实。第三,特别权力关系理论藩篱突破的具体体现。依照传统的特别权力关系理论,高校与内部成员之间并不存在法律保留原则的适用空间。但在二战后,由于民主化潮流和依法治国理念的影响,这一理论遭到越来越多地批判并发展出了许多改良理论。例如,德国学者乌勒教授提出了基础关系与管理关系的二分法,德国联邦宪法法院随后也提出了重要性理论。尽管基础关系与管理关系的界限不清、重要性的标准不明,但是传统特别是权力关系理论已日渐式微,学界开始承认涉及基本权利的内部事务能够适用法律保留原则。

基于以上理由可知,高校事务中适用法律保留原则是存在正当性的基础,但其应是有限的法律保留,否则国家法律将会挤压高校校规的自治空间。就法律保留的适用范围而言,其判断标准在于是否涉及高校师生的基本权利,即不论是学术性事务还是行政性事务,只要涉及基本权利的事项都必须由国家法律的介入。同理,对于未涉及基本权利的事项,则没有必要适用法律保留原则,由高校校规加以规定即可,例如宿舍卫生、食堂卫生等事项可完全交由高校自治,这也正是办学自主权中社团自治面向的题中应有之义。需要注意的是,在适用法律保留原则方面,必须考虑高校自主办学的特殊性,坚持“学术尊让”原则。[①] 因此,针对涉及基本权利的学术性事务则应适用低密度的法律保留以尊重高校的专业“判断余地”,而涉及基本权利的行政性事务则应适用高密度的法律保留。但在实践中,学术性事务和行政性事务往往相互交缠,界限并不那么分明,比如人才引进这一事务,既涉及学科发展前景、科研能力评价等学术判断,又涉及学院经费、人员编制、资源分配等行政因素,因而在某种程度上讲,不能片面地认为高校行政性事务都与学术无关。当然,虽然说学术性事务和行政性事务的区分存在难度,但这丝毫不影响两者法律保留密度的差别。

(二)国家法律框架性功能之证成

如上所述,基于法律保留原则,国家法律虽可针对涉及基本权利的高校事务作出规定,但这仍须廓清国家法律规定力度的大小。笔者以为,国家法律应仅作框架性的原则规定,设定最低的“国家标准”,高校校规可根据国家法律予以明确的细化。这是因为:一方面,从实施人才强国战略的长远角度来看,高校校规中的学籍管理、学位授予等规定不仅仅在于确保学术自由的实现,更关乎人才培养质量的高低。所以,国家为了促进经济社会发展和提高人才整体素质,必然要设定最低的教学要求和学术标准。同时,国家法

① 黄厚明:《基于法律保留原则的高校校规制定权限研究》,载《高等教育研究》2018年第3期。

律也只能勾勒出大体的框架和范围，而不能设定的过于细枝末节或者设置“一刀切”的标准，否则将会削弱高校自主能力并加剧高校行政化趋势，进而造成千校一面的办学模式，不利于学术创新和教育发展。另一方面，虽然每所高校享有同等的法律地位、同等的学术自由，但毕竟各个学校的办学传统、生源质量、师资水平、硬件设施等相差较大，加之不同等级的高校（如双一流、211 工程等）所获得的财政投入等教育资源也差异较多，这些因素共同导致了每所高校的人才培养目标和学术评价标准各不相同。因此，这就需要各高校结合自身办学实际情况制定不违背国家法律精神的个性化校规。一言以蔽之，国家法律的框架性功能要求其既不能“太具体”也不能“无规定”，“太具体”将损及高校办学自主权，“无规定”将不利于学生基本权利的保护。

接下来，笔者将选取有关学位授予标准的高校校规作为分析对象，以期说明高校标准可以严于国家法律，进而佐证国家法律的框架性功能。目前，在我国现行实定法中，《学位条例》的第 4 条至第 6 条规定了本硕博三类学位的授予标准，但是这三条的立法语言极其模糊，存在着许多不确定的法律概念。例如，第 6 条博士学位授予标准中“创造性的成果”并没有明确的量化标准，这就给高校制定学位授予细则留下了充分的裁量空间。以法学博士毕业资格的发文要求为例，重庆大学法学博士的最低要求是“在有重要影响的 CSSCI 期刊上发表法学学术论文 3 篇”，而对外经济贸易大学法学院的最低要求则是“在各学科 CSSCI 来源期刊（含扩展版）、各学科北大核心期刊、法学类 CSSCI 来源集刊上发表 4 篇与本专业研究领域相关的学术论文”，[①]可见，两所高校从发文数量、期刊种类等方面对上位法中“创造性的成果”予以细化。又如，在学位授予类教育诉讼中，原告学生经常质疑考试作弊等品行标准作为不授予学位条件的合法性与合理性，也有学者指出将品行标准与学位授予相挂钩有违“不当联结原则”。[②] 事实上，《学位条例》第 2 条“拥护中国共产党的领导、拥护社会主义制度”[③]的规定就是对学位申请人道德品行的原则性要求，更何况学位制度是学术性评价和非学术性评价的统一，[④]因此，在《学位条例》第 2 条的原则框架之下，各高校结合自身情况将学位申请人的道德品行情况作为学位授予条件是具有充足的法理基础。

结　语

诚如前述，最高院的司法判断表明，高校校规与国家法律之间的关系既存在着横向

---

① 《重庆大学学术学位研究生申请硕士、博士学位发表学术论文基本要求》《对外经济贸易大学法学院博士研究生论文发表审核要求的规定(2016)》，这两所高校还同时出台了配套的学术期刊认定目录。

② 马怀德：《学位法研究——〈学位条例〉修订建议及理由》，中国法制出版社 2014 年版，第 5～6 页。

③ 《国务院学位委员会关于对〈中华人民共和国学位条例〉等有关法规、规定解释的复函》(学位[2003]65 号)中指出：“《中华人民共和国学位条例》第二条规定，申请学位的公民要拥护中国共产党领导、拥护社会主义制度，其本身内涵是相当丰富的，涵盖了对授予学位人员的遵纪守法、道德品行的要求。”

④ 于志刚：《学位授予的学术标准与品行标准——以因违纪处分剥夺学位资格的诉讼纷争为切入点》，载《政法论坛》2016 年第 5 期。

对等又表现为纵向位阶，两者之间呈现出“剪不断理还乱”的纠葛状态。究其根本，这两种不同的判断源于对高校办学自主权的不同定位，因此，从学理上统合办学自主权的两种不同属性是解决最高院论证逻辑矛盾的正本清源之举。反过来看，仅将办学自主权定性为国家行政权或是社会自治权都是过于偏颇、有失准确的。从一定意义上讲，高校办学自主权的双重面向既反映了高校法人地位与行政主体地位的对立统一，又证明了高校校规“自治性规范”与“法源性规范”的竞合属性。《依法治教实施纲要(2016—2020 年)》中曾明确指出“教育领域是全面依法治国系统工程的重要组成部分”，而实现高等教育领域法治化，需要高校校规作为重要保障。尽管高校校规与国家法律在制定主体、适用范围、实施保障等方面存在显著的区别，但是涉及教职工与学生基本权利的高校事务还是需要国家法律予以框架性规定，唯有如此，才能在高等教育领域贯彻法治精神，才能有助于全面推动实现依法治校。

A Theoretical Explanation of the Relationship Between University Regulations and National Laws

—Investigation based on the judicial attitude of the Supreme People's Court

Nie Shuaijun

Abstract: There is a lack of clear understanding of the relationship between university regulations and national laws, which needs to be taken seriously by legal theories. Reinterpreting four typical cases of educational administrative litigation, we can find that the Supreme People's Court has made two different judicial judgments on the orientation between university school regulations and national laws, namely horizontal equivalence and vertical rank, but these two opposite judgments are faced with the dilemma that logic can not be self-consistent. From the perspective of the autonomy of running a university, the two kinds of judicial judgments ultimately originate from the qualitative dispute between the state administrative power and the autonomy of associations. Correspondingly, the best solution to the logical paradox of the Supreme Court is to integrate the two attributes of the autonomy of running a university at the academic level. In order to protect the basic rights of university members, there is a space for the application of the principle of legal reservation in the field of running a university, but low-density legal reservation should be applied to academic affairs, and national laws should also be a principled framework.

Key Words: university autonomy; university regulations; national laws; autonomy in running universities

社会调研

婚约彩礼的“民间法”功能研究

——基于湖南省 J 村的调查

喻名峰* 马 骏**

摘要:改革开放以来,我国乡村地区经历着剧烈的社会转型,传统的农村乡土社会在经济发展水平方面有了质的飞跃,然而,当我们回首近 40 年的发展历程,发现乡村地区的文化、道德、伦理以及基层治理等方面都暴露出了不少问题,天价婚约彩礼现象就是各种问题爆发的集中体现。婚约彩礼习俗由来已久,其作为民间法中具有代表性的一种,已经深深扎根于广大农民的心中,若对其采取“一刀切”的方式解决问题肯定是不可取的。本文选取了湖南省长沙市一个在社会转型中的代表村落,运用访谈和个案调查的方法对该村庄里发生的婚约彩礼事件进行深入研究,试图找到婚约彩礼习俗作为一种民间法在当前农村地区重新焕发生机、发挥正功能的现实途径。

关键词:民间法;婚约彩礼习俗;正功能;功能异化;功能实现途径

一、婚约彩礼习俗及其民间法属性

婚约彩礼,春秋时期称为“纳币”;唐称“聘财”,民间则称“财礼”;宋元明以来也通称“财礼”,另外,“红定、花红、下礼、过定、聘金、聘财”等均指彩礼。据笔者查阅的资料,彩礼又称“聘礼”,中国古代将其示为“行聘时所赠的财物”。按《辞海》的解释:彩礼是中国旧时婚礼程序之一,又称财礼、聘礼、聘财、花红等,而在《现代汉语词典》中,彩礼专指“订婚时男家送给女家的财物”。《婚姻家庭词典》将彩礼解释为男女双方订婚和结婚时夫方送给妻方的财货和礼品的总称。婚约彩礼习俗虽然由来已久,但是,究竟什么是婚约彩礼,法律上却没有一个明确的规定,笔者认为,为适应我国的风土人情,我国现阶段对婚约彩礼应该作出以下界定:“男女订婚时,由男方给予女方或女方家一定数额的货币或实物,作为婚约或婚姻成立的程序和标志”,而婚约彩礼习俗则是指男女订婚时,通过赠送彩礼这种仪式和程序在双方之间所形成的规范与规则。

何谓民间法?西方法学家哈特曾感叹道:“关于人类社会的问题,极少像‘什么是法

---

* 喻名峰,社会学博士,湖南师范大学教授。

** 马骏,湖南师范大学法学院 2016 级法学理论专业硕士研究生。

律’这个问题一样，持续不断地被问着，同时也由严肃的思想家以多元的、奇怪的，甚至是似是而非的方式提出解答。即使我们将焦点限缩在最近一百五十年的法理论，而忽略掉古典的与中世纪的关于法律本质的思辨，我们将发现一个任何其他独立学术专业、系统性研究的科目所无法比拟的情况。”①然而，至今为止，无论是中国还是外国，还没有一个为法学界公认的统一的法概念。现代意义上法的概念基本上是来自西方世界，西塞罗把法律看成自然的理性，而孟德斯鸠则进一步认为法律是人类理性，卢梭在《社会契约论》中把法律看作公益行为，康德则认为法律是作为人们之间的自由意志能够相互协调的全部条件的综合，霍布斯把法与国家联系到了一起，认为法是国家对人民的命令，现代国家出现后，法与国家的联系日益紧密。然而，在法人类学家、法社会学家看来，法律绝不仅仅是国家的产物，昂格尔在其著作《现代社会中的法律》中强调，从最广泛的意义上讲，“法律仅仅是反复出现的、个人和群体之间相互作用的模式，同时，这些个人、群体或多或少地明确承认这种模式产生了应当得到满足的相互的行为期待”。② 社会生活纷繁复杂，由国家制定的国家法只能调整某些方面的社会秩序和利益关系，我们身边存在着大量的民间习惯、不成文的规则，与国家法一道，共同规范着社会的秩序。由此来看，对于法的概念的不同认识影响到我们对民间法的认定。

那么关于民间法到底是什么？总体概括起来，有如下几种说法：一是“知识传统说”，这种观点的代表人物是梁治平先生，他认为在中国传统语汇中，与“官府”相对应的概念是“民间”，因此，国家法之外的“习惯法”或“民间自生秩序”可以用民间法的概念来区别，民间法主要是指“这样一种知识传统，它生自民间，出于习惯，乃由农村地区乡民长时期生活、劳作、交往和利益冲突中显现，因而具有自发性和丰富的地方色彩”。③ 二是“行为规则或规范说”。持这种观点的代表人物是郑永流，他指出民间法是存在于国家法之外的社会中，“自发或预设形成，由一定权力提供外在强制力来保证实施的行为规则”。④ 三是“本土资源说”。苏力认为民间法即本土资源，包括中国的历史传统，即“活生生地流动着的，在亿万中国人的生活中实际影响他们行为的一些观念”以及在行为中体现出来的模式，包括“当代人的社会实践中已经形成或正在萌芽发展的各种非正式的制度”。⑤ 民间法是“在社会中衍生的，为社会所接受规则”。四是“民间规范说”。范愉在探讨民间法概念时认为在民间社会中自然形成并长期得到遵守的原则和规则，经常被应用于社会治理、解决利益纠纷、确定事实上的权利义务关系。总结以上几种关于民间法的概念，我们可以发现“规则”“秩序”“与国家法对应”这几个词频繁出现，那么结合既有概念可以对民间法作如下定义，民间法就是与国家法相对应的法的概念，它是某一特定社区内人们在长期生产、生活过程中约定俗成的，用以划分人们的权利义务和各类纠纷，并且具有强制

① ［美］H.L.A.哈特：《法律的概念》，许家馨、李冠宜译，法律出版社2006年版，第1页。

② ［美］昂格尔：《现代社会中的法律》，吴玉章等译，中国政法大学出版社1994年版，第43页

③ 梁治平：《清代习惯法：社会与国家》，中国政法大学出版社1996年版，第126～127页。

④ 郑永流：《法的有效性与有效的法》，载《法制与社会发展》2002年第2期。

⑤ 苏力：《法治及其本土资源》，中国政法大学出版社1996年版，第45页。

性、权威性、规范性和一定约束力的行为规范。

那么从今天来看,婚约彩礼习俗具有相当明显的民间法属性,其虽然不为国家法所承认,仅仅属于广大农村地区的一种民间习俗,但它生发于中国民间“乡土社会”,虽然时代和社会发生了重大变迁,但婚约彩礼习俗却一直扎根于乡村地区人们的行为习惯当中,在整个20世纪以来的社会大变革的背景之下,西方国家基于爱情的“理想”婚姻观念冲击着传统婚约彩礼习俗,导致了近现代以来婚姻恋爱的主流意识——只有基于爱情的婚姻才是道德的,以至婚约彩礼遭到了文化精英们的全面批判,但婚约彩礼却不仅仅是一种习俗,更是一种民间法,是一种乡土制度。为什么说其是一种制度?第一,其是适婚男女从认识到接触再到结婚的整套程序中的关键一环;第二,其主体是男女双方,也包括男方家庭和女方家庭甚至做介绍的媒人,婚约彩礼规则在以上主体之间作出权利与义务的分配;第三,通过订立婚约,赠送彩礼的仪式,各方会将权利和义务向社会公开,要求社会的监督、保护与执行;第四,若一方违反了这些权利和义务,另一方当事人能够请求本地社区的道德和舆论救济。这套制度是为解决民间秩序问题而形成的,广大乡民们为了针对性地解决民间的婚姻秩序、家庭秩序以及社会秩序,在日常生活经验的不断积累过程中形成了这种民间规范,因此它的经久不衰必然是由于其具有一定程度的合理性,而作为一种制度的合理性只有通过功能分析才能够充分挖掘出来,如今乡村振兴蓄势待发,天价彩礼成了移风易俗的众矢之的,论证和分析婚约彩礼习俗的“民间法”功能也许能为恰当地解决婚约彩礼问题提供一条合理路径。

二、J村地区婚约彩礼的功能分析

笔者选取了长沙市的近郊的J村展开了对婚约彩礼习俗深入的调查研究,J村位于长沙市W区靠近城区的位置,湘江之畔,麻潭山下,距离D镇1公里左右,由2个小村于2004年3月合并而成,现村域面积共8.85平方公里,下辖33个村民小组,全村人口共4428人,耕地2615亩,旱土2078亩,林地2572亩,水面608亩,图1是J村的地理位置示意图:

笔者选取的第一个个案家庭是J村的李姓一家,这个家庭三代人都有着不同的婚约彩礼经历,李家的家庭情况如下:李家共有三代人,第一代为李JG,出生于1948年,第二代李XJ和李XZ分别出生于1968年和1971年,李XJ的女儿李T出生于1992年,李XZ有一个儿子李ZW出生于1994年。李家属于J村相对富裕的家庭,如今老人李JG由于恋旧情节不肯搬到新镇上去,和老伴住在J村的老房子里,大儿子李XJ没有居住在村里,而是在镇上买了商品房,一家人都搬到了新房子,而二儿子李XZ家的情况不如李XJ,为了等政府的拆迁还住在村里。

第二个个案家庭是江姓家庭,江姓是J村的大姓,因此江家在J村也算是比较有名望的家族,江XL是J村某村民小组的组长,1962年出生,儿子江W于1981年出生,高中毕业之后就去部队当兵,退伍之后回到了J村,回村之后在镇政府转业谋得了一份不错的工作。

周姓家庭是笔者选取的第三个个案家庭，周 HJ 与周 ZJ 是两兄弟，分别出生于 1967 年和 1968 年，兄弟二人的父母已去世，周 HJ 育有一女周 YS，1993 年出生，而周 ZJ 也有一女周 WX，1994 年出生。周家的情况与李家、江家不同，周家属于 J 村经济情况相对较差的家庭，周家老屋在 J 村靠湘江边的村民组，周氏兄弟的祖业原本是在湘江中打鱼的渔民，但近年来由于政府的禁渔令不得不放弃旧业，原本周氏两兄弟的家庭条件都不算优越，特别是大哥周 HJ 家，周 HJ 离异多年，加上女儿周 YS 高中毕业之后没有继续学业，一直在外打工，没有正式工作，家庭收入自然不高。2011 年政府征收村里的土地，周 ZJ 家靠着拆迁的补偿费，生活有了明显的改善，大哥周 HJ 的房屋虽然被划进了征地的范围，但至今还迟迟没有征拆的动向。

以下是笔者根据访谈记录整理出的 J 村地区个案对象的婚约彩礼情况的简要概览：

表 1　J 村个案婚约彩礼情况①

编号	姓名	恋爱方式	结婚时间	彩礼内容	彩礼支付	彩礼流向
1	李 JG	介绍	1968	酒肉烟糖，枕巾水壶脸盆	男方家庭	女方家庭
2	李 XJ	介绍	1990	缝纫机、家具＋200 现金	男方家庭	女方家庭
3	李 XZ	介绍	1992	一房木器＋200 现金	男方家庭	新组建家庭
4	李 T	自由恋爱	2016	8 万＋一套 120 平房子	男方父母	新组建家庭
5	李 ZW	自由恋爱	未婚	女方要求 18 万	男方父母	女方家庭
6	江 W	介绍	2006	“三金”＋2 万	男方家庭	女方家庭
7	周 HJ	介绍	1990	电视机＋现金	男方家庭	女方家庭
7	周 HJ	介绍	恋爱	“三金”	男方	女方
8	周 YS	自由恋爱	未婚恋爱	零彩礼	/	/

三、传统婚约彩礼的正功能分析

如今，由于受到媒体等关于婚约彩礼负面报道的影响，人们更多关注和了解到的是婚约彩礼习俗的负功能，谈起婚约彩礼就想到“卖女儿”等说法，但笔者接下来要强调的是，作为传统的民间法，在还未发生转型的乡土社会中，其作为一种制度实际上是发挥着强烈的正功能的，这一点通过 J 村老一辈和中生代的个案能充分反映出来。

1.婚约彩礼习俗的正功能

① 由于涉及 J 村村民个人隐私，个案对象要求不使用真实姓名，因此在本文的文字和表格中笔者均采用姓氏加拼音字母的形式予以代替。另外，由于个案 7 中的周 HJ 经过了两段婚姻，因此在表格中有两次婚约彩礼的记录。

(1)宣示证明功能

个案 1-1:李 JG 出生于 1948 年,据李 JG 说,1967 年的一天,父母托本村的媒人给他说了一门亲事,双方见面过后也觉得对方不错,于是一切水到渠成。李 JG 说当时 J 村的婚约彩礼包括见面礼和上门礼,见面礼比较随意,而上门礼就十分正式了。不久之后,李 JG 便上门见了女方父母,李 JG 说,按照当时村里的风俗习惯,从提亲到结婚中间的程序还是挺多的,如果哪一步没走到位,那是会遭到村里人非议的,特别是订婚程序、赠送彩礼尤其重要,因为通过了这道程序等于就是向外人宣示两人超出了普通男女的关系,已经快接近结为夫妻了。李 JG 回忆到:"当时的彩礼基本是我父母准备的,包括酒肉烟糖等食品,还有枕巾水壶脸盆等生活用品,赠送彩礼时场面也大,亲戚朋友都到场了,但当时生活条件艰苦,大家都吃不饱饭,也没什么东西送,就是图个热闹。"李 JG 说那种仪式感让他感觉很正式,也让他觉得很安心。接下来,李 JG 与女方的婚事顺利地确定了下来,双方家庭定了两人结婚的具体日期,一切都在向正常的方向发展,在互相的来往中双方的关系也越来越好,对对方家庭的情况也更加了解,结婚也就成了水到渠成的事情。最终双方成功步入婚姻,婚后先后生育了两个儿子李 XJ 和李 XZ。

通过李 JG 的个案,我们看到在那个年代,婚约彩礼最突出的功能就是宣示证明,男女双方在订立婚约收取彩礼之后,实际上就是向 J 村当地的熟人社会宣示男女双方之间已经达成了合意,订立了类似契约的婚约。在传统的熟人社会中,这种信息会很快传播开来,周边的邻里亲属都是婚约的证明人。对于男方来说,一旦通过婚约彩礼这种社会仪式,就意味着向社会宣布和界定了这位男性的角色,通过社会界定和道德压力来限制男性在性关系上可能的越轨,其他未婚女性及其家庭通常也会把已经订婚的男性排除在考虑范围之外,从而减少了订婚男子可能受其他异性诱惑的机会;而对于女方来讲,同样是通过这种仪式向社会宣示之后,形成了一种类似产权归属,即之后不能再考虑其他未婚男子的提亲,其他男性也不会向已经订立婚约的女性家庭提亲,而接受彩礼也意味着该女子只保证与彩礼赠送者有比较密切的交往,在传统乡土社会中,违反这些社会规则将会受到道德和舆论的谴责。从以上的分析进一步看,传统婚约彩礼的仪式和程序其实就是通过宣示和证明的仪式在进行婚前男女交往阶段权利与义务的分配,类似于国家法律对权利与义务的分配,不同的是"民间法"的这种分配是自生自发的,并未得到国家强制力的认可。

(2)约束监督功能

个案 2:时间到了 80 年代末,随着李 XJ 和李 XZ 两个儿子成长起来,家中的劳动力越来越充足,李 JG 也把两个儿子都安排到了麻石厂打石头,李 JG 回忆到:"那个时候生活是不愁了哦,但两个崽都要结婚啊,只能拼命打石头赚钱咯。"按照当时李 JG 的想法,等两个儿子在麻石厂打工攒够了彩礼钱,就通过说媒给儿子做介绍。一方面,婚约彩礼不再是当年的象征性实物,而是出现了"现金+实物"的形式;另一方面,大儿子李 XJ 的想法与老父亲不同,他说自己当时并不想留在 J 村,而是也想像当时许多年轻人一样去城里闯一闯,他不想靠着父母攒彩礼钱结婚,也不想听父母的安排结婚。但是由于李JG的强烈反对,李XJ还是通过亲戚介绍与邻村的一名女子认识,女方家庭的经济条件相对李家更好,因此对于彩礼的要求并没有很高,当时李家赠送了几百元现金和几件家具。但后来的情况却发生了变化,由于李XJ后来到城里打工时认识了现在的妻子胡JH,李XJ与那名邻村女子的婚约也破裂了,这时赠送的彩礼也就成了双方的矛盾。据李JG说,当时这个事情闹得还比较大,李XJ认为这个彩礼应该退,而女方认为是李XJ毁弃婚约,这个彩礼不应该退还,李JG也认为自己儿子没什么道理,导致自己在邻里之间很没面子,但迫于经济利益,最后这件事情找到了村里来调解,在村里几个权威人士的调解下,最终李家还是没有要求退还彩礼。但是李XJ觉得并不服气,他说:"我爸在这个问题上太窝囊,总是在乎村里人的看法,太在乎面子了,按我的性格当时肯定是要把彩礼钱弄回来的。"

从个案2中,我们可以看到婚约彩礼习俗的宣示证明功能附带的是一种约束监督机制,从J村当地老一辈人的传统看,订婚后分手的情况并不多见。这是由于男女双方受到婚约彩礼习惯的约束。这种约束包括两个方面,首先解除婚约的一方要受到当地彩礼法则的惩罚,承担彩礼上的经济损失。个案2中李XJ由于随意毁弃婚约,所以当时李家赠送的彩礼只能赔进去,那个年代,因婚约彩礼发生纠纷后寻求法律途径解决的情况几乎不存在,大多数的纠纷都是按照习俗经过协商或者调解而解决的,即男方悔婚,彩礼不退,女方悔婚,退还彩礼,也就是说婚约彩礼习俗作为一种民间习惯,其效力在传统的民间社会的认同率还是相当高的。

个案3:李JG的小儿子李XZ听长辈的话,与本村一名女子订立了婚约。80年代末J村的彩礼已经变成了"现金+实物"的形式,虽说要求并不过分,但由于大儿子李XJ的事情,一方面,李JG花费了不少积蓄,另一方面,毕竟李家有过毁弃婚约的先例,女方自然也更加小心谨慎。好在李XZ学过木工,一房家具都是自己亲手打制的,女方家也看到李XZ有自己的手艺,便同意少要一些现金。李XZ说当时哥哥的彩礼风波给家里也带来了不小的影响,因此自己与女方订婚约送彩礼时也听了不少闲话,李XZ说:"我大哥当时那个事把家里的名声都搞臭了,我后来谈对象的时候对方也老是提这个事情,好像生怕我也和我哥一样毁约,好在最后一切都比较顺利。"

另一方面的约束来自社会评价降低的压力,通过个案3中在大哥李XJ解除婚约后李家受到的名誉影响来看,解除婚约的一方的社会评价会受到相应程度的降低,这在传统乡土社会中是相当丢面子的事情,村民们都非常在意自己在街坊邻里间的评价。另外,对于随意解除婚约的一方,要想再次订立婚约的难度会大大提高,并且从个案3的情况来看,这种影响不仅仅只涉及自身,甚至会辐射到整个家庭,使得整个家族在村里的地位与名声下降,弟弟李XZ由于受到大哥李XJ的影响,在谈对象时谨小慎微。因此无论男女哪一方都不敢随意违背诺言、解除婚约,这种约束和监督功能实际上起到了规范男女双方婚前交往行为的作用。

(3)补偿平衡功能

个案1-2:李JG还回忆到:"订了婚约送了彩礼以后,我没事就会去她家走动走动,还帮她爹干点农活,她们家的人那时候可喜欢我了。"

传统婚约彩礼的补偿和平衡作用主要表现在两个方面,一是物质补偿与平衡,二是精神补偿与平衡。物质方面,在传统社会中,劳动力资源匮乏,女方家庭将女儿嫁到男方家庭,意味着女方家庭资源的损失,这种损失由男方赠送彩礼来平衡,除了金钱和实物彩礼外,实际上还会包括男方劳动力的一部分补偿,个案1中李JG在订立婚约之后经常去女方家帮忙干活,也是对女方家庭损失人力资源的一种补偿;另外,女方家庭在养育女子成长方面花费了巨大的成本,这种成本在资源相对匮乏的乡土社会中算一笔不小的费用,男方家庭也需要通过婚约彩礼来进行补偿;精神方面,俗话说"嫁出去的女儿泼出去的水",特别是在传统社会中,从现实情况考虑,由于交通和信息的不便,女子一旦出嫁就很难再回到娘家,另外,从传统思想来看,女子一旦出嫁就是属于男方家庭的一分子,不再归属于原生家庭,根据调查,笔者得知J村地区的拆迁补偿至今都不考虑外嫁女的份额,这一点也充分体现了这种传统思想的影响一直延续至今。这些传统思想无疑都会加重父母家人对女儿的思念,因此精神方面的损失也包含在婚约彩礼补偿的范围之内。婚约彩礼习俗这种补偿平衡的功能根本上体现的就是一种传统乡土社会中朴素的公平与正义,村民们有他们自己的日常生活逻辑,传统婚约彩礼习俗的这种补偿平衡功能符合村民们心中的最大公平与正义,是对乡土社会基层社会秩序的有效安排。

(4)情感表达功能

婚约彩礼就是礼物的交换过程,通常来说,礼物是一种情感表达的载体,其中也有着互惠的意味,背后反映的是情感的表达。在传统婚约彩礼习俗中,蕴含的是两层情感的表达:第一是交往双方之间,男方对女方的情感表达;第二种也是男方家庭对女方家庭的情感表达。首先是男方通过赠与彩礼,表达想要与心仪女方接触交往的意愿,通过彩礼也透露出男方想要与女方缔结婚约的诚意,传统意义上彩礼的价值并不高,但至少男方通过赠与彩礼表达了对女方的认可和喜爱。个案1中李JG说:"那时候送彩礼还是很谨慎的,本来家里就没什么东西,只有真正想要找对方做老婆了才舍得拿彩礼出来,我当时送过彩礼之后,老丈人可高兴了,之后我过年过节就经常走动了。"其次是在彩礼赠送上,男方家庭也是尽可能地想展现出诚意,那时候并不是通过彩礼价值的多少来展现的,而是充分体现了"礼轻情意重"这句俗语,李JG说:"彩礼是我和父母一起挑着担子送到女方家里去的,虽然没有现在这么贵重的物品,但是确实是花费了不少力气哦。"而儿子李XZ笑着说:"当时那房木器也是我花了个把月才打成的,我老爹一刻也不让我停工,那还是相当有诚意的。"可见传统彩礼中,男方家庭经常通过准备彩礼花费的时间、精力和一些生活技能的展示来表达己方的情感和诚意,而不是像现在仅仅以彩礼价值的高低来衡量。

2. 婚约彩礼习俗的功能异化

没有任何制度或习惯坚定不移地指向其单一的"目标",仅有一种功能意味着任何制度总是可能被挪作他用并且不断被挪作他用,①从J村地区的个案情况来看,随着社会环境的变化,或者按苏力先生的话说,随着历史语境的变化,民间婚约彩礼习俗的正功能逐渐异化为负功能,对当地的社会发展也逐渐产生了阻碍作用。

(1)从宣示证明到炫耀展示

个案4:李XJ与妻子胡JH于1992年生育了一女李T,1998年又生育一女李Y,李XJ扎实肯干,从90年代开始就为城里修路等工程提供麻石原材料,李XJ的事业越来越红火,后来在新镇上买了新房,一家人都搬到了镇上生活。2014年,22岁的李T大学毕业,在城里上班,也是通过同事的介绍认识了男友,男友并不是本地人,李T说:"我并不在意彩礼,但我也并不反感彩礼这东西,如果我男朋友能给彩礼也可以让别人看看他到底多爱我啊。"父亲李XJ则说:"我大女儿出嫁肯定要风风光光,一方面不能让女儿吃苦,另一方面我们家在村里也算有头有脸,不能在这方面丢了面子,男方至少在城里有一套120平的房子,再拿8万现金,但这个钱我不会要,都给他们小两口结婚后用,我也会给他们买一辆车。"男方的家庭条件不算差,欣然答应了条件,于是两人成功订婚。李XJ说:"现在都是自由恋爱,但是那也要有约束啊,送彩礼就显得双方交往比较正式,我当年吃了彩礼的亏,现在到女儿出嫁了,肯定也怕出现什么变故啊。"

传统婚约彩礼的宣示功能是一种内部向外部的力量,是一种关系的宣示,是将双方之间超出普通男女的关系向外部社会的表达,或者从本质上来说是类似于产权的宣示,具有排他的功能,而证明功能则是一种外部向内部的力量,通过外部环境对男女之间的关系的证明,借助乡土社会的道德和伦理保持一种压力,以此规范男女双方的行为。这种宣示证明功能的发挥需要必要的条件,而如今这种功能发挥作用的条件几乎已经丧失。根据J村这几十年的变化看,熟人社会已经在逐渐瓦解,一方面,村民之间互相变得不再愿意了解和关心,再加上现在毁弃婚约在道德上所承受的压力已经变得十分微弱,人们似乎对悔婚这样的事情越来越司空见惯;另一方面,随着J村村域面积扩大,每家每户所居住的空间间隔也相应扩大,部分涉及征拆的村民甚至已经搬到了新镇上居住,即使是想要互相了解信息也相对困难,消息没办法做到口耳相传,那么婚约彩礼的宣示范围就受到限制,一旦宣示的范围有限,那么证明和约束的作用就越来越弱,可以说这种民间规范最主要的正功能就已经逐渐弱化了。

然而,让人担心的是不仅仅传统的宣示证明功能渐渐弱化,婚约彩礼更是异化出了一种炫耀展示的负功能,如今J村村民更多地是借助婚约彩礼来进行一种炫耀和展示,年轻女性更是通过彩礼多少来炫耀爱情,把感情建立在金钱之上,个案4中26岁的李T就认为男友彩礼给得越多,就越能展现对她的感情;另一方面,根据笔者的调查,部分村民也认为谁家收的彩礼多就意味着面子越大,从李XJ的话中我们可以听出他或多或少地

① [德]尼采:《道德的谱系》,周红译,生活·读书·新知三联书店1992年版,第55～66页。

在通过彩礼来炫耀自己有个好女儿,找了个好女婿,收到的彩礼让他在村里更加有面子,这无形中就在J村村民之中形成了一股攀比之风。

(2)从情感表达到制造隔阂

个案5:李XZ家的儿子李ZW最近心情很糟糕,李XZ由于在1996年打麻石时弄伤了右腿,失去了部分劳动能力,家里情况不好,只能靠自己和妻子做一些零工过生活,李ZW读书都是靠父母含辛茹苦打工才供到大学毕业的,2016年毕业之后,在城里找了份工作,认识了女友,但是到了谈婚论嫁的年纪却被高额彩礼难住了,女友不是本地人,女方打听到李ZW家J村的老房子很可能于近期拆迁,于是女方家狮子大开口,要求18万的现金作为彩礼,父母一时也拿不出这个彩礼钱,李ZW现在也很苦恼,本来好好的感情却被这高额的彩礼钱弄得尴尬不堪,女友也逼得很紧,自己一次又一次的和父母提起了彩礼的事情,但是父母就是说现在拿不出来,他说:"我身边的一些同学朋友都在这几年结婚了,他们的父母就没在乎钱,我爸妈其实有钱,但他们就是不愿意拿出来。"父亲李XZ却说:"我们好不容易供他读书出来,结果到现在钱没赚到几分,还要这么多彩礼钱,我们一下哪里拿得出来。"李JG也不理解孙子现在面临的这种状况,自己当时结婚只是象征性的拿了一些礼品当作彩礼,怎么到了现在就要车要房要钱,他只能感叹时代变了。

根据J村地区彩礼个案整体情况来看,从上世纪60年代至今,婚约彩礼的价值在不断提升,虽然这其中也包括了经济发展和物价水平的影响,但总体来看传统彩礼中所附着的经济利益与情感表达之间的平衡已经被打破,一旦经济利益在婚约彩礼中被看得过重,那么自然会压缩情感表达的空间,这点从个案中不同对象对婚约彩礼的观念就能看出,个案1中老一辈的李JG认为他们那个年代对彩礼的价值并没有很高的要求,虽然彩礼不丰富,但是里面包含了浓浓的情感,赠送彩礼订立婚约之后,双方家庭之间的交流更是在情感上得到升华;然而到了个案5中孙子李ZW这里,彩礼却成为了婚姻的筹码,非但不能促使男女双方之间的情感交流,反过来还成立羁绊婚姻的锁链,可见现在人们越来越看重的是彩礼的内容和价值,忽视了婚约彩礼习俗背后所蕴含的重要意义,即通过婚约彩礼这种仪式,促进人与人之间的情感交流。俗话说"礼轻情意重",但现在对于彩礼,俨然变成了"礼多人不怪",人们关注的焦点往往在于送什么、送多少,而不是怎么送,这不得不说是一种现实的扭曲。另一个问题是情感表达的异化,原本已经弱化的情感表达功能也在进一步异化,成为了产生隔阂的导火索。传统彩礼是一种男方对女方的情感表达,而如今婚约彩礼已经异化出了一种父母对子代的情感表达功能。从J村地区的个案来看,彩礼的支付由传统的整个家庭支付变成了现如今的单独由父母来承担,子代对彩礼的支付责任明显在减少,甚至可以说父母在彩礼问题上是无限制的付出,而子代则在无限制的索取,这更多体现出的是父代对子代的一种情感表达。有学者认为这种情感表达也是带有一种正向功能,能增强父母与子女的情感,但笔者却并不这么认为,这恰恰反映出当下转型社会中乡村家庭结构和家庭文化的畸形,根据笔者在J村的调查访谈,更多的父母对这种异化的情感表达表现出的是一种无奈,而子代则往往认为这种情感表达是父母应该做的，这不得不说是乡村传统孝道式微的一种表现。个案 5 中李 XZ 和李 ZW 这对父子之间就因为婚约彩礼支付问题产生了矛盾，李 XZ 在访谈中无奈地说："唉！我这崽真是没用，培养他读书这么多年，结果钱没赚多少，现在还要我们赔进去这么多彩礼钱。"从李 XZ 的话中我们可以看出这种异化的情感表达方式更多的是增加了代际的隔阂。

(3)从秩序维护到引发纠纷

个案 6：在访谈过程中江 XL 说："当时我并不担心崽的婚事，我们家的条件在村里还是不错，我也为儿子攒了不少钱，再加上当时我崽是从部队转业回来的，在村里还是挺受欢迎的，做介绍的亲戚朋友也不少。"2006 年，通过亲友介绍，江 XL 的儿子江 W 认识了本村的一个女孩，江 XL 看到儿子找到了对象很是高兴，也很慷慨大方，答应女方的彩礼包括"三金"和 2 万元现金，双方也是顺利结婚了。江 XL 本来觉得事情应该很顺利，但刚刚过了两个月，儿子的婚姻就发生了问题，江 W 怀疑女方出轨导致双方婚姻破裂，这时江家想到了退还彩礼的问题，江 XL 找到村委会出面组织双方解决问题，但江 W 说："那要是到村里调解肯定是双方各退一步，又是和稀泥一样，本来就是对方错了嘛，我肯定要讨一个公道。"于是他找了律师把女方告上了法庭，江 XL 觉得这样不妥，自己也是村里的村民组长，村主任也找到他家表示村委会愿意出面调解，不要把事情闹得太僵，毕竟都是一个村里的人。江 W 却说："现在还管什么面子问题，我当时就想把损失降到最低才是最好的结果，我爸那一套已经不符合时代了。"然而，最后的结果却出乎了江 W 的意料，由于缺乏女方出轨的证据，按照法律规定，法院最后并没有判决女方退还彩礼，这就让江 W 心生疑惑了"这法律真的是公平的吗"？

婚约彩礼习俗作为一种民间规范，其类似法的效力一方面是来自乡土社会熟人环境中所形成的道德舆论压力，另一方面是来自乡民们由来已久的行为习惯，这种习惯是约定俗成的，更加符合村民们的心理预期，因此能被他们真诚信仰。从本质上看，婚约彩礼习俗可以说是维持和规范的婚姻前行为的一种民间规则，这种规则是中国几千年来民间社会自治的一种体现，古代社会所谓"皇权不下乡"，民间乡土社会的秩序几乎都是靠这些民间规则或者说民间法来规范的，新中国建立之后，我国虽然制定了大量的法律制度，但乡村地区仍然是处于高度自治中的社会，直到 80 年代末 90 年代初，随着市场经济的萌发，国家才在乡村地区开始慢慢普及法律。从个案 2 中李家和个案 6 中江家对于彩礼退还的处理方式来看，就能发现随着时间的推移，J 村地区村民的法律意识的明显增强，老一辈的李 JG 认为儿子李 XJ 退还彩礼的事要找村里的权威人士进行调解，而个案 6 中江 W 则是直接一纸诉状把对方告上了法庭，可以说法律已经逐渐取代这种民间规则在乡村地区自生自发的秩序维护功能。然而，从下表 2 中的纠纷处理的结果来看，所达到的效果却不尽如人意，如今对婚约彩礼问题，法律的规定和习俗的处理之间有着明显差异，纠纷处理的结果往往不能使人满意，这种差异一方面造成了国家法律在乡村地区难以被信仰的尴尬，另一方面也削弱了婚约彩礼这种民间规则的权威性，造成其秩序维护的功能正在不断减弱。

个案7:1990年周家的周HJ结婚,但周HJ的婚姻却并不是那么美好,2003年周HJ与妻子因感情不和离婚,离婚后自己一个人拉扯着女儿周YS长大,周HJ讲:“离婚之后我也想再找一个女人,但当时家庭条件又不好,年龄又大,还有个这么大的女儿,哪个看得上我这种条件。”直到2011年村里征地,周HJ的房屋被划入了红线之内,眼看着家里条件将要改善,于是自己也通过别人找了一个本省外地在J村务工的年轻女子,女方比周HJ要小10岁,周围的亲戚朋友都劝他要慎重考虑,因为大家也看得出这女人是冲着他家里的征拆补偿来的,但周HJ说:“我当时也是昏了头脑,只想快点找个老婆,所以就硬着头皮买了金项链、金手镯作为彩礼。”结果没想到的是女方收了东西之后,听闻周HJ家的房子这次可能不会拆了,不到一个月就消失不见了,周HJ怕在邻里间丢面子就没有声张,也没向公安机关报案,事情就这么不了了之。

如今,婚约彩礼习俗不仅无法继续实现乡村社会秩序维护的功能,反而成为了引发纠纷的导火索,J村地区存在不少像个案7中周HJ这样被女方利用婚约彩礼骗取钱财的情况,女方往往是在J村地区打工的外来人员,她们把目标瞄准大龄单身男性或者是离异丧偶的男性,抓住了男方想尽快结婚的心理,通过索要彩礼来骗取财物,已经造成了严重的社会治安问题。从下表2中看,J村婚约彩礼纠纷发生的原因多种多样,有的是婚前男方悔婚,有的是婚前女方骗取彩礼,有的是关于彩礼价格双方协商不妥,还有婚后婚姻破裂导致彩礼退还的问题,而J村对于婚约彩礼纠纷的解决方式近年来也发生了变化,由原来的村里权威人士调解,到现在向法院诉讼,但从个案的情况来看,对于婚约彩礼纠纷处理的结果,个案对象都表示出不满意的态度。

表2 J村个案对象婚约彩礼纠纷情况

编号	姓名	纠纷时间	纠纷发生原因	纠纷解决方式	结果	是否满意
2	李XJ	1988	男方毁弃婚约	村里权威人士调解	彩礼不退	不满意
5	李ZW	2016	女方要求彩礼过高	双方家庭协商	协商未果	不满意
6	江W	2007	婚后怀疑女方出轨	向法院诉讼	未退彩礼	不满意
7	周HJ	2011	女方骗取彩礼	未报公安机关	不了了之	/

(4)从补偿平衡到逐渐失衡

个案8:说起女儿周YS,周HJ显得比较头疼,现在女儿自由恋爱,男朋友换了一堆,自己却没见过一个,他说现在的感情确实不如他们那一代人稳固了,少了婚约彩礼这些烦琐的仪式,也体会到人与人之间的交流少了。女儿周YS却说:“现在谁还搞婚约彩礼那老一套,都是恋爱自由,想找就找,想分手就分手,简单自由,哪里那么多复杂的程序。”而问起她什么时候准备结婚,周YS却说自己还没有具体想过。倒是父亲周HJ比较着急,“反正我是看着她着急,现在只能靠她找个经济条件较好的男的,结婚的时候多要一些彩礼钱,不然这生活过得太难了”。

前文已经介绍了传统婚约彩礼是朴素公平正义观之下的一种平衡的机制,反映的是生产力低下的时代男方对女方家庭物质和精神的补偿与平衡,然而朴素的公平与正义与法所体现的公平与正义有时并不是一致的,公平与正义有着一张普洛透斯的脸,不同的社会条件下所需要彰显的公平是完全不同的。传统婚约彩礼的补偿与平衡是基于当时生产力低下,贫富差距不大的社会环境,然而如今的社会条件早已发生了翻天覆地的变化,因此这种平衡功能如今也已经被完全打破,价格高昂的彩礼已经不能称作是一种正常的补偿了,原本彩礼是男女双方家庭之间资源的补偿机制,现在已经异化成了一种地区内部或地区之间贫富分配不均的平衡工具,其中夹杂着村民对于贫富不均现象的心理失衡。根据数据来看,J 村地区女性人口数明显少于男性,而适婚的男女比例更是失衡,这就造成了男性不得不通过提高彩礼价格来争夺女性资源。另外,贫富的失衡进一步加剧了这种情况,由于 J 村地区近年来征拆项目不断,部分村民手里的现金越来越多,而部分村民依然在温饱线上生活,有些之前经济条件不好的男性结婚成问题,一夜暴富之后手里有了经济资本,为了结婚出手阔绰,无形中拔高了当地彩礼的标准,形成了不良的社会示范效应,而一些经济条件不好的女方家庭也是试图依靠这种方式来获取经济利益,追求家庭财富的增值,个案 8 中的周 ZJ 就想把女儿周 YS 尽快嫁出去,通过彩礼来改善如今困难的家庭条件,这些都充分反映出村民们逐渐失衡的心理状态。

从以上几方面的分析来总结,传统婚约彩礼作为一种民间法规范的功能逐渐在消逝,不论是宣示证明、约束监督、补偿平衡抑或是情感表达,都是在双方之间分配权利与义务,发挥一种类似于法律的规范秩序的正功能,而异化出的负功能则都是人们基于把婚约彩礼当作一种手段和工具,借助婚约彩礼的形式达到炫耀展示、敛财骗婚、代际剥削的目的,从根本上来说,形式与内涵的分离、目的与手段的模糊造成了婚约彩礼习俗当前的尴尬境地。

四、婚约彩礼功能异化的后果分析

每一种制度的功能都是针对性的,一旦其功能异化,必然会出现相应的问题,原本传统婚约彩礼是乡土社会中婚姻文化的礼仪、婚姻道德的载体以及社会秩序的稳定器,如今原本的正功能异化为负功能,乡村社会的这些问题就失去了原本规范它们的制度,在我国现代化进程中,像婚约彩礼习俗类似的一些民间法功能的异化,给广大乡村地区带来了众多社会问题。以 J 村个案为例,笔者在对村民和干部的访问调查中发现了不少情况,在从乡土社会向现代社会转型的过程中,J 村出现了道德失范、婚姻诚信度降低、村民群体间的情感冷漠以及基层治理失调等一系列社会秩序问题。

1. J 村婚姻道德的失范

根据笔者调查,J 村地区近年来的婚姻诚信明显下降,婚姻诚信主要包括两个方面,一是婚前诚信,二是婚后诚信,传统婚约彩礼作为一种信用担保,不仅仅能提高婚前的男女双方的诚信,对婚后夫妻之间保持忠诚也能起到一定作用。但从 J 村的个案来看,由于婚约彩礼的宣示证明功能逐渐消失,婚前男女双方交往中的诚信度明显降低,从个案 1 中老一辈李 JG 在男女交往中谨遵道德伦理规范,严守婚约,到个案 2 中李 XJ 见异思迁,随意毁弃婚约,再到个案 6 中江 W 在婚后遭遇变故,可以看到虽然毁弃婚约仍要承担彩礼损失的风险,但毁弃婚约所承受的道德和舆论压力正在随着时代的变迁不断减弱,毁约者基本上不再会受到人们舆论的指责,在婚约中见异思迁也成了一种司空见惯的现象,看似这是婚姻自由选择权的增强,实际上是违背了婚姻中最基本的道德——诚信。另外,近年来出现的利用彩礼进行钱财诈骗的现象也是对道德和诚信的违背,婚约彩礼价格的提高使得诈骗的诱惑增大,特别是 J 村这样涉及征地拆迁的区域,村民之间的贫富差距较大,女方往往以与男方恋爱结婚为由,收取男方的高额彩礼,在与男方生活不久后就逃跑,即使男方报案,侦破的可能性也不大。个案 7 中周 HJ 就是被女方抓住了想尽快结婚的心理,利用彩礼骗取了财物,由于这类案件涉及较多的个人隐私问题,有时即便是公安机关介入了调查,也很难调查清楚,给农村社会的稳定带来了隐患。

2. J 村代际关系的功利化

代际关系是家庭中的主要关系,良好的代际关系决定着家庭的和谐与融洽,传统农村地区经常有三代同住、四世同堂的场景,然而如今这样的情况基本上不存在了,农村地区的家庭关系、代际关系不再那么和谐,其中婚约彩礼习俗功能的异化也使得乡村代际关系蒙上了一层功利化的阴影。传统乡土社会受儒家伦理影响,十分重视孝道文化,而现在异化的婚约彩礼却成了父母与子女之间的一颗定时炸弹,随时有可能破坏代际关系。首先,男方父母不得不为儿子结婚操心,这里说“不得不”主要是指两方面,一是源于父母对子代的爱,这种爱是无条件的,但从笔者对 J 村个案的调查来看,其实很多父母也是基于另一方面的功利性考量,例如个案 5 中李 XZ 对儿子李 ZW 的彩礼要求也表达出这样的想法:“没办法,只有这么一个儿子,以后还靠他养老呢,现在只能给他慢慢凑钱呗。”可以看出部分父母也是基于功利的想法才为儿子拼凑高额彩礼,但子代却很少怀着一颗感恩之心看待父母为自己的付出,甚至有人认为父母为自己支付高额彩礼是应当的;另一方面,部分女方父母也把女儿作为赚钱的工具,养女儿是为了在其结婚时捞一笔彩礼钱,周 HJ 就这样说:“现在家里条件又不好,不靠女儿弄点彩礼钱怎么过得下去,现在她找的这些男友我一个都没见过,真是不让人省心。”这些关于婚约彩礼的功利性想法使得乡村地区家庭代际的关系不再纯粹,有学者称这是一种代际间的剥削,事实上不少家庭正是因为在婚约彩礼问题上的争执而导致父母与子女关系的不和。

3. 自治向法治转变中权威的真空化

从上世纪 60 年代至今 J 村地区的情况来看,由于乡土社会的逐渐解体,婚约彩礼习俗这类的民间法如今也很难再靠熟人社会的压力来规范秩序了,再加上国家法律在乡村地区的普及，人们更多地开始寻求公力的途径解决问题，但此时就出现了一个尴尬的现象，即自治(这里的自治指农村地区人们自我解决纠纷的能力，而不是指基层群众自治制度)的社会环境和条件已经改变了，而法治却还未能及时跟上脚步，自治与法治的衔接之间出现了“真空”，转型中的乡村地区缺乏真正维护社会秩序的权威。就个案中J村婚约彩礼纠纷的解决方式来看，现如今村民们已经开始试图通过法律途径解决婚约彩礼纠纷，但国家法律与民间规范之间的差异使得他们对法律的认同感不高，村民对婚约彩礼的纠纷解决结果往往不满意，这背后反映出的是立法、司法等多方面的问题，一名负责调解工作的村干部这样说：“这几年村里也出了不少彩礼纠纷了，但村民不像以前什么事都往村上跑，现在有些村民不会找我们来处理这些家庭纠纷了，有些直接就告到法院去了，但是结果常常是法院下了判决他们也不服，最后还是找到我们这里来了。”可见国家法与民间法之间的差异极大程度地造成了农村地区基层治理方面的资源浪费，纠纷往往要经过不同主体多次处理，而且还很难得到完善的解决。一方面婚约彩礼规范通过自生秩序解决纠纷的能力逐渐减弱，另一方面，国家法的信仰又无法形成，乡村正常的秩序难以得到保障。

五、婚约彩礼习俗功能之实现途径

通过对J村地区婚约彩礼的个案分析，我们发现了功能异化之后的婚约彩礼给乡村社会秩序带来的种种问题，然而必须明确的一点是，这些问题并不是婚约彩礼习俗本身所带来的，从根本上分析，是由于婚约彩礼习俗在新的社会条件下功能异化，导致了某些问题失去了原本可以规范它的制度而造成的，这不意味着民间法就应该被抛弃，恰恰相反，解铃还须系铃人，引导婚约彩礼习俗这类的民间法重新发挥正功能对于解决农村地区当前的问题具有不可替代的作用。这些问题不仅仅是通过简单地制定国家法律就能解决的，只有重视民间法等本土资源的作用，在新的社会条件下重构它们的正向功能，让婚约彩礼习俗成为社会正能量的传播载体，才能从根本上找到解决当前发展阶段农村遇到的特有问题的办法。

1. 明确婚约彩礼的功能定位

(1)自治与法治中的功能定位

如今，国家倡导在乡村地区实现“德法兼治”，那么意味着法律和道德在乡村地区的社会秩序治理中都应该有一席之地，一方面要加快国家法律在乡村地区的普及，让法治意识融入村民的血液之中，另一方面也不能忽视道德的力量，那么就意味着婚约彩礼习俗这类“民间法”资源对于乡村地区的秩序规范仍然有发挥作用的机会。前文已经分析到了像J村类似的农村地区，最大问题是缺乏规范社会秩序治理的最高权威，以道德伦理为后盾的民间法的地位在不断下降，而国家法律制度又无法形成信仰，造成了乡村秩序的治理的失调。笔者认为，当前乡村正在实现从自治到法治治理模式的深刻转换，道德与法律是乡村秩序中的二元权威，这二元不是分立的，而应该充分结合形成一股合力，即实现自治与法治的充分融合，才是当前乡村地区最适当的治理模式；当然，这二者之间也应该有主次之分，在建设法治国家的背景下理应以国家法律治理为主，以道德伦理为后盾的民间法自治为辅，实现二者的交流融合、相辅相成，才能达到规范乡村秩序的最佳效果。不能只注重国家法律而忽视甚至排斥、禁止婚约彩礼习俗这类民间法习俗，在乡村社会治理中，要通过重构婚约彩礼习俗背后的道德性来解决纠纷，帮助乡村地区实现自治向法治转变中的秩序的稳定，才能更好地推动其重现生机。

(2)大小传统之间的功能定位

现在有人大代表提出要对婚约彩礼习俗进行法律规制，通过将婚约彩礼纳入现行《婚姻法》中，用法律限制天价彩礼的现象，试图靠立法采取一刀切的方式来遏制如今婚约彩礼异化出的负功能，但笔者并不赞同这种做法，法律不是万能的，移风易俗并不能靠法律来规范一切事物。一方面，婚约彩礼作为一种民间习俗，在各地的风俗规定都不同，采取统一的国家法进行一刀切势必达不到良好的治理效果，另一方面这种方式也有公权力介入私权过多之嫌，再加上缺乏其他民间规范来调整乡村的婚姻秩序，国家法禁止婚约彩礼非但不能达到应有的效果，反而可能会引发更多的社会问题。谢晖认为国家法是宰制中国社会秩序的“大传统”，而民间法是属于乡村社会的“小传统”，大小传统之间必须要实现理性的勾连，即一种“契约式的沟通”，“秩序与自由间契约的操守正是现代社会沟通大小传统间关系的基本方式”。[①] 因此面对大小传统之间的差异，必须要准确定位婚约彩礼这类民间法的功能，有针对性地重构正向功能，婚约彩礼功能异化的背后是如今乡村社会系统的结构发生了根本改变，结构的变化引发了婚约彩礼功能的异化，因此治理必须要从重新调整乡村社会结构入手，这恰恰需要积极重构婚约彩礼习俗的宣示证明、文化传承以及情感表达等良性功能，以良性功能覆盖其负功能，使乡村社会改变如今的畸形结构。除了靠发挥村民自治的主体引导作用，基层政府制定规范性文件也要充分考虑当地婚约彩礼习俗的特色，吸收婚约彩礼习俗中的规范价值和礼仪意义，法院在司法过程中也要更加注重对各地婚约彩礼习俗的尊重，在法律论证过程中运用婚约彩礼这类民间法进行合理的分析阐释，引俗入法，使人们能更好地接受判决结果。通过这些正向的引导使村民们重新认识婚约彩礼，对婚约彩礼习俗的内涵具有更深刻和准确的把握，才有可能让婚约彩礼在乡村振兴中重新发挥其民间法的正向功能。

2. 重塑婚约彩礼的宣示证明功能

(1)重塑婚约彩礼的仪式感

婚约彩礼广泛存在于我国的婚姻缔结过程中，是对明媒正娶、结两性之好的礼仪性表达，也是具有浓烈传统意味的乡村民俗文化。如今人们已经把婚约彩礼这种最根本的仪式感丢失了，根据笔者在J村地区的调查，许多农村家庭赠送彩礼甚至就是直接通过银行的转账，很少再存在那种正式的上门礼仪程序，彩礼从原来的一种仪式转变为如今的

---

① 谢晖：《大小传统间的沟通理性》，载《学习与探索》2000年第1期。

一种形式，人们的目的只是为了获取现实的金钱利益。只有通过重塑婚约彩礼仪式感，倡导在订立婚约、赠送彩礼时聚齐双方的长辈、亲朋好友，让众人见证双方缔结承诺的过程，创造宣示功能发挥作用的场合，宣示缔约双方超出普通男女的关系，才能增强婚约彩礼的证明和约束监督作用。那么如何来引导村民重新重视这种仪式就成了新的问题，笔者认为只有积极发挥村民自治的能动作用，通过村委会在村民自治中的主体作用，在乡村文化建设中积极宣传传统婚姻礼仪的程序，让年轻一辈了解认识到婚约彩礼习俗是一种礼仪，是一种优秀的传统文化，而非仅仅是经济利益的交换，更非是一种陋习，改变婚约彩礼在社会转型时期在人们头脑中的不良印象，才能真正有重塑其仪式感的可能。

事实上，不少农村的发展方式是存在一定问题的，像个案中J村这样城市周边的村庄，由于城市巨大的辐射范围和辐射力，已经变得和城市严重同质化，从W区关于J村地区的规划来看，未来该地区仍然是以发展农村特色产业为主，是以农村特色作为地区的核心竞争力的，然而J村地区传统的乡村特色文化习俗慢慢在异化，这就形成了如今"农村的貌，城市的心"的奇怪景象，让人们不禁产生疑问，这到底是农村还是城市？这也是中国广大农村在转型社会中所面临的普遍问题，原本融洽和谐的村民关系如今慢慢变得冷漠、变得疏远，越来越多的人变得不再留恋自己生长的这片土地，他们离开家乡，造成了现在农村普遍人气不足，社会凋敝，只有重新恢复村民群体内部的凝聚力，才能凸显乡村特色，更加有效地实现基层治理。凝聚力来自共同情感，共同情感只能依靠婚约彩礼这样的民间法来加强，通过重新重视婚约彩礼的仪式和程序，能够借机将工作生活在外的亲戚朋友、周边的邻舍汇聚到一起，这种汇聚不仅仅是为了前文所提的宣示证明功能的发挥，更是给大家提供一个情感交流的机会，这样既增强了家庭内部的情感交流，也是为村民之间搭建了情感交流的桥梁，有利于家庭结构、邻里结构的重新调整，无论是小家庭的凝聚力还是乡村内部的和谐度都能得到有效提升，充分体现农村地区的社会特色。

(2)重塑婚约彩礼的道德性

在城镇化的过程中，由于市场经济的不断冲击，乡村地区的道德伦理不断瓦解，传统婚约彩礼原本是一种与道德伦理联系紧密的民间规范，但如今乡村地区道德失范，越来越多的村民认为毁弃婚约不再是对道德伦理的违背，对自己的道德要求也进一步降低，很多男女在自由恋爱交往过程中无法保持诚信，对于感情往往不专一，而当这种情况成为社会普遍现象时我们却不以为然，这根本上是由于市场经济发展带给我们的一种错觉，婚约彩礼本质上是一种契约，然而它也与普通契约有着根本性质的不同，违反普通合同契约我们只需要承担违约责任和赔偿经济损失，但婚约带有强烈的人身性质，违反婚约在传统乡土社会中是要受到道德压力，遭受名誉损失的，然而如今村民们把婚约彩礼等同于普通契约，毁约也仅仅是承受彩礼的经济损失，而忽视了其背后深厚的道德性。在如今越来越开放的社会中，特别是性自由越来越成为趋势，婚前的这种道德诚信显得尤为重要，由于婚约彩礼目前在我国不受法律保护，不具有法律效力，法律中缺失了维护婚前诚信的机制，加上现在许多年轻人受市场经济的负面影响，染上了不良习惯，农村地区的婚前诚信面临严重的道德危机，许多人视自己当初海誓山盟的承诺、行为于不顾，订婚多年而又见异思迁，使另一方受到了极大的乃至终生的伤害。只有重新关注婚约彩礼习俗背后的道德性，才会让毁约者承受更大的道德压力，从而重塑起婚约彩礼的宣示证明功能。

3. 构建婚约彩礼的文化传承功能

构建婚约彩礼习俗的文化传承功能，也是将婚约彩礼习俗作为传承优秀婚姻文化的载体，倡导乡村地区的婚姻保持忠诚守信、严谨庄重的文化内涵，从而实现个人间婚姻秩序的稳定。

(1)构建传承忠诚守信文化的桥梁

千百年来，婚姻之所以被人们认为是美好而神圣的，很大原因就是因为其传达了忠诚守信的理念，“执子之手，与子偕老”是我们每个人都向往的婚姻生活，通过订立婚约赠送彩礼，使得传统婚姻的缔结程序十分规范严谨，毁弃婚约是十分少见的现象。然而，随着传统乡土社会的逐渐解体，社会条件的不断变化，传统婚姻中这种难能可贵的忠诚文化已经慢慢被人们所抛弃。如今人们的婚姻选择权大幅增加，毁弃婚约的概率自然就更高，这一点从悔婚和离婚率上就能明显看出来；另一方面，由于技术进步，现代的避孕、人工流产等都十分便利、低廉和可靠，这使得人们毁约的成本进一步降低，在婚姻中忠诚守信、白头偕老似乎成为了一种难能可贵的精神，而不是作为婚姻的基本底线。当今社会是一个信用社会，诚信文化是我们全社会所要求和倡导的，法治社会的建设更是离不开每个人的忠诚守信，而婚姻信用是老百姓民间社会生活的基本信用，婚姻生活是老百姓民间生活的主体部分，婚姻家庭幸福更是老百姓的主要人生价值追求。作为民间法的婚约彩礼习俗并不仅仅只是一种普通的民间规范，它理应成为优秀传统婚姻文化的传承载体，充分发挥指引功能，指引着订立婚约的男女双方应该恪守诺言，忠于对方，而不应该见异思迁，始乱终弃。如今农村地区诚信问题突出，各种失信违约的事件频频发生，虽然婚约彩礼着重凸显的是婚姻缔结中的诚信，但它也会在无形中对村民们日常生产生活中的各种行为起到示范作用，让诚信文化内化于村民的心中，从而为法治在乡村进一步生根发芽打下良好的基础。

(2)构建传承庄重严谨文化的纽带

婚姻是一个人一生中几件大事之一，而不是儿戏，由于如今婚姻程序的简化，结婚和离婚都变得十分方便简单，只要男女双方到国家民政部门办理手续即可，因此，闪结、闪离都成为了社会常见现象，这无形中就降低了婚姻的社会形象与社会价值。传统婚姻的程序和仪式无疑能增强其庄重性与严谨感，在国家制定法上，婚礼仪式并未体现出重要性，结婚登记成为当事人婚姻合意和婚姻行为能力的认定，不过，国家制定法上的登记的认可效力要衍化成一种社会认可，仍然还得借助仪式的作用。[①] 美国这样的法治国家，男女双方结婚时仍然要通过宣誓，在神父面前对对方说出“我愿意”三个字，体现出对婚姻

① 李可：《习惯法——一个政治发生的制度性事实》，中南大学出版社2005年版，第133页。

的敬畏。重新重视婚约彩礼的程序与仪式，能够有效传承庄重严谨的婚姻文化，提高婚姻在村民心中的神圣感，预防婚姻的儿戏化，达到维护婚姻秩序的效果。

民间法与国家制定法的一个主要差别就在于民间法深深根植于人们的民族精神、传统观念和社会生活之中，是一种“文化无意识”“心理习性”“塑造习惯的力量”，因此，像婚约彩礼习俗这样的民间法作为优秀传统文化传承载体的功能是无法忽视的，法律要被信仰必须有其文化的根基，我国近代以来全面学习西方法律制度的确使国家法治突飞猛进，集中表现为法律制度与体系的不断完善与进步，但民众对法律的认同感和接受度却没有得到相应的提升，究其原因，是因为本土传统文化的失根，而婚约彩礼习俗本身源自传统文化，构建起婚约彩礼习俗对传统文化的传承功能具有十分重大的意义。

笔者认为对于婚约彩礼习俗这样的民间法资源，我们只要进行积极引导、合理规范，是能够从其本身来解决当前农村地区的发展问题的。因此，在当前乡村振兴的大背景下，应当积极对婚约彩礼习俗进行革新，要引导其有效发挥正向作用，重点在于通过重塑婚约彩礼的宣示证明功能，构建其传承文化的功能，恢复其情感表达的功能，引导人们合理调整彩礼中的经济利益，改变如今婚约彩礼形式和内涵分离的“两张皮”局面，突出其规范价值和礼仪价值，重新恢复其作为一种传统民间规范的正功能，加强与国家法律之间的交流融合，才能真正为法治在广大农村地区生根发芽创造条件，也将为大量民间法资源实现自我革新、重新焕发生机提供有效的借鉴。

Research on the Function of the “Folk Law” of the Marriage Bride
—Investigation Based on J Village in Hunan Province

Yu Mingfeng Ma Jun

Abstract: In recent years, the issue of betrothal gifts has aroused widespread concern in society, and the social phenomenon of high-priced betrothal gifts has attracted great attention of the state and government. Since the reform and opening up, rural areas in China have undergone drastic social transformation, and the traditional rural society has made a qualitative leap in the level of economic development. However, when we look back on the development process of the past 40 years, we find that many problems have been exposed in the aspects of culture, morality, ethics and grass-roots governance in rural areas. The phenomenon of high-priced betrothal gifts is a concentrated reflection of the outbreak of various problems. Nowadays, under the background of rural revitalization, we begin to attach importance to the cultural construction of rural areas. The custom of wedding betrothal has a long history. As a representative of folk law, it has been deeply rooted in the hearts of farmers. It is certainly not advisable to adopt a “one-size-fits-all” approach to solve the problem. This paper chooses a representative village in Changsha City, Hunan Province, which is in the process of social transformation. By means of interviews and case studies, this paper makes an in-depth study of the wedding betrothal ceremony events in this village, and tries to find a realistic way for the wedding betrothal ceremony custom to revitalize and play a positive role as a folk law in the current rural areas.

Key Words: folk law; marriage betrothal custom; positive function; function alienation; function realization way

小议越界果实取得*

武 暾**

摘要:落于邻地的果实归谁所有是常见的民事纠纷,而我国法律未有明确规定以应对。考察国外立法,各法例甚不相同。通过经济分析,将越界果实取得权赋予邻人并辅以某些限制条件是有效率的。然而,该结论只能适用于无特殊习惯的主体,某些习惯将挑战经济分析的结论。面对挑战,立法应当吸收越界果实归属习惯。考量立法吸收习惯方法,法律应间接吸收越界果实归属习惯,并赋予其优先于法律规范的地位。因此,我国的越界果实取得制度的构建应以经济分析结论为一般规定,以越界果实归属习惯为例外规定。

关键词:越界果实;孳息归属;经济分析;习惯;民间法

郑玉波言:"红杏出墙,事所恒有,而果实自落,亦尽平常。"①然越界果实归属虽为"细故",但若法律规定不明则易起纠纷。咨询越界果实如何归属者不在少数,因越界果实归属纠纷而产生违法犯罪的亦大有人在。是故,研究越界果实归属确有必要。因缘际会,在参加"2015 法经济学方法论与环境资源法"南京夏令营活动时,熊秉元教授问道:"果实落入邻地,应归谁所有?"当时我毫不犹豫地回答:"归果树所有人。"毕竟果实乃孳息,而孳息归原物所有人所有,不仅天经地义,亦有法律规定。然而通过熊教授的点拨,我便"投诚"了,认为果实应归"邻地所有人所有",理由是将越界果实取得权赋予邻人更有效率。后来随着民间法知识的积累,我发现我国民间规范多数支持"归果树所有人所有"。缘考现行立法例,亦甚是复杂。回头反思,熊教授的经济分析结论或许并不足以建构我国的越界果实取得制度。其一,熊教授的经济分析只停留在情景假设上,该结论无法支撑整个制度建构。其二,熊教授的经济分析忽视了习惯问题,该结论并不具有全面的可行性。为此,笔者将通过完善的经济分析以及习惯考量,探讨我国越界果实归属制度的构建,为平息类似的民事纠纷提供立法建议。

本文将从比较法例入手,通过经济分析得到两个结论:一是越界果实应当归邻人所有,二是邻人的越界果实取得权应受限制。继而通过考察我国的习惯发现它们既可能支撑也可能挑战上述结论。面对挑战,本文将从理论与实践两个方面证成立法应当吸收越

* 基金项目:国家社科基金重大项目(16ZDA070)"民间规范与地方立法研究"。

** 武暾,法学博士,周口师范学院政法学院讲师、"民间规范与地方立法研究中心"研究人员。

① 转引自王泽鉴:《民法物权 · 通则 · 所有权》,中国政法大学出版社 2001 年版,第 236 页。

界果实归属习惯。最终,通过分析立法吸收越界果实习惯的方法,提出可行的立法建议。

一、越界果实取得权历史渊源和立法例

越界果实取得权是判定果实落于邻地时该果实归谁所有的一项法定权利。该权利旨在界定孳息归属,但因受到相邻关系或曰法定役权的限制,它可能与孳息归属的一般规定存在差异。这种差异主要表现为:依"原物主义"原则,将孳息归于原物所有人作为一般规定,而将越界果实划归邻地所有人或者其他有权收取者作为例外规定。

(一)越界果实取得权的历史渊源

越界果实取得权源自罗马法和日耳曼法。罗马法对孳息归属之规定,采"原物主义",将孳息划归原物所有人所有,但对越界果实之归属略有限制。《十二表法》第七表第十项规定:"橡树的果实落于邻地时,得入邻地拾取之。"说明罗马共和国初期,罗马法的基本原则是将越界果实归属于果树所有人,但何谓"得入邻地拾取"?《十二表法》并未言明。后来,罗马裁判官通过令状对该规定加以重申并对"得入邻地拾取"进行了限制。即"他有权通过关于收获果实的令状(interdictum de glande legenda),在预先交纳潜在损害保证金的情况下,要求隔一天进入邻居的土地一次(tertio quoque die),以便收获落在那里的果实"。① 这意味着,果树所有人并不能随意去邻地拾取,而是要预先缴纳潜在损害保证金,若三日以内不去拾取,果实则归邻人所有②。

日耳曼法与罗马法不同,它不像罗马法一样极力保护私有财产,相反,日耳曼法是"集团的","团体之目的及利益,非仅为其自身之利益及目的,且亦为构成员全体之目的及利益。无论团体个人,皆于为自己生活而外,更兼为他人而生活"。③ 从早期日耳曼的土地习俗来看,日耳曼人乃游牧民族,其早期的土地习俗"自然与以畜牧业为主的部落生活习性有关",及至一世纪时,虽然出现了"一种简陋的农业经济",但"他们并不致力于种植果园"④,待到日耳曼各王国时期,森林等仍然归集体所有,并一直延续到公元六世纪末七世纪初。⑤ 因此,日耳曼法无法在源头演化出"果实落于邻地,得去邻地拾取"。相反,关于孳息的归属,具有团体属性的日耳曼法却演化出"生产主义"原则,即孳息应该归属于投入劳动的人,而"依日耳曼法,落于邻地之果实,归其邻人之所有"。⑥

---

① [意]彼德罗·彭梵得:《罗马法教科书》,黄风译,中国政法大学出版社1992年版,第240页。这句话中的"隔一天"也被译成"每隔一天"(见本书第243页)。或者被译成"每三天",详见黄风:《罗马法词典》,法律出版社2002年版,第131页。

② 王泽鉴:《民法物权·通则·所有权》,中国政法大学出版社2001年版,第236页。

③ 李宜琛:《日耳曼法概说》,中国政法大学出版社2003年版,第13页。

④ 李秀清:《日耳曼法研究》,商务印书馆2005年版,第231~232页。

⑤ 尤嵘:《日耳曼法简介》,法律出版社1987年版,第50~52页。

⑥ 史尚宽:《物权法论》,中国政法大学出版社2000年版,第117页。

(二)越界果实取得权的立法例

缘考世界成法,举凡民法典有对越界果实取得权规定者,或源罗马法或据日耳曼法。有将此权利赋予原物所有人的,亦有赋权于邻地所有人的,但这些规定较之于罗马法和日耳曼法已然更为复杂。

将越界果实取得权赋予原物所有人者,一般采"原物主义",仅在孳息归属章节进行总括式的规定,并不单独规定越界果实取得权,如《日本民法典》。但也有明确规定该权利属于原物所有人的,如《魁北克民法典》第949条规定:"财产的孳息和收益属于所有人",而第984条又规定:"自树木上掉落在邻地的果实归树木所有人。"①我国大陆民法没有单独规定越界果实取得权,《民法典》出台以前,《物权法》第116条第1款规定:"天然孳息,由所有权人取得;既有所有权人又有用益物权人的,由用益物权人取得。当事人另有约定的,按照约定。"第85条规定:"法律、法规对处理相邻关系有规定的,依照其规定;法律、法规没有规定的,可以按照当地习惯。"由于第116条没有提及习惯,因此它与第85条无法对接,更无法以85条的习惯排除第116条的孳息归属之规定。新颁布的《民法典》亦未改变这一立法现状。② 因此我国亦采"原物主义"。③

将越界果实取得权赋予邻地所有人者,则一般在相邻关系或役权章节予以规定,由于各法典在平衡果树所有人和邻地所有人时有不同的考量,因而它们对邻人获得这一权利又进行了不同程度的限制。《德国民法典》第911条规定:"从树木或灌木自落到邻地上的果实,视为邻地的果实。邻地被用作公共用途的,不适用前句规定。"④我国台湾地区的"民法典"第798条规定:"果实自落于邻地者,视为属于邻地所有人。但邻地为公用地者,不在此限。"显系仿德国民法而立。《法国民法典》第673条第1项规定:"相邻人可要求他方相邻人砍去其树木、树丛或小灌木伸展至其土地上的树枝;这些树枝上自然掉落在相邻人土地上的果实,属于该相邻人。"⑤《瑞士民法典》第687条规定:"(一)土地所有人,在邻地树木的根枝逾越邻界线而侵害其所有权,且经请求,树木所有人未在规定的期限内割除时,得自行割除并将割除物归为己有。(二)土地所有人,容忍邻地的树枝逾越邻界线进入其有建筑物或植物的土地时,对树枝上的果实有取得权。(三)相互接壤的林地,不适用前二款规定。"⑥

---

① 《魁北克民法典》,孙建江等译,中国人民大学出版社2005年版,第123～126页。

② 《民法典》第321条延续了《物权法》第116条,《民法典》第289条延续了《物权法》第85条。

③ 在《物权法》生效以前,宋海鸥认为,基于习惯,邻地所有人可以对落入其土地上的果实享有所有权。参见宋海鸥:《农村邻里关系法律知识100问》,重庆大学出版社2007年版,第12页。在《物权法》生效后,亦有持此观点的,《中华人民共和国物权法释义》第85条 http://www.chinalawedu.com/new/21603_21608/2009_8_13_wa1134612293189002254 4.shtml,2009-8-13/2018-10-3.

④ 《德国民法典》(第3版),陈卫佐译注,法律出版社2010年版,第329页。

⑤ 《法国民法典(上册)》,罗结珍译,法律出版社2005年版,第531页。

⑥ 《瑞士民法典》,殷生根译,法律出版社1987年版,第185～186页。

二、越界果实归属的经济分析

前述所列法例,既有归果树所有人的,也有归邻地所有人的。我们首先需要在抽空限制因素的情形下就这一问题进行概括式比较,以确定越界果实归属的一般原则,继而通过比较立法例还原这些限制因素,以确定越界果实取得权的要件。

(一)越界果实归属的一般原则

当甲的果树之果实落入相邻的乙地时,法律应将取得权赋予甲还是赋予乙?对此,经济分析从权利冲突、区别成本以及后果激励三个方面进行了论证,结果表明,赋权于乙结果更好。①

从权利冲突上讲,如果赋权于甲,而若果实落入乙之宅院,则甲必然要去乙家拾取,进而可能给乙的隐私、住宅自由等权利造成影响。隐私和住宅自由关乎的是主体精神层面的利益,"制度的精神事实的结构是制度走向'善'的重要路径,对路径的证成,又必然要借助对人类精神价值的分析"。② 因此赋权于甲必然涉及物质利益与精神利益的权衡问题。这意味着若乙拒绝甲进入其宅院,自然能够以精神利益相关权利抗辩之。可见,民法中的物权与其内部的人身权以及与宪法上的公民基本权利存在冲突,赋权于甲并不能因之解决司法困扰,甚至因人身权和公民基本权利优先于物权而导致这一赋权缺乏效率性。细言之,赋权于甲并没有因产权界定而减少成本支出,相反,它必然伴随着额外的两种主要的成本支出:一是解决权利冲突的司法成本;二是为辅助甲之越界果实取得权而在隐私权、住宅自由等权利限制方面所付出的立法成本。同样,甲树之果实落入乙之旷野(耕地、邻地、水面等)亦会产生类似的困扰。

从区别成本上说,如果仅有甲种植某种果树,或者甲乙种植不同的果树,自然很容易辨认出落于乙地之果实乃甲的果树上坠落的,区别成本甚微。但如果甲乙均种植同种果树,则难以辨认。风吹落尚可诉诸风向判断,雨打落则无计可施。民间向来有种植同种果树的习惯,或因自然选择、或因风险共担、或因政府推广。此种情形,若赋权于甲,无论私人还是法院,都将产生巨大的区别成本。罗马的大法官法之所以废除《十二表法》"橡树的果实落于邻地时,得入邻地拾取之"③,个中原因或许就在于区别成本。在古罗马,存在"以树为界"的习惯,而"如果他在双方交界的地方种了一片橡树林,那么你在这片树林的边上栽橄榄树就不对了,因为这些橄榄树和橡树本性恰恰相反,以至它们不仅不能结出很多果实,甚至拼命地要躲开橡树"。④ 因此,人们趋于共同种植橡树林,从而带来巨大

① 熊秉元:《论社科法学与教义法学之争》,载《华东政法大学学报》2014年第6期。

② 余地:《耻感文化与民间规范》,载《东方法学》2018年第2期。

③ 周枏:《罗马法原论(上册)》,商务印书馆1994年版,第326页。

④ [古罗马]瓦罗:《论农业》,王家绶译,商务印书馆1981年版,第47页。

的橡实区别成本,废除上述规定在所难免。当然,面对此情形,除赋权于甲或乙之外还有另外一种办法——共有。即在添附或者混合之条文中规定"若不可分离则共有之",如《奥地利普通民法典》第415条之规定[①],但这又徒增法律成本。

从后果激励上言,赋权于甲则缺乏督促甲管理果树、刈除越界枝杈的激励,而赋权于乙则有助于激励甲及时管理果树。之所以说"有助于",原因在于甲并不一定因赋权于乙而自愿刈除其越界枝杈,刈除与否将取决于甲的成本收益考量。一般情况下,对以果实为主要价值的果树而言,其果实之价值大于管理之成本,若赋权于乙,甲自然会及时管理果树。特殊情况下,若果树之价值在于观赏挂在树枝上的果实,一旦落地则无任何价值,甲自然不愿刈除,一来要付出刈除成本,二来又减损观赏价值。因此,赋权于乙并不能解决全部问题,它还需要赋予乙"越界枝根刈除(取)权",使乙可在某种情形下径自刈除越界树枝。前述各法例,"越界果实取得权"与"越界枝根刈除(取)权"一般是同时存在的,《德国民法典》第910条和第911条、我国"台湾民法典"第797条和第798条分别规定之,《法国民法典》第673条、《瑞士民法典》第687条则合并规定之。对此,我们可以这样解读,不论越界果实归于哪一方,法律都会规定乙享有"越界枝根刈除(取)权",而赋权于乙"越界果实取得权"是为了进一步激励甲管理其果树,以防止枝根和果实越界。

(二)赋权邻人的限制因素

若以上述抽象的情景为范本,经济分析很容易使人信服"果实落于邻地的,归邻人所有"。然而,这仅是基于情景假设得出的一般原则。当情景被细化后,经济分析便需要进一步确定该原则的适用范围,即在哪种情形下乙的"越界果实取得权"将受到限制。然而情景之细化不能空想,它需要比较实证,因为越界果实归属之法例包含着历史的智慧,它们从古罗马发端并一路完善,几乎涵盖了所有的假设情形。因此,我们需要通过比较分析完善经济分析的结论。综合前述法例,其中将越界果实取得权赋予邻地所有人者,一般考量以下限制因素:"果实是否分离""果实是否自落""树枝是否越界""公地是否除外""是否为相互接壤的林地""邻地是否闲置"等。

1.果实是否分离。多数法律以"分离"为要件,而瑞士则非。以教义法学来看,若果实未分离,则属原物组成部分或曰"成分",非为孳息,自不可适用孳息归属之规定。王泽鉴认为,若大风吹断果树于邻地,邻人不能享有树上之果实,而应请求果树所有人取回之。[②]据此以推,树枝被风吹落者亦然。以法经济学观之,此教义甚不合理。树及树枝因风吹而落于邻地时,多有果实掉落之情形,若分离的果实归乙,未分离的果实归甲,岂不造成"各捡其果"之景?若果实因不成熟而无益,徒增清扫成本,即使邻人有权取得,又有何激励效果?是故,以分离为要件,不若瑞士之规定以容忍为要件,不论分离与否邻人均享有果实取得权。邻人既有权利,自应承担义务,若树枝连带果实被风吹落,不论收益还是负

① 《奥地利普通民法典》,周友军、杨垠红译,清华大学出版社2013年版,第67页。

② 王泽鉴:《民法物权(第一册)通则·所有权》,中国政法大学出版社2001年版,第237页。

担,均由邻人处理之。

2.果实是否自落。除瑞士外,多数法典以"自落"为要件。至于何谓自落,教义法学通常因解释方法不同而结论有殊。有采文义解释者,认为自落系果实成熟或自然原因所致,"然若出于人力者,无论是由树木所有人、邻地人或第三人所为",均不能视为属于邻地。[①] 有采论理解释者,认为自落包括自然坠落或他人摇落(包括树木所有人),但不包括邻人自行摘落[②],或曰"凡非基于邻地所有人的行为致果实掉落的",均属于自落。[③] 若依法经济学,宜主张后者。理由在于:应以最小成本原则确定果树所有人负有防范果实落入邻地之义务。因果树位于甲地,由甲防范自己、第三人以及自然原因致果实落于邻地较为容易,而由乙防范则较为困难。唯独在乙自行摘取时,不仅乙要付诸成本,而且徒增甲的防范成本,不宜支持。因此,若不采瑞士立法,而坚持以自落为要件,则应当修改为"果实非因邻地所有人之行为而落于邻地者,视为邻地所有"。[④]

3.树枝是否越界。法国、瑞士均以"树枝越界"为要件,而德国和我国台湾地区则否。教义法学对该要件自有解释:若树枝越界,则"'用益'了邻地的空间,自落于邻地的果实,多是零星果实,令其归邻地所有,实际上是一种平衡"。[⑤] 即可将树枝越界视为基于默示的役权,并将其果实视为对供役者的补偿;若树枝未越界,则不存在用益情形,自然不可赋此役权于邻地。以法经济学观之,树枝越界并非必要。树枝越界自有"越界枝根刈除(取)权"予以调整,若邻人未刈除(取),可借鉴瑞士规定,视为容忍树枝越界,对越界树枝上的果实享有取得权。但无论瑞士、法国,其规定都无法圆满解决未越界树枝之果实落入邻地的问题,正如前面的分析,越界果实取得权主要解决的是权利冲突、区别成本以及督促管理等问题,而这些问题的产生并非仅仅是由于树枝越界造成的,即便树枝未越界亦可产生此类问题。因此,不论树枝是否越界均不应当影响邻人的越界果实取得权。

4.公地是否除外。德国与我国台湾地区明确规定"公地除外",即果实落入共用地的,仍然归果树所有人。法国、瑞士并没有明确规定,但可以从字里行间推定之。教义法学亦有扩张解释者,认为"果实自落于公用地者,仍属于有收取其树木孳息之权利人所有。他人如为自己拾取之,则得构成侵占。但无价值之果实,可认为任何人得拾取之者,不在此限。"[⑥]法经济学同样认为,越界果实取得权以"公地除外"为要件较为合理。理由是,赋予邻人越界果实取得权在于"维持彼此和平亲善之道"[⑦],果实落入公地,并不涉及前述权利冲突、区别成本等问题,没有对邻人产生任何困扰,既无邻人相争,自然不必赋权。但

---

① 谢在全:《民法物权论(上册)》,中国政法大学出版社 2011 年版,第 203 页。

② 史尚宽:《物权法论》,中国政法大学出版社 2000 年版,第 117 页。

③ 王泽鉴:《法律思维与民法实例:请求权基础理论体系》,中国政法大学出版社 2001 年版,第 236 页。

④ 蔡明诚:《邻地的果实取得权》,载苏永钦主编:《民法物权实例问题分析》,清华大学出版社 2004 年版,第 83 页。

⑤ 隋彭生:《天然孳息的属性和归属》,载《西南政法大学学报》2009 年第 2 期。

⑥ 史尚宽:《物权法论》,中国政法大学出版社 2000 年版,第 117 页。

⑦ 刘鸿渐:《中华民国物权法论》,北平朝阳学院 1933 年版,第 135 页。

鉴于落于公地的果实若归果树所有人所有，亦不能有效激励其管理果树，宜采先占原则解决果实所有权之归属以激励之。

5.是否为相互接壤的林地。关于"是否相互林地"，仅瑞士民法有规定。其要旨在于，若为相互接壤的林地，则树枝越界不可避免。为节省成本，各方均不应刈取相互越界的树枝，也不应享有越界树枝上的果实取得权。是故，"相互为林地"是邻人享有越界果实取得权的一种限制。但由于其他民法以果实分离和自落为要件，此情形下，若二者为相互接壤之林地，则落于邻地之果实宜归邻人所有，以免付出高昂的区别成本。此即说明，"相互林地"到底是否为邻人越界果实取得权之限制，取决于是否以"果实分离"为要件。若以"果实分离"为要件，则"相互为林地"不构成限制；而若以"容忍越界"为要件，即邻人可对未分离之果实享有取得权，那么"相互为林地"则对邻人的越界果实取得权构成限制。

6.邻地是否闲置。瑞士民法规定，邻人的越界果实取得权以树枝进入其有建筑物或植物的土地为限，若邻人未在其土地上建有建筑物或者栽种植物，则邻人不得拾取越界果实。其意旨在于，因邻人土地未被利用，虽然树枝越界，但并未影响邻人之利益，故仍得由果树所有人拾取之。有教义认为，果实自落于邻地即归邻人所有，邻人"对该地是否已利用，在所不问"。① 以法经济学观之，前者更有效率，因邻人未利用其土地，自然不会发生权利冲突，亦不存在区别成本，若树枝越界能够带来更大收益，并不需要激励他防止树枝越界，此乃物尽其用原则使然。

综上，以上所列法例均存在优点与缺点，通过比较分析，可明确以下几点：第一，越界果实取得权的一般原则是将其归属于邻地所有人。第二，邻人的越界果实取得权不应仅限于树枝越界。第三，树枝越界情形下，并不要求果实分离与自落，邻人即可享有取得权；树枝未越界情形下，应当以分离和自落为要件，凡非基于邻人所为而落于邻地之果实即归邻人所有；由于邻人享有越界枝根刈除(取)权，可不区分树枝是否越界，以"果实分离和自落"为要件即可。第四，若果实自落于公地的，邻人不应享有取得权。第五，既然以"果实分离和自落为要件"，那么"是否为相互接壤的林地"并不对邻人的越界果实取得权构成限制。第六，邻人的越界果实取得权以其土地已被利用为限，若土地闲置则不享有此权。

三、我国的越界果实归属习惯

不仅法律调整越界果实归属，习惯亦然。梁治平言道：由《唐律》至《大清律例》有着惊人的相似性，千余年的社会发展必然以存在民间法为前提；无论《唐律》还是《大清律例》都绝少关于"私法"的规定，但民间却存在大量的契约。不仅是契约，物权领域的民间

① 蔡明诚：《邻地的果实取得权》，载苏永钦主编：《民法物权实例问题分析》，清华大学出版社2004年版，第83页。

规范同样大量存在。在《民事习惯调查报告录》所记载的习惯中，物权习惯条目最多，达到1389则，而债权习惯、亲权习惯分别为985则和1046则。① 因此，我们有必要考察我国的越界果实归属习惯，分析上述经济分析结论是否可行。

(一)材料来源

本文所举越界果实归属习惯，主要来自《民事习惯调查报告录》(以下简称《报告录》)。虽然它不如人类学的田野调查更为科学，但由于它是出自司法人员之手，或基于平时审判总结，或通过访察习惯所记录，因此可信度较高。另外，习惯的发展演变甚为缓慢，我们有理由相信，该《报告录》中的习惯在现代社会中可能依然沿用。② 即便习惯在现代社会中已经演变，也不影响本文结论，因为本文并非旨在研究个别习惯，而是通过描述个别习惯，揭示其与越界果实归属之一般原则的差异。《报告录》大量记载了关于孳息归属和相邻关系的习惯，但对越界果实归属仅记载了湖北省的习惯。本文筛取几例孳息归属习惯，以说明民间存在多样的、不同于原物主义的孳息归属习惯。因越界果实多与建筑距离、种植距离、越界根枝刈除存在关联，笔者将厘清湖北省越界果实归属习惯之全貌。

(二)孳息归属习惯

(1)浙江南田县扌品养牲畜孳息归属习惯：若甲出全价购牛，交乙承养，仍公共使用以耕种者，则老牛及小牛利益均归一部分，倘系共同出价而轮流分任养畜者，亦同；甲乙各出半价购牛，而独归一人承养，至耕种时仍公共使用者，则老牛利益平分，小牛利益的四分之三归承养人；若甲出全价购牛，而不使用牛力，乙永久承养，独自完全使用者，则老牛利益归甲，而小牛利益平分。③ (2)甘肃合伙畜牧孳息归属习惯：甲乙合买牲畜，由甲牧养，第一年所孳生者，归甲，第二年所孳生者，归乙，如是逐年依次分之，名曰"除本分息"。④ (3)甘肃成县分养羊群孳息归属习惯：凡领牧羊群，并不立契约，有羊之家名曰羊户，领牧之家名曰牧户，既经交给牧户之后，但查其每年孳生羊羔若干，秋夏剪羊毛若干，与之均分而已，无有给工价者。⑤ (4)甘肃果实平分习惯：凡购果林者，其果实已成而尚未离枝时，其果应归何人所有，须以口头定之，若未经明定，迨至起争端之日，则由中人调和，均分之，习惯如是也。⑥ (5)福建顺昌县抵押物孳息归属习惯：若甲将土地抵押与乙，

---

① 梁治平：《清代习惯法》，广西师范大学出版社2015年版，第31、32、46页。

② 朱政调查到，时至今日，文登营村的"校场俱乐部"仍然承担着适用相邻关系习惯的功能。参见朱政：《文登营村传统秩序变迁研究》，山东大学2009年毕业论文。云南腾冲至今仍然保留着雌银杏树主人将些许银杏送给雄银杏树主人的习惯，并且在越界果实归属上保有"归邻人"的习惯。参见和晓莹：《探访云南腾冲银杏村　最美乡村养树防老》，http://www.chinanews.com/shipin/cnstv/2012/10-10/news104888.shtml，2012-10-10/2018-10-3.

③ 前南京国民政府司法行政部：《民事习惯调查报告录(上册)》，中国政法大学出版社1998年版，第285页。

④ 前南京国民政府司法行政部：《民事习惯调查报告录(上册)》，中国政法大学出版社1998年版，第404页。

⑤ 前南京国民政府司法行政部：《民事习惯调查报告录(上册)》，中国政法大学出版社1998年版，第405页。

⑥ 前南京国民政府司法行政部：《民事习惯调查报告录(上册)》，中国政法大学出版社1998年版，第390页。

而甲若违背履行利息之约，乙可先收获此抵押物所生之孳息，作为利息之代价。[①]

一般而言，中国的民事习惯自然支持原物主义的孳息归属原则，但从前三项习惯看，中国的民事习惯同时存在生产主义的孳息归属原则。如果存在“合伙”或者“分养”等影响因素时，孳息归属原则将呈现出原物主义与生产主义的结合，既可能按比例分成，也可能次第分之，还可能均分之。同样，第四项与第五项习惯也考虑到了影响因素——买卖与抵押，其中第四项习惯支持“成分”可以归所有人以外的主体，而第五项习惯则支持抵押物的孳息归债权人，因而有别于我国现行法律之规定。另可以看出，孳息在民间的角色是多样化的，并非如法律规定的那么死板，它并不一定依据所有权划分。有时它可能是对承养人的回报，也可能是合伙人的收益分成，还可能等同于牧户的工钱或者抵押权人的利息。可见，“孳息并非一定归原物所有人”在中国民间具有可接受性，这为越界果实取得权赋予邻人奠定了基础，因此经济分析的结论在某种程度上有一定的可行性。

(三)越界果实归属习惯

甲、乙两人土地相连，甲地果木之果实落入乙地，果实归谁？(1)兴山、麻城、汉阳、五峰四县习惯:果实仍归甲，乙不得视为己有，纵然拾取，亦须向甲说明。(2)竹溪习惯:分旷野与比屋而居二种，如落入乙之旷野，其果实仍应归甲，若系比屋而落入乙之宅院，即可归乙。(3)郧县习惯:果实自落乙地的，则视为乙有，若系甲打落或摘落的，则仍归甲。[②] (4)通山、潜江、广济、竹山四县习惯:甲地果木之果实落入乙地，果实归甲。(5)京山县习惯:甲地果木之果实落入乙地的多归甲有。(6)巴东县习惯:甲摘取落入乙地的多归甲，自落于乙之院内的多归乙。(7)谷城县习惯:自落于乙地的归乙。[③] 上述习惯多有与“建筑距离”“种植距离”“枝根越界刈除”等有关，详见表1。

表1　湖北省越界果实归属习惯及相关的相邻关系习惯

县域	建筑距离(距界线)	种植距离(距界线)	甲树枝根越界至乙地归谁所有		甲树果实落乙地归谁所有
			乙请求与否	归属情况	
京山	尺许	不越界	乙可自刈	不特定	多归甲
广济	二三尺		乙可自刈	地上根归甲 地下根归乙	归甲

① 前南京国民政府司法行政部:《民事习惯调查报告录(上册)》，中国政法大学出版社1998年版，第302页。

② 前南京国民政府司法行政部:《民事习惯调查报告录(上册)》，中国政法大学出版社1998年版，第331～332页。

③ 前南京国民政府司法行政部:《民事习惯调查报告录(上册)》，中国政法大学出版社1998年版，第342页。

续表

县域	建筑距离（距界线）	种植距离（距界线）	甲树枝根越界至乙地归谁所有		甲树果实落乙地归谁所有
			乙请求与否	归属情况	
竹山	滴水为界	齐边或二三尺至数丈	乙需声明	归甲	归甲
麻城	十余尺	五尺以外	乙得自刈	归甲	归甲
汉阳	五尺或一丈	不越界	请甲刈除,不应则自刈	甲刈归甲,乙刈归乙	归甲
五峰	不越界	不越界	枝须声明,根可自刈	枝归甲,根归乙	归甲
兴山	不越界	一尺	请甲刈除,不应则自刈	甲刈归甲,乙刈归乙	归甲
潜江		不妨碍邻地为限	声明即可自刈	归甲	归甲
通山			先请求,不应则凭中自刈	甲刈归甲,乙刈归乙	归甲
竹溪	尺许	自疆界种(一方种) 商定或尺许(两方种)	乙得自刈	枝归甲,根归乙	旷野—归甲 比屋—归乙
谷城	不越界	不越界	先请求,不应则凭中自刈	甲刈归甲,乙刈归乙	自落—归乙
郧县	二三尺	一尺	乙得自刈	归乙	自落—归乙 甲打落—归甲
巴东		不妨碍邻地为限	请甲刈除;商请甲,乙代为刈除;不听商请乙自刈	不听商请,乙自刈的归乙	自落—多归乙 甲打落—多归甲

来源:根据《民事习惯调查报告录》总结

从表1可以看出,竹山、麻城、汉阳或许可以通过建筑距离或种植距离减少植物或者果实越界,其他各县均不足以防范枝根越界和果实越界。

对于枝根越界而言,湖北习惯既坚持了原物主义——物之成分归原物所有人,又在相邻关系中考虑到了诸多因素。首先,一般情况下,邻人需要请树木所有人刈除越界枝根,经请求而不刈除的,则邻人可以刈除,考虑到了邻里和睦因素。其次,关于刈除的枝根之归属,有依原物主义的,如竹山、麻城、潜江三县,被刈枝根归原物所有人;也有考虑到"用益"因素的,区分树枝与树根,越界树枝用益地上空间可忽略,越界树根用益地下之资源则重大,故广济、五峰、竹溪三县习惯将树枝与树根分归原物所有人和邻人;还有考虑到刈除费用因素的,如汉阳、兴山、通山、谷城四县习惯上支持"甲刈归甲,乙刈归乙"。

对于越界果实而言,附表所列13个县中,有9个县的习惯将越界果实归于果树所有人,说明我国民间一般采取原物主义的孳息归属。另外四县的习惯则区分了"坠落地点"和"自落与否"等限制因素。其中竹溪习惯考量了果树所有人到邻家拾取果实给邻人带来的困扰,故将落于邻人宅院的果实归邻人,但在邻人旷野地拾取果实,侵扰不甚,邻人可以容忍,故果实仍归果树所有人。谷城、郧县、巴东三县习惯则区分了自落与主人打落,自落乃疏于管理所致,主人存有过失,故果实归邻人,而主人打落则说明有心管理,虽落于邻地,但在所难免,故果实仍归主人。由此,我们看到,中国民间习惯与上述经济分析的结果不甚相同,前述结论既没有区分旷野与比屋,也不支持主人打落的归主人,更不支持归原物所有人所有。

四、立法应当吸收越界果实归属习惯

关于越界果实归属,相关立法例为我们提供了诸多经验,通过经济分析,我们也得到了较为理想的结论,然而纷繁复杂的民事习惯却挑战着经济分析结论。至此,我们需要解决一个前提性问题,即立法是否要吸收这些民事习惯,或者说民事习惯是否需要立法予以考量。无论理论智识还是国内外实践,都作出了肯定回答。

(一)立法吸收习惯有理论基础

立法吸收习惯有着坚实的理论基础,这些理论广泛存在于法学流派的智识中。通过对西方法律思想史的简单梳理,可以发现绝大多数学派主张立法吸收习惯,包括自然法学、规范法学、历史法学、法律多元主义、马克思主义法学等。

自然法学一般认为法律反映习惯,习惯是法律的基础。古希腊时期,柏拉图认为,法律起源于习惯,习惯是政权的纽带,它将成文法与人民联系起来。亚里士多德则称"实证法与习惯法可以相互替代。"①古罗马时期,罗马法学家将习惯进行了定位,一般认为习惯乃是法律之补充,但人们并不否认法律源于习惯,②更有学者认为习惯可以变更成文

① [美]塔玛纳哈:《一般法理学:以法律与社会的关系为视角》,郑海平译,中国政法大学出版社2012年版,第14页。

② 严存生:《西方法律思想史》,法律出版社2004年版,第71页。

法。[①] 中世纪时期，阿奎那主张，法律最初源于自然，进而形成习惯，习惯是最主要的法律渊源。[②] 理性时期，孟德斯鸠认为，气候、宗教、法律、施政准则、先例、习惯共同塑造了一个民族的一般精神，遵从民族的精神是立法者的职责。法律与习惯既有区别又有联系，其区别在于法律是特殊而精密的制度，习惯是国家的一般制度，法律规定公民行为，习惯规定人的行为。其联系在于"法律随从习惯，习惯随从法律"。[③]

规范法学认为，习惯虽然不是法律但可以上升为法律。奥斯丁认为，习惯不具有命令属性，因而不是法律，可将习惯称为"实际存在的社会道德"。但通过两种途径它可以成为法律，一是立法吸收习惯，二是司法适用习惯。前者明确赋予了习惯的法律地位，后者之所以使习惯具有法律地位，乃是基于主权者的默示认可。[④] 哈特指出了"默示认可理论"的不足，并提出了"规则理论"，他认为处于"前法律世界"的习惯具有三大缺陷——不确定性、静态性和无效性。这就需要第二性规则——承认规则、改变规则和审判规则——予以弥补，经第二性规则确认后，习惯便成为法律。[⑤]

历史法学的萨维尼认为习惯是民族精神的载体之一，凡制定民法典必然要从民族习惯中汲取滋养。他说，法的最好来源不是立法，而是习惯；习惯法是最有生命力的，其地位远超立法；习惯法最容易达到法律规范的固定性和明确性，它是体现民族意识的最好的法律。[⑥] 因此，他主张只有通过法学家对一个民族的习惯进行认真研究，人们才能发现法律规则，而在编纂《德国民法典》时，应当对日耳曼各州的法律和习惯以一种前后一贯的方式进行编纂。[⑦]

法律多元主义虽然认为无论法律是否吸收习惯，习惯都是一种法，它们是"活法""非官方法"。但是，他们的真实意图是：如果法律不反映习惯，那么法律就不能标榜自己是唯一的法。[⑧] 这种真实意图可以从法律多元主义者关于习惯与法律互动的论述中得到证明。千叶正士认为，非官方法"对官方法的有效性造成显著影响，补充、反对、修正甚至破坏着官方法"。这就需要沟通非官方法和官方法，其渠道主要有两种，一是官方法正式认可，二是官方法非正式支持。[⑨] 埃利希认为，习惯一旦"用明确的词语加以表述，并且对于社会的法律秩序具有根本的重要性，那么也经常会变成法律规范"。法律规范"来源于法

---

① 周枏：《罗马法原论（上册）》，商务印书馆1994年版，第93～94页。

② [美]塔玛纳哈：《一般法理学：以法律与社会的关系为视角》，郑海平译，中国政法大学出版社2012年版，第22页。

③ [法]孟德斯鸠：《论法的精神》，商务印书馆1976年版，第202～218页。

④ [英]约翰·奥斯丁：《法理学的范围》，刘星译，中国法制出版社2002年版，第39页。

⑤ [英]哈特：《法律的概念》，张文显等译，中国大百科全书出版社1996年版，第93～98页。

⑥ 何勤华、严存生：《西方法理学史》，清华大学出版社2008年版，第56页。

⑦ [美]博登海默：《法理学：法律哲学与法律方法》，邓正来译，中国政法大学出版社1999年版，第88页。

⑧ [美]塔玛纳哈：《一般法理学：以法律与社会的关系为视角》，郑海平译，中国政法大学出版社2012年版，第37页。

⑨ [日]千叶正士：《法律多元——从日本法律文化迈向一般理论》，强世功等译，中国政法大学出版社1997年版，第117～124页。

的事实的规范，即来源于在社会团体中给每个成员分配其地位和职责的习惯”。[①]

马克思主义法学认为法律的本质有三个层次：第一层次为被奉为法律的统治阶级的意志；第二层次是为一定历史条件所决定的人们的自由和纪律，直接表现为一种事实上的社会权利和义务；第三层次是社会生活特别是经济发展的客观需要。也就是说，马克思主义法学一方面坚持了法律源于习惯，另一方面又极大地提升了习惯的地位，将其置于法律的本质，第三方面则充分肯定了统治阶级的作用，即法律是否源于习惯以及习惯是否为法律的本质依赖于统治阶级意志，并非所有的习惯，而是体现于法律中的习惯，才是法律的本质。[②]

(二)国外有立法吸收越界果实习惯的实践

本文第一部分就已经指出日耳曼法关于越界果实归属的规定乃是立法吸收习惯的结果，疑问在于《十二表法》中的越界果实归属规定是否为立法吸收习惯的结果。若深入分析《十二表法》，便会发现越界果实规定的背后有着丰富的习惯内涵，而不能简单地以后世的“原物主义”概括，它本质上也是习惯的法律化，我们可以通过回答三个问题揭示这一本质。

首先，为何是橡实？难道真如周枏所说，它是“示例主义”的体现，然后再通过论理解释以扩充？[③] 罗马专门规定橡实其实是特定环境下的习惯使然。加图将罗马的土地依价值大小排列了九种：葡萄园、果园、柳园、橄榄园、牧场、谷田、采伐林、树木园、“结实累累”的橡树林。[④] 而橡实是珍贵的饲料，不劳动的牛吃不上橡实。[⑤] 在共和国早期，橡实可能是供人食用的。说明橡实价值不菲，需对越界橡实作出调整。另外八种植物，要么不以果实为主，要么果实不易落入邻地，要么落入邻地的边际损失微乎其微(如谷物)，故不需规制。因此，罗马法关于越界果实的规定乃是对受制于规律的种植习惯的立法表达。

其次，邻地指什么？是院落还是旷野，抑或兼有？橡树可高达 25 米，树冠半径可至 5 米，罗马位于北纬 41°29’，南北回归线为 23°26’，则一年中罗马的正午太阳高度角大致在 25°～72°之间，25/Tan25°≈50，25/Tan72°≈8，50＋5＝55，8－5＝3，即以正午计算，距橡树 3 米处至 55 米处均可能成为树荫，树荫面积为 78 平方米左右，正午以外树荫面积更大。而《十二表法》规定的建筑距离十分有限，仅为 2.5 尺，并且规定“树枝越界的，应修剪至离地 15 尺，使树荫不至影响邻地。”这意味着，除非院落广阔，比屋而居是不可能种植橡树的，橡实越界针对的应是旷野之地。因此，罗马法关于越界果实的规定是对受制于地理环境的习惯的立法表达。

① [奥]欧根·埃利希：《法社会学原理》，舒国滢译，中国大百科全书出版社 2009 年版，第 180～181 页。

② 孙国华、朱景文：《法理学》，中国人民大学出版社 2010 年版，第 34～36 页。

③ 周枏：《罗马法原论(上册)》，商务印书馆 1994 年版，第 99～104 页。

④ [古罗马]加图：《农业志》，马香雪，王阁森译，商务印书馆 1986 年版，第 3 页。

⑤ [古罗马]加图：《农业志》，马香雪，王阁森译，商务印书馆 1986 年版，第 34 页。

最后,为何"得去邻地拾取"?"得"是义务还是权利?古朗士言道,在古罗马,家族宗教、宗族及所有权是密切联系而分不开的。"私产的见解即在宗教本身,每家各有其火,各有其祖先,每家各祭其神,每神各佑祭他之家,神也就是家的私产。""为适应宗教信条,在火的四面,必须有垣,……其垣足以分别某火之域与其邻火之域。古人视此垣为神的,越过是大不敬。""每个家族,既有其独有之神、独有之祭,亦有其独有的一块田、独有的住宅,田及住宅,亦即他的私产。"①是以,产于本地之果实乃家神所佑之产物,即便落于邻地,亦须取回,以供神享,以求神佑,如不取回,则对垣神大为不敬。邻家亦不允许果实留置,更不会捡拾,以免家神佑他而不佑己。因此,"得去邻家拾取"实为果树所有人的义务,这说明罗马法关于越界果实的规定是对罗马人信仰习惯的立法表达。

可见,无论是罗马法还是日耳曼法都表明:越界果实取得权的本质是习惯权利的法律化,它来源于物权习惯,通过立法吸收,它成为了习惯物权②。世界两大法典在制定过程中都不曾忽视习惯这一本质问题。"十五世纪法国进行了各地习惯法的调查,十六世纪巴黎最高法院编成《巴黎习惯法》,逐渐成为全国的普通法。"③《法国民法典》很多内容就来源于习惯。德国情形比之更甚,从某种意义上说,《德国民法典》是对日耳曼习惯加工的产物,依德国普通法,果实落于邻地则归树木所有人所有,而《德国民法典》却沿用了日耳曼习惯,将越界果实赋予邻人。

(三)我国有立法吸收习惯的传统

清末以前,中国与外国一样重视本土资源,注重法律对习惯的吸收。在中国法律传统中,法律吸收习惯有两种途径。其一是立法吸收,如国家法中的典、当、押、业、永佃、找贴等概念源于习惯,而雍正八年关于"找贴"的"定例"便是对习惯的改造。④ 其二是司法吸收,清朝时期民间规范可以随时被用于判决。于成龙在裁判"争葬母柩案"时便综合运用了法、礼、孝、情以及习惯。夏氏丈夫范文六死亡,为抚养幼子(范念岵)改嫁华承明,不久华亦死亡,留有遗腹子,待夏氏死亡,范华二子争葬母柩。于成龙依律——凡妇女已再醮者,与前夫家断绝,不生亲属关系。依礼——凡妇女改醮者,不复为前夫家之人,子对之为出母,前夫对之为出妇。依孝——念岵不忍母因贫而失志,其孝可嘉。依情——夏氏为承嗣忍耻以求生,其情可悯。遂判夏氏葬于华坟,另仿古人习惯,设衣冠冢葬于范坟。⑤

清末民国时期更加重视立法对习惯的吸收。1907 年 5 月,大理寺正卿张仁黼上奏:

---

① [法]古朗士:《希腊罗马古代社会史》,李宗侗译,中国文化大学出版部 1988 年版,第 53～54 页。

② 关于物权习惯和习惯物权,参见周林彬、董淳锷:《物权法中"习惯"的法经济学研究——从"物权习惯"到"习惯物权"》,载谢晖、陈金钊主编:《民间法》2008 年第七卷。

③ 郭建、王志强:《关于中国近代民事习惯调查的成果——〈中国民事习惯大全〉影印出版说明》,载施沛生主编:《中国民事习惯大全》,上海书店出版社 2002 年版,第 1 页。

④ 梁治平:《清代习惯法》,广西师范大学出版社 2015 年版,第 131 页。

⑤ 襟霞阁:《清代名吏判牍七种汇编》,老古文化事业股份有限公司 2000 年版,第 31～33 页。

“凡民法、商法修订之始,皆当广为调查各省民情风俗所习为故常,……此则编纂法典之要义也。”1908 年,沈家本上奏:“各省地大物博,习尚不同,使非人情风俗纤悉周知,恐创定民商各法见诸实行,必有窒碍。”1910 年,沈家本奏称,“民事习惯视商事习惯尤为繁杂,……臣等公同商酌,拟选派馆员,分往各省,”详查民事习惯。民国于 1918 设立修订法律馆,其职能之一便是“调查习惯事项”。而早在 1915 年,北京政府司法部发布《通饬》,要求各地各审判厅长率民庭的推事调查各地习惯。1930 年,国民政府在编纂民法典亲属编和继承编时,也曾要求调查民事习惯。①

然而,清末民国的法律多是移植而来,并没有很好地吸收习惯。《大清民律草案》虽在第 1 条即明确“民事本律所未规定者,依习惯法;无习惯法者,依法理”。但在越界果实归属上,并未照顾到民间多元的习惯,而是在第 999 条直接规定“果实有落于邻地者,视为该地之果实。但该地若系公用地,不在此限”。与德国民法相比,相差无几。《民国民律草案》第 811 条规定:“果实自落于邻地者,视为该地之果实。但该地若系公用地者,不在此限。在疆界线上之果实,相邻人平均取得之。树木已被采伐者,其分配亦同。”②乃是移植德国民法典第 911 条和第 923 条③之结果。这也就直接影响了《民国民法典》。

清末民国时期如此重视调查民事习惯,立法又为何极少吸收呢?原因或许有三。首先是缺少研究时间。虽然立法者对习惯进行了广泛调查,但这几乎是与法律起草并行的。清廷在 1910 年开始调查民事习惯,同年民律前三编便起草完毕。民国初年,仓促立法,其《民国民律草案》乃抄自《大清民律草案》。1930 年,南京政府立法院在起草民法典亲属编和继承编时,虽要求调查习惯,但于同年便起草完毕并获得通过,而债权编和物权编已于 1929 年便实施了。其次是缺乏研究能力。法律的制定离不开法学家对习惯的识别排除、概念抽象、权利析取等。中国虽有律学,但它与西方法学截然不同,律学者或擅长研究亲属习惯,但对债权、物权等习惯研究能力不足。从《大清民律草案》起草分工便可窥一斑,其总则、物权、债权三编由松冈义正起草,而关乎礼教的婚姻、继承两编则由修订法律馆起草。④ 三是对习惯尚存偏见。清末民国的部分立法者要么区别对待不同种类的习惯,要么总体上以“恶习”对待。俞廉三认为,对于民商法而言,立法要注重世界最普通之法则,“彼执大同之成法,我守拘墟之旧习,利害相去,不可以道理计,”只有“人事法”是“缘于民俗风情”,故不能随意引进西法。胡汉民竟言,“我们知道我国的习惯坏的多,好的少,如果扩大了习惯的适用,国民法治精神将更提不起来,而一切政治社会的进步,更将纡缓了”。⑤ 笔者认为,这些偏见可能是为仓促立法找个借口而已,倘若真是这样,那

① 郭建、王志强:《关于中国近代民事习惯调查的成果——〈中国民事习惯大全〉影印出版说明》,载施沛生主编:《中国民事习惯大全》,上海书店出版 2002 年版,第 3~7 页。

② 杨立新:《大清民律草案·民国民律草案》,吉林人民出版社 2002 年版,第 3、132、313 页。

③ 《德国民法典》(第 3 版),陈卫佐译注,法律出版社 2010 年版,第 331 页。

④ 张晋藩:《清代民法综论》,中国政法大学出版社 1998 年版,第 249 页。

⑤ 郭建、王志强:《关于中国近代民事习惯调查的成果——〈中国民事习惯大全〉影印出版说明》,载施沛生主编:《中国民事习惯大全》,上海书店出版 2002 年版,第 11~12 页。

就没必要大规模地调查习惯了。历史表明:当中国遭遇千年未有之变局时,我们在主观上违反了初衷而在客观上选择了法律移植。自此以降,立法吸收习惯这一本质问题被隐藏了起来,人们看到的是具律条文,条文背后的立法者的遗憾被遗忘了。

五、立法吸收越界果实归属习惯的方法

明确了立法应当吸收越界果实归属习惯之后,下一步的任务便是分析立法吸收越界果实归属习惯的方法。本文首先从宏观上指出立法吸收习惯的方法有两类,直接吸收和间接吸收;其次论证立法应当间接吸收越界果实归属习惯,赋予习惯优先地位。

(一)立法吸收习惯有直接吸收和间接吸收两种方式

立法吸收习惯有两种方法:直接吸收和间接吸收。所谓直接吸收是指立法者直接从习惯中抽象概念、析取权利义务要素、转化为法律制度并形成法条,该法条具备明确和完善的逻辑结构。直接吸收一般限于通用性习惯,因为只有存在通用习惯时,立法者才能从习惯中识别出具有普适性的权利义务,才能析出普适性的法条。无论罗马法还是日耳曼法关于越界果实的规定,都是对通用习惯的法律化。这里的通用性习惯包括全国通用习惯和某一地域通用习惯,前者由中央立法予以吸收,后者主要由地方立法予以吸收,但不排除由中央为某一地区所立的法律予以吸收。当然也存在这样一种情形,最初法律只是一种通用性的习惯的表达,随着习惯的变迁,通用性的习惯演化出多种不同的习惯,但法律仍然基于其稳定性而没有改变。

所谓间接吸收是指立法者并不明确习惯是什么以及习惯有哪些,而仅仅是给出一种概括性指引,习惯的具体内容留待司法识别。间接吸收主要是处理非通用性习惯。由于习惯具有复杂性,不同的习惯对权利义务有着不同的分配,立法无法以直接的方式吸收它们,因此立法选择了间接吸收。间接吸收又分为三种具体方案,一是补充性吸收,二是辅助性吸收,三是优先性吸收。补充性吸收一般表达为"若无法律规定,可以按照习惯"或者"若无约定,则按习惯"等蕴含命题,如《民法总则》第10条、《物权法》第85条、《物权法》第116条第2款等规定,它们并没有直接吸收任何一种习惯,而是全部将习惯置于补充性地位。辅助性吸收一般表达为"……根据XX或者习惯确定"析取命题或者"……根据XX和习惯确定"合取命题,如《合同法》第22条、第26条、第60条、第61条、第125条、第136条之规定,它们平等地对待习惯与合同,使它们一并辅助省略号中的法律规定,补强法律的明确性。后者一般表达为"但另有习惯的除外"等转折性的合取命题,如《合同法》第293条、第368条规定,它们将习惯置于优先地位,即习惯优先于一种法律规定,其中第293条赋予习惯和约定同等的优先地位,第368条赋予习惯绝对的优先地位。新颁布的《民法典》基本上依然沿用这些规定。

(二)立法应间接吸收越界果实归属习惯

那么,立法应当采取哪种方式吸收越界果实归属习惯呢?显然,越界果实归属习惯十分复杂,既有归原物所有的亦有归邻人的,归邻人的亦有不同的习惯规定着不同的限制因素,我们无法从中析出具有普适性的权利义务分配制度,因此直接吸收的路径行不通,只能诉诸间接吸收。① 那么,间接吸收又采取哪种具体方式呢?

首先,从排除的角度看,补充性吸收和辅助性吸收不可行,我们只能选择优先性吸收。补充性吸收的前提是缺少法律规定,然而法律规定是存在的,越界果实归属被涵盖于一般的孳息归属规定之中,只不过严格地归原物所有人是有问题的,需要借鉴经济分析的结论进行修改,因此补充性吸收缺乏前提。辅助性吸收的目的在于解决法律的明确性问题,而我们并不是要解决明确性问题,而是要解决整个制度的建构问题,因此辅助性吸收亦不可行。这也就意味着在三种吸收方法中,我们只能选择优先性吸收。

其次,选择优先性吸收具有正当性。优先性吸收是以法律为一般规定,以习惯为例外规定,即"有习惯依习惯,无习惯依法律",该方案兼顾两类主体:有习惯的主体和无习惯的主体,对于无习惯的主体而言,自然依法律处理纠纷,而对于有习惯的主体则依据习惯处理。如此,既能提升法律的良善性、效率性,又能实现法律的平等性,增进法律的可接受性。具体而言,优先性吸收的正当性表现在四个方面:

1.优先性吸收提升法律的良善性。一方面,越界果实归属习惯本身具有良善性。越界果实归属习惯是人们在日常生活中形成的,它凝结着群体的共识,不论是严格的原物主义,还是基于公平观念、邻里和睦、利他主义等修正原物主义,都具有善良风俗特征。正如《报告录》的调查者所言,无论越界果实归属习惯是否与法律规定相符,均属善俗,究非恶习。② 另一方面,法律吸收民间规范可以对法律的合法性缺陷予以救济。越界果实归属习惯可能与国家法相冲突,但这并不能否定它具有良善性,反倒是国家法与良善的习惯相冲突而缺乏良善性。我们知道,国家法往往存在合法性缺陷,包括价值缺陷和技术缺陷,需要予以救济。救济主要有立法救济和司法救济两种方式,而通过吸收良善的习惯以完善立法则是通过民间规范的立法救济的主要方式之一。③ 因此,不仅越界果实归属习惯的良善性构成了法律吸收习惯的前提,而且当它们被吸收进法律之后有利于提升法律的良善性。

2.优先性吸收增进法律的效率性。首先习惯本身是具有效率性的。习惯是群体因应环境的表现,是该群体福利最大化选择的结果,习惯的存在为群体成员的行为提供了预

---

① 倘若某一省、自治区、直辖市有通用习惯,则可以用直接吸收的方式创制地方性法规,但正如湖北省的习惯表明,即使一省之内各县域习惯亦有不同。或许某一设区的市之内存在通用习惯,但设区的市的立法权仅限于城乡建设与管理、环境保护、历史文化保护等事项。因此,越界果实归属习惯只能被间接吸收于法律。

② 前南京国民政府司法行政部:《民事习惯调查报告录(上册)》,中国政法大学出版社 1998 年版,第 332、342 页。

③ 谢晖:《论民间法对法律合法性缺陷的外部救济》,载《东方法学》2017 年第 4 期。

期，从而将成员的行为纳入秩序之中，降低了成员的思考成本和行为成本。习惯总是在既有经验的基础上产生，随着社会环境发展变化，习惯亦会演化，以在新的条件下实现福利最大化。需注意的是，我们必须以一种内部视角理解习惯的效率性，即它建立在群体内部成员事实和价值判断基础上，无论外人如何看待。另外，我们还需注意群体成员事实和价值判断的连续性，习惯的效率性并不一定是从某次行为或事件中得以体现的，群体成员遵循习惯的收益往往是延迟的。无论是夏斯塔县牧民“把账目记在心里”①，还是中国人把红白事的“随礼”记到本子上，都能反映这一点。其次，优先性吸收是效率改进的。成文法对习惯的让步并非坏事，习惯的适用仅限于群体成员，当两造之间不存在共同的习惯时，自然不适用习惯，仍将以法律规定裁判之。因此，习惯优先仅是提高了具体习惯所属的群体的福利，对群体之外的其他人的福利并无影响，对整个社会而言，习惯优先虽然谈不上帕累托最优，但它无疑是一种效率改进。

3.优先性吸收强化法律的可接受性。古语讲“夏虫不可语冰”，其意有三：夏虫不知冰为何物，“语冰”乃对牛弹琴；冰对夏虫危害甚大，夏虫自会抵抗、规避冰；夏虫存于夏季，无需知晓如何应对冰，“语冰”徒增夏虫思考成本。一个习惯了“习惯”的人，可能不知法律为何物，若法律不能保障他的习惯权利，其结果自然是抵抗之、规避之，甚至是无需法律。长此以往人们便会产生不知法、规避法、无需法三种心理。反之，若法律保障习惯权利，则人们可通过熟知习惯而知法守法。良性制度的理想状态是，对于每个人而言，生活被多元的制度建构，生活也在推动着多元制度的形成与改变。② 所以如果法律保障的是人们熟知的习惯，那人们不但不会规避法律，反而视法律为评价标准，从而提高法律的可接受性，促进法律的实施。苏力笔下的“秋菊的困惑”“山杠爷的悲剧”“强奸的私了”便是最好的注脚。③

4.优先性吸收促进法律的平等性。马克思说：“各种最自由的立法在私法方面，只限于把已有的法表述出来，并把它们提升为普遍的东西。而在没有这些法的地方，它们也不去加以制定。它们取消了各种地方性的习惯法，但是忘记了各等级的不法行为是以任意的非分要求的形式出现的，而那些等级以外的人的法是以偶然让步的形式出现的。这些立法对于那些既有法而又有习惯的人是处理得当的，但是对于那些没有法而只有习惯的人却处理不当。”④这里虽然不存在贵族阶级和贫民阶级，但不同人群之间的善良习惯仍然受到不平等的对待。上文附表已经表明，无论是实在法按照原物主义将越界果实归于原物所有者，还是经济分析按照功利主义将越界果实归于邻人，都会受到某些习惯的支持。言外之意，两种结论只符合某些人的口吻，法律若是以这种方式表达，无疑是在将

① [美]埃里克森：《无需法律的秩序：邻人如何解决纠纷》，苏力译，中国政法大学出版社 2003 年版，第 66～68 页。

② 余地：《耻感文化与民间规范》，载《东方法学》2018 年第 2 期。

③ 苏力：《法治及其本土资源》，中国政法大学出版社 2004 年版，第 24～61 页。

④ [德]马克思：《关于林木盗窃法的辩论》，载中共中央马克思恩格斯列宁斯大林著作编译局编译：《马克思恩格斯全集（第一卷）》，人民出版社 1995 年版，第 250 页。

一部分人的习惯进行法律化，而没有平等地对待其他习惯。习惯之间只存在分类上的不平等，比如善习与恶习，但无论如何善习之间都具有种上的平等性，违反习惯平等的实在法以及任何建议无疑是要重新回到“动物王国”。我们必须反对这一逆历史倾向，通过立法吸收习惯重新拉平习惯的法律地位。

结　语

他山之石可以攻玉，法律移植不失为制定我国民法典的便捷法门，但世界之成法各有利弊。通过经济分析以趋利避害自无可厚非，然经济分析之结论可能与固有习惯相悖，如此便需要从域外经验回归本土资源，考量立法对习惯的吸收。理论上，立法吸收习惯有着丰富的智识，实践中，无论中外亦有立法吸收习惯之传统。因此，习惯自然对经济分析构成了限制。通过对立法吸收习惯的方法的考察，对于越界果实归属习惯而言，习惯应当具有优先地位，它对邻人的越界果实取得权构成限制。

这意味着“有法律依法律，无法律依习惯”这种教义是有缺陷的。该教义仅仅赋予了习惯“默认的优先”和“明示的补充”的地位。若法条出自习惯而与习惯一致，“有法律依法律”其实是对法律优先的默认，而当法条存在漏洞时，“无法律依习惯”则是赋予习惯一种补充地位。无论如何，该教义都忽略了这样一种情形：由于习惯难以统一于法条，立法者制定了与某种习惯相一致的法条，其他习惯则被放弃了。由于这些习惯的性质本无差别，其地位差别仅是立法技术使然，立法者应以明示的方式重新赋予它们同等的法律地位。

其实，习惯的地位并不限于补充法律，根据法律吸收或排斥习惯，习惯的地位应有五种：其一是，法律直接吸收习惯时，习惯与法律重合，习惯即法律、法律即习惯，二者是平等地位；其二是，法律以补充性吸收方式间接吸收习惯时，法律具有优先地位，习惯则具有补充性地位；其三是，法律以辅助性吸收方式间接吸收习惯时，则法律处于主导地位，习惯则具有辅助性地位；其四是，法律以优先性吸收方式间接吸收习惯时，则习惯具有优先地位，法律则具有补充地位；其五，当法律排斥习惯时，习惯只能作为社会规范存在，因而处于无法律效力的地位，该习惯既不能被立法吸收表达为法条，亦不能作为法律渊源被司法适用。

基于习惯地位的复杂性，《民法典》应在具体分析某条文中的习惯地位的基础上，通过立法技术将总则中的第10条与分则条目统一起来，而不是简单地将原有的单行法律予以汇编。具体到物权编中的越界果实取得权，《民法典》应当规定：“非因邻地所有人的行为所致而落于非闲置的邻地的果实，视为邻地所有，邻地为公用地的不在此限。地方习惯有规定的，从其规定。”

然而，《民法典》在未经民事习惯调查的前提下已然出台，其并没有认真对待民事习惯。那么如何认识《民法典》呢？或者说《民法典》存在的忽视民事习惯的问题如何解决呢？对此，笔者将另文再述。这里先提出一种简单的看法。首先，我们可以借用埃利希的理论看待《民法典》，将《民法典》看作是裁判规范，具体的社会生活仍然主要由社会规范予以调整，仅当社会关系破裂从而诉诸法院裁决时，《民法典》才以裁判规范的面目出现，作为法律适用的规范之一。其次，《民法典》在立法上对民事习惯的忽视所产生的国家法与民间规范的冲突可借由司法路径予以解决，即通过法律方法将民间法与国家法联系起来，使二者在司法场域互动，通过综合考量民间规范与国家法确定适合案件裁决的裁判规范。这两点认识或许是不经民事习惯调查而径行出台《民法典》的依凭，也可能是解决《民法典》与民事习惯冲突的一条可行的出路。

On the Cross-border Fruit Acquisition

Wu Tun

Abstract: It is a common civil dispute who owns the fruit that falls in the neighboring land, but our laws have no explicit rules to deal with it. Looking at foreign legislation, the laws are very different. Through economic analysis, it is efficient to grant the Cross-border Fruit Acquisition Rights to the neighbors, accompanied by certain restrictions. However, this conclusion can only be applied to subjects who do not have special customs. Some customs will challenge the conclusion of economic analysis. Facing the challenge, legislation should absorb cross-border fruit ownership customs. Considering the method of legislation absorbing customs, the law should indirectly absorb cross-border fruit ownership customs and give it precedence over legal norms. Therefore, the construction of the cross-border fruit acquisition system in China should be based on the economic analysis conclusions as general rules, with the exception of the cross-border fruit ownership customs.

Key Words: cross-border fruit; attribution of fruits; economic analysis; custom; folk law

藏区多元化纠纷解决机制调查研究
——以青海省黄南藏族自治州泽库县为例

陈　娟*

摘要:藏区多元化的纠纷解决机制,在维护藏区社会稳定、构建藏区社会治理现代化中有着重要价值。本文通过对青海省黄南藏族自治州泽库县的纠纷解决机制开展实证调查,介绍民间调解、司法裁判在当地的运行现状、特征,对藏区婚姻家庭、赔命价纠纷解决机制中民间法与国家法的冲突进行深入分析,并从正视、承认多元化民间调解的价值、提升多元化民间调解的规范化水平、加强习惯法与国家法的协调与互动等方面,构建藏区多元化纠纷解决机制的路径,以期为创新我国藏区矛盾纠纷解决寻找突破口。

关键词:藏区;民间法;国家法;多元化纠纷解决机制

党的十九大报告明确提出创新社会治理体制,加强社会制度建设,加强预防和化解社会矛盾机制建设,构建共建共治共享的社会治理格局。藏区基层社会的和谐稳定关系着我国整个新型社会治理格局的构建。由于受藏区独特的文化、历史、政治、经济、传统等因素的影响,藏族群众在长期社会生活中形成了独特的纠纷解决机制,在维护藏区基层社会稳定中发挥着重要作用。因此,有必要对藏区多元化的纠纷解决机制进行研究,以期为我国藏区社会治理现代化中矛盾纠纷的解决提供一种新思路。

一、调研地点和调研方法

泽库县,隶属于青海省黄南藏族自治州,东与甘肃省夏河县毗邻,南连河南蒙古族自治县,西靠青海省同德县,东北与同仁接壤,处于交接地区,矛盾突出。该县总人口75109人(2015年),以藏族为主,占全县总人口的97.32%,平均海拔3700米,自然条件恶劣,社会经济落后,主要从事传统畜牧业,游牧文化、宗教文化浓厚。草山纠纷、虫草纠纷、婚姻家庭纠纷、赔命价纠纷等问题突出,极易引起群体性矛盾。基于此,选择地理位置特殊、民族特色鲜明、社会基层矛盾纠纷集中的泽库县作为调研地点,能够较为全面地反映藏区社会状况,以期为我国藏区社会矛盾纠纷的解决寻找突破口。

* 陈娟,厦门大学法学院经济法博士研究生,青海民族大学法学院讲师。

2016 年 7 月，青海民族大学“民族地区社会治理法律问题研究”团队一行 7 人赴泽库县开展实地调研。课题组深入泽库县各机关单位及所辖牧区，重点走访了泽库县政府、人民法院、人民检察院、司法局、民宗局等机关部门，探访恰科日乡、多禾茂乡及麦秀镇的广大牧区及牧户家庭深入，村委会、牧委会等基层单位，走进隆务寺、夏德日寺及和日寺等寺院开展实证调查。本文是在此次调研的基础上完成。

二、泽库县多元纠纷解决方式的现状

(一)民间调解的中坚力量:“老人”调解

“老人”①调解存在于藏族社会发展的各个历史时期，适用于对藏族群众间的口角、打架、家庭纠纷、人命案件及草山纠纷等各种大小纠纷的解决。当地群众对“老人”具有不可置疑的信任，普遍认为其能够公正、公平地处理纠纷，经过他们调解解决的纠纷普遍能够得到纠纷主体的认同并得到有效执行。正如泽库县司法局的一位工作人员所说“只要当地有权威的老人出面调解，没有解决不了的纠纷”。“老人”社会经验丰富，在藏族群众中有着非常高的威信。调查中，一位当地群众告诉笔者：“请‘老人’调解，还不用花费太多，效果好，大家都满意，会遵守。”我们拜访了当地知名的民间调解能手——才会老人，了解到，在上个世纪八十年代，藏区的草场纠纷、杀人案件特别多，当时才会老人 27 岁(1977 年)，担任宁秀乡调解委员会主任。从宁秀乡开始从事调解工作直至今日，调解的案件有四、五百件，涉及青海省各州县，甚至涉及跨省域的藏区纠纷，其中有 38 件杀人案件，所调解的案件至今没有 1 件反悔的。

(二)部落文化的历史延续:“部落头人”的影响

藏族是一个全民信教的民族，在政教合一时期，部落头人既是行政长官又是司法长官，对所管辖区域内的一切纠纷享有管辖权。虽然部落制度早已废除，但部落文化对泽库地区藏族群众心理和行为上的影响仍根深蒂固，在解决纠纷时，部落头人仍发挥着一定的作用。一位在当地工作十多年的检察官告诉笔者：“虽然现在官方中不再有‘部落头人’的说法，但‘部落头人’的称呼在民间经常听到。部落意识在当地群众中仍根深蒂固，每个人都非常清楚自己是哪个部落的。当发生涉及两个以上部落之间的纠纷时，尤其是涉及‘命案’纠纷，即使国家司法机关已经进行了裁决，但还必须要进行民间调解，调解委员会成员中只有邀请涉事部落的‘部落头人’或其后裔，群众才会对调解结果从内心上认可，才会不再闹事。”

---

① “老人”，藏语称之为“开哇”，有两层意思：一为学者；二为能说会道的人。

(三)宗教文化的影响:活佛(包括寺院)调解

在藏族的传统观念中,活佛、喇叭属于神圣世界,普通百姓则处于与之对立的世俗世界,活佛的权威是不容置疑的。受宗教文化的影响,活佛(包括寺院)作为一种特殊的主体,在藏族纠纷解决过程中起着举足轻重的作用。当发生涉及村与村、乡与乡、县与县、部落与部落之间比较复杂、社会影响大的纠纷难以解决时,政府一般会邀请活佛(包括寺院)出面来进行调解,其处理效果往往比司法机关要理想得多。但由于活佛崇高的社会地位,一般不会轻易请活佛来调解纠纷。对此,笔者在对隆务寺的一位活佛访谈时,得到了印证。他说:"请本寺的活佛出面调解的纠纷,每年平均有 1～2 件。2015 年就调解了 1 件草山纠纷。"当问其如此之少的原因时,他说:"僧人的主要任务是修行,我们不愿意参加,也缺乏兴趣参与世俗之间的利益纠纷解决,除非受到了特别邀请。"

(四)神明裁判的当代遗存:吃咒

"吃咒",又称为发誓,属于"神判"方式中的盟誓法。历史上,当人们之间出现是非、善恶争辩时,主要通过盟誓的方式来解决。[①] 多禾茂乡司法所的一名调解员告诉笔者,"用'吃咒'的方式解决纠纷在当地普遍存在。2015 年多禾茂乡调解的 32 件纠纷,其中有 4～5 件是通过'吃咒'方式解决的"。民间调解权威才会老人也提到其调解的 38 件杀人案,主要是通过"吃咒"方式解决的,至今没有一件反悔的。

(五)现代法治的运行:诉讼

诉讼是现代法治运行的典型代表,是当今社会"国家法"体系中最重要的纠纷解决方式,少数民族也不例外。受现代法治理念的冲击,在国家政策、法律法规、乡规民约的变迁及与外界的交流中,一部分泽库藏族开始逐渐感知到"习惯法"体系中纠纷解决方式的局限性。当纠纷发生时,部分藏族开始寻求"国家法"的保护。自 1954 年泽库县人民法院成立以来,对现代法治理念在当地的推广作出了巨大贡献。自 2013 年以来,泽库县法院的受案率年均增长幅度在 50%以上。2013 年至 2016 年(1—6 月)受理案件分别为:62 件、91 件、157 件、100 件。[②] (见图 1)

三、泽库县多元纠纷解决机制的特点

(一)民间调解为主,司法裁判为辅

泽库地区民间纠纷的解决,呈现出多元化民间调解为主、司法裁判为辅的特征。第

---

① [宋]李焘:《续资治通鉴长编》,中华书局 1992 年版,第 2388 页。

② 该组数据来源于泽库县法院 2013 年至 2016 年 6 月立案卷宗。

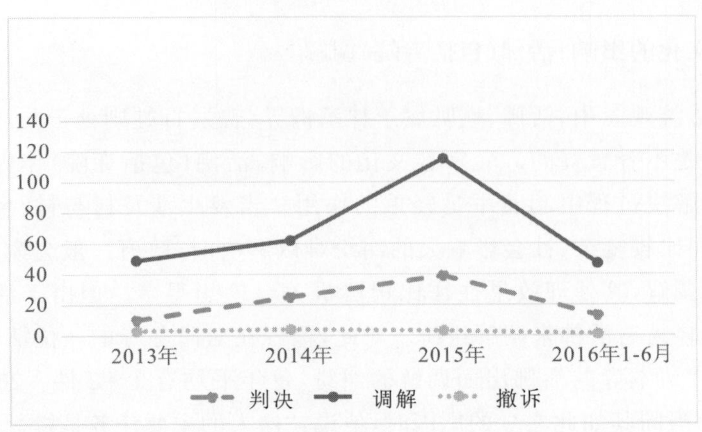

图 1

一,通过民间调解方式解决纠纷的案件数量远多于通过诉讼方式。笔者从县司法局长处了解到“民间纠纷主要是依靠调解来解决的,能够起诉到法院的案件极少,最多也就占到纠纷的 10%左右”。当地早已形成了一套约定成俗的纠纷解决路径,纠纷一旦发生,群众一般都会依照既定程序来寻求救济:自我协商——村里“老人”调解——村干部调解(村调解委员会)——乡镇司法所调解(乡镇调解委员会)——司法局调解(县调解委员会)——法院。通过这种层层调解模式,绝大部分纠纷通过民间调解机制就得以解决,而最终起诉到法院的案件就十分有限,这也是泽库县法院案件受理量少的重要原因之一。

第二,多元化民间调解的实践效果优于法院裁判结果。由于多元文化、传统习俗、宗教信仰、游牧生活状态等各方面的因素,千百年来泽库地区的藏族群众已经形成了一套以当地传统精英为“裁判者”,以藏族特有的民俗、宗教、谚语等为“裁判依据”的独特的纠纷解决机制。关于诉讼,藏族群众大多认为诉讼是一种外来文化,法官不懂“我们”的规矩,面对法庭这种陌生环境有着心理上的不适应,以及对采取诉讼这种“不合群”的方式会引来周围人异样眼光的担忧等诸多因素,导致在实践中法院裁判的权威性远不如村里老人调解的结果。

(二)多种主体共同主持调解:国家公职人员、老人、活佛、部落头人

正如才会老人所说“调解纠纷,需要了解法律、民众心理、民风民俗、社会问题、宗教文化,仅依靠法律或宗教不能很好地解决纠纷”。实践中,当发生涉及众多群众的草山、虫草、命案等纠纷,一般需要由基层干部(包括涉事村落的村干部、乡司法所的所长及工作人员)、权威老人(或部落头人)、活佛等共同组成调解委员会,分别代表国家权威、民间权威、宗教权威在纠纷中发挥作用。调解过程体现了不同文化的冲突与交融,不同权威类型和力量之间的分工与协作。只有在各方利益代表一致认同的情况下,调解结果才能得到纠纷当事人的切实履行。

(三)纠纷解决规则的二元体系:"民间法"与"国家法"并行

对泽库地区的群众而言,一方面传统习俗、宗教信仰等已经演化为一种生活方式、社会制度和独特的文化传统;另一方面,随着藏族文化程度和法律意识的提高、经济收入的增长、对外来文化的吸收,当地人逐渐接受并建立对国家司法机关的信任。因此,民间特有的纠纷调解机制和司法审判机制在当地各自成体系,解决纠纷的规则依据亦呈现出二元体系,民俗、宗教戒律、民间谚语、部落间的行事规则等民间法成为民间调解的主要依据,婚姻法、合同法、刑法等国家法则是司法裁判的主要依据。

四、民间法与国家法的冲突

独特的自然、人文环境造就了泽库地区民间纠纷调解机制和国家司法裁判机制的共生共存,为维护当地社会稳定作出了重大贡献。但游牧文明与现代文明、传统观念与法治观念的碰撞,使得两种纠纷解决机制所依赖的"民间法"和"国家法"之间存在诸多冲突,尤其是在婚姻家庭纠纷和刑事案件中尤为突出。

(一)婚姻家庭纠纷实践与国家制定法的冲突

婚姻家庭纠纷在泽库地区非常普遍,极大地影响了当地的社会和谐。由泽库县法院提供的2013年至2016年6月的立案卷宗数据可知,婚姻家庭纠纷占民事案件的45%。藏族牧区婚姻家庭关系有其独特性:重风俗习惯,轻法律规定;重民间仪式,轻法定程序;重男方(包括入赘女方)财产权利,轻女方(包括入赘男方)财产权利和人身权利。牧区的婚姻家庭纠纷实践与现行法律规定之间存在很大差距,往往造成法律的适用不能。

1.牧区婚姻关系实践与国家制定法的冲突。第一,实践中的"同居关系"与法律规定的"婚姻关系"。牧区当事人未领结婚证,通过民间仪式以夫妻名义同居生活的现象非常普遍。当地人的普遍观念是只要男女双方家族共同举行了民间结婚仪式后,其婚姻关系即告成立。若离婚,一般是由双方家长和村子里有威望的老人主持,而到民政部门办理法定离婚手续的寥寥无几。这种"婚姻关系"显然与我国婚姻法的规定不符,一旦"离婚",涉及财产分割和子女抚养权时,依据现行的法律规定,只能依据同居关系来处理,以致女方的权益往往很难得到保护。

第二,实践中的"三角婚姻"纠纷与我国刑法规定的"重婚罪"。牧区的婚姻"同居关系"非常普遍,但若产生婚姻家庭纠纷,尤其是涉及因各个同居关系而形成畸形"三角婚姻"①时,我国刑法却无法规制。这种"三角婚姻"和我国法律规定的"重婚"没有实质上的

---

① 所谓的"三角婚姻",如甲男与乙女方举办了民间结婚仪式,共同生活多年,育有一子一女,但一直未补办结婚证,后甲外出务工,在另一地与丙女以夫妻名义共同生活,并育有一子。在调研的过程中,听当地牧民、民间调解员及司法工作人员讲,这种情况经常存在。

区别,但依据刑法,这种"三角婚姻"家庭关系最终因当事人没有领取结婚证,不构成有效的婚姻而难以追究其重婚罪的法律责任,以致放纵违法犯罪分子,导致部分品德败坏的人,钻法律的空子,造成诸多家庭的伤害。

第三,牧民当事人缺乏证据意识,离婚损害赔偿难以实现。藏族有句民间谚语"汉族靠文字,藏族靠口头",牧民们普遍没有证据意识,一旦发生了纠纷,往往由于缺乏有力的证据,导致权益难以得到保障,尤其是在离婚案件中。泽库地区因符合《婚姻法》第 46 条规定[①]而离婚的情况很普遍,但大部分当事人因为无法完成举证责任而导致法庭无法支持其诉讼请求[②],离婚损害赔偿难以实现。即使事后提供了证据,但其内容多是以传统吃咒等民间宗教方式取得,后由村委会盖章,证据缺乏客观性、真实性、有效性、合法性。同时,当事人对一审举证期限内提供书面证据重视不够,往往二审才拿出新证据,使案件审理陷入被动。

2.家庭共同财产实践与国家法的不和谐。其一,牛羊共同财产的数额难以确定。牛、羊等牲畜作为牧民的主要财产,既是生产资料,又是生活资料。结婚时,出嫁女或入赘婿一般要以 5 头牛或 10 只羊作为陪嫁物。共同生活期间,每年因牛、羊出栏率、成活率和死亡率的不同,牲畜数额也将发生变化。牧区牲畜的放养采取家族式的经营管理模式,由家族首长按家庭人口总数掌握分配权。牧民家庭成员分工明确,男性承担放牧和对外活动,女性则以带孩子、挤奶、拾粪等家务活动为主,对牛羊的确切数额并不知情。另外,从 2005 年取消牧业税后,村委会除对贫困户的财产情况有所掌握,对其余牧户的牲畜数额的统计十分模糊,主要是通过牧户自己提供的数量予以记载,很难取得真实的数据。

其二,关于服饰等价值贵重财产的分割问题。藏族有着"有钱戴在身上"的习俗。在牧区,牧民们非常重视对青年男女服饰的配置,价值较为贵重的有带水獭皮边、貂皮领口的羔皮氆氇、珍珠、玛瑙、蛇眼的项链,银质奶钩、佛盒、藏刀等配挂饰品,一件藏服及饰品的价值有的可高达六七万、甚至十几万,这对于广大牧民来说,是家庭财产的重要组成部分。而依据我国婚姻法,一方专用的生活用品为夫妻一方的财产,专用物品包括服装、装饰品等与个人身份不可分割的财产以及为个人职业或生活所需。若在审理离婚案件时,将这些服饰配饰视为夫妻一方的个人财产,显然有失公平,违背婚姻法的立法宗旨。

(二)"赔命价"与国家刑事法律的冲突

1.泽库地区"赔命价"的盛行。"赔命价"又称作偿付杀人命价,它是藏族历史上形成并发展起来,曾对藏区现实社会生活具有重大影响的一种法律现象。当发生杀人、伤害案件后,由原部落头人及其子弟、宗教人士出面调解,被告人向被害人家属赔偿相当数额

---

① 《婚姻法》第 46 条规定:"有下列情形之一,导致离婚的,无过错方有权请求损害赔偿:(一)重婚的;(二)有配偶者与他人同居的;(三)实施家庭暴力的;(四)虐待、遗弃家庭成员的。"

② 如女方提出离婚,按照民事诉讼规则,则应当由其承担家庭主要财产(牛羊数额)的举证责任,但在日常家庭生活中女方对家庭牛羊的数量不太清楚,一旦因男方过错导致离婚,再到男方村中取证,非常困难,村委会往往会碍于男方家族的压力不愿意提供牛羊等财产方面的证据。

的钱物,从而达到息讼和刑罚的目的。当行为人赔偿“命价”之后,可以免予追究刑事责任。① 千百年来,它在藏区扎下了深厚的根基,具有广泛的群众基础和社会基础。虽然“赔命价”在官方层面一直是被认为是非法的、被禁止的,但在民间层面,这种做法一直存在,尤其是近些年,“赔命价”在藏族牧区有愈演愈烈的趋势。据泽库县法院院长介绍:“‘赔命价’在当地非常普遍,尤其是近些年来呈增长趋势的交通肇事案件中,肇事方及其亲属为了平息矛盾,支付给受害方的丧葬费、生活补助、法事费、出兵费、退兵费等大约在20万~30万。无论是交通肇事,还是故意杀人或故意伤害等造成的命,即使经过了司法程序的裁决,当事人之间也会通过民间的赔命价习惯再次对加害人及其家属进行‘裁判。’”

2.“赔命价”与国家刑事法制的冲突。“赔命价”在当地的盛行,有其一定的合理性,但从现代法治理念上来看,它与我国刑事法制存在诸多冲突:第一,“出兵”本身行为的违法性。命案发生后,受害人不是去寻求司法机关的救助,而是自己纠集宗族、部落力量,“出兵”报复或威胁加害人及其家属,甚至到加害人家里及其部落进行打、砸等,若处理不当,很可能引发群体性事件甚至新的命案。从现行法治理念看,这种做法本身就是一种扰乱社会治安的行为。第二,违反我国刑事案件管辖原则。“赔命价”的具体操作过程中,由当地的头面人物,出面召集加害人、被害人亲属进行调解,命价的赔偿额也由他们决定,当地的头面人物成为事实上的纠纷裁判者。根据我国刑法规定,只有公检法机关才有权利处理刑事案件,且人民法院是我国唯一的审判机关。赔命价运作模式实质上形成了对我国刑事司法管辖权的替代。第三,与罪刑法定原则相冲突。“赔命价”习惯法对未经国家认定的杀人行为擅自裁判,索赔命价后,死者一方家属及犯罪嫌疑人家属又拿着“赔命价裁判书”或“协议书”向人民法院请愿,给法院施加压力,要求法院不追究犯罪嫌疑人的刑事责任。第四,与责任自负原则相冲突。赔命价习惯法背后的理念是血亲复仇式的株连理念,不仅犯罪人自身被作为清偿命价的责任人,其家人、亲属也是命价清偿责任人。若犯罪人倾家荡产也不足以清偿命价,便由其家人、亲属共同承担,形成一人犯罪,众人受株连的现象,这与责任自负的现代刑事司法理念相悖。

五、藏区多元化纠纷解决机制的路径选择

(一)正视、承认多元化民间调解的价值

国家机关工作人员对依靠民间调解机制化解社会纠纷,普遍存在顾虑。如泽库县政法委的某位领导所说“活佛过多地参与地方纠纷调解,会削弱地方政府的权威,使政府对地方的管理陷于被动”。司法局某位领导也曾说过“纠纷发生时,一般不会特意去邀请当

① 辛国祥、毛晓杰:《藏族赔命价习惯与刑事法律的冲突及立法对策》,载《青海民族学院学报》2001年第1期。

地有威望的老人出面调解，除非案件特别复杂，当事人又不愿意走司法程序。否则，民间权威人士过多的参与，会使群众对司法的效果产生质疑，导致司法在民间的无能”。

但通过对基层司法所的走访，笔者了解到约80%～90%纠纷都是通过民间多元化的调解化解在基层。无论是民间的多元化调解方式还是国家法体系中的纠纷解决方式，都有一个共同的目标：化解纠纷，维护社会稳定。在促进社会和谐方面，民间多元化纠纷调解机制无疑是官方层面的巨大助力，不能因为所谓的“民间调解会损害国家权威”而对其加以排斥。基于法律多元化理念，国家应当对优秀的民间纠纷调处资源正视、承认，并适当地采纳、吸收，将民间法和国家制定法充分地融入社会主义体制下的基层社会治理之中。

(二)提升多元化民间调解的规范化水平

1.确认多元化民间调解机制的法律地位。千百年来藏区自发形成的多元化民间调解机制，在弥补国家制定法在民族地区“水土不服”方面，是其他制度无法取代的，因此有必要对其法律地位予以确认，将其纳入我国广义的法治体系之中。国家层面，可以参照人民调解制度的法律地位，将民族地区多元化的民间调解机制纳入除法院调解、行政调解和人民调解制度之外的我国司法制度的组成部分，承认其法律地位。另外，地方层面，可以根据《民族区域自治法》的精神，因地制宜地制定规范多元化民间调解机制的地方性规章制度，弥补其合法性不足的缺陷，消除部分国家工作人员认为的民间调解削弱国家司法权威的担忧。

2.民间调解中习惯法资源的“扬弃”。藏族群众日常生活中熟知并遵循的习俗、宗教、道德、村规民约等习惯法是民间调解的主要依据，是基层纠纷解决中不可或缺的内容，有必要对其甄别，将部分习惯法资源纳入现代法治体系之中，以增强藏族群众对纠纷调处的信赖感、亲和力和执行力。如一些值得我们利用的资源：一是关于调解时间，在广大牧区由于夏季牧民们都要到较远的地方去放牧，人员十分分散且难以集中，而冬季草场一般都在居住区附近，人员相对集中，所以民间调解一般都将纠纷集中在冬季进行，从而能够极大地提高效率，降低成本；二是关于调解依据，随着国家法制在当地的普及，民间权威人士不仅懂得传统习俗，而且了解国家法律法规，在调解的过程中，会综合运用道德、习俗、宗教、村规民约等习惯法以及国家法律法规，来劝解当事人。正如一位民间调解员所说“仅仅依靠习俗或法律，不能很好地解决纠纷，必须要多方面地考虑道德、习俗、宗教和法律”；三是关于“赔命价”的赔偿金额的计算，虽然现在的“赔命价”依然由调解人说的算，但不同于以往的是调解人会在考虑受害人的社会地位[①]的同时也会考虑法律的规定，其赔偿额往往是符合法律规定的，不再纯粹依据被害人的社会地位来定价。

① 历史上的“命价”的高低通常是依据被害人的身份、地位确定的。“命价”分为九等二十二级，最高一级为一万两白银，最低一级为五十两白银。该数据来源于调研中收集到的文本资料。

当然,也有一些资源是愚昧、落后的,与现代法治理念相违背的,应当摒弃。一是“赔命价”中的“出兵”、对加害人家属、亲族赔偿责任的连带,甚至逐出部落的株连制度。这些习惯使得一些较小的矛盾纠纷很容易升级为部落与部落之间的群体性事件,加剧矛盾,危害社会的稳定。若对这些习惯不加以限制,任其发展,将会导致国家法制在当地形同虚设,现代法治理念难以推广。二是关于“吃咒”,随着科学技术的发展和教育水平的提高,人们对神灵的信仰也日渐淡薄,许多人逐渐地不再相信神判、赌咒,敢于轻易发誓赌咒以逃避责任。[①] 基于此,当人们逐渐识破神灵惩罚的虚假性并建立对国家司法机关的信任之后,“吃咒”就会真正退出纠纷解决的舞台。

3.确定民间调解的适用范围。在不同知识体系“二元并立”的情况下,国家法不应当大包大揽、事无巨细,应当为习惯法体系下的纠纷解决方式的适用留出必要的空间。正如赵旭东教授所言,“在少数民族地区,作为国家法,如果其过度对于地方事务的习惯解决途径加以取代,由此造成的一些传统秩序的缺失,便可以说是这种并非良性的失衡互动的一个必然结果”。[②] 泽库人民法院根据当地的实际情况,聘请了3位为人公正、德高望重、热心人民调解工作,有一定法律、政策和文化水平,且在民间有极大威望的民间纠纷调解人为法院特邀调解员,协助处理当地社会纠纷,并于2013年制定《泽库县人民法院特邀调解员工作制度》(下文简称《特邀调解员制度》),规定特邀调解员的受案范围。[③] 此种举措在当地产生了良好的社会效果,不仅充分有效地利用了民间资源来解决社会纠纷,减轻政府的信访任务及司法机关负担,而且通过地方性规定为民间调解划出独立的调解范围,使其调解规范化、合法化,达到了社会效益、政治效益和法治效益的多赢局面。因此,笔者认为在广大藏族可以借鉴泽库县的做法,因地制宜,制定地方性规定,为民间调解划定独立的适用范围,充分发挥民间资源调处社会纠纷的作用。

4.完善民间调解协议的司法确认。民间调解在性质上属于诉外调解,其调解协议不具有强制执行力。随着国家法治理念在藏区的普及,传统习惯法的逐渐淡化,导致传统习惯法对牧民的约束力有所下降,尤其是在涉及重大经济利益纠纷时,如虫草纠纷、草山纠纷,即使通过民间调解达成了协议,也存在反悔的可能性。如在当地影响极大的“43人

---

① 游志能:《民族习惯法的经济分析》,中央民族大学出版社2011年版,第79页。

② 赵旭东:《族群互动中的法律多元巧纠纷解决析》,载《社会科学》2011年第4期。

③ 《泽库县人民法院特邀调解员工作制度》第十条:(一)民事案件,包括离婚纠纷;追索赡养费、抚养费、抚育费纠纷;继承、收养纠纷;相邻纠纷;买卖合同、民间借贷纠纷;损害赔偿纠纷;其他适合人民调解组织进行调解的纠纷。(二)执行案件:法院生效裁判文书;非诉行政执行案。(三)刑事自诉案件和刑事附带民事案件。(四)其他符合法律规定,需要调解的案件。

协议”(或称“78人协议”)案件[①]中的上诉理由之一就为“被上诉人(多福顿乡政府)在作出《关于尕让村虫草纠纷问题处理决定》中认定《43人协议》合法有效,变相地将一份民间协议上升到政府具体行政行为的高度,并强制实施,属于越权行为”。由此可见,在重大经济利益的驱动下,民间协议显得十分脆弱。基于此,笔者建议,在未来修改相关法律时,可以参照《人民调解法》第33条关于人民调解协议司法效力的确认规定,将民间调解协议纳入可以申请司法确认的范围。如泽库县法院制定的《特邀调解员制度》第14条的规定[②],这种创新性举措,可以在广大藏区,予以推广借鉴。

(三)加强习惯法与国家法的“协调与互动”

1.充分发挥自治立法的桥梁作用。民族区域自治政策是国家为保障少数民族的政治权利而赋予其在聚居范围内自主管理本民族内部事务的权利政策。[③] 我国宪法亦赋予了民族自治地方立法权[④]。因此,在坚持国家司法权统一的前提下,可以充分发挥自治立法的桥梁作用,为藏族纠纷解决过程中习惯法与国家制定法差异性的相容提供制度支撑,尤其是针对问题比较集中的牧区婚约家庭纠纷和“赔命价”问题,可以制定自治条例或单行条例。以下是笔者提出的一些立法思考:

关于牧区婚姻家庭纠纷的几点建议。其一,针对牧区大量存在的婚姻“同居关系”,应当根据双方共同生活时间的长短[⑤]来区分夫妻共同财产和婚前个人财产。若双方共同生活时间较短,只将女方陪嫁牛羊认定为个人财产予以返还。若共同生活时间较长,则应综合考虑原物的孳息和现有数额,确定共同财产。另外,在解除“同居关系”时,还应综合考虑过错责任、子女抚养情况、保护妇女儿童合法权益等因素确定共同财产。其二,服饰等价值贵重财产的分割,不能一律依据婚姻法的规定以个人财产来处理,应当结合牧民的实际生活水平,以服饰的价值及双方共同生活的时间、服饰对当事人身份关系的密切程度等因素认定财产性质。其三,关于牧民缺乏证据意识,离婚损害赔偿难以实现的

① 具体案情:1997年5月1日在泽库县多福顿尕让村冬、夏季草场没有承包到户时,经过多方谈判,经村里30多位牧民协商,达成了“43人协议”,划分了各社的草场,对虫草资源进行了分配,即允许一社、五社、七社的牧民到二社、六社的夏季草场上采集虫草。1999年泽库县实行草山承包到户政策,2002年4—6月政府给各牧民颁发了草原使用证。2002年8月,尕让村二、六社部分牧民对“43人协议”产生异议,泽库县政府组成的工作组和乡政府工作人员(其中邀请了一些当地的权威人士)到争议地作了调解工作,2003年1月1日,村干部及各社牧民代表共78人,在确认1997年“43人协议”后签名捺印形成“78人协议”。2003年3月25日,多福屯乡政府出台并下发了泽多政字(2003)06号《关于尕让村虫草纠纷问题处理决定》。2004年5月26日尕让村二、六社斗拉等52户牧民向泽库县法院起诉撤销泽多政字(2003)06号文件,败诉。

② 《特邀调解员制度》第14条规定“双方对于特邀调解员以个人名义在诉前程序中调解达成的协议,当事人申请司法确认的,法院应予立案审查。认为符合法律规定的,可以通过立案调解的方式,让当事人重新达成调解协议,制作人民法院民事调解书予以确认;对于以人民调解委员会名义达成的调解协议,制作人民法院确认决定书确认”。

③ 周平:《民族政治学》,中国社会科学出版社2001年版,第78页。

④ 《宪法》第116条规定“民族自治地方的人民代表大会有权依照当地民族的政治、经济和文化的特点,制定自治条例和单行条例”。

⑤ 双方共同生活时间的长短,可以根据当地牲畜繁衍的时间和数量,科学确定一个时间段。

状况,首先由原告方举证,若被告不认可,法院可以主动告知当事人可以申请法院调取证据,以弥补当事人举证不能的缺陷。

关于"赔命价"案件的几点建议。在国家刑事立法没有作出规定前,应当将杀人、伤害等案件中的赔命价、赔血价在地方性立法中变通予以考虑,将赔命价纳入刑事附带民事诉讼活动中。但在民族地区变通刑事法律时应注意以下几点:首先,利用现有的人民调解机制,适当吸收赔命价的民间运作程序。如建立刑事附带民事案件调解组织,并建立调解员数据库,吸纳地方干部、僧俗权威人士、以及一般藏族群众,人员由村、乡、县等基层民主推选形成。一旦发生案件,由当事人双方按照上述人员成分各占1/3的比例从数据库挑选组成调解委员会,同时向管辖法院提出申请,由法院予以批准并备案。调解达成的命案金额,须由法院审查,不能超出法律规定,否则不予认可。同时,法院在审理案件刑事部分时,应当采纳该调解结果,在对犯罪人量刑上予以考虑。但未经管辖法院批准,私自调解的案件,审理时对调解结果一律不予考虑。其次,对于违反规定,私自"出兵"报复或威胁加害人及其家属的行为,应当依法制止。若在"出兵"的过程中造成新的人员伤亡、财产损失,严格按照我国刑事法律的规定,对相关责任人员予以定罪量刑,且不允许适用民间调解;对于通过"出兵"的方式取得的命价,按敲诈勒索罪处理,一律没收,上缴政府财政。再次,刑事案件的刑事责任和民事责任是并存的,支付赔命价只是偿付刑事案件的民事部分,不能因此替代加害人应当承担的刑事责任。在调解委员会进行调解的过程中,应当将此作为调解的重要环节之一,向当事人双方解释清楚。国家法制在充分尊重藏区群众传统习惯和宗教信仰的基础上,不能放弃刑事管辖权。最后,关于"黑蛇剥皮"①的无限责任及株连亲属的习惯,应当绝对予以禁止。在赔命价中受害方将加害方家属整体作为索赔命价的对象,这是典型的株连思维。基于现代刑法的人道主义原则及责任自负原则,在对加害人追究责任时,应当保留加害人及其家属必要的生活资料,且责任仅限于加害人一人,不得株连其他人。

2.建立"释理说法"的法院审判前置程序制度。当地藏族群众现代法治意识普遍较弱,在处理民间纠纷的过程中,其部落行事规则往往与现代法治理念相悖。藏族群众的民间行事规则根植于其深入骨髓的民族传统文化。如何更好地处理纠纷?如何在充分尊重民族传统文化的前提下,使藏族群众由衷地接受现代司法理念?《泽库县法院特邀调解员制度》取得的良好实践效果,为我们提供了思考的方向,即建构一座藏族传统文化与现代国家司法之间的沟通桥梁——"释理说法"的审判前置程序。具体思路如下:首先建立民间调解人才库,充分吸纳在当地有一定威望的、精通传统文化的、有一定纠纷调解经验的老人、活佛、部落头人及其后裔等民间传统精英人士,并对这些人士进行司法审判程序、民事刑事行政等法律法规的学习培训,使其充分了解并掌握国家司法审判程序及相应的法律规定;其次,对于已经立案受理的案件,可以从民间调解人才库中挑选1～2名民间传统精英,与相关部门的司法机关工作人员共同组成"释理说法"小

① "黑蛇剥皮"是传统藏族习惯法中的规则,即以加害人的全部家产赔付受害人的命价。

组，由民间传统精英人士主导，相关司法机关工作人员协助，对纠纷双方当事人及其亲属就纠纷的处理，先运用民风民俗予以开导，再向当事人解读纠纷涉及的相关法律规定、裁判程序、裁判结果的强制执行性、国家法律的权威性等，使当事人了解并接纳现代国家司法理念。

3.注重藏汉双语诉讼人才的培养。在藏区实现依法治国、依法办案，关键在司法人员，尤其是藏汉双语诉讼人才。青海藏汉双语诉讼的主干力量主要来源于上个世纪九十年代青海省“藏汉双语检察干部业务培训班”（简称“藏检班”）培养的学生，但这种培养模式没能延续下去，而其他院校又无法输送实践型的双语诉讼人才，以致当前青海省双语诉讼人才呈现出后续不足、衔接不上、断层断档的局面。这导致大部分的案件都是采用汉语开庭审理，即使当事人完全不懂汉语，严重损害了当事人的合法权益。因此，加强藏汉双语诉讼人才的培养，刻不容缓。第一，普遍推广“藏检班”模式的培养方式，实践证明“藏检班”培养出来的人才已成为青海省双语诉讼的中流砥柱，这种方式培养的藏汉双语人才能很快地融入基层社会，有效地化解基层矛盾。第二，加大藏文司法考试的推广力度，尤其是对已在司法岗位工作多年但没有法律职业资格证书的司法工作人员，应从培训力度、职称评定、绩效工资等方面入手，调动其考取法律职业资格证书的积极性，提升其专业素养，迅速组建一支能够深入基层的藏汉双语诉讼人才队伍。第三，加大实践部门藏汉双语人才向藏汉双语诉讼人才的输送力度，针对有意向从事法律服务的其他部门的藏双语人才，可以通过设定“特别程序”将其送入高校或培训机构对其进行法律专业知识的培训，增强藏汉双语诉讼人才的造血功能。

结　语

法律是人们群体生活的产物，也是在群体生活中得以传承的。藏族群众在长期的社会生活中形成的以当地传统精英为裁判者，以藏族特有的民俗、宗教、谚语等为裁判依据的多元化的民间调节机制，在藏区基层社会治理中发挥着重要作用。同时，随着国家法在藏区基层社会的渗透和影响，习惯法与国家法之间的碰撞、矛盾将进一步加剧。在国家制定法和民间法发生冲突时，不能公式化地强调以国家制定法来同化民间法，而是应当寻求国家制定法和民间法的相互妥协和合作。[①] 因此，在维护国家制定法的震慑力和权威性的前提下，正视、承认本土资源的价值，并汲取本土资源中合理的内容，实现制度创新，实施多元化的纠纷解决机制，对实现藏区社会稳定、实现藏区社会治理现代化具有重大的现实意义。

① 苏力：《法治及其本土资源》，北京大学出版社 2015 年版，第 65 页。

Research on Diversified Dispute Resolution Mechanism in Tibetan Area
—Taking Zeku County, Huangnan Tibetan Autonomous Prefecture of Qinghai Province As the Case

Chen Juan

Abstract: Diversified dispute resolution mechanism in Tibet has great value in maintaining social stability and constructing the modernization of social governance in Tibet areas. Based on an empirical investigation of the dispute settlement mechanism in Zeku County, Huangnan Tibetan Autonomous Prefecture of Qinghai Province, this paper introduces the current situation and characteristics of folk mediation and judicial adjudication in the local operation, and makes an in-depth analysis of the conflicts between the folk law and the national law in the settlement mechanism of marriage and family and compensation disputes in the Tibetan area. From the aspects of facing up to and recognizing the value of pluralistic folk mediation, enhancing the standardization of pluralistic folk mediation, and strengthening the coordination and interaction between customary law and national law, the way to construct pluralistic dispute resolution mechanism in Tibetan areas is proposed, so as to find a breakthrough for innovating the settlement of contradictions and disputes in Tibetan areas of China.

Key Words: tibetan area; folk law; national law; diversified dispute resolution mechanism

“异乡来客”的出走[*]

——法律多元的乡村变迁困境

邓钦文[**]

摘要:法律多元主义的观念伴随着我国法制现代化的进程。自清末以降,法律多元主义在法律移植进程中扮演着重要的角色,并为众多法学家的阐释论述。而今,我们往往把法律多元理解为“本土资源”的乡村传统与国家法律体系之间的对立。但现实的状况是,传统的乡村社会正逐渐走向“消亡”,法律多元作为中国法律人的分析方法已经失去其原有的效果,而作为一种民间规范的乡村传统也逐渐失去其权威。这种由学界不断描述的“国家法”与“民间法”之间的对立,正逐渐消弭于现代乡村之中。这不仅意味着基层治理模式的转型,也意味着纠纷解决机制的同一化。

关键词:法律多元;乡土社会;民间法;规范性

一、法律多元主义的源流与中国发展

法律多元主义在法律领域的表现是法律规范的“多样化”——法律规范具有多种层次与面向——即不限于一个单一的、等级制的法律结构体系。法律多元主义的诞生冲击了传统法律中心主义(立法中心主义)的地位,并对中西方法律的发展产生了十分重要的影响。

(一)法律多元主义的诞生

法律多元主义的产生可以追溯到人类学家对“初民社会”的调查。在殖民时代,欧洲国家往往将本国法律直接强加于殖民地,这种做法通常导致殖民地对宗主国法律的不适应甚至是强烈反抗,其结果是旧有的规范秩序仍然存在,并没有因为新法的施行而产生大的变化。

这种远超预期的情况引起了法学家们的注意。在20世纪70年代,法律多元主义作为一个法社会学下的概念为众多的法学家们所讨论。通常人们认为1971年吉利森(Gil-

---

* 本文系2019西南政法大学学生创新项目资助(编号:2019X2XS-081)。

** 邓钦文,法学理论硕士研究生,西南政法大学行政法学院。

lissen)的论文集《司法的多元化》的出版，标志着围绕法律多元主义的争论之肇端。① 例如，非洲法学家范德林登(Jacques Vanderlinden)认为，法律多元是指在一个特殊的社会存在诸多不同的法律而在同一种情况下适用的状况。② M. B. Hooker 则在其《法律多元》一书中谈到，法律多元是指在同一个情形下有两个以上的法律相互作用的情况。③ 法学家们对法律多元的解释不尽相同，但基本上可以分为两种：第一种类型的法律多元主义，称为"相对的"、"弱式的"或"国家法"法律多元主义。第二种类型的法律多元主义则称之为"强式的"或"描述性的"。④ 日本法学家千叶正士则在对法律多元的分析范式上进行创新，将其认为的西方法理学中法律的"三层结构"丰富为法律多元的"三重二分法"，以获得"一个分析当今世界、非西方以及西方的法律文化或法律多元的有用工具"。⑤

可见，从对殖民社会的考察开始，法律多元主义随着社会历史的发展而不断地演进、更新，其视角与内容也从对一国之外、进行了法律移植地区的社会秩序的描述转向为对国家内部的法律秩序之建构的研究。

(二)法律多元主义的中国场景

受制于中国传统文化的影响与历史条件的特殊性，中国很难依靠自发的内生力量来实现法制现代化。自清末修律以来，对外国法律的借鉴和移植始终贯穿着中国法制现代化的进程，而法律多元主义也始终与其相伴。⑥ 我国学者对法律多元主义的思考其实是由中国在进行法律移植后所产生的"水土不服"现象所引发的。⑦ 作为一位"异乡来客"，在中国的发展过程当中，法律移植所带来的争论展现出各种各样的形态，其中最为典型的便是"国家法"与"民间法"之间的对立：

法律多元最直接的体现是对民间秩序的概念性界定。在法律社会学的视角下，法律展现为一种人类社会生活的秩序，所以它就不能够被国家所垄断。既然国家法并不被认

① [荷]K.冯·本达—贝克曼：《法律多元》，朱晓飞译，载《清华法学》2006 年第 3 期。

② B. Dupret, M. Berger and L. Al-Zwaini, eds. *Legal Pluralism in the Arab World*, Kluwer Law International, 1999, pp.4-5.

③ B. Dupret, M. Berger and L. Al-Zwaini, eds. *Legal Pluralism in the Arab World*, Kluwer Law International, 1999, p.5.

④ 第一种类型的法律多元主义可被认为是占主导地位的法律秩序明示或默示地为另一种法——习惯法或宗教法——留下空间，国家批准或认可后者的存在，并将之纳入一国法律体系之中。第二种类型的法律多元主义则是指有两种或以上的法律制度同时拥有其合法性与正当性基础并共同存在的状态。前述对法律多元主义的两种定义更倾向于在法律政治学上所作的区分，但这仍然不失为一个表达大部分法学家对法律多元主义之看法的集中展示。[荷]K.冯·本达—贝克曼：《法律多元》，朱晓飞译，载《清华法学》2006 年第 3 期。

⑤ 千叶正士：《法律多元——从日本法律文化迈向一般理论》，强世功、赵晓力等译，中国政法大学出版社 1997 年版，第 189 页。

⑥ 关于法律移植在清末、民国时期的进程及其对新中国的影响，可见诸何勤华：《法律移植论》，北京大学出版社 2008 年版，第 29 页；李龙主编：《新中国法制建设的回顾与反思》，中国社会科学出版社 2004 年版。

⑦ 当然，学界有部分学者认为中国"国权不下县"的传统致使中国社会一直以来都有着"国家法"与"民间法"的二元对立，此为中国法律多元主义的发轫。由于文章篇幅所限，在此不作过多论述。关于对前述观点的讨论与驳斥，可参见萧公权：《中国乡村——19 世纪的帝国控制》，张皓、张升译，九州出版社 2018 年版。

为是全部社会秩序的基础，社会又“不能够容忍无序或至少不能容忍长期的无序”[①]，那么就必然有一种秩序来填补社会的“秩序真空”。正是出于这样一种需要，在现代国家建立后，社区不但没有在中国社会消失，而且还大有“传统复兴”的势头。[②] 这时，“民间”作为与“官府”相对的概念被区别了出来，而民间法——“作为不同于国家法的另一种知识传统”——它产生于乡土社会人们的长期生产、生活当中，被用来分配乡民之间的权利、义务。[③] 基于地理人类学的实际调查成果，民间法的形态、内容和效力的多样性和多层次性就此展开：民间规范的产生可能源于口耳相传的历史沿袭，也可能是人为创制并以文字的方式固定下来；其内容可能与居民日常的生产、生活相关，也可以是对社群成员的行为规定；它的拘束力可以大至一省一县，也可能只在村镇中有效。民间法既然作为法律秩序的组成部分而存在，其当然地填补了前述提及的“秩序真空”，但也因为自身的非官方性，它不可避免地在某些方面同国家法有所不同乃至于互相抵牾。

“本土资源”的看法是对法律多元的另一种阐释。“中国农村社会在一定程度上、在一定领域内超越正式法律控制”[④]是因为现有的法律不能给他们带来收益，为他们确立和实现预期。因此村民在面对生活的具体问题时当然地选择了“法律规避”[⑤]的观点。而在进行法律规避时，指导他们实施行为的规范则来源于“本土资源”——一种“潜在规则”——民间法。在此层面上，民间法作为为中国法治提供有益借鉴的社会条件，其存在的合理性也因之展现了出来。这样的民间法重在强调特殊性的概念，其可能来自传统，也可能来自当下。[⑥] 本土资源论的立论根基在于中国社会转型背景下法制建设的复杂性和特殊性，正因为中国社会有着极其复杂且性质、形态各异的现实场景，国家法的规范才会在一个个具体的场景中“失效”。对于“失效”的国家法，本土资源论意欲让法律抛弃“构建秩序”的自大，而转为一种面向社会的“反映性”规范体系。同时，本土资源论强调了社会现代化进程中的各式规范之间所体现出来的内在张力：既表现为在法律多元的场景下，社会传统之民间法和现代国家之制定法之间的冲突，也体现在国家法和民间法在特定的时期与场景中所进行的选择性亲和(affective intimacy)[⑦]。最终，本土资源论旨在进行一种呼吁——研究者必须注重利用中国本土的资源，注重中国法律文化的传统和实际，利用本土资源超越传统，建立与中国现代化相适应的法治。[⑧]

对大、小传统的剖析则是法律多元研究的又一进路。作为大传统的国家法和作为小传统的民间法之间的冲突是人类社会在演进过程中长期积淀并必然衍生的社会现象。

---

① 梁治平：《清代习惯法：社会与国家》，北京大学出版社1996年版，第32页。

② 王铭铭：《村落视野中的家族、国家与社会——福建美法村的社区史》，载王铭铭、王斯福主编：《乡土社会的秩序、公正与权威》，中国政法大学出版社1997年版，第28页。

③ 梁治平：《清代习惯法》，中国政法大学出版社1996年版，第1页。

④ 苏力：《法治及其本土资源》，北京大学出版社2015年版，第33页。

⑤ 苏力：《法律规避和法律多元》，载《中外法学》1993年第6期。

⑥ 庞正：《法治秩序的社会之维》，载《法律科学(西北政法大学学报)》2016年第1期。

⑦ 赵斌：《民间法研究中的“现代化范式”与“法律多元”》，载《江海学刊》2010年第4期。

⑧ 《法治及其本土资源》，北京大学出版社2015年版，序第6～10页。

中国乡土社会因其自身独特的血缘与地缘结构、特定的历史条件与客观环境、发达的人治与礼治①,使得在乡土社会中真正通行无碍的是国家法之外的另一种秩序——独立于国家法之外,在人们长期的共同生活之中形成,根据事实和经验,依据某种社会权威和组织确立,在一定地域内实际调整人与人之间权利义务关系、具有一定社会强制性的人们共信共行的行为规范②——民间法。因此,国家法与民间法之间的冲突就是由国家与民间社会在结构、利益和基础伦理上的对立引起的。③ 既然民间法的存在是社会中多元秩序格局和多元规范需要的必然结果,那么将这种对立的出路约化为国家法和民间法之中的一者对另一者的否定、消解则显得过于武断。那么可行的替代性方案则是摆脱对二者的"前见",以日常生活为据,发现社会生活中的规定性,关注民间规范研究与规范法学研究的结合之可能,以建立一种回应型社会结构,使国家法律和民间规范成为回应型社会结构建立的结构性因素,而非解构性因素。④ 通过在民间规则的基础上发现、创新和总结法理⑤,使研究者在其中找到一条走向法律的规范性的道路。

通过对上述思想的考察,我们可以发现,民间法与国家法对立的基础在于我们社会确实存在"民间"——现在主要是乡村社会,与"国家"——现在主要是城市的二元分野。建立在对这一事实的共识之上,学者们对于民间法和国家法进行调和的态度与方法则各自持有不同的观点。不论是以后现代的观念、借"本土资源"之名来对国家法进行消解,还是期待"沟通理性",在二者之间搭建桥梁,总的来说,他们对民间法和国家法的观察均处在一个静态的视角当中,其分析也从来没有摆脱中国乡村是一个近乎静止的社会的基本立场。

自新中国成立以来,在乡村中出现的各项转变都证明了,我国的农村社会已经发生了巨大的变化,特别是家庭联产承包责任制和土地流转制度的出现,打破了乡村农本社会的封闭形态。私有制和市场经济的观念进入乡村,更使农民从土地上出走,转而流向了有更高经济收入可能的地方。既然乡村和城市之间的阻隔被打通,农村的田埂已经变得"松软"⑥,那么我们对乡村的看法也应随之转变为一个动态的立场。视角的转换带来的是对民间法的重新审视——现在,乡村社会的规范还是一如既往、不大有变动吗?旧有的规范能否适用于现代化过程中的乡村?甚至,乡村社会还有作为一种地方知识、仅适用于自身的特殊规范了吗?

至此,关于法律多元主义的争论就从对民间法的态度转变成为了面对中国社会的现代化场景,"异乡来客"的描述是否仍旧妥当。为了回应这样一种思考,我们要将目光投向当下的中国乡村。

---

① 田成有:《乡土社会中的民间法》,法律出版社2005年版,第50～60页。

② 田成有:《乡土社会中的民间法》,法律出版社2005年版,第19页。

③ 谢晖:《论当代中国官方与民间的法律沟通》,载《学习与探索》2000年第1期。

④ 谢晖:《大、小传统的沟通理性》,中国政法大学出版社2011年版,第91～92页。

⑤ 谢晖:《大、小传统的沟通理性》,中国政法大学出版社2011年版,第47页。

⑥ 庄孔韶:《银翅——中国的地方社会与文化变迁(1920—1990)》,生活·读书·新知三联书店2016年版,第165～185页。

二、当下中国乡村现状

当下的中国社会，大抵可以分成城市社会与乡村社会。由于城市较之农村更早地接受了市场经济的洗礼，其现代化水平较高，在城市中生活的人们也大多已经习惯了充满形式理性的法律规则。所以就城市生活而言，类似于乡村的原生传统已经隐退，法律在面对城市生活时近乎通行无碍。“一准乎法”已经成为当下城市生活的真实写照。

这样的场景放置在农村则会有所不同。就传统观点看来，农村往往处于相对保守的一方，由于其不同于城市的经济和文化基础，在面对纠纷时，法律所起到的作用往往不如“村规民约”——一种历经时间检验和传统认可的内生型规范——来得有效。但事实果真如此吗？

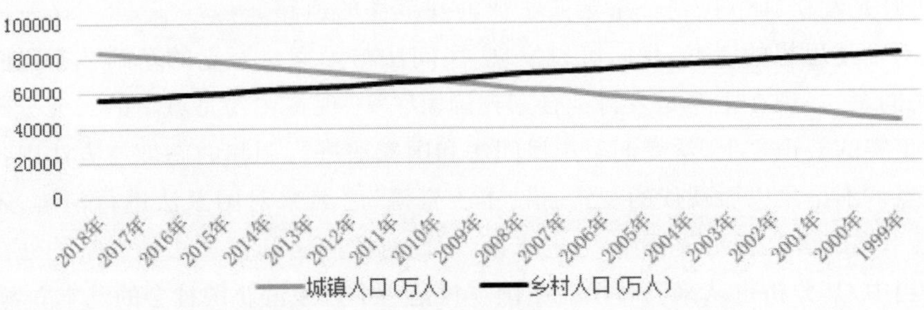

图1　1999—2018 年城乡人口总数

(数据来源：国家统计局，下同)

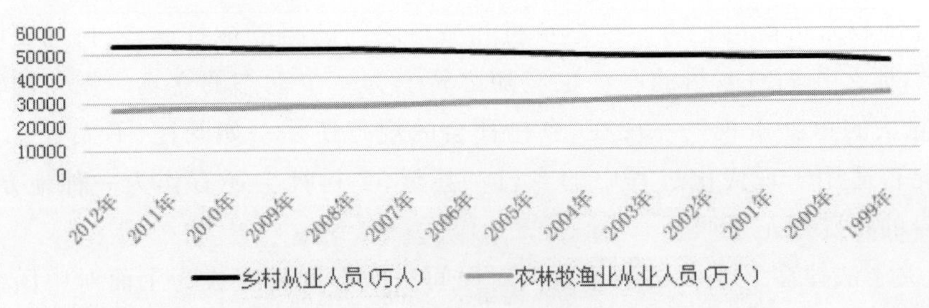

图2　乡村从业人员统计

(一)国家层面下的乡村现状

据图 1、图 2 显示，就我国的城乡人口总数而言，城镇人口总数从 1999 年的 43748 万人增长至 2018 年的 83137 万人，且呈持续上涨趋势。乡村人口则从 1999 年的 82038 万人下降至 2018 年的 56401 万人，并呈现出持续下降的趋势。可见，近二十年来，乡村人口正源源不断的流往城市，乡村社会的“空心”现象也愈发明显。同时，我国的乡村从业人员数从1999年的46896.49万人增加到2012年的53857.88万人，但农林牧渔业从业人员数量却从1999年的32911.76万人减少为2012年的27032.25万人。农林牧渔业从业人员数量并未因乡村从业人员数量的增加而随之上涨，反而呈现出与后者相悖的发展态势。此现象说明，在农村现代化的过程当中，乡村的产业结构发生了较大的变化，并为乡村居民提供了大量的新型岗位。

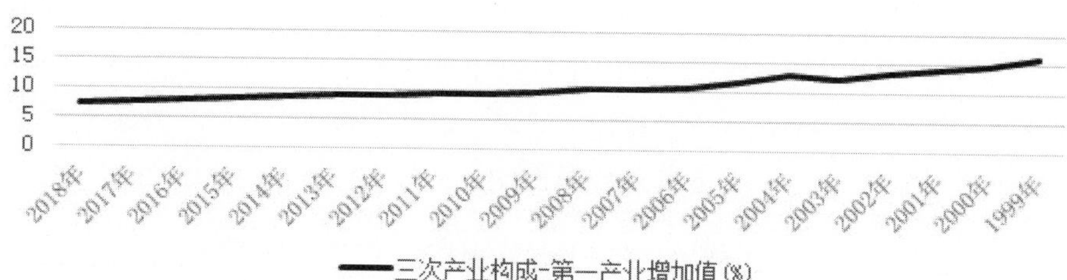

图3　三次产业构成—第一产业增加值(%)

表1

	2018	2017	2016	2015	2014	2013	2012	2011	2010	2009	2008
总人口/常住人口	15873	15698	15495	15298	15065	14836	14589	14311	14047	13775	13490
外出务工人口(流出人口)	3968	3924	3873	3824	3766	3709	3647	3577	3511	3443	3372
新增居住人口(总人口减去外出务工人口)	131	152	148	175	172	185	208	198	204	214	

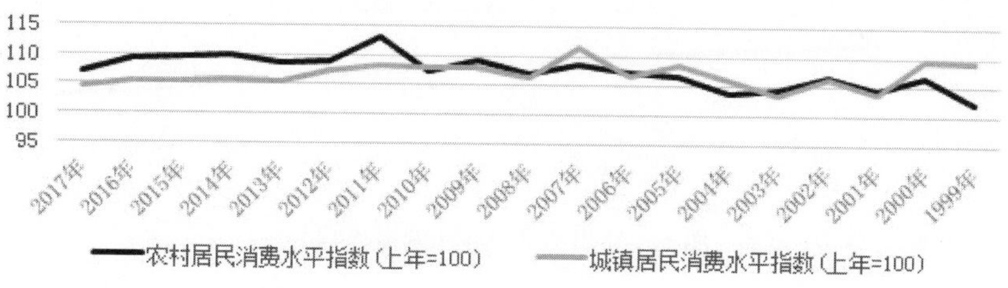

图4　城乡居民消费水平

表2　X镇土地结构(2008—2018年)

	2018	2017	2016	2015	2014	2013	2012	2011	2010	2009	2008
土地总面积(亩)	162935.6	162952.7	162935.5	162952	162955	162968	162974	162999	163001	1491728	163083
耕地面积	15376.11	15393.15	15373.45	15387	15387	15398	15398	15411	15411	15428	15433
林业面积	147559.5	147559.5	147562	147565	147568	147570	147576	147588	147590	1476300	147650
畜牧业、渔业面积	439.35	439.35	430	420.3	409	400	390	380	350	320	320
非农业用地面积	1381.9	1371.9	1360	1350	1340	1330	1320	1290	1260	1230	1200
土地抛荒率	20%	20%	19%	18%	17%	16%	16%	15%	15%	12%	12%

表 3　X 镇现有常住人口年龄结构(2008—2018 年)

	2018	2017	2016	2015	2014	2013	2012	2011	2010	2009	2008
15 周岁以下(人)	3807	3768	3734	3645	3562	3498	3460	3405	3373	3294	3169
15～25 岁	1890	2098	2195	2303	2433	2532	2570	2502	2500	2459	2451
25～35 岁	2256	2447	2434	2322	2277	2276	2321	2385	2526	2650	2731
35～45 岁	2535	2774	2811	2865	2951	3007	2940	2874	2823	2697	2629
45～55 岁	2351	2550	2401	2324	2247	2144	1975	1883	1806	1729	1689
55～65 岁	1425	1536	1440	1455	1421	1350	1313	1263	1208	1141	1063
65 岁以上	1441	1327	1323	1224	1116	998	898	803	739	680	599

如图 3 所示，1999 年至 2018 年间，我国的第一产业增加值从 1999 年的 16.1%下降到 2018 年的 7.2%。我国国内第一产业产值虽持续增加，但总体却呈下降态势。在图 4 中，折线的变化情况则说明了我国的农村居民消费水平较上年增长数是处于震荡上升的过程当中，农村居民消费水平较上年增长指数自 2010 年后就已超过城镇居民，且呈现出较为稳定的增长状态。结合上述数据，我们可以了解到，农村的产业结构正在进行转型升级，而这一现象带来的结果是乡村居民的消费水平和生活方式正逐渐向城市贴近。

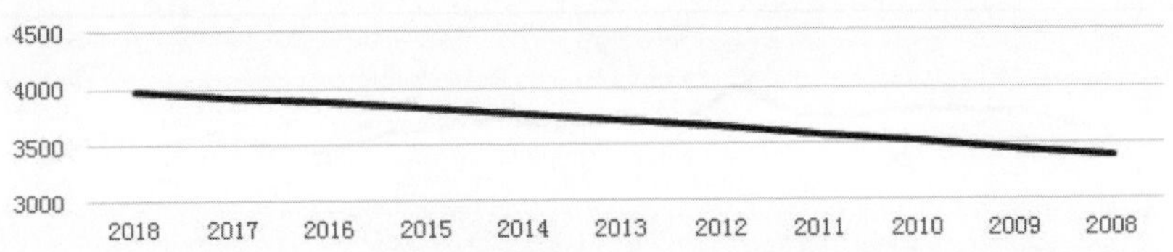

图 5　外出务工人口(流出人口)

(二)具体场景中的乡村现状①

自 2008 年到 2018 年间的人口统计表显示，就人口总数而言，X 镇人口数量的增长逐渐减缓。与此同时，外出务工人口数量持续增加。经过这般增减结合，使 X 镇的新增居住人口数量呈现出较为明显的下降态势。此外，在 X 镇中，年龄处于 15～35 周岁之间的人正不断地向外流出，而 55 周岁以上的人口却并没有随着前者的流出而减少。可见，青壮年劳动力的不断流失使得 X 镇的空心化和老龄化程度越来越高。

① 此部分数据来源于 J 省 J 市辖区的 X 镇。X 镇是一个典型的以农业为主的传统乡镇，在近年来，X 镇通过招商引资、发展乡镇企业等方式，加快自身向现代化转型，因之比较具有代表性。

根据表2数据显示,X镇的耕地面积从2008年的15433亩减少至2018年的15376.11亩,而非农业用地面积从2008年的1200亩增加到了2018年的1381.9亩。可见,X镇有越来越多的土地用于发展非农产业。值得注意的是,尽管耕地面积在不断地减少,X镇的土地抛荒率却从2008年的12%增长到了2018年的20%,土地抛荒的现象在X镇表现得尤为明显。

(三)当下中国乡村的整体面貌

通过上述内容的展示,我们可以得知:中国的乡村人口正处于逐渐减少的状态当中,特别是乡村中青壮年劳动力的出走情况尤为明显。与乡村人口的发展趋势相同,其生长土壤主要源于乡村的第一产业在我国经济中所占的比重也呈现出下降的状态。受前述条件影响,部分村落中的耕地遭到抛荒,且抛荒率正在不断上升。此外,虽然乡村当中农林牧渔业的从业者数量减少了,但是乡村从业人员的总体数量却呈现出增长状态。在增长的这部分人群中,有相当一部分是作为“职业农民”而被招徕、雇佣,其中的绝大多数已经不再从事过去“小农式”的田地劳动,工作收入也远高于从前。正因如此,在我国现代化的整体进程中,乡村居民的消费能力与消费水平不断提高,生活方式也日渐城市化,其接收、处理外界信息——特别是网络信息——的能力也变得更加强大。

三、“消亡”的乡村传统

自外来法律传入中国后,围绕着“礼法之争”这一问题展开的讨论声音就从未有过断绝。所谓“礼法之争”,其实质是中西方两套思想文化传统的分歧在法律上的体现。中国有着自己完整的独特的传统,这种传统经过两千余年的锤炼、积淀,自身所具有的穿透力极大。① 但在当下中国,特别是在改革开放以后,经历了快速现代化和市场经济洗礼的中国社会,其自身所包含的“传统”的成分已所剩无几。而在通常观点看来不怎么会有大的变动的乡村,也同样如此。

(一)乡村传统的存在基础

乡村社会在过去很长的一段时间里都是以田地劳作为主,进行耕作的人们“日出而作,日落而息。凿井而饮,耕田而食”②,其自身可形成一个较为封闭的供需循环,因而保持着高度的自足状态。

在我国传统乡村社会,农业的生产大多依靠人力,即便后来引进了机械工具,但也只是作为一种辅助性手段,对田间地头里的农作物长势的观察、除草施肥与否的判断都需要农民们亲身下地,通过自己的眼睛和经验去分析。正因如此,“乡村里的人口似乎是附

① 王瑞、郭大松:《清末礼法之争探析》,载《山东师范大学学报(人文社会科学版)》2003年第2期。

② 佚名:《击壤歌》,载余建忠编:《古代名诗词译赏》,云南大学出版社2011年版,第1页。

着在土上的,一代一代地下去,不太有变动"。① 需要劳动力的传统乡村中的人口流动频率较低,数量较少。这种情况有利于形成以长老为权威的宗族血缘统治,"中国数千年的'成文史'同样贯穿着父权制和跨氏族的国家,但却不存在氏族血缘被'炸毁'的情况"。② 在乡村中,传统与习惯是最为人所遵从的权威。

就传统乡村而言,其产业结构较为单一,这与村中居民们的生活消费习惯有关。村民们在田地里劳作,这往往需要耗费大量的时间和精力。待到辛勤一天的农业活动结束后,剩下的体力和精力已经不足以再支撑农民们进行其他消耗颇大的活动了,所以相互串门,三五成群的闲聊往往就成为了他们主要的消遣方式。村中的人们不需要"享受",如此简单的排遣方式无法发展出服务行业。同样,田地间的产出也不能够使村民们负担得起如城镇居民一般的生活,且不说电视冰箱,就连电风扇在过去的乡村中也是极为少见的。受到经济收入的限制,村民们不愿意花太多的钱去购买与生产无关的物件。造出来的东西卖不出去。因此,生产制造业也无法在村中找到适合自己的土壤。至于对外交流,出村走动就得坐车、花钱,这一笔费用或许就是一家人十天半个月的开支,村民是万万不愿意做这种浪费的。

村里的人们不出去,外界的东西进不来,这样的乡村状态培植了最适合于他们自身的文化,并冠之以"传统"的称号。这种内生型文化为村落中的人们所创造,并经过长时间的积淀和传承使之成为了居住在这片区域中的人们的行动标准。"传统从来就是一种现实的力量,它既记录在历代的典籍之中,也活在人们的观念、习俗与行为方式之中,并直接影响着各项制度的实际运作过程,不管这些制度是用什么样的现代名称。"③当传统成为一种现实力量,其自然也就有了对行为进行的规范的能力。在传统中的规范内容可能和国家的规定不相一致,但它却真真切切地在这片土地上施行无碍。

(二)被"瓦解"的乡村

社会发展给社会生活带来的变化是巨大的,乡村社会同样不例外。在进入21世纪后,乡村社会的面貌发生了巨大的改变——人口流动加快、产业呈现多样化、生活消费水平快速提升——这些现象表明乡村正处于快速现代化的进程当中。而现代化水平的提高,也就意味着维系着"传统"之基础的消解。

首先是人口方面。乡村人口的增长趋势逐步下降,青壮年人口持续外流;乡村中儿童的增长数量也呈现出下降的态势,而65周岁以上的人口数量则呈现逐年上涨的样态。在自然条件、政策条件和人口生育能力稳定的情况下,此现象的出现说明了村中的居民出走后就不再返村定居。乡村人口的流失,特别是乡村中青壮年人口的流失使乡村传统失去了训导和能将其加以传承的对象,这也从根本上摧毁了作为一种"地方性知识"的乡

---

① 费孝通:《乡土中国　生育制度　乡土重建》,商务印书馆2011年版,第11页。

② 邓晓芒:《中西法制思想比较》,载《学术月刊》2000年第9期。

③ 曹锦清:《黄河边的中国》,上海文艺出版社2000年版,第2页。

村传统赖以生存的根基。

之后是乡村的产业结构，土地流转率和土地抛荒率在村中呈现出逐年上升的状态。可见传统农业在村中产业的占比逐步下降，取而代之的是乡村工厂和乡村旅游业的兴起。后者的兴起使得乡村的产业结构更为多样化，其组成方式也逐步向城市靠拢。工厂和旅游业的兴起与发展也带动了乡村居民在职业身份上的变化——原本于田间劳作的农民受到薪资的吸引进入工厂和服务行业，实现了从“农民”到“雇员”的转变。同时，乡村的生活水平和消费方式也有了显著的提升。乡村居民在文化、娱乐、教育、旅游方面的支出显著上升，其增长幅度已经超过城镇居民，并有持续上升的趋势。可见，在互联网普及、物流运输行业快速发展、家用电器覆盖率大大提高的影响下，乡村的生活消费方式已经越来越贴近城市。

在稳定的环境中存续了几十上百年的乡村传统受其产生背景的限制，在面对并非原生于乡村社会的新型问题时不能及时地给出答案，那么将之继续加以保存的正当性亦会被消解。而今，乡村中的人口从土地中“解放”出来从而可以自由流动，乡村产业实现多样化且其布局均衡，乡村居民的生活消费方式逐渐现代化和多样化。这些现状打破了传统乡村社会不与外界接触、自给自足的封闭循环。中国乡村的“传统”也在现代化的冲击之下失去了其赖以生存、生长的土壤。

四、现代场景下的乡村规则

对中国乡村社会的传统看法使乡村不可避地被打上了与城市所不同的“异质”①符号，而这种符号延伸至规则层面就演变成了同属中国社会的乡村与城市有着两套性质相异的社会运行规则。但就当下场景而言，我国乡村社会中现行有效的规则实际上与城市并无二致。

（一）乡村的组织结构

1982 年，我国新修订的《宪法》以根本法的形式对乡村管理与乡村权力进行了规定：“村民委员会是基层群众自治性组织。”自此开始，乡村的权力和组织结构就进入了法制的轨道。1983 年 10 月，中共中央、国务院发布了《关于实行政社分开建立乡政府的通知》，对如何建立村委会、村委会的任务和组织原则作了比较具体的规定。② 1987 年 11 月，第六届全国人大常委会第 23 次会议通过了《中华人民共和国村民委员会组织法（试行）》，1998 年 11 月第九届全国人大常委会第五次会议正式通过了《中华人民共和国村民

① 对中国乡村“异质性”的论断是根据贺雪峰教授在“乡村治理研究的三大主题”一文中的“第二个主题”部分的内容所进行的总结。乡村的“异质性”体现在其强有力的内生性力量，如自发秩序、宗族势力等，来抵制外部力量对其的干涉。贺雪峰：《乡村治理研究的三大主题》，载《社会科学战线》2005 年第 1 期。

② 包心鉴、王振海主编：《乡村民主——中国农村自治组织形式研究》，中国广播电视出版社 1991 年版，第 64 页。

委员会组织法》(以下简称《村组法》),2010 年修订的《村组法》对村民委员会的选举、管理权限、审计及村务监督进行了规定,2018 年 12 月修订的《村组法》对村民委员会的任期作了新的规定。同时,《村组法》授权各省、自治区、直辖市的人民代表大会常务委员会制定相应实施办法的权限,各地农村纷纷依据《村组法》及其相关规定成立村民委员会并加以不断完善。

可见,就乡村的权力结构和组织结构而言,其完全可以在一套体系严明、逻辑完整的现代法律规范下运作,而无须求助于乡村旧有的内生型规范。

(二)乡村的经济规则

传统乡村的主要收入源自土地,对土地的所有权和使用、收益等权利进行规定的规则是乡村社会最主要的经济规则。早在 1947 年中共中央召开了全国土地会议并于同年 9 月通过了《中国土地法大纲》,宣布“废除封建性及半封建性剥削的土地制度,施行耕者有其田的土地制度”。该《大纲》同时对乡村土地的分配及所有权问题作了比较详细的规定,农村的土地规则从此进入由国家法律进行规范的制度框架内。1950 年 6 月,我国第一部土地法律《中华人民共和国土地改革法》出台,1953 年由全国人民代表大会常务委员会通过的《农业生产合作社示范章程》和 1956 年由第一届全国人民代表大会第三次会议通过的《高级农业生产合作社示范章程》对农村土地分配的各项制度进行了进一步规定。而 1954 年《宪法》第 8 条规定:“国家依照法律保护农民的土地所有权和其他生产资料所有权”,从根本上对农村土地的所有权及其相关权利进行了制度上的确认、保护。

1978 年十一届三中全会的召开确立了我国对内改革、对外开放的政策。中国的对内改革,首先从农村开始。在中共中央政策的指导下,1978 年 11 月,安徽省凤阳县小岗村实行“分田到户,自负盈亏”的家庭联产承包责任制。1982 年《宪法》继承了 1954 年《宪法》规定的生产资料的社会主义公有制两种形式,1993 年《宪法》修正案明确确认农村家庭联产承包责任制是集体所有制经济。① 1986 年通过的《土地管理法》、2002 年通过的《土地承包法》及其几次修订皆对乡村农业生产经营规模和生产方式的规定进行了补充、更新;就农村土地流转方面的问题,农业部于 2005 年公布了《农村土地承包经营权流转管理办法》,对农村土地承包经营权流转行为进行了规范;至 2018 年 12 月,全国人大常委会通过了修改《农地承包法》的决定,将集体农村土地所有权、土地承包权和土地经营权这三种权利的“三权分置”②模式以法律的形式进行固定。

对于乡村的土地权利规定,我国法律法规已经实现了全方位、多层次的结构体系,乡村中的土地权益人完全可以在现有的法律规范下进行活动,其自身的权益及合法主张皆能诉诸法律进行保护。

凭借着“乡村振兴”战略所带来的政策优惠,许多工厂、手工工场和农业工场也在乡

① 赵家琪、林森:《论我国农地权利及农业生产经营模式的演进》,载《农村经济》2019 年第 7 期。

② 赵家琪、林森:《论我国农地权利及农业生产经营模式的演进》,载《农村经济》2019 年第 7 期。

村中扎根，众多村民也纷纷进入工场务工以获取更多的收入，其身份也从“农民”转变成了“工人”。而这种发生在农村的“新现象”依然可以被纳入法制轨道当中：在乡镇企业中务工的农民们的劳动关系受到《劳动法》和《劳动合同法》的保护；在工作中造成、受到的伤害及其赔补偿问题可通过《工伤管理条例》《侵权责任法》等法律、行政法规得到有效救济；其职工身份所应得到的社会福利和社会保障则由《社会保险法》进行兜底。我国现行有效的法律法规已基本上能够应对乡村社会中出现的劳资关系及其相关问题。而随着乡村经济的日益活跃，越来越多的商业贸易和货币往来出现在我国的农村社会，乡间的买卖行为与民间借贷行为的表现形式也随之发展，乡村社会的经济活动呈现出了多元化的趋势。在这种趋势下，我国《合同法》《食品安全法》《消费者权益保护法》等相关法律法规可以对乡村中出现的交易行为进行分类、定性并加以规范、保护。同样，对于乡间的借贷行为则可援引《合同法》及有关的司法解释来加以确定。

(三)乡村的纠纷解决

传统用以在乡间调整村民日常交往秩序、处理日常纠纷的行为规范[①]——乡村规范，正伴随着日益频繁的人口流动和媒体工具向乡村扩张的现象而逐渐失去其效力。而作为乡村传统与乡村规范的集中表征——乡绅与长老——作出的裁判所具有的权威也日渐式微。

为了应对这一变化，乡村法庭和驻村律师的产生便应运而生。早在 1952 年，我国便成立了第一个乡村法庭，《人民法院组织法》更是以法律的形式确定了乡村法庭的组织形式与法律地位。[②] 因此，毋庸置疑，乡村法庭是现代场景下乡村中最具有权威的纠纷解决场所。与此同时，“一村一律师”制度作为推动乡村治理法治化、规范化，提升乡村居民法制意识的重要手段，使社会律师正以其特有的专业知识和服务于当事人的独特身份，显著而有效地填补了乡村社会非诉讼纠纷解决机制所存在的空白地带。而“一村一律师”制度的发展也将使律师——这一兼取国家法律之“刚性”与社会人情考量之“柔性”的独特符号——成为比长老更具合理性的乡土权威。

纠纷的解决方式在当下的乡村场景之中已由乡绅长老的仲裁转为逐渐趋向理性，其自身环境已变得适宜且习惯于在法律的体系下运行，并同城市一般力求寻得一种具有确定性的答案。

五、法律规则下的纠纷处理——传统与现代权威的对比

法律是人类理性的产物，而作为法律实践之一的司法过程在其形式上也必然是充满

① 周俊光：《论民间规范义务——一种民间法哲学视角》，载《法学论坛》2018 年第 6 期。

② 《中华人民共和国人民法院组织法》第二十六条：基层人民法院根据地区、人口和案件情况，可以设立若干人民法庭。人民法庭是基层人民法院的组成部分。人民法庭的判决和裁定即基层人民法院的判决和裁定。

理性的。司法理性，是与智慧、审慎、深思熟虑联系在一起的、以司法程序技术为依托的实践推理能力。[①] 通过现代乡村场景下传统权威与国家司法对农村纠纷的处理方式及其效果的对比，我们可以确证当下的乡村社会是否仍然还有对源自历史的民间法与乡土权威的客观需求。

(一)纠纷解决的“乡土模式”

X村是一个以传统农业为主，地处西南山区的自然村落。同其他在大山里村子一样，在公路等基础建设覆盖到村里之前，村子对外的交流十分有限。村中结构以家庭为单位，村务也是由每家每户派代表进行议事。当村里有纠纷发生时，当事人往往在家中老人、亲朋的劝说下选择和解，或前往双方都认可的村民中，由后者根据村里的礼俗进行仲裁。

2015年，一家旅游开发有限公司看中X村优渥的自然环境条件，想要对X村进行农村生态旅游业的开发，遂找到当地颇具名望的村民A，让他给村民做思想动员，说服村民同意流转土地。出于对A的信赖，村中30余户人家与旅游开发公司签订了土地流转协议，将土地改造为集种植、养鱼和观赏为一体的“十里莲鱼池”。村民手中的土地流转出去后，村中的一部分青壮年劳动力便外出前往城市打工。经过年返乡的村民介绍，在外打工的收入远远高于本地务农所获得收益。因此，越来越多的村民找到旅游开发有限公司，要求进行土地流转，以便自己外出务工挣钱。之后，村中的青壮年几乎尽数出走，村里只留下了老人和十分年幼的小孩。

受到市场的大环境和政策变化的影响，旅游开发有限公司仅在X村进行了两年的开发改造后便陷入停摆。当村中老人收不到租金时，便告知在城里打工的子女要求其返乡处理这件事。但在外的年轻人认为土地流转每年所获的收益太低，而返村路途遥远且费用过高，其并不值得自己返乡。于是留在村中的村民纷纷找到村民A，要求其解决这件事。在众人的压力下，村民A出面并找到了公司的负责人，但公司表示企业经营陷入困境，被流转的土地已经闲置，不能为公司产生经济效益，公司不能也不愿再付租金给X村村民。当村民A将情况反映给众村民时，村民们表示并不接受公司方给出的理由，并要求A对此事负责。最终，在政府的指引下，众村民委托律师将旅游开发公司诉至法院。

通过对上述案例的分析，我们可以发现，当乡村面对现代场景所产生的问题时，其既有的权威与规范是退缩且无力的，“旧有”传统并不能解决“现在”的问题。首先，当土地流转出去后，村中的青壮年纷纷外出打工。在村里事务出现问题、村中长辈要求其回乡处理时，他们优先考虑的是经济效果而不是直接服从。乡村传统的规训在出走的年轻人身上已然失效，人们“出村不回村”[②]已经成为当下乡村的真实写照。其次，就乡土权威而

① 蒋秋明:《司法理性论略》,载《学海》2002年第5期。

② 刘守英、王一鸽:《从乡土中国到城乡中国——中国转型时期的乡村变迁视角》,载《管理世界》2018年第10期。

言，作为其代表的村民A，在早先面对村民时是有效果的，但在纠纷发生后，A并没有主动站出来为村民“做主”，而是在迫于无奈的情况下，不得已才与公司进行对话。在得到一个并不满意的回复时，村民A并未据理力争，反而仅仅是将对方的意见作了简单传达。可见，面对现代问题，乡村权威自知其无法解决问题，因之显得保守且怯懦。最后，在村民与公司之间的纠纷展开中表现出了这样一种矛盾：外来者不愿遵从乡村传统，乡土权威对于外来事物是无所适从的，而现代情境下的乡村规范也没有足够的力量去强迫外来者对其服从。所以，在场景已经发生变化的乡村中，纠纷解决的“乡土模式”犹如案例中的公司一般，陷入了“停摆”的尴尬境地。

(二)纠纷解决的司法路径

以吕军等人诉张树林、郭刚一案①为例，在该案中，作为原告的吕军等人与张树林、郭刚因种子繁育合同纠纷诉至法院。在法院的推理过程中，首先对张树林与吕军等农民签订合同的行为进行定性，依据《中华人民共和国种子法》(2013修正)第20条，主要农作物和主要林木的商品种子生产实行许可制度。张树林是不具有种子生产许可资格的个人，因此其与吕军等人签订农作物种子繁育合同的行为违反了《种子法》(2013修正)第22条之规定，“禁止任何单位和个人无证或者未按照许可证的规定生产种子”。所以二者签订的繁育种子合同自始无效；对于张树林和郭刚签订合同的行为，则属于买卖合同关系，依据《合同法》第8条体现的合同相对性原理，张树林不得以郭刚的原因作为对吕军等人的抗辩理由，其对郭刚的权利可以另行主张。最后，法院在将吕军等人与张树林的权利义务关系和张树林与郭刚的权利义务关系作出区分的基础上，判决张树林对吕军等人进行赔偿。

而在另一起由翁牛特旗人民法院进行初审，并经历二审、由赤峰市中级人民法院作出判决的李华与高成龙民间借贷纠纷一案②中，法院对案件事实进行梳理，发现该案并非因为存在李华与高成龙之间借贷行为而产生的民间借贷纠纷。其仅具有借贷关系的形式外观，实质上是李华为完成与吉林宝丰种业有限公司签订的农作物种子生产合同(种子繁育合同)，而与高成龙等人产生的种子生产合同纠纷。对此纠纷不应适用关于民间借贷的法律规范，李华的主张与事实不符且于法无据。遂一审法院判决驳回原告的诉讼请求。同样，二审法院也以同样的事实及理由维持了一审法院的判决，驳回了李华的上诉。

上述案例发生的场景均在农村，且均与乡村中最重要的农业生产活动有关。可见，在面对现代场景下的乡村社会时，我国的法律规范体系并非对乡村社会中产生的纠纷视而不见或无能为力。现有的法制结构也能够在乡村中通行无碍，充满形式理性的法律规

① 内蒙古自治区赤峰市松山区人民法院(2015)松民初字第6464号民事判决书。

② 内蒙古自治区赤峰市翁牛特旗人民法院(2014)翁民初字第3956号民事判决书；内蒙古自治区赤峰市中级人民法院(2015)赤民一终字第172号民事判决书。

范和司法过程并不为受实用理性支配[1]的乡村所排斥。

就司法过程而言，在法院的事实认定与推理过程时所选取、使用的依据皆为《合同法》《种子法》《民事诉讼法》等法律规范，并未援引当地的民俗、传统和交易习惯。可见，现有的法律规范体系已经能够实现对乡村社会行为和社会关系的全覆盖。此外，值得注意的是，在第二起案件中，尽管原告选择了上诉，但这仍属于我国正式的司法环节之一。也就是说，当乡村居民发现法律并不能使自己获利时，其所做的选择仍然在既有的法律结构中运作，而未将纠纷的解决方式诉诸其他途径。

就司法效果而言，上述案件均涉及原、被告与第三人的纠纷，若以一般的村民视角或乡村传统视角，其在追求实质理性结果的过程中不可避免地会将案件的事实扩及第三人，形成实际上的“三方诉讼”。一旦形成此般局面，当然地会造成取证上的困难和利益纠葛的复杂化，从而导致诉讼程序的拖延，致使村民的合法利益迟迟无法得到保护，法律的司法的权威也因之遭受减损。而在上述案例中，法院以相关的法律规范为依据，将原、被告的行为加以界定，对双方的权利义务关系进行明晰——其中符合法律规定的权利通过判决来及时加以保护，对与案由不符的诉求告知其另案处理或直接驳回。带有国家强制力的法院判决以国家力量为后盾，能够保证判决的有效执行。这样的司法逻辑符合现代法治中的形式理性要求，避免了社会纠纷久拖不决的“缠诉”现象，也节省了司法资源。

结　语

无论是乡村传统还是法律规范，其目的都在于解决纠纷和维持乡村社会秩序的稳定与和谐。如果乡村社会生活不发生变化，那么对于法律多元主义在“国家——民间”中的进程研究也显得不是那么必要。但事实是我国乡村正处于“消亡”的过程当中，为了实现社会福利的最终目的[2]，探寻乡村法治化的正当性研究就势在必行。就当下情况而言，中国乡村社会从其自身的现实物质基础到文化思想都已经发生了与过去截然不同的变化，乡村居民的行为方式和面对纠纷时的处理态度在我国法治文明工作的持续推进中已经趋于规范化。因此，乡村社会事务的处理已完全可以在一个由理性的法律体系所规定的框架下去寻求确定性答案，而不再是一种面对二元对立之权威时的困难抉择。

① 梁治平：《清代习惯法》，中国政法大学出版社 1996 年版，第 127 页。

② Benjamin N. Cardozo, *The Nature of Judicial Process*, Yale University Press, 1921, p.66.

The Departure of "Foreign Visitors"
—Legal Pluralistic in Rural Vicissitude Predicament

Deng Qinwen

Abstract: The concept of legal pluralism accompanies the process of legal modernization in China. Since the end of Qing dynasty, legal pluralism has played an important role in the process of legal transplantation and has been interpreted and discussed by many jurists. Today, we tend to understand legal pluralism as the opposition between the rural tradition of "indigenous resources" and the national legal system. However, the reality is that the traditional rural society is gradually dying out, and the rural tradition, as a folk norm, is losing its authority. The opposition between "national law" and "folk law", which is constantly described by the academic circle, is gradually disappearing in the modern countryside. This means not only the transformation of the grassroots governance model, but also the homogenization of the dispute resolution mechanism.

Key Words: legal pluralism; rural society; folk law; normative

习俗的决定力量
——藏区妇女地位对强奸罪认定的影响*

向 帅**

摘要:受传统观念影响,现行法律并不能很好地处理发生在青海省藏区的强奸案件。在藏区,成人礼仪式在很大程度上消解了"强奸"和"奸淫幼女"的法律概念。藏区的生育制度将性行为的焦点集中在了生育和宗族的繁衍上,从而弱化了妇女性自主权及其保护的观念。藏区的"身价"规范更是强化了妇女对男性的人身依赖性,从而使妇女的性权利被转化成了男性的经济权利。藏区的各种传统观念、制度往往导致藏区妇女的社会地位处于一个较低的水平,使妇女的权益难以得到有效的保护,并对现行法律造成冲击,从而导致强奸案件的判罚在该地区出现困难。

关键词:习俗;强奸罪;妇女地位

在少数民族聚集区,由于其自身的历史传统影响,国家法律规范并没有相应有效的引入机制,这导致社会纠纷解决方法的多元化。在广袤的青藏高原地区呈现历史传统与现代法律交织、社会现实与法律制度冲突的生存场景。本文以法律人类学的视角描述藏区妇女的地位,选择发生在藏区的强奸案件作为切入点。旨在从思想制度传统、符号及行为的处理方式上展现出藏区习惯法的运作模式,以期能对藏区习惯法与现行国家法律冲突的研究提供有益之借鉴。

一、国家法律与藏区习惯在强奸罪上的冲突

2019年3月7日,青海省兴海县人民检察院向其县人民法院提起刑事公诉指控:犯罪嫌疑人得欠,男,1987年6月4日出生,藏族,文盲,于2018年8月31日14时许,酒后骑车前往被害人卓玛措位于兴海县龙藏乡浪琴村夏季草场家中,进入被害人卓玛措休息的帐篷后,看到其一人在内,就使用自己的裤腰带绑住被害人双手,强行与其发生性关系后逃离现场。根据被害人卓玛措陈述,得欠用皮带将其手困在床头的铁杆上,进行了两次性侵行为之后,得欠用手机给她照了两张照片,并告诉

* 2019年西南政法大学行政法学院学生科研创新项目资助。

** 向帅,法学理论硕士研究生,西南政法大学行政法学院。

她:"非让我用强硬的手段,你可以告诉你自己的丈夫我强奸了你。"①

"你可以告诉你自己的丈夫我强奸了你"——在青海藏区,施害人对被害人的强奸行为不以为然的态度并非偶发现象,藏区群众对于强奸行为的看法也"颇具特色"。

藏区群众对强奸罪的看法源于藏区特有的民族传统,因袭传统藏区习惯法在藏区妇女性权利的保护中则呈现出缺位状态。这种习惯法深刻地影响着当地藏民的行为取向。换言之,在藏区,强奸这一行为通常并不与犯罪相关联,其也没有造成对女性权益的损害。该习惯法导致的直接后果就是强奸妇女的事件在藏区并非个案。1981 年 9 月 29 日下午 7 时许,42 岁的藏族男性拉白从青海海南藏族自治州唐干乡骑马回家途中对 14 岁的本村少女让太实施了强奸,施害人拉白被判有期徒刑 3 年。而当地群众的普遍态度为:"把拉白判刑,太冤枉了,如果抓个丫头要一要,都判刑,在草滩上这样的事太多了""这个女的是个妖魔"。② 奸淫幼女这一普遍认为属于加重情节的犯罪行为在面对藏区群众时得到的回应却是"这样的事太多了",认为遭受刑罚的加害人"太冤枉",而在藏区社会中,被强奸的女性却遭受负面评价。

得欠对强奸行为的坦然态度、藏区社会对拉白的处理结果呈现出普遍同情的状态,充分体现了藏区居民较之我国绝大多数地区在强奸行为认识上的独特性;"你可以告诉你自己的丈夫",而不能告诉司法机关,否则就是"妖魔",则表明在藏区,当地的习惯法较之国家法律有着更为强大的认识导向和行为指示的作用。当然,我国现行的国家法律体系已经能够处理发生在藏区的强奸行为,且依照现有的法律规范也能给出一个"标准答案"。但依照国家刑法逻辑推论出的刑罚后果或许并不会为藏区居民所接受,这种与他们的惯常思维相悖的法律规范在当地不仅未能指引他们的行为,甚至还可能会导致某些冲突。

从上述案例可知,藏区习惯法与我国现行法律体系中关于强奸罪的冲突集中在以下两点:

1.罪与非罪:对于针对女性的强奸行为,我国《刑法》第 236 条明确规定:"以暴力、胁迫或者其他手段强奸妇女的,处三年以上十年以下有期徒刑。奸淫不满十四周岁的幼女的,以强奸论,从重处罚。"即使侵害行为无法构成强奸,仍有强制猥亵、侮辱罪来对不法行为进行惩罚。但藏区习惯法通常不将对妇女的性侵害视作犯罪。③ 我们在藏族部落法法规辑录中整理的二十余个青海部落习惯法中,均未找到与强奸罪相关的规定,对于奸淫幼女也并没有明确定义。因此,女性在被强奸之后往往羞于告发,若受害人向公安机关告发则会遭受当地的舆论压力。由于当地习惯法的影响,藏族地区对于强奸案的刑事判决数量远少于汉族地区。就中国裁判文书网所统计的数据显示,青海省与强奸有关案件为 1902 件,但邻省四川则高达 13759 件。

① 青海省兴海县人民法院(2019)青 2524 刑初 8 号。

② 张济民主编:《渊源流近:藏族部落习惯法法规及案例辑录》,青海人民出版社 2002 年版,第 219 页。

③ 钱应学、星月、布松:《关于青海藏族公民强奸妇女罪的探讨》,载《青海社会科学》1989 年第 6 期。

2.对强奸罪进行何种处罚：我国刑法对强奸罪的规定是处以有期徒刑、无期徒刑乃至死刑的刑罚惩罚。其中，加害人支付给被害人赔偿金并取得被害人谅解的情形只是判决中的量刑参考情节，量刑的最终决定权仍在审判机关手中。但按照藏族习惯法规定，若以抢婚形式劫持他人妻子，可按照丈夫地位赔偿对方“身价”；若抢走有婚约但没有结婚的女性，加害人赔付未婚夫彩礼；对于其余未婚女性的强奸行为不认为是犯罪，只有造成女方怀孕后才由男方给付一定的抚养费。藏区习惯法中是不会对强奸行为处以限制人身自由的徒刑，更不会处以剥夺生命的死刑，其最多仅为民事上的财产赔、补偿。①

为何青海藏区人民对于强奸行为的认识与当代社会法律道德规范存在如此大的差异？带着这个疑问，我们与当地藏区居民进行了走访、交谈，从其成人礼仪式、生育制度、妇女“身价”问题入手，探讨、理解藏区妇女地位问题的复合成因，而这些因素往往会冲击惩罚强奸行为的国家法律规范，造成案件在定性和量刑上的困难，并使司法判决很难在该地区取得实效。

二、性权利匮乏：“成人礼”后女性的性义务对强奸行为定性的排斥

藏区成人礼制度，是青年男女步入社会，标志受礼者从少年进入成人行列的重要象征。藏族成人礼的起源与外氏通婚有着直接联系：由于部落习惯法严厉禁止血缘内婚，为了辨别父系及母系氏族之外的陌生青年男女是否达到适婚年龄，藏区产生了成人礼制度②。而这种制度造成了藏区居民对“幼女”概念的模糊——只要举行了成人礼仪式，女性就不再被认为是“幼女”了。在藏区，还未进行成人礼仪式的女性被视为“幼女”，而幼女是不能与之性交的，与幼女性交是有悖社会道德的行为，其会受到社会严厉的制裁。可见，在对“幼女”的保护上，藏区习惯法与国家法无异，只要被认定为“幼女”，其性自主权是受到严格保护的。

区别产生于“成年女性”的性自主权问题上。我国刑法认为，妇女在成年之后也有性自主权。对妇女性自主权的保护体现在“强奸罪”的规定上：以暴力、胁迫或者其他手段强奸妇女的，处三年以上十年以下有期徒刑。“强奸”行为则是指强制性与对方发生性关系，其为一种违背妇女意愿，与之强行性交的行为。尽管女性在十四周岁以后受到强奸，犯罪人不会再以强奸罪的加重情节处罚，但我们仍可从中得出成年女性的性自主权是受到国家法律的严格保护的结论。与国家法律的规定不同，藏区女性在经过成人礼以后，社会的传统观念即认为，其已经不再具有所谓的“性自主权”了。因为藏区成人礼昭示

---

① 张济民主编：《寻根理枝》，青海人民出版社 2002 年版，第 351 页。

② “藏族实行的骨系限制于血缘限制，虽然称谓不一，但它包含血缘限制的全部内涵，骨系为父亲所传，血肉为母亲所育……对于父系血统的限制十分严格，一些地区有 5 代、7 代、9 代甚至 12 代等具体限制……而对母系血统的限制相对松弛一些。”参见张济民主编：《寻根理枝：藏族部落习惯法通论》（藏族部落习惯法研究丛书），青海人民出版社 2002 年版，第 299 页。

着,受礼者在仪式完成后即同时具备“生理成熟”和“社会成熟”的双重身份①。与戴天头的女性性交,符合藏区居民对性的羞耻心和普遍的性道德观念,这也不会导致社会的否定性评价及其带来的刑罚惩罚。

(一)藏区女性成人礼制度

藏族传统成人礼分为女性成人礼和男性成人礼。男性成人礼较为简单,据青海贵德地区的民俗研究者介绍,当男孩到13岁时举行“达尔懂”(dar don),内容是给男孩一匹好马、一把好枪或佩刀,认可少男参加部落战争和获得分配战利品的权利。女性的成人礼则为戴天头仪式。现在,藏区不再盛行男性成人礼,如今的成人礼大多只为家中的女儿举办。这就意味着当今藏区,较之男性,女性的性成熟仪式更为藏区社会所重视,其仍然具有强大的习惯法效力。为何藏区女性的性自主权会在其成人礼前后受到藏区社会如此大的区别对待,若想究其缘由,我们则应当对藏区成人礼的内容及其社会意义作一个相对完整的说明。

为藏族少女举行成人礼是非常重要的事情,接受成人礼的少女年龄选择有着非常严格的限制:藏族认为单数是吉祥的数字,因而成人礼年龄一般为7岁、9岁、11岁、13岁、15岁。② 在藏区为女性举行成人礼是为了表明该女子单身、可进行婚配:成人礼过后,女性即宣告成人,她已经进入了谈婚论嫁、生儿育女的成人阶段。

女性的成人礼由宗教仪式和世俗仪式两部分组成。仪式当天先由喇嘛对姑娘进行宗教洗礼,颂念戴天头的祝词:“生根、开花、结果、世世代代传下去!”在宗教仪式之后是世俗的梳头礼,姑娘的单辫被解开拆成多股小辫子,分别插入三个布袋中。其中,左右两个被称作“加尤”的布袋尤为关键,这是成年女子头饰的重要标志。③ 通过梳头礼,藏族女性“社会成熟”与“生理成熟”的外在表现就有了显著的区分——经过梳头礼的藏区女性以感性直观的形式表明:无论其生理年龄多大,她都不再是“幼女”了。而这种认识就直接导致了其与刑法在“幼女”这一事实认定问题上的冲突。

(二)藏区女性的“成人礼—性义务”的社会内涵

戴天头具有步入成年和可与婚配的双重表征功能。象征成人意指少女转变为成熟女性,他人已经可以将其视作成年人来与之进行交往;可与婚配则是赋予女性“准嫁”的身份,其已经可以进行性行为、婚姻行为并承担为部族繁育后代的“任务”。④ 这一表达在许多戴天头的祝词中都会有隐晦的体现,如“羽毛丰满的锦鸡,向着蓝天飞

---

① 看吉卓玛:《试论安多贵德地区藏族女子成人礼之禁忌文化》,载《西藏艺术研究》2013年第1期。

② 三盘俄日、李庆玲、朱海云、马寒玉:《最完美的传承:青海藏乡少女的成人礼仪式》,https://www.tibet3.com/news/content/2015-12/11/content_1949129.htm,访问时间:2019年12月3日。

③ 严汝娴:《藏族的着桑婚姻》,载《社会科学战线》1985年第3期。

④ 刘军君:《成人礼与婚姻规制的建构——青海贵德藏族“戴天头”的田野考察》,载《北方民族大学学报(哲学社会科学版)》2015年第5期。

腾;脚力已足的骏马,开始在草原上驰骋;到了戴头年纪的姑娘,婚礼要对天举行,这是民族的风俗,这是婚礼的传统,为姑娘自由择配,打开了天门"。① 戴天头这一仪式性行为的实质是无配偶,或说非特定配偶的单方宣示,因而歌词中唱到的"婚礼要对天举行"。

从中我们可以看出,女性成人礼制度的目的在于通过一定的外在表示,使藏族女性能尽早进行生育活动,以保证藏族社群能有足够的人口数量。在藏区习惯中也有认为未成年人不能够成为男性的性对象之观念,但成人礼仪式的存在实际上大大降低了女性的"成人"门槛。正因成人礼仪式的生育倾向性明显,所以藏区妇女的性权利就被大大降低了——对于已经成人的女性,藏区是没有"强奸"一说的。

在上文论述中,我们可以发现,标志着"社会成熟"和"生理成熟"的成人礼仪式具有非常鲜明的外在表现特征。在这些表现的意蕴当中最为突出的便是经历成人礼后的藏区女性可以进行婚嫁、生育。而即便是在婚嫁和生育中,藏区社会也更加强调"生育"的重要性。

(三)成人礼制度对强奸行为定性之否定

因此在拉白强奸案中,就藏区群众的传统观念而言,被害人已然是可以进行性行为的对象,拉白的强奸行为不违背当地习惯法。法院判处拉白 3 年有期徒刑,明显有悖于当地居民的认知。

可见,尽管藏区有成人礼制度作为区别女性成人与否的标志,但在某些不注重成人礼仪式的部落,12—15 岁年龄段的幼女仍然会成为遭受性侵害的对象:因为在藏民潜意识中有着更古老的"13 岁成年"的认知②。这一习惯性认识在拉白强奸案中也得到了相对突出的体现。我们走访发现,唐干乡当地没有严格的女性成人礼,而当地群众普遍认为 14 周岁零 2 个月的被害人并非幼女。在当地居民看来,既然其已经"成人"——按藏区习惯法,对成年女性是没有"强奸"一说的——那么与之性交自然是合理的,拉白因强奸行为所受的刑罚处罚当然也就"太冤枉"了。

"开花、结果、世世代代传下去!"——藏区的生育活动之所以被如此看重,或许是因为围绕生育而形成的相关制度已经成为了藏区社会中最为重要的制度之一。因此,要了解藏区传统对国家法强奸罪认定的影响,我们还需要对藏区中的生育制度进行敷陈。

---

① 洲塔、王云:《从婚俗文化看社会转型过程中藏族生育文化的变迁——以青海卓仓藏族为例》,载《兰州大学学报(社会科学版)》2010 年第 2 期。

② "吐蕃初期几代赞普长子 13 岁时把王位传给儿子,藏民早期的成年很可能是 13 岁。苯教经典中,13 数是个极受重视的概念。"见张济民主编:《寻根理枝》,青海人民出版社 2002 年版,第 20 页。

三、"生育福报"观对强奸行为的合理化

(一)生育制度的文化成因

藏区特殊的高原环境造成了其相对封闭的社会形态,在自身千百年游牧文化的传统中诞生了苯教——一种当地的原始宗教。苯教对当地政权的高度干涉直接影响到了本地统治者权力的稳定性。[①] 这种现象直到直贡赞布时期,佛教从印度、西安两路传入藏地才有所改变。在佛苯两教的博弈斗争中,均以苯教的失败为告终,而后苯教与前者相结合,通过原始神灵的融入产生了藏传佛教。藏传佛教——苯教的外在形式结合佛教的精神内核——成为政教合一的藏区政权的统治工具,其权能历经千年而未曾有过衰减。[②]

藏传佛教对藏区的生育制度有着相当大的影响力。佛教"末劫论"塑造了藏民的早婚观念,佛经声称当今是"末法时代",人因罪孽一代比一代寿命更短,在末法的某一天,甚至 5 岁婚育,10 岁便老。这种思想对藏区早婚早育的观念有着深刻的影响。[③]

同时,藏传佛教认为婴儿的诞生是其转世理论最好的解释,女性怀上的婴儿被看作是灵魂的再生,婴儿的到来就是福泽。[④] 这就强化了藏区人民早生、多生的观念。在藏人看来,繁衍是人生中的头等大事,一个人应当结婚生子、顺应自然规律地生活,生孩子,把孩子养大是天然的社会活动体系。[⑤] 而不生育、没有子嗣的妇女则被看作遭受"报应"。由于藏传佛教对生育观念的强调,其实际上对女性——生育任务的主要承担者——的社会分工可能进行了软性限制。当女性的主要任务被限定在生育时,其所从事社会生产的产出则会下降。在藏区,社会活动的产出直接关涉部族的兴衰存亡,而这也是藏区女性社会地位相对较低的原因之一。

现实中,生育的目的在于提供进行生产的劳动力和保证社群养老功能的正常实现,子嗣越多,一个家庭的劳动力就越充沛,一个部落的实力也随之增强。藏区崇尚大家庭,妇女的生育年龄可以从十五六岁一直延续到五十多岁,且中间的生育间隔也相对较短。这种现象的背后是"多生多育"的观念,崇尚早婚的生育文化突出体现在了藏区流行的着桑婚制度和对待非婚生子的态度上。

(二)生育文化在"制度—行为"上的具体体现

对藏区男性而言,生子越多、情人越多就是生命力旺盛、具有男子气概的表现,这种

---

① 王尧:《喇嘛教对藏族文化的影响》,载《青海民族学院学报》1979 年第 1 期。

② 亢静:《藏区"赔命价"习惯法的探索》,载《发展导报》2018 年 9 月 21 日。

③ 曹英:《藏传佛教对藏民族习惯法的影响研究》,西北师范大学 2009 年硕士论文。

④ 贾丽:《藏族传统婚姻和生育文化》,北方民族大学 2018 年硕士学位论文。

⑤ 刘军君:《藏族婚姻习惯法之生命力诠释——基于甘肃卓尼和青海同仁藏族的个案分析》,载《云南社会科学》2013 年第 4 期。

生育观念体现在藏区牧场上就是"钻帐篷"。在与当地人的交谈中我们发现,在青海牧区,男性骑马、骑车钻入陌生或熟识的女性帐篷内,并与之发生性关系、生下小孩的情况是普遍存在的,强奸这种会导致女子怀孕的行为在男性看来是"值得自豪"的。且在藏区习惯中,这被看作是"有本事",该行为带来了更多的子嗣,是为女性撒下了生育的种子。所以在上述案例中,得欠在钻进受害人的帐篷、掀她被子的同时仍在问"附近有单身女子没得?"这种"认识——行为"差异源于藏区传统和我国刑法规范在法益保护上的分歧。就我国刑法理论而言,强奸行为侵犯的是妇女的性自主权和妇女的人身权、名誉权①,但在藏区"末劫论""不生育是报应"的独特认识中并不把妇女的性权利视为应受保护的客体,而强奸行为反倒是在为妇女"播种"——促进其多生育——其带来的是生育,生育的婴儿是福泽。因此,强奸行为在藏区并不会给男女双方及因强奸行为诞生的小孩以负面的社会评价,反而认为它是促进子嗣绵延增长、族群壮大的有效手段。这或是导致我国刑法在有关强奸行为的禁止性规范在藏区难以被贯彻、获得普遍认可的重要原因。

1.着桑婚

藏区婚姻制度较为复杂,呈现出万花筒般的景象,多种婚姻形态并存,并不拘泥于"一夫一妻"制度,最具有藏区特色的婚姻制度当为着桑婚。当少女戴天头之后,就拥有了进行着桑婚的资格。着桑婚(grogs bzang),"grogs"意为"朋友","bzang"为"好","着桑"是"好朋友"的意思。着桑婚是藏区普遍流行的情侣制,凡没有血缘关系且同龄的男女都可以结成着桑婚。一般认为藏族女子在举行"戴天头"之后便拥有了自由择偶的权利,藏族女性婚嫁之后不能再进行着桑婚,但男性婚后也可以进行着桑婚。

马鹤天在对青海的考察中记载藏民"八九岁结婚,半年后来校"。② 藏民先结婚,然后去学堂读书的传统,因而导致"小学藏民极聪慧,但升至高小或至师范班时,即较愚钝,因结婚甚早,有八九岁即结婚者。谓家中无人,故早取主家政也。至十四五,身体均大伤,禁之不能,影响民族健康与文化甚巨"。③

着桑是单纯的性伴侣,双方不组成家庭,且男女双方均可同时与若干异性交往,子女全归女方,子女社会地位与婚生子女相同。目前在青海省班玛、久治、同德等牧区草滩上,着桑婚较为普遍,青海省同仁、乐都等县城境内,也存在着桑婚。④《马可波罗游记》对藏区的这一风俗进行了描绘"人们不愿意娶保持童贞的处女,相反地,倒要娶那些从前和许多异性发生过肉体关系的女子"。与中原地区传统的性观点不同,藏区并没有强烈的贞操观念,因而不认为强行与女性发生性行为是在侵犯对方的权益,反而认为与更多异性发生过性行为的女子是更具有魅力的。"那些家中有待嫁女儿的母亲,恳求生客接受自己的女儿,并于居留该处时,与之长相处。"⑤这些未婚少女细心收藏情人赠送的礼物或

① 侯国云:《关于强奸罪直接客体的理论思辨》,载《现代法学》1997年第6期。
② 马鹤天:中国边疆学会丛书:《甘青藏边区考察记:第二编:青海玉树》,商务印书馆1947年版,第259页。
③ 马鹤天:中国边疆学会丛书:《甘青藏边区考察记:第二编:青海玉树》,商务印书馆1947年版,第260页。
④ 刘军君:《安多藏族婚姻形态及婚姻文化研究》,兰州大学2015年博士学位论文。
⑤ [意]马可·波罗:《马可波罗游记》(第二卷),李季译,上海东亚图书馆1936年版,第188页。

纪念品,纪念品最多的女子被那一班求婚的青年男子视为最有魅力的偶像。

对于不组成家庭、以不确定的性伴侣模式相处的着桑婚,藏区社会始终是出于一种较为宽容和理解的态度。有学者在藏区走访,当地人称:

> 你说的"钻帐篷"在我们这是再正常不过的事情,这几乎是每个藏民男子都有的事,没什么大惊小怪的。姑娘一般 14～15 岁,到青春期就差不多了,父母会在主帐篷附近给她分出一顶小帐篷,通常是白色的,让她单开住。晚上是 8:30 以后天就黑了,牧区又没电,点个酥油灯,男人们来了姑娘就看愿意不愿意接待呗。我们藏民男人一白天就是'浪'(玩),打牌、喝茶、饭馆里吃个饭,晚上没事了就'打狗'呗。有的'打狗'对象也不是平日里相好的姑娘,可能面都没见过,很多都是临时骑马去找姑娘。

由此可见,在藏区的习惯法中,未婚少女的性是开放的,这一普遍认识也体现在了藏区发生的强奸案中:1981 年在青海省海西蒙古族藏族自治州发生的索南加奸淫幼女案中,受害人年仅 12 岁。索男加犯罪行为发生当时,一成年女性就睡在受害人身边,对索南加的行为并没有进行制止。当司法机关对该女性进行询问时,她的态度亦不以为然。① 究其原因,我们可以得知:首先,在藏区习惯法的认知中缺乏女性的性权利这一概念;其次,习惯法也不认为男性通过强制手段迫使女性与之发生性关系是一种侵犯权利的行为。认识上的巨大分歧造成了藏区习惯法与我国刑法之间的断裂与隔阂。当索南加强奸发生时,旁观女子的态度是不以为然的;在拉白强奸案发生后,因为被告人被判有期徒刑 3 年,当地群众把受害人视作"妖魔""害人精"。强奸行为在当地并没有受到道德上的谴责,反倒给报案诉诸刑法以求帮助的女性带来了巨大的社会舆论压力,甚至影响到了受害人的婚嫁。

2.非婚生子

藏族对于婚外性关系较为宽容,非婚性行为并不会遭受社会舆论的谴责,而藏区又普遍没有避孕的观念和措施,因此,由强奸行为所导致的非婚生子和婚外所生之子不会在藏区社会遭受任何歧视,社会普遍认为他们没有任何罪过。在藏区,非婚生子女的社会、家庭地位均与婚生子女相同,并体现在财产继承等活动中。② 现海西蒙古族藏族自治州范围汪什海部落制度及法规中规定"女子未婚生子谓之'外得子'不受社会歧视③"。汪什海部落制度规定"女子未婚生育,所生'塘吾'(私生子),不受社会歧视"。④ 同时,果洛《红本法》规定非婚生子的父亲也不遭受处罚,非婚生子一般给女性抚养,男方交抚养费即可。在藏区,男子婚后也可进行着桑婚,传统观念中女性也不应对男性的婚外情表现出不满情绪。

---

① 张济民主编:《渊源流近——藏族部落习惯法法规及案例辑录》,青海人民出版社 2002 年版,第 217 页。

② 切吉卓玛:《藏族传统婚姻文化研究》,中央民族大学 2012 年博士学位论文。

③ 张济民主编:《渊源流近:藏族部落习惯法法规及案例辑录》,青海人民出版社 2002 年版,第 79 页。

④ 张济民主编:《渊源流近:藏族部落习惯法法规及案例辑录》,青海人民出版社 2002 年版,第 87 页。

非婚生子的直接结果就是在藏区，很多女性可能终身未嫁，但未必终身守贞。很多女性没有经历过“聘娶婚”却已成为人母，这类女性被称为“家丫头”。成人礼过后的藏区妇女依然可以生育，而“知父不知母”或“知母不知父”的情形也在当地被合理化：

X是齐哈玛乡W村生产队的前任大队书记，年轻时仪表堂堂、通情达理，在牧民心中颇有威信。当齐哈玛乡的牧民迁入定居点后，他又被任命为村支书解决纠纷无数，故而博得当地群众的青睐。

而在个人问题上，X“潇洒”了一辈子——婚前就钻过几十个姑娘的帐篷，结婚时，妻子是带着孩子嫁给他的，对于这点，X一点也不嫌弃。据他讲，在牧区，如果一个男人因为老婆跟别人有过一点私情就抛弃她或者离婚是件非常不大气的事，这样的男人会被人鄙视。

类似的事情还有：

我们村上的一户，爹妈都不在了，留下兄妹两个。哥哥和妹妹为了这个家不破裂，顾这个家，两个都在家坐呗，两个都在外面找呗。但是，哥哥把外面的也不娶进来，妹妹也不嫁出去，兄妹两个娃娃都（分别）养下了。再哥哥的尕娃是和谁生的清楚着呗，妹妹的尕娃是和谁生的就她自己心里清楚呗。牧区你也应该了解一点吧，有些钻了帐篷正式娶的有，有些娃娃养下一辈子正式没娶的就坐在一起的也有，又没有什么强制性的规定。

也正因如此，非婚生子女并不会在藏区遭受到歧视性的对待。人们对“钻帐篷”的宽容扩大至非婚生子女处。除《红本法》和各部族的规定外，藏区群众对待非婚生子女的宽容态度的相关案例比比皆是：

我也没听说哪个姑娘怀了我的娃娃。我们这钻帐篷着一挂娃娃的大大（爸爸）不知道是谁的多得很呗，她们不懂得这个（生育）规律，自己也不知道娃娃的爸爸是谁，草原上的娃娃都是妈妈养。你们觉得父亲对娃娃没有抚养，少了爱了，在草原上没有这么一说！人们也没有这样的观念。就是阿大（爸爸）有，男人们一天外面转着家不回，娃娃也好好没管着。

在藏区社会的观念中，子女后代是福报，一户人家有孩子诞生是值得庆贺的喜事。至于出生的孩童父母为谁，则不在家中长辈“计较”的范围内：

我们家的邻居D今年57岁了，她自己和她妈妈连给了一挂是让人钻下帐篷的。她妈妈一辈子就一个正式的男人没有，她是她妈妈唯一的孩子。再她又是这样，谁也不知道她的男人是谁，可三个娃娃养了。她生的老大是个丫头，老二、老三都是尕娃。她养娃娃的时候，她的老母亲还有点高兴！不管父亲是谁，毕竟家里添了人口！现在娃娃们大了，老大姑娘已经出嫁了，老二、老三在上学。再一个邻居D今年45岁，也一辈子正式的男人没有呗！她只生了一个丫头，丫头的爸爸不知道。现在丫头也大了，前两年她给丫头还招来了一个上门女婿，一块坐着呢。

(三)生育文化观与强奸罪的冲突

生育制度对藏区群众有着深刻的影响,在藏区广阔的牧场上,一位不能进行生育活动的女性会被社会所排斥,乃至有“她这辈子就完蛋了! 没有男人要她”的评价,而男性迎娶一名女性的关键在于“娃娃养没养下”。对生育能力的高需求似乎压过了恪守性关系忠实的要求。因此,非特定性伴侣的“着桑婚”和非婚姻关系中诞生的子女都不会受到社会的否定性评价。紧紧围绕着后代生育的传统观念诞生了藏区的生育制度,并冲淡了对女性的性自主权重要性上的认识。这种着眼于“生育”的文化恰好使得强奸行为符合了对女性的生育要求,从而将本为国家法所禁止的强奸行为高度合理化:为了多生育,女性就需要与男性发生性关系。至于女性在性行为上的自主意愿,反倒被对生育的高需求所冲淡乃至漠视。

通过上述方式,藏区将“被强奸”转化为了女性的一种道德义务,拒绝男性的性交请求反倒被施加了强大的社会压力。这种只顾生育结果而漠视女性性自主的传统当然与我国法律男女权利平等的要求相抵牾:无论在何种情况下,作为女性人身权利中最重要部分的性自主权当然地受到国家法律的平等保护。

综上可见,藏区与我国其他大部分地区相比,贞操观念弱,其并不认为强奸行为是一种违反人性、侮辱人格的性掠夺、性支配行为①。同样,非婚生子的行为也不被认为是有伤风化的一件事,家中添丁反倒是一位女性、一个家庭的福报。而非婚生子女在藏区也能获得一个平等和宽容的生长环境。强大的“性——生育”倾向使得许多性行为及其结果被合理化。也正因如此,国家法视野中对女性的性犯罪行为规定被藏区民间法冲击,在藏区发生的性犯罪并不会招致社会的偏见、歧视和谴责,强奸行为及其相应后果在社会中的评价也十分宽容,这就使强奸行为——我国法律明文禁止的行为——在当地被合理化,从而在很大程度上削弱了刑法有关强奸罪的规定在藏区的运行过程中所能产生的实际效果。

四、“罚”还是“刑”:
藏区对强奸行为的“身价”赔偿拒绝国家刑罚的介入

(一)“身价”赔偿的制度成因

1.因袭传统的“抢婚”现实

藏区的抢婚制度由来已久,在长篇英雄史诗《格萨尔王传》描述的场景中能使我们窥得该传统的一角:格萨尔王的妃子频频被抢,并因抢婚引发了多起战争。藏族本土宗教苯教起源于山神崇拜,而在山神崇拜的神话中,抢婚的例子也俯拾皆是。藏族传统认为

① 袁锦凡:《刑事诉讼对性犯罪被害人的保护研究》,西南政法大学 2010 年博士学位论文,第 4 页。

通过抢婚结成的婚姻家庭，可以使妻子的身子、灵魂都完全到男方家，从而令夫妻双方能够安心地生活在一起。①

抢婚行为并不区分女性是否已经出嫁。青海省同仁县、乐都县等乡村，小伙子可以从丈人家夜间“偷抢”女儿，行夫妻之实，无论是被抢者还是抢人者其均不会受到本地居民的歧视。即便是女子已经出嫁，若有男性看上，后者亦可进行抢婚。若女子的原配丈夫来要人，则可在男性双方之间进行决斗或以妇女“身价”交易。果洛藏族自治州四法中第三法“夺妇则付身价”——“除官家贵族之女，通常视其夫贵贱确定拆散该婚姻当出妇女身价之上中下三等，分别与血价同等相对”。② 可见，藏区妇女在很大程度上被视为一种归属于男方的财产，这点在民主改革前的藏区体现得尤为明显：

> 在中阿坝，藏胞家里，若有以好友光临，取得己妻同意后，可让己妻与朋友同宿，以示敬客③。

由于抢婚制度的存在，即使强迫与他人妻子发生性行为或抢夺回家组成家庭，都是被当地认可的。强奸甚至抢夺他人妻子的结果，要么双方武力争夺，要么后夫支付给前夫物质赔偿。因此，在得欠案中，加害人并不认为这是一件会对自己的社会声誉造成负面影响的事，其在强奸完卓玛措之后甚至拿出手机拍了照，并说：“你可以告诉你的丈夫我强奸了你。”在加害人的认识中，强奸一位有妇之夫是再正常不过的事；即便是所谓的后果，至多也不过是财产上的损失罢了。

2.宗教观念下对女性地位的压制

藏传佛教继承了佛教的传统女性观，认为男性价值高于女性。该观点认为，在佛教修行过程中，女性需要克服比男性更多的困难才能达到相同的水平，所以女性天然地较男性更为劣等。诺布旺丹认为正因此种女性观念的存在，直接导致了藏族女性低下的社会地位。④ 在佛教的派系传承中，女性角色较少，而重要的身份几乎全都被男性所垄断。藏区宗教虽然派系繁多，但各教义的相同之处甚多，且均有认为女身不洁、女性不能成佛等针对性明显的教义存在。

宗教教义体现在藏区的家庭生活和生产活动当中，藏区的农业生产忌讳女性从事农业耕作，认为女性撒过种子的土地长不出庄稼。而在牧区，女性则不能落座于放置神龛的帐篷，牧民宰杀牛羊肉也忌讳拿到女性帐篷中，认为这会触怒神灵。总之，受到藏传佛教深刻影响的藏区社会，在此已经形成了“女性价值更低”的稳固观念。在这种观念的影响下，女性当然地被换算成归属于男性集团的各种经济利益。而当女性被视作“财产”时，其自身的性自主权也不可避免地随之成为了一种可以进行度量的财产。

① 刘俊哲：《藏族道德》，民族出版社2003年版，第212页。

② 张济民主编：《渊源流近：藏族部落习惯法法规及案例辑录》，青海人民出版社2002年版，第31页。

③ 四川省编辑组《中国少数民族社会历史调查资料丛刊》修订编辑委员会：《四川省阿坝州藏族社会历史调查》，民族出版社2009年版，第63页。

④ 张玉皎：《藏传佛教女性观研究》，中央民族大学2016年博士学位论文。

(二)"身价"赔偿的基本原则

身价原则与血价命价赔偿机制相似,是在藏传佛教"不杀生"、排斥同态复仇、抑制血亲复仇等因素相互作用下形成。[①] 赔命(血)价传统具有强烈的阶级特征,价格高低取决于受害人社会地位、财富和性别的差异,身份尊贵的人命价越高,且男性命价天然高于女性。[②] 其部分规定如下:(1)现果洛藏族自治州范围——莫坝部落旧制与法规:部落刑罚制度中关于命价、血价处罚分为头等、二等、三等命价,分别对应官僚贵族、爪牙富农、贫民。三个等级命价血价以男性为标准,女性为对应等级的男性命价的一半;(2)果洛藏族自治州中的部落法规——位于青海省东南部,1952 年之前属于封建部落制。其治理内部法为维护二制通则及四法八调,四法中第一法为"毙命则赔命价"——此有死与伤,男与女,未遂活付,并各依其人身份上中下三等。果洛藏区命价以男命为标准,女命上中下三等,分别为男性同等之半数;(3)阿曲乎部落法规——阿曲乎部落位于现兴海县地界范围,其部落制度严密,习惯法规完备。在其争斗平息法中规定:杀人者向被害人赔偿人命称之为"尼什洞"。打死男性命价为 81 头牛,100 头"收尸羊"赔偿给受害者家属及 100 块的丧葬费用。打死女性,以上三类赔偿均折半价[③]。

在藏区的传统观念下,强奸行为普遍是不治罪的,女性未婚时,其性行为应当是开放的,即使违背妇女意愿强行发生性行为也不违法。如果被害者是有夫之妇,则应由丈夫出面与加害人就强奸行为进行争诉、决斗或协商赔偿。且藏区习惯法对于强奸行为一般采取不告不理的态度——若有人进行诉讼,在加害人行为不危及统治阶级利益的情况下,多以"奸价""罚款"的方式进行惩治[④]。

这种不以生命付出为代价、也不限制人身自由的惩罚规则加剧了上层阶级对下层民众的恣意,也为男性对女性的侵害行为提供了隐性的制度支持。"任何一种行为,包括暴力行为,都可能是以经济为取向。"因此,藏区"赔命价"习惯法中的经济赔偿转向实际上是为了维护身份等级制度、缓和社会尖锐矛盾而表现出来的伪装的行为偏好[⑤]。藏区赔身价则同样也是典型的经济取向型行为,女性身价由丈夫社会地位、等级决定,女性价值依附于丈夫,由丈夫决定。

---

① 徐晓光:《藏族法制史研究》,法律出版社 2000 年版,第 370 页。

② "血价和命价的高低,取决于受害人性别、社会地位的高低和财富的多寡。头人和喇嘛的命价至少比农奴高出两倍以上,土司和上层喇嘛的命价更高。"参见杨华双:《土司制度下藏族传统社会秩序的法律调控分析——以川、甘、青、滇地区为例》,载《西南民族大学学报(人文社会科学版)》2013 年第 8 期。

③ 张济民主编:《渊源流近:藏族部落习惯法法规及案例辑录》,青海人民出版社 2002 年版,第 18～69 页。

④ 陈光国:《试论藏区部落习惯法中的刑法规则》,载张济民主编:《诸说求真:藏族部落习惯法专论》,青海人民出版 2002 年版,第 350 页。(1)奸淫者罚款;(2)奸淫平家妇女者,要赔偿奸价;(3)奸淫头人家妇女及其姘头着,赔偿奸价,并割去其睾丸。

⑤ 淡乐蓉:《青海藏区"赔命价"习惯法的经济实践逻辑分析》,载《甘肃政法学院学报》2018 年第 4 期。

(三)"身价"赔偿对强奸行为受到国家刑罚惩罚的拒斥

"身价"赔偿中相对较低的经济利益在现实中的反映则是女性地位低于男性,而对女性之于男性强人身依附的要求甚至使女性在面对男性对自己的性侵害时都不被允许进行反抗。因此,在得欠强奸案中,加害人对于女性受害人的反抗采取了漠视的态度,认为自己的行为顶多侵害的是被害人丈夫的权益,所以对被害人说"你可以告诉你的丈夫我强奸了你"。可见,该地区习惯法认为,强奸行为的后果赔偿是以被害人丈夫为衡量标准的"奸价",赔偿给付的对象也是受害人的丈夫,而不是受害人本身。妇女的性权利在此处成为了可以度量的丈夫的"经济利益",对妇女的强奸行为也就转换成了一种对男性的"财产侵害"。

这种观念更直接影响了部分学者在对待藏区强奸罪的判罚意见。有部分学者认为,对于青海省藏族地区与民族习俗、传统有关而藏族群众又不认为是犯罪的强奸案件,应当制定变通法律加以调整。而在制定变通法律的内容上,该学者建议将由国家主动追诉的强奸案件调整为不告不理和可调解的案件,在对待强奸罪的量刑上,则应当免除、减轻或从轻处罚。

前述意见也许仅是少部分学者的观点,但在藏区女性的性自主权受到较为冷漠对待的情况我们或可从中窥一斑而知全豹。藏区习惯法深刻影响着当地居民的观念及其行为,甚至对国家法律提出了变通的要求。"身价"赔偿将女性的性自主权转化为了可度量的经济利益,从而跳出了国家刑罚的范畴,而女性受害人自身的权益则在此种环境下被漠视,妇女的性权利被强势的男性权力压制得近乎消亡。本当由国家施以刑罚的强奸行为却被藏区的"身价"赔偿——一种财产罚——所拒绝,"'刑'还是'罚'?"这一矛盾在藏区场景下显得无比尖锐。

结　论

传统社会中,藏族妇女的角色定位是弱者、男性的依附者,其遭受着封建礼教、藏传佛教文化、部落习惯法、日常生产生活习俗的四重束缚。妇女只能遵循"在家从父、出嫁从夫、夫死从子"的传统观念。[①] 奸淫妇女,甚至奸淫幼女的行为在部落习惯法的表述中都呈现出定义不明的状态。根据调查,在重视成人礼仪式的地方,对成年女性并无"强奸"概念,对妇女、未成年少女实施的性侵犯行为,则转化为"赔款"。在不注重成人礼的部落,甚至都没有赔罚规范,只通过赔礼道歉和社会的舆论压力来进行约束。[②]

1982 年 12 月中旬晚,青海省玉树自治州的三个青年藏族男子,在电影院门口对

---

① 洲塔、王云:《从婚俗文化看社会转型过程中藏族生育文化的变迁——以青海卓仓藏族为例》,载《兰州大学学报(社会科学版)》2010 年第 2 期。

② 张济民主编:《寻根理枝》,青海人民出版社 2002 年版,第 90 页。

19 岁的藏族女青年才某某进行骚扰。才某某因为害怕躲进结古乡政府院内，欲骑单车返回家中。但郭、索二人进入普某驾驶的解放牌汽车内，驱车尾随并将才某某推拉拽入驾驶室内将其轮奸。

一审法院以强奸罪分别判处郭某有期徒刑 8 年、普某有期徒刑 8 年，索某有期徒刑 7 年。一审后被告郭某以无罪提起上诉，同时检察院以量刑畸轻提起抗诉。案件在发回重审后又分别判处郭某有期徒刑 9 年、普某有期徒刑 8 年、索某有期徒刑 7 年。被告人郭某仍以无罪提起申诉。最后，法院改判郭某有期徒刑 5 年；普某有期徒刑 5 年；索某有期徒刑 4 年 6 个月。

当时处于全国严打时期，若根据刑法及相关规定，此案应判无期及以上。但由于此案发生在藏区，考虑到当地习惯法并不认为强奸是犯罪行为，司法机关最终对三被告从轻处罚。可尽管如此，当地群众仍无法接受此案的判决结果，并责骂被害人是“害人精”。甚至在三被告刑满释放后，他们的家属对被害人进行威胁，声称要进行打击报复，导致被害人长期不敢出门。

强奸行为应受处罚，这一在社会大众看来的“基本共识”，被放置在藏区场景下时，情况则明显不同：郭某两次均以其行为不构成犯罪提出上诉和申诉，当地群众也对司法机关的裁判感到不满，并声讨被害人。

藏区居民对强奸行为的特殊认识有其独特的社会机理：藏区成人礼仪式模糊了“幼女”概念，并通过“戴天头”的方式将本应为我国法律所保护的女性性权利纳入其生育体系内，从而含混了强奸行为中含有的侵犯意思；藏区的生育制度则以部族利益为导向，通过生育的“福报”论否认妇女在性方面本应具有独立地位，以“播种”来美化强奸行为，同时赋予非婚生子女以同等的社会地位，因之使得强奸行为在藏区被高度的合理化，并最终导致强奸行为不会受到社会的否定性评价的最终结果；身价规范则将妇女的性权利转化为了丈夫的经济利益，女性在一定程度上被视作依附于男性的财产。强奸者通过对丈夫的经济赔偿而将触犯刑法的犯罪行为转化成了一般的民事纠纷，并就此规避了社会的批评和国家法律的制裁。因为这些，当强奸行为进入国家法律框架内、受到我国刑法的制裁时，法律的处理结果并不为社会所接受，甚至引发了当地居民的不满。也正因如此，在藏区，我们很难说法律在此地产生了“实效”。

可见，民间法与国家法的对立，特别是少数民族聚居区的传统行为习惯与国家法律下的行为规范之间的对立，是当下无法否认的现状。国家法与民间法之间的冲突就是由国家与民间社会在结构、利益和基础伦理上的对立引起的。① 此种情形下，国家法难以进入其中，司法理性对该地区行为的指导、规制效果也极为有限。② 而这些现象也是多元法律规范在同一个时空场景中并存所带来的必然结果。对于这种“争执”，现在的我们或许只能持着一种刻画、描绘的立场。即便如此，我们仍不妨作出大胆假设：在将来，国家可

① 谢晖：《论当代中国官方与民间的法律沟通》，载《学习与探索》2000 年第 1 期。

② 金忠山：《青海藏区强奸犯罪立法变通的理论考量》，载《安徽农业大学学报(社会科学版)》2012 年第 5 期。

能会借助其权威命令习惯法遵从国家法,从而使习惯法作出改变;习惯法也可能就这样成为了一股消解国家法的力量,在其发生的土壤上继续活跃;或者,国家法与习惯法从法律人类学中找到了一条“概念消解”的道路,进而实现融合。① 因此,对于二者的未来展现,我们应抱有开放的态度,去寻找国家法律制度与原生地区的行为规范进行互动的无限可能。

The Determining Power of Custom

—The Influence of Tibetan Women's Status on the Determination of Rape Crime

Xiang Shuai

Abstract: Affected by traditional mindset, the current law does not handle rape cases in Tibetan areas of Qinghai Province well. In Tibetan areas, the adult etiquette have largely dissolved the legal concepts of'rape'and'rape of young girl'. The Tibetan fertility system focused the sexuality on fertility and clan multiplication, thereby weakening he concept of women's sexual autonomy and protection .The “value of women” norm in Tibetan areas has strengthened women's personal and social bondage to men, thus transforming women's sexual rights into men's economic rights. Various traditional concepts and systems in Tibetan areas have led to the low social status of women in Tibetan areas, making it difficult for women's rights and interests to be effectively protected and impinging on the current laws, thus leading to difficulties in sentencing rape cases in the region.

Key Words: custom; rape; status of women

① 许天问:《列维-斯特劳斯:他的“认同”与主体的终结——兼论法律人类学的符号学之路》,载谢晖、陈金钊、蒋传光主编:《民间法》(第16卷),厦门大学出版社2015年版,第114页。

域外视窗

探析传统伊斯兰教法体系下的社会治理理念*

王永宝**

摘要:理论与实践证明,只有在信仰约束与法律约束的双重作用下,法律的价值才能真正得以体现,法律也只有通过信仰才能在社会中获得普遍认同。因此,本文通过沙里亚(伊斯兰教法)体系的根本渊源:《古兰经》与圣训,来揭示在传统伊斯兰社会治理中法律约束力的精神动力——内在的信仰约束力,以个人信仰归属、行为方式和伦理道德为内容的规范,展示出了构建良好法制社会秩序的最终目的。据此,本文聚焦五部分内容,以便探究和分析在传统伊斯兰教法体系下社会治理的内在信仰与外在法律有机结合、相辅相成的行为规范统一体,即认主独一论与多元性世界观、积极向上的人生态度、权利与义务相结合的社会管理制度、扬善抑恶的主题精神以及治理核心理念——"舒拉"(协商)原则。

关键词:伊斯兰教法;权利;义务;扬善抑恶;舒拉

引　言

众所周知,《古兰经》与圣训是"沙里亚[①]"法律(亦称伊斯兰教法律)体系得以建立的根本源泉,而后者的作用是对前者的基本原则和精神价值进行诠释,是对整体伊斯兰教

* 教育部人文社会科学研究规划基金项目(编号:19YJA820042)阶段性成果。同时,承蒙审稿专家和《民间法》编辑部工作人员对本文提出宝贵意见,在此深表谢意!

** 王永宝,法学博士、哲学博士,金融法学博士后,西北政法大学反恐怖主义法学院教授、民族宗教研究院研究员、硕士生导师,中国社会科学院法学研究所、国际法研究所法治战略研究部研究员。

① 术语"沙里亚"为阿拉伯语单词"ش ر ي ع ة"的音译,本意为正道和源泉,特指伊斯兰法或伊斯兰教法。值得注意的是,我国学术界通常将此术语音译为"沙里亚",显而易见,这种译法完全受英语或其他印欧语对应阿拉伯语音译"Sharī'ah","Shari'ah"或"Shari'a"的影响,同时也反映出我国学界对伊斯兰法的了解和认识基本上是以西方学者或东方学家的成果为准,从而致使成就的学术成果并不能够真实体现出伊斯兰法作为世界五大法系之一所具有的价值,更谈不上从中受益,而且往往还带有主观偏见。因此,本人建议在以中文音译此术语时,采用更接近阿拉伯语发音的文字,例如"摄瑞阿",但为便于使读者阅读,本文依然采用"沙里亚"这一音译形式。参见[奥斯曼帝国]《奥斯曼帝国民法典》,王永宝译,商务印书馆2018年版,"中文译本说明"第6页,脚注1。

信仰、道德和律法的全面实践①。从伊斯兰教教义与教法角度讲,穆斯林认为,安拉是整个宇宙的创造者并且拥有绝对立法权。然而,在现实世界,安拉的意志体现及其法度的执行,则是由各时代受安拉选派的使者和先知通过教化大众来完成,其中先知穆罕默德与其所执行的伊斯兰教法律就是最具代表性的典范。具体而言,以经训为基础的传统伊斯兰教法体系结合了宗教信仰与伦理道德两方面的行为规范,其最终目的是要实现三个基本目标;第一,启迪人们的理性思维,并且使其通过认主独一的核心信仰趋向于观察和认识宇宙万物,鼓励人们理性思考,以摆脱盲从因袭、迷信虚幻的枷锁;第二,致力于培养个人的高尚情操,不断进行心灵净化,使其最终远离陈规陋习而具备优秀品格,因为这是人类文明建设的必要条件,是个人对社会作出贡献的前提保障;第三,努力营造和谐社会,伊斯兰教法律通过权利与义务相结合的模式对个人行为进行规范,使其构建并发展有益于个人和他人的生活方式,并且最终确立良好的社会关系,为国家安全和社会稳定提供保障。然而,要实现如此宏伟的远大目标,就必须促进所有社会成员以积极向上的态度更好地创建稳定和谐的社会环境②。鉴于此,本文特从以下四个方面对传统伊斯兰教法体系下的社会治理理念予以详细论述。

一、认主独一论与多元性世界观

在伊斯兰教义中,安拉的独一性和唯一性占有绝对的首要核心地位,而其他任何教义教条也都必须始终围绕这一核心来运转。进而言之,伊斯兰教法教规是否成立,必须取决于对安拉本体特性的正确认知和坚定信仰。《古兰经》对此给予声明:"你说,他是安拉,是独一的主;安拉是万物所仰赖的;他没有生产,也没有被生产。没有任何物可以做他的匹敌。"③"他是天地的创造者,……;任何物不似像他。他确是全聪的,确是全明的。"④实际上,伊斯兰教的这一首要核心教义是安拉通过《古兰经》为穆斯林明确规定的第一条,也是唯一一条不容任何妥协和让步的信仰宣言,即安拉是天地以及宇宙一切存在,是独一的、唯一的、永恒的、绝对的、全聪的和全观的造物主。须注意的是,伊斯兰教

---

① 在伊斯兰教法体系中,法律法规与宗教信仰是两项基本要素,是伊斯兰教法律意识形态中等量齐观、不可分割、相互依赖、互为作用的两个概念。法律代表秩序,信仰代表准则。法律是通过对权利与义务的分配,以及解决纷争为人民大众创造合作纽带的程序,信仰则是对其新闻的指南及生活终极意义的界定。没有伊斯兰教法律,伊斯兰社会秩序难以维系,没有信仰,穆斯林无法为法律提供自觉化意识,法律也将失去其有效性和适用性。正如美国著名法哲学家、法律史学家伯尔曼说:"法律必须被信仰,否则将形同虚设。"值得注意的是,当我们研究伊斯兰教法体系时会得出这样一个结论,即该体系已经完全实现了法律的信仰化和信仰的法律化。参见[美]哈罗德·伯尔曼:《法律与宗教》,梁治平译,中国政法大学出版社2003年版,第3页;马明贤:《伊斯兰法:传统与衍新》,商务印书馆2011年版,第8页。

② 马明贤:《伊斯兰法:传统与衍新》,商务印书馆2011年版,第2~4页。

③ 《古兰经》,忠诚章(112),第1—4节。(本文在援引《古兰经》经文时,参照的中译颁布是:《古兰经》,马坚译,中国社会科学出版社1996年版。)

④ 《古兰经》,协商章(42),第11节。

的这种形而上学式世界观，并不局限于对物质世界的感官认知，而是“对现实与真理的洞察，因为两者皆包含着能够通过感官来认知‘存在’的某些方面”。① 在《古兰经》的术语中，把“存在”的某些方面统称为“幽玄”(*Al-Ghaib*)，即“存在”的某些方面从根本上超越了人类普通的感知范围。换言之，伊斯兰世界观并不赞同物质与精神一分为二的观点和见解，也不认为今世(*Al-Dunyā*)与后世(*Al-Ākhirah*)是对立的。相反，伊斯兰世界观，既蕴含着现实，又包罗着“存在”的各个方面，而且更重要的是，伊斯兰教义认为，今世是后世的“中转站”，即今世是暂时的，后世是永恒的，但这种认识“并不意味着因此而应该对今世持有忽略或不以为然的态度”，②而是应当把今世的一切行为均视为是在为后世生活作好准备。

就此而言，首先伊斯兰教并非文化的某种类型，而是对现实和真理的认知，是经其根本源泉而获得的价值体系。换言之，伊斯兰教不是经过科学辅助的简单文化和哲学原理演绎而成的。因此，对于穆斯林来讲，伊斯兰教的源泉是来自安拉的启示，其中绝大部分内容是可被认知的，或者说是经得起人们理性分析的，并且是能够通过人类一切有效知识渊源(包括直觉知识和科学研究)验证的。③ 因为根据《古兰经》精神，宇宙万物被创造的最重要的目的之一，是激励人们的才智，唤醒他或她的灵魂，使他们最终发觉形而上学与伦理道德的重要意义，以便凭此认知真主——安拉。例如天地、人类的生活周期、其他无数栖居于地球的物种、四季的变化、风、云、雨、星辰、天河以及星系以外的所有存在物，均为安拉的“迹象”(*Āyah*)，并且时刻都在证明安拉的“存在”。因此，《古兰经》不止一次地鼓励人类去认真仔细地观察、思索、考虑、探究，以便他们最终能够认知并信仰安拉。《古兰经》说：“天地的创造，昼夜的接替轮换，在有理智的人看来，此中确有许多迹象[或信息]。”④值得注意的是，《古兰经》并未以科技手段来证明安拉的“存在”，而是以各种方式唤醒人们的“*Fiṭr*”(本性)，即对人类的原始状态或者说与生俱有的本性觉悟(*Dhikr*)。换言之，伊斯兰教认为，人类与生俱有认知安拉的本能，而且最终认知的核心结果必然是安拉具有独一和唯一属性，因为正如《古兰经》所述：“除安拉外，假若天地间还有许多声明，那末，天地必定破坏了。”⑤

其次，除了伊斯兰教义教法毫不妥协和让步的“认主独一”论之外，《古兰经》对于宇宙万物(无论是有生命体还是无生命体，人类或是动植物等)的描述，是种类繁多且形态各异的：“难道你还不知道吗？安拉从云中降下雨水，然后借雨水而生产各种果实。山上

① Sayed Muhammad Naquib al-Attas, *Prolegomena to the Metaphysics of Islam*, Kuala Lumpur, Malaysia: ISTAC, 1995, pp.2-5.

② Al-Attas, "*The Worldview of Islam: An Outline*," in Sharifah Shifa al-Attas, ed., *Islam and the Challenges of Modernity*, Kuala Lumpur, Malaysia: ISTAC, 1996, p.26; Muddathir 'Abd al-Rahim, "*The Roots of Revolution in the Qur'an*," in *Dirasat Ifriqiyyah (Khartoum)*, no. 3 (April 1987), p.9.

③ Al-Attas, *The Worldview of Islam: An Outline*, p.28.

④ 《古兰经》，仪姆兰的家属章(3)，第190-193节。

⑤ 《古兰经》，众先知章(21)，第22节。

有白的、红的、各色的条纹，和漆黑的岩石。人类，野兽和牲畜中，也同样有不同的种类。安拉的仆人中，只有学者敬畏他。安拉确是全能的，确是至赦的。[①]”由此可见，伊斯兰教的核心教义始终在强调，宇宙万物具有多元属性，其最终目的是为了体现出安拉独一的本体特性，但宇宙万物的这种多元属性并非只局限于山岳、动植物、人种肤色各异及其语言的丰富多彩，而是除安拉之外的一切宏观和微观世界。而且与本文更重要、更直接相关的是，安拉在《古兰经》的若干经文中阐明，这种不同种类和变化各异的属性也适用于宗教信仰的许多其他事务，例如：“他曾创造你们，但你们中有不信道的，有信道的；安拉是鉴察你们的行为的。”[②]安拉甚至以更为明确的方式强调：“我已为你们中每一个民族制定一种教律和法程。如果安拉意欲，他必使你们变成一个民族。但他把你们分成许多民族，以便他考验你们能不能遵守他所赐予你们的教律和法程。故你们当争先为善。你们全体都要归于安拉，他要把你们所争论的是非告诉你们。”[③]并且说：“对于宗教，绝无强迫。”[④]而且“假若安拉意欲，他必使他们信奉同一的宗教，但他使他所意欲者入于他的恩泽中；不义的人们，绝无保护者，也无援助者。”[⑤]

第三，伊斯兰教主张的认知论是“一体多元”式的。所谓的“一体”是指在信仰方面只承认独一且唯一的安拉是世界主宰，而“多元”则是指在人类社会发展与治理方面，伊斯兰教义教法体现出的是多元并存与和谐共生原则，更确切地说，多元宗教和多元种族和谐共生是传统伊斯兰社会治理的核心特征。[⑥] 而这一延续至今且与众不同的伊斯兰文明特征，曾引起无数近现代西方思想家（如英国哲学家约翰 · 洛克，1632—1704 年）的仰慕[⑦]。因为这一建立于特殊信仰（伊斯兰教）的文明，是完全不同于封建统治阶级以各种最大限度的方式迫使他人遵循其信仰的文明。因此，基于这种文明，在传统伊斯兰教法治理下的社会中，所有成员（穆斯林与非穆斯林）的广泛权利均得到了有效维护，以至于使他们不仅能够共同生存、工作、拥有财富，而且还可以各自自由实践自己的信仰。举例来说，在政治上，先知穆罕默德成功建立了一个史无前例且具有多元种族和多元宗教特征的伊斯兰教法治社会。作为麦地那土著的辅士（*Anṣār*）与来自麦加的迁士（*Muhājirūn*），都曾因此摒弃前嫌和世仇而融合为一个整体，从而在伊斯兰历史上的第一部具有宪法性质盟约《麦地那宪章》中被称为一个有别于世界上所有其他人民的“稳麦”（共同体）。同时，那些与先知结盟的犹太部落和基督徒也被称之为与伊斯兰信仰者

---

① 《古兰经》，创造者章（35），第 27-28 节。

② 《古兰经》，相欺章（64），第 2 节。

③ 《古兰经》，筵席章（5），第 48 节。

④ 《古兰经》，黄牛章（2），第 256 节。

⑤ 《古兰经》，协商章（42），第 8 节。

⑥ 须注意的是，种族、民族、国家等概念，归根结底都指向的是同根同源的人类，无论从历史纵线还是空间横线观之，事物是向前发展的，虽然曲折，但和谐共生作为人类共同的价值追求主题是亘古不变的。

⑦ Nabil Matar, “*John Locke and the ‘Turbanned Nations’*,” *Journal of Islamic Studies*. 2:1 (1991), p.72.

们生死与共的“稳麦”。[①] 因此,在这种社会环境中,所有非穆斯林都能够自由从事并实践各自所信仰的宗教活动。至于非穆斯林在传统伊斯兰教法治理社会中的发展状况,以及有关他们直至今日的真实生活经历写照,德国著名东方学家亚当·麦兹(Adam Mez,1869—1917 年)早已指出,传统伊斯兰社会之所以有别于中世纪的基督教欧洲社会,首要且最引人注目的特点是在前者的国境内,除了穆斯林本身之外,还生活着信仰其他宗教且人口数目庞大的各族人民和各种宗教的信徒。以麦兹的话来说,无论民族和宗教背景,所有人都“肩并肩地生活在中世纪欧洲完全陌生的包容环境中”。[②]

综上所述,无与伦比的独一性和唯一性,是安拉本体永恒的专有属性,而变化性、多样性与多元性则是伴随有生命体和无生命体、人类与动植物以及宇宙万物的固有特征。就人类本身而言,迄今为止,所具有的多样性和多元性,不仅仅只是受到了语言、肤色和种族等实质属性约束,而且在宗教信仰问题上也彰显出了安拉本体的意志,即某人信仰与不信仰,是由安拉来决定,甚至连先知穆罕默德也都无权左右他人的宗教信仰,因为《古兰经》说:“你必定不能使你所喜爱的人遵循正道,安拉却能使他所意欲的人遵循正道,他知道谁是遵循正道的。”[③]因此,多元性是伊斯兰世界观清晰而深刻的内在本质,在这一世界观中,非穆斯林在穆斯林社会或国家里被给予并且确保了同等权利,以至于使他们不仅能够生存,而且还能够在他们所在的国家和社会中参与发展,并且繁荣经济、社会、文化、甚至政治和外交等领域。这也正是我国目前,特别是穆斯林民族聚居区域,对于社会治理所致力的工作,以便使他们不仅能够参与社会建设,而且还要尽最大努力地为之奋斗并作出贡献。

值此之际,不妨援引我国著名社会学家费孝通先生的话“各美其美,美人之美,美美与共,天下大同”。[④] 进一步而言,伊斯兰教认为,个人在争取其应享之权利的同时,也必须相应考虑他人、集体、国家的权益,因为仅为自身利益而侵害或剥夺他人之所有或把自己的幸福建立在他人的痛苦之上,是不符合社会治理之真正理念的。同样,人与人之间除了生存法则下的竞争关系外,还存在着和谐与共生关系,而简单地把人与人之间关系判断为对立和竞争关系,只会引发冲突,而且既不符合“一体多元”社会治理理念的本意与实质,也不符合人类社会可持续发展的宗旨和目标。因此,塞缪尔·亨廷顿(Samuel p. Huntington,1927—2008 年)在其《文明的冲突》(The Clash of Civilizations and the Remaking of World Order)著作中所论证的对立观与冲突观,[⑤]只是其狭隘认识和偏见表现。因为,正如习近平总书记深刻地指出,“文明是包容的,人类文明因包容才有互鉴的动力。只有交流互鉴,一种文明才能充满生命力。只有秉持包容精神,就不存在什么‘文

① Muhammad Husayn Haykal, *The Life of Muhammad*, trans. Ismail Ragi A. al Faruqi, US: North American Trust Publications, 1976, pp.177-184.

② Adam Mez, *The Renaissance of Islam*, London: Luzac & Co., 1937, p.32.

③ 《古兰经》,故事章(28),第 56 节。

④ 费孝通:《美好社会与美美与共:费孝通对现时代的思考》,生活·读知·新知三联书店 2019 年版。

⑤ [美]塞缪尔·亨廷顿:《文明的冲突》,周琪等译,新华出版社 2012 年版,第 161～267 页。

明冲突',就可以实现文明和谐"。[①] 据此,以人类命运共同体为主题的人类社会发展观,是应当得到世界各国倡导和构建的,因为"当今世界,人类生活在不同文化、种族、肤色、宗教和不同社会制度所组成的世界里,各国人民形成了你中有我、我中有你的命运共同体。对待不同文明,我们需要比天空更宽阔的胸怀。我们应该从不同文明中寻求智慧、汲取营养,为人们提供精神支撑和心灵慰藉,携手解决人类共同面临的各种挑战"。[②] 可以肯定,习总书记的这一经典论断,是对人际观、国家观、世界观的和谐共生思想表达,是符合全人类社会共同生存发展法则的。

二、积极向上的人生态度

根据伊斯兰教义教法精神,政府作为国家施政和社会管理的机关,应当为男女公民共同过上有道德伦理意识的生活始终不遗余力地努力。因此,伊斯兰教法体系对于社会秩序的最终追求目标是,在这样的生活中,以人为本构建的权利义务体系,不仅可以促进良好的人际关系,而且将使社会团结一致的伟大精神得到发扬光大。然而,有些人可能会出于某种原因而认为,真正的伦理生活应该是对肉体本能的抑制,因而享受世俗生活应当受到鄙视和弃绝。《古兰经》针对这一消极思想,在许多章节中以不同表述方式予以了严厉批评和反驳,例如:"你说:'安拉为他的臣民而创造的服饰和佳美的食物,谁能禁止他们去享受呢?'你说:'那些物品为信道者在今世所共有,在复活日所独享的。'我为有知识的民众这样解释一切迹象。你说:'我的主只禁止一切明显的和隐微的丑事,和罪恶,和无理的侵害,以及用安拉所未证实的事物配安拉,假借安拉的名义而妄言自己所不知道的事情。'"[③]"信道的人们啊!安拉已准许你们享受的佳美食物,你们不要把它当作禁物,你们不要过分,安拉的确不喜爱过分的人。你们当吃安拉所供给你们合法而佳美的食物,你们应当敬畏你们所信仰的安拉。"[④]"凡行善的男女信士,我誓必要使他们过一种美好的生活,我誓必要以最大善功报赏他们。"[⑤]因此,安拉要求穆斯林应当具有积极向上的人生态度:"你应当借安拉赏赐你的财富而营谋后世的住宅,你不要忘却你在今世的定分。你当以善待人,像安拉以善待你一样。你不要在地方上摆弄是非,安拉确是不爱摆弄是非者。"[⑥]

在《古兰经》的精神和原则指导下,先知穆罕默德也曾多次以不同方式鼓励他的追随

---

① 习近平:《文明交流互鉴是推动人类文明进步和世界和平发展的重要动力》,http://www.qstheory.cn/dukan/qs/2019-05/01/c_1124441540.htm,下载日期:2019年11月11日。

② 习近平:《文明交流互鉴是推动人类文明进步和世界和平发展的重要动力》,http://www.qstheory.cn/dukan/qs/2019-05/01/c_1124441540.htm,下载日期:2019年11月11日。

③ 《古兰经》,高处章(7),第32—33节。

④ 《古兰经》,筵席章(5),第87—88节。

⑤ 《古兰经》,蜜蜂章(16),第97节。

⑥ 《古兰经》,故事章(28),第77节。

者们，要为正直、廉洁、友善、敬业的生活方式而努力。尤其值得一提的是，《古兰经》中凡提及伊斯兰教之信仰（*Imān*）一词时，行善（'*Amal ṣāli ḥ*）一词必定紧随其后，而且这两个词无论是以动词还是名词形式出现，始终反映出的都是信与行的不可分割性，即穆斯林应当始终知行合一、表里如一。此外，先知穆罕默德强调，某人通过努力工作使自己摆脱贫困，或者使自己摆脱因生活贫困接受施舍而感到羞辱的枷锁，或者为赡养自己的父母妻儿和满足他们的生活需求而努力工作，那么这就是崇拜安拉和信仰虔诚的最好表现形式之一。他经常向人们解释，伊斯兰教所憎恶且不允许的是懒惰、懈怠、贪婪、炫耀、腐败、堕落的生活方式，以及类似思想意图和言行举止。事实证明，穆罕默德本人就曾受雇于他人若干年，并且经常往返于麦加与叙利亚，为其雇主经营规模大小不等的生意，以便通过自身能力而获取生活资料。同时，他也再三提醒他的弟子们，伊斯兰教根本上是不存在僧侣隐修生活制度的，正好相反，伊斯兰法律制度鼓励并要求适婚男女尽可能地结婚组成家庭，以便共同享受生活中的所有美好事物，同时还应当保持良好品味、适可而止，并且时常纪念和感赞安拉是一切恩典的源泉和给予者，以便远离一切邪恶行为。值得注意的是，伊斯兰教要求人们应当以适度方式履行宗教义务，就此而言，穆罕默德曾对一位每天白昼斋戒、彻夜礼拜的弟子提醒："你须封斋、也应开斋，既要礼拜、也需睡眠（休息），因为对于你，你的身体、眼睛和妻子都各自享有一定权利。"①

尽管如此，伊斯兰教发展四个多世纪之后，在伊斯兰教百科型大师艾布 · 哈密德 · 安萨里（1058—1111 年）时代，一些思想偏颇的穆斯林主张，今世应被视为是与信仰相互抵触、相互排斥的"角斗场"。安萨里严厉地批评，导致这种偏颇思想的原因在于有些人对信仰和今世两方面的全然误解，从而在人们之间造成了具有广泛传染性的错误观念。因为这些人认为，在沉溺于今世享乐和一味追求奢侈生活的同时，毫无疑问，也将导致灵魂腐蚀、道德沦丧、情感毁灭。安萨里并不否认这一点，但不能因为某些人贪图享受、生活无节制而鄙视和弃绝适度的美好生活。因此，安萨里反驳认为，以道义为衡量标准、以感悟责任来参与世俗事务，以拥有足够的美好生活来满足人的基本需求，实际上是两世幸福的先决条件。如果没有这些先决条件，那么美好生活，尤其是修身养性和实现道义，都将不可能实现②。具体而言，"*Ni ẓām al-Dīn*"（宗教秩序）的建立，一方面来讲，取决于知识的获取；另一方面则是根据崇拜安拉的各种方式和不同层面来获得。因此，如果缺乏物质生活、良好的健康，以及满足人类基本需求的供给，例如衣食住行、良好的社会秩序等，都将导致上述这些方面无法得以实现。然而，那些把自己所有的时间和精力都投

① Al-Bukhārī, Abū 'Abdillāh Mu ḥ ammad bin Ismā'il bin Ibrāhīm (810—870), *Ṣa ḥī ḥ al-Bukhārī*, 3rd ed., Damascus and Beirut: Resalah Publishers, 2015.2015, No. 5199, p.1303. 注意：在《穆斯林圣训实录》中，先知穆罕默德还提到了"你对父母也有义务"，……，因此，你每月封斋三日足以"，参见 Muslim, Abū al-Ḥ usain bin al-Ḥ ajjāj al-Qushairī al-Naisābūrī (821—874), *Ṣa ḥī ḥ Muslim*, 2nd ed., Damascus and Beirut: Resalah Publishers, 2015, No. 2730, 2731, p.469.

② Al-Ghazālī, Abū Ḥamid Mu ḥ ammad al-Tūsī al-Naisābūrī (1058—1111), *Al-Iqtisad fī al I'tiqād*, Beirut: Dār al-Kutub al-'Ilmiyyah, 1983, p.148.

入于来防御各种反对势力的人们，以及那些确保资金的目的是为了物质享受的人们，既不可能寻求知识，也不会从事于崇拜安拉和行善的工作，而认知、信仰、行善正是穆斯林在后世获得安拉拯救、赦免和永居天堂所不可或缺的先决条件。

值得注意的是，“社会是人类的共同体，是人与人一切关系的总和，社会是人类为了求生在与自然的作用中形成的，也是人与自然之间相互作用的产物，目的在于保障个人更好的生存与发展，但从而也影响着人类的生存方式和各种思想观念”。[①] 因此，只有当社会各个阶层的人各司其职、各尽其责、各尽其才、才尽其用，同心协力地构建和谐、稳定、有序的社会，才能真正有效地保障每一个人应当享有的权利。[②] 此外，人是构成社会的主体和基础单位，每一个人都经历着由一个自然人向社会人不断转化的过程。在此过程中，人与社会的和谐、共生，需要形成被公众接受的自由、平等、公正、法治的社会价值理念，从而使所有社会成员能在社会制度规范内充分激发积极性和创造性，在社会发展过程中能有归属感和安全感，使经济、政治、文化等权利在社会治理中能得到有效地维护和实现[③]。同时须注意的是，人与社会的共生价值观，是针对传统人权发展进程中人与社会之间矛盾的思想构建，因而在保障和维护个人权利的同时，也需要考虑社会的整体权益，并且也只有摒弃了“极端的个人主义”和“绝对的利己主义”思想，才能够达到人与社会的和谐共生。因为人作为类存物种并不能脱离社会关系而单独存在，人与人之间亦不仅仅存在着竞争和博弈关系，同时也存在着通过积极合作以达到互利的共赢关系。

从严格意义上来讲，《古兰经》把伊斯兰教描述为：“Al-Fitrah”，即人之“本性”向往或者是其“本性倾向”的宗教，[④]这喻示着人性与生俱来就有辨别真与假、善与恶、美与丑的直觉感知能力，并且依此而认知真主的存在和他的独一属性。这也正是伊斯兰教“认主独一”所强调的核心内容，即人活着应当努力感知与敬仰真主，即天地、人类以及宇宙间其他一切有生物和无生物的唯一创造。所以，伊斯兰教认为，观察和领悟真主的存在及其独一属性是人先天固有的特性。但是这种特性也许会被或者不会被后天的自我放纵（或者说逆境的消极影响）所蒙蔽，而变得模糊不清。[⑤] 因此，伊斯兰教认为，首先在人性漫长的精神提升与道德修养旅程中，最重要的标志基本上都包含着《古兰经》所形容的三个阶段，即“人性的确是怂恿人作恶”[⑥]的第一阶段，此后人性“自责”[⑦]并且渴望戒除邪恶及其行为的第二阶段，并且最终回归并彰显公正且“安定”[⑧]的第三阶段，而最后这一阶段也正是伊斯兰教召唤人性回归于其原始本性的最终阶段，且正是人性获得真正完美、安

---

① 李想：《发端于生态文明：人与自然和谐共生研究》，中国致公出版社 2011 年版，第 3 页。

② ［古希腊］柏拉图：《理想国》，杨林、宋淼译，湖南文艺出版社 2011 年版，第 98 页。

③ 吴昕春：《促进区域协调发展的重要战略决策》，载《合肥师范学院学报》2008 年第 1 期。

④ 《古兰经》：罗马人章（30），第 30 节。本节译文为：“你应当趋向正教（即伊斯兰教），［并谨守］真主所赋予人的本性。”

⑤ Asad, Muhammad, *The Message of the Qur'an*, *Gibraltar*: *Dar al-Andalus*, 1980, pp.230 and 621.

⑥ 《古兰经》，优素福章（12），第 53 节。

⑦ 《古兰经》，复活章（75），第 2 节。

⑧ 《古兰经》，黎明章（89），第 27 节。

宁与满足的时刻。在伊斯兰教意识形态中，这三个阶段对于个人而言是极其重要的，因为只有当个人通过不断的修身养性，才能认识自我并回归其具有真、善、美特征的本性，并且在社会发展过程中成为积极的建设者和贡献者。

其次，人的一切善行皆可作为"功修"，而一切"功修"均应当反映出其信仰的价值所在。正如先知穆罕默德教导其追随者："你（崇拜①、敬畏②真主）因为真主而工作，应当如同你看见他[时]一样；尽管你不能看见他，但他的确在看着你。"③据此，伊斯兰教义把穆斯林崇拜和敬畏与其行为紧密地联系在一起，促使其成为名副其实的信仰者，并将其表里如一且持之以恒的善行视为是"至善"。然而，值得注意的是，伊斯兰教并非只局限于五项基本功修"念、礼、斋、课、朝"，亦非只是内心忠实信仰，而是体现在其现实生活的各个方面，如人际关系、社会关系，甚至与大自然之各种有生物和无生物之间的关系。《古兰经》进一步阐释："善恶不是一样的。你当以最优美的品行去抵制恶劣的品行，那么，与你相仇者，忽然间会变得亲如密友。唯坚韧者，获此美德，唯有大福分者，获此美德。"④而且，如前所述，《古兰经》中所有提及信仰的经文之后，均紧随着对信仰者行善的要求。例如："以时光盟誓，一切人确是在亏折之中，惟有信道而且行善，并以真理相劝，以坚韧互勉的人则不然。"⑤

第三，伊斯兰教认为，当天地以及其间所有一切按规律运转且不能丝毫偏离和违反时，人类则在信与否、真与假、善与恶、美与丑、对与错之间被给予了自由选择权。简言之，人类可选择沿"*Al-Ṣirā ṭal-Mustaqīm*"（正道）前进，直至天堂，亦可选择随"*Iblīs*"（恶魔）的道路并且为自己的选择负责。⑥ 进而言之，人类自从被赋予了抉择的权利，原则上便接受了"*Amānah*"（信托或责任）⑦，以便为过上真正美好的生活、建设公正和道德的社会而奋发图强。理论上来讲，对于真主在大地上设置的代治者来说，如果称职，那么应当值得称赞，否则应当予以谴责。从某种意义上来讲，人类对于未预料到的情况总是易于激动，而且往往会过高估计自己的能力。殊不知，信托将考验其意志、毅力、正直、诚实和清廉直至极限。人类及其取得伟大成就的潜能所面临的巨大挑战，就是自愿地通过有意识的和自由的选择，来作为道义的代治者才能得以实现。但是，假如不去真正、刻苦地通过努力奋斗来抑制个人本能的邪恶冲动和倾向的话，或者说如果不去努力攀登道德与精神磨砺的阶梯来达至人的完美制高点的话，那么这个崇高的目标就很难实现。根据伊斯

---

① 据《布哈里圣训实录》传述，先知穆罕默德要求信众："你崇拜真主，应如同你见到他一样；尽管你不能看见他，但他的确能看见你。"参见 Al-Bukhārī, *Ṣa ḥī ḥ al-Bukhārī*, p.205, no. 5.

② 据《穆斯林圣训实录》传述，先知穆罕默德要求信众："你敬畏真主，应如同你见到他一样；尽管你不能看见他，但他的确能看见你。"参见 Muslim, *Ṣa ḥī ḥ Muslim*, p.79, no. 99.

③ Al-Shayibānī, Abū'Abdillāh A ḥ mad ibn Ḥ anbal (780—855), *Al-Musnad*, Cairo: Muassasah Qurtubah, n. d., vol., 1, p.318, no. 2926.

④ 《古兰经》：奉绥来特章(41)，第 34—35 节。

⑤ 《古兰经》：时光章(103)，第 1—3 节。另请参阅《古兰经》：黄牛章，第 112 节、195 节；筵席章，第 93 节。

⑥ 《古兰经》，开端章(1)，第 1—6 节。

⑦ 《古兰经》，同盟军章(33)，第 72 节。

兰教义，人类虽不受“原罪”之说约束，但在许多方面仍是无能为力且显得异常脆弱的，因而在许多事务中，对无法保证的期望，以及当人类处于沮丧之时，其本性天生就不坚定，而且其决心可能会很快动摇，甚至灰心绝望。① 此外，人类也很健忘且易于误入歧途。最重要的是，人类易于骄傲自大，而且易于使自己成为人造神明的牺牲品。正因为真主对人类持久的怜悯和仁慈，尤其彻知人类的弱点及其对善良、美德与真理的渴望，所以真主以不同方式不断援助人们实现道义和公正的生活，以便他们借此既能在今世生活中实现自我，也可在即将来临的后世永久生活中获得救赎。

总而言之，一个良好世界体系的建立，是人类生存及其良好精神与道德秩序(具体指伊斯兰秩序)发展所必需的先决条件。这一体系也应当附有一个至少可以维护法律和秩序的良好法制政府，从而在良好的社会情况下，可以确保人民能够享受权利和履行义务。用安萨里的话来说，“今世制度是宗教秩序的[前提]条件”。② 所以，根据《古兰经》的律法和先知穆罕默德的教导，为满足个人的合法需求、理想和抱负，以及为了满足自己家属，尤其是父母妻儿的基本需求，而通过勤奋、努力工作来确保赚取正当收入的行为。由此可见，此行为不仅是伊斯兰教所提倡的，而且也是值得我们高度赞扬的敬主爱人的行为，这便是人们经常所说的“*Jihād*”(音译：“吉哈德”③)行为，而且将来能够获得的报酬必定是安拉赐予的各种恩惠和天堂之乐。④

三、权利与义务相结合的社会管理制度

伊斯兰教认为，权利与义务对应的结合体是构成包罗万象之宇宙体系所必需的一部分，其本质和特性关联着一切有生物和无生物。在这种权利与义务对应并存的宇宙网络系统中，人类处于基础且至关重要的位置。值得注意的是，权利与义务是两个关系密不可分的术语，分别表示使某人拥有权利和承担义务的意思，两者之间相辅相成。须知，任何人在任何社会中所享有的权利，都将取决于其是否对该社会其他成员履行了自己的义务，反之亦然。因为纵横交错的权利义务网络连接着整个社会中的所有成员，并且构成一个庞大体系，而其中法律的作用在于充实并加强人们的道德伦理及审美观念，所以只

① 《古兰经》曰：“人祈福不厌，一遭祸患，就灰心绝望。他遭遇患难之后，如果我使他们尝试从我降下的恩惠，他必定说：‘这是我用工作换来的。我不信复活时刻会到来。如果我被召去见我的主，则我在他那里必受至善的报酬。’我必将不信道者的行为告诉他们，我必使他们尝试严重的刑罚。当我施恩于人的时候，他忘恩而自大；当他遭遇祸患的时候，他祈祷不绝。”奉绥来特章(41)，第49—51节；另参见《古兰经》，呼德章(11)，第9—11节。

② Al-Ghazālī, *Faḍā'iḥ al-Bāṭiniyyah*, Amman: Dār al-Bashīr, 1993, p.124.

③ 须注意的是，我国学术界通常把阿拉伯语“ج ه ا د”直译为“圣战”，而非音译“吉哈德”，显然这种直译法是受西方学界或东方学者所谓的“Holy War”影响，因为“吉哈德”无论以动词还是名词形式出现，其含义是极其丰富的，而非狭义的战争。从其语言本身(字面意思)来讲，是指付出努力、奋斗不息、竭尽全力或克服艰难困苦等。从伊斯兰法学的角度来说，是指以言行举止为安拉的道路而奋斗。因此，在伊斯兰教思想中，“吉哈德”折射出的是个人与集体(社会)的责任感，而非好斗精神。

④ Al-Ghazālī, *Iḥyā' 'Ulūm al-Dīn*, Beirut: Dār al-Khair, 4th ed., 1997, vol. 2, pp.122-127.

有社会成员对权利与义务这两个术语完全领会与正确理解之后，这种体系才能适用于人类社会。此外，由于大自然是在毫无意志力的情况下行使自己的职责且服从各种规律，因而不能用假定、自觉、选择、意志等措辞来描述大自然，而人类作为地球的治理者，则对于大自然理所应当地肩负着某些责任。因此，作为价值和法律实践的伊斯兰"一体多元"社会治理模式，最终目标应当是鼓励并促进世界各地的个人和社会不断进步发展，这不仅可以摆脱和消除各种压迫与剥削，而且更为重要的是，将使个人和社会具备善良的品德和高尚的情操，并因此而和睦相处且与大自然和周围环境保持和谐，也只有在这种包罗万象的背景前提下，所有存在实体的权利才能真正被认知和得到维护。

众所周知，古今中外，无论哪个国家，就其社会发展而言，首先所涉及的就是获取财富的途径，其次是随之而来的财富管理，第三是维护良好、稳定的社会秩序。因此，为使这一秩序得以实现，某些条件必须得以满足。在这些条件中，社会治理的第一目标或伊斯兰法所确立的第一大社会义务，是确保社会成员的收入或财产是通过合法途径赚取和获得的，如通过劳动、工作、继承遗产，或接受赠予等；相反，任何社会成员均不可通过非法手段获取财富，如欺诈、盗窃、垄断经营，或通过利息交易等方式来剥削那些贫困和家境困难的人们。因此，为根除或尽可能地把不良行为的发生率降低到最低程度，传统伊斯兰法逐渐发展并形成了令人瞩目的"Ḥ*isbah*"(监察)制度。在该制度下，经过任命的监察人员被称之为"*Mu*ḥ*tasib*"(监察员)，主要负责稽查带有垄断和欺诈性质的经营，特别是要确保商品的质量，以及由某个市场、城市或更广泛区域所提供的售后服务能够得到有效管理，从而帮助基层干部维护人们日常生活中的权益。[①] 在此之际，值得一提的一个细节是，伊斯兰教法明确禁止穆斯林经营一些商品货物，如猪、酒及含有酒精成分的产品。然而，对于非穆斯林来说，则并非如此。因此，如果这些物品的所有者是基督教徒、犹太教徒，以及任何非穆斯林，伊斯兰教法则明确规定，损毁者(即便是穆斯林)必将被强制赔偿所有者的一切损失。[②]

此外，从个人对社会承担的责任角度来讲，伊斯兰教法针对穆斯林确立的第二大社会义务，是谁在财产上得到了赐福(或者更确切地说受到了考验)，那么此人就有义务或被期待着向社会缴纳两方面的钱财，即个人认为相应的"Ṣ*adaqah*"(音译：索德格，即自愿捐舍财物，在我国称为施舍)和必定的"*Zakāh*"(音译：则卡，即伊斯兰税收法规定，穆斯林所拥有的财富达到一定份额时，应每年缴纳拥有财产百分之二点五的社会福利税，以便用于赈济贫困之人，在我国通常称之为"天课")。关于此类社会义务，《古兰经》多次提及的这两种模式，有时会以简明扼要的方式与其他社会问题一起提及，有时也会以充分详尽的方式给予专题阐述。《古兰经》关于第一种社会经济制度模式的经文，例如："信道

① Abū Kahlīl, Shawqī, *Al-Ḥa*ḍ*ārah al-'Arbiyyah al-Islāmiyyah*, Tripoli: Manshūrāt Kuliyyah al-Da'wah al-Islāmiyyah, 1993, pp.161-167. 此外，关于"Ḥ*isbah*"，另可参见 https://en.wikipedia.org/wiki/Hisbah，下载日期：2019年11月10日。

② Al-Khafif, Ali, *A*ḥ*kām al-Mu'āmalāt al-Shar'iyyah*, Cairo: n. p., 1947, p.34.

的人们啊！你们不要吃重复加倍的利息，你们当敬畏安拉，以便你们成功。……。你们应当争先趋赴从你们的主发出的赦宥，和那与天地同宽的、已为敬畏者预备好的乐园。敬畏的人，在康乐时施舍，在艰难时也施舍，且能抑怒、又能恕人。安拉是喜爱行善者的。"①

值得注意是，在《古兰经》其他相关经文中，则使用了完全不同的风格，例如："为主道而施舍财产的人，譬如[一个农夫，播下]一粒谷种，发出七穗，每穗结一百颗谷粒。安拉加倍地报酬他所意欲的人，安拉是宽大的，是全知的。为主道而施舍财产，施后不责备受施的人，也不损害他，这等人，在他们的主那里，要享受他们的报酬，他们将来没有恐惧，也不会忧愁。与其在施舍之后，损害受施的人，不如以婉言谢绝他，并赦宥他的烦扰。安拉是自足的，是至容的。信道的人们啊！你们不要责备受施的人而损害他，而使你们的施舍变为无效，犹如为沽名而施舍财产，并不信安拉和后世的人一样。他比如一个光滑的石头，上面铺着一层浮土，一阵大雨过后，使它变得又硬又滑。他们不能获得他们所施舍的任何报酬。安拉是不引导不信道的民众的。施舍财产，以求安拉的喜悦并确定自身信仰的人，譬如高原上的园圃，它得大雨，便加倍结实。如果不得大雨，小雨也足以滋润。安拉是明察你们的行为的。……你们当分舍自己所获得的美品，和我为你们从地下出产的物品；不要择取那除非闭着眼睛，连你们自己也不愿收受的劣质物品，用以施舍。……。恶魔以贫困恐吓你们，以丑事命令你们；安拉却应许你们赦宥和恩惠。安拉是宽大的，是全知的。他以智慧赋予他所意欲的人；谁禀赋智慧，谁确已获得许多福利。惟有理智的人，才会觉悟。凡是你们所施的费用，凡你们所发的誓愿，都确是安拉所知道的。不义的人，绝没有任何援助者。如果你们公开地施舍，这很好；如果你们秘密地施济贫民，这对于你们是更好的。这能消除你们的一部分罪恶。安拉是彻知你们的行为的。引导他们，不是你的责任，但安拉引导他所意欲的人。……。那些不分昼夜，不拘隐显地施舍财物的人们，将在他们的主那里享受报酬，他们将来没有恐惧，也不忧愁。"②

比较而言，"索德格"是由捐献者决定自愿捐献的，而"则卡"则是由伊斯兰教法律规定，对穆斯林强制征收其所拥有财产总额之一定百分比的社会税务，并将其分配给伊斯兰教法律具体规定的八类对象（即应受者或"则卡"的权利享有者）。正如《古兰经》对"则卡"应受者所予以的确认："赈款[天课]只归于贫穷者、赤贫者、管理赈务者、心被团结者、无能力赎身者、无能力还债务者、为主道工作者、途中穷困者；这是安拉的定制。安拉是全知的，是至睿的。"③此外，天课与礼拜、朝觐、伊斯兰教历九月斋戒，以及作证言共同构成了伊斯兰教的五大支柱。值得注意的是，根据伊斯兰教法，富裕的社会成员必须把自己拥有财富的一定份额交付于家境困难的人们，因为该行为对缴纳者来说，在《古兰经》

① 《古兰经》，仪姆兰的家属章(3)，第130—135节。
② 《古兰经》，黄牛章(2)，第261—274节。
③ 《古兰经》，忏悔章(9)，第60节。

中被确定为是应尽的义务，而对于应受者来讲则是应享受的权利（“*Haqqun Ma'lūm*”[①]，即已得到伊斯兰教法确认的、人们承认的、认可的、众所周知的权利），而非人们通常所称的“施舍”或“恩惠”。其次，安拉训喻先知穆罕默德：“你要从他们的财产中“*Khudh*”（拿取）“*Ṣadaqah*（索德格，在此节经文中的意思是指“则卡”，即天课），以便你借赈款[天课]使他们干净，并且使他们纯洁。你要为他们祈祷；你的祈祷，确是对他们的安慰。安拉是全聪的，是全知的。”[②]因此，若读者认知和理解这一社会义务的宗旨后，也就不会感到惊讶，为什么当贝都因部落在先知穆罕默德与世长辞不久便宣称将不再继续缴纳天课时，第一任哈里发艾布·伯克尔（任期为公元632—634年）即刻向他们宣战，因为这些贝都因部落剥夺了贫困阶级人民应享的权利。事实证明，对穆斯林来说，天课作为一种税收制度和社会义务，在伊斯兰教法律与社会经济发展中占有的重要地位从未被质疑过，并且因此而产生诸如团结一致、互相帮助与平等主义的优点，而且这一优点也成了穆斯林整体社会自始至终一直在延续着的显著特征。

此外，应当强调的是，长期以来，穆斯林学者和法学家们依据《古兰经》和先知穆罕默德的教导通过公议一致主张，国家为防御和维护整个社会团体的利益，除了天课和自愿的捐款之外，还应当对那些有财力的社会成员征收一定的课税。如果有必要的话，可以强制性地征收。因此，在穆斯林社会中，对于财富的所有者和那些相对富裕的人们来说，第三项具有法律性质的社会义务是不仅应当避免以炫耀方式把自己的财产花费在毫无意义的事务中（否则，法律将限制其对自己所有财产的处分权，即“禁治产”）[③]，并且严厉禁止将安拉所赐予的财富花费在对他人、社会和国家有害的活动上。《古兰经》以命令的形式说：“你们不要挥霍浪费，挥霍者确是恶魔的朋友，恶魔事辜负主恩的。”[④]相对而言，《古兰经》则以肯定的语气赞扬那些：“当他们费用的时候，既不挥霍浪费，又不吝啬，而是谨守中道。”[⑤]这种以及其他类似表达，在一定程度上是否应当像法律制度一样应得到强制执行，或者至少在某些情况下，是否应该被看成是对人之道德伦理的教导呢？作为总体性指导原则，这一问题曾在传统法学家们之间进行了无数次辩论。其中，有些辩论，从现代人权学的角度来说，是相当有意义的。例如：就针对财富的浪费者和挥霍者所给予的适当处理而言，法学家艾布·哈尼法（哈乃斐法学派创始人，公元699—767年）认为，自由、心智正常的成年挥霍者，不应受到行为上的限制；持相反意见的法学家马立克（马立克法学派创始人，公元711—795年）、沙斐仪（沙斐仪法学派的创始人，公元767—820年）和其他法学家则认为，当某成年人非理性（*Safah*，即对个人和社会不负责的）行为在

① 《古兰经》，天梯章(70)，第24—25节。

② 《古兰经》，忏悔章(9)，第103节。

③ [奥斯曼]《奥斯曼帝国民法典》，第203～212页。

④ 《古兰经》，夜行章(17)，第26—27节。

⑤ 《古兰经》，准则章(25)，第67节。

法庭上得以证实和确认后，允许法官限制此人的[财产使用权][①]。

最后，值得注意的是，除了具体制度和法令之外，任何穆斯林，即使是那些没有任何手段和天真朴实的人们，甚至智障人士，以其所能在任何时候参与商业交易，都被认为是乐于助人和宽厚仁义的高尚品行。[②] 因为对于工商界来说，在穆斯林的传统社会生活中，乐于助人和宽厚仁义的品行是不受任何限制的。就造物主——安拉赋予所有人类的尊严而言，在整个社会中，相互之间的关系属性应该是尊重、关心、谅解、友善，以及对于扬善抑恶、愿意给予他人合作等精神，因为这些都是人与人之间应具备的基本义务和权利。

四、扬善抑恶的主题精神

就伊斯兰教法的主题精神而言，为维护良好、稳定的社会秩序，首先应当注重的是个人的隐私权。《古兰经》明确指示："信道的人们啊！你们不要进他人的家去，直到你们请求许可，并向主人祝安。这对于你们是更高尚的，[安拉这样指导你们]，以便你们能记取教诲。"[③]从表观意义讲，该经文只是涉及社会成员的礼仪举止，但仔细分析后，读者会发现这段经文与人们的其他行为密切相关，例如猜忌、探听他人隐私以及背地里谈论他人缺点等言行举止。因此，《古兰经》规定："信道的人们啊！你们应当远离许多猜疑；有些猜疑，确是罪过。你们不要互相侦探，不要互相背毁，难道你们中有人喜欢吃他的已死得教胞的肉吗？你们是厌恶那种行为的。你们应当敬畏安拉，安拉确是全知的，确是彻知的。"[④]因此，为了在社会中保护男女公民的尊严，《古兰经》制定的第三个预防性法律制度是关于禁止嘲弄、诽谤以及形形色色的种族优越感或民粹主义，例如："信道的人们啊！你们中的男子，不要互相嘲笑，被嘲笑者，或许胜于嘲笑者。你们不要互相诽谤，不要以诨名相称；信道后再以诨名相称，这称呼真恶劣！未悔罪者，是不义的。"……"众人啊！我确已从一男一女创造你们，我使你们成为许多民族和宗族，以便你们互相认识。在安拉看来，你们中最尊贵者，是你们中最敬畏者。安拉确是全知的，确是彻知的。"[⑤]

然而，从伊斯兰教法律的观点来看，良好的社会关系和秩序不是仅依赖于某团体或个人杜绝从事各种可憎和有害行为来维持与发展的，所以《古兰经》要求男女社会成员通过具体行动，积极主动地参与、提倡和发扬社会中各种优良行为，同时杜绝一切有害于个人和社会的举止："你们中当有一部分人[或团体]，导人于至善，并劝善戒恶；这等人，确是成功的。"[⑥]为详述这一综合性指示，先知穆罕默德在其一段著名的圣训中鼓励穆斯林：

---

① Oussama Arabi, *Studies in Modern Islamic Law and Jurisprudence*, The Hague, London, and New York: Klewar Law International, 2002, pp.101-103.

② 参见前引 Al-Ghazālī, *Faḍā'iḥ al-Bāṭiniyyah*, pp.147-149.

③ 《古兰经》，光明章(24)，第 27—28 节。

④ 《古兰经》，寝室章(49)，第 12 节。

⑤ 《古兰经》，寝室章(49)，第 11 和 13 节。

⑥ 《古兰经》，仪姆兰的家属章(3)，第 104 节。

“无论谁看到任何错误[违法、不道德或不正确的事情]都应当及时用手(行为)予以纠正;如果他或她无能力这样做,那么就应当用口舌(言辞)来制止这一错误。假若他或她还没有能力这样做,那么就应该以他或她的心去谴责这个错误,这是信仰最微弱的体现形式。”①值得注意的是,任何时候,任何一个对社会有意识、有责任感或敬畏安拉的人,对于大地上长期不断地在善与恶、对与错、真理与谬论之间所出现的冲突,不会表现出漠不关心。因此,弘扬正确行为和制止错误行为,是整个伊斯兰教历史上自始至终最具活力的论题,同时也是研讨最激烈的命题之一。

此外,还须注意的是,对于民众事务,特别是对于抑恶扬善、言论自由在伊斯兰教法体系中不仅被看作是民众的一项基本政治权利,而且更重要的是被视为是公民的社会道德和宗教义务。因为当某一社会现象需要人民坦率发表意见,但却保持沉默或者并未真诚对待,那么将会导致个人甚至整个民众在政治上、道义上和信仰上的滑坡。从另外一方面来讲,滥用言论自由权对他人进行诽谤、诬蔑、诋毁、侮辱等行为,不仅会导致个人道德沦丧,而且在伊斯兰教法看来,这一行为已经构成犯罪事实。② 所以,取代这些不良行为的措施应当是负责、合理、礼貌、有建设意义的批评或给予相对适宜忠告,而这一点则是伊斯兰传统社会治理非常重视的价值观念。

因此,先知穆罕默德曾把这种价值观描绘为伊斯兰社会政治活动的精髓:“*Al-Dīn al-Na ṣīhah*”,即宗教就是人们之间以忠言相告,正如圣训所述:“宗教就是进尽忠言!宗教就是进尽忠言!宗教就是进尽忠言![我们问:‘安拉的使者啊!为谁而进尽忠言呢?’先知答曰]③为安拉、为他的《经典》、为他的先知、为穆斯林领袖和大众。”④因此,圣门弟子杰瑞尔·本·阿卜杜拉(Jarīr ibn ‘Abdallāh)向先知表示效忠时说:“我以对每位穆斯林进尽忠言为条件向先知宣誓效忠。”⑤基于此,法学大师沙斐仪在其创始性的伊斯兰法理学巨著“*Al-Risālah*”(《法源论纲》)中解释这段圣训时说:“进尽忠言对于他们(穆斯林)是一项不可忽略的义务[和不可推卸的社会责任],即获取额外福祉[之源泉],除非是自愚之人,否则,[他或她]既不会厌弃之,亦不会忽略自己的幸运所在,因而针对他们结合忠告是阐明[社会]义务[和责任]的一份担当,即承担义务并忠告穆斯林顺从安拉,而顺从安拉则将汇聚一切福祉。”⑥

因此,在另一段被圣训学家评为权威且常被人们援引的圣训中,先知穆罕默德说:

---

① Muslim, *Ṣa ḥī ḥ Muslim*, No. 177, p.92;参见 Muhammad Asad, *The Principle of State and Government in Islam*, Gibraltar: Dar al-Andalus, 1980, p.77.

② Mohammed Hashim Kamali, *Freedom of Expression in Islam*, Petaling Jaya, Malaysia: ‘Ilmiyyah Publications Sdn. Bhd., 1998, pp.23-25.

③ 须注意的是,圣训中[……]的内容,而是译者根据其他圣训实录文本添加的,以便读者容易理解。

④ Muslim, *Ṣa ḥī ḥ Muslim*, no. 196, p.95.

⑤ Al-Bukhārī, *Ṣa ḥī ḥ al-Bukhārī*, no. 57, 58, 524, 1401, 2157, 2714, 2715, and 7204, pp.207, 299, 465, 615, 733, and 1661; Muslim, *Ṣa ḥī ḥ Muslim*, no. 196-201, p.95.

⑥ Al-Shāfi‘ī, Al-Imām al-Ma ṭ labī Abū ‘Abdillāh Mu ḥ ammad ibn Idrīs (767—820), *Al-Risālah*, A ḥ mad Mu ḥ ammad Shākir ed., Egypt: Dār al-Kutub al-Mi ṣ riyyah, 1939, no. 170, p.50.

“最伟大的吉哈德，就是直言不讳地在背离正道的苏丹(或国王、总统和政府其他领导人)面前为真理辩护。”①从社会稳定和经济发展的角度来说，为了在行政管理层面，特别是司法阶层维护公平正义，传统伊斯兰社会治理实践证明，政府除了具备高度精确系统的司法机构以外，还应当设立不同组织机构参与到社会发展和经济建设中去。就此而言，在伊斯兰历史上，与之相关且尤为引人注目的则是官方组织“*Wilāyah al-Mazālim*”(即投诉管理委员会，用现代术语可以称之为纪委、检查或监察机构等)，其职能在于专门调查和审核那些针对政府官员提出的控诉，目的在于打击对那些民众、社会和国家不利的掌权者，从而证明，在现代斯堪的纳维亚巡视官组织出现之前，伊斯兰行政管理体系早已考虑到了这一点，而且这也说明穆斯林曾经在社会治理中能够处于世界领先地位。②。

可以肯定地说，矛盾丛生且极其复杂是人类社会的基本特征。鉴于此，伊斯兰教法号召人们主动缓和群体间的不友善、解决存在的冲突、鼓励并促进相互间的友好关系，而这也正是现代人和现代政府所密切关注的主题之一。就此而言，《古兰经》说：“如果两伙信士相斗，你们应当居间调停。如果这伙压迫那伙，你们应当讨伐压迫的这伙，直到他们归顺安拉的命令。如果他们归顺，你们应当秉公调停，主持公道；安拉确是喜爱公道者的。信士们皆为教胞，故你们应当排解教胞间的纷争，你们应当敬畏安拉，以便你们蒙主的怜恤。”③更全面地说，伊斯兰教义鼓励并要求所有穆斯林：“当为正义和敬畏而互助，不要为罪恶和横暴而互助。”④

总而言之，为维护良好的社会秩序，伊斯兰教法律法规以权利和义务相结合的形式渗透到了社会成员生活的各个层面，其中有许多方面涉及的都是提倡和维持良好的邻里关系。而其他一些法律法规的内容，则是有关于热忱待客、相互给予和接受忠告、探望患病的亲朋好友和相识之人，如若有人去世了，那么作为穆斯林则应当慰问其家属并为死者送葬和祈祷。⑤ 从社会学角度讲，这些看似微不足道的平常事务，正是各民族宗教之间和谐共生关系的基础和根本。因此，在伊斯兰教法律面前人人平等的原则指导下，以伦理和友善为本的权利与义务制度而构建的庞大网络体系，能够不断形成并且日益加强人与人、人与社会、人与自然界之间的亲密友好关系，从而为各民族以政治协商方式治理社会创造了良好的先决条件。

---

① Abū Dāwūd Sulaimān bin al-Ash'ath bin Isḥāq bin Bashīr al-Azadī al-Sajistānī (817—889), *Sunan Abī Dāwūd*, Damascus and Beirut: Resalah Publishers, 2013, No. 4344, p.910; Al-Tirmidhī, Abū 'Īsā Muḥammad bin 'Īsā bin Sawrah (824—892), *Sunan al-Tirmidhī*, Damascus and Beirut: Resalah Publishers, 2015, No. 2315, p. 815; Ibn Mājah Abū'Abdillaāh Muḥammad bin Yazīd al-Qazwīnī (824—887), *Sunan Ibn Mājah*, Damascus and Beirut: Resalah Publishers, 2015, No. 4011, p.695.

② Al-Māwardī, Abū al-Ḥasan 'Alī ibn Muḥammad ibn Ḥabīb (972—1058), *Al-Aḥkām al-Sulṭāniyyah wa al-Wilāyat al-Dīniyyah*, Beirut: Dar al-Kutub al-'Ilmiyyah, 1985, pp.87-106.

③ 《古兰经》,寝室章(49),第 9—10 节。

④ 《古兰经》,筵席章(5),第 2 节。

⑤ 参见前引 Al-Ghazālī, *Faḍā'iḥ al-Bāṭiniyyah*, pp.161-163.

五、“舒拉”(政治协商)原则

在伊斯兰传统法律意识形态中，政治、政府和行政机关，犹如经济金融和社会文化行为举止一样，永远都被认为是具有重大宗教意义和伦理道德价值的事务，而非单纯的行政管理和应用。因此，正义与公平制度的建立，个人、团体和国家利益的维护，民众的保护，国家领土的捍卫，统治者与被统治者(穆斯林与非穆斯林都一视同仁)的权利与义务的确定，尤其是外国人和特殊群体，如难民与战俘等，都是自先知穆罕默德时代起，穆斯林社会直至今日一直重视的主要问题。在关于这些课题的许多方面，信仰伊斯兰教的法学家、哲学家、政治家，以及通俗或古典文学家和作家们，都以不同的语言和表达方式给出了各自的见解。至于铭记在《古兰经》中有关于政府、政治和行政机关的所有行为准则和条款，则在穆斯林世界各地，历经不同时代，以不同形式被编纂成了数不胜数的典籍，而且这些典籍通常都受启发于先知穆罕默德对《古兰经》的实践、解释和教导。①

就伊斯兰社会治理方式而言，首先始终处于核心地位的是“舒拉”(协商)原则，即有关公众，特别是关于个人利益的事务应当通过有关政党之间的讨论、磋商或政治协商过程进行解决。作为号召穆斯林应该培养和坚持的主要品格，以及作为《古兰经》对敬畏安拉和真正虔诚的人们所赞扬是，“他们的事务，是由协商而决定的”。② 值得注意的是，尽管先知穆罕默德曾被选定为启示的接受者，但《古兰经》依然指示他在所有公众事务上应当与他的弟子们共同商讨，因为共同商讨在伊斯兰教看来是来自安拉的恩典。《古兰经》说：“[穆罕默德啊！]只因为从安拉发出的慈恩，你温和地对待他们；假若你是粗暴的，是残酷的，那末，他们必定离你而分散；故你当恕饶他们，当为他们向主求饶，当与他们商议公事；你既决计行事，就当信托安拉。安拉的确喜爱信托他的人。”③

据此，先知穆罕默德曾始终如一地恳请他的弟子们给予他忠告并允许他们发表不同意见和建议，特别是军事部署、战术与战略方面(例如拜德尔，吾侯德和壕沟战役等)，以及当他考虑要委任行政人员时，比如说外省省长，他曾多次切实地采纳了弟子们的卓越见解。在他有生之年，当以协商形式参与政治决策作为一种权利被建立起来的同时，民众参与选举和任命高层领导与行政人员的权利也明确得以建立，例如任命和选举(由于情况不同，虽然方式各异也罢)四位继承先知穆罕默德对人民和国家具有领导地位的正统哈里发，即艾布·伯克尔、欧默尔·本·罕塔布、奥斯曼·本·阿凡和阿里·本·艾比·塔利布。这四位哈里发在管理公众和个人事务中所表现出的品行，被整个穆斯林民众普遍看作行为的准则，尤其就“舒拉”而言，他们则更是人们非常赞赏的榜样和经常援

---

① Al-Māwardī, Abū al-Ḥasan 'Alī ibn Muḥammad ibn Ḥabīb (972—1058), *Al-Aḥkām al-Sulṭāniyyah wa al-Wilāyat al-Dīniyyah*, Beirut: Dar al-Kutub al-'Ilmiyyah, 1985, pp.10ff.

② 《古兰经》，协商章(42)，第38节。

③ 《古兰经》，仪姆兰的家属章(3)，第159节。

引的典型。

其次，伊斯兰社会治理方式在其早期历史阶段就已明确的第二个重要特征是，无论统治者还是被统治者，都必须平等且无任何例外地完全服从于同一个法律体系——“沙里亚”法。目前，关于这种一概念，人们很容易简单地认为是“法律制度”或“法律面前人人平等”。其实，这是对正义及其基本先决条件清晰而充分的理解，也是伊斯兰社会政治意识形态中最重要的原则之一。[①] 因此，《古兰经》不断地强调着正义的重要性，并且要求所有穆斯林无论情况如何，都应当坚定不移地维护：“信道的人们啊！你们当维护公道，当为安拉而作证，即使不利于你们自身，和父母和至亲。无论被证的人，是富足的，还是贫穷的，你们都应当秉公作证；安拉是最宜于关切富翁和贫民的。你们不要顺从私欲，以致偏私。如果你们歪曲事实，或拒绝作证，那末，安拉确是彻知你们的行为的。”[②]并且要求：“信道的人们啊！你们当尽忠报主，当秉公作证，你们决不要因为怨恨一伙人而不公道，你们当公道，公道最近于敬畏。你们当敬畏安拉。安拉确是彻知你们的行为的。”[③]

在传统伊斯兰社会治理方式中，关于公众事务部门的统治者和公务员的特别制度是遵循以下的《古兰经》命令：“安拉的确命令你们把一切受信托的事物交给应受的人，安拉又命令你们替众人判决的时候要秉公判决。”[④]此经文规定，那些在公众事务部门工作的人员应当正直、忠实、勤勉地把所有受委托的事务交付于那些使他们具有此资格的人们。因此，被统治者的义务不只是服从他们的统治者，而且还应积极主动地帮助统治者去贯彻执行他们对全体人民的职责。以上引证的《古兰经》经文意义深刻地紧随安拉的训诫：“信道的人们啊！你们当服从安拉，应当服从使者和你们中的主事人，如果你们为一件事而争执，你们使那件事归安拉和使者[判决]，如果你们确信安拉和末日的话。”[⑤]用先知穆罕默德的话说：“任何穆斯林只要没有被命令去犯罪，无论他喜爱还是不喜爱所被命令的，对于他来说，听从与顺服是必须应当遵守的义务。但是假如他被指令去干某项罪恶的话，那么就无需听从和顺服。”[⑥]换言之，在“沙里亚”法面前，任何人都必须俯首称臣，而且顺服和忠诚的前提条件是，那些掌握权力的人们首先应当服从于安拉和他的使者，即服从于《古兰经》与圣训。

因此，最先继承完全具有契约性哈里发职位的圣门弟子是：艾布 · 伯克尔与欧默尔 · 本 · 罕塔布。在他们各自的就职演说中，恳切请求民众像哈里发顺从“沙里亚”法一样来顺服和帮助他们，而且真诚鼓励所有社会成员自由大胆地指出哈里发的错误并予以

---

① Majid Khaddure, *The Islamic Conception of Justice*, London: Johns Hophins University Press, 1984, pp. 15-17; Sayyid Qutb, *Social Justice in Islam*, trans. J. B. Hardie ahd Hamid Algar Petaling Jaya, Malaysia: Islamic Book Just, 2000, pp.3-5.

② 《古兰经》，妇女章(4)，第 135 节。

③ 《古兰经》，筵席章(5)，第 8 节。

④ 《古兰经》，妇女章(4)，第 58 节。

⑤ 《古兰经》，妇女章(4)，第 59 节。

⑥ Al-Bukhari, *Sahih al-Bukhari*, No. 7144, p.1647; Muslim, *Sahih Musilm*, No. 4764, p.795.

纠正。就此而言,值得给予特别思考的是艾布·伯克尔的就职演说:“尽管我被给予了管理你们的权力,但我并不是你们当中的最优秀者。假如我做的正确,那么就请援助我;倘若我做错了,那么就请纠正我的过错。在我的眼里,你们中的弱者将是强者,直到我以安拉的恩赐确保了他[或她应享受]的权利。此外,在我看来,你们中的强者的确是弱者,直到我以安拉的恩典努力地获取了[他或她应付出的]权利[即义务]。”①

结语

综上所述,伊斯兰教法依据《古兰经》和圣训并通过独特的法学原理获取制度细则,其目的在于治理社会。传统伊斯兰教法体系下的社会治理,不仅体现出了穆斯林思想家和法学家卓越的气质与敏锐的洞察力,而且还是反映出了穆斯林大众及其社会在不同时空和状况下对社会政治文化的需求,这种独特的概念至少在两方面有别于当代西方或西方式社会普遍理解并作为术语使用的法律。第一,伊斯兰教法律关于人的行为涉及范围更为广泛,例如:个人卫生情况、服饰穿着、社交礼仪和信仰虔诚度等,其中没有一项在西方被真正视为是治理社会的法律事务。第二,在任何西方社会中,法律系统在任何时候、任何演化阶段都被认为是用来表达人们意志和反映社会情绪的工具;相反,伊斯兰教法律虽然像西方法律那样也探索同样的需求,但完全超越了前者的职能,并能更大程度地对个人与社会行为给予指导和监督。严格意义上讲,伊斯兰法并非当代或现代西方社会普遍理解的那种法律,因为前者并非只是人与造物主之间单纯的精神关系,而是以宗教信仰为基础的一种法制社会生活方式,所以伊斯兰教法体系下的社会治理并不是将物质与精神一分为二的经验模式,而是融会生活各个方面的连续统一体,即个人与社会、经济与政治、艺术与智慧、精神与肉体等的统一体,它们之间不仅相互紧密联系,而且依赖信仰得以维持。

众所周知,任何人在任何社会中的任何情况下,无论是他还是她所享有的权利,都将取决于自己是否对该社会其他成员履行了相应的职责,因为由权利与义务构成的复杂网络,不仅连接着整个社会的所有成员,而且还构成了一个庞大的体系,其中的法律和政治成分充实并加强人们的道德伦理和审美观念,而整个体系的结构都来源于宗教信仰并赖以支撑。作为信仰价值和法律实践兼容的综合体系,伊斯兰社会治理的最终目标是鼓励并促进世界各地的个人和社会不断成长与发展,这不仅可以使他们摆脱和消除各种各样的压迫与剥削,而且使他们具备善良的品德和高尚的情操,并因此与其他任何地方的人们和睦相处、与大自然和周围环境能够始终保持和谐。在这样的社会环境中,男女公民共同为过上具有道德伦理意识的生活而竭尽全力、公平公正的权利与义务将结合为整体、良好的人际关系将促进人们之间相互理解、民族统一和社会团结的伟大精神也将得

① Ibn Hishām, Abū Mu ḥ ammad 'Abd al-Malik ibn Hishām ibn Ayyūb al-Himyarī al-Mu'afirī al-Ba ṣ rī (701—833), *Sirat Rasul Allah*, trans. Alfred Guilaume, Oxford: Oxford University Press, 1995, p.687.

到发扬光大。通过以上论述,可以得出的结论是,伊斯兰教法体系所体现出的核心价值观,与我国的社会主义核心价值观具有许多相似之处,例如:平等、公平、公正等。

Exploring the Concept of Social Governance in the Traditional Islamic Law System

Wang Yongbao

Abstract: Theory and practice prove that the value of law can only be truly reflected under the dual role of devotional constraint and legal restraint, not only which, but also the law can only be universally recognized in society through faith. Therefore, this article adopts the roots of *Sharī'ah* (*i.e.*: the Islamic law) system: the *Qur'ān* and the *Sunnah* to reveal the spiritual dynamics of legal binding in the governance of traditional Islamic society. The inherent belief binding is based on personal beliefs, behaviors and ethics. The norm demonstrates the ultimate goal for building up a good legal social order. Based on this, this article focuses on four parts of the main content, in order to explore and analyze the integration of the internal beliefs and external laws of social governance under the traditional Islamic law system, and complementary norms of conducts and behaviors, that is, *Tawḥīd* (*i.e.*: the recognition of the oneness of Allāh) and the pluralistic world view, the positive upward attitude of human life, the social management system combining rights with obligations, last but not least, the core concept of Islamic social governance: "*Shūrā*" (*i.e.*: consultation) principle.

Key Words: Sharī'ah; rights; obligations; enjoin beneficence and forbid evil; Shūrā

论古代以色列社会中的契约法

冀 诚*

摘要:在古代以色列的社会中,与契约相关的律法是在立约的过程中赐下的,是约的条款中的一部分。契约法的体系包括保护财产秩序和持守安息这两个原则以及相应的案例法。对以色列人来说,遵守契约法的规则,就是在向邻舍实践爱人如己,向列国见证耶和华律法的公义。敬畏、感恩、信靠和盼望共同构成了以色列人尊重法治秩序的内在动力。

关键词:约;保护财产秩序;持守安息;内在动力

在外国法制史的研究领域,对古代以色列法(希伯来法)进行全面而深入研究的学术著作尚不多见,而对古代以色列社会中的契约法进行细致考察的作品更是少之又少。本文以古代以色列社会中的契约法作为研究对象,通过解读以色列民族的经典文献《旧约圣经》中的相关内容来阐释契约法的渊源、体系、原则和启发意义。本文的论述包括四部分,第一部分概述古代以色列律法的渊源和体系。第二部分阐释保护财产秩序的原则对契约关系的规范。第三部分阐释在劳作中定期持守安息的原则对契约关系的影响。第四部分总结契约法的特色和启发意义。

一、古代以色列律法的渊源和体系

从渊源和体系的角度来看,古代以色列社会的律法有两个不可忽略的特征:

(一)律法是在立约的过程中赐下的,是盟约中的条款

根据《出埃及记》中的记载,包括十诫在内的律法是耶和华在与以色列人立约的过程中赐下的。① 因此,对立约的背景进行考察,有助于我们理解律法的要义。

---

* 冀诚,法学博士,北京外国语大学法学院副教授。

① 《出埃及记》19—4 章;Jonathan Burnside, *God, Justice, and Society: Aspects of Law and Legality in the Bible*, New York, New York: Oxford University Press, 2011, p.81; David Skeel and Tremper Longman III, "Criminal and Civil Law in the Toraah: The Mosaic Law in Christian Pespective," in Robert F. Cochran Jr. and David VanDrunen (eds.), *Law and the Bible: Justice, Mercy and Legal Institutions*, Downers Grove, Illinois: InterVarsity Press, 2013, pp.81-82.

在古代近东地区，宗主盟约(suzerain-vassal treaties)是由宗主国国王和附庸国国王订立的，通常包括下列六项要素：第一，引言，介绍宗主国国王的身份；第二，历史序言，回顾宗主国王在过去所施的恩惠；第三，约的条款：包括基本规定和具体规定；第四，存放约文以便定期宣读；第五，立约的见证；第六，祝福和咒诅。立约双方的关系体现为：宗主国誓言保护附庸国的疆界和王位，并保护其免受外敌的入侵，附庸国则宣誓臣服于宗主国的要求，向宗主国进贡和效忠。①

考察《出埃及记》中的相关章节，可以发现，以色列之约在结构上与宗主盟约有着下列相似之处：②

(1)20 章 1—2 节中的"上帝吩咐这一切的话，说：'我是耶和华你的上帝'"，可解读为约的引言。

(2)20 章 2 节中的"曾将你从埃及地为奴之家领出来"，可解读为约的历史序言。

(3)记录在 20 章 3 节到 23 章 33 节中的律法，则可解读为约的条款。其中，20 章 3—17 节中的十诫是条款中基本规定，21 章 1 节到 23 章 33 节中的各类典章和条例是条款中的具体规定。

(4)在 25 章中，"耶和华对摩西说：'你要告诉以色列民'，'他们要用皂荚木做一个柜'"，"你要把我赐给你的法版放在柜里"，③这涉及约文的存放。

(5)作为基本规定的十诫包含了与祝福、咒诅相关的信息。例如，在第二条诫命中，上帝宣告，"恨我的，我必追讨他的罪，自父及子，直到三四代；爱我、守我诫命的，我必向他们发慈爱，直到千代"。④

需要说明的是，在古代近东地区的宗主盟约中，立约者会以诸神的名号作为立约的见证，而以色列之约中则无此类内容。⑤ 如何解释这一差异呢？在笔者看来，一方面，以色列人从耶和华领受的是一神论的启示，如第一条诫命所言，"除了我以外，你不可有别的上帝"，因此，诸神的名号在以色列之约中绝无合法性可言。另一方面，在耶和华与以

---

① 《新国际版研读本圣经》，更新传道会 1997 年，第 25 页；《新译·和合圣经》，环球圣经公会有限公司 2005 年，第 251 页；D. A. Carson, *The God Who is There: Finding Your Place in God's Story*, Grand Rapids, Michigan: Baker Books, 2010, p.51; Vern Sheridan Poythress, *Redeeming Sociology: A God-Centered Approach*, Wheaton, Illinois: Crossway, 2011, pp.34-35; Peter J. Gentry and Stephen J. Wellum, *Kingdom through Covenant: A Biblical-Theological Understanding of the Covenants*, Wheaton, Illinois: Crossway, 2012, p.308; Thomas R. Schreiner, *The King in His Beauty: A Biblical Theology of the Old and New Testaments*, Grand Rapids, Michigan: Baker Academic, 2013, pp.34-35.

② Vern S. Poythress, *The Shadow of Christ in the Law of Moses*, Philipsburg, New Jersey: P&R Publishing Company, 1991, p.66; idem, *Redeeming Sociology: A God-Centered Approach*, Wheaton, Illinois: Crossway, 2011, pp.34-35; Meredith G. Kline, *The Structure of Biblical Authority* Second Edition, Eugene, Oregon: Wipf & Stock, 1997, p.117; John M. Frame, *The Doctrine of the Word of God*, Philipsburg, New Jersey: P&R Publishing Company, 2010, pp.147-148; Peter J. Gentry and Stephen J. Wellum, *Kingdom through Covenant: A Biblical-Theological Understanding of the Covenants*, Wheaton, Illinois: Crossway, 2012, p.308.

③ 《出埃及记》(新译本)25 章 1—2 节，10 节，16 节。

④ 《出埃及记》20 章 5—6 节。

⑤ 汤普森：《丁道尔旧约圣经注释：申命记》，李永明译，校园书房出版社 2000 年版，第 16～19 页。

色列人的关系中，耶和华不但是立约的主体，而且是独一的神圣见证者（a sole Divine Witness），[①]因此，无须再以第三方作为立约的见证。[②]

综上可见，就渊源而论，摩西律法是在立约的过程中赐下的，其性质和功能相当于宗主盟约中的条款。已有的研究显示，律法包括诫命式的律法（apodictic laws）和案例式或决疑式的律法（case laws or casuistic laws）这两种类型，十诫属于前者，涉及具体制裁措施的规范属于后者，[③]二者之间是"原则和应用"的关系，即案例法展示了如何将十诫中的法律原则应用到具体的处境中。[④] 需要加以说明的是，在整个律法体系中，原则的表述形式不限于十诫，例如，"你要尽心、尽性、尽力爱耶和华你的上帝"[⑤]和"爱人如己"，[⑥]都是重要的法律原则。[⑦] 而应用的表现形式也不限于律法书中的案例，例如，先知书和圣卷中的箴言警句均可解读为原则法在实际生活中的具体应用。[⑧]

从约的角度来看，除了权力和责任的关系以外，宗主盟约还关乎缔约者之间的恩情，这是它与近代社会契约观念的不同之处。在很多情况下，因着宗主国所做的御敌和拯救等行动，附庸国遵守约的条款不仅是通过外在的行为来履行义务，而且是由衷地表达对宗主国国君的爱戴和敬畏。[⑨]

对于生活在古近东文化背景下的以色列人来说，盟约结构所传达的意义是他们能够理解的。从以色列之约的引言和历史序言部分可以看出，遵守律法并非以色列人从埃及被奴役的状态中得蒙拯救的前提条件。就次序而论，是先有耶和华拯救以色列人出埃及的行动，后有以十诫为核心之律法的赐下。因此，立约的基础并不是以色列人的德行，而是耶和华的怜悯和恩典。对于以色列人来说，遵守律法不单是履行基于约而产生的责

---

① Vern S. Poythress, *The Shadow of Christ in the Law of Moses*, Philipsburg, New Jersey: P&R Publishing Company, 1991, p.65.

② Meredith G. Kline, *The Structure of Biblical Authority* Second Edition, Eugene, Oregon: Wipf & Stock, 1997, p.116.

③ 赖建国:《从旧约几处争议经文看同性恋问题》,载《华神期刊》第1期。

④ John M. Frame, *The Doctrine of the Christian Life*, Philipsburg, New Jersey: P&R Publishing Company, 2008, pp.205-206; David Skeel and Tremper Longman III, Criminal Law and Civil Law in the Torah: The Mosaic Law in Christian Pespective, in Robert F. Cochran Jr. and David VanDrunen (eds.), *Law and the Bible: Justice, Mercy and Legal Institutions*, Downers Grove, Illinois: InterVarsity Press, 2013, p.82.

⑤ 《申命记》6章5节。

⑥ 《利未记》19章8节。

⑦ 《马太福音》22章37—40节。

⑧ 按照希伯来原文圣经的编排结构，旧约圣经由律法书、先知书和圣卷这三部分组成。

⑨ Michael Horton, *God of Promise: Introducing Covenant Theology*, Grand Rapids, Michigan: Baker Books, 2007, pp.24-25;

任,更意味着当从内心深处对耶和华的拯救之恩表示感谢。①

(二)律法对免受制裁的底线和不断追求的理想进行区分

古代以色列律法不单调整人的外在行为,而且还关注人内在的动机和品格。从整体上说,律法体系中既有警戒人免受制裁的底线,也有督促人不断追求的理想。有学者用地板和天花板来比喻这两者的关系。② 单从外在行为的层面来看,只要人的行为没有触犯"不可杀人"和"不可奸淫"等底线,审判者就无须动用死刑、笞刑或赔偿等制裁措施,③律法的最低要求就得到了满足。然而,从理想的层面来看,以色列人理当尽心、尽性、尽力爱上帝,④"要圣洁"⑤"要爱人如己"。⑥ 这些要求是他们靠自己所达不到的。这些伦理准则的一个重要功用在于提醒以色列人,自己是有罪的。对于这种因达不到律法之最高要求而有的过犯,他们不但要通过献祭系统用代赎的方式来加以解决,而且还要从内心向耶和华寻求赦免之恩。⑦

(三)小结

上述特征有助于我们从整体上把握古代以色列社会中的契约法的渊源、功能和体系。就渊源而论,与契约相关的律法也是在立约的过程中赐下的,是约的条款中的一部分。在契约法体系中,有免受制裁的底线(如不得行贿),也有不断追求的理想(如鼓励人慷慨的施舍)。有原则法,也有展示其具体应用的案例法。笔者认为,在十诫中,与契约法具有较强的相关性的原则有两个,一个是第八条诫命,其要旨在于保护财产秩序,另一个是第四条诫命,其所强调的是在劳作中定期持守安息的重要性。下文将论述这两项原

---

① Vern S. Poythress, *The Shadow of Christ in the Law of Moses*, Philipsburg, New Jersey: P&R Publishing Company, 1991, p.102; David Skeel and Tremper Longman III, Criminal Law and Civil Law in the Torah: The Mosaic Law in Christian Pespective, in Robert F. Cochran Jr. and David VanDrunen (eds.), *Law and the Bible: Justice, Mercy and Legal Institutions*, Downers Grove, Illinois: InterVarsity Press, 2013, pp.81-82; Thomas R. Schreiner, *The King in His Beauty: A Biblical Theology of the Old and New Testaments*, Grand Rapids, Michigan: Baker Academic, 2013, p.35.

② G. J. Wenham, "The Gap between Law and Ethics in the Bible," *Journal of Jewish Studies* 48(1997): pp. 25-26, p.28; Cornelis Van Dam, *The Elder: Today's Ministry Rooted in all of Scripture*, Philipsburg, New Jersey: P&R Publishing Company, 2009, pp.88-90.

③ 温汉(Gordon Wenham)博士指出,摩西五经记载的刑罚种类主要有死刑、从民中剪除和赔偿这三类,参见 Gordon Wenham, "Law and the Legal System in the Old Testament", in Bruce Kaye and Gordon Wenham(eds.), *Law, Morality and the Bible*, Inter-Varsity Press, 1978, pp.42-44.在笔者看来,《申命记》25 章 1—3 节中提到的"责打"是不同于上述三者的另一种刑罚,可以解释为笞刑,参见汤普森:《丁道尔旧约圣经注释:申命记》,李永明译,校园书房出版社 2000 年版,第 274～275 页。

④ 《申命记》6 章 5 节。

⑤ 《利未记》19 章 2 节。

⑥ 《利未记》19 章 18 节。

⑦ 《出埃及记》34 章 7 节;《诗篇》32 篇 5 节;130 篇 3—4 节;Vern S. Poythress, *The Shadow of Christ in the Law of Moses*, Philipsburg, New Jersey: P&R Publishing Company, 1991, pp.41-57.

则以及相应的案例法对契约关系的规范。

二、保护财产秩序的原则对契约关系的规范

第八条诫命"不可偷盗"是保护契约关系的一项重要原则。从目的解释的角度来看,此诫命所保护的是正常的财产秩序,而契约恰是财产流转的重要方式之一。在正常的社会生活中,财产是人类生存和发展所必需的,因此,对财产的侵害也是对自由权和生存权的间接侵害,对契约关系的保护,亦是对自由权和生存权的保护。①

对于此诫命的要义,历史上的信条曾作过细致而深入的阐述。例如,《海德堡教理问答》指出,在此诫命中,"上帝不但彻底禁止偷窃和抢夺,也禁止诡诈的计谋和手段,例如虚假的度量、不公的交易、伪钞与高利贷;我们也不可以任何方式讹诈邻舍,无论以暴力,还是以强权的方式。此外,神禁止贪婪、滥用或浪费他给予的恩赐。"因此,"我要尽自己所能增进邻舍的福祉;当按照我愿意人待我的方式去待别人;也当忠心做工,以使自己能帮助有需要的人"。② 又如,按照《威斯敏斯德大教理问答》的阐释,诫命中的责任包括"在人与人的契约和生意中要讲究诚实、守信和公平";"根据自己的能力和他人的需要慷慨施与、出借";"避免不必要的……担保,以及其他类似的事宜";所禁止的行为包括"人与人之间订立契约时不公义、不守信";"虚假的度量衡";"接受任何窃取得来的东西";"行贿受贿"和"囤积居奇"等。③ 以此为参照,笔者将从诚实与公正、雇佣、借贷、担保和施舍这几个方面对相关的契约规则进行解读。

(一)诚实与公正

在古代以色列社会中,缔约和履约都应当遵守诚实和公正的原则。我们可以对诚实和公正作如下的阐释:

第一,《箴言》对某类买卖有如下的描述,"买物的说:不好,不好,及至买去,他便自夸"。④ 对于生活在现代世俗社会中的人来说,这样的做法看似无可厚非。然而,在古代以色列社会中,这样的做法不符合律法对诚实的要求,因为其在缔约的时候只说对自己有利的信息,没有对商品的价值给予公正的表述。从上下文可以看出,此类不诚实的行为是耶和华所厌恶的。⑤

---

① Vern S. Poythress, *The Shadow of Christ in the Law of Moses*, Philipsburg, New Jersey: P&R Publishing Company, 1991, p.89.

② 《海德堡教理问答》第110、111问。

③ 《威斯敏斯德大教理问答》第141—142问,载王志勇译注:《清教徒之约:"威斯敏斯德准则"导读》,上海三联书店2013年版,第174~176页。

④ 《箴言》20章14节。

⑤ 《箴言》20章10节,23节;Walter C. Kaiser, Jr., *Toward Old Testament Ethics*, Grand Rapids, Michigan: Zondervan Publishing House, 1991, p.213; D. A. Garrett, *Proverbs*, *Ecclesiastes*, *Song of songs* (NAC Vol. 14), Nashville: Broadman & Holman Publishers, 1993, p.177.

第二,《箴言》警告世人说,“以虚谎而得的食物,人觉甘甜;但后来,他的口必充满尘沙”。[①] 其所蕴含的公义法则是,以欺诈行为缔约者理当受到惩罚。根据某些国家的法律,作恶者所受到的惩罚就是把沙砾拌在食物中。[②]

第三,即使没有欺诈的行为,缔约者也不能只贪图自己的利润,而无视他人生活的基本需要。在物资稀缺匮乏的情况下,若有人囤粮不卖以图哄抬物价,那么他会招致整个社会的咒诅,因为他的恶行会使穷乏人基本的生存需要无法得到满足。相反,如果他能够以合理的价格将粮食出卖给他人,则会受到社会的祝福。[③]可见,从社会公义的角度来看,人们在缔约的时候应顾念穷乏人的基本需要。

第四,缔约的内容不得违法。例如,不得与娼妓或娈童做色情交易、[④]不得接受明知是偷盗而得之物、[⑤]不得行贿或受贿等。[⑥]

第五,《利未记》记载了律法对履约者的要求,“要用公正的天平、公正的砝码、公正的升斗、公正的容器;我是耶和华你们的上帝,就是把你们从埃及地领出来的那位”。[⑦] 此规则旨在提醒以色列人,当弃绝一切不诚实的行为。[⑧] 从约的角度来看,既然耶和华已经把以色列人从埃及地为奴之家拯救了出来,那么他们自不应以不公正来对待自己的同胞,而应该在交易中遵循圣洁而公义的标准。[⑨]

(二)雇佣

在古代以色列社会中,从早就开始工作的雇员有理由期待在晚上得到当日的工价。[⑩] 律法亦明确规定,雇主应及时支付雇工的工价。根据《利未记》19 章 13 节,“雇工人的工价,不可在你那里过夜留到早晨”。或许,在雇主看来,工资早发一天还是晚发一天,差别微不足道。然而,对于那些靠每日的工资来勉强糊口的穷人来说,迟发工资的行为是残

---

① 《箴言》20 章 17 节。

② *Matthew Henry's Commentary on The Whole Bible*(Kindle edition), OSNOVA, loc127725-1277732.

③ 《箴言》11 章 26 节;*Matthew Henry's Commentary on The Whole Bible* (Kindle edition), OSNOVA, loc125412-125423.

④ 《出埃及记》20 章 14 节;《申命记》23 章 17—18 节。

⑤ 《箴言》29 章 24 节;《诗篇》50 篇 18 节;Johannes G. Vos, *The Westminster Larger Catechism: A Commentary*, edited by G. I. Williamson, Philipsburg, New Jersey: P&R Publishing Company, 2002, p.381.

⑥ 《撒母耳记上》8 章 3 节;《阿摩司书》5 章 12 节;《诗篇》15 篇 5 节;26 篇 10 节;《约伯记》15 章 34 节;Johannes G. Vos, *The Westminster Larger Catechism: A Commentary*, edited by G. I. Williamson, Philipsburg, New Jersey: P&R Publishing Company, 2002, p.381.

⑦ 《利未记》19 章 36 节。

⑧ 与公正履约相关的经文还包括《申命记》25 章 13—16 节;《箴言》11 章 1 节;16 章 11 节;20 章 10 节;《阿摩司书》8 章 5 节;Jay Sklar, *Leviticus: An Introduction and Commentary*, Downers Grove, Illinois: InterVasity Press, 2014, p.212.

⑨ 《利未记》19 章 1—2 节;Jay Sklar, *Leviticus: An Introduction and Commentary*, Downers Grove, Illinois: InterVasity Press, 2014, pp.242-243, p.252.

⑩ 《马太福音》20 章 8 节;Gordon Wenham, *The Book of Leviticus* (NICOT), Grand Rapids, Michigan: Wm. B. Eerdmans Publishing, 1979, p.268.

忍的,因为他们可能马上需要用到当天的薪水,如果拿不到,他和他的家人的生活就会陷入困境。[①] 因此,摩西在《申命记》再次强调,"困苦穷乏的雇工,无论是你的兄弟,还是在你城里寄居的,你不可欺负他。要当日给他工价,不可等到日落。因为他穷苦,把心放在工价上,恐怕他因你哀求耶和华,罪便归你了"。[②] 从约的角度来看,拖欠工资不但是对雇员的欺压,而且是对耶和华的冒犯,如《箴言》所说,"戏笑穷人的,是辱没造他的主"。[③] 因此,耶和华必要亲自审问此类恶行。[④]

从前引的规定中可以看出,律法所保护的雇工不限于以色列人,还包括寄居的外邦人。这再次确认了以色列人对列国的责任。[⑤] 在以色列之约的关系中,耶和华呼召以色列作"君尊的祭司"和"圣洁的国民",这就意味着他应当向耶和华守约,要通过遵行圣洁的律法来向列国展示,如何过爱人如己的生活,借此向列国见证耶和华的同在。[⑥]

(三)借贷

律法书三次提到了在借贷中禁止取利的要求:[⑦](1)《出埃及记》22 章 25 节规定,"我民中有贫穷人与你同住,你若借钱给他,不可如放债的向他取利"。(2)依《利未记》所记,"你的弟兄在你那里若渐渐贫穷,手中缺乏,你就要帮补他,使他与你同住,像外人和寄居的一样。不可向他取利,也不可向他多要;只要敬畏你的上帝,使你的弟兄与你同住。你借钱给他,不可向他取利;借粮给他,也不可向他多要"。[⑧] (3)《申命记》再次强调,"你借给你弟兄的,或是钱财或是粮食,无论什么可生利的物,都不可取利。借给外邦人可以取利,只是借给你弟兄不可取利。这样,耶和华你上帝必在你所去得为业的地上和你手里

---

① 哈理逊:《丁道尔旧约圣经注释:利未记》,张心玮译,校园书房出版社 2002 年,第 218 页;Gordon Wenham, *The Book of Leviticus*(NICOT), Grand Rapids, Michigan: Wm. B. Eerdmans Publishing, 1979, p.268; Jay Sklar, *Leviticus: An Introduction and Commentary*, Downers Grove, Illinois: InterVasity Press, 2014, p.245.

② 《申命记》24 章 14—15 节。

③ 《箴言》17 章 5 节。

④ Gordon Wenham, *The Book of Leviticus*(NICOT), Grand Rapids, Michigan: Wm. B. Eerdmans Publishing, 1979, p.268; Walter C. Kaiser, Jr., *Toward Old Testament Ethics*, Grand Rapids, Michigan: Zondervan Publishing House, 1991, pp.120-121.类似的控诉和劝勉,参见《雅各书》5 章 1 节,4 节;穆尔:《丁道尔新约圣经注释:雅各书》,贺安慈译,校园书房出版社 1988 年,第 153~154 页,第 158~159 页。

⑤ Jay Sklar, *Leviticus: An Introduction and Commentary*, Downers Grove, Illinois: InterVasity Press, 2014, p.245.

⑥ 《出埃及记》(新译本)19 章 5—6 节;《列王纪上》8 章 60 节;G. K. Beale, *A New Testament Biblical Theology: The Unfolding the Old Testament in the New* (kindle edition), Grand Rapids, Michigan: Baker Academic, 2011,loc1559—1563;loc1888; Peter J. Gentry and Stephen J. Wellum, *Kingdom through Covenant: A Biblical-Theological Understanding of the Covenants*, Wheaton, Illinois: Crossway, 2012, p.303; pp.318-324; p.398; Thomas R. Schreiner, *The King in His Beauty: A Biblical Theology of the Old and New Testaments*, Baker Academic, 2013, pp.36~37.

⑦ 根据华德凯瑟(Walter C. Kaiser, Jr.)的研究,除了律法书之外,其他与禁止取利相关的经文还有《诗篇》15 篇 5 节;《箴言》28 章 8 节;《以西结书》18 章 8 节,13 节,17 节;22 章 12 节,参见 Walter C. Kaiser, Jr., *Toward Old Testament Ethics*, Grand Rapids, Michigan: Zondervan Publishing House,1991, pp.213-214.

⑧ 《利未记》25 章 35—37 节。

所办的一切事上赐福与你”。[①] 笔者对这些规则有如下的解析：

在古近东地区，贷款利率可高达百分之五十，亦有国家通过法典来管制利率。[②] 相比之下，以色列律法的独特之处在于其强调了保护贫穷人的义务。细读《出埃及记》和《利未记》中的规定，可以发现，只有在借方为贫穷人的情况下，禁止取利的规定才有直接适用的余地。《申命记》23 章 19 节中的规定虽然没有明确提到穷人，但其适用亦应限于借方为穷乏人的情况，理由在于：(1)自《申命记》的写作背景而言，摩西很可能是在向即将进入迦南地的新一代以色列人重新阐释《出埃及记》和《利未记》中的规定，所以三者的适用条件理当相同。[③] (2)从约的角度来看，《申命记》12 章 1 节到 26 章 19 节的内容可解读为约之条款中的具体规定。[④] 摩西在 15 章 7—8 节向以色列人劝勉道，“在耶和华你上帝所赐你的地上，无论那一座城里，你弟兄中若有一个穷人，你不可忍着心、攥着手不帮补你穷乏的弟兄。总要向他松开手，照他所缺乏的借给他，补他的不足”。以此为参照，宜将 23 章 19 节中的借贷关系解释为借方为穷人的情况。(3)在《申命记》中的律法颁布了几百年之后，《以西结书》向恶人发出了如下的警告，“他欺压困苦和贫穷的人，抢夺人的物件，没有把抵押品归还，眼目仰望偶像，并行可憎的事；他借东西给人要收利息，也向人多要，这样的人能存活吗？他必不能存活；他行了这一切可憎的事，必要灭亡；他的罪要归到他身上”。[⑤] 从上下文可以看出，取利行为的可憎之处在于，穷乏困苦人因此受到了欺压。[⑥] 可见，前引律法所管制的不是以色列人之间的商业投资性借贷，而是带有济贫性质的慈惠性借贷。[⑦] 这些律法目的在于提醒以色列人，不可利用同胞遭遇的困境来牟利，反而应该无偿地借给他们粮食或钱财，以助其渡过难关，恢复正常的生活。[⑧]

论及《申命记》23 章 20 节中“借给外人可以取利”的规定，笔者认为，这里的“外人”不

---

① 《申命记》23 章 19—20 节。

② 例如，在公元前十九世纪，美索不达米亚南部的伊施嫩纳(Eshnunna)法典，就在第 20 条和 22 条对利率作出了规制。参见汤普森：《丁道尔旧约圣经注释：申命记》，李永明译，校园书房出版 2000 年，第 266～267 页。

③ 相似的论述，参见 Rousas John Rushdoony, *The Institutes of Biblical Law* , Nutley, NJ: Craig Press, 1973, p.473.

④ 汤普森：《丁道尔旧约圣经注释：申命记》，李永明译，校园书房出版社 2000 年版，第 90 页。

⑤ 《以西结书》(新译本)18 章 12—13 节。

⑥ Gary North, *Tools of Dominion: The Case Laws of Exodus*, Tyler, Texas: Institute for Christian Economics, 1997, p.722.顺便指出的是，下列著作亦赞同将《申命记》23 章 19 节的适用条件解释为借方为穷人，参见范甘麦伦：《麦种圣经注释：诗篇(上)》，潘秋松、邵丽君译，美国麦种传道会 2010 年，第 315～316 页；Wayne Grudem, *Business for the Glory of God: The Bible's Teaching on the Moral Goodness of Business*, Wheaton, IL: Crossway, 2003, p.67.

⑦ 莱特：《基督教旧约伦理学》，黄龙光译，中央编译出版社 2014 年，第 175 页；Gordon Wenham, *The Book of Leviticus*(NICOT), Grand Rapids, Michigan: Wm. B. Eerdmans Publishing, 1979, pp.321-322.

⑧ 范甘麦伦：《麦种圣经注释：诗篇(上)》，潘秋松、邵丽君译，美国麦种传道会 2010 年，第 315～316 页；Jay Sklar, *Leviticus: An Introduction and Commentary*, Downers Grove, Illinois: InterVasity Press, 2014, p.305.

是寄居在以色列中的穷困者,而是途经以色列从事贸易的外邦商人。[①] 值得一提的是,《路加福音》中的一个比喻也与商业借贷有关,耶稣在审问恶仆的时候说道:"那你为什么不把我的钱存入银行,等我回来的时候,把它连本带利取回来呢?"[②]这至少间接地肯定了放贷取利在商业领域中的正当性。[③] 综上可见,在古代以色列社会的律法体系中,通过借贷来收取利息的商业行为并不是被绝对禁止的。

(四)担保

1.勿作担保人的警示

在古代以色列社会的担保关系中,如果借款人不能偿还债务,那么担保人就要向债权人承担如数偿还的责任。[④]《箴言》的作者多次劝诫以色列人,不要轻易作担保人。例如,11 章 15 节直陈利害说,"为外人作保的,必受亏损;恨恶击掌的,却得安稳"。17 章 18 节亦坦言,"在邻舍面前击掌作保乃是无知的人"。22 章 26—27 节则明确劝诫道,"不要与人击掌,不要为欠债的作保。你若没有什么偿还,何必使人夺去你睡卧的床呢"? 从上下文可以看出,这些劝诫并非反对慷慨帮助有需要的朋友,而是在警告人,当面临是否作担保的抉择之际,务要为家人的益处来作极为审慎的考量,当极力避免让不可控的因素使自己的整个家庭遭害。这对于准备举债的人来说亦不失为有益的提醒。[⑤]

2.对债务人的保护

论及已经成立的担保关系,律法所关注的重点在于对债务人的保护。根据《出埃及记》中的规定,"如果你拿了邻居的衣服作抵押,必须在日落之前归还给他。因为这是他唯一的铺盖,是他蔽体的衣服;如果没有了它,他拿什么睡觉呢? 如果他向我呼求,我必应允,因为我是满有恩惠的"。[⑥] 在《申命记》中,摩西再次吩咐以色列人说,"不可拿人的磨,或是上磨石作抵押,因为这等于拿人的生命作抵押","如果你借东西给你的邻舍,不论所借的是什么,总不可走进他的家里去拿抵押。你要站在外面,等那向你借贷的人把抵押拿出来给你。他若是个穷人,你不可留他的抵押过夜。到了日落的时候,你要把抵押品还给他,好使他可以用自己的衣服盖着睡觉,他就给你祝福,这在耶和华你的上帝面前,就算是你的义了"。[⑦] 我们可以将债务人受到的保护概括为以下几点:

---

① *Matthew Henry's Commentary on The Whole Bible* (Kindle edition), OSNOVA, loc35484-loc35496;J. P. Lange, p.Schaff & W. J. Schröeder, *A commentary on the Holy Scriptures: Deuteronomy*, Bellingham, WA: Logos Bible Software, 2008, p.175.

② 《路加福音》19 章 23 节。

③ 相似的观点,参见 Wayne Grudem, *Business for the Glory of God: The Bible's Teaching on the Moral Goodness of Business*, Wheaton, IL: Crossway, 2003, p.67.

④ 邝炳钊:《创世记注释(卷五)》,上海:上海三联书店 2010 年,第 99 页。

⑤ 柯德纳:《丁道尔旧约圣经注释:箴言》,潘秋松译,校园书房出版社 1995 年,第 78~79、151 页;*Matthew Henry's Commentary*, Grand Rapids, Michigan: Zondervan, 1961, p.752.

⑥ 《出埃及记》(新译本)22 章 26—27 节。

⑦ 《申命记》(新译本)24 章 6 节,10—13 节。

第一，出于对债务人及其家庭的尊重，债权人无权擅自进入债务人的住宅，而是必须要等待债务人亲自将抵押物交付给他。①

第二，在古代以色列社会中，“磨由两块石头砌成，上面的可以转动，下面一块是固定的”。② 人们用磨石来碾压谷物以供应日用饮食的需要。拿走磨石无异于切断了食物的来源，让一家人面临忍饥挨饿的危险。因此，以债务人的磨石作抵押的行为是被严加禁止的。③

第三，在以衣服作抵押的情况下，抵押物不能在债权人那里过夜，而是必须在当天归还给债务人。在笔者看来，这实际上是在劝诫以色列人，不应以同胞的衣服作抵押，旨让穷人的生活得到基本的保障。④ 不应忽略的是，从约的角度来看，债权人若能遵照律法而行，不但可以使债务人获益，自己亦会因此而蒙受祝福。⑤

（五）施舍

如前所述，第八条诫命的核心在于发自内心地为邻舍的益处着想。⑥ 在古代以色列的社会中，最直接地体现上述精神的契约关系，恐怕就是就是因施舍而形成的赠予。甘心乐意而为的施舍被视为一种美德，如《诗篇》所云，“恶人借贷而不偿还；义人却恩待人，并且施舍”。⑦ 在笔者看来，第八条诫命“不可偷盗”与第十条诫命“不可贪恋”在此有着相通之处，因为二者皆鼓励慷慨而反对吝啬。如《箴言》作者所说，“有终日贪得无厌的；义人施舍而不吝惜”。⑧ 又如清教徒所理解的那样，“施舍是上帝赋予有钱人的责任，是第十诫所要求的”。⑨ 从约的角度来看，施舍者不单是在履行责任，而且常常会因此而蒙受祝福。因为“有施散的，却更增添；有吝惜过度的，反致穷乏。好施舍的，必得丰裕；滋润人的，必得滋润”。⑩

从表达方式上看，施舍有时会以类似于强制命令的形式出现。例如，“你手若有行善的力量，不可推辞，就当向那应得的人施行。你那里若有现成的，不可对邻舍说：去罢，明

① E. H. Merrill, *Deuteronomy* (NAC, Vol. 4), Nashville: Broadman & Holman Publishers, 1994, pp.321-322; Cornelis Van Dam, *The Elder: Today's Ministry Rooted in all of Scripture*, Philipsburg, New Jersey: P&R Publishing Company, 2009, pp.61-62.

② 汤普森：《丁道尔旧约圣经注释：申命记》，李永明译，校园书房出版 2000 年，第 270 页。

③ *Matthew Henry's Commentary*, Grand Rapids, Michigan: Zondervan, 1961, p.195.

④ *Matthew Henry's Commentary*, Grand Rapids, Michigan: Zondervan, 1961, p.195.

⑤ 汤普森：《丁道尔旧约圣经注释：申命记》，李永明译，校园书房出版 2000 年，第 272 页。

⑥ 《海德堡教理问答》第 111 问；Fred H. Klooster, *Our Only Comfort: A Comprehensive Commentary on the Heidelberg Catechism*, Volume 2, Grand Rapids, Michigan: Faith Alive, 2001, pp.1016-1018.

⑦ 《诗篇》37 篇 21 节。

⑧ 《箴言》21 章 26 节。

⑨ 曾劭恺：《宗教改革经济伦理之原貌与当代中国社会》，载《基督教与现代中国道德建构学术研讨会论文集》(2015)，第 7～8 页。

⑩ 《箴言》11 章 24 节。

天再来,我必给你"。[①] 然而,在旧约圣经中所记载的古代以色列的历史中,笔者并没有发现任何单单因为没有施舍而须受到制裁的规则或实例。因此,从性质上说,与施舍相关的劝诫并不是警戒人免受制裁的底线,而是鼓励人不断追求的理想准则,是"爱人如己"的具体表现性质,其重要的功能是让以色列人意识到自己在爱中的亏欠,[②]并且倚靠耶和华在约中的恩典来不断追求进步。

三、在劳作中定期持守安息的原则对契约关系的影响

笔者认为,律法中与契约法相关的另一项重要原则就是在劳作中定期持守安息。下文将通过安息日、安息年和禧年三个制度来阐释该原则。[③]

(一)安息日

提到安息日,人们常会想到《出埃及记》记载的第四条诫命:"当纪念安息日,守为圣日。六日要劳碌做你一切的工,但第七日是向耶和华你上帝当守的安息日。这一日你和你的儿女、仆婢、牲畜,并你城里寄居的客旅,无论何工都不可做;因为六日之内,耶和华造天、地、海,和其中的万物,第七日便安息,所以耶和华赐福与安息日,定为圣日。"[④]在《申命记》中,摩西向以色列人重述了这条诫命,并且指出,"要纪念你在埃及地作过奴仆;耶和华你上帝用大能的手和伸出来的膀臂将你从那里领出来。因此,耶和华你的上帝吩咐你守安息日"。[⑤] 我们从中可以看出,对于以色列人来说,在安息日停止工作有两个重要的理由:[⑥]第一,他们理当照着六日工作、一日安息的节奏来生活,因为这个节奏是耶和华在创造秩序中为了人的益处而设立的。[⑦] 第二,他们需要被不断地提醒,虽然自己过去曾经在埃及地为奴,但现在耶和华已经将他们拯救出来,他们理当纪念约中的恩情,向耶和华尽忠。[⑧]

安息日的律法对契约关系有着重要的影响。在安息日,不但雇工可以享受休息的权利,[⑨]而且像买卖之类的交易也是被禁止的。例如,在《阿摩司书》中,那些欺压困苦人的

---

① 《箴言》3 章 27—28 节。

② 《罗马书》13 章 8 节。

③ 笔者首次意识到安息日、安息年和禧年这三者之间的联系,是得益于罗伯森(O. Palmer Robertson)教授之著作的启发,参见 O. Palmer Robertson *The Christ of the Covenants*, Philipsburg, New Jersey: P&R Publishing Company, 1980, pp.68-74.

④ 《出埃及记》20 章 8—11 节。

⑤ 《申命记》5 章 12—15 节。

⑥ Bruce K. Waltke, *An Old Testament Theology: An Exegetical, Canonical, and Thematic Approach*, Grand Rapids, Michigan: Zondervan, 2007, pp.421-422.

⑦ 《创世记》2 章 2—3 节。

⑧ 对安息日要义的详细阐释,参见 G. K. Beale, *A New Testament Biblical Theology: The Unfolding the Old Testament in the New* (kindle edition), Grand Rapids, Michigan: Baker Academic, 2011, loc 15357-15840.

⑨ David Mcllroy, *A Biblical View of Law and Justice*, Waynesboro, Georgia: Paternoster Press, 2004, p.55.

奸商的愿望之一，就是“安息日什么时候结束，好让我们可以开市卖谷物”。① 又如，在以色列人被掳归回后，那些在安息日从推罗人手中购买货物的犹大贵族，就受到了尼希米的警戒。② 然而，需要指出的是，在古代以色列的社会中，并非所有的“工作”在安息日都被禁止。③ 例如，祭司在安息日当履行献祭的职责。④ 又如，在攻取耶利哥的战役中，以色列人在安息日仍然行军作战。⑤ 从总体上说，必要的和出于怜恤的工作并没有违背安息日的精神。⑥ 因此，笔者认为，由于救助病人或照看牲畜等工作而形成的契约关系，亦应受到律法的保护。

(二)安息年

在《利未记》中，耶和华对摩西说：“你晓谕以色列人说：你们到了我所赐你们那地的时候，地就要向耶和华守安息。六年要耕种田地，也要修理葡萄园，收藏地的出产。第七年，地要守圣安息，就是向耶和华守的安息，不可耕种田地，也不可修理葡萄园。遗落自长的庄稼不可收割；没有修理的葡萄树也不可摘取葡萄。这年，地要守圣安息。地在安息年所出的，要给你和你的仆人、婢女、雇工人，并寄居的外人当食物。这年的土产也要给你的牲畜和你地上的走兽当食物。”⑦将安息日与安息年相比较，可以发现，二者有着下列相似之处：⑧第一，节奏相似，前者是六日工作，第七日安息，后者是前六年耕种、修理，第七年让地安息。第二，在安息的期间，所有务农的雇工非但不用工作，而且还可享用地所出产的食物。第三，无论是守安息日，还是守安息年，都是以色列人在耶和华面前守约的标记。以色列人若违反诫命，向耶和华背约，则会受到相应的惩罚。⑨

在安息年中，与契约相关的一项制度就是免除债务。如《申命记》中所言，“每七年的最后一年，你要施行豁免。豁免的方式是这样：债主要把借给邻舍的一切豁免了，不可向邻舍和弟兄追讨，因为耶和华的豁免年已经宣告了”。⑩ 在这里，“豁免”可以理解为完全免除债务。此规则旨在提醒以色列人，“要以怜悯对待无辜被债务缠身的同胞”，又当纪

① 《阿摩司书》(新译本)8章5节。

② 《尼希米记》13章15—22节。

③ Bruce K. Waltke, *An Old Testament Theology: An Exegetical, Canonical, and Thematic Approach*, Grand Rapids, Michigan: Zondervan, 2007, p.420.

④ 《民数记》28章9节。

⑤ 《约书亚记》6章3—4节。

⑥ 《以赛亚书》58章1—14节；《马太福音》12章1—13节；John M. Frame, *The Doctrine of the Christian Life*, Philipsburg, New Jersey: P&R Publishing Company, 2008, pp.547-552.

⑦ 《利未记》25章1—7节；相似的表述，参见《出埃及记》23章10—11节。

⑧ Gordon Wenham, *The Book of Leviticus*(NICOT), Grand Rapids, Michigan: Wm. B. Eerdmans Publishing, 1979, p.318; Jay Sklar, *Leviticus: An Introduction and Commentary*, Downers Grove, Illinois: InterVasity Press, 2014, p.299.

⑨ 《出埃及记》31章13—17节；《利未记》26章2节；25节；34—35节；43节。

⑩ 《申命记》(新译本)15章1—2节；周功和：《旧约中的禧年律法与约的责任》，载《基督教文化学刊》，宗教文化出版社2003年，第20页。

念耶和华把他们从埃及为奴之地救出来,并与他们立约的恩典。①

(三)禧年

在经过七个安息年之后,以色列人迎来的第五十年是他们的禧年。禧年从七月初十,即赎罪日那天开始计算。以色列人当将那日守为圣安息日,本地人和寄居者均不得在那日做工。与安息年一样,雇工不但无须在此期间做耕种、收割和采摘的工作,而且还可以吃地里的出产。②

禧年律法中的一个重要原则就是“宣布自由”,“各人要归回自己的地业,归回自己的父家”,其目的是让那些因债务而陷入困境的人有一个重新的开始,以免他们永远失去土地或人身自由。③ 此原则在赎地、赎房和奴仆赎身的规定中均有所体现。分述如下:

1. 赎地和赎房的规定

在因遭遇经济上的困境而被迫出卖土地的情况下,以色列人会面临以下三种境遇:④(1)他的弟兄、叔伯或侄子等亲属应把他所卖的地赎回。⑤ (2)如果没有亲属来代他赎地,那么当他自己在经济上有力量赎地的时候,“他就要计算卖地的年数,把剩余年数的出产数值还给那买主,他就可以收回自己的地业”。⑥ 这里的“剩余年数”可以理解为从赎回时到下一个禧年的这段期间。⑦ (3)如果他没有力量赎地,“他所卖的就要存在买主的手里,直到禧年;到了禧年,买主必须把地归还,卖地的人可以收回自己的地业”。⑧ 笔者对上述规则的合理性有如下的解读:第一,根据《约书亚记》中的记载,以色列的各支派都能有待分的地业。⑨ 然而,如果允许富足者不断购买土地,就难免会导致贫富差距加大的社会问题。因此,“地不得永卖”的原则,与允许赎地的权利,都有防范贫富两极差距加大的初

---

① 汤普森:《丁道尔旧约圣经注释:申命记》,李永明译,校园书房出版2000年版,第206~208页。

② 《利未记》25章8—12节;16章29—31节;周功和:《旧约中的禧年律法与约的责任》,载《基督教文化学刊》(第9辑),宗教文化出版社2003年,第20页;Jay Sklar, *Leviticus: An Introduction and Commentary*, Downers Grove, Illinois: InterVasity Press, 2014, p.301.

③ 《利未记》(新译本)25章10节;Gordon Wenham, *The Book of Leviticus*(*NICOT*), Grand Rapids, Michigan: Wm. B. Eerdmans Publishing, 1979, p.317; Jay Sklar, *Leviticus: An Introduction and Commentary*, Downers Grove, Illinois: InterVasity Press, 2014, p.301.

④ Jay Sklar, *Leviticus: An Introduction and Commentary*, Downers Grove, Illinois: InterVasity Press, 2014, p.304.

⑤ 《利未记》25章24—25节,48—49节。

⑥ 《利未记》25章(新译本)26—27节。

⑦ 《利未记》25章(现代中文译本修订版)13—16节;27节;Gordon Wenham, The Book of Leviticus(NICOT), Grand Rapids, Michigan: Wm. B. Eerdmans Publishing, 1979, pp.319-321;Jay Sklar, *Leviticus: An Introduction and Commentary*, Downers Grove, Illinois: InterVasity Press, 2014, p.301.

⑧ 《利未记》(新译本)25章28节。

⑨ 《约书亚记》13—21章。

衷。[①] 第二,作为与耶和华立约的群体,以色列人理当实践爱人如己的原则,不得欺压和亏负自己的同胞。因此,在赎地的过程中,人们必须按公平合理的方式来计算赎价。[②] 第三,禧年律法的一个重要功能,就是让那些无力偿债的以色列人脱离他们所负担的债务,重新开始生活。这有点像耶和华救赎以色列人脱离埃及地为奴的状态。就此而论,禧年律法亦是耶和华救赎作为的回音。[③]

赎回乡下的房屋,亦适用禧年律法的规定。[④] 而城内的住宅则不受禧年律法的调整。"如果有人卖了一所城内的住宅,在卖了以后的一整年之内,他有赎回的权利;在这些日子以内,他随时可赎回。如果满了一年期不赎回,那所城内的房屋,就要确定归买主世世代代为业;就算到了禧年,买主也不必交出退还。"[⑤]律法之所以对城内的住宅另设规定,可能是因为即使在当时的农业社会,城市的经济发展亦比乡村更快,因此,赎回的权利必须在一年的期限内行使。[⑥]

值得注意的是,律法对利未人的房屋和地业有特别的规定。与其他支派有所不同的是,利未人的地业是四十八座城和属城的郊野。[⑦] 论及城中的房屋,"利未人有随时可以赎回的权利。如果一个利未人在他所得为业的城里,没有赎回已经卖了的房屋,到了禧年,买主仍要交出退还;因为利未人城里的房屋,是他们在以色列人中的产业"。[⑧] 此规则旨在保护利未人,防止其落入无家可归的境地。[⑨] 律法还规定,利未人各城的郊野之地不得出卖,[⑩]其原因可能在于,这些地不归某个利未人所有,而是属于城中所有的利未人,要让他们可以牧放牲畜和安置财物。[⑪]

2. 奴仆赎身的规定。

提到奴仆,人们很容易想到古代希腊和罗马社会中血腥的奴隶制度、近代惨无人道的贩奴交易和美国南方的种植园。按照现代人的理解,奴仆受到的是非人的待遇,他们是主人的财产,须对主人完全的顺服。他们在主人面前没有任何的权利可言,他们的生

---

① 《利未记》25 章 23 节;周功和:《旧约中的禧年律法与约的责任》,载《基督教文化学刊》,宗教文化出版社 2003 年,第 21～23 页;Jay Sklar, *Leviticus: An Introduction and Commentary*, Downers Grove, Illinois: InterVasity Press, 2014, p.303.

② 《利未记》25 章 14—17 节;26—27 节。

③ Jay Sklar, *Leviticus: An Introduction and Commentary*, Downers Grove, Illinois: InterVasity Press, 2014, pp.303-304.

④ 《利未记》25 章 31 节。

⑤ 《利未记》25 章 29—30 节。

⑥ 周功和:《旧约中的禧年律法与约的责任》,载《基督教文化学刊》,宗教文化出版社 2003 年,第 21 页;Gordon Wenham, *The Book of Leviticus*(*NICOT*), Grand Rapids, Michigan: Wm. B. Eerdmans Publishing, 1979, p.321.

⑦ 《民数记》35 章 1—8 节;《约书亚记》21 章 1—42 节;《历代志上》6 章 54—81 节。

⑧ 《利未记》25 章(新译本)32—33 节。

⑨ Gordon Wenham, *The Book of Leviticus*(NICOT), Grand Rapids, Michigan: Wm. B. Eerdmans Publishing, 1979, p.321.

⑩ 《利未记》25 章 34 节。

⑪ 《民数记》35 章 3 节;Jay Sklar, *Leviticus: An Introduction and Commentary*, Downers Grove, Illinois: InterVasity Press, 2014, pp.304-305.

命任由主人随意支配。然而,古代以色列社会中,奴仆的含义和地位与上述情形有所不同。[1] 在希伯来文的旧约圣经中,与奴仆相对应的词是,עֶבֶד 这个词既可以用来指称不具备道德合法性的身份(如埃及人对以色列的苛刻奴役),也可以用来描述在道德上具有正当性的身份,包括君王的臣仆、[2]上帝的仆人、[3]和普通百姓的奴仆。[4] 虽然奴仆绝非理想的状态,但我们仍然可以在摩西律法中发现保护奴仆的规定。例如,如果主人向奴仆施暴,奴仆有权自由离去。[5] 又如,奴仆有权在安息日休息。[6] 再如,主人当以恩慈和慷慨的心来对待自己的奴仆。[7]

上述背景有助于我们理解禧年律法中奴仆赎身的规定。在以色列人因无力还债而被迫将自己卖给他人作奴仆的情况下,他的弟兄、叔伯或侄子等亲属可以将他赎回。[8] 如果没有亲属赎他,那么他在有足够的经济力量的时候,可以将自己赎回。[9] 若无力自赎,他为人奴仆的状态将会在禧年结束,他将和他的儿女一起"归回他本家,归回自己祖宗的地业"。[10] 在笔者看来,此规则有着重要的象征意义。既然耶和华已经将以色列人从在埃及为奴的状态中拯救出来,让他们永远作耶和华的仆人。[11] 他们就不能再沦为他人的终身奴仆。[12] 就此而论,律法诉说的乃是耶和华在以色列民众中已经完成的救赎之功。[13]

四、对启发意义的总结

行文至此,让我们对古代以色列社会中契约法的启发意义做如下的总结:

首先,包括契约法在内的律法是耶和华在与以色列人立约的过程中赐下的,以公义、

---

① Gordon Wenham, *The Book of Leviticus*(NICOT), Grand Rapids, Michigan: Wm. B. Eerdmans Publishing, 1979, p.322; Jay Sklar, *Leviticus: An Introduction and Commentary*, Downers Grove, Illinois: InterVasity Press, 2014, pp.307-310.

② 《出埃及记》8章3节;《撒母耳记上》19章4节。

③ 《创世记》50章17节;《申命记》32章43节。

④ 《出埃及记》21章2节,5节;《利未记》25章44—46节。

⑤ 《出埃及记》21章26—27节。

⑥ 《出埃及记》20章10节。

⑦ 《申命记》15章12—15节;16章11—12节。

⑧ 《利未记》25章48—49节。

⑨ 《利未记》25章49—53节。

⑩ 《利未记》25章41节,54节。

⑪ 《利未记》25章42节,55节。

⑫ 作为例外,在本人甘心乐意的情况下,以色列人可以作同胞的终身奴仆,其前提是仆人与主人有美好的关系,参见《出埃及记》21章5—6节。

⑬ 哈理逊:《丁道尔旧约圣经注释:利未记》,张心玮译,校园书房出版社2002年版,第251~252页;Gordon Wenham, *The Book of Leviticus*(NICOT), Grand Rapids, Michigan: Wm. B. Eerdmans Publishing, 1979, pp.322-323; Jay Sklar, *Leviticus: An Introduction and Commentary*, Downers Grove, Illinois: InterVasity Press, 2014, pp.309-310.

怜悯和信实作为重要的原则。与古近东地区的其他法律相比,古代以色列法有着许多独特之处,如摩西所慨叹的那样,"我照着耶和华我上帝所吩咐的将律例典章教训你们,使你们在所要进去得为业的地上遵行。所以你们要谨守遵行,这就是你们在万民眼前的智慧、聪明。他们听见这一切律例,必说:'这大国的人真是有智慧有聪明。'哪一大国的人有神与他们相近,像耶和华我们的神在我们求告他的时候与我们相近呢?又哪一大国有这样公义的律例典章、像我今日在你们面前所陈明的这一切律法呢"?① 以本文所讨论的借款关系为例,虽然古近东地区的法律也会对利率进行管制,但只有摩西律法才完全禁止以色列人在慈惠性的借贷中向同胞收取任何利息。② 又如,在古近东地区的历史上,亦曾有君王作出过豁免债务、使人重获财产和自由的举措。而古代以色列的禧年律法则明确定下了赎地、赎房和赎身的具体规则,为社会中的弱者的财产权和人身自由提供了不受君王个人意志左右的保护,颇具法治的特色。③ 在笔者看来,如何解读古代以色列契约法的此类特色,是一个蕴含着丰富的研习实益的问题,值得学界同仁投入更多的探寻和思考。

其次,旧约圣经的作者真实地记录了古代以色列社会中法律表达和法律实践之间的巨大差距。例如,根据律法的规定,借贷给穷人,不可向他收取利息。但照《以西结书》所记,以色列人"欺压困苦和贫穷的人……借东西给人要收取利息,也向人多要"。④ 又如,为了让穷苦人的生活得到基本的保障,律法禁止人用邻舍的衣服作为抵押物。然而,根据《阿摩司书》的记载,以色列人却"在各坛旁铺人所当的衣服,卧在其上",公然违抗律法的要求。⑤ 再如,无论是安息年的规定,还是禧年律法,都为的是帮助以色列人摆脱因债务而陷入的困境,让他们有机会重新开始生活。但是,先知书和圣卷的记载却向我们暗示,在以色列的历史上,此类律法很少在整个民族的层面被遵守过。⑥ 需要指出的是,实践和表达的背离,并不意味着对法之有效性的否定。从社会实效的角度来看,如果违法的行为受到了公正的审判,那么法的有效性就在制裁的意义上得到了保障。根据《申命记》中与立约相关的记载,以色列人若不遵行律法,背叛盟约,则会导致各样咒诅,包括被仇敌攻击和被掳亡国。⑦ 回顾古代以色列国的历史,可以发现,在王国分裂之后,无论是北国以色列为亚述所灭,还是南国犹大被掳巴比伦,均可解读为以色列民因违背圣约和

---

① 《申命记》4章

② Gordon Wenham, *The Book of Leviticus*(*NICOT*), Grand Rapids, Michigan: Wm. B. Eerdmans Publishing, 1979, pp.321-322.

③ 古代以色列社会中法治特色之一,就是君王须遵守上帝所赐的律法,参见《申命记》17章18—20节。

④ 《以西结书》(新译本)18章12—13节。

⑤ 《阿摩司书》2章8节;C. Scott Pryor, "Secured Transactions and Personal Exemptions, Part 2", IIIM Magazine Online, Volume 3, Number 40.

⑥ 《耶利米书》34章8—11节,14—19节;《历代志下》36章21节;周功和:《旧约中的禧年律法与约的责任》,载《基督教文化学刊》,宗教文化出版社2003年,第23~24页;Gordon Wenham, *The Book of Leviticus*(NICOT), Grand Rapids, Michigan: Wm. B. Eerdmans Publishing, 1979, p.318.

⑦ 《申命记》28章15—68节;汤普森:《丁道尔旧约圣经注释:申命记》,李永明译,校园书房出版社2000年,第298~305页。

律法而招致的咒诅。[①] 就此而论,耶和华在历史中借着外邦人所施行的审判,就是对以色列人违法背约行为的制裁,也是对摩西律法之有效性的肯定。

最后,就守法的动因而论,约的关系为以色列人能够遵行律法提供了内在的动力。虽然经历了被掳亡国,但以色列的历史上仍然出现了许多敬畏耶和华、遵行律法的忠义之士。如南国犹大的君王约西亚,如被掳时期的但以理,如回归时期的以斯拉和尼希米。笔者认为,此类忠义之士遵行律法的动力和下列因素有关:(1)敬畏的心,即不愿意因背约而得罪耶和华,也不愿意因违法而招致各类的刑罚。[②] (2)感恩的心,借着遵行律法来向耶和华表达感谢,感谢耶和华的救赎之恩。(3)信靠的心。在信奉竞争哲学和利己主义者的眼中,无偿借贷、慷慨施舍、因持守安息而停止劳作等诫命要么是不可理喻的神话,要么是无法在生活中践行的空洞说教。对以色列人而言,这些诫命则是耶和华留给他们的信心的功课,让他们不靠自己的控制,而是借着信靠耶和华信实的应许,来承受约中的祝福。[③] 只有从圣约的角度,才能对此类规则的合理性作出妥当的阐释。(4)盼望的心。在约的关系中,以色列人相信耶和华是掌管历史的主。虽然历史中有许多看似无法解决的社会和法律问题,他们仍然盼望最终的审判可以带来公义的完全实现。在笔者看来,从历史的角度来看,以色列的契约法所蕴含的启发意义并没有因着古代以色列国的灭亡而废止。在当代中国社会的处境中,对于那些肯从历史中学习智慧和经验的人来说,约的关系所提供的遵守法治秩序的内在动力是可以传递的。我们可以诚实地反问自己,人若有敬畏之心,是否还会无缘无故地拖欠雇员的工资?人若能把遵行律法当作表达感恩的方式,是否还会在奶粉中掺放三聚氰胺?是否还会制造和出售残害孩童的假疫苗?人若能够相信,与营利相比,约中的恩典和同在是更为重要的,是否更容易去持守公平和诚信的原则?在直面环境的艰难和人性的败坏,又自觉无力改变的时候,因耶和华的公义和审判而生的盼望,是否能够帮助人们脱离丛林法则对人心的捆绑和辖制?唯愿本文的写作能够引发更多的交流与思考,进而激发出更强的动力去践行律法所弘扬的公义、怜悯和信实。

Contract Law in the Society of Ancient Israel

Ji Cheng

Abstract: In the society of ancient Israel, contract law, which was given during the process of establishing covenant, is part of the covenantal stipulations. The contract law system include the principle of protecting order of property , the principle of keeping

① 《列王纪下》17 章 13 至 23 节;哈理逊:《丁道尔旧约圣经注释:耶利米书/耶利米哀歌》,李慧英译,校园书房出版社 2000 年,第 36～37 页;O. Palmer Robertson, *The Christ of the Covenants*, Philipsburg, New Jersey: P&R Publishing Company, 1980, p.34.

② 《罗马书》13 章 1—5 节。

③ J. Douma, *The Ten Commandments: Manual for the Christian Life*, translated by Nelson D. Kloosterman, Philipsburg, New Jersey: P&R Publishing Company, 1996, p.117.

Sabbath, and the relevant case laws. For the people of Israel, obeying the rules of contract law is not only to love neighbour as yourself, but also to proclaim the righteousness of the law of God to the other nations. The inner motivation for them the respect the rule of law include fear, gratitude, faith and hope.

Key Words: covenant; order of property; Sabbath; inner motivation

接纳国家和国际人权法之间的紧张关系：不协调平等情况司法应用*

埃雅尔·本韦尼斯蒂** 阿隆·哈勒尔*** 著 刘龙芳 岳 聪 译 范继增 校

摘要:宪法与国际法共同保障了个人的权利。宪法和国际法规范共存的状况不可避免地会导致冲突的发生:如果发生冲突,哪类规范应该具有优先的适用性便成为重要的法律问题?本文认为抽象地认为一种法律体系高于另一种法律体系具有明显的错误性。我们应该接受宪法和国际法规范间的竞争,并将其定义为"不协调的平等"理念。为了建构不协调平等模型,需要对国际法至上主义(internationalism)和宪法至上主义(constitutionalism)的内容进行研究。国际法权威至上性的基础是国家公开承认其具有保障人权的义务。宪法的至高权威源于其对个人是自身命运决定主体的承诺。这两种论断皆具有说服力,应该承认它们的平等地位和无法避免的冲突结果。国际法规范与国内法规范间的持续紧张关系有利于保障个人的自由。

主权是"由国际法组织并且遵守国际法的自由"。①

文明世界的法律观念要求"承认个人权利免受国家政府任何形式的侵犯"。②

引 言

宪法与国际法共同保障个人的权利。宪法和国际法规范的共存必然导致法律规范的冲突:当宪法条款与国际法条款在规定权利范围内发生冲突时,哪类规范应该优先适

* 我们感谢亚当·奇尔顿(Adam Chilton),莱恩·杜弗勒(Ryan Doerfler),纳迪夫·莫迪凯(Nadiv Mordechai),詹妮弗·努(Jennifer Nou)。我们还要感谢我们的研究助理员哈盖·波拉特(Haggai Porat),埃蒂亚·罗特曼-弗兰德(Etya Rottman-Frand)和史瑞姆(Shir Shrem)。本文发表于乔治敦法律中心人权研讨会、希伯来大学法律理论研讨会、IDC学院、伦敦国王学院和芝加哥大学公法讲习班。我们感谢参加者在讲习班所作的有益评论。埃雅尔对本文的研究得到了欧洲研究理事会高级许可的支持。(授权协议编号 323323)

** 埃雅尔·本韦尼斯蒂,剑桥大学国际法教授,剑桥大学基督学院研究员,特拉维夫大学教授。

*** 阿隆·哈勒尔,希伯来大学法学院;希伯来大学理性中心成员。

① Bundesverfassungsgericht [BVerfG] [Federal Constitutional Court] June 30, 2009, 2 BvE 2/08 (P.223) (Ger.) (the Lisbon Treaty judgment) (quoting Ferdinand von Martitz, a German legal scholar writing in 1888, see infra note 9).

② Institut de droit international, Déclaration des droits internationaux de l'homme [Declaration on the International Rights of Man] (Rapporteur: M. André Mandelstam) (Session de New York—1929), available at http://www.idi-iil.org/idiF/resolutionsF/1929_nyork_03_fr.pdf.

用？谁应该成为我们享有何种权利的最终裁判人？

抽象地主张一个法律体系优于另一个法律体系是错误的。事实上，我们应该赞同用“不协调的平等”理论来接纳国际法与宪法间的竞争。宪法与国际法规范在彼此竞争与冲突的过程中，两个体系所含有之规范皆主张自身具有优先适用性。显然，这是尊重和保障个人权利的必要条件。

宪法和国际法关系的争论可以追溯到主权国家概念的起源。拒绝以宗教或自然为基础的全球秩序和人民主权理念的崛起必然导致宪法与国际法相冲突的两个理论的诞生。一个理论是突出国家宪法具有最高性地位。这个理论的基础是作为制宪权主体的人民是权力的合法来源。① 这就意味着宪法与国际法关系之间存在两个结果：一是国际法源于宪法，建立在国家同意的基础上②；另一个是国际法不能越过界限干涉国家主权事务。③ 因此，有人坚持认为：“在一国的领土范围内，国家的管辖权具有排他性和绝对性；其独立存在，不受任何因素的限制。”④

但是，也存在另一种解读宪法与国际法间关系的途径，将国际法视为独立的法源。奥古斯特·威廉·赫夫特（August Wilhelm Heffter）认为欧洲各国受共同的法律秩序的约束，从而形成了一个欧洲社会整体。⑤ 格奥尔格·耶里内克（Georg Jellinek）认为作为“国家共同体”的成员的各国都必须受到“客观国际法”的约束。⑥ 费迪南德·冯·马尔蒂茨（Ferdinand von Martitz）认为，主权是“由国际法组织并且需要遵守国际法的自由”。⑦汉斯·凯尔森（Hans Kelsen）是第一个通过纯粹法学理论系统阐述宪法和国际法关系的

---

① Emmanuel Joseph Sieyès, Qu'est-ce que le tiers état? 53 (3rd ed., 1789) [“民族先于一切事物之前存在；它是万物的起源。民族的意志总是合法的，是法律本身。在民族之前和之上只有自然法……一个民族不仅不受宪法的约束，而且不可能也不应该受到宪法的约束。”See Emmanuel J. Sieyès, Political Writings 93, 136-137 (Michael Sonenscher ed. & trans., 2003)].

② S.S. Wimbledon (U.K., Fr., It., & Japan v. Ger.), 1923 P.C.I.J. (ser. A) No. 1 at 25 (Aug. 17). (“法院不希望在任何条约的结语部分看到国家通过放弃主权的方式履行或者不履行国际条约的义务……加入国际条约的权利是国家主权的一种属性”); S.S. Lotus (Fr. v. Turk.) 1927 P.C.I.J. (ser. A) No. 10 at I8 (Sept. 7) (国际法“来源于国家自由意志”)。

③ Dieter Grimm, The Achievement of Constitutionalism and its Prospects in a Changed World, in The Twilight of Constitutionalism? 3, 13 (Petra Dobner & Martin Loughlin eds., 2010) (“两个法律体系—作为国内法的宪法和作为外部法的国际法—因此可以彼此独立地存在”)。

④ 11 U.S. 7 Cranch 116 136 (1812).

⑤ As translated by Henry Wheaton, Elements of International Law Pt. I § 11 (Richard Henry Dana ed., 8th ed.1866) (“一个国家将自身与整个国际社会联系在一起，从而承认某一法律具有全球性，据此调整其国际关系”)。

⑥ Georg Jellinek, Die Lehre von den Staatenverbindungen 92-96 (1882), as lucidly explained in Jochen von Bernstorf, Georg Jellinek and the Origins of Liberal Constitutionalism in International Law, 4 Goettingen J. Int'l L. 659, 672-673 (2012).

⑦ 1 Ferdinand Von Martitz, Internationale Rechtshilfe in Strafsachen 416 (1888).

学者，他认为宪法必然是派生于国际法秩序中的。[①] 赫什·劳特派特(Hersch Lauterpacht)认为国际法的首要地位在于国际法反映了“以个人作为一切法律基本目的普遍人性法则。保障人性的权力高于保障有限的国家权力”。[②]

无论呈现出何种不同的方式，不同的法律理论通常都主张(而且常认为有必要)在探讨宪法和国际法间的关系前应该在两者中设置等级秩序。这就引发了“二元论”(认为国家法是国际法的来源)是否能够或应该让位于承认法律体系“一元论”(即国际法是国家法律的来源)的讨论。[③] 这个问题的结点不在于不同规范的优先适用性，而是哪一类规范具有优先性：宪法规范优先于国际法规范还是应该相反。

从两种意识形态的传统辩论思路分析，国际法至上主义者和宪法至上主义者通常采用两种不同论断途径：(1)一种是以比较方式为基础的工具主义论证模式：通过保障权利的有效性、稳定性、公正性和优越性确定何种规范具有优先的适用性；[④](2)一种是基于同意的观点，法律规范的规范性地位依赖于(个人或国家)的同意。[⑤] 但是，这两种论证途径

---

① Hans Kelsen, Reine Rechtslehre (1st ed. 1934), translated as Hans Kelsen, Introduction to the Problems of Legal Theory (Bonnie Litschewski Paulson & Stanley L. Paulson trans., 1992). 他在著作第二版中修改了论点，表明这两个规范体系间必然存在等级关系，但是他的纯粹理论不能解决哪个规范体系具有优先性：Hans Kelsen, Pure Theory of Law (Max Knight trans., 1960).

② Hersch Lauterpacht, The Grotian Tradition in International Law, 23 Brit. Yb Int'l L. 1, 47 (1946). See Roman Kwiecień, Sir Hersch Lauterpacht's Idea of State Sovereignty—Is It Still Alive? 13 Int'l Community L. Rev. 23 (2011).

③ Kelsen, Introduction, supra note 11, at 107-155; Georges Scelle, Précis de droit des gens: Principes et systématique (Dalloz 2008) [1932]; Armin von Bogdandy, Common Principles for a Plurality of Orders: A Study Public Authority in the European Legal Area, 12 Int'l J. Const. L. 980 (2014).

④ 强调工具主义的国际法至上主义者的观点的文章，请参见 Louis Henkin, International Human Rights as "Rights," 1 Cardozo L. Rev. 425, 427-428 (1979); Emilie M. Hafner-Burton & Kiyoteru Tsutsui, Human Rights in a Globalizing World: The Paradox of Empty Promises, 110 Am. J. Soc. 1373, 1383 (2005) [“人权统治秩序(human rights regime)主要是为了确定和区别出哪些权利具有全球合法性，为交流有关侵犯人权信息提供一个论坛，并且说服政府和人权侵犯者相信，保护人权的法律是对国家政府行使权力的适当限制，应该得到尊重。”].强调工具主义的立宪主义者的观点的文章，请参见 Jack Donnelly, Cultural Relativism and Universal Human Rights, 6 Hum. Rts Q. 400, 415 (1984);Eric Posner, International Law: A Welfare Approach, 73 U. Chicago L. Rev. 487, 543 (2006). See, generally, Eric Posner, The Perils of Global Legalism (2009); Eric Posner, The Twilight of Human Rights Law (2014).

⑤ 依据同意性理论为基础的国际法至上主义者的观点，请参见 S.S. Lotus (Fr. v. Turk.), 1927 P.C.I.J. (ser. A) No. 10, at 68 (Sept. 7); Louis Henkin, That "S" Word: Sovereignty, and Globalization, and Human Rights, Et Cetera, 68 Fordham L. Rev. 1, 5 (1999). For constitutionalists who stress consent-based arguments, see The Federalist No. 46, at 294 (James Madison) (Clinton Rossiter ed., 1961) (“实际上，联邦政府和州政府是人民不同的代理人和受托人”); Paul W. Kahn, Speaking Law to Power: Popular Sovereignty, Human Rights, and the New International Order, 1 Chi. J. Int'l L. 1 (2000).

都受到了尖锐的批评。[①] 本文为国际法至上主义和宪法至上主义提供了新的论证思路，并且在保障人权方面对国际法和宪法间需要建立等级秩序的想法提出了挑战。我们认为在两个独立的法律体系中建立等级结构本身就是存在问题的。相反，应该通过“不协调平等”模式主张国际法和宪法的平等地位。

为了建构“不协调平等”理论，本文分别赞同国际法具有优于宪法的国际法至上主义者的观点（“国际法主义”观点）和宪法优于国际法提倡者（“立宪主义者”观点）提出了的观点。最后，作者认为平等理论具有保障个人自由的功能。国际法规范和宪法规范之间的平等性并不依赖双方间的和谐相处。国际法和宪法之间的平等意味着摩擦；但这种摩擦是积极的，也是保障个人自由的必要因素。因此，我们可以将“不协调平等”定义为国际法规范和宪法规范相互竞争，都力求在规范性领域中占据主导地位。

我们对不协调平等模型的证成并不以这种体系有效性的经验猜想为前提。相反，我们的论点是基于原则性的思考——这些思考独立于任何的经验性猜想。本文所要证成的国际法主义和立宪主义帮助我们又建构了“强国际法主义”和“强立宪主义”两个标签。我们按照自己的论证模式给它们贴上“强劲”的标签的原因是国际法规范的价值和宪法规范的价值不与它们对政治结果或者法律决定的实质性因素具有相关性。与通行的观点相反，国际法规范和宪法规范不仅是保障良好、公正或判决连续性的有效工具；在其他理由方面也是有价值的，所以国际法和宪法规范的必要性不只取决于或主要取决于它们对由此产生的立法结果和决定具有的实质性贡献。更具体地说，正是它们通过各种方式转化或者重构了国家政府、公民和国际社会的关系，所以宪法规范和国际法规范才是有价值的。但是，作为彼此证明各自法律体系有效性的副产品，两种立场的冲突将不可避免。

为了证明国际法规范具有优先的规范性地位（强国际法主义），我们认为寻求最高权威的国际法规范必须公开承认国家政府具有保护公民的义务。国家有义务通过制宪权的方式履行保障人权的义务。保障人权不是国家的善意或自由裁量权限。国际法规范的至上性要求公开地承认保护权利是国家（和人民）的义务，而不是国家自由裁量权的产物。

为了证明宪法规范具有优先的规范性地位，我们认为国家宪法的最高权力是保障不可剥夺的公民权利的必需品。权利的价值在于公民通过积极的活动界定权利范围以及

---

① 在政治学理论中对工具主义观点的批评文章，请参见 Alon Harel, Why Law Matters 1-9 (2014). 在工具主义理念下形成的观点通常会受到“不真诚”或“不真实”的批评；他们未能确定（或捕获）维持或设计全球机构、程序或国家宪法欲望背后的真实情感。有一种感觉是，工具性的考虑并不是公民和政治家们真实意图，事实上，这些考虑为其他的情绪提供了理性化的空间。对基于同意的论点的批判，see Mila Versteeg, Unpopular Constitutionalism, 89 Ind. L.J. 1133, 1138 (2014). 基于同意的国际法主义的观点似乎与国际法中的主流观点不一致。根据国际法主流观点，国际人权法规范源于自然权利。As asserted in the Preamble to the International Covenant on Civil and Political Rights (1996)：“这些权利源于人的固有尊严。”更多的以哲学视角反对同意论的观点文章，请参见 Ronald Dworkin, The Original Position, in Reading Rawls 16, 17-21 (Norman Daniels ed., 1975); Richard H. Fallon, Jr., Legitimacy and the Constitution, 118 *Harv. L. Rev.* 1787, 1807-1808 (2005).

行使权利,有效地行使权利在于个人对于权利内容的控制。否则,权利就失去了价值。[①]如果人们不认为权利源于他们的创造,这会损害他们追求和行使这些权利的能力。这就是我们需要支持两个独立的法律体系皆主张自己的规范具有优先适用性的"不协调的平等"模式。

可以通过类比的方式将"不协调平等"模型概念化。法律制度会依据自身的权威性决断力(authoritative determination)赋予父母照顾子女和提高子女幸福感的义务。法律主张自身的权威高于父母的决定。法律义务的重要性不仅主要体现在其促进儿童福利;相反,这是法律义务强调促进儿童福祉不取决于父母的意愿。后者是法律的公开规定。[②]与此同时,我们也明白父母尽力提高子女的生活幸福感不仅是因为他们有守法的义务,也是因为他们关心子女的生活。因此,法律还必须尊重父母积极参与涉及子女利益的事项和作出的相应决定。不可避免的是国家政府和父母对何为幸福生活以及如何实现幸福生活间存在矛盾性。国家决断力主张优于父母的决定;同时,一些父母对抗国家立法或者政治权威,他们认为自己拥有优先决定的权威。由于国家政府理解父母有权积极参与制定有关孩子福祉的事项,所以有时会容忍父母不遵守国家的决定。[③] 因此,在独立于父母自由裁量权的方式来界定子女的福祉和有效的父母身份是制定孩子福祉决定的前提间存在着持续性冲突关系。有时,国家政府也必须服从父母的决定。[④] 这种紧张关系不仅是可以容忍的,而且应该以强调两种观点皆有合理性来得到维持。国际法规范与宪法规范之间的关系与这个例子相似;国际法和宪法规范共存,并且必须以冲突和紧张的方式共存。本文第二部分论证强国际法主义,第三部分论证强立宪主义。第四部分,提出了不协调平等模型,并提炼该理论的意义。第五部分为结论。

一、为什么国际人权法规范具有优先性地位:"强国际法主义"的论断

犹太法典曾经讲述了这样一个故事。一位外邦人因怕打扰父亲的休息,没有叫醒熟睡的父亲并拿走他枕头下的钥匙,因此错过了获得巨大商业利益的机会。为了鼓励孝顺

---

① Harel, supra note 15, at 39.

② Michael S. Wald, State Intervention on Behalf of Neglected Children: Standards for Removal of Children from Their Homes, Monitoring the Status of Children in Foster Care, and Termination of Parental Rights, 28 Stan. L. Rev. 623, 638 (1976).

③ 教育可以提供一个很好的例子。父母可能希望以国家认为不利于儿童健康的方式教育儿童。一方面,父母必须对孩子的教育有一定的投入;另一方面,国家应该施加一些限制。我们不知道国家干预的界限是什么。有时,我们尊重父母的判断,即使我们认为他们的决定是错误的。See, e.g., Wisconsin v. Yoder, 406 U.S. 205 (1972).

④ A clear articulation of this ambivalence concerning the law can be found in Katharine T. Bartlett, Re-Expressing Parenthood, 98 Yale L.J. 293, 301 (1988). 作者认为:法律在形成社会环境中所起的作用是一个难题,在这种环境中,父母可能会将崇高的理想内化为法律责任,并自愿地采取行动履行义务。在某种程度上,法律必须为父母设置较高的期待标准,同时也必须留出足够的回旋余地,使父母能够自由地承担真正意义上的责任。法律在为人父母问题上采取放任的做法将舍弃对基于身份规范父母的任何社会责任;然而,一个紧密的、全面的控制手段将消除父母行为对保护儿童理由的自由裁量权,而这个行为的基础实际上是道德决定。

的行为，他获得了一头价值不菲的红色奶牛作为奖励。拉比·乌拉(Rabbi Ulla)从这个故事中引申出一个道理：若神没有要求外邦人做孝顺父母的事情，他做了此事后能得到巨额的奖励；需要服从神的旨意来孝顺父母的犹太人，将会在履行义务后得到更多的奖赏。拉比·乌拉(Rabbi Ulla)这个推论是建立在拉比·阿尼纳(Rabbi Hanina)："服从神并履行神的旨意比不服从但履行神的旨意要好得多"①论断基础之上。

我们也可以把这个道理运用到国家政府之中，认为一个尊重人权但没有相应的国际法义务"命令"国家履行相关的行为不如一国的制宪会议履行保护个人权利的全球义务。后一种社会更具有优越性的原因是在这样的社会中，个人的生活和存在不是集体"怜悯"的结果；他们的权利不依赖于国家的决定或者相关的倾向。

(一)为什么国家应该受到国际社会普遍承认的国际人权法规则的约束

受红奶牛故事的启发，我们认为国际人权的价值基础不是国际人权的有效性或工具性价值。相反，国际人权规则在公开传达人权不是国家自由裁量的事实方面发挥着重要作用；国际人权是引起全球关注的问题，应由国家作为义务方式予以遵守，而非国家任意的选择、偏好或判断。这就是"强国际法主义"的真实情况。用"强"的标签原因是提倡国际法至上性并不以国际人权的有效性或各国是否同意受国际人权规则的约束为经验性的考量。

个人享有政治权利，并且这些权利的规范性效力(至少有时如此)独立于全球秩序。无论在全球秩序范围内是否已经确立了相关的规则，国家有义务保护自由和保障平等。我们设想可以通过两种方式保障这些权利。第一，国家排他性地保障一切权利。第二，由国际秩序下设定的规则作为保障人权的规范。至少从理论上讲，保护权利的两种途径可能具有同样的效果。我们在这里需要解决的问题是哪种途径更为优越？即便国际法规定已存在的政治和道德权利无法有效保障人权，这些国际人权规则是否依旧有价值？国际人权规则是否非常重要，如果重要，为什么？

需要从理论上解释这些问题。我们认为国际法中的既有的道德和政治权利是有价值的(不论这种承认是否有利于保护这些权利)，也是非常重要的。将人权规则纳入普遍的国际法事实，本身意味着公开承认保护权利是国家义务的一种形式，不是国家自由裁量姿态的一部分，也不依赖于国家对公共利益的判断。对于保护自由而言，国际人权法是极其重要的。在承认保护权利属于国家义务、并非基于国家制宪者或释宪者的倾向或决定的社会中，公民具有更大的自由空间。

为了证明国际法主义的正当性，我们需要设想在一个仅由宪法保障个人权利的情景中。由于不存在国际人权规则，因此没有公开限制国家权力的外部规定。国家对保障人权的决定和将人权内容纳入宪法的基础不是源自普遍承认的国际法义务，而是源于制宪者和立宪者的倾向和决定。因此，该国的公民就生活在制宪者或者释宪者的"控制"下。

① See Babylonian Talmud, tract Kiddushin at 31a.

相反,如果国家受到国际法规范的约束,国家不仅会公开承认国际法的有效性,公民权利的范围也就不会再遭受制宪者或者释宪者的控制。

国际法主义的理性因素的基础是国际法公开承认国家保障人权的重要性。尤其是理性的因素显著地区分了国家自由裁量的决定(即那些国家倾向、偏好、判断和决定)和那些以保障人权为义务的国际法决定。尽管在这两种情况之下基本权利都可能获得同等的保障效果,但是只有在后一种情况下——即将保障权利作为国家义务,而不是国家的自由裁量权——才能更好地尊重基本权利。

我们通过两个部分来论证我们的主张。第一个部分是关于国家遵守和承认国际社会普遍尊重的权利。显然,国家保障公民的权利属于积极的情况,但如果承认保护权利不是国家自由裁量权或决定的副产品,那么效果将变得更好。国际法规范强调了保护权利不属于国家自由裁量范围的事实:这属于国家的义务而且国家并不能按照自己的好恶任由自己意志支配行为方式。它们应该遵守国际法的准则。

第二个部分是关于侵犯权利的案件。国家对公民权利的侵犯当然是负面的,但如果国家实际发生了侵害权利的事实,但是没有构成法律意义的违法规范或者过错归责,那么这种情况会更加的糟糕。国际社会可以成为识别侵犯人权行为具有过错性的政治主体,并且通过发声的方式公开谴责侵犯人权国家的过错。这样的公开声明可以阻止(或防止)进一步危害人权的行为或有助于采取相应的救济措施。但是,这不是全球公开发声的唯一目的,全球性的谴责意味着对国家过错责任的公开承认和认识。

部分持怀疑态度的学者会质疑这两种对象是否具有规范意义的关联性。部分学者尤其会质疑为什么人们应该关注权利是否受到国家自由裁量意志的影响。显然,他们仅关注权利是否受到了有效的保护,而不是这种保护是否被视为一种义务或谁承认它是一种义务。因此,持怀疑态度的学者认为国际人权公约仅是一个法律文件,这个法律文件的价值与要求国家遵守国际公约无关。赞同国际法至上无非是对国际法的崇拜。

因此,我们需要通过"自由"进行再思考——尤其是在共和主义观念下对自由的思考——来回答这个问题。共和主义的权利观念不仅要求其他人不能侵犯个人自由,而且意味着没有任何人有权力侵犯个人自由。[①] 因此,相比于基于判断、偏好或立法机关、政治组织的倾向建构的国家宪法体系中,公民在承认国家承担保障人权的国际法义务的社会中更加的自由。在这样的社会条件下,公民不受立法机构的控制或者制宪者与释宪者的任意支配。保障公民的权利不是以国家的倾向和良好的意愿为基础;国家保障公民权利的原因是国际社会公开确立的国际法义务,而不仅是因为国家愿意保护权利或者以保障公共利益为理由。

我们可以通过一个类比性案例来论证上述观点的合理性:A 急需用 100 元。幸运的是,B 欠了 A 100 元,所以 A 要求 B 偿还相应的债务。但是,B 否认欠 A 钱,而是出于双方间的友情,理解 A 面临的经济困难,愿意赠与 A 这笔钱。

---

① Phillip Pettit, Rebulicanism: A Theory of Freedom and Government 5 (1999).

A很有可能会被B的理由所激怒。A不仅在意B是否偿还其急需的金钱，而且也十分在意100元的属性是债务而不是礼物。A想让B偿还债务，而不仅只是收到钱而已。但为什么A要在意B是送礼物还是偿还债务呢？B不情愿承认债务将损害A的情感，因为这意味着A是受到了B"怜悯"，也就是说，B有给付的决定权。

即使B坚持给予A的钱的性质是礼物，但是A可以从社会力量中寻求支持自己的请求，对B施加制裁，惩罚B不愿承认自身债务。因此，A不仅可以正当地要求B承认债权债务的存在，而且可以因B未能有效地履行对A的债务(并坚持给A"一份礼物")，要求整个社会谴责B。如果公开谴责是作为一种强烈和有效的普遍规则，那么就可以证明A不是"任由B支配的"。

与我们关切相近的例子是奴隶制。完全可以在没有相关的国际法规范的条件下根除奴隶制度。公民可以通过制宪的方式禁止奴隶制度。然而，国际法禁止性条款突出了废除奴隶制不是基于国家自由裁量的事实，也不取决于国家的善意。确立禁止奴隶制的国际法保障可能对消除奴隶制有重要的工具性价值。但是，消除奴隶制的工具性作用并不是国际法建立禁止奴隶制的唯一理由。

通过思考上述债务的例子，我们可以提出两个重要的观点。首先，仅通过道德性规范要求B尊重A的权利无法使A免受B的控制和影响。还必须存在有效的社会规范、惯例、协议和认知要求B履行债务。公众认知并不简单地等同于道德规范的约束力。在缺乏公众认知的情况下，B是否履行债务完全"由B决定"，即债务偿还受B的判断或倾向的决定。在本文的情景下，能够约束国家的社会规范是国际规范；国际法主义者主张国际规范优先于国家宪法，从而强调权利保护不是国家自由裁量的措施，也不取决于国家判断的事实。

第二，"不受B的支配"不意味着需要迫使B承认债务。如果我生活在一个有效实施法律的国家(即使在对我犯罪的情况下)，那么准确地说我就不受罪犯的"支配"。因此以这个逻辑为基点，A不受B的支配的理由是拒绝承认和履行债务的人将面临着法律的制裁。即便存在着无法使B履行债务的法律制度，但是这不意味着"任由B自己选择"或者A就是"任由B支配的"情况发生。更进一步地讲，就某些目的而言，即使我很容易受到外界的侵害，但是不同类型的侵害之间也有根本的区别。正如路易斯-菲利普·霍奇森(Louis-Philippe Hodgson)指出的：如果我住在镇上一个特别不安全的地方，那么结果可能在考虑到所有相关因素时，我和皇宫里的奴隶一样容易受到外界的侵害。然而，从权利的角度来看，我们生活的条件并不一样。①

要求国家尊重人权的国际法规范与要求B偿还债务的社会规范或禁止奴隶制的法律规范相同。这些规范的目的是将侵害人权的行为公开地列为过错。在缺乏国际法规范的情况下，个人只能受到国内宪法的摆布，如果国家侵犯了个人权利，不存在任何高于国家的权威宣布国家具有过错。虽然其他国家可以谴责侵犯人权的行为，但外国政府不

---

① Louis-Philippe Hodgson, Kant on the Right to Freedom: A Defense, 120 Ethics 791, 816 (2010).

能声称自己的判断优于本国政府的判断。如果权利得到了保障，那么会不清楚保护这些权利是因为国家自由裁量权的决定还是出于履行国家义务。

我们可以从一些国际秩序的创立者那里寻找到不以效果为基础的国际法至上主义的论断。首批国际人权保护提倡人中的安德烈·曼德尔斯塔姆（André Mandelstam）在其起草的1929年国际法研究协会（Institute of International Law）有关国际人权的决议中成为第一个阐明国际法至上主义理念的学者：我深信，在不诉诸政治力量的情况下，研究协会的责任毫不拖延地大声宣布这个伟大的新原则……：人权是存在的，尊重人权是每个国家的义务。①

因此，在曼德尔斯塔姆看来重要的是大声疾呼和毫不拖延地宣布。这个全球性的声音就是宣布尊重人权是“每个国家的责任”。1929年的决议多次强调各国都有“义务”承认和保护每个人享有生命和自由的平等权利和其他权利。②

作为1948年《世界人权宣言》策划者的埃莉诺·罗斯福（Eleanor Roosevelt）也强调了这类公开声明的重要性。她认为应该加强不具法律约束力宣言性文件的重要性：它是一项关于人权和自由基本原则的宣言，经联合国大会正式表决并获得大会认可，作为各国人民成就的共同标准…③

这些公开的文件和相关历史可以表明国际法至上主义的目的是强调保护人权不是国家的自由裁量权或良好意愿，而是主权国家的国际法义务。由具有约束力的全球指令组成的国际秩序能够明确地区分基于国际法义务的决定和依赖于国家善意的自由裁量决定。国际法主义突出强调了前一类基于义务的决定必须得到公开承认，并与第二种决定相区分。下面我们会回应针对这一观点的反对意见。

（二）一切规范皆是由他人摆布的结果？对批评的回应

有些学者会提出反对我们观点的理由和事实：由于宪法规范和国际法规范都源于人类的创造，因此这些规范都不能保护我们的自由。我们最终都要受到他人的支配。毕竟，有些人负责起草国际规范，有些人负责解释这些国际规范。因此，即使确立有约束力的国际法规范，公民仍然生活在全球规范的起草者或解释者的控制之下。在没有宪法的情况下，民主国家的公民生活在他们自己国家的立法机构的控制之下。而宪法权利凌驾于立法决定之上，保护他们摆脱这种困境。但是，这种情况又使公民受到宪法起草人（或

① André Mandelstam, Inst. of Int'l Law (Oct. 8, 1921), quoted in Bruno Cabanes, The Great War and the Origins of Humanitarianism, 1918-1924, at 313 (2014). See also Helmut Philipp Aust, From Diplomat to Academic Activist: André Mandelstam and the History of Human Rights, 25 Eur. J. Int'l L.1105 (2014).

② See, e.g, supra note 2, Art. 1.: “Il est du devoir de tout Etat de reconnaître *à* tout individu le droit égal *à* la vie, *à* la liberté...”（“每个国家都有义务承认人人享有平等的生命权、自由权……”）

③ Eleanor Roosevelt, U.S. Delegate, U.N. Gen. Assembly, On the Adoption of the Universal Declaration of Human Rights (Dec. 9, 1948). 有趣的是，1948年《世界人权宣言》起草者采用了完全不同的立法模式。《世界人权宣言》没有像1929年的决议那样强调国家义务，而是提到“每个人”的“权利”，这些权利的理性基础在于同意。（“鉴于会员国已承诺实现……促进普遍尊重和遵守人权和基本自由”）。

解释者)的控制。同样,国际人权规范可能保护个人不受释宪者或制宪者的影响,但是它使个人受到偏好、判决以及那些国际规范起草者或解释者的控制。因此,我们无法克服对某些规范的服从,这些准则最终是由人类起草和解释,并取决于他们的自由裁量或偏好。

不难看出,这一主张在某种意义上反映了我们所追求的不受控制的自由永远不可能实现。无论为保护个人权利设置何种限制,总会有一些权力机构或个人会影响和决定我们的自由与权利(或可以对其进行修正或解释)的实现。

这种反驳的意见是重要的,同时也误导了我们的观念。[①] 这个批评具有重要性的原因是(如下文所示):它可以解释国家宪法甚至国际法规范的局限性。因此,在某种意义上,我们总是受到某些机构的支配。同时,该批评观点也具有误导性,因为超出了可以类比证明的适当范围。仁慈的主人不使用他的权力对他的奴隶发布命令是一回事,但是生活在禁止奴隶制的法治国家中或生活在宪法确立的禁止奴隶制的宪法国家中又是另一回事。诚然,在所有情况下,我们都受到某些政治机构权力的限制(第一种情况下是主人,第二种情况下是立法机构,最后一种情况是制宪者)。但是,必须知道这个机构是什么,代表什么,为什么要服从于它的权力。奴隶主可能是仁慈的,从不使用他的权力,但任凭受他支配将有损人格。相反,受制于国际法或宪法规范解释者权力是完全不同的,国际和宪法规范的解释者并没有以同样的方式影响我们的地位。

这一论证提出了需要区别两个不同条件的问题。我们什么时候才能合理地提出我们不自由不是因为我们的权利受到了侵犯,而是因为我们的权利受制于他人的善意和意图,并且受制于他人的意志将会损害我们的自由。

这种判断需要依不同的情景而定。他们需要对传统做法和制度有所了解。我们认为由国际法或宪法规范解释者摆布比任由立法机关摆布要好得多。这不仅是因为法院比立法机构能更好地保护这些权利。更重要的是释法者需要对文本进行解释,需要释法者对自己选择的结果进行详细的论述,而立法者仅依据自己的好恶进行投票,毫不掩饰地促进自己的利益。国际法与宪法之间的关系就是立法机关与宪法关系的复制。

我们可以通过用托马斯·纳格尔(Thomas Nagel)在另一种情景下的观察感受来作总结:“遭受酷刑将是可怕的;但是认为实施酷刑的人没有过错就更加的糟糕。”[②]强国际法主义认为比侵害权利更糟糕的是违法行为没有以权威性的方式声明侵犯人权行为具有过错性。仅由国家保障人权是不够的;此外,应该公开地将国家侵犯人权的行为视为一种过错。国际人权法不仅是保护权利的法律;人权国际主义的必要性并不仅是保障权利的工具性功能或者在最大限度地减少侵害人权的频率或者严重性。国际法规范至上权威为权利具有约束性提供了明确的指示。保护权利不是国家意志的特权,而是国家的义务。国际法规范也从制度上承认这一点。

① See Harel, supra note 15, at 185.

② Thomas Nagel, Personal Rights and Public Space, 24 Phil. & Pub. Aff. 83, 93 (1995).

当然,这个论证并不具有完成的结论性。或许存在更有力的工具性理由推翻我们在上文中论证的结果。例如,国家宪法或许在保障基本权利方面更为有效,而国际法规范的至上性或许会削弱国家宪法保障的效果。的确,我们将在下一个部分中探讨赞同宪法权威具有至上性的主要原因。

二、为什么宪法规范必须享有优先地位?捍卫强劲的立宪主义

上一个部分我们提出了为何宪法应该具有优先性。然而,在这一部分之中我们也可以提出一些重要的支持国家宪法或者国内法具有优先性的观点。有两种传统的方法来证明宪法规范具有优于国际法的权威。首先,由于宪法在保障基本权利领域具有不可替代性,应该以当地的情景和人民关切的内容为规范之本体。鉴于宪法的核心关切更为接地气,宪法在规范和保障基本权利方面更为有效。① 第二,宪法的根基和内容体现了人民的意志,人民的意志与同意是宪法合法性的根本。民主和契约的精神要求人民应该服从宪法的权威。② 因此,民主的因素就赋予宪法条款具有高于国际法的地位。

这一部分将通过另一个途径为宪法至上的合理性提出论证。我们认为立宪主义是实现权利价值的必要途径。权利的宪法保障不仅是一个地方性关切、公众同意或普遍同意的问题。相反,权利的价值取决于谁对相关的权利内容作出权威性的决断。相同的权利保护规范依据起源的不同有着差异性的价值。更具体地说,由国家作出权威性的判决会促使其公民界定权利的范围和权利的重要性。这一任务反过来会促使公民行使这些权利。而授予国际法规范优于宪法规范的优势性宪法地位会使公民远离这些权利,且损害公民行使基本权利的意志。

为什么权利需要由我们自己创造?我们可以自己决定何为自己的权利具有重要性的理由是什么?对这些问题的回答需要明确权利的一个重要特征,即个人在事实上行使权利赋予了权利价值。如果个人不行使增强自治性的权利,则增强自治性权利的价值就无法实现。这就是描述价值抽象性特征的一部分。正如约瑟夫·拉兹所主张的那样,"只有存在价值的客体被主体所赞赏的时候,客体的价值才会实现。价值存在于主体所追求希望的实现"。③ 拉兹继续提出如下观点:当客体的价值没有实现或者被认为是没有价值时,我们可以通过一个熟悉的事实去解释或者进一步论证。一个物体所具有的价值只有通过被认知,才能对世界产生重要的影响。事物价值只有在获得了鉴赏的条件下才是影响世界的正规和适当的途径——事物价值的实现源于尊重和参与。④

---

① See, e.g., James W. Nickel, Cultural Diversity and Human Rights, in International Human Rights: Contemporary Issues 43 (Jack L. Nelson & Vera M. Green eds., 1980); Bonny Ibhawoh, Between Culture and Constitution: Evaluating the Cultural Legitimacy of Human Rights in the African State, 22 Hum. Rts. Q. 838, 844 (2000).

② For references, see supra note 15.

③ Joseph Raz, The Practice of Value (The Berkeley Tanner Lectures) 124 (2001).

④ Joseph Raz, The Practice of Value (The Berkeley Tanner Lectures) 124 (2001), at 28.

鉴于权利的基础是价值，权利享有者的参与是实现权利价值必不可少的途径。因此，例如公民在自己的生活中可以行使某种程度的自治权并且认为行使自治权是有价值的，那么自治可以使他们过更好的生活。但是，成功行使权利是存在先决条件的。最重要的是我们有能力感知我们自己是参与制定权利的人。“我们创造”的权利越多，我们就越有可能行使权利和从中获益。①

我们承认这些假设无法从概念或者经验中获得证明。我们可以通过比较个人权利的不同来源进行实质性的论证。一种情形是权利来源于独断专行的统治者的法令；另一种情形是通过民主政体中的人民参与和社会诉求。前者似乎更有可能使其疏远权利，而后者则更有可能认可和行使这些权利。与传统观点不同，我们不认为民主参与本身是有价值的。相反，我们认为它是有效行使权利的前提条件(或至少是一个强化因素)。

为了更加透彻地讲解这个问题，让我们回到前言部分中有关于儿童利益保障的事例：不同的国家机构、社会团体和个人都可以判断何为儿童健康生活的福利。但是由照顾儿童的父母来做这件事就显得尤为重要。即使父母所作出的决定具有瑕疵，这些决定依旧有着不可替代的价值。因为这有助于父母和孩子之间形成更为牢固的联系。因此，授予父母制定关于儿童福祉决定的权力(即使父母的判断低于国家的判断)是重要的。同样，我们认为给予国家最高权威决定权利的范围及其重要性是十分重要的。这个理由的基础不是因为国家比国际社会处于更好的决定国内事务的地位，而是因为一国之公民的集体参与决定的形成是有价值的。

此外，正如本韦尼斯蒂(Benvenisti)和勒斯蒂格(Lustig)在其他情境下所提出的，公民参与基本权利相关的决定“有助于社会整体在信息完整的基础上作出决断，其对个人的重要性远超过工具性的考量。通过实际的社会参与，个人逐渐形成了对其他人的同情心，培养了共同体成员的意识”。② 约翰 · 斯图亚特 · 密尔(John Stuart Mill)认为：“个人仅在小圈子之中将自己的兴趣集中在特定的领域。只有通过政治性讨论和政治性活动，他们才能体会社会其他民众的感受，并有意识地成为大群体中的一员。”③国际法至上主义的一个消极后果是导致政治共同体与文化权的脱离；换句话说，就是将公民降为规范的服从者。权利必须在行政机关履行职权、国家制度的运行或者重要的国家文件中获得保障。这使得“我们的”权利在某种程度上与国家必须“遵守”或者“赞同”世界性的权利形成了鲜明的对比。

宪法制度或源于国家(而不是国际社会)的普遍性的规范(在正常情况下)是国家公民的创造。无论规范的具体内容如何，这种进程都是公民对规范的创造。因此，公民可

① Robert Post & Reva B. Siegel, Roe Rage: Democratic Constitutionalism and Backlash, 42 Harv. Civil Rts-Civil Liberties L. Rev. 373, 374 (2007)(“民主立宪政体的前提是宪法的权威具有民主的合法性，这使得美国人民承认宪法是他们自己的创造。”)。

② Doreen Lustig & Eyal Benvenisti, The Multinational Corporation as “The Good Despot”: The Democratic Costs of Privatization in Global Settings, 15 Theoretical Inquiries in L. 125, 136 (2014).

③ John Stuart Mill, Considerations on Representative Government 83 (Henry Regnery Co. 1962) [1861].

以自豪地将这些规范视为自己的创造。进而,公民作为规范的创造者和作为愿意执行规范的人之间形成了紧密的联系。由于行使权利是实现权利价值的终极方式,所以宪法制度是实现权利价值的前提。

为了支持我们这一论断,请先设想一个完全受国际法规范管辖的世界。在这个世界里,各国受到国际人权保障规范的约束。此外,在这个世界中,各国仅是基于国际法规定的义务遵守国际法规范。国家认为国际人权规范是国际社会强加给他们的单方面限制。

凯尔森(Kelsen)曾经作出过一个重要的事例类比。我们可以将一个全球性体制的主权国家类比为国家中的公司。[①] 公司应遵守包括保护工人和消费者权利的法律,但是社会普遍不对它们积极参与界定这些权利内容抱有期望。他们必须接受国家(也许还有国际社会)的权威性决定。我们可以将国家比喻为公司,即被动接受国际社会的决定,而不是决定公民拥有什么权利的积极参与者。一个遵守国际规范的国家,并对这些规范的正当性不作任何判断是不可能创造出一个公民行使其权利的环境。正如一位旨在促进儿童福祉而不积极参与决定儿童福利内容的父母在通常情况下都无法真正地实现自己目的。因此,仅仅遵守或顺从国际法规范的国家将无法履行保障权利。给予国际法规范至高的规范性地位削弱了国家参与界定权利范围的工作,反过来国家会疏远公民和国家间的距离,削弱他们行使权利的意愿和能力。

然而,宪法与国际法一样都有可能疏远与人民的关系。毕竟,宪法是为了限制和约束民众的意志而设计的。因此,给予宪法优先地位是给予人民发声管道的观点是错误的。

我们并不否认,宪法条文比立法与人民的距离可能更远。如果对比立法与宪法的特征,立法明显比宪法与人民的距离更近,民众对立法有更大的控制权。然而,当对比国际法与宪法时,由于国家宪法仍然是政体的产物,因此宪法比国际法与人民的距离更近。我们在下个部分讨论这一观点的规范性含义,并提出“不协调的平等”理论。

三、不协调平等的理论与现实

宪法至上性与国际法至上性形成了一个悖论。一方面,强国际法主义理论,即其主张国际人权规则的权威高于宪法规范是指国际人权规则的至上性的基础是人权保障的要求,而不是国家自由裁量的结果;国家具有保护人权的国际法义务。另一方面,强的立宪主义主张宪法权利应该高于国际法的权威。国家积极地界定权利界限及其重要性是国家政体有效保护权利的关键。因为其促进了公民对权利的参与和加强了公民行使权利的意愿和情绪。因此,法律角色在这方面成为一个棘手的问题;一方面,法律必须体现保护权利是国家义务的一部分;另一方面,法律必须促使公民行使自己的权利。在某种程度上,法律本身担负着无法完成的化圆为方的难题;法律必须有助于创造对国家人权

① Hans Kelsen, Foundations of Democracy, 66 Ethics 1, 34 (1955).

保障的高期望，同时留出足够的回旋余地，使国家能够自由地在真正意义上承担起国家义务。国际社会对权利问题采取不干涉的做法将削弱保护权利是国家义务的理念。但是，一套严密、全面的全球性管控措施将剥夺各国作出决定的自由裁量权，从而削弱公民行使权利的能力和意愿。

一个解决方案是必须要决定哪个因素更为重要。如果国际主义的理由更重要，那么国际法规范就优先于国内法规范。另一方面，如果立宪主义的理由更有力，那么国内法规范具有优先性。在下面的论述中，我们提出了一个全新的观点，论证不协调的平等模式，即建立一个国际法和宪法规范具有平等地位的制度体系。我们主张的平等不是基于国际法或宪法规范之间的和谐与合作，而是基于持续的紧张、摩擦和冲突。在为其论证之前，我们首先确定法律实践经常预先假设法律等级。我们首先论述了国家和国际法院都先假定法律规范存在等级制度并且拒绝它们具有相同的地位。然而，正如我们在导言中所说，分歧不在于等级制度是否可取，而在于哪一个规范等级应该为法院提供指导。接下来为不协调平等进行论证，并检验其现实性含义。

(一)法院实践的等级性冲突预设

可以从国家和国际法院的判决中发现国际和国内规范间具有严格的等级关系的案例。国内法院认为国内宪法优于国际法规范，而国际性法院则赞成相反的观点。欧洲国家的法院通常拒绝国际性法院的判决，坚持依据自身的宪法规范保障人权。因此，所有的国内法院一致认为国内法规范与国际法规范出现冲突的时候，国内法规范具有优先性。①

Brunner 案就是一个显而易见的判决。虽然德国宪法法院指出“宪法法院将通过与欧盟法院合作的关系在自己管辖范围内适用欧盟二级立法”为理由缓解宪法法院与欧盟法院的冲突，但是宪法法院指出“自身机构的职能就是保障基本权利对抗欧盟主权的功能”②。后来，在里斯本案中，德国宪法法院在得知国家主权转移至国际组织的情况下重申了这个观点：欧盟主权的取得是有条件的。欧盟成员国依据宪法设立的主权事项在欧盟一体化的过程中将依据让渡原则和尊重成员国宪法特征原则继续维持下去。与此同时，成员国不能失去依据它们的宪法责任通过政治性或者社会性的能力影响生存条件。③

因此，德国法院在里斯本案中将欧盟法律秩序定义为“派生的基本秩序”，“欧盟的自治性只能被理解为一种非独立性的自治，是……由其他法律实体的授权”。相比之下，国

---

① See Anne Peters, Supremacy Lost: International Law Meets Domestic Constitutional Law, 3 Vienna Online J. Int'l Const. L. 170, 187 (2009); Eyal Benvenisti, Reclaiming Democracy: The Strategic Uses of Foreign and International Law by National Courts, 102 Am. J. Int'l L. 241 (2008).

② Bundesverfassungsgericht [BVerfG] [Federal Constitutional Court] Oct. 12, 1993, 1 C.M.L.R. 57 (1994) (Ger.).

③ Bundesverfassungsgericht [BVerfG] [Federal Constitutional Court] June 30, 2009, 2 BvE 2/08 (p.226).

家主权“要求独立于外部意愿而存在”,因此,主权被描述为“由国际法组织并承诺履行的自由”。① 捷克宪法法院也采取类似的理由,认为“如同个人一样,民族国家践行自由与权利意味着成为主体,而非客体”。② 这些国家法院对权力的观点不是基于法院管辖权等技术性因素的考虑。相反,法院公开宣称其作为国家机构有义务保卫国家的宪法,防止国家让渡主权后履行国际法秩序的要求而对宪法权利的破坏。③

意大利宪法法院也明确发表类似的判决。意大利宪法法院在国家基本权利保障方面指出国内法优于国际法。宪法法院指出以下的情况将国家权力转移至国际组织的决定无效:当这些决定压制或者限制公民的宪法基本权利的时候是违宪的。因为宪法的保障确立了国家和公民之间关系,其变动和保障的结果不能由处在我国之外的国际组织任意的摆布。④

意大利宪法法院在最近的判决中重申了这一观点。宪法法院宣布一项禁止意大利公民在意大利法院起诉德国在二战期间犯下罪行的国内立法违宪。⑤ 意大利法院承认在国际法体系内,个人“基本权利获得司法保护的权利”受到外国豁免声明的约束。但是,根据意大利宪法,法院必须以不同的方法解决两个相冲突的利益:以人权保障为中心的制度背景下,……剥夺个人司法救济权……的决定会不合比例地牺牲两个最高宪法原则……因此,只要国际法体系下的国家管辖豁免权与上述宪法基本原则出现相抵触的情景,国际法就不能成为意大利法律秩序的一部分,并且对意大利法律秩序没有任何影响。⑥

美国法学界也有类似的观点。迈克尔·保尔森(Michael Paulson)明确支持美国宪法具有最高的法律地位:对美国来说,宪法具有优先于国际法的地位。国际法的命令或规定的义务在与美国宪法相抵触的情况下是违宪的。⑦

---

① Bundesverfassungsgericht [BVerfG] [Federal Constitutional Court] June 30, 2009, 2 BvE 2/08 (p.223).

② Ústavnísoudčeskérepubliky 26.11.2008 (ÚS) [Constitutional Court], 19/08, p.107 (Quoting David p. Calleo, Rethinking Europe's Future 141 (2001)); See, generally, Wojciech Sadurski, "Solange, chapter 3": Constitutional Courts in Central Europe - Democracy - European Union, 14 Eur. L.J. 1 (2008).

③ Bundesverfassungsgericht [BVerfGE] [Federal Constitutional Court] May 29, 1974, 2 C.M.L.R. 540 (1974) (The Solange I decision). Solange(英文“只要”)是指欧盟成员国宪法法院拒绝服从欧盟法院确立的保障人权的标准和判决。宪法法院坚持他们作为国家宪法监护人的作用。See also Joined Cases C-402/05 P and C-415/05 P, Kadi & Al Barakaat Int'l Found. v. Council & Comm'n, 2008 E.C.R. I-06351.

④ Guglielmo Verdirame, A Normative Theory of Sovereignty Transfers, 49 Stan. J. Int'l L. 371, 377-378 (2013) (Quoting Corte Cost. [Constitutional Court], Dec. 16, 1965, n. 98).

⑤ Corte. Cost., Oct. 22, 2014, n. 238 (It.), unofficial translation available at http://www.cortecostituzionale.it/documenti/download/doc/recent_judgments/S238_2013_en.pdf (regarding the constitutionality of Article 1 of Law No. 848).

⑥ Corte. Cost., Oct. 22, 2014, n. 238 (It.), unofficial translation available at http://www.cortecostituzionale.it/documenti/download/doc/recent_judgments/S238_2013_en.pdf (regarding the constitutionality of Article 1 of Law No. 848), at 15.

⑦ Michael Stokes Paulsen, The Constitutional Power to Interpret International Law, 118 Yale L.J. 1762, 1765 (2009).

甚至连赞同国际法优先并表示希望有朝一日国际法效力可以高于美国宪法的美国法学理论家也不得不认为作为制定法的美国宪法的权威凌驾于任何与其相冲突的国际法规范之上。因此,彼得·斯皮罗(Peter Spiro)主张对国际法给予更大程度的重视,但是也承认这个观点不具有主流性:宪法权利对国际法的入侵建立了一个具有思考性和发散性的墙。不断地拒绝思考国际法的人权保障违背了宪法理论确立的民族主义取向……这些民族主义假设在面对不断变化的国际法和国际社会的机构时将面临概念的难题……在一个法律不保护个人权利的国际法秩序下,尽管描述可能不适当,保障人权的宪法霸权主义是合理的。但是,随着国际人权制度的发展,宪法霸权主义面临着挑战。①

国际法院拒绝了国内法院判决的优先权威,并要求各国优先适用国际法规范的结论并不令人惊讶。国际法院毫不费力地驳回了意大利法院的决定,认为"拒绝承认德国政府提出的豁免权是违反意大利政府对德国政府在国际习惯法中的义务"。② 同样,欧盟法院认为"欧盟法绝对的最高性也体现在欧盟法优于各成员国宪法的核心内容"。③ 许多判决都认为欧盟法具有高于国家宪法的权威。④ 欧洲和美洲的区域人权法院立场也同样明确。⑤ 由于严重的人权侵犯具有反人类罪的结果,前南斯拉夫国际刑事法庭宣布自己具有优于国内法院的绝对性管辖权:制裁反人类罪是具有普遍性的……并且超越任何一个国家利益的。在这种情况下,各国的主权权利不能也不应优先于国际社会采取适当行动的权利。因为这些罪行影响到整个人类,震撼了世界各国的良知。⑥

在对国际法与国内法冲突的结论部分,迪纳拉·谢尔顿(Dinah Shelton)的一段话在国际法学界形成了主流。她写道:该体系在多大程度上已经和可能仍在向不同意的国家施加全球公共政策依旧存在高度争议。但是,限制国家行动的必要性似乎日益得到承认……也许这个趋势最为积极的方面是在规范等级领域里重申了法律与道德之间的联

① Peter J. Spiro, Treatises, International Law and Constitutional Rights, 55 Stanford L. Rev. 1999, 2028 (2003).

② The International Court of Justice in Jurisdictional Immunities of the State: Germany v. Italy: (Greece Intervening) (Merits) [2012] ICJ Rep.99, p.107.

③ Fernando Castillo de la Torre, Tribunal Constitucional (Spanish Constitutional Court), Opinion 1/2004 of 13 December 2004, on the Treaty Establishing a Constitution for Europe, 42 Common Mkt L. Rev. 1169 (2005) (quoting Declaración T.C. [Constitutional Court], Dec. 13, 2004 (Spain)).

④ See, e.g., Case 11/70, Internationale Handelsgesellschaft mbh v. Einfuhr, 1970 E.C.R. 1125; Case 6/64, Costa v. ENEL, 1964 E.C.R. 585. For a general account of the European courts and their attitudes towards fundamental rights, see Lorenzo Zucca, Monism and Fundamental Rights, in Philosophical Foundations of European Union Law, ch. 13 (Julie Dickson & Pavlos Elefheriadis eds., 2012).

⑤ See, e.g., Christina Binder, The Prohibition of Amnesties by the Inter-American Court of Human Rights, 12 Ger. L.J. 1203 (2011). For examples, see "Mapiripán Massacre" v. Colombia, Merits, Reparations and Costs, Judgment, Inter-Am. Ct. H.R. (ser. C) No. 134, p.243 (Sep.15, 2005); Atala Riffo and Daughters v. Chile, Merits, Reparations and Costs, Judgment, Inter-Am. Ct. H.R. (ser. C) No. 239, p.79 (Feb. 24, 2012).

⑥ Prosecutor v. Tadić (Jurisdiction), Appeals Chamber, 2 October 1995 (1997) p.42.

系,其中法律是实现国际社会重要价值的一种手段。①

由于国际法和宪法间存在着持续的冲突,学者们提出了缓解这两种规范体系间紧张关系的许多建议,并通过这两种规范体系的相互考虑和吸纳来减少宪法权利与国际人权规范间的冲突。② 一些理论家提出了基于国际法和宪法之间相互和谐依存的平等模式。③ 这种观点导致法院制定各种机制,旨在减少宪法权利与国际人权规则间的冲突。这些方法中包含了一些国际人权规范对国内宪法基本权利的考虑;另一些涉及国家法律制度对国际法律制度的考虑。

第一类机制旨在减少由国际法形成的冲突,其目的是容纳宪法权利的要求。这种机制包括,比如说国际性法院在解释法律的时候会考虑到国内宪法的主流理论。④ 在国内,宪法某些条款特别是保障国家权力优先性的保留条款也被广泛使用。⑤ 另一个良好解决《欧洲人权公约》规定和缔约国宪法矛盾的是欧洲人权法院提出的"边际裁量原则"。根据法院的判决,"缔约国在适当考虑社会和个人的需要和资源,为确保遵守公约而采取步骤方面享有广泛的边际裁量空间"。⑥

第二类机制是通过吸纳国际人权法的方式减少由宪法所产生的冲突。一些国家的宪法赋予人权条约相应的宪法地位。⑦ 其他国家的宪法要求法官在解释宪法权利时不得

---

① Dinah Shelton, Normative Hierarchy in International Law, 100 Am. J. Int'l L. 291, 323 (2006) (references omitted).

② Gerald L. Neumann, Human Rights and Constitutional Rights: Harmony and Dissonance, 55 Stanford L. Rev.1863 (2003); Mattias Kumm, The Legitimacy of International Law: A Constitutional Frame of Analysis, 15 Eur. J. Int'l L. 907 (2004).

③ 例如,马提亚斯·库姆(Mattias Kumm)认为:国内法和国际法之间的关系既不是派生关系,也不是自治的关系,而是相互依存的关系。国内法和国际法是相互关系构成的体系。国内法的合宪性在一定程度上取决于适当地与国际法体系结构的融合。国际法律制度的合法性在某种程度上取决于国家拥有适当的宪法结构。宪法性正当(constitutional legitimacy)的标准来源于跨越国家和国际分歧的整体公法的概念。See Mattias Kumm, The Cosmopolitan Turn in Constitutionalism: An Integrated Conception of Public Law, 20 Ind. J. Global Legal Stud. 605, 612 (2013).

④ See Neumann, supra note 53, at 1895-1899.

⑤ Id. at 1886-1887.

⑥ Lautsi v. Italy, App.No. 30814/06, 2011 Eur. Ct. H.R., Mar. 18, 2011.

⑦ For a comparative survey, see Thomas Buergenthal, Modern Constitutions and Human Rights Treaties, 36 Colum. J. Transnat'l L. 211 (1998); Vladlen S. Vereshchetin, New Constitutions and the Old Problem of the Relationship Between International Law and National Law, 7 Eur. J. Int'l L. 29 (1996). For an empirical analysis, see Tom Ginsburg et al., Commitment and Diffusion: How and Why National Constitutions Incorporate International Law, U. Ill. L. Rev. 201 [2008].

与人权公约相冲突。[①] 甚至在普遍具有敌视国际法倾向的美国，一些法学理论家认为"国际法是我们的法律"，并表明美国法院比通常的认知更重视国际法。这是美国法院通过以包括认可依据国际法标准来解释美国宪法在内的各种方式实现的成果。[②] 多数学者关注宪法与国际法之间的直接冲突。许多学者是以批判性观点为主导，并力求提出为什么国内法院是正确的或者国际法院是正确的。[③] 我们并不太关切这个结论。我们认为这种紧张的关系实际上对强化人权保障的优先地位和提倡权利具有积极的效果。接下来我们将提出拒绝国际法与宪法等级结构和支持平等模式的理由。

(二)不协调平等理论的案例

我们认为国际法院和国内法院的判决皆有对错之分。[④] 不协调平等模式否定了国际法优先(由国际法庭倡导的)和宪法优先(由国家法院倡导)的意识形态。在不协调平等模式下，寻求尊重和确保人权的制度不应以僵化的等级制度为基础，而是以两者为共同根基。一个是源自全球关注的个人权利问题，其目的是公开认可人权的强制性和非自由裁量权力。另一个是源于对政治共同体的关切，其作用是成员参与制定权利的范围和重要性。

在不协调平等体制下，国际法与国内法规范以及不同的法院间不断地相互竞争，并坚称自己具有最高权威。不协调平等满足公开表达人权是义务性，而不属于国家自由裁量权的事实。也就是说国家有义务保障公民权利并且希望有效促进权利的行使。这两个层次共存的正当性不仅是对权利的保障具有工具性的价值，而且也是保障权利不受国家宪法法院的摆布并且不会脱离和疏远与当地政治的联系。就像艾雪画出的复杂的空间立体图形，这两个规范体系可以并行不悖，相互控制。

我们发展的不协调平等模式突出了人权内容的界定是在理念竞争基础上的审慎工

---

① 有关具体讨论这些机制的文章，请参见 Neumann, supra note 53, at 1895-1899. For a discussion in the US context, see Gerald L. Neumann, The Uses of International Law in Constitutional Interpretation, 98 Am. J. Int'l L. 82 (2004). 有关反对在国内法中运用国际法的文章，请参见 Roger p.Alford, Misusing International Law to Interpret the Constitution, 98 Am. J. Int'l L. 57 (2004). 关于讨论美国法与澳大利亚法的文章，请参见 Hon. Michael Kirby, A CMG, Constitutional Law and International Law: National Exceptionalism and the Democratic Deficit, 12 U. Notre Dame Austl. L. Rev. 95, 102-104 (2010). 在欧洲背景下相关问题的讨论，请参见 Gerrit Betlem & André Nollkaemper, Giving Effect to Public International Law and European Community Law before Domestic Courts, 14 Eur. J. Int'l L. 569 (2003).

② Harold Hongju Koh, International Law is Our Law, 98 Am. J. Int'l L. 43 (2004).

③ 关于支持国际法院的观点的文章，请参见 André Nollkaemper, National Courts and the International Rule of Law (2011). 相反观点的文章，请参见 Eric Posner & Jack Goldsmith, The Limits of International Law (2005).

④ 有必要从实践的角度分析国际法和宪法这两种法律规范来源之间的固有冲突展现了一种有效促进个人自由的法律机制。欧盟成员国法院支持宪法的首要地位在国际领域引发了一场辩论并由此带来人权保障标准的提高。同时，国际性法院和其他机构的批评也促进了国内人权制度的改革。See Eyal Benvenisti & George Downs, Democratizing Courts: How National and International Courts Promote Democracy in an Era of Global Governance, 46 NYU J. Int'L L. & Pol. 741 (2014). See also Paolo G. Carozza, Subsidiarity as a Structural Principle of International Human Rights Law, 97 Am. J. Int'l L. 38, 74-75 (2003).

程。由于国际法解释者或者国内法解释者处于平等地位,不同层级的释法者都要彼此考虑其他释法者的解释理由。国际法和国内法规范间冲突的核心是人权保障标准的不同,所以不需要解决两者之间的冲突,而应该欢迎和强化两个法律体系的冲突。但与此同时,因为法律解释者必须接受具有同等地位的平行和互补的法律体系间具有相关性和针对性的事实,除非存在其他需要考虑的重要因素,否则不同层级的释法者必须要考虑其他法律层级的内容。

不协调平等模式为制宪者和国际法学者提供了指南。例如,这种模式不赞同通过等级秩序方式建构全球宪制体系(global constitutionalism)或者全球法治秩序,也不赞同各国像荷兰一样规定国际法在国内法律体系中具有自动实施的效力。不协调平等模式也反对乔治·赛尔(George Scelle)在20世纪30年代提出的"双重功能"理论,即国家机构是实施国际法的媒介。[①] 相反,为了保证不协调平等,国家应寻求适应——但不能屈从于——国际秩序。即使在与国际法冲突时,每个国家也应该表达自己的主张和判断。同样的,国际性法院也应在一定程度上独立于国内法院。

正如在上文指出的那样,尽管国际法院和国内法院坚持其管辖下的法律体系具有优先适用性或通过其他方式来减轻或消除国际法和宪法间的紧张关系,但是很多法院承认无法消除这些紧张的关系。例如,欧盟法院承认在教育领域"必须……考虑到欧盟各成员国间有很大的差异性,特别是在文化和历史发展领域"。但与此同时,当"指出提及传统并不能解除缔约国尊重公约及其议定书规定的权利和自由的义务"[②]时,欧洲人权法院拒绝简单地赞同缔约国的决定。同样,欧洲人权法院在关于对穆斯林妇女面纱禁令中指出:强调公约机制的辅助性功能也是非常重要的。国家当局具有直接的民主合法性,正如法院在许多判决中指出的那样,缔约国具有直接民主的合法性,因此在某些情况下比人权法院具有更好地分析国内需要和条件的地位。就普遍的司法政策而言,在民主社会中存在意见较大分歧的情况下,国内决策者的作用应得到特别重视。[③]

通过我们的分析可以看到对边际裁量司法教义具有不明确性和不确定性的批评是不正确的。事实上,澄清、明确和反对边际裁量本身就是错误的。清晰(clarity)是不协调平等理念的敌人。在国际法和宪法之间追求"等级"、"和谐"和"秩序"与建立在摩擦和不和谐基础上的保障个人权利的追求不一致。[④] 因此,当国际原则与"管辖权、程序或结果相关的反国际法的规范性原则"[⑤]发生冲突时,必须要承认违反国际法原则的正当性。

人权保障领域中国际法与国内宪法的固有冲突是积极的,甚至是维持人权话语所必须的。这些冲突不仅表明了何为人权的争论,而且也会反映出谁来制定权利的内容,国

---

① See Scelle, supra note 12.

② Lautsi v. Italy, App.No. 30814/06, p.68.

③ S.A.S. v. France, App.No. 43835/11, 2014 Eur. Ct. H.R., Aug. 1, 2014, p.129.

④ 这种观点与传统的法治理念及其对自由重要性的观点相冲突。See Joseph Raz, The Rule of Law and Its Virtue, in Joseph Raz, The Authority of Law, ch. 11 (1979).

⑤ Kumm, supra note 53, at 928.

内机构还是国际机构有权界定权利的范围和重要性。事实上,国际法和国内法规范的冲突不需要解决,而需要得到维护和加强。国际法和宪法规范冲突是永久性的,并且也是法律界希望的结果。

结　论

不协调平等模式是基于法律角色在塑造国家尊重人权的社会背景下的难题。在某种程度上,法律必须有助于成为挑战国家政府的工具,同时也必须为国家政府保留足够的余地,使其可以自由地确定权利的范围。法律对保护权利问题采取不干涉的做法将导致国家违背维护人权的全球性责任的丧失;而一个严密、全面的监督又会消除国家行动的自由裁量权,从而损害公民行使权利的意愿。

国际法至上主义机制包括了国家受保护人权的国际法义务的约束,并且国际社会需要公开宣布该义务的存在。国家不仅需要保护权利,而且需要强调它有履行此义务的事实。国际法至上主义恰是国家履行保障人权的制度性工具。另一方面,立宪主义也是至关重要的,因为权利的价值是以行使权利为前提。为了有效和强化权利的行使,国家就必须积极地参与决定权利的内容。如果公民疏远决定权利的内容及其重要性的过程,那么他们就不太可能主动行使这些权利。用"不协调的平等"模式挑战在国际法和国内法之间具有严格等级制度的传统。这种平等意味着国际规范和国家规范之间存在着持续性紧张关系和冲突。这种冲突具有永久性,亦是法律界所追求的。但是,具有讽刺意味的是,希望有序和谐的解决宪法与国际法冲突的推动力最终可能破坏宪法和国际法秩序的合法性。